개정판

국제운송·해상보험

한상현 저

도서출판 두남

Preface

개정판을 내면서

국경을 달리하는 당사자 간에 이루어지는 무역거래에서 수출자는 제1의 의무로 매매계약에서 합의된 약정물품을 인도하여야 하는데 이러한 의무를 원활하게 이행하기 위해서는 무엇보다도 국제운송계약이 반드시 필요하다.

국제운송은 현재 주종을 이루고 있는 해상운송을 비롯하여 항공, 육상, 복합운송으로 구분되며 운송계약의 주체자는 정형거래조건(trade terms)에 따라 결정되게 된다.

운송 도중에 예기치 못하게 발생한 손해를 운송을 책임지고 있는 운송인이 하주에게 모두 배상해준다면 하주는 별도로 보험계약을 체결할 필요가 없을 것이다.

그러나 운송계약상 운송인의 책임은 극히 제한되어 있을 뿐 아니라 법률이나 특약에 의해 면책되는 경우도 많기 때문에 별도로 보험계약을 체결할 필요가 있다. 이 경우 실무상 대부분의 보험계약은 전 운송구간을 커버하는 육해공 혼합보험의 성격을 가지고 있는 해상보험(marine insurance)을 통해 이루어지고 있다.

원래 무역거래에 필요한 국제운송 분야와 이에 따르는 해상보험 분야는 그 법리와 실무적 내용이 방대하여 각각 별도의 교재로 구성되는 것이 가장 바람직하고 대부분의 대학교에서도 그러한 교과과정으로 운영되어 있다.

적어도 대학교에서 무역학이나 국제통상학을 공부하는 학생들을 위해서나 업계의 실무당사자들을 위해서도 두 과목의 통합이 아니라 각기 개별과목으로 한 학기씩 설강되어야 한다는 저자의 마음은 언제나 변함이 없다. 그렇게 공부해야만 국제운송론과 해상보험론의 법리나 실무내용을 체계적이고 종합적으로 이해할 수 있기 때문이다.

그러나 최근 상당수의 대학교에서는 국제운송과 해상보험분야를 한개 과목으로 통합하여 이른바 '국제운송·해상보험'이라는 명칭으로 강의하고 있을 뿐 아니라 이에 필요한 통합과목으로서의 전공서적의 출간도 지속적으로 요청받아 왔다.

이러한 요청에 부합하여 이미 예전에 '국제운송론'과 '국제무역보험론'을 출간한 바 있는 저자로서는 각 교재에서 핵심이 되는 부분들을 간결하게 발췌하게 되었고 그것이 본 교재를 출간하게 된 배경이 되었다.

이 시대의 가장 높은 지성이라 할 수 있는 대학생들이 이용하는 교재를 만든다는 것은 무척이나 두려운 일이며 막대한 책임감을 가져야 하는 힘든 작업이다. 더욱이 훌륭하신 교수님들이나 전공자들이 집필한 여러 교재들이 시중에 이미 많이 나와 있는 현실에서 기존 교재들과 차별되는 좋은 교재를 만든다는 것 자체가 불가능하다는 것도 새삼 느꼈다.

다만, 본서는 본인이 다년간 대학에서 본 과목으로 강의하고 연구한 것을 책으로 한번 엮어 보고 싶다는 단순한 생각과 기존 교재들이 매우 훌륭하지만 일부 순서나 내용들이 내 생각과는 다른 부분이 많아 저자 나름대로 강의하고 싶은 순서와 내용을 책에 담고 싶은 생각에서 집필하게 되었다.

이러한 저자의 소박한 생각으로 탄생한 본 교재가 무역학이나 국제통상학을 공부하는 학생들과 무역업무를 담당하는 실무자들에게 조금이나마 도움이 되는 지침서가 될 수 있기를 간절히 기원해 본다. 본서는 국제운송과 해상보험의 법리와 업무내용들을 간략하게 기술하였으며, 다음과 같이 구성되어 있다.

우선 제1편은 국제운송편으로 국제운송의 기초를 토대로 해상운송, 항공운송, 육상운송 및 국제복합운송의 법리와 실무적 내용들을 다루었으며, 마지막인 제6장에서는 인코텀즈를 중심으로 한 무역거래조건, 신용장통일규칙(UCP 600)을 중심으로 한 신용장제도, 그리고 해상보험제도를 국제운송과 관련하여 분석하였다.

제2편은 해상보험편으로 해상보험의 기초를 토대로 해상보험계약, 해상위험, 해상손해 및 해상보험증권과 협회적하약관의 법리와 실무적 내용들을 다루었다. 마지막인 제7장에서는 최근에 개정된 인코텀즈 2020을 중심으로 한 무역계약, UCP 600을 중심으로 한 신용장제도, 그리고 해상운송을 해상보험제도와 관련하여 분석하였다.

당초의 의도에 따라 막상 원고를 정리해 놓고 보니 구성과 체제, 전개 및 서술방식 등에 미비한 부분이 참으로 많다는 것을 느꼈다. 이는 학계 선후배들과 동료 및 독자들의 호된 질책과 고견을 토대로 향후 지속적인 수정과 보완을 해나갈 예정이다.

끝으로 지금까지 저자의 학문적 연구를 이끌어주신 은사님들과 강의와 연구에 지속적인 도움을 주신 선배교수님들께 감사를 드리며, 어려운 출판환경에도 불구하고 부족한 원고를 기꺼이 출간해 주신 도서출판 두남의 전두표 사장님께 깊은 감사를 드린다.

2024년 2월

저 자

Contents

차 례

제 I 부 국제운송

제6장 협회적하약관

제7장 해상보험과 무역거래

제 I 부 국제운송

제1장 국제운송의 기초
제2장 해상운송
제3장 항공운송
제4장 육상운송
제5장 복합운송
제6장 국제운송과 무역거래

제 1 장 국제운송의 기초

제 1 절 국제운송의 의의와 기능

1. 국제운송의 의의

운송(transportation)은 물품이 생산된 장소와 이를 수요로 하는 장소 사이에 존재하는 공간적 거리를 사이에 두고 물품을 이동시키는 행위를 말한다.

그러한 의미에서 국제운송(international transport)은 인간과 물자의 공간적인 효용을 높이기 위해 재화나 물자의 이전현상이 국가와 국가 사이에 이루어지는 운송활동을 말하며 무역운송이라고도 한다.

국제운송은 국제간 사람의 이동보다는 재화나 물자의 수송을 전제로 하기 때문에 일반적으로 국제물품운송, 국제화물운송 또는 무역운송이라고도 한다.

국제운송은 수출입 통관절차를 수반하게 되기 때문에 한 국가 내에서 이동되는 운송을 의미하는 국내운송(Local transport)에 비해 위험이 크고 절차가 복잡하다.

2. 국제운송의 기능

1) 물품의 국제적 이동 촉진

어떤 국가이든지 기후, 자원, 노동력, 기술수준 등에 차이가 있기 때문에 그 국가가 필요로 하는 모든 재화와 용역을 생산하기란 거의 불가능하다. 따라서 그 국가에서 생산되지 않는 재화는 다른 국가에서 반입해 올 수밖에 없다.

저렴한 운송수단(vehicle)이 없다면 그 국가는 높은 운송비를 감당할 수 있는 재화만을 다른 국가로부터 반입해 오고 그 외의 재화는 자급자족해야 한다.

이에 반해 저렴한 운송수단이 있게 되면 재화와 용역을 이 운송수단을 통해 이동시킴으로써 소비자에게는 재화의 사용 기회가 확대되고 생산자에게는 시장을 확대시켜 주는 역할을 한다. 따라서 국제운송은 물품의 국제적 이동이라는 가장 기본적인 운송의 기능을 담당한다.

2) 지역적 분업과 전문화 촉진

저렴한 운송수단의 이용은 지역의 비교우위 요소를 특화시킨 지역적 분업과 전문화를 통해 경제적 효율을 증대시킨다.

이것은 여러 지역이 지역적 분업을 통해 얻은 이익은 각 지역이 비교우위를 가진 부문에 전문화함으로써 최소의 자본과 노동의 투입으로 최대의 산출을 얻을 수 있기 때문이다.

지역적 분업과 전문화란 각 지역이 제한된 종류의 제품생산에만 전문적으로 종사하는 생산제도를 의미하며, 이와 같은 지역적 분업은 저렴한 운송수단의 발달에 따라 지역 간에 재화의 이동이 원활하게 이루어 질 것을 전제조건으로 하고 있다.

생산된 제품의 판매시장을 확보할 수 없고 필요한 물품을 다른 국가로부터 구입해 올 수 없다면 지역적 분업화는 불가능하게 된다. 또한 특정 국가가 가지고 있는 생산우위는 높은 운송비 부담으로 결국은 생산비가 높아져 상쇄되어 버리는 수도 있다.

따라서 지역적 분업과 전문화는 시장 크기에 의해 제한을 받고 시장 크기는 운송비에 의해 결정되므로 저렴한 운송수단의 이용이 지역적 분업과 전문화를 촉진하는 요인이 된다.

3) 대량생산과 대량소비의 촉진

재화의 국제적 이동이 대량으로 이루어지면 원재료나 완제품의 원거리 이동을 가능하게 함으로써 단위당 운송비가 저렴해질 뿐 아니라 대량생산 체제를 가능하게 한다.

이것은 규모의 경제(economies of scale)를 달성하게 되어 국가 간에 이동되는 재화의 가격이 상대적으로 더 인하되는 효과를 가져 온다.

4) 국가간 경제발전과 세계통합의 촉진

국제운송의 발전은 해양의 거리적 장애를 극복하고 재화와 인간을 용이하게 이전시킴으로써 국가들의 경제발달을 촉진하는 동시에 정치, 경제, 사회 및 문화의 확산과 발전을 통하여 세계를 한 가족으로 통합하는 기능도 수행한다.

5) 산업연관 효과의 발생

저렴한 국가 간 운송비에 의한 지역적 분업은 대규모 산업도시의 발달과 함께 상호간의 교역을 촉진시키게 된다. 교역 촉진과 운송의 발달은 국가 간 교역관계가 깊은 조선업, 무역업, 창고업, 가공업, 포장업, 보관업, 하역업, 도소매업, 금융업, 보험업, 항만산업 및 국방산업 등 관련 산업들을 함께 발전시키는 효과를 가져 온다.

제2절 국제운송의 형태

무역거래자들은 거래상품의 종류나 특성, 운송거리와 시간, 운임, 안정성, 운송업계의 상황, 무역조건(trade terms) 등을 종합적으로 검토한 후에 적합한 운송형태를 선택한다.

무역운송에서는 선박이나 항공기를 이용한 국제해상운송과 국제항공운송이 주종을 이루고 있지만 지역과 상품의 특성에 따라서는 국제육상운송과 복합운송방식도 이용되고 있다.

무역운송은 당연히 국제운송이므로 본 교재에서는 이를 간단히 해상운송, 항공운송, 육상운송, 복합운송이라고 부른다.

1. 해상운송

해상운송(marine transport, sea transport)은 운송선(선박)에 의하여 바다를 통해 화물을 국제적으로 운송하는 방식으로 바다와 운송수단인 선박이 해상운송의 핵심을 이룬다.

따라서 해상운송이 성립되기 위해서는 운송공간인 '바다', 운송수단인 '선박' 그리고 운송대상인 '화물'이 반드시 존재해야 한다.

해상운송은 대량의 화물이나 운송이 급박하지 않은 화물, 상품가격에 대하여 고액의 운임을 부담할 수 없는 저렴한 운임으로 운송하고자 하는 경우에 주로 이용되고 있다.

해상운송에서 운항하는 선박의 형태는 크게 운송경로와 운임이 미리 정해져 있는 정기선(liner)과 운송수요에 따라 운행되는 부정기선(tramper)이 있다.

정기선의 대부분은 컨테이너선(container ship)이다. 화물의 컨테이너화는 하역 작업을 신속히 처리하여 정기선 운행스케줄을 계획대로 진행시키는데 도움을 주고 있다.

2. 항공운송

항공운송(air transport)은 항공기에 의하여 공로를 통하여 화물을 국제적으로 운송하는 방식이다. 제2차 세계대전을 계기로 군용기에 의해 군수품이 운반되면서 항공운송의 개념이 정립되었고 1960년대에 들어 항공운송이 본격화되었다.

1970년대 들어 제트기(jet plane) 등 대형 항공기의 등장으로 항공화물의 대량 및 고속운송시대를 맞이하였고 최근에는 화물 전용기의 출현으로 국제간 항공화물운송이 더욱 발전하고 있다. 항공운송은 긴급 및 소량화물, 부가가치가 높은 전자제품, 신선도가 필요한 활어나 어패류, 꽃 등을 운송하는데 주로 이용되고 있다.

항공운송은 운송시간의 단축(신속성), 긴급성, 정시성(定時性, just in time) 및 서비스의 완벽성이 확보될 수 있는 장점이 있는 반면, 대량수송이 어려우며 단위당 운임이 비싸다는 비경제성의 단점이 있다. 항공운송에도 해상운송과 같이 정기 항공운송과 부정기 항공운송이 있다.

3. 육상운송

육상운송(land transport)은 철도(railway)나 자동차(automobile, truck)라는 운송수단을 이용하여 육로로 국제간에 화물을 운송하는 방식을 말한다.

철도운송은 자동차 운송에 비하여 운임이 저렴하여 대량화물의 원거리 운송에 적합하다. 또한 안전수송이 가능하며 날씨에 거의 영향을 받지 않으므로 정시성을 유지할 수 있고 저공해성으로 환경 친화적인 운송수단으로 각광을 받고 있는 장점이 있는 반면, 자체 완결성이 부족하고 고정비가 많이 소요되는 단점이 있다.

자동차 운송은 운송의 시작과 도착을 마감하는 중요한 운송수단으로 자체 완결성에 의한 문전 처리능력이 우수하며 철도운송의 보조적인 수단으로 출발하여 소량화물의 수송에 주로 이용되고 있다. 또한 자동차 운송은 철도운송보다 신속하여 해상운송과의 연계에서 많이 이용되고 있다.

4. 복합운송

복합운송(international multimodal transport)은 단일 운송계약하에 복합운송인이 복합운송서류를 발행하여 전 운송과정에 대해 하주에게 단일책임을 지는 동시에, 각 운송구간에 대해 하청운송인 내지 실제운송인에 각각의 운송수단에 의한 운송 수행을 위탁하여 이루어지는 국제간의 운송방식을 말한다.

복합운송은 ① 복합운송계약 ② 국제간의 운송 및 복수의 다른 운송수단의 결합 ③ 복합운송인에 의한 전 운송구간 일관 단일책임(single liability) ④ 단일운임(through rate)의 제시 ⑤ 단일 복합운송증권의 발행이라는 기본요건을 갖춘 운송방식이다.

복합운송은 최종 목적지점이나 장소까지 선박, 철도 또는 항공운송 등 서로 다른 2가지 이상의 운송수단이 조합되어 운송되기는 특성을 가지고 있기 때문에 한 가지 운송수단에 의한 운송계약의 이행은 복합운송이 될 수 없고 또한 단일의 일관운송 책임이 결여된 운송은 복합운송이 될 수 없다. 복합운송은 1960년대 들어 전 세계적으로 무역량이 크게 확대되고 해상운송에서 문전에서 문전(door to door)까지의 운송서비스를 가능하게 하는 컨테이너운송의 등장으로 급속히 발전하게 되었다.

제 2 장 해상운송

제 1 절 해상운송의 기초

1. 선박

1) 선박의 개념과 법적 성질

(1) 선박의 개념

국제협약이나 상법 등에서 규정하고 있는 선박에 대한 정의를 종합하면 선박이란 '해상에서 사람이나 화물을 싣고 해상을 통하여 공간과 장소적 이동을 수행하는 운송수단'이다.

선박이라는 구조물이 되기 위해서는 첫째, 선박 고유의 속성인 부양성(浮揚性)을 가져야 하며 둘째, 화물이나 여객을 실을 수 있는 적재성을 가져야 하고 셋째, 적재된 것을 위치적으로 전환시킬 수 있는 이동성(운반성)이라는 3가지 요소를 모두 갖추어야 한다. 최근 해운업의 관점에서는 위 3가지 구성 요소에 영리성이 추가되고 있다.

일반적으로 무역운송에서 선박이라 함은 상선 중에서도 영리를 목적으로 주로 화물을 수송하는 협의의 개념으로 인식되고 있으며 선박은 일반적으로 크기에 따라 대형선은 Ship, 중형선 및 소형선은 Boat라고 하며 이를 합쳐서 Vessel이라 부르고 있다.

(2) 선박의 법적 성질

선박은 하나의 구조물(부동산)이지만 법 적용에 있어서는 여러 가지 독특한 법적 성질을 지니고 있다. 우선 영국 해상보험법(MIA) 제90조에는 선박을 동산(動産)에 포함시키지 않고 있다. 따라서 선박은 등기를 하고 임차권이 인정되는 등 부동산에 준하는 취급을 받고 있다.

그러나 우리나라 민법상(제9조)에는 선박은 이동 가능한 수단으로 동산에 해당되는 것으로 규정되어 있다.

그런데 선박은 상법 제743조 선박의 등기, 민사소송법 제678~687조 선박의 강제집행 및 경매, 형법 제164~166조 건조물 방화죄 등의 규정에서 확인할 수 있는 것처럼 부동산적 측면도 동시에 가지고 있다.

2) 선박의 분류

국제법상 선박은 공선(公船)과 사선(私船)으로 구분되며 사용목적(용도), 선형, 추진방식, 구성 재료 등에 따라 다양하게 구분된다.

공선(public vessel)은 사선(私船)에 반대되는 말로 국가의 관리 하에 있는 선박으로 경찰용·세관용의 순시선·병원선·공급선·학술연구용 선박 등이 있다. 사선(unofficial ship)은 공선 이외의 선박으로 사선 중에서 가장 중요한 것이 상선(merchant ship)이다.

상선은 사용목적에 따라 여객선과 화물선으로 구분되며 화물선은 운송화물의 특성에 따라 건화물선과 탱커로 구분된다. 건화물선(dry cargo ship)에는 컨테이너화물과 잡화를 주로 운송하는 일반화물선, 광석, 석탄, 곡물, 과일, 자동차 등과 같은 특정 화물을 주로 운송하는 전용선, 여러 종류의 화물을 복합적으로 운송할 수 있도록 설계된 겸용선, 냉장화물과 같은 특수화물의 운송에 적합한 특수선으로 구분된다. 탱커는 원유를 주로 수송하는 유조선과 액화가스를 수송하는 LNG선 등 특수액체 운반선으로 구분된다.

(1) 일반화물선

일반화물선(general cargo ship)은 컨테이너와 일반화물을 운송하는 전형적인 화물선으로 컨테이너운송이 보편화되기 전까지 해상운송의 주종을 이루었던 선박이다.

일반화물선은 정기선과 부정기선으로 구분된다. 정기선(liner)은 일정한 항로를 정기적으로 운항하는 선박으로 컨테이너나 잡화를 대상으로 하고 화물선의 대부분은 정기선이다.

부정기선(tramp)은 항로·기일 등이 사전에 정해지지 않은 선박으로 곡물, 비료, 시멘트, 목재 등의 산화물(bulk cargo, 살화물)을 주로 운송한다.

일반화물선은 컨테이너 전용선의 등장으로 지금은 재래선(conventional vessel)으로 불리고 있다. 한판이나 철재 등 컨테이너화가 어려운 화물 및 아프리카 항로 등 컨테이너 하역시설을 갖추지 못한 지역에서는 지금도 운행되고 있다.

(2) 전용선

전용선(specialized ship)은 특정 화물만을 적재하여 운송할 수 있도록 설계 및 건조된 화물선을 말한다. 전용선은 특정한 화물을 전문으로 수송할 수 있도록 건조된 선박이기 때문에 대부분 적재지점까지는 빈 배로 간 다음 화물을 적재하고 회항하는 것이 보통이며, 효율적인 운송과 하역을 고려하여 특수한 구조, 설비, 선형 등을 갖추고 있다.

전용선에는 컨테이너 전용선(container ship), 곡물전용선(grain ship), 석탄전용선(coal ship), 광석전용선(ore ship), 자동차 전용선(car ship), 목재전용선(log ship), LPG 등 액체운반 전용선, 중량물 운반선 등이 있다.

(3) 겸용선

겸용선(combination ship)은 공선(空船)의 항해 비율을 줄이기 위해 한 척의 선박에 복수의 화물을 적재할 수 있도록 설계된 선박을 말한다. 탱커나 벌크선들의 문제는 대부분의 경우 편도 수송이며 왕복 화물을 쉽게 구할 수 없다는 점이다. 이러한 문제점을 해결하기 위해 유류와 건화물을 함께 수송할 수 있도록 1960년대 중반에 개발된 것이 겸용선이다.

광석과 원유를 수송하는 O/O선(ore/oil ship), 광석, 산화물, 원유를 수송하는 O/B/O선(ore/bulk/oil ship), 자동차와 산화물을 수송하는 C/B선(car/ bulk ship), 컨테이너와 산화물을 수송하는 C/B선(container/bulk ship) 등이 있다.

(4) 특수선

특수선(special service ship)은 특수 화물의 적재나 특수 업무에 적합하도록 설계된 선박을 말한다. 여기에는 첫째, 육류, 어류, 과일 등 냉동화물의 운송에 적합하도록 냉동장치가 설비되어 있는 냉장선(refrigerated ship), 둘째, 살아있는 산 동물의 운송에 적합한 동물 운반선, 셋째, 거대한 발전기나 기계설비 등 중량화물의 운송에 적합하도록 설계된 중량물 운반선(heavy cargo ship), 넷째, 선측이나 선미의 출구에 경사판(ramp)을 이용하여 하역할 수 있도록 설계된 로로선(Roll-on/Roll-off) 다섯째, 부선(浮船, lighter, barge)에 화물을 적재한 채로 본선에 적재하거나 운송하는 LASH선(lighter aboard ship), 여섯째, 벌크와 컨테이너, 트레일러 등 모든 종류의 화물을 운송할 수 있는 만능선(Combi or Omni ship), 일곱째, 대형 플랫바지(flat barge)에 화물을 얹어 싣고 예인선(tug boat)으로 끌거나 밀게 하는 방식의 Tug-barge 선박 등이 있다.

(5) 탱커

탱커(tanker, tanker ship)는 원유, 액화가스, 화공약품 등 액상화물의 운송에 적합하도록 제작된 유조선을 말한다. 탱커는 원유와 정제유조선을 중심으로 최근 크게 발달하고 있어 세계 선박의 약 45%를 점유하고 있으며 '탱커선'이라고도 부른다.

탱커에는 원유나 정제도가 낮은 중유를 운반하는 원유 유조선(dirty tanker)과 정제도가 높은 휘발유, 경유, 석유를 운반하는 정제 유조선(clean tanker)이 있다.

또한 부식성, 인화성, 유독성 등을 지닌 액상화공약품을 Drum 등의 용기에 넣지 않고 운반하는 화공약품 운반선(chemical tanker), 액화석유가스(liquefied petroleum gas)를 운송하는 LPG Tanker, 액화천연가스(liquefied natural gas)를 운송하는 LNG Tanker, 그리고 아스팔트, 피치(pitch), 보일러용 벙커유 등 일정한 온도를 유지해야 하는 정유 잔류물 운반선과 당밀운반선(molasses tanker) 등 특수 액체운반선이 있다.

〈그림 2-1〉 선박의 분류

- 상선
  - 여객선
    - 객선(passenger ship), 화객선(cargo-passenger ship)
    - 이민선(immigration ship), 순례선(pilgrimage ship), 카페리(car ferry)
    - 유람선(pleasure ship), 전시선(exhibition ship)
  - 화물선
    - 건화물선
      - 일반화물선
        - 정기선
          - 컨테이너선(container ship)
          - 재래정기선(general cargo ship)
        - 부정기선
          - 일반부정기선(tramper)
          - 산물선(bulk ship)
      - 전용선
        - 광석전용선(ore ship)
        - 석탄전용선(coal ship)
        - 자동차전용선(car ship)
        - 목재전문선(log ship)
        - 곡물전용선(grain ship)
      - 겸용선
        - 광석·원유겸용선(ore/oil ship)
        - 광석·산화물·원유겸용선(ore/bulk/oil ship)
        - 자동차·산화물겸용선(car/bulk ship)
        - 컨테이너·산화물겸용선(container/bulk ship)
      - 특수선
        - 냉장선(refrigeration ship)
        - 동물운반선(livestock ship)
        - 중량물운반선(heavy cargo ship)
        - RoRo선(roll on/roll off ship)
        - LASH선(lighter aboard ship)
        - 만능선(combi or omni ship)
        - 터그·바지선(tug-barge ship)
    - 탱커
      - 유조선
        - 원유유조선(crude oil tanker)
        - 정제유조선(clean tanker)
      - 특수액체운반선
        - 화공약품운반선(chemical tanker)
        - LPG탱커(LPG tanker)
        - LNG탱커(LNG tanker)
        - 당밀운반선(molasses tanker)

3) 선박의 톤수

선박의 크기는 용적(measurement)뿐 아니라 중량(weight)으로도 표시되며, 특히 화물선은 선박이 적재할 수 있는 화물의 용적과 중량으로 그 크기를 표시하고 있다.

국제적으로 사용되고 있는 톤(ton)은 용적과 중량인데, 용적으로는 $40ft^3$(=1.1327㎥)와 중량으로는 Long Ton에 해당하는 2,240Lbs가 많이 사용되고 있다.

상선의 톤수 측정은 선박에 부과되는 각종 세금의 징수 목적에서 시작되었다. 선박의 톤수를 측정하는 방법은 각국의 법률 마다 다르게 규정하고 있는데 우리나라에서는 '선박톤수의 측정에 관한 법률'에 의거하여 측정하고 있다.

(1) 용적톤수

용적톤수(space tonnage)는 선박에 한정하여 사용된다. 선박의 용적을 톤으로 환산할 때에는 1㎥(1×1×1m=$35.3147ft^3$)을 1톤으로 산출한다. 용적톤수로 표시하는 것으로는 총톤수와 순톤수가 있다.

① 총톤수

총톤수(Gross Tonnage, G/T)는 선박 내부의 총 용적량으로서 상갑판 이하의 적량(모든 공간)과 상갑판 이상의 밀폐된 정도의 적량을 합한 것이다. 이 경우 총 용적에는 선박의 안전과 위생 항해 등에 이용되는 장소는 제외된다.

일반적으로 상선의 크기를 말할 때는 총톤수로 표시한다. 총톤수는 선박의 수익 능력과 각국의 보유 선복량(해운력)을 비교할 때 이용되며 각종 통계를 비롯하여 관세, 등록세, 소득세, 도선료(pilotage), 각종 검사료 및 모든 세금과 수수료의 산출 기준이 된다.

일반화물선에서 총톤수를 100으로 할 때 보통 순톤수는 65, 배수톤수는 210, 재화중량톤수는 150이 된다.

② 순톤수

순톤수(Net Tonnage, N/T)는 여객이나 화물의 운송 용도로 제공되는 선박 안의 장소의 크기를 나타내는 지표이다. 선박의 총톤수에서 선박 운항에 이용되는 부분(기관실, 선원실, 조타실 및 해도실, 선용품 창고 등)의 용적을 제외한 나머지 부분을 톤수로 환산한 것이며 여객이나 화물수송 등 상행위에 직접적으로 사용되는 수용 용적이다.

순통수는 보통 총톤수의 약 65% 정도에 해당하며 단위는 100입방피트를 1톤으로 산출한다. 순톤수는 직접 상행위를 하는 용적이므로 항세, 톤세(tonnage tax), 운하 통과료, 등대사용료, 항만시설 사용료의 세금을 산출하는 기준이 된다.

(2) 중량톤수

중량톤수(weight tonnage)는 배수톤수와 재화중량톤수가 있으며 해수 1㎥의 무게로 측정한다. 톤의 종류에는 Long Ton(LT), Short Ton(ST), Metric Ton(MT)이 있다. 이중에서 Long Ton이 국제적으로 가장 널리 사용되고 있다.

① 배수톤수

선박의 중량은 선체 수면아래 부분의 용적에 상당하는 물의 중량과 같은데 이 물의 중량을 배수톤수(displacement tonnage)라고 한다. 그러므로 배수톤수는 선박의 전체 중량을 의미하며 배수량이라고도 한다.

빈 배의 총 중량에 화물, 선용품, 연료, 물 등의 중량물을 채웠을 경우 선박이 배제하는 물의 중량을 나타내기 때문에 이와 같은 명칭을 사용하게 되었다.

배수톤수는 화물의 적재 상태에 따라 다르기 때문에 어떤 선박의 배수톤수라고 하면 만재상태에서의 선체의 중량을 말하는 것이 일반적이다. 그러므로 상선의 크기는 일괄적으로 배수톤수로는 나타낼 수 없다.

그러나 군함에서는 군함이 완성되어 무기, 탄약, 화약, 승무원, 식량 등을 탑재하므로 군함의 대소를 표시하는 경우에는 배수톤수를 국제적으로 통일하여 사용하고 있다. 따라서 배수톤수는 주로 순양함이나 군함의 경우에 주로 사용된다.

② 재화중량톤수

재화중량톤수(Dead Weight Tonnage, DWT)는 적재화물이나 연료, 선용품, 청수(clear water) 등 선박이 적재할 수 있는 화물의 최대 허용중량을 말하는 것으로 영업상 가장 중요시되는 톤수이다. 재화중량톤수는 주로 선박의 매매나 용선료를 산출하는 기준이 되며 만재중량톤수라고도 부른다.

재화중량톤수에서 연료, 청수, 식량, 선용품, 선원과 승객 및 이들이 소지하는 물품 등을 제외한 중량은 순 재화중량(net dead weight) 또는 수송능력이라고 하는데 이것이 실제로 선박에 적재 가능한 화물의 최대중량이 된다. 순 재화중량은 대개 산물선은 95%, 유조선은 96% 정도의 무게에 해당한다.

(3) 운하톤수

지중해, 홍해, 인도양을 연결하는 수에즈 운하(Suez-canal)와 남북아메리카 대륙을 연결하는 파나마 운하(Panama canal)에서는 그들 특유의 측량법에 따라 운하 통과료를 부과하고 있다. 이 톤수를 각각 수에즈 운하톤수와 파나마 운하톤수라고 한다.

4) 편의치적과 선급제도

(1) 편의치적제도

① 의의

선박에는 재산세와 소득세 등 각종 세금이 부과되고 운항도 선원법 등의 규제를 받게 된다. 이러한 이유로 선주들은 세금이 싸고 운항 규제가 심하지 않은 라이베리아, 파나마, 바누아투 등 이른바 조세피난처(tax heaven)에 현지법인을 설립하고 이 법인을 선주로 하여 국적을 그 국가로 옮기게 된다.

편의치적(便宜置籍, Flags of Convenience, FOC)은 선주가 소유하고 있는 선박을 자국이 아닌 제3국에 등록하는 제도를 말한다.

즉, 선주가 속한 국가의 엄격한 요구조건과 의무부과를 피함으로써 세금을 줄이고 값싼 외국인 선원을 승선시키기 위해 선주가 소유하고 있는 선박을 자국에 등록하지 않고 편의상 라이베리아나, 파나마 등 제3국의 국적을 취득하는 것이다.

편의치적은 그리스, 미국, 일본 등 주로 선진해운국의 선주들이 하며, 주요 편의치적국은 라이베리아, 파나마, 온두라스, 바하마, 필리핀, 싱가포르 등이다.

편의치적은 16세기경 영국 선박이 스페인에 치적하면서 시작되었다. 당초의 편의치적은 높은 세금을 피해 세율이 낮은 국가로 옮김으로써 세제상의 혜택을 받는데 그 목적이 있었다. 그러나 오늘날에는 주로 선진국의 고임금과 노동조합 때문에 후진국의 저임금과 노조가 없는 곳으로 선원문제의 해결을 위해 편의치적을 한다.

② 장단점

선주들이 편의치적제도를 이용하게 되면 다음과 같은 장점이 있다.

첫째, 고임금의 자국 선원을 승선시키지 않아도 되기 때문에 선원 공급을 자유롭게 선택하는 자유재량 권한을 가지게 된다.

둘째, 편의치적국은 자국에 등록할 때 납부해야 하는 등록세(registration tax)와 매년 징수하는 소액의 톤 세 이외에 선주의 소득에 대해 일체의 조세를 징수하지 않기 때문에 선주들로서는 조세를 회피할 수 있다.

셋째, 편의치적국들은 선박의 운항이나 안전기준 등에 대하여 거의 규제를 하지 않기 때문에 운항의 융통성을 가질 수 있으며 운항 및 안전기준의 이행도 회피할 수 있다.

그러나 편의치적국의 입장에서는 명목상 선복보유국일 뿐 저렴한 등록세와 재산세의 취득 이외에는 아무런 소득이 없다. 이렇기 때문에 자국의 해운산업 육성에 노력을 기울이고 있는 개발도상국들은 이러한 편의치적제도에 크게 반발하고 있다.

(2) 선급제도와 선급협회

일반적으로 선박의 내항성(耐航性)은 선박의 선체나 기관에 이상이 없고 선장 이하 선원에 결원이 없으며 연료나 청수(淸水) 등 항해 준비를 모두 갖춘 상태를 말한다. 이를 선박의 감항성(seaworthiness)이라고도 한다.

선박이 내항성을 갖추었는지 여부는 선주나 하주 및 보험회사 등 이해당사자에게 매우 중요한 관심사항이지만, 내항성의 기준이 객관적으로 명백하지 않아 분쟁의 소지가 있어 왔다.

이에 따라 선박의 내항성을 객관적이며 전문적으로 판단하기 위해 선급(classification, 船級)제도가 만들어졌고 이를 담당할 기관으로 선급협회(Classification Societies)가 설립되었다. 선급은 구조 및 설비 등에 대한 검사를 통해 산정된 선박의 등급을 말한다. 일정 기준에 합격한 선박에 대해 선급협회가 선급증서를 발행함으로써 선급이 부여된다.

선급제도가 최초로 마련된 것은 1760년에 'Green Book'이라는 선박등록 명부를 만들면서 시작되었다. 그러나 이 선급은 보험업자들만이 활용할 수 있는 기구였다. 이에 상대적으로 불리해진 선주들은 그들끼리 단결하여 새로운 선급을 출범시키게 되었다.

1834년에는 위의 두 선급을 통합하여 오늘날의 로이드 선급(Lloyd's Register)이 탄생하게 되었다. 즉, 영국의 보험업자단체인 로이드(Lloyd)협회가 선체 및 기관 등을 검사하고 여기에 선급을 부여하면서 선급제도가 본격화된 것이다.

선급이 하나로 통합된 후로는 엄격한 선급규칙(Book of Rule)을 제정하여 이 규칙에 따라 선급을 결정하고 있다. 선급협회가 규정한 선박의 등급은 선박의 매매, 용선, 선체와 적하의 해상보험료 등을 산정하는 기준이 된다. 세계적으로 명성이 있는 선급협회는 로이드선급협회로 영국 선박의 약 80%와 세계 총선박의 약 30%가 이 협회의 선급을 가지고 있다.

그 외 미국의 American Bureau of Shipping(AB), 일본의 일본해사협회(NK) 선급 등이 있다. 우리나라도 독자적인 선급제도가 필요하여 1960년에 한국선급협회(Korea Register of Shipping, KR)를 창설(1987년 한국선급으로 개명)하였고, 선박안전법에 따라 선박을 검사하는 국가대행기관으로 한국선급을 지정하였다.

우리나라는 1988년에 중국과 함께 국제선급협회(IACS, International Association of Classification Societies)의 정회원이 됨으로써 선진 해운국인 것을 대내외적으로 인정받게 되었다. IACS의 정회원은 우리나라를 비롯한 11개국이다.

선박이 특정 선급을 얻기 위해서는 선급 검사관(surveyor)의 엄격한 감독 하에 선급규칙에 맞추어 건조되어야 하는데, 우리나라의 경우 현재 선박의 총 등록톤수가 100톤 이상인 항양선(ocean-going vessel)은 한국선급의 감독 하에 건조되고 있다.

또한 일정한 선급을 계속 유지하기 위해서는 매년 지정된 곳에서 일반검사(survey)를 받고 4년마다 정밀검사(special survey)를 받도록 하고 있다.

2. 항만

1) 의의와 중요성

항만(harbour, harbor)은 해상과 육상운송의 교차점으로 선박이 안전하게 출입하고 정박할 수 있도록 화물의 원활한 적재와 양하(揚荷, 양륙)를 위한 시설이 갖추어진 상태로 산업활동이 이루어지고 있는 일정한 장소를 말한다.

보통 항만은 선박이 풍파를 피해 비교적 안전하게 피난하거나 정박할 수 있는 내항을 의미하며 주로 해상교통과 육상교통의 접속지 역할을 하기 때문에 해륙(海陸) 양면으로 입지조건이 좋아야 하고 항만시설 외에도 교통시설, 보관시설 등을 충분히 갖추고 있어야 한다.

2) 항만과 항구의 구분

일반적으로 항만은 항구와 동의어로 사용된다. 그러나 항만(harbour)은 선박이 입출항하고 화물의 하역과 보관, 처리 및 정박을 위한 충분한 수심과 넓은 접안시설, 하역장비와 창고, 화물장치장과 육상교통과의 연계, 입출항에 필요한 세관과 검역시설, 화물의 조립·가공·포장·제조 등 부가가치 창출을 위한 여러 부대시설들이 갖추어져 있는 장소이다.

이에 비해 항구(port)는 접안시설을 중심으로 한 부두구역으로 여객의 승강과 화물의 적재와 양하에 필요한 시설을 구비한 장소이다. 항만은 넓은 항만구역을 의미하고 항구는 접안시설을 중심으로 한 좁은 부두구역이나 선박이 입·출항하는 항의 입구를 의미한다.

한편 항만은 외부가 섬, 암초 등이 천연의 지형에 의하여 성립된 것으로 선박이 안전하게 출입 및 정박할 수 있는 자연적으로 보호된 수역을 의미하고, 항구는 방파제, 안벽, 야적장 등 인공적인 구조를 가미한 것으로 인공적으로 수륙연결 기능을 갖추고 승객 또는 화물의 하역에 관한 제반활동이 이루어지는 장소를 의미하기도 한다.

과거 항만은 천연적으로 지형조건을 갖춘 포구를 중심으로 발전되었지만 최근에는 자연적 조건뿐 아니라 인공적 시설을 충분히 갖춘 항만들이 많이 개발되고 있다.

3) 기능

항만은 조선업과 해운산업을 발전시키고 무역거래를 증진시키며 항만과 관련된 산업들을 접·간접적으로 발전시킨다. 그리고 승객이나 물동량 수송을 위한 해상과 육상의 연결지점을 담당하면서 자원의 세계적 배분을 위한 국제간 연결지점의 역할을 수행하고 있다.

또한 항만은 교통, 배분, 고용창출, 국위선양, 국방, 도시개발, 관련 서비스산업을 발전시키는 기능들도 수행하고 있다.

4) 종류

항만은 사용목적, 법률, 성립원인, 성립요건(건설방법), 지형, 결빙여부, 지질, 개폐여부 등에 따라 다음과 같은 종류가 있다.

〈표 2-1〉 항만의 종류

구분	종류	내 용
사업목적에 의한 분류	상업항 공업항 어 항 군 항 피난항 검역항	• 무역거래나 국내 상거래를 하는 항구 (부산항, 인천항, 목포항, 여수항, 제주항 등) • 공업원자재나 제품수출입을 주로 하는 항구 (울산항, 포항, 목포항, 창원항 등) • 어획물의 양하를 주로 하는 항구 • 군사적 목적을 주로 하는 항구(진해항) • 예상할 수 없는 해상에서의 위험을 면하기 위해 혹은 선박의 수리나 연료충전 등과 같이 항해를 지속할 목적으로 기항하는 항해일정에 없는 항구 • 전염병 등의 감염 여부를 조사하기 위해 지정한 항구
법률에 의한 분류	개 항 불개항 자유항	• 외국무역선의 입출항이 자유로운 항구 • 국내선 선박만이 출입할 수 있는 항구 • 중계무역이나 가공무역을 진흥하기 위해 관세를 부과하지 아니하고 선박의 입출항 및 화물의 가공·제조 등을 자유롭게 허용하는 항구(홍콩)
성립원인(건설방법)에 의한 분류	천연항 인공항	• 섬, 암초 등에 둘러싸여 자연적으로 형성된 항구(목포항, 원산항) • 주로 방파제 등에 의해 인공적으로 건설된 항구(부산항, 묵호항)
지형에 의한 분류	연안항 하구항 호 항 하천항	• 해안에 연한 항구(거의 대부분의 모든 항) • 하구에 있는 항구(신의주항, 군산항) • 호수에 있는 항구(미국 바포르항) • 하천에 형성된 항구(런던항, 함부르크항)
결빙여부에 의한 분류	동 항 부동항	• 결빙시 사용하지 못하는 항구 • 결빙의 영향을 받지 않는 항구
지질에 의한 분류	사빈항 암반항	• 해저기반이 모래로 되어 있는 항구(포항항) • 해저기반이 단단한 바위로 되어 있는 항구
개폐여부에 의한 분류	개구항 폐구항	• 조차가 크지 않아 항상 항구가 열려 있는 항구(기의 모든 항) • 조차가 커 갑문을 설치한 항구(인천항)

5) 항만시설

항만시설은 수역시설, 외곽시설, 계류시설, 보관시설, 항만후생시설, 선박건조와 수리시설로 대별되지만 대표적인 것은 수역시설, 외곽시설, 계류시설이다.

좁은 의미의 항만시설은 계류시설 중 부두, 안벽, 잔교 등과 항만 하역장비를 의미한다.

(1) 부두

부두(wharf)는 화물의 적재와 양하, 여객의 승선과 하선을 위해 석재나 콘크리트로 물 밑에서 수직으로 쌓아 올린 구조물로 안벽과 잔교가 여기에 포함된다.

보다 넓은 의미로 부두는 화물처리시설, 보관시설, 선박보급시설, 항만후생시설, 대합실 등의 여객시설 등의 육상 부분들도 포함한다. 부두는 일반 공공부두, 전용으로 이용하는 전용부두, 특수화물을 취급하는 전문부두로 구별된다.

(2) 안벽

안벽(Quay, Berth, 岸壁)은 화물의 적재와 양하, 여객의 승선과 하선이 직접 이루어지는 구조물로 해안에 평행하여 해저에서 수직으로 구축된 벽이다.

안벽의 부속물로는 접안시 선박과 안벽이 충돌할 때 충격을 완화하기 위해 안벽에 부착된 목재나 고무재료로 만든 펜더(Fender), 선박을 밧줄을 이용하여 계류하기 위해 필요한 안벽에 견고하게 설치된 석제나 강철제의 짧은 기둥인 계선주(Bitt, Mooring, Bollard)가 있다.

(3) 잔교

잔교(Pier, 棧橋)는 선박을 접안 및 계류하여 화물의 하역과 여객의 승선과 하선이 용이하게 이루어지도록 목재, 철제, 철근 콘크리트 등으로 만든 교량 형태의 긴 구조물이다.

(4) 항만 하역장비

항만 하역장비(loading and discharging facilities)는 선박의 가동 능력에 큰 영향을 미치는 동시에 항만의 경제적 가치를 결정하는 중요한 요소이다. 해상과 육상 기중기 등의 모든 운반기기 및 벨트 컨베이어가 대표적이다.

기중기(crane)는 중량물을 적재와 양하할 때 또는 이동시 사용하는 기구로 컨테이너 터미널에 설치되어 있다. 이 크레인은 대부분 컨테이너 터미널 등 육상에 설치되어 있는 것이 일반적이지만 선상에 설치되어 있는 경우도 있다. 컨테이너 부두의 하역장비들 중에서 가장 기본이 되는 장비로 시간당 대당 30~40개의 컨테이너를 적재나 양하시킬 수 있다.

벨트 컨베이어(belt conveyer)는 기계부품이나 컨테이너의 운반뿐 아니라 석탄·광석 같은 산화물(bulk cargo)을 대량으로 운반할 때 주로 사용된다.

3. 우리나라 해상운송사업

우리나라 해운법에서는 해상운송사업(해운업)을 해상여객운송사업, 해상화물운송사업, 해운중개업, 해운대리점업, 선박대여업 및 선박관리업으로 구분하고 있다.

1) 해상여객운송사업

해상여객운송사업은 해상이나 해상과 연접한 내륙수로에서 여객선(13인 이상의 여객 정원을 가진 선박)으로 사람 또는 사람과 물건을 운송하거나 이에 수반되는 업무를 처리하는 사업을 말한다. 해상여객운송사업은 내항 여객운송사업과 외항 여객운송사업으로 구분되며 이는 각각 내·외항 정기여객운송사업과 내·외항 부정기여객운송사업으로 세분된다.

내항 정기여객운송사업은 국내항간에 일정한 항로와 일정표에 의하여 운항하는 해상여객운송사업이며, 외항 정기여객운송사업은 국내항과 외국항간 또는 외국항간에 일정한 항로와 일정표에 의하여 운항하는 해상여객운송사업이다.

내항 부정기여객운송사업은 국내항간에 일정한 항로나 일정표에 의하지 않고 운항하는 해상여객운송사업이며, 외항 부정기여객운송사업은 국내항과 외국항 또는 외국항간에 일정한 항로나 일정표에 의하지 아니하고 운항하는 해상여객운송사업이다.

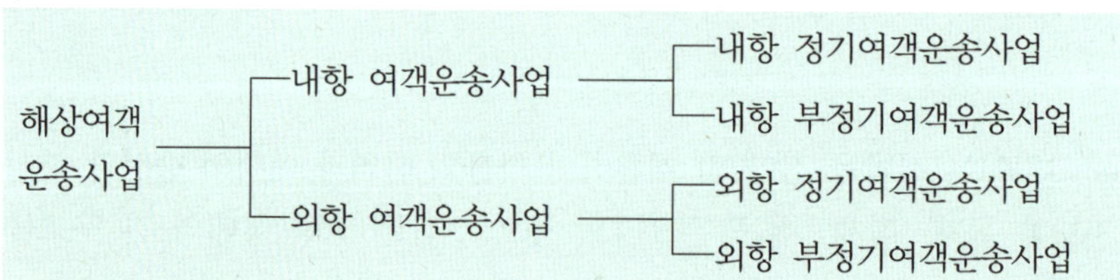

2) 해상화물운송사업

해상화물운송사업은 해상 또는 해상과 연접한 내륙수로에서 선박(부선이나 예선이 결합된 경우를 포함)으로 물건을 운송하거나 이에 수반되는 업무(용대선을 포함)를 처리하는 사업을 말한다. 해상화물운송사업은 내항 화물운송사업과 외항 화물운송사업으로 구분되며 이는 각각 내·외항 정기화물운송사업과 내·외항 부정기화물운송사업으로 세분된다.

내항 화물운송사업은 국내항간의 해상화물운송사업이며, 외항 정기화물운송사업은 국내항과 외국항간 또는 외국항간에서 정해진 항로에 선박을 취항시켜 정해진 일정표에 의해 운항하는 해상화물운송사업이다. 이에 반해 외항 부정기화물운송사업은 전술한 내항화물과 외항 정기화눌운송사업 외의 화물운송사업이다.

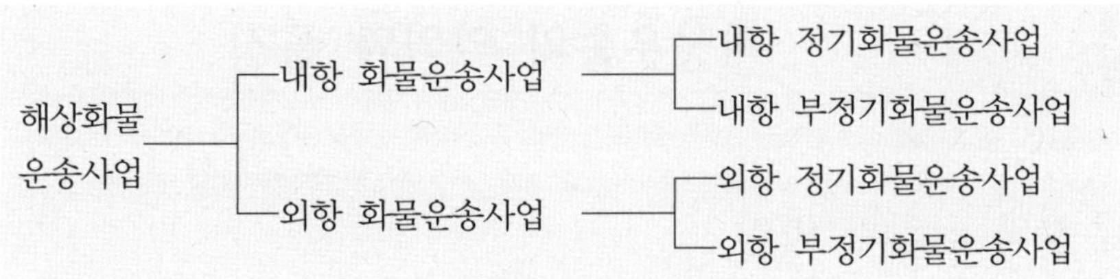

부선(barge, 艀船)은 항만 내부나 짧은 거리에서 화물을 수송하는 동력 장치가 없는 거룻배이며 예선(lighter, 曳船, 예인선)은 항행 능력이 없거나 항행이 곤란한 선박을 끌어당겨서 다른 장소로 옮기는데 사용되는 선박이다. 용대선(傭貸船)은 화물의 운송을 위하여 선박의 일부나 전부를 용선하거나 대선(貸船)하는 것을 말한다.

3) 해운중개업

해운중개업은 송하인과 수하인, 선주나 해상운송인 사이에 개입하여 화물의 중개뿐 아니라 화물수송에 필요한 선복(船腹)의 중개, 선박의 대여와 매매, 운항 등의 중개 및 대리 업무를 수행하는 사업을 말하며 Shipping Broker나 Chartering Broker라고 부른다.

4) 해운대리점업

해운대리점업은 여객이나 화물운송사업을 경영하는 자(외국인 사업자 포함)를 위해 그 사업에 속하는 거래의 대리를 하는 사업을 말한다. 해운대리점업을 영위하는 업체를 대리점 선사로 부르는데 이들은 주로 외국 선사의 대리인 자격으로 해운서비스를 제공하고 있다.

5) 선박대여업

선박대여업은 해상여객이나 화물운송사업을 경영하는 자 이외의 자가 본인이 소유하고 있거나 임차한 선박을 타인(외국인 포함)에게 대여하는 사업을 말한다.

6) 선박관리업

선박관리업은 해상여객운송사업, 해상화물운송사업 또는 선박대여업을 영위하는 자들로부터 선박관리나 선원관리 등의 업무를 수탁하여 대행하는 사업을 말한다. 여기에는 ① 통선(motor boat, 通船)으로 해상에 대기 중인 본선과 육상 사이에 화물 등을 운반하는 통선업(launching) ② 본선이나 선원이 필요로 하는 선용품 등의 공급업 ③ 선박의 청소, 폐유 등을 수집하는 선박청소업 ④ 선박용 연료유를 공급하는 선박급유업(bunkering) 등이 있다.

제 2 절 해상운송의 의의와 특징

1. 해상운송의 의의와 역할

1) 해상운송의 의의

해상운송(shipping by sea, ocean transportation, carriage by sea)은 해상에서 선박을 운송수단으로 하여 상업적인 목적으로 화물이나 여객을 운송하는 것을 말한다.

해상운송은 보통 '해운(marine transport, shipping, 海運)'이라고도 한다. 보통 해상운송은 상선을 통해 원양운송(ocean transport)되는 국제간의 화물운송을 의미한다.

해상운송은 항공운송과 육상운송에 비하여 대량운송, 운송비가 저렴한 경제성, 장거리 등의 특성을 가지고 있으나 신속성이나 정확성 등은 상대적으로 뒤떨어지는 편이다.

2) 해상운송의 역할과 중요성

역사적으로 보면 바다를 지배한 민족이나 국가들은 세계를 지배해 왔으며, 바다를 망각하고 바다와 더불어 살지 않았던 민족이나 국가들은 이들 해양 국가들의 식민지로 전락하여 왔다. 이렇듯 해상은 우리들의 삶과 밀접한 관계가 있다.

해상운송은 무역거래에서 가장 오래전부터 이용되어 왔으며 오늘날에도 세계 전체 수출입 물량의 약 80%에 달하는 물동량이 해상으로 운송되고 있다.

삼면이 바다이고 경제발전의 원동력을 수출입에 절대적으로 의존하고 있는 우리나라도 해상운송을 통해 대부분의 화물을 수송하고 있다. 최근에는 해외 직구 등 국제전자상거래의 급증으로 항공운송의 수요가 크게 증가하고 있지만 무역화물의 수량면에서는 아직도 해상운송이 압도적인 비중을 차지하고 있다.

한편, 해상운송의 발달은 해양의 거리적 장애를 극복하고 재화를 용이하게 이전시킴으로써 여러 면에서 국가간 경제발달을 촉진한다.

보다 세부적으로 해상운송은 첫째, 국제간 물자교역의 촉진과 해당 국가의 경제를 성장시키는 역할 둘째, 자원의 효율적 배분 역할 및 국제적인 분업과 교환의 촉진 셋째, 해운중개업, 해운대리점업, 선박관리업 등 운송관련 서비스산업의 발전 넷째, 해상운임이나 용선료의 증대를 통한 국제수지의 개선 역할 다섯째, 조선업과 보험업 등 관련 산업의 발달 여섯째, 국력상징으로서 국위선양과 유사시 국방력의 역할 일곱째, 비상시 군수물자 보급과 군용 선박으로서의 임무는 물론 군사 작전에서 요원수송 등의 중요한 역할을 수행하고 있다.

2. 해상운송의 특징

해상운송은 육상운송이나 항공운송에 비해 다음과 같은 특성을 지니고 있다.

1) 대량운송성

해상운송의 가장 큰 특징 중의 하나는 대량운송이 가능하다는 점이다. 모든 운송수단 중에서 선박만큼 단위당 수송량이 큰 운송수단은 현재로서는 존재하지 않는다.

항공운송의 경우 신속성은 확보되지만 적재가 가능한 공간이 적기 때문에 수송량이 제한될 수밖에 없다. 철도운송의 경우에도 최근 화차의 수를 증가시키거나 연속하여 발차시킴으로써 단위당 수송량을 증가시키려고 노력하고 있다.

그러나 해상운송만큼 대량운송이 적합한 운송수단은 없다. 최근에는 선박 건조기술이 발달함에 따라 일시에 대량의 화물을 운송할 수가 있는 초대형 선박들도 등장하고 있다.

2) 경제성

해상운송은 대량화물을 비교적 낮은 비용으로 수송할 수 있다. 해상운송은 단위당 적재량이 매우 많기 때문에 비록 속도는 느리더라도 동일 비용 대비 항공운항이나 기차 및 자동차를 이용하는 육상운송보다 훨씬 저렴한 운임으로 화물을 수송할 수 있다.

3) 원거리성

해상운송은 원거리의 국제운송에 적합하다. 육상운송은 특정 지역이나 국가에 국한되지만 해상운송은 공해를 통한 원거리 운송이 가능하다. 특히, 해상운송은 원거리 운송에 따른 단위비용이 다른 운송수단에 비해 매우 저렴하기 때문에 무역거래에 가장 많이 이용된다.

4) 국제성

해상운송은 원거리의 국제간을 운송할 뿐 아니라 공해(open sea)라는 자유로운 해운시장에서 각국의 선사들이 경쟁하기 때문에 운송형태 중 가장 국제성이 뛰어난 운송방식이다.

5) 저속성

대부분의 화물선은 저속방식으로 운행되고 있기 때문에 여타의 운송수단에 비해 해상운송은 가장 느린 운송방식이다. 고속 컨테이너선도 겨우 33 노트(knot)에 지나지 않는다.

제3절 해상운송과 해상운송계약의 형태

1. 해상운송의 형태

해상운송은 선박의 운항 형태에 따라 정기항로(liner route)를 운항하는 정기선 운송과 부정기항로를 운항하는 부정기선 운송으로 구분된다. 정기선(liner)은 부정기선(tramper)에 대비되는 개념으로 컨테이너선을 의미한다. 정기선은 주로 일반화물과 컨테이너화물을 수송하고 부정기선은 주로 벌크제품이나 액체화물을 수송한다.

1) 정기선 운송

정기선 운송(liner service)은 선박회사(이하 선사라 함)가 동일 항로에 정기적으로 운항하는 선박인 정기선(liner)으로 운항하는 운송 형태를 말한다.

즉, 사전에 정해진 일정한 항로에 선박을 취항시켜 일정한 항해 일정(sailing schedule)과 운임률표(freight tariff)에 따라 반복적으로 운항하는 것을 공표하여 운송서비스를 제공하는 운송형태가 정기선 운송이다. 정기선 운송의 특징은 취항하는 선박의 항로, 기항지, 발착 일시, 일정 기간의 취항 척수 및 선박의 형태가 일정하다는 점이다.

정기선 운송에서 주종을 이루는 화물은 잡화, 기계류 등 화물의 적부(積付, stowage)에 특별한 설비나 취급이 필요하지 않는 일반화물(general cargo)들이며, 이들 화물들은 사전에 공표된 취항선의 일정에 따라 선적항에서 집하(gathering)가 이루어진다.

2) 부정기선 운송

부정기선 운송(tramper service)은 정기선 운송과는 달리 일정한 항로와 하주를 제한하지 않고 수송 수요에 따라 적당한 화물이나 하주만 있으면 요구하는 시기와 항로에 선박을 투입하여 운항하는 운송형태를 말한다. 부정기선 운송서비스에 사용되는 선박을 부정기선(tramper)이라고 한다. 부정기선 운송의 특징은 취항하는 선박의 항로, 기항지, 발착 일시, 일정 기간의 취항 척수 및 선박의 형태가 일정하지 않다는 점이다. 부정기 선박을 운항하는 해운업자를 부정기선업자라고 하며 하주는 이 업자와 용선운송계약을 체결한다.

정기선 운송은 주로 공산품, 잡화, 통조림, 면제품, 기계류 등 일반화물의 수출입에 이용되고 있는데 반해, 부정기선 운송은 유조선(tanker)에 의한 석유류 등 액체 전문수송이나 광석, 석탄, 곡류, 목재 등 대량화물을 운송하는데 주로 이용되고 있다.

2. 해상운송계약의 형태

해상운송계약(carriage contract of goods by sea, marine transportation contract)은 해상에서 선박으로 물품이나 여객의 운송을 인수하는 해상운송업자(선사)와 운송위탁자(하주) 사이에 체결되는 계약을 말한다.

해상운송계약은 운송 대상에 따라 해상화물운송과 해상여객운송으로 구분되지만 무역운송은 전자를 의미한다. 무역운송의 주요 형태는 정기선에 의한 운송과 부정기선에 의한 운송이 있다. 정기선으로 화물을 운송하는 경우에는 개품운송계약을 체결하고 부정기선으로 화물을 운송하는 경우에는 용선운송계약을 체결한다.

1) 개품운송계약

(1) 개품운송계약의 의의

개품(個品)운송계약(contract of carriage in a general ship)은 운송인(carrier)인 선사가 다수 하주(송하인)의 개별 화물을 운송하는 것을 약속하고 그 상대방인 운송위탁자 곧 하주가 이에 대한 대가로서 운임의 지급을 약속하는 계약이다. 즉 선박회사가 다수의 하주와 화물에 대한 운송계약을 개별적으로 체결하는 계약이다.

개품운송계약에 의한 운송은 개개의 화물을 운송하는 계약하에 불특정 다수 하주로부터 다양한 화물의 운송을 위탁받아 이들 화물을 혼재하여 운송하는 방식이므로 여러 하주로부터 개별적으로 선적요청을 받아 운송하고 규칙적이며 반복적으로 운항한다. 따라서 공급 측면에서 하주에게 안정적인 서비스를 제공해 준다.

개품운송계약은 선박이 여러 화물들을 불러 모으는 운송형태이므로 운송되는 화물들은 일반화물(general cargo)이나 포장화물(packaged cargo)들이 주종을 이룬다.

정기선로에 취항하는 정기선(liner)에 의한 운송의 대부분은 개품운송계약의 형태를 취하고 있으며 선박은 정기선이나 컨테이너선이 이용되고 있다.

개품운송계약은 법적으로 불요식계약(informal contract)이므로 개별 하주와 일일이 별도의 운송계약서를 작성하지 않고 선사 소정의 운송약관이 인쇄된 선하증권(B/L)을 발급함으로써 운송계약서를 대신한다. 즉, 개품운송계약에서 운송계약서는 따로 작성하는 것이 아니라 선적 후 운송인이 발행하는 B/L로 운송계약이 성립된 것으로 간주한다.

실무상 개품운송계약은 송하인(consigner)이나 그 대리인이 선사(shipping company)나 대리점 및 포워더(freight forwarder)가 발행하는 배선표를 상세하게 검토하여 적당한 선박을 선정한 다음, 선사에게 선복을 신청(shipping request, S/R)하고 운송인(선사)이 이를 승낙(booking)함으로써 체결된다.

(2) 개품운송계약의 특징

개품운송계약은 불특정 다수의 송하인으로부터 다종다양한 잡화나 일반상품을 운송하는데 활용되는 계약이다. 이러한 성격상, 개품운송계약의 체결은 필연적으로 정형화된 방식의 성격을 띠지 않을 수 없다. 따라서 별도의 개별 계약서를 작성하는 대신 운송조건을 일률적으로 정한 선하증권이 발행됨으로써 운송계약서를 대신하고 있다.

개품운송계약에서는 무역계약상의 무역조건(trade terms)이 무엇인가에 따라 선복(ship's space)의 확보 책임이 수출입자 누구에게 있는지가 결정된다.

예를 들어 FCA계약이나 FOB계약은 수입자가 선복을 확보할 책임이 있는 반면에, CFR계약이나 CIF계약은 수출자가 선복을 확보해야 할 책임이 있다.

2) 용선운송계약

용선(傭船, chartering)은 선주(ship owner, 船主)가 선박 이용자를 위하여 선박의 전부나 일부를 빌려 주어 이용할 수 있도록 하는 것을 의미하지만 타인 소유의 선박을 계약에 의하여 빌려 운항하는 것을 말하기도 한다.

용선운송계약(contract of affreightment by charter party, contract of sea carriage by charter party, contract by charter party, charter party)은 타인 소유의 선박을 세내어 일정한 조건을 정하여 차용할 때 적용되는 계약이다.

즉, 선주나 선박의 소유자 등 용선주(charterer)는 해상운송을 위해 선박의 전부나 일부를 1인 또는 소수의 용선자(charteree)에게 제공하고 용선자는 그 대가로 용선료(charterage)를 지급할 것을 약속하는 계약이 용선운송계약이다.

용선운송계약을 체결할 때에는 용선주와 용선자 사이에 각 계약마다 계약내용이 정해진 용선계약서(Charter Party, C/P) 또는 용선운송계약서를 작성한다. 이것은 이러한 쌍방 간의 약속을 공식적인 계약문서이다. 이 경우 송하인은 용선계약자(용선자)가 되며, 송하인과 용선주의 관계는 용선계약에 의해 구속받게 된다.

용선운송계약은 화물이 선박을 찾게 되는 형태이기 때문에 불규칙적인 운항이 이루어진다. 용선운송계약은 곡물, 석탄, 원목, 광석 등 1회의 적하가 대량인 벌크제품의 수송에 이용된다. 용선운송계약에서 이용되는 선박은 주로 중형 내지 소형의 부정기선이나 벌크선이며 이들 선박들은 정기선보다 저속으로 운행한다.

용선운송계약은 일부용선계약(partial charter)과 전부용선계약(whole charter)으로 구별된다. 전부용선계약은 다시 특정의 항구로부터 특정의 항구까지의 항해를 정하여 계약하는 항해용선계약(voyage charter)과 어느 일정한 계약기간을 정하여 계약하는 기간용선계약(time charter)으로 구분되며 특수한 형태의 나용선이 있다.

(1) 일부용선계약

일부용선계약(partial charter)이란 용선운송계약을 체결할 때 선복의 전부를 빌리는 것이 아니고 일부만 차용하는 경우에 체결되는 계약을 말한다.

(2) 전부용선계약

전부용선계약(whole charter)이란 용선운송계약을 체결할 때 선복의 전부를 빌리는 경우에 체결되는 계약을 말한다. 이것은 일부용선계약에 대비되는 것이며 전부용선계약의 대부분은 항해용선계약으로 이루어진다.

① 항해용선계약

항해용선계약(voyage charter)이란 어느 항구에서 어느 항구까지 화물의 운송을 의뢰하는 하주(용선자)와 선주인 선사(용선주)간에 체결되는 용선계약을 말한다. 항해용선계약은 기간용선계약에 반대되는 개념으로 항로용선계약(trip charter)이라고도 부른다.

항해용선계약은 원칙적으로 1회 항해를 단위로 하고 용선료는 화물 1톤 당 얼마로 정해지며, 선주는 모든 장비와 선원을 갖춘 선박을 대여하고 운항에 필요한 모든 비용을 부담할 뿐 아니라 선박의 지휘권과 선장 및 기타 선원의 임명과 관리권, 정박기간, 체선료, 조출료 조항을 통해 하역기간 등도 통제하는 권한을 가지게 된다.

항해용선계약에서 용선자는 선복만을 이용하고 일정한 항해를 기초로 용선료를 부담한다는 점에서 기간용선계약이나 나용선계약과 구별된다. 항해용선계약에서 용선료는 예상 항해기간이나 화물량에 의해 결정된다.

항해용선계약은 운임(용선료)을 결정하는 방식에 따라 다음과 같이 구분된다.

첫째, 항차용선계약은 실제의 선적량(수량이나 중량 등)에 따라 운임을 계산하는 방식으로 중량용선계약이라고도 부르며 용선자에게 유리한 계약방식이다.

둘째, 선복용선계약(lump sum charter)은 실제 적재량과 관계없이 항해 한 번에 대한 용선료를 포괄적으로 약정하는 선복운임(lump sum freight)에 의해 이루어지는 계약방식이다. 이 방식은 주로 목재, 석탄, 광석, 곡물류 등을 일반화물과 혼재함으로써 정확한 적재량의 산정이 어려운 경우에 이용되며 선주는 부적(dead space)을 걱정할 필요가 없기 때문에 선사에게 매우 유리한 계약방식이다.

셋째, 일대용선계약(daily charter)은 화물을 선적하는 날로부터 양하(unloading)할 때까지의 날짜를 하루당 얼마로 선복을 임대하는 계약이다. 즉, 선적항에서 본선에 화물을 적재(loading)한 날부터 기산하여 계약에서 지정된 목적항까지 운송하여 화물을 최종적으로 인도할 때까지 사이에 1일(24시간) 당 얼마로 용선료를 정하여 일대(日貸)하는 계약방식이다.

② **기간용선계약**

기간용선계약(time charter)이란 선박의 전부를 일정한 기간을 정하여 용선하는 계약을 말하며 정기(定期)용선계약이라고도 한다. 기간용선계약은 대부분 전부용선(whole charter)이 이루어진다. 왜냐하면 이 계약에서 선주는 일체의 선박용구를 갖추고 선원을 승선시키는 등 선박의 운항 상태를 갖추어 선박을 소정의 항구에서 용선자에게 인도하기 때문이다.

기간용선계약에서 용선료는 본선의 재화중량톤수에 대해 지급하며, 기간단위로 용선료를 계산하기 때문에 정박기간이나 체선료 약관을 둘 필요가 없다. 이 계약에서 선주는 선원비, 수선비 등 고정비용을 부담하고 용선자는 연료비 등 변동비용을 부담한다.

(3) 나용신계약

① **의의**

나용선(裸傭船) 계약(demise charter, bareboat charter, 선체용선계약)이란 용선자(임차인)가 용선주(임대인)로부터 선박만을 일정 기간 임대하여 선장, 선원, 승무원 및 연료나 장비 등 인적·물적 요소나 운항에 필요한 모든 비용을 부담하여 선박에 대한 실질적인 지배권을 획득하는 계약을 말하며, 선박의 임대차계약이라고도 한다.

일반적인 용선운송계약은 선주가 선박과 함께 선원도 제공하도록 되어 있다. 그러나 나용선 계약은 용선자가 일종의 대차방식에 의해 선원의 수배는 물론 운행에 관한 일체의 모든 감독 및 관리 권한까지 행사한다. 따라서 용선자는 선장을 통해 선박을 점유 지배하는 권한과 운항권한 등에 대해 일시적으로 선주의 지위를 취득하게 된다.

나용선 계약에서는 용선자가 선장과 선원을 고용하기 때문에 선장이나 선원의 과실로 인한 책임은 당연히 용선자가 부담하게 된다.

② **기타 용선운송계약과 차이**

나용선 계약과 순수한 용선운송계약의 중요한 차이점이 있다. 전자의 경우 용선자는 선장을 통하여 선박을 점유 지배하고 일시적으로 선주의 지위를 취득하는 것은 물론, 용선자 자신이 선용품, 연료 등을 선박에 공급하고 선장 및 승무원을 고용함으로써 선원의 수배와 운행에 관한 일체의 감독 및 관리 권한까지를 행사한다. 이에 반해 후자의 경우는 선박의 점유나 지배를 용선자에게 허용하지 않는다.

③ **나용선 계약의 표준서식**

나용선 계약의 주요 표준서식(form)은 발틱국제해운동맹에 의거하여 1972년 9월에 제정된 Barecon A와 Barecon B, 그리고 뉴욕상품거래서(The New York Produce Exchange)가 제정한 Bareboat Charter Party가 널리 사용되고 있다.

〈표 2-2〉 정기선 운송과 부정기선 운송의 비교

구 분	정기선 운송	부정기선 운송
화물유형	이종화물 완제품과 반제품이 주요 대상화물 고가의 화물이 주종	동종화물 대량의 벌크화물이 주요 대상화물 저가의 화물이 주종
이용하주	불특정 다수	특정 소수(대기업 및 종합상사)
운송계약	개품운송계약 체결 선하증권(B/L) 발행	용선운송계약 체결 용선계약서(C/P) 발행
선박	선박구조 복잡	선박구조 단순
조직	대형조직	소형조직
운항항로	정해진 항로를 규칙적으로 기항	항로를 자유롭게 선택
운송인	대형조직, 일반운송인	소형조직, 일반운송인(common carrier) 또는 사적운송인
해상운임	운임율표(tariff)에 의거하여 부과 부정기선에 비해 높은 운임	별도 운임율표 없음 수요와 공급에 의해 탄력적 결정 비교적 낮은 운임
해운동맹 가입여부	해운동맹 주도	비해운동맹(non-conference)

〈표 2-3〉 개품운송계약과 용선운송계약의 비교

구 분	개품운송계약	용선운송계약
운송형태	불특정 다수의 하주로부터 개별적으로 운송요청을 받은 개개 화물을 운송하는 형태	특정의 단일 하주의 특정 화물을 선적하기 위해 선박의 선복을 빌려주는 형태로 운송
선박	정기선(liner) 활용	부정기선(tramper) 활용
화물	컨테이너 화물이나 기타 단위화(unit)된 화물	원유, 철광석, 석탄, 곡물, 고철 등 대량 산화물(bulk cargo)
계약서	선하증권(B/L)이 운송계약의 추정적 증거서류로 역할	하주가 직접 여러 조건들을 운송인과 협의하여 용선계약서(C/P)를 교환
운임	Tariff Rate (공표된 운임)	Open Rate (수요와 공급에 따라 변동)
운임조건 (선내하역비)	Berth Terms(Liner Terms)	Berth Terms, FIO, FI, FO 협의

제4절 정기선 운송

1. 정기선 운송의 의의

정기선(liner, regular liner)은 동일 항로를 정기적으로 취항하고 있는 선박을 말하며 이러한 선박에 의한 운송을 정기선 운송(liner service)이라고 한다.

정기선 운송은 운항하는 선박 자체가 부정기선에 비해 고가이고 화물도 완제품 내지 반제품인 2차 상품을 주로 운송한다. 따라서 정기선 운임은 부정기선 운임보다 비싸며 정기항로에는 해운동맹이 결성되어 있다. 정기선은 컨테이너선과 일반 재래선으로 구분되지만 정기항로의 대부분은 컨테이너선이 투입되고 있다. 정기선을 운항하는 해운업자를 정기 선사 또는 정기선 해운업자(liner or shipping company)라 부르고 있다.

2. 정기선 운송의 특징

1) 운항형태

정기선은 배선표에 따라 특정의 운항 일정이 사전에 정해져 있고 이 항로를 정기적으로 출발하고 도착하기 때문에, 화물의 다소에 관계없이 일정에 따라 반드시 고정된 항로(route)를 취항해야 한다. 즉, 정기선은 정해진 특정 항로(designated ports)만을 왕복하여 규칙적으로 운항하기 때문에 선사는 만선 여부에 관계없이 공표된 운항 일정을 준수해야 한다.

2) 운송화물

정기선 운송은 공산품 등 불특정 다수 하주들의 일반화물이나 포장 및 단위화된 화물(unitized cargo)을 장거리로 수송하는데 주로 이용된다.

정기선 운송은 부정기선 운송보다 소량이지만 고가인 화물을 운송하므로 운임이 부정기선보다 비싸다. 정기선에 취항하는 선박의 형태는 컨테이너선과 일반 재래선이 주종을 이룬다.

3) 운임

정기선의 운임은 미리 운임률표(tariff)로 공시된 확정운임(fixed rate)이 적용된다. 서비스 자체가 불특정 다수의 하주를 대상으로 하는 공공성을 지니기 때문에 일정한 운임산정기준에 따라 미리 정해둔 운임률표를 공시하도록 하고 있다.

정기선 운송은 해운동맹으로 인하여 운임 자체의 변동 폭이 적고 운임이 안정적인 반면, 운송화물 자체가 완제품 내지는 반제품이 주종을 이루기 때문에 부정기선 화물에 비해 운임이 비싸다. 또 선사에서 제공하는 운임률표를 하주가 언제든지 열람할 수 있고, 운임이 변경될 때에도 통상적으로 미리 공시되기 때문에 운임을 어느 정도는 예측할 수 있다.

한편, 정기선은 운임에 있어 선사 마다 평등한 서비스를 제공하고 있다. 그 이유는 해운동맹은 특정 항로마다 품목별로 운임률을 결정하여 공시하고 동맹에 가입한 각국의 선사들은 그 결정을 준수할 것을 의무화하고 있기 때문이다.

이와 같이 정기선 운송은 공시된 운임률표를 따르기 때문에 부정기선처럼 자유롭게 운임을 결정하기 어렵다. 또한 정기선 운임에서는 Berth Term나 Liner Term를 사용하므로 적재와 양하의 하역비용 모두를 선주가 부담한다.

4) 운송인

정기선을 운항하는 운송인은 불특정 다수의 하주들을 상대로 운송서비스를 제공하는 일반운송인(common carrier) 또는 공중운송인(public carrier)이며 일반 하주들이 운송을 요청하면 금지품이 아닌 적법화물이고 선복의 공간이 있는 한 이를 거절해서는 안 된다.

그러므로 정기선 운송 서비스는 합법적인 화물을 취급하는 하주라면 누구나 이용할 수 있으며 모든 하주가 동일한 양식의 B/L을 발급받게 된다.

5) 운송계약형태

정기선 운송에서는 개품운송계약이 체결되지만 운송계약서는 작성되지 않고 운송계약의 증빙으로 선사가 선하증권을 발행하여 송하인에게 교부하고 이를 수령하면 송하인이 운송조건에 합의한 것으로 간주하는 것이 관행이다.

그것은 개별 하주와 일일이 운송계약을 체결하지 않고 미리 인쇄된 약관에 운송조건을 제시하면 이를 하주가 그대로 받아들이는 부합계약의 성질을 가지고 있기 때문이다.

5) 시장구조

정기선 운송에는 많은 항로에 취항하는 많은 선박들이 필요하고 막대한 자본을 요하는 위험도가 높은 사업이기 때문에 대규모 경영조직의 참여가 필요하다. 그러므로 일정 규모 이상의 선대를 보유 및 운항해야 하고 주요 기항지에 화물을 유치하기 위한 지점이나 대리점을 설치해야 하는 등 막대한 투자가 필요하며 투자의 회수기간도 장기간에 걸쳐 일어나는 자본집약산업이다. 따라서 대부분 소수의 대형 선사들에 의한 과점체제로 운영되고 있다.

3. 정기선 운송의 대상화물

정기선 운송은 주로 공산품과 같이 제품화되어 있거나 단위화된(unitized cargo) 일반화물들을 운송하고 있지만 기타 특수한 화물들도 운송한다.

1) 일반화물

일반화물(general cargo)은 특별한 취급이나 적부(stowage)를 필요로 하지 않는 화물을 말하며 잡화라고도 부른다. 이 화물들은 특수화물(special cargo)과 구별되는 화물로서 특별한 취급이나 적부를 필요로 하지 않는 화물이다.

일반적으로 정기선 운송에 적합하고 적량으로 포장되어 하역작업이 쉽고 다른 화물과 함께 적재하는 것이 용이한 화물들이 일반화물에 포함된다. 여기에서 적부는 선박과 화물의 안전을 위해 선박 내에서 계획적으로 행하는 화물의 배치작업을 말한다.

(1) 정량화물

정량화물(fine or clean cargo)은 다른 화물과 혼재하거나 접촉하여도 다른 화물을 손상시킬 우려가 없고 그 내용물도 청결하고 건조된 화물을 말한다. 직물, 면제품, 도자기, 종이류, 통조림 등이 여기에 해당한다.

(2) 조잡화물

조잡화물(rough cargo)은 오염, 융해, 또는 분말이나 악취를 발산하여 다른 화물도 오손(汚損)시킬 우려가 있는 화물을 말한다. 더러운 화물, 먼지가 나는 화물, 냄새나는 화물, 생피혁, 어분, 시멘트, 흑연 등이 여기에 해당한다.

(3) 살적화물

살적(撒積)화물(break bulk cargo)은 화물 하나하나의 크기가 다르고 서로 분리되어 있기 때문에 컨테이너화 되지 않고 재래선박으로 운송되는 화물을 말하며 요트(yacht)처럼 크기가 커서 컨테이너에 적입(積入)할 수 없는 화물이 대표적이다. Bulk Cargo는 석탄이나 목재와 같이 포장하지 않고 벌크선으로 운송되는 화물을 말한다.

(4) 액상화물 및 단위화물

액상화물(liquid cargo)은 액체나 반액체의 내용물을 드럼통, 나무통, 병, 항아리 등의 용기에 넣은 화물로 유류나 주류 등을 말한다. 단위화물(unit cargo, container cargo)은 포장용기나 컨테이너 용기에 포장되어 있는 화물을 말한다.

2) 특수화물

특수화물(special cargo)은 화물의 성질이나 중량 등이 특수한 화물을 말하며 이러한 화물의 적부에는 특수한 설비나 별도의 조치가 필요하다. 그러므로 이러한 화물들에는 일반화물과는 달리 할증운임과 할증보험료가 부과되는 것이 일반적이다.

(1) 위험화물(dangerous cargo)

첫째, 휘발유나 알코올과 같은 발화성 화물(inflammable cargo)과 화약류나 탄약 등과 같은 폭발성 화물(explosive cargo)이 해당한다.

둘째, 우라늄광과 같은 방사성 화물(radio-active substances)과 탄산가스나 일산화탄소와 같은 압축·액화가스(compressed or liquid gas)가 해당한다.

셋째, 암모니아 가스 등과 같은 유독성 화물과 누출될 경우 기계적 손상이나 다른 화물을 파손시킬 수 있는 부식성 화물이 해당한다.

(2) 부패성화물 및 고가화물

부패성화물(perishable cargo)은 부패나 변질하기 쉬운 화물로 과일, 야채, 육류 등의 식료품을 말한다. 고가화물(valuable cargo)은 가격이 비싼 화물로 귀금속, 금은괴, 미술품, 화폐, 유가증권, 보석류 등을 말한다.

(3) 냉장 및 냉동화물

냉동 및 냉장화물(refrigerating or chilled cargo)은 부패방지나 신선도 유지를 위해 냉동이나 냉온으로 수송해야 되는 화물로 청과, 생육, 어류 등이 속한다.

(4) 동식물 및 중량화물

동식물(live stock and plants)은 양, 소, 개, 조류, 어류, 묘목 등을 말하며 이들은 사망이나 고사의 우려가 있으므로 운송 중에 특별한 관리나 보관이 필요하다.

중량화물(heavy cargo or heavy lift)은 기관차나 발전기 등 1개의 중량이 특별히 큰 화물을 말하며 이들의 수송에는 특수 장비가 요구되고 할증료도 부과된다.

(5) 용적화물 및 장척화물

용적화물(bulky cargo) 및 장척화물(lengthy cargo)은 1개의 용적이나 길이가 특별히 크거나 긴 화물을 말하며 대형기계나 교량과 같은 구조물이 여기에 해당한다. 이러한 화물들은 적재와 양하시에 특별한 설비나 기기들을 필요로 하므로 용적 및 장척할증료가 부과된다.

4. 정기선 운송의 취항선박

1) 재래화물선

재래화물선(conventional ship)은 컨테이너선과 대비되는 선박으로 일반잡화만을 적재하도록 설계되어 있는 선박을 말한다. 일반 화물선(잡화선)이라고도 하며 최근에는 전용선화와 컨테이너선의 보편화로 찾아보기 어려운 선박이 되었다.

2) 컨테이너선

재래화물선은 잡화를 하나하나 쌓았으나 컨테이너선(container ship)은 규격형의 상자인 컨테이너에 화물을 적입하여 운송하는 것에 적합하도록 구조를 갖춘 대형 고속화물선을 말하며 현재 세계 주요 정기항로에는 거의 이 선박이 운항되고 있다.

컨테이너선은 날씨에 관계없이 하역이 되며 하역 작업의 기계화가 가능하므로 수송능력이 2배 이상으로 향상된다. 그리고 도난 예방도 가능하며 화물 제작비도 대폭 절감되고 철도수송으로도 직결할 수 있는 혁신적인 운송수단이다. 또 컨테이너선은 선적지나 양하지에 모두 대형 기중기(gantry crane)를 설치한 컨테이너선 전용 안벽에 착안(着岸)하기 때문에 일반 화물선과는 달리 선박에 별도의 하역장치가 필요 없다.

한편 컨테이너선은 날씨에 관계없이 하역이 가능하므로 하역능력이 높아 선박의 가동률이 크게 제고되며 선형의 대형화가 가능하다. 재래선과 비교할 때 수송여건이 매우 유리한 컨테이너선의 출현은 재래선을 크게 쇠퇴시켰고 현재와 같은 컨테이너선 시대를 도래시켰다.

(1) 세미컨테이너선

세미컨테이너선(semi-container ship)는 일반 재래식 선창에 Cell Guide를 설치하거나 갑판 위에 설비를 장치하여 컨테이너도 동시에 적재할 수 있도록 되어 있는 컨테이너선으로 분재형 컨테이너선이라고도 한다. 컨테이너 전용선이 일반화되기 전인 1970년대까지 사용해온 선박으로 현재 극히 일부 지역에서만 사용되고 있다.

(2) 컨테이너 전용선

컨테이너 전용선(full container ship, 전용 컨테이너선)은 처음 제조할 때부터 갑판과 선창에 컨테이너만을 적재하도록 설계된 선박을 말한다.

컨테이너 적재는 6단까지 가능하며 갑판에는 전체 컨테이너의 30%를 적재될 수 있다. 이러한 선박을 컨테이너 전용선이라고 하며 이 선박은 배 위에 컨테이너를 싣고 내릴 수 있는 큰 기중기가 설치되어 있고 컨테이너를 차곡차곡 효과적으로 쌓을 수 있도록 설계되어 있다.

3) 다목적선

다목적선(multi-purpose ship)은 컨테이너 전용선과 달리, 컨테이너는 물론 산화물과 중량화물, 장척화물 등 다양한 화물을 선적할 수 있기 때문에 일반화물선과 벌크선의 기능을 함께 구비한 선박의 형태이다. 다목적선은 화물의 종류가 일정하지 않은 지역에서 화물수송 요구가 증가함에 따라 등장하였으며 정기선뿐 아니라 부정기선도 있다.

4) LO/LO선

LO/LO선(Lift On/Lift Off vessel, LO/LO vessel)은 하역 방식에 따라 컨테이너선을 분류하는 하나의 방식으로 컨테이너를 크레인 등을 사용하여 수직으로 컨테이너를 선박에 적재 또는 양하하는 선박의 형태이다. LOLO선은 컨테이너를 수직으로 포개어 쌓아 올리는 내부구조를 가지고 있기 때문에 RO/RO 방식보다 하역능률이 높으며 대부분의 컨테이너선에서는 이 방식을 사용하여 하역이 이루어지고 있다.

5) RO/RO선

RO/RO선(Roll On/ Roll Off vessel, RORO vessel)은 하역 방식에 따라 컨테이너선을 분류하는 하나의 방식으로 선미나 선측에 경사로(ramp)가 설치되어 있어 컨테이너를 이 램프를 통해 트랙터(tractor)에 연결하거나 Forklift로 들어 올려 선내로 그대로 들어가 적재 또는 양하하는 방식이다.

RO/RO선은 자동차나 철도 화차를 운송하는 Ferry Boat에서 종전부터 이용해 오던 방식으로, 일반적으로 자동차 전용선(Pure Car Carrier, PCC)이나 카페리(Car Ferry)가 여기에 해당된다. 무게가 상당한 경우에는 Ramp 중량을 확인하고 선적을 해야 하는 것에 주의해야 한다.

6) Float on/Float off선

Float on/Float off선(LASH, lighter aboard ship)은 부선(barge)에 컨테이너나 일반화물을 적재하고 부선에 설치되어 있는 크레인이나 엘리베이터(elevator)로 적재 또는 양하하는 방식으로 설계된 선박의 형태이다.

이것은 수직과 수평이동이 가능한 본선 선미에 위치한 대형 기중기를 이용하여 부선으로 항구에서 설비가 없거나 부족하여 컨테이너선이 기항할 수 없는 경우에 사용하며, 선박의 회전율을 높이고 화물 취급비용을 감소시키기 위해 개발되었다.

5. 정기선 운송의 운임

1) 정기선 운임의 의의

운임(freight)은 하주가 해상운송업자(선사)에게 운송계약에 따른 운송에 대한 대가로 지급하는 금전을 말한다. 운임은 해상운송업자의 수입에 가장 큰 영향을 미치는 요소이며 일반적으로 용적이나 중량을 기준으로 부과하는 것이 일반적이다.

2) 정기선 운임의 특징

정기선에서 운임은 원칙적으로는 시장경제의 원칙인 선복(ship's space)의 수요와 공급에 따라 결정된다. 그러나 정기선은 취항 항로 및 발착 일시에 제약이 있고 각 정기항로에는 그 항로에 취항선을 가지고 있는 선사들이 해운동맹(shipping conference)을 맺고 있기 때문에 정기선 시장에서의 운임경쟁은 뚜렷하게 제약되어 있는 반독점적 상태이다.

정기선 운임은 운송당사자간의 개별계약에 의거하여 결정되지 않고 해당 항로에서 화물마다 공표 운임률이 결정되어 공시되기 때문에 부정기선 운임에 비해 안정적이고 수급의 변동이 운임에 미치는 영향도 크지 않다.

이에 반해, 부정기선은 선사간의 화물 획득경쟁이나 하주 상호간의 선복 획득경쟁들이 모두 자유이고 운임도 양자의 합의에 의하여 결정된다. 즉, 부정기선 운임은 소위 자유경쟁 가격결정이론이 적용되기 때문에 오로지 운송 당사자간 직접 계약에 의해 약정되는 자유운임(open freight)이 원칙이고 수요공급의 변화에 대한 감수성도 상당히 강하다.

3) 정기선 운임의 구성

정기선 운임은 다음과 같이 크게 기본 운임과 화물의 형상, 항만사정, 화물의 특수성, 항해 여건상의 사유 등에 따라 부과되는 할증료 및 부대비용으로 구성된다.

기본 운임(basic freight rate)은 그 화물의 나름대로의 특성, 운임의 부담능력, 화물의 종류, 재질 등에 따라 품목별로 중량이나 용적 등을 기준으로 차등 부과된다.

할증료(surcharge)는 화물의 형상, 항만사정, 화물의 특수성, 항해 여건상의 사유 등에 따라 기본 해상 운임 외에 예기치 못한 상황으로 손실을 입을 경우에 추가적인 비용을 보전하기 위해 따로 부과되는 요금으로 항로별로 기본 운임의 몇 %로 정하거나 컨테이너 당 또는 톤당 일정액을 정하여 공시하는 형식을 취하고 있다.

부대비용(additional charge)은 선사들이 운항비의 증가나 운항 수입의 감소를 보전하기 위해 부가하는 것으로 추가비용, 제반비용 또는 부대요금이라고도 한다.

4) 정기선에서 기본 운임의 산정기준

정기선 운임은 화물의 모양이나 성질 등에 따라 산정되지만 그 기준은 일단 운송인(선사)에게 유리한 쪽으로 적용하여 산정된다.

따라서 정기선에서 선사는 중량 기준이 유리하면 중량을 적용하고 용적(부피)이 유리하면 용적을 적용하여 운임을 산정하게 된다. 이에 반해 부정기선의 운임은 중량을 기준으로 하는 것이 선사에게 유리하기 때문에 대부분 중량을 기준으로 적용한다.

(1) 중량기준(weight basis)

중량기준(weight basis)은 중량을 기준으로 운임을 산정하는 방법이다. 철강이나 화학제품 등과 같이 용적(부피)은 작지만 중량이 많이 나가는 화물들은 중량을 기준으로 운임이 책정된다. 중량기준 화물도 1 Long Ton = 2,240lbs(1,016kg), 1 Short Ton = 2,000lbs(907kg), 1 Metric Ton = 2,204lbs(1,000kg) 등 세 가지 톤 중에서 어느 것을 사용하느냐는 국가들 마다 적용기준이 상이하다. 실무에서는 1,000kg의 중량을 의미하는 Metric Ton(M/T)이 가장 보편적으로 사용되고 있다.

중량을 기준으로 계산되는 운임을 중량운임(freight by weight)이라고 하고 중량운임을 적용하는 화물을 중량화물(weight cargo)이라고 한다.

(2) 용적기준(measurement basis)

용적기준(measurement basis)은 용적(부피)을 기준으로 운임을 산정하는 방법이다. 용적(부피)이 큰 화물은 당연히 용적이 운임산정의 기준이 된다.

용적에 의하여 계산되는 운임을 용적운임(freight by measurement)이라고 하고 그러한 화물을 용적화물(measurement cargo)이라고 한다. 용적을 측정하는 단위는 Feet(cft)가 있는데 이 중 CBM(Cubic Meter)가 실무상 가장 널리 사용되고 있다.

상업송장이나 포장명세서, 선적요청서(S/R) 등에는 'W/M'이라는 표기가 있는데 이것은 Weight/Measurement를 의미한다. 보통 선사는 중량톤이나 용적톤 중 운임 수입이 많은 쪽을 운임징수의 기준으로 하는 선택권을 가지고 있는데 이때 운임산정의 기준이 된 톤수를 운임톤(Freight Ton, Revenue Ton, R/T)이라고 한다.

한편, 단위 화물인 컨테이너화물은 컨테이너 당 운임, 즉 TEU(twenty foot equivalent unit)나 FEU(forth foot equivalent unit) 당 운임이 정해진다. 컨테이너 전용선의 적재용량은 주로 TEU 단위로 나타낸다. 해상용 컨테이너는 20피트와 40피트 형태가 주종을 이루는데 TEU는 20피트 컨테이너를 1로 하고 40피트 컨테이너를 2로 해서 계산하는 방법이고, FEU는 40피트(8×8×40 feet)형 컨테이너 환산단위를 의미한다.

(3) 종가기준(ad valorem basis)

종가(ad valorem)는 가격에 따른다(according to the price)는 의미이다. 귀금속이나 예술품, 견직물 같은 고가의 화물(종가화물)은 보관방법이나 적재장소 등 운송에 특별한 주의를 필요로 하며, 운송인의 책임사유로 화물이 멸실되거나 손상된 경우에는 일반화물에 비하여 운송인의 배상책임도 훨씬 크고 무겁다.

이러한 화물의 경우는 그 가격에 대하여 일정률을 추가하여 운임으로 결정하는 종가율(ad valorem rates)의 운임을 적용하고 있다. 일반적으로 상품가격의 2~5% 정도의 비율을 할증요금으로 적용하는데 이것을 종가운임(ad valorem freight)이라고 한다. 즉, 귀금속 등 고가품의 운송에 있어 화물의 가격을 기초로 일정률을 운임으로 징수하는 경우를 말한다.

종가운임은 운송시 특별한 관리와 주의를 요하는 고가품에 대하여 송장 가격에 일정률의 운임을 부과하는 것이다. 종가운임은 정기선 운임에서만 통용되는 계산기준이며 이 경우 기준이 되는 가격은 통상 송장상의 FOB가격이 사용된다.

(4) 개수단위

개수단위는 1 상자(case, box) 또는 1 Bale 등의 단위를 기준으로 하여 산정하는 운임을 말한다. 화물의 관습상 포장방법이 일정하고 내용물의 용적이나 중량이 일정한 화물, 예를 들어 석유, 방적용 실 등에 적용된다.

(5) 박스 레이트(box rate)

박스 레이트(box rate)는 톤당 운임에 기초한 운임 산정방법의 번거로움을 줄이기 위해 컨테이너에 적입된 화물의 종류나 중량에 관계없이 무조건 1 컨테이너 당 얼마로 운임을 산정하는 방식을 말한다.

산업이 고도로 발달하면서 화물의 종류가 다양해지고 있기 때문에 운송인은 화물의 종류에 따라 각기 다른 운임을 일일이 모두 설정하는 것이 어렵게 되었다.

특히, 컨테이너 운송의 발전으로 운임체계를 단순화시키는 것은 필수 과제가 되었다. 그 결과 컨테이너 내부에 넣는 화물의 양(부피)에 상관없이 무조건 컨테이너 하나 당 얼마라고 하는 식으로 운임을 책정하였다. 이와 같이 박스 레이트는 화물의 종류나 용적에 관계없이 컨테이너 당으로 정한 운임이므로 박스운임이라고도 한다.

박스운임에는 상품의 종류와 상관없이 적용하는 품목별 무차별운임(Freight All Kinds rate, FAK), 상품을 몇 개의 등급으로 분류하여 적용하는 등급운임(class rate)과 상품을 몇 가지 품목으로 분류하여 적용하는 품목별 박스레이트(Commodity Box Rate, CBR) 등의 종류가 있다.

5) 정기선 운임의 종류

(1) 운임의 지급시기에 따른 분류

① 선불운임

선불운임(freight prepaid, freight in advance, freight paid)은 송하인이 선적지에서 지불하는 운임을 말한다.

선불운임은 보통 무역조건(trade terms)이 CFR계약이나 CIF계약으로 체결되는 경우에 적용되며 선하증권이 발행되기 이전에 선적항에서 송하인이 운임을 지불하도록 함으로써 경쟁력 있고 안정적인 운임을 수취하려는 목적으로 이용되고 있다.

특히 갑판적재 화물(on deck cargo), 냉동화물, 벌크화물, 살아있는 동물, 부패하기 쉬운 물건 등은 반드시 선지급하도록 하고 있다.

선불운임의 경우 운임산출의 기초가 되는 용적이나 중량은 선적지에서 측정된 적량이 되며 송하인이 제시한 용적이나 중량은 선하증권(B/L)에 기재되고 그것이 운임을 산출하는 기초가 된다.

정기선에 의한 개품운송의 경우 대부분의 선하증권(B/L)이나 용선계약서(C/P)에는 '운임은 선적할 때 지급해야 하며 운송 중 화물이 상실되어도 전액 받을 수 있는 것으로 간주한다.'고 기재되어 있기 때문에 선불이 원칙으로 되어 있다.

선불인 경우에는 선적지에서 선하증권(B/L) 발급일, 즉 운임지급일의 환율을 적용한다. 그러나 선사가 별도로 승인하는 경우에는 후불로 지급하는 것도 가능하다.

② 후불운임

후불운임(freight to collect)은 수하인이나 그 대리인이 화물의 목적항이나 목적지에서 지불하는 운임을 말한다. 후불운임은 보통 무역조건이 FCA계약이나 FOB계약으로 체결되는 경우에 적용된다.

후불운임은 선사 입장에서는 운임 회수에 위험이 따르게 되기 때문에 선사는 이것을 방지하기 위해 선하증권이나 용선계약서에 유치권 규정을 두어 수하인이 운임지불을 거절할 경우 후지급을 정산하기 이전에도 화물을 매각할 수 있도록 하고 있다.

보통 선하증권(B/L)이나 용선계약서(C/P) 상에는 '수하인이 운임지급을 거절할 경우 수출자가 대신 지불한다.' 혹은 '송하인은 반드시 선사에 수하인이 운임을 지불하지 않을 시 대신 지불한다는 보장 각서를 제출해야 한다.'고 규정하고 있다.

후불운임도 선불운임과 같이 선적 당시에 신고한 용적이나 중량을 기초로 산출된다. 후불인 경우에는 양하지에서 화물인도지시서(Delivery Order, D/O) 발급일, 즉 운임지급일의 환율을 적용한다.

(2) 운임의 부과방법에 따른 분류

① 종가운임

종가운임(ad valorem freight)은 귀금속 등 고가품의 운송에서 화물의 가격을 기초로 하여 일정률을 운임으로 징수하는 경우의 운임을 말한다.

② 최저운임

최저운임(minimum rate freight)은 선적 화물이 소량이어서 중량이나 용적으로 계산한 운임총액이 최저에 미달하는 경우에 적용되는 선사가 정한 최저한도의 운임을 말한다.

③ 무차별운임

무차별운임(Freight All Kinds rate, FAK)은 하주나 화물, 지역 등을 가리지 않고 운송거리를 기준으로 일률적으로 부과하는 운임을 말한다.

④ 차별운임

차별운임은 하주나 화물, 지역 등에 따라 차별적으로 부과하는 운임을 말한다.

(3) 하역비 부담에 의한 분류

① Berth Terms

Berth Terms는 선주(선박회사)가 화물의 하역비 모두를 부담하는 조건이다. 정기선의 경우는 이 조건으로 운임이 책정되기 때문에 Liner Terms라고도 한다.

② Free In(F.I)

F.I는 선적시 하역비는 하주가, 양하시 하역비는 선주가 부담하는 조건이다. Free는 비용과 책임으로부터 자유롭다 즉 책임이 없다는 의미인데 F.I는 선주의 입장에서 적재(in)에 대해 책임지지 않고 자유롭다는 의미이다.

③ Free Out(F.O)

F.O는 선적시 하역비는 선주가, 양하시 하역비는 하주가 부담하는 조건이다. 선주의 입장에서 Out은 화물이 선박에서 나가는 것이기 때문에 양하를 의미하므로 F.O는 선적시 하역비는 선주가 부담하지만 양하시 하역비는 하주가 부담하는 것을 의미한다.

④ Free In & Free Out(F.I.O)

F.I.O는 선적시와 양하시의 모든 하역비를 하주가 부담하는 조건이다.

(4) 특수운임

① 특별운임

특별운임(special freight)은 해운동맹이 비동맹과 화물의 유치경쟁을 할 때 일정한 대량화물에 대하여 우대 조건을 갖추면 정상요율을 인하하여 특별요율로 화물을 인수하는 수단으로 사용되는 운임을 말한다.

② 경쟁운임

경쟁운임(open rate freight)은 광산물 등 특정 화물의 수송에서 동맹선사의 경쟁력을 높이기 위해 동맹선사 스스로 운임을 결정할 경우의 운임을 말한다.

정기선 요율에서 자동차, 시멘트, 비료, 광산물과 같은 선적단위가 큰 대량화물은 해운동맹이 비동맹보다 경쟁력이 약하다.

이러한 경우 해운동맹은 이들 대량화물에 대해서는 요율을 별도로 정하지 않고 동맹가입선사(member)가 임의로 운임을 적용하도록 하고 있는데, 이들 품목을 경쟁화물(open rate cargo)이라고 하며 이때 적용되는 운임을 경쟁운임이라고 한다.

③ 접속운임

접속운임(OCP(overland common point) rate freight)은 북미 태평양 연안항만에서 하역되어 동부 내륙지역으로 육상으로 운송되는 화물(OCP Cargo)에 대해 낮은 해상운임률로 이 화물을 유치하기 위해 적용되는 정책운임을 말한다.

북미주 태평양 서안(西岸)에서 내륙운송(inland transportation)을 하게 될 경우 항공기, 철도, 트럭 등에 연결 접속되어 수송하는데 해상운송업자는 하주로부터 해상과 육상 전 운송구간의 운임을 받고 육상운송도 하주를 대리하여 계약을 맺고 운임도 지급한다. 이때 해상운송업자는 Intermodal B/L을 발급한다.

육상운송의 종착 또는 정거장에 속하는 23개의 OCP가 있다. 이들 OCP에 대하여는 일관수송요율표가 정해져 있는데 이것을 접속운임이나 북미 접속운임(OCP Rate)이라고 한다. 여기에서 Common Point는 2개의 노선이 만나는 지점을 의미한다.

④ 지역운임

지역운임(local freight)은 화물의 전 운송과정에 있어서 주항구(main port)로부터 일부 내륙지역(local area)까지 운송하는 것에 대하여 별도로 책정하는 운임을 말한다.

따라서 이 운임은 주된 항구간의 해상운임 이외에 주 항구 이외의 지역으로 운송되어야 할 경우에 발생하는 운임이다. 보통 북미 내륙지역을 도착지로 하는 화물에 대해 적용되며 여기에서 Local Area는 미국 록키산맥의 동부지역을 말한다.

(5) 할증운임

정기선은 화물이나 항로 등에 따라 다음과 같은 할증료(surcharge, 할증운임)를 기본 운임에 추가하여 징수하고 있다.

① 중량할증운임

중량할증료(Heavy Cargo Surcharge)는 일정 한도를 초과하는 중량화물의 경우 초과하는 중량에 따라 여러 단계로 나누어 누진적인 운임을 기본 운임에 가산하여 부과하는 할증운임이다. 이는 초과 중량화물은 본선의 하역능력과 관계가 있으므로 특수 기중기나 장비를 사용해야 하며 하역시간의 연장 등 취급상 보통 이상의 시간과 추가비용이 발생하기 때문이다.

② 용적 및 장척할증료

용적 및 장척할증료(bulky/lengthy surcharge)는 화물의 부피가 너무 크거나 길이가 너무 긴 화물에 대해 부과되는 할증료이다. 길이가 어느 일정한도 이상인 것은 하역작업상 특별한 불편을 준다는 등의 이유로 일정율의 할증을 부과하는 경우의 운임이다.

③ 체선할증료

체선 혹은 혼선할증료(congestion surcharge)는 목적항의 항만사정이 혼잡할 때 받는 할증운임으로 화물의 체선이 심해서 정박기간이 장시간 필요할 경우에 그 항구에서 하역하는 화물에 대하여 부과된다.

④ 통화할증료

통화할증료(Currency Adjustment Factor, CAF)는 통화의 변동에 따른 환차손(통화가치의 하락)을 보전하기 위하여 하주에게 부담시키는 할증료이다. 선사들이 여기에서 발생하는 손실을 기본운임에 부가하여 징수하는 것이 통화할증료이다.

⑤ 유류할증료

유류 혹은 유가할증료(Bunker Adjustment Factor, BAF)는 선박의 주연료인 벙커유의 가격인상으로 발생하는 손실을 보전하기 위해 부과되는 할증운임이다. 북미항로에서는 이를 연료할증료(Fuel Adjustment Factor, FAF)라고도 부른다.

⑥ 목적항 선택할증료

목적항 선택할증료(optional surcharge)는 선적할 때 그 목적항이 확정되지 않고 기항 순서에 따라 몇 개의 항구를 기재하고 하주가 화물의 도착 전에 목적항을 결정하는 조건으로 선적된 화물의 경우에 부과되는 할증료이다. 이는 선택 항구의 수에 비례하여 부과된다.

(6) 부대비용

① Wharfage

Wharfage는 부두를 이용한 대가로 지불되는 금액(부두사용료)으로 해운항만청 고시에 의해 부과되며 그 금액은 각 항만 마다 차이가 있다.

② THC(Terminal Handling Charge, 터미널화물처리비)

THC는 화물이 CY에 입고된 순간부터 본선에 적재되기까지, 반대로 본선에서 양하되어 CY Gate를 통과하기까지 화물의 이동에 따르는 터미널 사용료이다.

③ CFS charge(컨테이너화물집하장 사용료)

CFS Charge는 LCL화물을 운송하는 경우 선적지 및 도착지의 CFS에서 화물의 혼재(적입) 또는 분류작업을 하게 되는데 이 때 발생하는 비용을 말한다. 선사는 하주로부터 CFS 사용료를 징수하여 CFS 운영업자에게 전달한다.

④ 컨테이너세(container tax)

컨테이너세는 교통유발 부담금으로 1992년부터 항만 배후도로를 이용하는 컨테이너차량에 대해 과거 부산시가 TEU 컨테이너 당 2만원씩 징수하던 지방세였다.

⑤ 서류 발급비(Documentation Fee, DOC Fee)

서류 발급비는 선사가 일반관리비 보전을 목적으로 수출의 경우에는 선하증권(B/L), 수입의 경우에는 D/O 발급시 소요되는 행정비용을 건당 부과하는 비용이다.

⑥ DDC(Destination Delivery Charge, 도착지화물인도비용)

DDC는 목적항에서의 터미널 작업비용과 목적지까지의 내륙운송 비용을 포함하여 해상운임과는 별도로 징수하는 비용으로 북미지역 수출의 경우에 적용된다.

⑦ 체선료(demmurage)

체선료(滯船料)는 하주가 허용된 시간(free time)을 초과하여 컨테이너를 CY에서 반출해가지 않을 경우 선사에 지불해야 하는 비용이다. 부정기선에서는 정박기간을 초과하는 경우 초과일수에 대해 용선자가 선주에게 지불하는 비용을 말한다.

⑧ 지체료(detention, detention charge)

지체료(遲滯料)는 하주가 컨테이너나 트레일러를 대여받은 경우 적재를 위해 허용된 시간 내에 반환을 못할 경우에 선사에게 지불하는 벌과금이다.

6. 선적절차와 주요 서류

1) 정기선 운송의 선적절차 (재래식)

(1) 선적 요청

계약조건에 따라 송하인(shipper)이나 수하인(consignee) 등 하주는 신용장이나 계약에서 정해진 선적날짜에 맞추어 배선표를 참조하여 적합한 선사의 선박을 선정하고, 그 선사나 그 대리점에게 선적을 신청하는 선복요청서(Shipping Request, S/R)를 제출한다.

선복요청서는 선복신청서라고도 하며 이것을 기초로 선사는 선적지시서(S/O)를 발행한다.

(2) 선사의 인수확인

선사는 송하인의 선적요청을 승낙(acceptance)하게 되면 그 증거로 선복확인서(Booking Note, B/N, 운송계약 예약서)를 송하인에게 교부한다.

(3) 선적지시서 교부

선사는 하주의 선복요청을 인수한 후 선복장부(shipping book)에 기입하고 선적지시서(Shipping Order, S/O)를 하주에게 교부한다. 선적지시서는 선사나 그 대리점이 하주에게 발급하여 주는 선적승낙서이다.

(4) 수출화물의 검량과 검수

수출화물이 소재 장소에서 출하되어 지정된 부두장치장에 반입되면 검척인(measurer)과 검량인(weighter)의 검척과 검량을 받는다. 또한 개개의 화물의 용적과 중량을 계량하여 용적 및 중량표(measurement & weight list)를 작성한다.

검척과 검량은 원칙적으로 선적지에서 이루어지며 양하지 검량은 특약에 의한다.

검척과 검량의 장소는 세관장치장을 통례로 하고 있으나 선적 전의 조치 상 우리나라에서는 본선이나 선측에서 행하여진다. 이것은 운임 산정에 필요한 것이기 때문에 신사가 가장 중요시하며 검량기관에 의뢰는 선사가 담당한다.

한편, 화물을 선적할 때에는 선사의 지정장소에서 화물 개수의 확인 및 각 화물의 손상유무 등을 점검하는데 이를 검수라고 한다. 이 검수에서 본선에서 화물을 인수하는 담당자는 선적지시서(S/O)와 대조하면서 개개의 현물이 외관상 양호한 상태(apparent good order and condition)에 있는가를 철저하게 조사한다. 화물을 선적할 때에는 선주와 하주 쌍방의 검수인(tallyman)이 입회하여 선적화물의 수량과 상태 등을 조사하여 그 결과를 검수표(tally sheet)로 작성하여 일등항해사에게 이를 보고한다.

(5) 본선에의 선적

대량의 화물을 선적하는 경우에는 송하인이 직접 화물을 본선에 반입하여 선적하는 경우도 있는데 이것을 직적(直積) 또는 자가적재(自家積載)라고 한다.

현재는 국제물류주선업자(freight forwarder, 포워더)가 본선적재를 대부분 대행하고 있는데, 이때 그 화물과 함께 본선에 교부해야 할 서류는 선사에서 선장 앞으로 보내는 선적지시서(S/O), 선사의 화물인수목록(booking note) 등이며 본선 승선 세관원에게 수출신고필증도 제시해야 한다.

화물은 본선의 양하기로 본선에 적재되는데 이때에 전술한 바와 같은 화물검수(tally)가 이루어진다. 검수는 관계서류와 현품을 대조하면서 이루어지며 정확성을 기하기 위해 선사 측과 하주 측 쌍방의 검수인이 입회한다.

그 결과 인수 측과 인도 측 사이에 수량의 차이가 있을 때에는 Remarks를 본선수취증에 기재하여 이 사실을 양하지 선사에 통지한다. 이러한 과정을 거쳐 화물을 본선에 인도한다.

(6) 본선수취증(mate's receipt)의 입수

화물이 본선에 반입되면 선박의 운항책임자인 일등항해사(chief mate)는 선장을 대리하여 선사가 발급한 선적지시서(S/O)의 내용을 철저하게 대조, 확인하여 화물을 수취한 다음 선창 내(under dock)에 적부시킨다. 이때 화물을 수취한 증거로서 일등항해사가 발행하는 수취증을 본선수취증(Mate's Receipt, M/R)이라고 한다.

일반적으로 본선수취증의 내용은 선적지시서(S/O)와 동일하며 주로 선명과 품명, 수량 등과 함께 개수의 과부족, 손상 및 그 정도들이 기재된다.

(7) 선하증권(bill of lading)의 발급 및 입수

송하인은 발급받은 본선수취증을 선사에 제출하면 선사는 이와 상환으로 송하인에게 선하증권(Bill of Lading, B/L)을 발급해 준다. 선하증권은 화물의 수취증이며 운송계약의 추정적 증거서류이고 청구권과 처분권이 있는 권리증권이다.

원래 선하증권은 선박의 지휘 감독자인 선장이 운송의뢰자인 하주에게 발행하는 것이지만 실무에서는 선사의 항로주임이 선장을 대리하여 발행하고 있다.

(8) 매입을 위한 서류정비

계약물품의 선적 이후 선사로부터 B/L을 입수하면 신용장결제의 경우 수출업자는 신용장에서 요구하는 서류들을 정비하여 매입(negotiation)을 준비하게 된다.

오늘날 무역거래의 주된 결제수단은 화환어음(documentary bill)이며 선하증권은 동 환어음을 결제하는데 있어 가장 기본이 되는 서류이다.

2) 정기선 운송의 주요 서류

정기선 운송에서는 다음과 같은 서류들이 주로 사용되고 있으며 컨테이너 정기선의 경우는 '제6장 컨테이너 운송'에서 별도로 다룬다.

(1) 선복요청서

선복요청서(Shipping Request, S/R)는 정기선을 운송하는 선사에게 개품운송화물의 탁송을 의뢰할 때 하주가 선사에 제출하는 운송의뢰서이다. 선복요청서를 기초로 선사는 선적지시서(S/O)를 작성한다.

선복요청서를 작성할 때에는 운송계약 및 조건에 관한 요구사항을 비롯하여 화물의 총 수량, 인도조건 및 장소, 화물운송과 관련된 운임 및 부대비용, 기타 화물정보 및 보험 지시사항도 항목에 따라 빠짐없이 작성해야 한다.

(2) 선복확인서

선복확인서(Booking Note, B/N)는 선사가 운송계약을 신청한 하주의 요청을 받아들여 그 증거로 하주에게 발행하는 서류이다. 이를 선복예약서, 인수확인서 또는 운송계약 예약서라고도 부르고 Booking List는 Booking Note를 집계한 것이다.

선사는 송하인(또는 포워더)으로부터 접수한 S/R에 기초하여 선복확인서를 작성하고 이들을 집계하여 Booking List를 작성한다.

(3) 선적지시서

선적지시서(Shipping Order, S/O)는 하주의 선적 신청에 따라 선사 본사(사무소)가 자기회사 소속의 본선의 선적책임자(보통은 일등항해사) 앞으로 기재된 화물을 선적하도록 지시한 선적승낙서 혹은 적재지시서이다.

선적책임자가 인수한 화물은 선적지시서별로 리스트를 작성하여 본선 적부계획과 선적작업 준비용으로 사용된다. 이 서류에 의하여 화물을 본선에 적재하고 선적 완료 후에는 그 증거로서 M/R을 작성하여 하주에게 교부한다.

(4) 검수보고서

검수(tally)는 화물을 선적할 때 본선의 창구 등에서 선적화물의 수량, 손상의 정도 등을 점검하는 것을 말한다. 검수인(tallyman)은 해상운송법의 규제하에 일정한 등록을 필한 자를 말하며 이들이 검시결과를 기록한 서류인 검수보고서(Tally sheet, T/S)는 화물의 정확한 인수인계 및 책임한계를 위해 인도자 측과 인수자 측 쌍방에서 작성하는 것이 원칙이다.

(5) 본선수취증

본선수취증(Mate's Receipt, M/R)은 선적이 완료된 이후 본선의 일등항해사(chief mate, chief officer)가 본선에 적재한 화물을 수취했다는 증거로서 서명하여 하주에게 교부하는 서류이다. 본선수취증의 내용은 선적지시서(S/O)의 내용과 동일하며 주로 선명과 품명, 수량 등과 함께 개수의 과부족, 손상 내용들이 기재된다.

(6) 적하목록

적하목록(Manifest, M/F, Cargo Manifest)은 선적완료 후 선사(대리점)나 포워더가 작성하는 선박에 적재된 화물에 대한 총괄목록이다.

이 서류는 선하증권(B/L)의 사본을 기초로 작성한다. 여기에는 선박명과 적출항, 목적항, 선하증권 번호, 하주, 품명, 수량, 최종 목적지 등이 기재된다. 이 서류는 양하지에서 수입통관을 위하여 세관에 제출할 때 필수적인 제시해야 하는 서류로 사용된다. 특히 세관에서는 법률에 따라 과세를 하거나 마약과 총기류 등 우범성이 높은 화물을 선별하기 위해 이 서류를 심사한다.

(7) 화물도착통지서

화물도착통지서(Arrival Notice, A/N)는 화물이 도착항에 도착하면 선사가 착하통지처(notify party)로 기재된 자에게 화물의 도착을 서면으로 통지하게 되는데 이때의 통지서를 말하며 착선통지서 또는 착하통지서라고도 부른다. 통지를 받은 수하인은 이 통지서를 받은 후 화물의 하역과 통관준비를 하게 된다.

(8) 화물인도지시서

화물인도지시서(Delivery Order, D/O)는 수입대금을 결제한 후 선하증권 원본을 수취한 수입자가 이를 선사에 제시하면 선사나 그 대리인이 수입하주에게 화물을 인도할 것을 지시하기 위해 본선의 선장이나 보세창고 관리인 앞으로 발행하는 서류이다. 이 서류는 선적지에서의 선적지시서(S/O)와 대비된다.

(9) 화물인수증

화물인수증(Boat Note, B/N)은 수하인이나 그 대리인이 D/O와 상환으로 수입화물을 인수하는 경우에 화물의 수취증으로서 본선 측에 제출하는 화물의 인수인계 서류를 말한다. 선적할 때 발행되는 본선수취증(M/R)에 상대적인 개념으로 해상화물 클레임의 증거와 세관에 대한 수입화물의 양하보고서의 역할을 한다.

7. 수입화물의 인수절차와 서류인도

1) 정기선 운송에서 재래식 수입화물의 인수절차

(1) 수입화물의 선적통지 수령

수출하주는 화물을 선적하면 즉시 전신으로 그 사실을 수입자에게 통지하기 위해 선적통지서(Shipping Advice)를 발송한다. 이 통지서를 수령한 수입자는 선사나 그 대리점에게 조회하여 본선의 입항날짜 등을 확인한다.

(2) 본선 도착 및 화물인수 요청

본선이 입항하면 선사는 수하인에게 본선의 도착사실을 통지하고 화물인수를 요청한다.

이것은 그 선하증권에 착하통지처(Notify Party)로 수입자가 기재되어 있는 경우로 한정되기 때문에 도착 통지의 유무를 막론하고 수입자는 자진해서 선사에 도착 여부 등을 문의해야 한다. 착하통지처는 화물을 실은 본선이 목적항에 도착하면 선사는 화물을 찾아갈 사람에게 도착사실을 통지하는데(Arrival Notice) 이때 통지처로 지정될 사람을 말한다.

이 도착통지가 접수되는 대로, 한편에서는 세관에 수입통관절차를 밟고 다른 한편에서는 선사에 대해 하수(荷受)의 절차를 취하게 된다.

(3) 수입대금결제와 선하증권 등 서류 취득

수입자는 수출자로부터 받은 선적통지서를 통해 수입품의 적재선명과 그 입항일자 등을 예측하여 은행절차를 통해 관계서류를 취득하게 된다.

보통 본선으로부터 화물을 인도받을 때에는 그 운송서류와 상환하지 않으면 안 된다.

대개의 경우 이 선하증권은 화환어음의 담보로서 수출지 은행에서 수입지 은행으로 송부되므로 수입자는 은행을 통해 수입대금을 결제하고 선하증권 등 화물의 인도청구에 필요한 서류를 취득하게 된다.

(4) 화물인도지지서(D/O)의 입수 및 화물인수

은행으로부터 입수한 선하증권에 수하인이 배서하여 선사에 제출하면 선사는 화물인도지시서(Delivery Order, D/O)를 발급하고, 수하인은 이 D/O와 상환으로 수입화물을 선사로부터 인수한다. 즉, 선사는 사전에 본선의 선장이 제출한 적하목록과 화물의 품명, 하인 및 화물번호 등을 조회하고 운임의 완납을 확인하면 B/L과 상환으로 D/O를 교부한다.

D/O는 선주나 이를 대리하는 책임자가 본선의 선장이나 화물 소재지의 현장 책임자 앞으로 이 서류에 기재된 화물을 이 서류 지참자에게 인도하라고 지시한 문서이다.

2) 수입화물선취보증서(L/G)에 의한 서류인도

(1) 필요성

운송실무에서는 본선이 수입지에 입항하여 화물이 양하되었음에도 불구하고 운송서류(선하증권)가 수입지에 도착되지 않는 경우가 있다.

이 경우 선하증권과의 상환이 이루어지지 않아 화물인수가 불가능하면 수입자는 화물을 인수하지 못하여 판매기회를 놓칠 우려가 있다. 이를 위해 수입화물선취보증서에 의한 인도라는 편법이 국제상관습으로 널리 인정되고 있다.

(2) 의의와 기능

수입화물선취보증서(Letter of Guarantee, L/G, 보증인도장)는 운송서류가 내도하기 전에 수입자와 신용장 발행은행이 연대 보증한 보증서를 선사에 서류원본 대신 제출하고 수입화물을 인도받는 제도이다.

이 서류를 이용하는 근본적인 목적은 수입화물은 이미 목적항에 도착하였으나 운송서류가 도착되지 않아 화물의 인도를 청구할 수 없는 데에서 오는 수입자의 손실을 방지하는데 있다. 이를 이용하면 선사는 은행의 L/G를 받고 화물을 인도함으로써 사고발생시 이를 커버할 수 있고 은행도 담보화물의 조기인도에 따른 자금회수를 적기에 이룰 수 있다.

(3) 내용

수입화물선취보증서의 주요 내용은 선하증권이 도착하면 이를 지체 없이 선사에 제출하고, L/G에 의해 인도된 화물에 대하여 발생되는 모든 손해는 수입 하주와 보증은행이 책임을 지며, 양하지에서 지급되는 추가운임 및 기타 비용과 선적지에 있어서의 미납선임 및 비용일체를 부담할 것 등을 발행은행이 보증하는 내용으로 구성되어 있다.

(4) 효과

첫째, 수입화물선취보증서가 발급되면 후에 도착한 운송서류 원본에 하자가 있더라도 발행은행은 이를 이유로 지급이나 인수를 거절할 수 없다. 또 원본서류가 도착하면 즉시 이를 선사에 송부하고 L/G를 회수해야 한다.

둘째, 일람후 정기출급 환어음(time draft)인 경우에는 수입화물선취보증서의 발급일로부터 환어음의 만기일이 확정된다.

셋째, 신용장대금의 완납 문제가 발생한다. 즉, 수입화물선취보증서가 발급되면 그 시점에서 화물의 소유권이 수입자에게 귀속되는 효력을 발생시키므로 발행은행은 신용장 대금의 완납을 수입자에게 요구한다.

3) 수입화물대도(T/R)에 의한 서류인도

(1) 필요성

신용장결제에서 수입자는 화환어음을 결제하지 않으면 운송서류를 입수할 수 없을 뿐 아니라 운송인으로부터 화물을 인도 받을 수 없게 된다.

이 경우 수입자가 운송서류의 소유권은 담보물로서 그것을 보유하고 있는 은행에 있다는 것을 인정하고 그 운송서류를 입수하기 위하여 은행 소정의 수입화물대도(貸渡) 신청서를 기재하여 은행에 제출하는데 이를 수입화물대도(Trust Receipt, T/R)라고 한다.

T/R은 일람출급 신용장(sight credit)에서 수입자는 서류가 도착하면 발행은행에게 수입대금을 지급하고 이를 수령해야 하는데, 이때 서류를 수령할 자금이 없는 경우 수입자는 발행은행의 금융으로 이를 대체하고 발행은행은 운송서류를 수입자에게 넘겨주는 대가로 물품에 대한 담보권을 갖도록 약정하는 제도이다.

수입화물대도에서 대도는 '수입화물을 빌리다'라는 의미이고 Trust는 신뢰, 믿음, 신용의 의미이고 Receipt는 수령, 인수의 의미이기 때문에 '믿고 준다.'라는 의미가 담겨있다.

(2) 성격

수입화물의 대도는 발행은행은 소위 자동결제기능에 따라 수입화물을 담보로 취급하게 된다. 따라서 은행은 소유권만 보유하고, 수입자가 우선 수입물품을 통관하여 제조, 가공, 판매할 수 있도록 하고 그 후에 물품의 판매대금으로는 수입대금을 우선적으로 결제하도록 하는 일종의 대출행위이다.

(3) 효과와 효용

T/R은 수입자에게는 환어음 대금을 결제하기 전에 화물을 처분할 수 있도록 하는 동시에 발행은행에게는 그 담보권을 상실하지 않도록 하는 제도이다. 따라서 화물의 소유자는 어디까지나 은행이며 수입자는 이를 빌려가는 형식을 취하게 된다.

일람출급 신용장에서 T/R은 기한부 신용장과 같은 수입편의를 발행의뢰인(수입자)에게 부여한다는 데 그 의의가 있다. 그러나 대도제도는 수탁자의 신용에 의존하는 것이기 때문에 수탁자가 신용이 확실하고 선의에 따라 행동할 경우에만 그 본래의 목적을 달성할 수 있다.

(4) 요건

T/R을 위한 수입자의 요건은 ① 수입자의 신용이 양호할 것 ② 수입자가 위탁자의 담보물건을 다른 대출의 담보로 제공하지 않을 것 ③ T/R 대상물품의 처분대금은 다른 용도에 쓰지 않고 즉시 신용장의 대금결제에 사용할 것 등이다.

Model Form I

〈서식〉 수입화물선취보증서(영문)

LETTER OF GUARANTEE

TO
(Shipping Company)

L/G No.
Date

Vessel Name/Voyage No.		L/C No.	Date of Issuing
Port of Lading		Invoice Value	
Port of Discharge(or Place of Delivery)		Description Cargo	
Bill of Lading No.	Date of Issue		
Shipper			
Consignee		No. of Packages	Marks & Nos.
Party to be Delivered			

Whereas you have issued a Bill of Lading covering the above shipment and the above cargo has been arrived at the above port of discharge(or the above place of delivery), we hereby request you to give delivery of the said cargo to the above mentioned party without production of the original Bill of Lading.

In consideration of your complying with our above request, we hereby agree as follows :

1. To indemnify you, our servants and agents and to hold all of you harmless in respect, of liability, loss, damage or expenses which you may sustain by reason of delivering the cargo in accordance with our request, provided that the undersigned Bank shall be exempt from liability for freight, demurrage or expenses in respect of the contract of carriage.
2. As soon as the original Bill of Lading corresponding to the above cargo comes into our possession, we shall surrender the same to you, whereupon our liability hereunder shall cease.
3. The liability of each and every person under this guarantee shall be joint and several and shall not be conditional upon your preceeding first against any person, whether or not such person is party to or liable under this guarantee.
4. This guarantee shall be governed by and construed in accordance with Korean law and jurisdiction of the competent court in Korea.

Should the Bill of Lading holder file a claim or bring a lawsuit against you, you shall notify the undersigned Bank as soon as possible

Yours faithfully,

For and on behalf of
[Name of Requester]

____
Authorized Signature

For and on behalf of
[Name of Bank]

____
Authorized Signature

Model Form 2

〈서식〉 수입화물선취보증서(한글)

수입화물선취보증서

수신
(선박회사명) L/G 번호
발행일자

선명/항차번호		L/C 번호	발행일
선적항		송장금액	
목적항(또는 인도장소)		화물명세	
선하증권번호	발행일		
송하인			
수하인		포장개수	하인 및 번호
인수예정자			

귀사가 상기 선적화물에 관한 선하증권을 발행하였고 상기화물이 상기 목적항(또는 인도장소)에 도착하였기에, 우리는 선하증권 원본을 제시함이 없이 상기 당사자에게 상기화물을 인도해 줄 것을 귀사에게 요청합니다.

귀사가 상기와 같이 당사의 요청에 따를 경우 우리는 아래와 같이 합의합니다.

1. 귀사와 귀사가 지정한 고용인, 대리점 모두는 당사의 요청에 의하여 화물을 인도함으로써 발행할지도 모를 채무, 손실, 손해, 또는 비용에 대하여 면책한다. 다만, 은행은 운송계약과 관련하여 발생하는 채무, 운임, 체선료, 기타비용은 책임을 지지 않는다.
2. 상기화물의 선하증권 원본을 입수하는 대로 귀사에게 전달하겠으며, 이때 당사의 책임은 종료된다.
3. 본 보증서상 아래 서명자 각각 모두가 단독 및 연대책임이 있으며, 귀사가 아래 서명자 중 어떤 사람에게 먼저 소송을 제기하였을 때 해당인(피고인)이 당사이든 아니든 책임이 있든 없든 그것은 조건부가 아니다.
4. 이 보증서의 준거법 및 관할법원은 한국법 및 한국법원으로 한다.

선하증권 소지인이 분쟁 또는 소송을 제기하는 경우에는 가능한 빨리 은행에 통보하여야 한다.

하 주 은 행

(서 명) (서 명)

〈서식〉 수입화물대도(Trust Receipt) 신청서

수 입 인 지	수입화물대도(T/R)신청서

담 당	대 리	차 장	부점장

신한은행 앞

본인은 아래 신용장 등에 의하여 도착된 수입화물을 대도 신청함에 있어서 은행여신거래 기본약관, 따로 제출한 수입거래약정서 및 양도담보계약서의 모든 조항에 따를 것을 확약합니다.

선하증권 기 타	번 호 : 발 행 일 : 발 행 인 :							
대도(T/R) 금 액	금 액 : (원 화 : ₩)							
신용장 등	번 호 : 발 행 일 : 금 액 :							
물 품 명 세	물 품 명 : 수 량 : 단 가 : 금 액 : US$ 화물표시 및 번호 : 선 적 항 : 도 착 항 : 도착(예정)일 : 선 명 :							
선적서류	선 하 증 권	항공화물 운송장등	상 업 송 장	보 험 서 류	포 장 명세서	원산지 증명서	중 량 용 적 증명서	검 사 증명서	기 타
통 수									

년 월 일

신청인 ㉐

주 소

인감대조

8. 해운동맹

1) 해운동맹의 의의

해운동맹(shipping conference)은 특정 정기항로에 취항하고 있는 선사들이 운임이나 영업조건(취항항로, 적재량 등) 등에 대해 일종의 국제카르텔(cartel)을 형성하는 것을 말한다.

현재 대부분의 정기항로에는 해운동맹이 결성되어 있다. 해운동맹은 주로 같은 루트를 운항하면서 이해관계를 같이하는 선사들 사이에서 형성되어 있다.

해운동맹을 항로동맹(navigation conference) 또는 정기선동맹(liner conference)이라고도 하며 운임이 가장 중요하므로 운임동맹(freight conference)이라고도 한다.

해운동맹에 가입한 선박을 동맹선(conference member liner, member liner), 해운동맹에 가입하지 않는 선박을 비동맹선(outsider, non-conference liner)이라 한다.

2) 해운동맹의 목적

해운동맹은 특정 항로에서 둘 이상의 정기선사가 상호 독립성을 유지하는 것이기 때문에 대내적으로는 과당경쟁을 억제하고 대외적으로는 독점력을 강화시킴으로써 상호간의 이익을 증진하고 지위를 향상시키는 데에 근본적인 목적을 두고 있다.

3) 해운동맹의 장단점

해운동맹은 선주 상호간의 경쟁이 조절되고 항로의 질서가 유지되며, 장기간에 거친 운임의 안정 및 정기적 서비스의 제공은 물론 하주들이 정상적인 무역거래를 수행하는데 기여하고 있다. 반면에, 해운동맹의 조직으로 선주가 얻은 독점적 지위를 이용하여 높은 운임으로 하주의 이익을 해치거나 배타적 수단으로 부당하게 비동맹 선주를 압박하는 등의 폐해를 가져오므로 무역의 발전과 해운의 진흥을 저해하는 면도 있다.

4) 해운동맹의 연역과 퇴조

가장 오래된 해운동맹은 1675년의 영국·인도항로 CALCUTTA 해운동맹이고 그 후 19세기 말까지 주로 영국을 중심으로 형성되었다. 대표적인 주요 동맹항로에는 ① 구주/극동 항로 ② 구주/미대서양 및 Gulf 항로 ③ 극동/미태평양 항로 등이 있다.

해운동맹은 1970년대까지 그 수가 크게 늘어 한 때 350개의 동맹이 활동하기도 했으나 1980년대 이후 해운업계의 경쟁이 치열해지면서 동맹에서 탈퇴해 낮은 가격의 서비스를 제공하는 업체들이 늘어나면서 현재 해운동맹의 수는 급격히 감소 및 퇴조하고 있다.

5) 해운동맹의 종류

(1) 폐쇄식 동맹

폐쇄식 동맹(closed conference)은 동맹이 승인할 만한 일정 자격과 실적을 가지고 있지 않는 선사는 극단적으로 신규 가입을 제한하는 형태이다.

폐쇄식 동맹은 동맹선사들의 기득권을 존중하여 가입 및 탈퇴에 엄격한 제한을 가하는 보수적 색체가 강한 동맹으로 주로 구주항로나 호주항로 등에 결성되어 있으며 영국식 동맹이라고도 한다. 이 동맹은 동맹 구성원간의 단결이 강하고 항로가 안정되어 있는 장점이 있다. 미국, 일본, 우리나라 등은 폐쇄식 동맹을 법으로 금지하고 있다.

(2) 개방식 동맹

개방식 동맹(open conference)은 그 항로에 배선하는 의지나 능력이 있는 선사라면 누구라도 자유로이 가입시키는 형태로 미국식 해운동맹이라고 부른다.

개방식 동맹은 보통 운임협정만을 체결하기 때문에 동맹원간의 단결이 미약하고 항로가 안정되어 있지 않으며 상황변동에 따른 대책수립이 어려운 단점이 있다.

6) 해운동맹의 구속수단

해운동맹의 규제수단은 동맹 내부인 회원(member) 상호간의 내부 규제수단과 동맹외부, 즉 하주에 대한 외부 규제수단으로 분류된다.

(1) 동맹의 내부 규제수단

해운동맹의 내부규제는 동맹에 가입하고 있는 동맹선사들의 단합과 규제를 위한 수단으로 '해운동맹의 대내적 경쟁제한수단'이라고도 한다.

① 운임협정

운임협정(freight agreement)은 모든 해운동맹에 공통으로 적용되는 가장 기본적인 협정이다. 해운업의 경쟁은 결국 운임에 관한 경쟁이므로 이것을 규제하여 선사들 사이에 운임경쟁을 하지 못하도록 하는 것이 운임협정이다.

동맹회원은 정해진 공표 운임률을 충실하게 준수하여야 하는 의무를 부담하고 이를 변경할 때에는 다른 동맹회원들의 동의가 필요하다.

이를 위반했을 경우에는 위약금(penalty)을 납부해야 한다. 다만, 항로 사정에 따라 특정 화물의 운임을 Tariff Rate로부터 제외하고 자유운임(open rate)으로 그 운임을 각 회원이 자유로이 결정하게 하는 경우도 있다.

② 배선협정

배선협정(sailing agreement)은 동일 운송구간을 운행하는 동맹선사별로 배선 선복량을 할당하고 그 초과분에 대해서 벌금을 부과하는 제도이다. 이는 일종의 수량 카르텔로 항로제한협정 또는 항해협정이라고도 한다. 본 협정을 체결하는 목적은 특정 항로에서 선사들이 서로 배선량을 조절하고 제한함으로써 선복과잉에 의한 과당경쟁을 방지하려는 것이다.

협정의 주요 내용은 일정한 항로에서 항해수, 기항지, 최대 적취량 등을 규제하는 것으로 단순한 운임협정보다 더욱 강력한 경쟁억제수단이다.

③ 공동계산협정

공동계산협정(pooling agreement)은 각 동맹선사들이 특수항로에서 일정 기간 내에 벌어들인 운임을 사전에 정한 배분율에 따라 배분하는 방식이다.

이 방식에서는 일정 기간 내에 벌어들인 운임수입에서 소정의 공동 경비들을 공제한 금액을 사전에 정해진 일정한 배분비율(pooling point)을 각 동맹선사의 경력이나 실적 등에 따라 각 선사에게 나누어준다. 이 협정은 가장 강력한 내부경쟁의 제한수단으로 운임공동계산이라고도 부른다.

④ 공동운항

공동운항(joint service)은 동맹선사간의 경쟁배제를 위해 특정 항로에 한하여 일시적으로 특정 항로에 두 개 이상의 선사가 합작회사 형태로 수척의 선박을 공동으로 투입하되 각 선사별로 독자적인 운임, 서비스 조건 등을 정하여 운항하는 방식이다. 이를 공동배선 또는 공동경영이라고도 부른다.

이 경우 동맹선사는 각자의 독립성을 유지하면서 특정 항로의 선박과 시설을 특정 동맹선사에게 수탁하는 방식과 그 공동경영의 일부를 분담하는 방식이 있다. 수익운임은 동맹선사에 미리 정해진 비율에 의거 매 결산마다 배분한다.

각 선사들의 자기 이름이 그대로 남아 있고 운영만 공동으로 하기 때문에 영업활동이 자유롭고 신축성 있게 독자적으로 행동할 수 있다.

⑤ 중립감시기구

중립감시기구(Neutral Body, N/B)는 동맹회원사간의 건전한 상거래질서 유지를 위해 회원사의 부당행위를 감독하고 위반할 때 벌칙금(penalty)을 부과하는 기구이다.

동맹선사 간의 운영 및 연락을 위해 설치하는 기구라는 의미에서 이를 집단사무소라 부르기도 한다. 구주운임동맹(FEFC)의 경우는 중립감시기구 활동의 공정성을 기하기 위해 이를 외부의 전문 용역회사에 의뢰하고 있다.

(2) 동맹의 외부 규제수단

해운동맹의 외부 규제수단은 '해운동맹의 대(對) 하주 구속수단' 또는 '계약하주 구속수단'이라고도 부르며 다음과 같은 종류들이 있다.

① **계약운임제**(contract rate system)

계약운임제는 해운동맹의 공표운임률을 크게 계약운임률(contract rate)과 비계약운임률(non-contract rate)로 이중으로 설정하여 하주가 동맹선에만 선적할 것을 계약하면 저렴한 일반운임률을 적용하고 그렇지 않은 비계약하주에게는 고율의 비계약운임을 적용하는 제도이다. 이것을 이중운임제(dual rate system)라고도 한다.

이 제도에서는 동맹선에만 선적하기로 계약한 하주가 계약을 위반하여 맹외선을 이용하면 위약금을 부과하거나 이후 계약을 거부하는 등의 조치를 통해 비동맹선의 이용을 견제한다.

② **성실환급제**(fidelity rebate system)

성실환급제는 일정 기간 모두 동맹선에만 선적한 하주에 대해 운임이 선불이든 후불이든 관계없이 그 기간 내에 선사가 받은 운임의 일정 비율을 기간 경과 후에 환불하는 제도이다.

이것을 운임할려제라고도 하며 운임연환급제와는 달리 유보기간이 없이 일정 기간 경과 후에 그 환불금을 전액 한 번에 지급해 준다.

③ **운임연환급제**(deferred rebate system)

운임연환급제는 일정 기간(보통 6개월 내지 1년) 동안 동맹선에만 선적한 하주에 대해서 그가 지급한 운임의 일부를 환불해 주는데, 환불은 그 기간에 이어 계속해서 일정 기간 동맹선에만 선적할 것을 조건으로 하여 계속되는 일정 기간이 경과된 후에 이루어지는 제도이다. 이것을 운임연할려제라고도 한다.

이 방식은 성실환급제와 달리 일정 기간이 경과한 후에 환불을 해주기 때문에 전액 환불을 받기 위해서는 일정 기간 동안 더 동맹선을 이용해야만 한다.

하주 구속수단 중 가장 교묘하고도 가혹한 것이다. 이 제도는 19세기 후반에 생긴 것이나 현재는 일부 지역을 제외하고 공정거래를 해친다는 이유로 금지시키고 있다.

④ **경쟁 억압선**(fighting ship)

경쟁 억압선은 특정선박을 맹외선(outside, 비동맹선)의 운항 일정에 맞춰 배선시키고 그들보다 저렴한 운임으로 수송하여 그 집하를 적극적으로 방해하기 위해 이용되는 선박이다.

이때 소요되는 비용은 동맹회원이 공동으로 부담한다. 맹외선사를 압박하는 힘이 너무 강하기 때문에 각국 해상운송법에서는 이를 금지시키고 있다.

제5절 부정기선 운송

1. 부정기선 운송의 의의

부정기선(tramper)은 원칙적으로는 단일 하주의 단일 화물을 항해용선계약으로 운송하는 선박을 말하지만, 보통 산화물(bulk cargo)을 운송하는 선박의 의미로 사용되고 있다. 부정기선은 용선운송계약(charter party)의 체결을 통해 운송된다.

부정기선에서 사용되는 선박을 특수전용선(specialized vessel)이라고 하며 이 선박들은 특수화물을 운송하기에 적합하도록 특수한 설비나 시설들이 갖추어져 있다.

한편, 부정기선 운송은 정해진 항로를 일정 기간마다 규칙적으로 운항하는 정기선 운송과 달리, 일정한 항로나 하주를 제한하지 않고 선복의 수요가 있을 때마다 또는 하주가 요구하는 시기와 항로에 따라 화물을 운송하는 것이 특징이다.

2. 부정기선 운송의 특징과 계약형태

1) 부정기선 운송의 특징

(1) 운항형태

부정기선 운송은 화물수요에 따라 하주가 요구하는 시기와 항로에 선복을 제공하여 불규칙적으로 운항하는 운송형태이다. 따라서 고정된 운항일정과 항로가 없어 항로의 자유로운 선택이 가능하다. 또한 항로가 일정하지 않기 때문에 운항 스케줄이 탄력적으로 정해진다.

(2) 운송화물

부정기선 운송은 운임부담 능력이 상대적으로 약한 철광석, 석탄, 곡물, 시멘트, 원목 등 대량의 Bulk Cargo을 대상으로 하며 선박은 벌크선과 전용선이 주로 이용된다.

(3) 운임

부정기선의 운임은 그 당시의 물동량과 선복의 수요(물동량)와 공급(선복)에 의한 경쟁으로 운임률을 결정하기 때문에 불확정운임이다. 부정기선 운송은 정기선과 같은 일정한 운임률표가 존재하지 않고 매번 교섭(bargaining)을 통해 결정된다.

또한 부정기선 운송은 통상 저가의 화물이 벌크상태로 운송되므로 운임의 변동폭이 매우 심하고 매우 불안정하지만 정기선보다 운임이 저렴한 편이다.

(4) 운송인

부정기선 운송은 1인이나 소수의 특정 하주(용선자)를 대상으로 운송서비스를 제공하는 사적 계약운송인(private contract carrier)이 담당하고 용선주와 용선자의 책임과 의무는 용선계약서에 따르게 된다. 부정기선 운송은 정기선에 비해 소자본으로도 운영이 가능하며 정기선 운송과 상호보완적인 측면을 가지고 있다.

(5) 운송계약형태

운송계약형태는 선주와 용선자가 대등한 관계에서 운송조건을 상호 협의한 후에 하주가 선사와 직접 또는 용선중개인(chartering broker)을 통해 그 선사 소속의 선복의 일부나 전부를 용선하는 용선운송계약(Charter Party, C/P)을 체결하고 용선계약서를 작성함으로 이루어진다. 용선운송계약은 선하증권에 인쇄된 표준운송약관에 의해 증빙되는 개품운송계약과 달리, 계약자유의 원칙에 따라 선주와 용선자가 계약내용을 자유롭게 정할 수 있다.

용선운송계약에 따라 발행된 용선계약부 선하증권(Charter Party B/L)은 선주와 용선자 간에 운송계약의 증빙이 되지 못하고 용선계약서가 그 역할을 대신한다.

(6) 시장구조

부정기선의 시장구조는 전 세계 항만을 대상으로 범세계적 단일시장을 형성하고 있고 뉴욕과 동경이 주요 시장이다. 또한 부정기선 시장은 완전경쟁 시장의 특성을 가지고 있으며 해운시장에서 화물과 선박의 거래는 주로 선박중개인(ship broker)을 통해 이루어진다.

2) 부정기선 운송의 계약형태

부정기선의 경우 하주는 운송업자와 용선운송계약을 체결한다. 용선운송계약은 대량화물을 부정기선으로 운송하는 경우에 선박회사와 용선자가 체결하는 계약으로 'Charter Party'의 머리글자를 따서 C/P라고도 한다.

용선운송계약은 용선하는 범위에 따라 선복(ship's space)의 전부를 빌리는 전부용선계약(whole charter)과 일부만을 빌리는 일부용선계약(partial charter)이 있다.

그리고 전부용선계약은 용선계약의 존속 기한이 특정한 항해로 정해지는가 아니면 일정한 기간으로 정하여지는가에 따라 크게는 항해 또는 항로용선계약(voyage charter)과 기간 또는 정기용선계약(time charter), 그리고 선박의 임대차 운송계약의 성격을 가지고 있는 나용선 계약(bareboat charter)이 있다. 이 부분은 앞에서 이미 자세히 설명했으므로 여기에서는 나머지 핵심 사항들만 살펴본다.

3. 항해용선계약

1) 항해용선계약의 본질

항해용선계약(voyage charter)은 특정 항구에서 특정 항구까지 약정화물의 수송을 용선자(charterer, 하주)와 용선주(charteree, 선사)가 체결하는 운송계약이다.

같은 선복의 이용을 목적으로 하는 계약일지라도 항해용선계약은 그 내용이 일정한 항해를 기초로 하고 있다는 점에서 정기용선계약이나 나용선계약과 구별된다. 후자들은 어디까지나 기간으로 계약하는 용선계약의 형태이다.

항해용선계약은 1회 항해용선계약과 연속항해용선계약으로 구분된다. 기본적인 부정기선의 운송계약은 1항해 단위로 체결하는 1회 항해용선(one voyage charter)계약이다.

그러나 계약을 체결할 때마다 시황 변동의 영향을 받기 쉽기 때문에 선사는 장기적으로 안정된 물량과 수익을 확보하는 차원에서, 하주는 장기적으로 안정된 운송수단을 확보한다는 차원에서, 일정량의 화물운송을 1년이나 그 이상의 기간을 정하여 계약을 체결하는 경우도 있는데 이를 연속항해용선(consecutive voyage charter)이라고 부른다.

2) 항해용선계약의 변형

항해용선계약에서는 운송에 대한 대가가 화물의 톤당 얼마로 정해지는 것이 원칙이지만 다음과 같은 변형들도 많이 사용되고 있다.

(1) 선복용선계약

항해용선계약에서 운임은 실제 적재수량에 근거하여 산정되는 것이 일반적이다. 그러나 A 항구에서 B 항구까지의 계약 선복에 의해 합계 얼마로 정하고 실제의 적재 수량에는 관계가 없는 방법에 의한 계약을 선복용선계약(lump sum charter)이라고 하고 이 경우의 운임을 선복운임(lump sum freight) 또는 총괄운임이라고 한다.

(2) 일대용선계약

일대용선계약(daily charter)은 본선이 지정 선적항에서 화물을 적재한 날부터 기산하여 지정 목적항까지 운송하여 화물을 인도 완료할 때까지의 일시 사이에 1일(24시간) 당 얼마로 용선료를 정해서 선복을 일대(日貸)하는 계약이다.

적양지가 적절한 곳이 아니거나 단거리 항해이면서 겨울철 북해도와 같이 날씨가 나빠서 1항해의 일수 확정이 곤란한 경우에 선사는 일대용선계약을 체결하여 항해일수에 있어 예측하지 못하여 연장이 발생하는 손해를 예방하고 있다.

3) 항해용선계약의 체결 절차

항해용선계약도 정기선 운송과 같이 선복을 구하는 용선자(하주)와 선복의 제공자인 선사(용선주) 사이에 직접 체결되는 경우가 많다. 그러나 경우에 따라서는 선박중개인이나 용선중계인을 통해 체결되는 경우도 있는데 그 절차는 다음과 같다.

(1) 선복을 위한 조회

하주가 화물의 종류, 수량, 선적지, 선적시기, 운임률 등을 제시하여 용선중개인에게 선복의 수배를 의뢰하면 용선중개인은 하주가 제시하는 운임 등 여러 조건들을 선사에게 조회하게 된다. 이를 선복을 위한 조회(inquiry for ship's space)라고 한다.

(2) 선복을 위한 확정청약(firm offer for ship's space)

조회를 받은 선사는 하주가 요구하는 여러 조건들을 검토하여 조건에 합당하면 용선계약에 필요한 여러 조건들과 유효기간 등을 명시하여 하주에게 용선계약을 체결할 것을 신청한다. 이 신청서가 선복을 위한 확정청약(firm offer)이 된다.

(3) Firm Offer에 대한 Counter Offer

Counter Offer는 선사가 제시한 확정청약(Firm Offer) 조건에 대해 하주가 청약 내용의 일부를 변경하거나 추가 제의를 하는 등 하주가 희망하는 의사표시를 선사에게 다시 제시하는 것을 말한다. 이것은 선사가 원래 제시한 조건을 일단 거절하고 새로이 용선계약조건을 제시하는 것이다. 일반적인 계약 성립의 과정과 마찬가지로 용선계약이 최종 성립되기까지는 여러 차례에 걸친 반대청약(counter offer)의 과정을 거치게 된다.

(4) 선복확약서

선사가 제시한 유효기간 내에 하주가 확정청약을 승낙하면 용선계약은 성립된다. 계약 성립의 증빙서류로 선복확약서(Fixture Note)를 작성하여 각 관계 당사자인 용선주(선사), 하주 및 중개인이 서명하고 각자가 한 통씩 보관한다.

(5) 용선운송계약서 작성

이후 선복확약서에 의거 정식 용선계약서(Charter Party, C/P)를 작성하여 각 관계 당사자가 서명한 후 이를 각자 보관하게 된다. 용선계약서는 선주와 용선자 간에 체결한 운송계약 내용을 명시한 문서를 말한다. 용선계약의 내용은 운송형태, 화물, 항로, 사용서식에 따라 상이하며 당사자간 합의에 따라 추가나 삭제도 가능하다.

4) 항해용선계약과 하역비 부담

항해용선계약은 기간용선계약과 달리 선주가 일체의 경비를 부담하는 것이 원칙이다.

그러나 항해용선계약을 체결할 때에는 하역비(stevedorage, 선내하역비용)와 선박이 항구에 입출항하게 될 때 발생하는 항비(port charge)를 용선주와 용선자 중 누가 부담할 것인가를 결정하여야 하는데, 그 조건에는 다음과 같은 조건들이 있다.

(1) Gross Term Charter

Gross Term Charter는 항해비용을 포함하여 하역비와 항비 등 일체의 경비를 선주가 부담하는 조건이다. 이를 Gross Term이라고도 한다. 이 조건은 용선운송계약에서 가장 많이 사용되는 방식으로 정기선의 Berth Term 또는 Full Liner Term과 같은 조건이다.

이 조건에서 화물은 본선인도가 원칙이기 때문에 부선의 작업료, 체선료, 공휴일 하역이나 야간 하역의 할증료 등과 같은 특별 항만비용들은 용선자가 부담해야 한다.

(2) Net Term Charter

Net Term Charter는 하역비뿐 아니라 양하를 완료할 때까지의 모든 항비를 용선자가 부담하는 조건이다. 이 방식은 선주가 항만 사정을 잘 모르는 항구에 배선하거나 용선자가 자신의 하역시설을 보유하고 있을 때 주로 이용된다. 하주가 하역비를 부담하고 선주는 항비를 부담하는 FIO(free in and out) 조건과 혼동해서는 안 된다.

(3) F.I.O Charter

F.I.O Charter는 용선자(하주)가 본선 적하 및 양하시의 하역비용을 부담하고 선주는 항비를 부담하는 조건이다. 즉, 선주는 항비를 부담하고 배만 갖다 대면 하주가 자신의 비용으로 하역인부들을 수배하여 하역작업을 하는 조건이다.

이 조건은 하주가 선적항·목적항에 하역시설을 소유·임차하여 하주 스스로 적재와 양하하는 것이 유리할 때에 이용한다. 선적항과 복적항에서 공히 체선료 및 조출료가 발생한다.

(4) Lump sum Charter

Lump Sum Charter는 용선자는 선박의 사용에 대해서 총액의 운임을 지급하고 선주는 일정한 선복을 화물의 사용에 제공하거나 선박이 운송할 수 있는 화물의 최대중량을 보증하는 조건이다. 즉, A항에서 B항까지의 계약 선복(즉 계약 톤수)에 의해 합계 얼마로 정하고 실제의 적재수량에는 관계가 없는 방법에 의한 계약을 말한다. 이를 총괄용선계약이라고도 부르며 목재, 석탄, 곡물류 등 대량화물의 운송에 주로 이용되며 선주에게 유리한 조건이다.

4. 기간용선계약

1) 기간용선계약의 본질

기간용선계약(time charter)계약은 선복에 화물을 적재할 수 있는 설비와 용구를 갖추고 선원을 승선시킨 상태에서 장기간 해상을 운항할 수 있는 선박을 용선자가 선주로부터 일정 기간 용선하는 계약 형태를 말한다. 주로 용선자 자신의 화물보다 다른 사람들의 화물을 운송하기 위하여 체결되며 이 경우 용선료는 항차에 관계없이 용선기간을 기준으로 산정된다.

2) 기간용선계약의 체결

기간용선계약은 항해용선계약과 마찬가지로 용선중개인을 통해 체결한다. 기간용선계약이 체결되면 양자의 약정조건에 준거하여 기간용선계약서가 작성되고 선주, 용선자 및 중개인은 그 서식에 서명하여 각각 1부씩 보관한다.

3) 기간용선계약의 표준서식

기간용선계약서는 별도의 양식이나 기재사항이 법률로 정해진 것이 없기 때문에 당사자의 합의로 양식과 내용을 다르게 작성할 수 있다. 기간용선계약에서 많이 사용되는 표준서식은 발틱해국제해운동맹(BIMCO)이 1974년에 개정한 Baltime(The Baltic and International Maritime Conference Uniform Time-Charter)과 뉴욕물산거래소가 1913년에 제정하여 1946년에 개정한 Produce Form (The New York Produce Exchange Charter)이 있다.

4) 기간용선계약의 주요 조건

(1) 계약 당사자의 명칭

용선자는 Charterer로, 선주는 Owner로 각각 표시된다.

(2) 선박표시

특정 선박의 명칭과 국적을 기재하며 선박의 총톤수, 순톤수 및 재화중량톤수 등의 톤수와 선박의 위험성 정도를 나타내는 선급을 기재한다.

(3) 화물의 명세

항해용선계약에서는 화물의 종류와 수량을 기재하지만 기간용선계약에서는 구체적으로 이를 기재하지 않고 '합법적 상품'이라고 추상적으로 기재한다.

(4) 적양항

기간용선은 용선료가 기간을 기준으로 하기 때문에 적양항(積揚港)은 기재할 필요가 없고 대신 선박의 인도기일을 명기하면 된다. 여기에서 적양항은 적재와 양하되는 항구이다.

(5) 운임과 운임지급요건

기간용선계약의 용선료는 계약기간에 대해 지급되지만 항해용선계약의 용선료는 항해단위나 적재량을 기준으로 산정된다. 이 경우 운임은 톤을 기준으로 하며 운임의 지급시기는 후불을 원칙으로 하지만 관습상 선불인 경우도 있다.

선불의 종류에는 선적완료불(payable on completion of loading)과 선하증권발행시불(payable on signing of B/L)이 있고 후불의 종류에는 양하지도착불(payable on arrival to destination)과 양하완료시불(payable on completion of discharging)이 있다.

(6) 선내 하역비부담조건

기간용선계약에서는 선내하역인부(stevedorage) 비용을 선주와 하주 중 누가 부담해야 하느냐를 합의해야 한다. 이를 하역비용 부담조건이라고도 하며 다음과 같은 조건들이 있다.

① Berth Terms

Berth Terms는 선적시 및 양하시 모두 선내하역인부 비용을 선주가 부담하는 조건이다. 정기선에 의한 개품운송계약에 이용되며 Liner Terms라고도 부른다.

② FIO(Free In and Out)

FIO(Free In and Out)는 선내하역인부 비용을 적재와 양하시 모두 하주(용선자)가 부담하는 조건이다. 따라서 화물의 본선적재(in)와 본선에서 양하(out) 비용은 선주의 비용부담에서 제외된다. 해상운임의 채산에 순수한 운임만을 표시하는 방법으로 주로 부정기선에 의한 용선운송계약에 이용되며 Berth Terms와 대비되는 조건이다.

③ FI(Free In)

FI(Free In)는 선적시 선내하역인부 비용은 용선자가 부담하고 선주는 양하시의 비용만을 부담하는 조건이다. 주로 부정기선에 의한 용선운송계약에 이용된다.

④ FO(Free Out)

FO(Free Out)는 FI(Free In)와는 반대로 선적시 선내하역인부 비용은 선주가 부담하고 용선자는 양하시의 비용만을 부담하는 조건이다. 주로 용선운송계약에 이용된다.

(7) Not Before Clause

Not Before Clause은 예정일 이전에 선박이 항구에 도착하여도 하역을 하지 않는다는 취지의 내용을 용선계약서에 포함시킨 조항이다. 미리 하역하게 되면 부선료나 창고료 등 용선자에게 손실이 발생할 수 있기 때문이다.

(8) 정박기간의 표시

정박기간(laydays, laytime, 정박일)이란 하주가 계약화물을 용선한 선박에 적재나 양하하기 위해 그 선박을 선적항이나 목적항에 머무르게 할 수 있는 기간을 말한다.

용선계약서에는 협정된 정박기간이 기재되어 있고 그 기간 내에는 체선료 걱정 없이 본선을 사용할 수 있다. 정박기간을 약정하는 방법에는 다음과 같이 정박기간을 한정하지 않는 CQD조건과 이를 한정하는 경우인 Running Laydays 및 Weather Working Days가 있다.

① **관습적 조속하역조건**(Customary Quick Dispatch, CQD)

관습적 조속하역조건은 해당 항구의 관습적 하역방법이나 하역능력에 따라 가능한 한 신속하게 하역을 하는 조건을 말한다. 불가항력으로 하역이 불가능하게 된 날짜는 정박기간에서 제외되지만 일요일, 공휴일 등을 약정된 하역일에 포함시키느냐의 문제는 특약이 없는 한, 그 항구의 관습에 따른다.

② **연속 작업일조건**(Running Laydays)

연속 작업일조건은 하역 시작일로부터 끝날 때까지 모든 날짜를 정박기간에 포함시켜 계산하는 조건을 말한다. 따라서 우천, 파업, 기타 불가항력 등과 관계없이 하역개시 이후 종료시까지의 일수는 모두 정박기간에 계산된다. 이 방법에서는 일요일이나 공휴일을 제외한다는 취지를 달리 명시하지 않는 한, 정박기간에 포함된다.

③ **호천 작업일조건**(Weather Working Days, WWD)

호천 작업일조건은 기상조건이 하역 가능한 상태의 날짜만을 정박기일에 산입하는 조건을 말한다. 현재 가장 많이 채택하고 있는 조건이다.

어떠한 기상이 하역 가능한 상태인가는 화물의 종류에 따라 상이하므로 선장과 하주가 협의하여 결정하는 것이 좋다. 일요일과 공휴일은 작업일이 아니기 때문에 제외하는 것이 보통인데 이 조건에서 이들의 처리 방법에는 다음의 조건들이 있다.

첫째, 일요일과 공휴일은 원래 근로일이 아니기 때문에 하역을 하더라도 보통 정박일수에 산입하지 않는다. 이 조건은 'Sunday and Holidays Excepted'의 첫 글자를 따라 SHEX 또는 WWD SHEX라고 부르고 있다.

둘째, 일요일과 공휴일에 작업을 하면 이를 정박일수에 산입하지만 작업하지 않은 경우에는 이를 제외시킨다. 이 조건은 'Sunday and holidays excepted unless used, SHEXUU, WWD SHEX unless used'라고 부르고 있다.

셋째, WWD SHINC(sundays and holidays are included)가 있는데 이것은 일요일과 공휴일을 정박일수에 포함시키는 조건이다.

(9) 정박기간의 개시와 종료

일반적으로 정박기간은 본선 선장의 하역준비 완료통지서(notice of readiness, N/R)가 통지된 후 일정 기간(통상 12시간)이 경과되면 개시(beginning, 始期)되고 하역이 완료되는 때에 종기(end, 終期)가 된다. 하역이 모두 종료되면 소요된 정박일수를 기재한 정박일 계산서(laydays statement)를 작성하여 선장과 하주가 서명한다.

(10) 체선료

체선료(demurrage)는 약정된 정박기간 내에 화물을 선적하거나 양하하지 못했을 때 발생되는 비용 즉, 정박기간을 초과한 일수에 따라 선주가 용선자에게 청구하는 비용을 말하며 일종의 벌과금(penalty)이다. 선주가 이 비용을 용선자에게 청구하는 이유는 하역이 지체되면 운항을 하지 못하여 선박 경비와 정박료와 같은 항비와 기타 경비의 증액이 발생하고 다음 항해에도 지장이 생겨 금전적 손실이 발생하기 때문이다. 만일 1일 지연되는 경우 1만불을 배상한다고 하면 'Demurrage : USD 10,000/DAY'로 표기한다.

(11) 조출료

조출료(dispatch money, 早出料)는 용선계약상 허용된 정박기간 종료 전에 하역이 완료되었을 때 그 절약된 기간에 대하여 선주가 용선자에게 지급하는 금전이다.

보통 체선료의 반액이다. 조출료는 하역이 예정보다 일찍 완료되어 선박이 더 일찍 출항하게 되면, 출항이 빨라지는 그 시간만큼 선주는 그 시간에 추가적인 수익활동을 할 수 있기 때문에 신속한 하역을 위한 인센티브 개념으로 선주가 지불하는 금전이다.

(12) B/L의 발행

용선계약서의 조건에 따라 선적이 완료되면 하주의 요청에 따라 선하증권DL 발행되는데 이를 'Charter Party B/L'이라고 부르고 있다. 용선운송계약에서는 용선계약서가 B/L보다 우선하여 적용한다. 신용장통일규칙 제22조는 특수화물인 경우 선사가 Charter Vessel에 의존하고 있는 운송현실을 감안하여 Charter Party B/L을 종래의 무조건 수리서절 대상에서 일정한 요건을 갖추면 수리할 수 있도록 규정하고 있다.

(13) 중개료

기간용선계약의 표준서식은 용선료 수입의 일정 비율을 중개료로 지급하도록 규정하고 있다. 중개료의 지급 시기는 운임을 징수할 때가 원칙이지만 특약에 따라 용선계약서에 서명할 때나 선적완료시에 지급하도록 약정하는 경우도 있다.

(14) 유치권조항

유치권조항(Lien Clause)은 용선료의 지급을 확보하기 위해 선주 측에게 용선료가 지급될 때까지 화물을 압류할 권리가 있다는 취지를 규정하고 있는 조항이다.

유치권은 선주의 운임취득권을 보장하기 위하여 운송계약에 따라 용선자가 용선료나 기타 부대경비를 지급하지 않을 경우 그 운임(용선료)이 지급될 때까지 선주가 그 화물을 억류하거나 인도를 거부할 수 있는 권한을 말한다.

(15) 공동해손조항

공동해손조항(General Average Clause)은 공동해손은 다른 법규나 관습을 배제하고 York Antwerp Rules을 우선하여 적용한다는 것을 규정하고 있는 조항이다.

(16) 면책조항

면책조항은 일정 종류의 위험이나 우발적인 사고 등에 대한 책임으로부터 운송인(선주)을 면책(exception)하는 조항이다. 이 약관은 가운데 삽입되는 경우가 많으나 법률상 또는 그 해석상 의문을 피하기 위해 별도로 규정하는 경우도 있다.

면책조항에는 전쟁조항(war clause), 동맹파업조항(strike clause), 부지조항(unknown clause), 잠재하자조항(latent defects clause), 이로조항(deviation clause), 파손과 누손조항(breakage and leakage clause), 결빙조항(ice clause) 등이 있다.

(17) 위약금조항

위약금조항(Penalty Indemnity Clause, 배상금조항)은 불가항력 이외의 사유로 용선계약을 위반했을 때 위약당사자가 상대방에게 위약금을 지급해야 한다는 조항이다.

(18) 묵시적 확약조항

묵시적 확약조항은 기간용선계약서에 명시되어 있지는 않지만 당사자가 상대방에게 묵시적 확약(혹은 의무)으로 인정한다는 조항이다. 대표적인 묵시적 확약으로 선주 입장에서는 내항성이나 감항성이 있는 선박을 제공하는 것, 신속한 항해, 그리고 부당한 이로를 하지 않을 것 등이 있으며, 하주 입장에서는 위험물을 적재하지 않을 것 등이 있다.

5. 부정기선 운송의 운임

1) 부정기선 운임의 의의

부정기선 운송은 항로와 하주를 제한하지 않고 화물의 수송 수요에 따라 적당한 화물만 있으면 세계 어느 항로든지 하주가 요구하는 시기에 선박을 투입하여 운항시키는 운송형태이다. 따라서 부정기선에서 운임은 용선주와 하주가 합의하여 체결하는 용선운송계약에 의해 개별적으로 결정된다.

2) 부정기선 운임의 특징

부정기선 운임은 선사와 하주 사이의 자유계약에 의해 결정되는 자유운임을 원칙으로 하고 적재화물의 수량이나 선복의 수요와 공급관계에 따라 결정되기 때문에 일정한 운임률표(tariff)가 없고 그때그때 변동도 매우 심하다.

그러므로 물동량이 많고 선복이 부족하면 선주의 교섭력이 강해져 운임이 오르고, 물량이 줄어들고 선복이 남아돌면 하주의 교섭력이 강해져서 운임이 떨어진다.

3) 부정기선 운임의 변동요인

부정기선 운임은 정치, 경제, 사회, 자연적 요인들의 영향을 크게 받는다. 대표적인 요인은 전쟁 등에 기인한 급격한 대량물자 수송의 불가결성, 선복 부족, 농작물의 풍작이나 흉작, 기후이변, 무역량의 급감 및 증감, 시기적으로 대량 물자의 출하와 종결, 한파로 인한 난방용 석탄 등의 긴급수송, 시황의 급격한 변동과 세계경제의 성장과 위축 경향, 시기적으로 대량물자의 출하와 종결 등이 있다.

4) 부정기선 운임의 단위

부정기선에서 운임은 통상 적하량을 기준으로 톤 당 얼마로 표시한나. 운임계산의 기초가 되는 단위는 톤 외에도 종류가 많고 각국의 관습에 따라 해석 차이가 많다.

중량(Weight)의 단위는 영국에서 주로 많이 사용되는 1 Ton = 1 Long ton = 2,240lbs, 미국에서 많이 사용되고 있는 1 Ton = 1 Short ton = 2,000lbs, 프랑스, 우리나라 등에서 주로 사용하고 있는 1 Ton = 1 Metric ton = 2,204lbs 등이 있다.

용적(measurement)의 단위로는 1 Ton = 40ft^{3}가 가장 많이 사용되며, 북유럽 국가에서는 1 Ton = 1m^3 등이 사용된다. 기타 고가품의 경우는 화물 가격에 따라 운임을 정하는 종가 운임제가 있고 포장, 용적 및 중량이 일정한 때는 포장단위를 기준으로 운임을 결정한다.

5) 부정기선 운임의 종류

(1) 총괄운임

운송계약에서 운임은 운송품의 개수, 중량, 용적을 기준으로 계산되는 경우와 선복이나 항해를 단위로 하여 포괄적으로 부과되는 경우가 있다. 후자를 총괄운송계약이라고 하고 이 경우에 지급되는 운임을 총괄운임 또는 선복운임(lump sum freight)이라고 한다.

(2) 비율운임

비율운임(pro rate freight)은 운송의 완성도의 비율에 따라 지급되는 운임으로 선박이 항해 중 불가항력이나 기타 원인으로 항해를 할 수 없게 되어 운송계약의 일부만을 이행하고 화물을 인도한 경우 그때까지 행한 운송비율에 따라 선주가 취득하는 운임이다. 이를 항로상당액운임(distance freight)이라고도 부른다.

(3) 부적운임

부적운임(dead freight)은 용선자가 선적하기로 계약한 수량의 화물을 실제로 선적하지 않은 경우에 그 선적 부족량에 대하여 지급해야 하는 운임이다. 일종의 위약배상금(penalty)으로 임의해제(解除) 또는 해지(解止)의 경우에도 용선자가 운송인에 지급해야 하며 공적(空積)운임이라고도 부른다. 그러나 부적이 불가항력에 의한 경우에는 용선자가 면책된다.

(4) 연속항해운임

연속항해운임(consecutive voyage freight)은 어느 특정의 항로를 연속하여 항해하는 경우에 약정한 연속항해의 전부에 대해 일괄적으로 부과하는 운임이다.

그런데 항해용선계약(voyage charter)은 한 번의 선적과 양하를 통해 모든 항차가 종료되는 단일 항해(single voyage)가 이루어지는 경우가 많다.

(5) 장기계약운임

장기계약운임(freight of long term contract)은 원유나 철광석과 같은 대량의 운송수요를 지닌 대기업과 이러한 화물을 운송하는 선주 간에 장기간에 걸쳐 되풀이되는 항해가 이루어지는 운송계약에 적용되는 운임이다.

이것은 연속항해운임과 유사하나, 연속항해운임은 통상 특정 선박으로 연속하여 항해를 되풀이 하므로 항해 수에 의해 기간이 약정되지만 장기계약운임은 몇 년 간에 몇 항해, 몇 년간에 걸쳐 연간 및 만 톤과 같이 약정하는 것이 일반적이다. 장기계약운임은 보통 1년・5년・10년의 장기수송계약을 체결하여 운임을 결정하고 있다.

제 6 절 선하증권(B/L)

1. 선하증권의 의의와 기능 및 역할

1) 선하증권의 의의의 중요성

선하증권(Bill of Lading, B/L)은 운송인(선사)이 하주로부터 의뢰받은 운송화물을 선박에 적재하거나 선적을 위해 그 화물을 수취한 것을 증명하고 이것을 도착항까지 운송하여 그 곳에서 본 증권의 정당한 소지인에게 인도할 것을 약정하고 있는 유가증권이다.

선하증권은 B/L상에 기재된 화물의 권리를 화체(embody, 化體)한 것이기 때문에 선하증권의 이전은 곧바로 화물에 대한 권리의 이전을 의미한다. 그러므로 운송화물을 처분할 경우에는 반드시 그 관련 B/L을 가지고 이루어져야 한다.

선하증권은 수표(check)나 약속어음(promissory note)과 달리, 단순히 이것을 작성하는 것만으로는 이에 상당하는 가치를 발생시키지 못하며 반드시 운송계약의 전제하에 화물이 선적되어 있다는 원인을 필요로 한다.

오늘날 무역결제수단으로 널리 사용되는 것이 화환어음(documentary bill)이기 때문에 동 환어음을 결제하는데 선하증권은 상업송장(commercial invoice) 및 보험증권(insurance policy)과 함께 가장 기본이 되는 서류이다.

2) 선하증권의 기능

첫째, 선하증권은 운송인이나 그 정당한 대리인이 선하증권에 기재된 화물을 수령하였음을 확인하여 발행하는 화물수취증(receipt of goods)이다. 따라서 선하증권을 발행한 운송인은 수하인에게 선하증권에 기재된 명세의 화물을 인도할 의무가 있다. 그렇지 않으면 운송인은 선적된 화물이 선하증권의 기재내용과 상이하였다는 증거를 제시해야만 한다.

둘째, 선하증권은 현 시점에서 더 완전한 운송계약이 없는 한, 송하인과 운송인 사이에서 협정된 구체적인 운송계약사항을 나타내는 증거서류이다.

즉, 선하증권은 선적화물의 수량, 중량, 상태 등에 대한 추정적 증거(prima facia)가 되며 선사가 화물을 수취한 것을 확인한 다음 목적항에서 그 선하증권의 소지인에게 이것과 교환하여 화물을 인도할 것을 약속한 선사와 하주 사이의 운송계약서이다.

셋째, 선하증권은 선하증권에 기재된 화물을 화체하는 권리증권(document of title)이다. 따라서 선하증권의 정당한 소지인은 화물인도 청구권과 함께 증권상에 기재된 화물을 임의로 처분할 수 있는 권한을 가지게 된다.

3) 선하증권의 역할

선하증권은 관계 당사자에게 각각 다음과 같은 역할을 한다.

(1) 운송인(선사)

운송인(선사)에게 선하증권은 유가증권, 권리증권, 운송계약의 증거 및 화물수취증의 역할 외에 운송조건이나 운송약관(면책약관 포함) 등을 명시하고 있는 서류이다.

(2) 수출자

수출자에게 선하증권은 화환어음을 매도(negotiation)하는 과정에서 선적을 증명하는 가장 중요한 서류이다.

수출업자는 대금결제를 위해 화환어음을 매도할 때 이를 선적서류로 사용하게 되며 매수인에게 선적통지(Shipping Notice, Shipping Advice)를 할 때에도 사용한다. 그리고 선하증권은 운송계약에 따라 발생한 보상금을 청구할 때에도 사용되는 필수서류이다.

(3) 수입자

수입자에게 선하증권은 목적항이나 도착지에서 화물인도를 청구할 때 사용되는 서류이다. 또한 수표(check)와 같이 그 자체로 해당 B/L상의 명세에 기재된 화물의 가치와 소유권을 가지는 역할을 하며 수입자가 운송계약에 따라 발생한 보상금이나 손해배상을 청구하는 경우에도 사용된다.

(4) 보험회사

보험회사에게 선하증권은 운송화물이 멸실되거나 손상 등이 발행한 경우 보험자의 구상권 행사와 관련하여 운송인의 책임을 규명하데 매우 중요한 서류이다.

왜냐하면 선하증권은 보험회사 화물이 선적된 사실과 선적 상황 및 운송계약의 주요 조건들(선적항과 목적항, 환적 여부, 분할선적의 유무, 이로의 유무 등)을 파악하는데 필요한 서류이기 때문이다. 운송 중에 손해가 발생하여 보험회사에 보험금을 청구하는 경우에는 선하증권 원본이 필요하다.

(5) 은행

은행에게 선하증권은 대금회수나 상환을 위한 담보로서 이용되는 서류이다. 특히 매입은행이나 발행은행은 해당 화물의 담보력을 확보하기 위해 발행된 원본 전통의 선하증권(full set B/L)을 제시하도록 요구하고 있는 것이 보통이다.

2. 선하증권의 법적 성질과 종류

1) 선하증권의 법적 성질

첫째, 선하증권은 채권증권이므로 선하증권의 소지인은 선하증권과 상환으로 화물의 인도를 청구할 수 있다.

둘째, 선하증권은 요식증권이므로 기재사항이 법으로 정해져 있다.

셋째, 선하증권은 문언증권이므로 운송인은 선하증권의 선의의 소지인에 대해 증권문언에 대한 책임을 지며 소지인은 증권의 기재문언에 따라 권리를 주장할 수 있다.

넷째, 선하증권은 요인증권이므로 운송인이나 그 대리인이 화물을 선적 또는 선적을 위하여 수취하였다는 요인이 있어야 발행된다. 이러한 요인이 없이 발행되면 그것은 위법행위가 된다. 이런 점에서 선하증권은 반드시 요인이 없어도 발행되는 어음이나 수표와는 다른 법적 성질을 가지고 있다.

다섯째, 선하증권은 제시증권이므로 수하인은 다른 방법으로 자기가 운송화물의 정당한 수취자라는 것을 증명하여도 B/L의 제시 없이는 화물을 수취할 수 없다.

그러나 실무에서는 화물이 목적항에 먼저 도착하였는데 B/L을 입수하지 못한 경우 L/G를 운송인에게 제출하고 선하증권 없이도 화물을 인수하고 있다.

여섯째, 선하증권은 인도증권이므로 증권의 정당한 소지인에게 물건을 인도하며 그 인도는 증권기재의 물건 그 자체를 인도한 것과 동일한 효력을 갖게 한다. 따라서 선하증권을 인도하면 운송품 자체를 인도한 것으로 간주한다.

일곱째, 선하증권은 지시증권이므로 증권권리자인 소지인이 배서(endorsement)에 의해 다른 사람을 선하증권의 권리자로 되게 하거나 또는 그렇게 지정된 자가 또 다른 사람에게 그의 권리를 다시 이전시킬 수 있다. 보통 지정하는 방법은 백지배서 방식이 주로 이용된다. 우리나라 상법도 선하증권에 지시증권성을 부여하고 있다.

여덟째, 선하증권은 처분증권이므로 증권상 표시된 물건에 관한 처분(양도 등)을 하는 데는 그 증권으로 하여야 된다.

아홉째, 선하증권은 수려증권이므로 그 증권과 바꾸지 않으면 채무자가 증권상의 채무를 갚지 않아도 되는 증권이다. 따라서 목적항에서 화물의 인도를 청구할 때 수하인은 선하증권 원본(original)을 제출해야 하며 최초 원본 1통이 제출되면 나머지는 무효가 된다.

열째, 선하증권은 면책증권이므로 그 정당한 소지인이 선하증권을 제시하여 화물의 인도를 청구하면 그 청구자가 진실한 권리자인가를 점검할 의무나 권리는 없다.

따라서 채무자가 증권의 정당한 소지인에게 채무를 갚으면 소지인이 정당한 권리자가 아닌 경우에도 악의나 중대한 과실이 없는 한, 채무를 면책받는 효력이 있는 면책증권의 성질을 가진다.

2) 선하증권의 종류

(1) 선적선하증권과 수취선하증권

선적 선하증권(Shipped or On Board B/L)은 본선에 운송화물이 선적된 후에 발행되는 것으로 증권에 'Shipped …'이나 'Shipped on Board …'와 같이 실질적으로 화물의 선적완료를 표시한 선하증권이다.

Shipped or On Board B/L은 운송인이 화물을 선적한 뒤 발행하는 서류이다. 선적이 되었음을 증명할 수 있는 서류이기도 하며 서류 안에 선적 날짜가 기재되어 있다.

수취 선하증권(Received for B/L)은 지정 선박이 부두에 정박하였으나 본선에 아직 적재되지 않았거나 입항조차 하지 않았을 경우에 화물이 선사의 부두창고에 입고되어 'Received for shipment …' 또는 'received to be transported by steamer' 형식으로 발행되는 선하증권이다. 따라서 수취 선하증권은 운송인이 하주와의 운송계약에 의하여 화물을 특정의 장소(선사의 부두창고나 부두장치장)에서 인수하고 현실적으로 본선에 적재하기 전에 발행되는 것이다.

Shipped B/L과 On Board B/L은 동일한 의미인데 특히 영국에서는 Shipped B/L로 부르고 있고 미국은 On Board B/L(본선적재 선하증권)로 부르고 있다.

한편, 수취 선하증권은 실제로 선적이 완료되었다는 사실을 선하증권상에 본선 적재필(on board notation)로 부기하게 되면 Shipped B/L이 된다.

(2) 무사고선하증권과 사고부선하증권

무사고 선하증권(Clean B/L)은 본선에 화물을 선적할 때 그 화물의 상태가 양호하고 수량이 일치하여 비고(remarks)란에 아무런 특별한 것도 기재되지 않고 증권에 'shipped on board in apparent good order and condition'이라고 표시된 선하증권이다. 이를 무하자 선하증권 또는 무고장 선적증권이라고도 한다.

신용장통일규칙(UCP)에는 '무고장 운송서류란 화물이나 그 포장에 관하여 불완전한 상태임을 명백히 표시하는 부가조항이나 단서가 포함되어 있지 않는 운송서류를 말한다.'라고 규정되어 있다. 보통 신용장 조건에서 요구하는 선하증권은 Clean B/L이므로 이를 은행에 제시해야만 화환어음이 매입될 수 있다.

사고부 선하증권(Foul or Dirty B/L)은 비고란에 '5 bags torn' 등과 같이 선사가 인수할 당시 포장상태가 불완전하거나 수량이 부족하여 이 사실이 증권에 기재된 선하증권이다.

본선 적재시 화물의 포장이나 수량 등에 어떤 하자가 발생할 경우 일등항해사가 이러한 고장을 본선수취증(Mate's Receipt, M/R)의 비고란에 기재한 고장 본선수취증(Foul M/R)을 발급하면 선사는 이를 토대로 하주에게 Foul B/L을 발행한다.

신용장통일규칙 제27조는 '신용장에 수리할 수 있는 조항이나 단서가 명시되어 있지 않는 한, 은행은 그 조항이나 단서가 있는 운송서류를 거절한다.'고 규정하고 있다.

무사고 선하증권(clean B/L)을 발급받기 위해서는 선적 당시 수량이 부족하고 화물 일부가 파손되었다는 지적이 있으면 부족 수량을 채우거나 선내에 출장하고 있는 포장업자에게 의뢰하여 수리시키거나 가능한 한 완전한 화물로 교체해야 한다.

그런데 사정상 이것이 곤란한 경우에는 파손화물보상장(Letter of Indemnity, L/I, 손상화물보상장)을 선사에 제공하고 선하증권의 비고란에서 이 고장문언을 없애도록 요구하는 방법으로 Clean B/L을 발급받아야 한다.

왜냐하면 수출자와 수입자간 결제조건이 신용장에 의한 거래인 경우 Foul B/L은 은행에서 수리가 거부된다. 신용장을 통한 결제가 불가능해지기 때문이다.

(3) 기명식선하증권과 지시식선하증권

기명식 선하증권(Straight B/L)은 화물의 수하인으로 수입자명이 기재된 선하증권이다. 이 경우에는 수하인으로 기명된 수입자만이 물품인도를 청구할 수 있다.

따라서 화환어음에 의한 결제가 아니고 사전 송금결제방식에 의한 거래이거나 이삿짐이나 개인 물품을 발송하는 경우에 많이 이용되고 있다.

지시식 선하증권(Order B/L)은 B/L의 수하인 란에 특정의 수하인명이 기재되지 않고, 단순히 'to order', 'to order of shipper', 'to order of … bank'와 같이 지시인(order)만 기재하여 유가증권인 B/L의 유통을 자유롭게 한 선하증권이다.

무역거래에서는 원칙적으로 Order B/L을 사용하며 Shipper나 은행 등이 배서하여 유통된다. 지시식 선하증권에서 수입자의 이름과 주소는 보통 수하인 란(欄)이 아니고 화물도착통지처(notify party) 란에 기재된다.

(4) 유통선하증권과 유통불능선하증권

유통 선하증권(Negotiable B/L)은 선하증권을 타인에게 양도하여 유통할 수 있는 선하증권으로 선사가 발행한 선하증권 원본을 말한다. 유통 선하증권만이 그 선하증권이 대표하는 화물과 상환할 수 있으며 대금을 결제할 때에도 신용장에서 요구하는 정당한 선하증권으로 인정받을 수 있다. 유통불능 선하증권(Non-Negotiable B/L)은 선사가 발급하는 원본 이외의 모든 선하증권을 말한다. 이 선하증권은 'Non-Negotiable'이라는 도장이 찍혀 발급되기 때문에 은행에서 매입(nego)이 되지 않는다.

한편, 선하증권의 수하인(consignee) 란에 특정인을 기명하지 않고 지시식(Order B/L)으로 되어 있는 경우에는 성격상 유통 선하증권이 되고, 수하인 란에 특정인을 표시하는 기명식(Straight B/L)인 경우에는 비유통 선하증권이 된다.

(5) 해양선하증권과 내국선하증권

해양 또는 대양선하증권(Ocean B/L)은 부산과 뉴욕(New York)과 같이 국외 해상운송의 경우에 발행되는 선하증권이며, 내국 또는 연안선하증권(Local B/L)은 부산과 인천과 같이 국내 해상운송의 경우에 발행되는 선하증권이다.

보통 무역거래에서는 내국선하증권은 은행에서 수리되지 않으며 우리가 흔히 말하는 일반적인 선하증권은 국내 영해를 벗어나 해양운송에 대해 발행되는 해양선하증권을 말한다.

(6) 통과선하증권과 환적선하증권

통과 선하증권(Through B/L)은 운송화물을 목적지까지 운송하는데 운송인이 다른 선사의 선박을 이용하거나 해상운송과 육상운송을 교대로 이용하여 운송된 경우 환적할 때 마다 운송계약을 맺는 절차나 비용을 절약하기 위해 최초의 운송업자가 그 전 구간의 운송에 대하여 발행하는 선하증권이다. 이를 '통 선하증권'이라고도 부르며 미국에서는 육상운송과 해상운송을 겸한다고 하여 Overland B/L이라고도 부르고 있다.

두 가지 또는 그 이상의 운송수단을 이용할 때 발행되는 것이므로 복합운송증권과 혼동되나 해상운송구간이 반드시 포함되어야 한다는 점이 다르다.

환적 선하증권(Transshipment B/L)은 화물을 목적지까지 운송 도중 중도항에서 다른 선박에 환적하여 최종 목적지까지 운송할 때 발행되는 선하증권이다.

이 선하증권에서는 환적할 때마다 각 선사(운송인)가 최초 발행 선하증권에 연대서명을 하여 수하인이나 선하증권 소지자에 대하여 공동책임을 지게 된다.

이에 반해 통과 선하증권에서는 최초의 운송인만이 서명하고 그가 수하인이나 동 선하증권의 정당한 소지자에 대하여 운송의 모든 책임을 지게 된다.

환적은 화물의 손상을 초래하게 하고 환적에 따르는 비용이 발생하기 때문에 보통 신용장이나 매매계약서에는 'Transshipment prohibited'라는 문언을 기재하여 환적을 금지시키고 있다. 그러나 이러한 금지 문언이 없는 한, 환적은 허용된다.

(7) Port B/L과 Custody B/L

Port B/L은 선적될 화물이 부두의 선사(운송인)의 보관 상태에 있고 지정된 선박이 입항은 되어 있으나 화물이 본선에 적재되지 않은 상태에서 발행되는 선하증권으로 수취 선하증권의 일종이다.

Custody B/L은 Port B/L과 같이 화물이 선사(운송인)에게 인도는 되었으나 지정된 선박이 아직 화물이 준비되어 있는 지정 항구에 도착되지 않았을 때 발행되는 선하증권으로 이것도 수취 선하증권의 일종이다. Port B/L과 Custody B/L은 별도의 명시가 없는 한, 은행이 수리하지 않는다.

(8) 정식선하증권과 약식선하증권

선하증권은 이면약관의 기재여부에 따라 정식 선하증권과 양식 선하증권으로 구분된다.

정식 선하증권(Long Form B/L)은 이면약관이 전부 인쇄되어 있는 선하증권을 말하고 주로 정기선을 이용할 때 발행된다. 약식 선하증권(Short Form B/L)은 B/L 이면에 선사에서 일방적으로 정한 인쇄약관이 생략된 채 앞면만 기재된 선하증권을 말한다.

부정기선 운송의 경우에는 용선계약서를 B/L과 별도로 선주와 하주가 각각 1통씩 보관하게 되므로 B/L 뒷면에 계약사항을 명시할 필요가 없다. 약식 선하증권에는 분쟁이 발생하면 그 기준은 Long Form B/L의 약관에 따른다는 문언이 기재되어 있다.

(9) 제3자명의 선하증권과 스위치 선하증권

제3자명의 선하증권(Third Party B/L)은 B/L에 기재되는 선적인(shipper)은 신용장의 수익자(beneficiary)가 되는 것이 보통이나 매매당사자가 아닌 제3자가 선적인(shipper)으로 되어 발행되는 선하증권을 말하며 Neutral Party B/L이라고도 한다.

예를 들면, 한국에서 일본으로 수출하려는 업체가 수출물품을 한국이 아닌 중국에서 조달하여 수출한다고 가정할 경우 계약 당사자, 즉 L/C상의 Beneficiary는 한국의 수출자이지만 실제 수출물품은 중국에서 선적되어 B/L상의 Shipper는 중국에 있는 제3의 업체가 되는 경우가 제3자명의 선하증권이다.

이러한 경우에는 당사자 간의 오해나 분쟁을 방지하기 위해 신용장이나 매매계약서에 'Third Party B/L are acceptable'이라는 문구를 기재하는 것이 바람직하다.

스위치 선하증권(Switch B/L)은 중계업자가 원수출자를 노출시키지 않기 위하여 화물을 실제 수출한 지역에 속한 선사나 포워더가 발행한 B/L을 근거로 제3의 장소에서 Shipper(원수출자)를 중계업자로 교체하여 발행한 선하증권을 말한다.

선하증권에 Switch(교체)한다는 취지의 문구를 포함하고 있다고 하여 Switch B/L이라고 부르며 중계무역(intermediary trade)에서 중개무역업자가 실공급자와 실수요자를 알지 못하게 하는 경우에 주로 사용한다.

(10) 부서부 선하증권

해상운송에서 운임을 착지불조건으로 지불하거나 다른 채무가 부수되어 있는 경우 물품의 인수자는 운임이나 채무를 결제하고 화물을 수취하게 된다.

이 경우에 선사가 운임이나 채무에 대한 대금을 지급받았음을 증명하기 위해 선하증권에 'Please deliver upon endorsement'라고 배서한다. 이러한 Counter-Sign이 있는 선하증권을 부서부 선하증권(counter-sign B/L)이라고 한다.

(11) 집단선하증권(groupage or master B/L)과 House B/L(forwarder B/L)

집단 선하증권(Groupage B/L)은 LCL(Less than Container Load) 화물처럼 적은 물량의 경우 Forwarder와 같은 운송회사가 같은 목적지로 가는 화물들을 모아 하나의 'Group'으로 선적할 때 선사(carrier)가 포워더(Forwarder)에게 발행하는 선하증권을 말한다.

이 선하증권은 선사가 포워더의 혼재화물에 대해 포워더(Forwarder)에게 1건으로 발행하기 때문에 실제로 화물을 운송하는 선사가 발행한다고 하여 'Master B/L'이라고 부르며 가장 일반적인 선하증권을 의미한다. House B/L은 Forwarder와 같은 운송회사가 Master B/L을 근거로 하여 LCL화물 개별 건마다 LCL화물의 개별 하주들에게 발행하는 선하증권을 말한다. Forwarder가 스스로 선하증권을 발행했다는 의미에서 House B/L은 Forwarder B/L(운송주선인발행 선하증권) 또는 Baby B/L이라고도 부르고 있다.

Forwarder B/L의 서명란에 'As carrier', 'As master of B.C. Toms' 또는 'Acting as agent for (and on behalf of) the carrier of XYZ Shipping Co., Ltd.', 'Acting as agent for the master of B.C. Toms' 등과 같이 표기가 되어 운송인이나 운송인의 대리인 자격으로 발행된 Forwarder B/L은 은행에서 수리된다.

(12) 적색선하증권

적색 선하증권(Red B/L)은 선하증권과 보험증권을 결합시킨 것으로 이 증권에 기재된 화물이 항해 중에 사고가 발생하면 이 사고에 대해서 선사가 보상해 줄 것을 약속하고 있는 선하증권을 말한다. 이 경우 선사는 모든 Red B/L 발행 화물을 일괄하여 보험회사와 보험계약을 체결하게 되므로 궁극적인 손해부담은 보험회사가 지며, 보험료만큼 선사는 운임에 추가시키므로 결국 보험료도 송하인이 부담하는 셈이 된다.

선하증권에 부보(付保) 내용을 표시하는 문언이 붉은 색으로 되어 있어 Red B/L이란 이름이 되었다. 원래 동남아 항구에서 구미국가의 선주들이 이용하였으나 보험제도가 보급되어 있는 오늘날에는 거의 이용되지 않고 있다.

(13) 기한경과 선하증권

기한경과 선하증권(Stale B/L)은 신용장상에 서류제시기간이 정해져 있는 경우에는 그 기간 내에 지정된 은행이나 매입은행에 제시되어야 하며 이러한 제시기한이 없는 경우에는 운송일자 후 21일 이내에 서류가 제시되어야 하는데, 이 경우 선하증권의 제시기한이 경과된 선하증권을 말한다. 신용장통일규칙(UCP)에는 모든 운송서류는 신용장에 명시한 기간 내에 제시되어야 한다고 되어 있고, 만일 B/L 발행 후 21일이 지나 매입은행에 제시하면 은행은 신용장에 'Stale B/L Acceptable'이란 조항이 없이는 수리를 거절하도록 규정하고 있다.

(14) 컨테이너 선하증권

컨테이너 선하증권(Container B/L)은 컨테이너 적재 설비를 갖추고 있는 선박에 선적한 경우에 발행되는 선하증권을 말한다. FCL화물의 경우 하주는 생산공장이나 창고에서 CY까지 자기 책임으로 운송하여 선사에 인도한다. 이때 선사는 인수받은 FCL화물은 하주가 생산공장이나 창고에서 포장하고 봉인한 것이기 때문에 그 적입상태의 내용을 알 수 없다는 뜻으로 'shipper's load and count(송하인의 적입과 계산)' 또는 'said by shipper to contain (송하인 적입신고)'이라는 부지문언(Unknown Clause)을 B/L에 기재한다.

신용장통일규칙에서는 별도의 규정이 없는 한, 운송서류에 이러한 문언이나 이와 비슷한 내용의 문언이 표시되더라도 이를 수리할 수 있다고 규정하고 있어 이 B/L은 Clean B/L로 간주하고 있다.

컨테이너운송은 화물의 인도가 컨테이너 터미널에서 이루어지기 때문에 보통은 수취선하증권이 발행되지만, 송하인의 요구가 있는 경우에는 On Board Notation(본선적재 표시)을 하여 선적 선하증권을 발행할 수도 있다.

(15) Surrender B/L

Surrender B/L(권리포기 선하증권)은 송하인에게 발행된 Negotiable B/L을 송하인이 배서하여 운송인에게 다시 반환(surrender)함으로써 B/L의 유통성을 소멸시킨 선하증권을 말한다. 이것을 Express B/L 또는 Telex B/L이라고도 한다.

이러한 선하증권을 발행하는 목적은 선적지의 송하인이 선사로부터 발급받은 원본 B/L을 은행을 거쳐 목적지의 수하인에게 송부하지 않고 운송인에게 이를 건네줌으로써 수하인이 목적항에서 원본 B/L 없이도 화물을 찾을 수 있도록 하는데 있다.

(16) 전자식 선하증권

전자식 선하증권(Electronic B/L)은 기존의 종이로 된 선하증권을 발행하지 않고 선하증권의 내용을 구성하는 정보를 전자적 방법으로 운송인의 컴퓨터에 보관하고 운송인이 부여한 '개인키(private key, 비밀번호)'를 사용함으로써, 물품에 대한 지배권 및 처분권의 권리를 그 권리자의 지시에 따라 수하인에게 그 정보를 전송하는 형식의 선하증권을 말한다.

(17) 복합운송선하증권

복합운송 선하증권(Combined Transport B/L)은 수출국의 화물인수 장소로부터 수입국의 인도장소까지 해상·육상·항공 중 적어도 두 가지 이상의 운송수단을 이용하여 운송되는 경우에 선하증권 형식의 운송증권으로서 복합운송인이 발행하는 선하증권을 말한다.

3. 선하증권의 발행형식과 배서

1) 선하증권의 발행형식

선하증권은 수하인(consignee, 受荷人) 란(欄)에 누구를 선하증권의 수하인으로 기재하느냐에 따라 다음과 같은 발행형식들이 있다.

(1) 기명식

이것은 B/L의 수하인 란에 특정인(보통 수입자)의 상호와 이름을 기재하는 방식이다. 수하인 란에 'A & B Inc., New York, U.S.A' 과 같이 기재된다.

(2) 지시식

이것은 B/L의 수하인 란에 특정 수하인 이름을 기재하지 않고 단순히 'To order', 'To order of shipper', 'To order of … bank'와 같이 지시인(order)만 기재하는 방식이다. 이것은 다음과 같은 방식으로 구분된다.

첫째, 'To order' 또는 'To order of shipper'가 있는데 이는 실무상 가장 많이 사용되는 방법이다. 수입자(매수인)가 양하지에서 화물을 인수하기 위해서는 수출자가 배서한 선하증권이 있어야 하며 은행으로서도 수출자의 배서가 있는 선하증권이면 담보가 확보됨으로 매입(negotiation)에 응하게 된다.

둘째, 'To order of … issuing bank'로 발행은행의 지시인식이 있다. 이 경우 수입자가 양하화물을 인수하려면 발행은행이 배서한 B/L을 선사에 제출해야 한다.

(3) 소지인식

이것은 수하인 란에 'bearer'로 기재(단순소지인)하거나 'Mr. Adams or bearer'로 기재(선택소지인식)하는 방식으로 지참인식(持參人式)이라고도 한다.

(4) 무기명식

이것은 수하인 란을 백지(blank, 공백)로 두는 방식으로 '백지식'이라고도 한다. 무기명이란 증권에 그 권리자의 이름이나 상호 등을 적지 않는 방식을 말한다.

2) 선하증권의 발행

선하증권은 원래 선박의 지휘 감독자인 선장이 운송의뢰자인 하주에 대해 발행하는 것이다. 그러나 선주는 선장 이외의 자에게 자기를 대리하여 선하증권의 발행을 위탁할 수 있기 때문에 보통은 선사의 항로 주임이 선장을 대신하여 발행한다.

3) 선하증권의 배서형식

배서(endorsement, 背書)는 선하증권의 정당한 소지인이 그가 가지고 있는 증권의 권리를 타인에게 이전할 목적으로 그 증권의 이면에 서명하고 피이전자에게 교부하는 행위이다. 선하증권은 보통 배서를 통해 양도되며 그 형식은 다음과 같은 방식이 있다.

(1) 기명식(full endorsement, special endorsement)

기명식은 피배서인의 이름을 명기하고 양도인인 배서인이 서명하는 방식이다.

예 : deliver to XX & Co.,
Korea Trading Co., Ltd
(signed)
Manager

(2) 지시식

지시식은 피배서인으로 order of XX 또는 XX or Order로 하며 배서인이 서명하는 방식이다. 이 방식에서는 송하인이나 발행은행(issuing bank)의 지시를 받아 그들이 지시하는 자에게 화물을 인도하라는 문언과 함께 배서인이 서명한다.

예 : Deliver to the order of XX Co.,
Korea Trading Co.,
(signed)
Manager

(3) 백지식(blank endorsement) 혹은 무기명식

백지식은 피배서인의 이름이 없고 인도문언과 배서인의 서명만 있는 방식과 피배서인의 이름과 인도문언이 없고 배서인의 서명만 있는 두 가지 방식이 있다.

예 : a. Deliver to (공란)
Kangnam Trading Co., Ltd.
(signed)
Manager

b. (공란)
Kangnam Trading Co., Ltd.
(signed)
Manager

(4) 소지인식

소지인식은 선하증권에 'The Bearer'라고 기재한 후 배서인이 서명하는 방식이다. 이것은 증권의 단순 인도만으로 이전효과가 발생한다.

예 : Deliver to the Bearer
Kangnam Trading Co., Ltd.
(signed)
Manager

4. 선하증권의 기재사항과 해석

1) 선하증권의 기재사항

선하증권은 운송인이 발행하는 해상운송화물의 수취증이며 운송화물은 이것과 상환으로 목적지에서 수하인에게 인도된다. 따라서 선하증권에는 선박 명칭, 운임, 송하인과 수하인, 선적항과 목적항 등 운송에 관한 중요한 사항들이 기재되어 있다.

선하증권의 기재사항을 법률로서 정한 것을 법정기재사항 또는 필수기재사항이라고 하고 당사자의 특약에 의해 기재하는 것을 임의기재사항이라고 한다.

법정기재사항은 선하증권에 반드시 기재되어야만 효력이 발생하는 것으로 발행할 때마다 그 내용이 달라지는 가변적 사항들로 대체로 B/L의 앞면(앞면의 스케줄 란)에 기재되는데 반하여, 임의기재사항은 운송인과 송하인 사이의 특약사항으로 대부분이 운송인의 면책사항들이 기재되어 있으며 이면에 인쇄된 형태로 기재되어 있다.

2) 선하증권 기재사항의 해석

① Shipper : 송하인(SWIFT 신용장의 59 beneficiary)의 성명이나 상호가 기재된다. 송하인은 운송계약의 체결 당사자로 화물명세의 제공의무, 운송에 필요한 각종 근거서류의 제공의무, 운임, Mark와 Label의 부착의무 등을 부담한다.

② Consignee : 목적지에서 화물을 인도받을 권리가 있는 수하인이 기재된다.
수하인은 화물수령의 의무, 화물을 수령할 때 선하증권의 제시의무, 화물인도를 받을 때 운임과 기타 요금의 납부의무를 부담한다.
T/T나 D/P·D/A방식에서는 수입자의 상호나 주소가 기재되며 신용장방식에서는 선하증권에 대한 문구에서 'Full set of clean on board ocean bill of lading made out to' 다음에 명기된 문구가 그대로 기재된다.
SWIFT 신용장의 46A의 선하증권 관련 내용의 지시대로 다음과 같이 작성되면 된다.
(1) 46A : FULL SET~MADE OUT TO ORDER
Consignee : TO ORDER
(2) 46A : FULL SET~MADE OUT TO THE ORDER OF CITI BANK
Consignee : TO THE ORDER OF CITI BANK
(3) 46A : FULL SET~MADE OUT TO THE ORDER OF KOZESINY, LTD.
Consignee : TO THE ORDER OF KOZESINY, LTD.

③ Notify Party : 화물이 목적항에 도착한 다음 운송인이 화물도착의 통지를 하는 대상인 착하통지처가 기재된다. Notify Party는 선사가 수입화물이 도착하기에 앞서 B/L 기재의 화물이 목적항에 도착할 예정일을 통지할 상대방을 말한다.

SWIFT신용장의 46A의 선하증권 관련 내용의 지시대로 작성되는데 대개 신용장에는 'Notify Accountee'로 기재되므로 수입자 또는 수입자가 지정하는 대리인이 착하통지처로 기재된다. 이를 '통지수령인' 또는 '화물도착시 연락처'라고도 한다. 착하통지처의 기재는 화물의 인도 등을 위해 수하인의 연락처를 알 필요가 있어 기재한다.

④ Pre-Carriage By : 주운송 이전에 화물 인수지점에서 본선 선적항까지 운송이 이루어진 경우 그 운송을 담당한 운송인이 기재된다.

⑤ Place of Receipt : 송하인으로부터 운송인이 화물을 수취하는 장소가 기재되는데 'Busan CY', 'Busan C.F.S' 등과 같이 표기된다.

⑥ Ocean Vessel : 화물을 수송하는 해상운송 선박명이 기재된다. 선박명은 선적한 화물에 대한 권리의 특정성을 부여하기 위한 것이다. 선박의 국적은 기국(旗國)이며 국제법상 문제가 생길 때 재판관할 등의 기준이 된다.

⑦ Voyage No. : V-47(=Voyage 47)과 같이 운송선박의 운송횟수인 항차번호가 기재된다. 1항차는 선적항에서 목적항을 거쳐 선적항에 회항하는 것을 의미한다.

⑧ Port of Loading : 'Busan, Korea', 'Incheon, Korea'와 같이 SWIFT 신용장의 44에 명시된 화물을 선적하는 항구명과 국명이 기재된다. 선적항의 기재는 화물의 도착일시를 예상할 수 있는 기초가 된다.

⑨ Port of Discharge : 화물의 목적항 및 국명이 기재된다. 목적항은 화물을 양하하여 수하인에게 인도하는 항구로 선박의 도착을 의미하는 것은 아니다. 목적항이 기재되지 않으면 화물을 인도할 곳이 없는 것이 되어 B/L은 무효이다. 또한 목적항 선택화물(optional cargo)의 경우는 2개항 이상이 병기(併記)된다.

⑩ Place of Delivery : 화물을 운송하여 수하인에게 인도하는 장소가 기재된다.

⑪ Final Destination : 화물의 최종 목적지가 기재된다. 복합운송이 아닌 경우에는 기재되지 않으며, 기재되었어도 이는 단지 참조사항에 불과하다.

⑫ B/L No. : 선사가 선하증권을 발행할 때 임의로 작성한 일련번호가 기재된다. 예를 들어 'BO-5001 : Busan-Osaka'과 같이 선적항과 목적항의 알파벳 두문자를 이용하고 번호는 일련번호로 표시한다.

⑬ Container No. : 화물이 적재되는 컨테이너번호가 기재된다.

⑭ Seal No. : 화물이 적재된 컨테이너 봉인번호(seal No.)가 기재된다.

⑮ Marks and No. : 포장명세서에 표시된 하인과 포장박스 일련번호가 기재된다.

⑯ No. & Kinds of Containers or Pkgs. : 운송인이 인수한 화물의 수량 즉, 컨테이너개수나 포장단위(packages)의 개수가 기재된다. CY 인수조건의 화물인 경우에는 컨테이너 종류와 수량(예 : 1 x 40' CNTR) 등이 표기된다.

⑰ Description of Packages and Goods : 화물의 종류, 중량, 용적, 포장개수와 기호, 화물의 외관상태 등 화물에 관한 사항들이 기재된다.
통상 Packing List나 Commercial Invoice에 기재된 상품의 내용들이 기재되며, B/L No.도 표시되고 운임의 선불 및 후불여부도 표시된다.
분쟁예방을 위해 신용장의 45A에 명시된 상품의 명세를 그대로 기재하는 것이 좋으며 FCL Cargo는 운송인의 면책을 위해 부지문언(unknown clause)이 기재된다.

⑱ Gross Weight : 공인검량회사에서 검측된 운송화물의 총중량이 기재된다. 포장명세서와 상업송장과 일치되지 않을 경우에는 Remark를 부기하여야 한다. 포장명세서와 선하증권이 상이한 경우 통관되지 아니하므로 세심히 작성되어야 한다.

⑲ Measurement : 운송되는 화물의 용적이 기재된다. 용적은 공인검량회사에서 검량된 포장의 가로×세로×높이의 용적이 기재되며 기재내용은 포장명세서와 일치하여야 한다.

⑳ Total Number of Container or Packages(In Words) : 상품의 수량이나 Full container의 개수가 영문 알파벳으로 기재된다. In words는 선하증권 발행자가 직접 상품을 확인하지 못하고 선하증권을 발행한 것이기 때문에 수량이 틀림없을 것이라는 추측의 의미로 삽입한 단어이다.

㉑ Freight and Charge : 상품의 운송에 따른 운임 및 제반비용의 명세가 상세히 기재된다. Freight, CAF, BAF, CFS Charge, Wharfage 등이 표시되며 복합운송 선하증권의 경우는 Inland Charge가 표시된다.

㉒ Revenue Tons : 중량톤과 용적톤 중에서 운임이 높게 계산되는 톤(Revenue Tons)이 기재된다.

㉓ Rate : 각종 운임의 단가가 기재된다. 운임톤 당(per Revenue Ton) 운임단가, CFS Charge, Wharfage, BAF, CAF의 Percent가 기재된다.

㉔ Per : 용적단위나 중량단위를 기재하며 Full Container의 경우는 FEU나 TEU 당이 기재된다.

㉕ Prepaid : 선불운임의 금액이 기재된다. CIF계약의 수출일 경우에는 Prepaid란에 운임을 계산하여 표시되며, FOB계약의 경우에는 Collect란에 계산 운임이 표시된다.

㉖ Collect : 후불(착불) 운임의 금액이 기재된다. 선불운임은 종종 기재되지 않는 경우도 있으나 후불운임은 반드시 기재되어야 한다.

㉗ Freight Prepaid At : CIF 수출계약인 경우 선불운임이 지급되는 장소가 기재된다. 예를 들어 화물이 부산에서 선적·운송되어도 서울에서 운임이 지불되는 경우는 'Seoul, Korea'라고 기재한다. 'Freight Prepaid'의 경우 운임이 지불되지 않으면 선하증권 발행자는 선하증권을 발행·교부하지 않는다.

㉘ Freight Payable At : 후불운임이 지급되는 장소가 기재된다.

FOB 수출계약으로 운임을 수하인이 부담하는 경우에는 수하인이 운임을 지불하는 장소가 기재된다. 만일 운임이 지불되지 않으면 운송인이나 대리점은 화물인도지시서(D/O, Delivery Order)를 발행 및 교부하지 않는다.

㉙ Place of Issue : 선하증권(B/L)의 발행 장소가 기재된다. 선하증권의 발행지는 운송인이 선하증권을 서명하여 하주에게 교부한 장소가 된다.

㉚ Total Prepaid in : 선불된 운임의 총액이 기재된다.

㉛ No. of Original B/L : Original B/L의 발행통수가 기재된다. B/L은 1통으로 족하지만 관습상 정본(Original, 正本) 3통을 1조로 발행하며, 송하인의 요청에 따라 발행통수가 조정된다. Original B/L에는 'Original', 'Duplicate', 'Triplicate' 등의 표시가 있고 은행과의 거래를 위하여 'Negotiable'이라는 문구도 표시된다.

2통 이상의 정본을 발행할 경우, 서명한 각 정본은 동등한 효력을 가지며, 화물인수는 그 중 1통만으로 가능하고, 인수와 동시에 같은 조의 다른 정본들은 모두 무효가 된다. 거래의 안전을 위해 그 발행통수를 반드시 기재해야 하며, 화환어음의 결제시에는 정본 모두를 은행에 제시해야 한다.

㉜ Date of Issue : 선하증권의 발행일자가 기재된다. 본선적재 선하증권은 화물전량이 선적된 날짜가 기재된다.

㉝ Laden on Board the Vessel Date : 화물의 본선 적재일자(on board date)가 기재된다. 이는 통상 선하증권의 발행일자(date of issue)와 일치한다.

발행일자가 선적일자(on board date) 보다 늦을 수는 있으나 빠른 경우는 선하증권의 선발행이 되므로 은행에서 매입을 거절할 수 있다.

㉞ Carrier Name : 발행인(선사)의 상호 및 서명자의 이름이 기재되는데 발행인의 주체에 따라 다음과 같이 표시된다.

운송인이 직접 발행하는 경우에는 운송인이 서명하고 'as carrier'라고 기재한다. 운송인을 대리하는 기명대리인이 발행하는 경우에는 그 대리인이 서명하고 'as agent for the carrier, ABC Shipping Co., Ltd.'라고 기재한다.

선적된 선박의 선장이 발행하는 경우에는 기명된 회사가 운송인이라는 표시를 앞면에 하고 있는 B/L서식을 사용하고 서명 밑에 'as master'라고 명시한다.

운송중개인(forwarder)이 발행하는 경우에는 운송주선인이 서명하고 'acting as a carrier'라고 기재한다. 서명에는 수기, 기계적, 전자방식 등이 포함되며 기명날인권자나 서명권자는 운송인이나 그 대리인이 된다. 기명날인이나 서명이 없는 선하증권은 효력이 없다.

㉟ By : 선하증권 발행권자의 서명이 기재된다. 선하증권 발행권자는 은행에 서명(sign)을 등록하여야 한다.

Model Form 4

〈서식〉 선하증권(Bill of Lading) 앞면

① Shipper/Exporter
INTERNATIONAL SEOUL TRADING CO., LTD.
NUMBER 15 DONGBANG BLDG 310 TEHERAN-RO
KANGNAM-KU, SEOUL, KOREA 06211

⑫ B/L No. WPGE – 0128

LOIDY'S CONTAINER SERVICE

HYUNDAI SHIPPING CO., LTD.

Received by the Carier from the Shipper in apparent good order and condition unless otherwise indicated herein the Goods, or the container(s) or package(s) said to contain the cargo herein mentioned, to be carried subject to all terms and conditions provided for on the face and back of this Bill of Lading by the vessel named herein or any substitute at the Carrier's option and/or other means of transport, from the place of receipt or the port of loading to the port of discharge or the place of delivery shown herein and there to be delivered unto order of assigns. If required by the Carrier, this Bill of Lading duly endorsed must be surrendered in exchange for the Goods or delivery order.

In accepting this bill of Lading, the Merchant (as defined by Article 1 on the back hereof) agrees to be bound by all the stipulations, exceptions, terms and conditions on the face and back hereof, whether written, typed, stamped or printed, as fully as if signed by the Merchant, any local custom or privilege to the contrary notwithstanding, and agrees that all agreements or freight engagements for and in connection with the carriage of the Goods are superseded by this Bill of Lading.

② Consignee
TO ORDER

③ Notify Party
GLOBAL ENTERPRISING CO., INC.
25 W 31s St, New YORK, NY
10001, USA

④ Pre-carriage by		⑤ Place of Receipt BUSAN CY
⑥ Ocean Vessel 'EVER GREEN'	⑦ Voy. No. V-47	⑧ Port of Loading BUSAN, KOREA
⑨ Port of Discharge NEW YORK, USA		⑩ Place of Delivery NEW YORK, CY

⑪ Final destination (for the merchant's reference only)

⑬ Container No.	⑭ Seal No. ⑮ Marks & Nos	⑯ No. of Containers or Pkgs	⑰ Description of Goods	⑱ Gross Weight	⑲ Measurement
FSCU3227240 / 20'	314165	5 CTNS		7,325.00KGS	8,180CBM

〈ISTC〉
NEW YORK
C/T NO : 1-500
USE NO HOOKS

MAKE IN KOREA

"SHIPPER'S LOAD & COUNT, SEAL"

SAID TO CONTAIN ;

COTTON SHIRTS FOR MEN
STYLE NO. 10
TOTAL 20 FT × 1 CONTAINER

FCL/FCL

"FREIGHT PREPAID"

⑳ Total Number of Containers or Packages(in words) SAY ; FIVE (5) CARTONS ONLY.

㉑ Freight & Charge	㉒ Revenue Tons	㉓ Rate	㉔ Per	㉕ Prepaid	㉖ Collect
FREIGHT PREPAID					
WHARFAGE				₩ 1,044.	
CNTR TAX				₩ 6,590.	
DOC's FEE				₩ 7,700.	

㉗ Freight Prepaid At SEOUL, KOREA	㉘ Freight Payable At	㉙ Place of Issue BUSAN, KOREA
㉚ Total Prepaid In	㉛ No. of Original B/L THREE(3)	㉜ Date of Issue OCTOBER 25, 2024

Laden on Board the Vessel

㉝ Date : OCTOBER, 25, 2024

㉞ AS A CARRIER
HYUNDAI SHIPPING CO., LTD.
SEOUL, KOREA

㉟ BY *CHANG-GEUN YOO*

Model Form 4

〈서식〉 선하증권(Bill of Lading) 뒷면

1. DEFINITIONS

a) [insert] is a trade name for [insert name and address].

b) "Bill of Lading" as used herein includes conventional bills of lading, as well as electronic, express and laser bills of lading, sea waybills and all like documents, howsoever generated, covering the Carriage of Goods to, from or through the United States, whether or not issued to the Merchant.

c) "Carriage" means the whole of the operations and services undertaken or performed by or on behalf of the Carrier with respect to the Goods.

d) "Carrier" means the Company named on the face side hereof and on whose behalf this Bill of Lading was issued, whether acting as carrier or bailee.

e) "Charges" means freight, deadfreight, demurrage and all expenses and money obligations incurred and payable by the Merchant.

f) "Container" means any container (closed or open top), van, trailer, flatbed, transportable tank, railroad car, vehicle, flat, flatrack, pallet, skid, platform, cradle, sling-load or any other article of transport and any equipment associated or appurtenant thereto.

g) "Goods" means the cargo received from the shipper and described on the face side hereof and any Container not supplied by or on behalf of the Carrier.

h) "Merchant" means the shipper, consignee, receiver, holder of this Bill of Lading, owner of the cargo or person entitled to the possession of the cargo and the servants and agents of any of these, all of whom shall be jointly and severally liable to the Carrier for the payment of all Charges, and for the performance of the obligations of any of them under this Bill of Lading.

i) "On Board" or similar words endorsed on this Bill of Lading mean that in a Port to Port movement, the Goods have been loaded on board the Vessel or are in the custody of the actual ocean carrier. In the event of intermodal transportation, if the originating carrier is an inland or coastal carrier, mean that the Goods have been loaded on board rail cars or another mode of transport at the Place of Receipt or are in the custody of a Participating carrier and en route or are intended to be transported to the Port of Loading named on the reverse side.

j) "Participating carrier" means any other carrier by water, land or air, performing any stage of the Carriage, including inland carriers, whether acting as sub-carrier, connecting carrier, substitute carrier and/or bailee.

k) "Person" means an individual, a partnership, a body corporate or any other entity of whatsoever nature.

l) "Vessel" means the ocean vessel named on the face side hereof, and any substitute vessel, feedership, barge, or other means of conveyance by water used in whole or in part by the Carrier to fulfill this contract.

2. CARRIER'S TARIFFS. The Goods carried hereunder are subject to all the terms and conditions of the Carrier's applicable tariff or tariffs on file with the Federal Maritime Commission, Interstate Commerce Commission or any other regulatory body which governs a particular portion of the carriage and said terms and conditions are hereby incorporated herein as part of the Terms and Conditions of this Bill of Lading. Copies of the relevant provisions of the applicable tariff or tariffs are obtainable from the Carrier, Federal Maritime Commission, Interstate Commerce Commission or other regulatory body upon request. In the event of any conflict between the terms and conditions of such tariff or tariffs and the Terms and Conditions of this Bill of Lading, this Bill of Lading shall prevail.

3. WARRANTY/ACKNOWLEDGMENT. The Merchant warrants that in agreeing to the Terms and Conditions hereof, it is, or is the agent and has the authority of, the owner or person entitled to the possession of the Goods or any person who has a present or future interest in the Goods.

The Merchant acknowledges that the Carrier is a non-vessel operating common carrier ("NVOCC"), and that it neither owns nor charters vessels, as a result of which the Carrier or any sub-carrier, connecting carrier or substitute carrier (which may be a NVOCC) will be required to contract with an actual ocean carrier to accomplish the Carriage contemplated by this Bill of Lading and does so as agent of the Merchant.

The Merchant further acknowledges that by identifying the carrying Vessel on the face side hereof, it knows or can determine the name of the actual ocean carrier and the terms and conditions of the actual ocean carrier's bill of lading and applicable tariff(s) and agrees to be bound thereby.

4. RESPONSIBILITY

a) Except where the Carriage covered by this Bill of Lading is to or from a port or locality where there is in force a compulsorily applicable ordinance or statute of a nature similar to the International Convention for the Unification of Certain Rules Relating to Bills of Lading, dated at Brussels, August 25, 1924, the provisions of which cannot be departed from, and suit or other proceeding is instituted and litigated in such port or locality, this Bill of Lading shall have effect subject to the Carriage of Goods by Sea Act of the United States ("COGSA"), approved April 16, 1936, and nothing herein contained, unless otherwise stated, shall be deemed a surrender by the Carrier of any of its rights, immunities, exemptions, limitations or exonerations or an increase of any of its responsibilities or liabilities under COGSA or, as the case may be, such compulsorily applicable ordinances or statutes. The provisions of COGSA or such compulsorily applicable ordinances or statutes (except as otherwise specifically provided herein) shall govern before loading on and after discharge from the vessel and throughout the entire time the Goods or Containers or other packages are in the care, custody and/or control of the Carrier, a Participating carrier or independent contractor (inclusive of all subcontractors), their agents and servants, whether engaged by or acting for the Carrier or any other person, as well as during the entire time the Carrier is responsible for the Goods. In the absence of compulsorily applicable legislation, COGSA shall apply during the entire time the Carrier remains responsible hereunder.

b) The Carrier shall not be liable in any capacity whatsoever for any delay, non-delivery, mis-delivery or other loss or damage to or in connection with the Goods or Containers or other packages occurring at any time contemplated under subdivision a) of this Clause.

c) The Carrier shall, irrespective of which law is applicable under subdivision a) of this Clause, be entitled to the benefit of the provisions of Sections 4281 through 4286, inclusive, and 4289 of the Revised Statutes of the United States and amendments thereto.

d) The rights, defenses, exemptions, limitations of and exonerations from liability and immunities of whatsoever nature provided for in this Bill of Lading shall apply in any action or proceeding against the Carrier, its agents and servants and/or any Participating carrier or independent contractor, whether in tort, contract or otherwise.

5. THROUGH TRANSPORTATION. When either the Place of Receipt or Place of Delivery set forth herein is an inland point or place other than the Port of Loading (Through Transportation basis), the Carrier will procure transportation to or from the sea terminal and such inland point(s) or place(s) and, notwithstanding anything in this Bill of Lading contained, but always subject to Clause 4. hereof, the Carrier shall be liable for loss or damage of whatsoever nature and howsoever arising to the following extent, but no further:

a) Upon proof that the loss or damage arose during a part of the Carriage herein made subject to COGSA or other compulsorily applicable legislation, as set forth in Clause 4. a) hereof, said legislation shall apply; or

b) Upon proof that the loss or damage not falling within a) above, but concerning which the law of any country, state or subdivision thereof contains provisions that are compulsorily applicable and would have applied if the Merchant had made a separate and direct contract with the Carrier, a Participating carrier or independent contractor, as referred to herein, relative to a particular stage of transport or other handling wherein the loss or damage occurred and received as evidence thereof a particular receipt or other document, then the liability of the Carrier, Participating carrier and independent contractor shall be subject to the provisions of such law.

c) If it should be determined that the Carrier bears any responsibility for loss or damage occurring during the care, custody and/or control of any Participating carrier or independent contractor, their agents and/or servants, and be subject to law compulsorily applicable to their bills of lading, receipts, tariffs and/or law applicable thereto, then the Carrier shall be entitled to all rights, defenses, immunities, exemptions, limitations of and exonerations from liability of whatsoever nature accorded under such bill of lading, receipt, tariff and/or applicable law, provided however, that nothing contained herein shall be deemed a surrender by the Carrier of any of its rights, defenses and immunities or an increase of any of its responsibilities or liabilities under this Bill of Lading, the Carrier's applicable tariff or laws applicable or relating thereto.

d) Except as hereinabove provided, the Carrier shall have no liability for loss or damage to the Goods.

6. SUBCONTRACTING:BENEFICIARIES

a) The Carrier shall be entitled to subcontract on any terms the whole or any part of the Carriage, loading, unloading, storing, warehousing, handling and any and all duties whatsoever undertaken by it in relation to the Goods or Containers or other packages or any other goods.

b) It is understood and agreed that if it should be adjudged that any person or entity other than or in addition to the Carrier is under any responsibility with respect to the Goods or any other goods, regardless of the port or place where any loss or damage shall occur and without regard to whether the Goods covered hereby or any other goods are being handled or are damaged directly or indirectly during any handling, and even if the Goods or other goods are transported on free in, stowed and/or free out terms, all exemptions, limitations of and exonerations from liability provided by law or by the Terms and Conditions hereof shall be available to all agents, servants, employees, representatives, all Participating (including rail and other inland) carriers and all stevedores, terminal operators, warehousemen, crane operators, watchmen, carpenters, ship cleaners, surveyors and all independent contractors, inclusive of all persons providing any service whatsoever. In contracting for the foregoing exemptions, limitations of and exonerations from liability, the Carrier is acting as agent and trustee for and on behalf of all persons described above, all of whom shall to this extent be deemed to be a party to the contract evidenced by this Bill of Lading, regardless for whom acting or by whom retained and paid, it being always understood that said beneficiaries are not entitled to any greater or further exemptions, limitations of or exonerations from liability than those that the Carrier has under this Bill of Lading in any given situation.

c) The Carrier undertakes to procure such services as necessary and shall have the right at its sole discretion to select any mode of land, sea or air transport and to arrange participation by other carriers to accomplish the total or any part of the carriage from Port of Loading to Port of Discharge or from Place of Receipt to Place of Delivery, or any combination thereof, except as may be otherwise provided herein.

d) The Merchant agrees that the Carrier shall be deemed to be a beneficiary of the actual ocean carrier's bill of lading and of all exemptions, limitations of and exonerations from liability therein contained even though the Carrier acts as agent of the Merchant in contracting with the actual ocean carrier for the Carriage of the Goods. Notwithstanding, under no circumstances shall the Carrier be responsible for any damages to an extent greater than the actual ocean carrier or any beneficiaries of its bill of lading.

e) No agent or servant of the Carrier or other person or class named in subdivision b) hereof shall have power to waive or vary any of the terms hereof unless such waiver or variation is in writing and is specifically authorized or ratified in writing by an officer or director of the Carrier having actual authority to bind the Carrier to such waiver or variation.

7. MERCHANT'S RESPONSIBILITIES/DESCRIPTION OF GOODS

a) The description and particulars of the Goods set out on the face hereof and any description, particular or other representation appearing on the Goods, Container or other packages or documents relating thereto are furnished by the Merchant, and the Merchant warrants to the Carrier that the description, particulars and any representation made including, but not limited to, weight, content, measure, quantity, quality, condition, marks, numbers and value are correct.

b) The Merchant warrants that it has complied with all applicable laws, regulations and requirements of Customs, Port and other Authorities and shall bear and pay all duties, taxes, fines, imposts, expenses and losses incurred or suffered by reason thereof or by reason of any illegal, incorrect or insufficient marking, numbering, addressing or any other particular relative to the Goods.

c) The Merchant further warrants that the Goods are packed in a manner adequate to withstand the ordinary risks of Carriage having regard to their nature and in compliance with all laws, regulations and requirements which may be applicable.

d) No Goods which are or may become dangerous, inflammable or damaging or which are or may become liable to damage any property or person whatsoever shall be tendered to the Carrier for Carriage without the Carrier's prior express consent in writing and without the Container or other covering in which the Goods are to be transported being distinctly marked on the outside thereof so as to indicate the nature and character of any such articles and so as to comply with all applicable laws, regulations and requirements. If any such articles are delivered to the Carrier without such written consent and marking or if in the opinion of the Carrier the articles are or are liable to become of a dangerous, inflammable or damaging nature, the same may at any time be destroyed, disposed of, abandoned or rendered harmless without compensation to the Merchant and without prejudice to the Carrier's right to Charges.

e) The Merchant shall be liable for all loss or damage of any kind whatsoever including, but not limited to, contamination, soiling, detention and demurrage before, during and after the Carriage of property (including but not limited to Containers) of the Carrier or any person or vessel (other than the Merchant) caused by the Merchant or any person acting on its behalf or for which the Merchant is otherwise responsible.

f) The Merchant and the Goods themselves shall be liable for and shall indemnify the Carrier, and the Carrier shall have a lien on the Goods for all expenses of mending, repairing, fumigating, repacking, recoopering, baling, reconditioning of the Goods and gathering of loose contents, also for expenses for repairing Containers damaged while in the possession of the Merchant, for demurrage on Containers and any payment, expense, fine, dues, duty, tax, impost, loss, damage or detention sustained or incurred by or levied upon the Carrier, Vessel, Goods, Containers or other packages and for any action or requirement of any government or governmental authority or person purporting to act under the authority thereof, seizure under legal process or attempted seizure, incorrect or insufficient marking, numbering or addressing of Containers or other packages or description of the contents, failure of the Merchant to procure consular, Board of Health or other certificates to accompany the Goods or to comply with laws or regulations or any kind imposed with respect to the Goods by the authorities at any port of place or any act or omission of the Merchant. The Carrier's lien shall survive delivery and may be enforced by private or public sale and without notice.

g) The Merchant shall defend, indemnify and hold harmless the Carrier, any Participating carrier, independent contractor, their agents and servants, against any loss, damage, claim, liability or expense whatsoever arising from any breach of the provisions of this Clause 7. or from any other cause for which the Carrier is not ultimately responsible.

8. CONTAINERS.

a) Goods may be stowed by the Carrier in or on Containers, and may be stowed with other goods. Containers, whether stowed by the Carrier or received fully stowed, may be carried on or under deck without notice, and the Merchant expressly agrees that cargo stowed in a Container and carried on deck is considered for all legal purposes to be cargo stowed under deck. Goods stowed in Containers on deck shall be subject to the legislation referred to in Clause 4. hereof and will contribute in General Average and receive compensation in General Average, as the case may be.

b) The Terms and Conditions of this Bill of Lading shall govern the responsibility of the Carrier with respect to the supply of a Container to the Merchant.

c) If a Container has been stuffed by or on behalf of the Merchant, the Carrier, any Participating Carrier, all independent contractors and all persons rendering any service whatsoever hereunder shall not be liable for any loss or damage to the Goods, Containers or other packages or to any other goods caused (1) by the manner in which the Container has been stuffed and its contents secured, (2) by the unsuitability of the Goods for carriage in Containers or for the type of Container requested by and furnished to the Merchant, or (3) condition of the Container furnished, which the Merchant acknowledges has been inspected by it or on its behalf before stuffing and sealing.

d) The Merchant shall defend, indemnify and hold harmless the Carrier against any loss, damage, claim, liability or expense whatsoever arising from one or more of the matters covered by a), b) and c) above.

9. CONTAINERS WITH HEATING OR REEFER APPARATUS. Containers with temperature or atmosphere control apparatus for heating, refrigeration, ventilation or otherwise will not be furnished unless contracted for expressly in writing at time of booking and, when furnished, may entail increased Charges. In the absence of an express request, it shall be conclusively presumed that the use of a dry container is appropriate for the Goods.

Merchant must provide Carrier with desired temperature range in writing at time of booking and insert same on the face side of the Bill of Lading, and where so provided, Carrier is to exercise due diligence to maintain the temperature within a reasonable range while the Containers are in its care, custody and/or control or that of any Participating carrier or independent contractor. The Carrier does not accept any responsibility for the functioning of temperature or atmosphere-controlled Containers not owned or leased by Carrier or for latent defects not discoverable by the exercise of due diligence.

Where the Container is stuffed or partially stuffed by or on behalf of the Merchant, the Merchant warrants that it has properly pre-cooled the Container, that the Goods have been properly stuffed and secured within the Container and that the temperature controls have been properly set prior to delivery of the Container to the Carrier, its agents, servants, or any Participating carrier or independent contractor. The Merchant accepts responsibility for all loss or damage of whatsoever nature resulting from a breach of any of these warranties, including but not limited to other cargo consolidated in the Container with the Merchant's Goods or to any other cargo, property or person damaged or injured as a result thereof, and the Merchant agrees to defend, indemnify and hold the Carrier, Participating carriers and independent contractors, their agents and servants, harmless from and against all claims, suits, proceedings and all other consequences thereof regardless of their nature and merit.

Recommended wording from TT Club

10. CARRIER'S EQUIPMENT:INDEMNITY. Whenever the Merchant, or an agent, servant, contractor or anyone else acting on its behalf, directly or indirectly, takes possession of or exercises control over a Container and/or any equipment whatsoever owned or leased by, or the use of which is provided to, the Carrier, any Participating Carrier, their agents, servants or independent contractors, the Merchant agrees to defend, indemnify and hold harmless the Carrier, any Participating Carrier, their agents, servants and independent contractors from and against any loss or damage to said Container and equipment, as well as to any third-party property, and for any injury to or death of persons arising out of the use of said Container and equipment.

11. OPTION OF INSPECTION. The Carrier and any Participating carrier shall be entitled, but under no obligation, to open any Container at any time and to inspect the contents. If it thereupon appears that the contents or any part thereof cannot safely or properly be carried or carried further, either at all or without incurring any additional expense, the Carrier and Participating carrier may abandon the transportation thereof and/or take any measures and/or incur any reasonable additional expenses to continue the Carriage or to store the Goods, which storage shall be deemed to constitute due delivery under this Bill of Lading. The Merchant shall indemnify the Carrier against any reasonable additional Charges so incurred.

12. DECK CARGO. Deck cargo (except that carried in Containers on deck) and live animals are received and carried solely at Merchant's risk (including accident or mortality of animals), and the Carrier will not in any event be liable for any loss or damage for or from which he is exempt, immune or exonerated by applicable law, or from any other cause whatsoever not due to the fault of the Carrier, any warranty of seaworthiness in the premises being hereby waived, and the burden of proving liability being in all respects upon the Merchant. Except as may be otherwise provided, such shipments shall be deemed Goods and shall be subject to all Terms and Conditions of this Bill of Lading.

13. METHODS AND ROUTES OF TRANSPORTATION. With respect to the Goods or Containers or other packages, the Carrier may at any time and without notice to the Merchant:

a) use any means of transport (water, land and/or air) or storage whatsoever;

b) forward, transship or retain on board or carry on another vessel or conveyance or by any other means of transport than that named on the reverse side hereof;

c) carry Goods on or under deck at its option;

d) proceed by any route in its sole and absolute discretion and whether the nearest, most direct, customary or advertised route or in or out of geographical rotation;

e) proceed to or stay at any place whatsoever once or more often and in any order or omit calling at any port, whether scheduled or not;

f) store, vanned or devanned, at any place whatsoever, ashore or afloat, in the open or covered;

g) proceed with or without pilots;

h) carry livestock, contraband, explosives, munitions, warlike stores, dangerous or hazardous goods or goods of any and all kinds;

i) drydock or stop at any unscheduled or unadvertised port for bunkers, repairs or for any purpose whatsoever;

j) discharge and require the Merchant to take delivery, vanned or devanned;

k) comply with any orders, directions or recommendations given by any government or authority or by any person or body acting or purporting to act with the authority of any government or authority or having under the terms of the insurance on the vessel or other conveyance employed by the Carrier the right to give such orders, directions or recommendations.

l) take any other steps or precautions as may appear reasonable to the Carrier under the circumstances.

The liberties set out in subdivisions a) through l) may be invoked for any purpose whatsoever even if not connected with the Carriage covered by this Bill of Lading, and any action taken or omitted to be taken, and any delay arising therefrom, shall be deemed to be within the contractual and contemplated Carriage and not be an unreasonable deviation.

In no circumstance whatsoever shall the Carrier be liable for direct, indirect or consequential loss or damage caused by delay.

14. MATTERS AFFECTING PERFORMANCE. In any situation whatsoever and wheresoever occurring and whether existing or anticipated before commencement of, during or after the Carriage, which in the judgment of the Carrier is likely to give rise to any hindrance, risk, capture, seizure, detention, damage, delay, difficulty or disadvantage or loss to the Carrier or any part of the Goods, or make it unsafe, imprudent, impracticable or unlawful for any reason to receive, keep, load, carry or discharge them or any part of them or commence or continue the Carriage or disembark passengers at the port of Discharge or at the usual or intended place of discharge or delivery, or to give rise to danger, delay or difficulty of whatsoever nature in proceeding by the usual or intended route, the Carrier and any Participating carrier, without notice to the Merchant, may decline to receive, keep, load, carry or discharge the Goods, or may discharge the Goods and may require the Merchant to take delivery and, upon failure to do so, may warehouse them at the risk and expense of the Merchant and Goods or may forward or transship them as provided in this Bill of Lading, or the Carrier may retain the Goods on board until the return of the Vessel to the Port of Loading or to the Port of Discharge or any other point or until such time as the Carrier deems advisable and thereafter discharge them at any place whatsoever. In such event, as herein provided, such shall be at the risk and expense of the Merchant and Goods, and such action shall constitute complete delivery and performance under this contract, and the Carrier shall be free from any further responsibility. For any service rendered as herein above provided or for any delay or expense to the Carrier or Vessel caused as a result thereof, the Carrier shall, in addition to full Charges, be entitled to reasonable extra compensation, and shall have a lien on the Goods for same. Notice of disposition of the Goods shall be sent to the Merchant named in this Bill of Lading within a reasonable time thereafter.

All actions taken by the Carrier hereunder shall be deemed to be within the contractual and contemplated Carriage and not be an unreasonable deviation.

15. DELIVERY. If delivery of the Goods or Containers or other packages or any part thereof is not taken by the Merchant when and where and at such time and place as the Carrier is entitled to have the Merchant take delivery, whether or not the Goods are damaged, they shall be considered to have been delivered to the Merchant, and the Carrier may, at its option, subject to its lien and without notice, elect to have same remain where they are or, if containerized, devanned and sent to a warehouse or other place, always at the risk and expense of the Merchant and Goods.

If the Goods are stowed within a Container owned or leased by the Carrier, the Carrier shall be entitled to devan the contents of any such Container, whereupon the Goods shall be considered to have been delivered to the Merchant, and the Carrier may, at its option, subject to its lien and without notice, elect to have same remain where they are or sent to a warehouse or other place, always at the risk and expense of the Merchant and Goods.

At ports or places where by local law, authorities or custom, the Carrier is required to discharge cargo to lighters or other craft or where it has been so agreed or where wharves are not available which the Vessel can get to, be at, lie at, or leave, always safely afloat, or where conditions prevailing at the time render discharge at a wharf dangerous, imprudent, or likely to delay the Vessel, the Merchant shall promptly furnish lighters or other craft to take delivery alongside the Vessel at the risk and expense of the Goods. If the Merchant fails to provide such lighters or other craft, Carrier, acting solely as agent for the Merchant, may engage such lighters or other craft at the risk and expense of the Merchant and Goods. Discharge of the Goods into such lighters or other craft shall constitute proper delivery, and any further responsibility of Carrier with respect to the Goods shall thereupon terminate.

16. CHARGES, INCLUDING FREIGHT. The Charges payable hereunder have been calculated on the basis of particulars furnished by or on behalf of the Merchant. The Carrier shall, at any time, be entitled to inspect, reweigh, remeasure or revalue the contents and, if any of the particulars furnished by the Merchant are found to be incorrect, the Charges shall be adjusted accordingly, and the Merchant shall be responsible to pay the correct Charges and all expenses incurred by the Carrier in checking said particulars or any of them.

Charges shall be deemed earned on acceptance of the Goods or Containers or other packages for shipment by the Carrier and shall be paid by the Merchant in full, without any offset, counterclaim or deduction, cargo and/or vessel or other conveyance lost or not lost, and shall be non-returnable in any event.

The Merchant shall remain responsible for all Charges, regardless whether the Bill of Lading states, in words or symbols, that it is "Prepaid," "To be Prepaid" or "Collect."

In arranging for any services with respect to the Goods, the Carrier shall be considered the exclusive agent of the Merchant for all purposes, and any payment of Charges to other than the Carrier shall not, in any event, be considered payment to the Carrier.

The Merchant shall defend, indemnify and hold the Carrier, any Participating carrier, independent contractor, their agents and servants, harmless from and against all liability, loss, damage and expense which may be sustained or incurred relative to the above.

17. CARRIER'S LIEN. The Carrier shall have a lien on the Goods, inclusive of any Container owned or leased by the Merchant, and all equipment and appurtenances thereto, as well as on any Charges due any person, and on any documents relating thereto, which lien shall survive delivery, for all sums due under this contract or any other contract or undertaking to which the Merchant was party or otherwise involved, including, but not limited to, General Average contributions, salvage and the cost of recovering such sums, inclusive of attorneys' fees. Such lien may be enforced by the Carrier by public or private sale at the expense of and without notice to the Merchant.

The Merchant agrees to defend, indemnify and hold the Carrier, any Participating carrier, independent contractor, their agents and servants, harmless from and against all liability, loss, damage or expense which may be sustained or incurred by the Carrier relative to the above and the Merchant agrees to submit to the jurisdiction of any court, tribunal or other body before whom the Carrier may be brought, whether said proceeding is of a civil or criminal nature.

18. RUST. It is agreed that superficial rust, oxidation or any like condition due to moisture is not a condition of damage but is inherent to the nature of the Goods. Acknowledgement of receipt of the Goods in apparent good order and condition is not a representation that such conditions of rust, oxidation or the like did not exist on receipt.

19. GENERAL AVERAGE

a) If General Average is declared, it shall be adjusted according to the York/Antwerp Rules of 1994 and all subsequent amendments thereto from time to time made, at any place at the option of any person entitled to declare General Average, and the Amended Jason Clause as approved by BIMCO is to be considered as incorporated herein, and the Merchant shall provide such security as may be required in this connection.

b) Notwithstanding a) above, the Merchant shall defend, indemnify and hold harmless the Carrier and any Participating carrier, their agents and servants, in respect of any claim (and any expense arising therefrom) of a General Average nature which may be made against the Carrier and/or any Participating carrier and shall provide such security as may be required by the Carrier in this connection.

c) Neither the Carrier nor any Participating carrier shall be under any obligation to take any steps whatsoever to post security for General Average or to collect security for General Average contributions due to the Merchant.

20. LIMITATION OF LIABILITY. Except as otherwise provided in this Clause or elsewhere in this Bill of Lading, in case of any loss or damage to or in connection with cargo exceeding in actual value the equivalent of $500 lawful money of the United States, per package, or in case of cargo not shipped in packages, per shipping unit, the value of the cargo shall be deemed to be $500 per package or per shipping unit. The Carrier's liability, if any, shall be determined on the basis of a value of $500 per package or per shipping unit or pro rata in case of partial loss or damage, unless the nature of the cargo and valuation higher than $500 per package or per shipping unit shall have been declared by the Merchant before shipment and inserted in this Bill of Lading, and extra freight paid if required. In such case, if the actual value of the cargo per package or per shipping unit shall exceed such declared value, the value shall nevertheless be deemed to be declared value and the Carrier's liability, if any, shall not exceed the declared value.

The words "shipping unit" shall mean each physical unit (e.g., container, bundle, pallet, etc.) or piece of cargo not shipped in a package, including articles or things of any description whatsoever, except cargo shipped in bulk, and irrespective of the weight or measurement unit employed in calculating freight and related charges.

As to cargo shipped in bulk, the limitation applicable thereto shall be the limitation provided in Section 1304(5) of COGSA, or such other legislation, convention or law as may be compulsorily applicable, and in no event shall anything herein be construed as a waiver of limitation as to cargo shipped in bulk.

Where a Container is not stuffed by or on behalf of the Carrier or the parties characterize the Container as a package or a lump sum freight is assessed, in any of these events, each individual such Container, including in each instance its contents, shall be deemed a single package and Carrier's liability limited to $500 with respect to each such package, except as otherwise provided in this Clause or elsewhere in this Bill of Lading with respect to each such package. In the event this provision should be held invalid during that period in which compulsory legislation shall apply of its own force and effect, such as during the tackle-to-tackle period, it shall nevertheless apply during all non-compulsory periods such as, but not limited to, all periods prior to loading and subsequent to discharge from the Vessel and during the entire time for which the Carrier remains responsible for the Goods.

Where compulsorily applicable legislation provides a limitation less than $500 per package or shipping unit, such lesser limitation shall apply and nothing herein contained shall be construed as a waiver of a limitation less than $500.

Further, where a lesser monetary limitation is applicable, such as during handling by a Participating carrier or independent contractor and damage occurs during its or their period of care, custody, control and/or responsibility, the Carrier shall be entitled to avail itself of such lesser limitation

21. NOTICE OF CLAIM: TIME FOR SUIT. As to any loss or damage presumed to have occurred during the Carrier's period of responsibility, the Carrier must be notified in writing of any such loss or damage or claim before or at the time of discharge/removal of the Goods by the Merchant or, if the loss or damage is not then apparent, within 3 consecutive days after discharge/delivery or the date when the Goods should have been discharged/delivered. If not so notified, discharge, removal or delivery, depending upon the law applicable, shall be prima facie evidence of discharge/delivery in good order by the Carrier of such Goods.

In any event, the Carrier shall be discharged from all liability of whatsoever nature unless suit is brought within 1 year after delivery of the Goods or the date when the Goods should have been delivered, provided however, that if any claim should arise during a part of the transport which is subject by applicable law and/or tariff and/or contract to a shorter period for notice of claim or commencement of suit, any liability whatsoever of the Carrier shall cease unless proper claim is made in writing and suit is brought within such shorter period.

Suit shall not be deemed "brought" unless jurisdiction shall have been obtained over the Carrier by service of process or by an agreement to appear. In the event this provision should be held invalid during that period in which compulsory legislation shall apply of its own force and effect, such as during the tackle-to-tackle period, it shall nevertheless apply during all non-compulsory periods during which the Carrier remains responsible for the Goods.

22. JURISDICTION

All disputes of whatsoever nature under or in connection with this Bill of Lading shall be determined by the [insert specific court and location] to the exclusion of any other court PROVIDED ALWAYS that the Carrier may in its absolute and sole discretion invoke or voluntarily submit to the jurisdiction of any other court which, but for the terms of this Bill of Lading, could properly assume jurisdiction to hear and determine such disputes, but such shall not constitute a waiver of the terms of this provision in any other instance.

23. NON-WAIVER AND SEPARABILITY. Nothing in this Bill of Lading shall operate to deprive the Carrier of any statutory protection or any defense, immunity, exemption, limitation of or exoneration from liability contained in the laws of the United States, or of any other country whose laws may be compulsorily applicable. The Terms and Conditions of this Bill of Lading (including all the terms and conditions of the carrier's applicable tariff or tariffs, incorporated herein by virtue of Clause 2. above) shall be separable, and if any part or term hereof shall be held invalid, such holding shall not affect the validity or enforceability of any other part or term hereof.

5. 선하증권 통일협약과 운송인의 책임

1) 선하증권에 관한 국제통일협약

(1) Hague Rules

① 제정 과정

17세기경부터 해상운송의 중심지인 영국에서는 선하증권에 면책약관을 삽입하는 관행들이 생겨났다. 면책약관(exemption clause)은 선주가 자기책임을 한정하여 후일 하주로부터 손해배상청구를 면하기 위해 기재하는 것으로 보통 선하증권의 이면약관에 작은 글씨로 인쇄되어 있었다. 천재지변, 전쟁, 포장의 불완전과 부적합, 투하, 공동해손 희생손해, 화물고유의 잠재하자(latent defects) 등이 주요 면책사항이었다.

19세기 후반에는 이러한 면책약관이 더욱 급속하게 증가되어 선원의 악행이나 불내항도 면책사항에 포함되었다. 이에 1880년경에는 하주, 은행 및 보험회사 측에서 면책약관을 제한하는 운동이 일어났다. 미국에서는 1893년 2월에 전문 8조로 구성된 하터법(Harter Act)을 제정하여 선박의 내항성에 대하여 '상당한 주의'를 게을리 하지 않으면 선박소유자의 항해과실은 면책되지만 상업상의 과실은 면책되지 않도록 하였다.

이 원칙들은 나중에 Hague Rules에 도입되어 해상물품운송법의 기본 원칙이 되었다.

이어 1924년에 벨기에 브뤼셀(Brussels)에서 채택된 '선하증권에 관한 통일규칙을 위한 국제협약(헤이그규칙)은 선주와 하주의 이해관계를 조정하고 해상운송에 관해 국제적인 통일을 기하기 위하여 국제법협회(International Law Association, ILA)와 국제해사위원회(Committee Maritime International, CMI)가 중심이 되어 제정한 국제통일규칙이다.

현재 90개국 이상이 비준하였거나 가입하여 해상운송의 준거법으로 널리 채택되고 있으며 우리나라 법도 이 규칙의 중요한 원칙들을 그대로 수용하고 있다.

② 구성

Hague Rule은 해상운송인이 부담해야 할 최소한의 책임과 의무 및 면책을 규정하고 있으며 총 16개 조로 구성되어 있다. Hague Rule의 16개 조 중 가장 중요한 내용은 제3조 운송인의 책임과 의무 및 제4조 운송인의 면책에 관한 규정이다.

③ 적용 범위와 공헌

헤이그 규칙은 선하증권이 발행되는 해상운송계약만을 대상으로 하고 용선계약서가 발행되는 용선운송계약에는 적용되지 않기 때문에 해상운송계약 전체를 포괄하는 국제통일규칙은 아니다. 그러나 선하증권에 의한 개품운송계약의 중요한 문제들은 거의 규정하고 있기 때문에 국제통일 준거법으로써 국제해상화물의 원활한 운송에 지대한 공헌을 하였다.

(2) Hague-Visby Rules

① 제정 과정

Hague Rules는 1924년에 제정되어 1931년부터 발효된 이래 개품운송계약을 규율하는 유일한 국제협약으로서 각국에서 널리 수용되었고 그 기능들을 충분히 발휘하여 왔다.

그러나 제2차 세계대전 이후 1950년대를 걸쳐서 25년을 경과한 이 규칙은 당시의 무역관행과 해운 실정에 맞지 않는 문제들이 발생하였다.

이에 1963년에 국제해사위원회(Committee Maritime International)에서 Hague Rules의 개정안이 작성되어 1968년에 Brussel에서 개최된 해사법 외교회의에서 개정의정서로 채택되었고 이것은 1977년 6월에 발효되었다.

본 개정의정서의 정식명칭은 'Protocol to Amend the International Convention for the Unification of Certain Rules of Law relating to Bills of Lading, 1924년 선하증권통일협약을 개정하기 위한 의정서'이고 약칭은 Hague-Visby Rules, Visby Protocol 또는 Visby Rules로 불린다. 2020년 현재 헤이그 규칙과 헤이그-비스비 규칙을 비준한 국가는 영국, 프랑스 등 총 90개국 이상이 된다.

② 제정 목적과 적용 범위

헤이그-비스비 규칙은 성격상 헤이그 규칙의 해석상의 문제점을 제거하기 위해 일부를 개정한 것이지 헤이그 규칙의 근본적인 개정을 의도한 것은 아니었다.

헤이그 규칙은 선하증권이 발행되었을 경우 그 법률관계에 관한 규정의 통일을 목적으로 한 것이기 때문에 용선운송계약에는 적용되지 않았다.

그러나 헤이그-비스비 규칙에서는 용선운송계약에서도 선하증권이 발행된 경우에는 운송인과 선하증권 소지인과의 관계를 규정하는데 적용되도록 개정되었다.

③ 주요 내용

헤이그-비스비 규칙의 주요 내용은 운송인의 책임에 관하여 선장, 선원, 기타 운송인 및 그 고용인의 항해나 선박의 관리에 관한 행위, 태만이나 과실 등 항해과실은 운송인의 면책을 규정하고 있는 반면, 운송물품의 선적, 수급, 적부, 운송, 보관, 관리, 양하 등에 관한 과실 등 상업과실은 면책특약을 무효로 한 것이다.

또한 운송인의 대리인이나 사용인의 고의나 과실에 기인하지 않는 모든 사유는 면책으로 하고 있으나 면책의 이익을 주장함에 있어 운송인이 멸실이나 손상이 고의나 과실에 기인하지 않았다는 것을 입증하도록 하였고, 운송인의 사용인이나 대리인도 운송인에게 인정된 책임제한이나 항변사유를 원용할 수 있는 규정도 신설하였다. 그리고 헤이그-비스비 규칙에서는 당사자들의 합의가 있으면 제소기간을 1년 더 연장할 수 있도록 하였다.

(3) Hamburg Rules

① 제정 과정

1970년대 중후반 국제무대에서 발언권이 강해진 개발도상국들은 선하증권에 관한 국제통일협약들이 선주 위주로 편제되어 하주들의 권익을 제대로 반영하지 않고 있다고 UN무역개발회의(UNCTAD)에서 강력하게 주장함에 따라, 1969년 국제해운입법 작업부회에서 새로운 선하증권 협약안이 마련되었다.

이 협약안은 1976년 뉴욕에서 개최된 UN국제무역법위원회(UNCITRAL)에서 심의되어 1976년 UN 총회에 상정되었고 1978년 3월 독일 Hamburg에서 개최된 유엔 회의에서 정식 책택되었다. 정식명칭은 'UN 해상물품운송협약(United Nations Convention on Carriage of Goods by Sea, 1978, 약칭 Hamburg Rules)'이다.

② 의의와 특징

Hague-Visby Rules는 헤이그 규칙의 결함을 보완하고 시대에 적합하도록 개정한 개정판이다. 그러나 Hamburg Rules는 UNCTAD가 중심이 되어 선진 해운국 중심의 헤이그 규칙이나 헤이그-비스비 규칙을 폐지하고 하주국인 개발도상국의 이익을 충분히 반영하는 새로운 법질서를 창출하려는 의도에서 제정된 협약이다.

Hamburg Rules의 특징은 해상운송에서 약자의 위치에 있는 선박을 소유하거나 운영하고 있지 않은 개도국인 하주들의 입장을 크게 강화시킴으로써 운송인의 책임을 무겁게 하고 있다는 점이다. 한편, Hamburg Rules에서는 헤이그 규칙에 비해 운송인의 책임구간을 화물수취로부터 인도까지 확대하였고 인도지연에 대해 운송인이 책임지도록 하였다.

또한 운송인의 책임한도와 Claim의 통지기간을 인상 및 연장하였으며 운송인의 항해과실 면책, 선박화재의 면책과 면책 카탈로그를 폐지하였다.

그리고 함부르크 규칙은 화물의 인도가 지연되는 경우에도 운송인이 운임의 2.5배 이내에서 책임을 지도록 명문으로 규정하였다. 헤이그 규칙과 함부르크 규칙의 가장 큰 차이점은 운송인의 면책조항 삭제와 책임한도액이 상향된 부분이다.

③ 발효와 적용

본 규칙은 하주국인 개발도상국들의 주도로 작성되었기 때문에 선주 국가들의 비준이 지연되어 그 발효요건인 가입국 20개국을 충족하지 못하여 발효되지 못하였다.

그러나 1991년 10월 말 잠비아(Zambia)가 20번째로 가입함으로써 1년 경과기간을 거쳐 1992년 11월 1일 정식으로 발효하게 되었다. 현재 전 세계적으로 통용되고 있는 헤이그 규칙이나 헤이그-비스비 규칙에 비해 선주들의 책임이 상대적으로 크게 강화된 본 규칙이 발효됨에 따라 동 규칙에 가입한 국가 선주들의 보험료가 예전보다 인상되고 있다.

(4) Rotterdam Rules

① 제정 과정

CMI가 주도하여 제정한 해상운송과 관련된 국제규칙으로 UNCITRAL 위원회의 승인을 거쳐 2008년 12월 비엔나에서 개최된 제63차 UN 총회에서 성립하였다.

정식명칭은 '전부 혹은 일부 국제해상물품운송계약에 관한 UN협약(UN Convention on Contracts for the International Carriage of Wholly or Partly by Sea)'이며, 약칭으로 '로테르담 규칙(The Rotterdam Rules, 2008)'이라고 부른다.

② 제정 목적과 특징

이 협약의 제정 목적은 기존 국제화물 운송법규의 통일과 시대 변화에 맞는 새로운 규정을 도입하는데 있다. 이 협약은 헤이그-비스비 규칙이나 함부르크 규칙을 최근의 무역관행에 맞게 수정·보완하는 것을 핵심으로 하고 있다.

따라서 주요 내용들은 적용 범위를 확장하거나 책임한도를 인상하는 것이 대부분이다.

③ 주요 내용

첫째, 이 협약은 운송계약의 한쪽 당사자가 체약국인 경우에도 이 협약이 강제로 적용되도록 하였고, 복합운송도 이 협약이 적용된다는 점에서 차이가 있다. 그런데 복합운송이 적용되기 위해서는 반드시 해상운송이 포함되어 있어야 한다.

둘째, 이 협약은 운송인이 운송물에 대한 책임을 운송물을 수령한 시점에서 수하인에게 인도한 시점까지로 운송인의 책임기간을 기존 협약보다 확대하고 있다.

셋째, 이 협약 제14조는 항해 전, 항해 개시 또는 항해 중에 선박이 항해에 견딜 수 있도록 유지하는 의무를 운송인에게 부담시키고 있다.

넷째, 이 협약은 운송인의 항해과실 면책조항을 폐지였다. 이에 따라 앞으로 운송인(선사)은 선장이나 선원이 항해나 선박의 관리에서 일으킨 과실로 발생한 충돌이나 좌초 등의 손해에 대하여도 책임을 지게 되었다. 이 조항의 폐지로 하주들은 지금까지 운송인에게 구상할 수 없었던 항해과실에 의한 적하손해를 청구할 수 있게 되었다.

다섯째, 이 협약은 선사가 부담해야 하는 배상책임 한도를 기존 협약보다 상당히 높였다.

④ 발효와 적용

협약이 국제적으로 발효하기 위해서는 20개국 이상이 비준한 뒤 1년이 경과해야 하는데 이 협약은 아직 비준국이 많지 않아 발효가 되지 않고 있는 상태이다. 현재 우리나라, 중국, 일본, 독일 등도 로테르담 규칙을 비준하지 않고 있나.

2) 운송인의 책임 비교

① 적용대상

헤이그 규칙에서는 선하증권이 발행되지 않는 운송계약, 용선운송계약, 동물과 갑판적 화물의 운송, 특수화물의 비상업적 운송은 적용되지 않았다. 그런데 헤이그-비스비 규칙에서는 용선운송계약도 적용되도록 개정되었다.

함부르크 규칙은 그 적용대상을 선하증권이 발행되는 운송계약에 한정하고 있지 않기 때문에 해상화물운송장이 발행되는 경우에도 동 규칙은 적용된다.

그러나 헤이그 규칙이나 헤이그-비스비 규칙은 그 적용에 관한 명문의 규정이 없다. 로테르담 규칙은 해상운송이 포함된 복합운송에도 적용되도록 하였다.

② 운송인의 책임기한

헤이그 규칙은 'Tackle to Tackle'의 원칙에 따라 운송인의 책임이 물품의 선적 시점에서부터 양하시점까지 적용되고 그 전후 단계의 운송관계(화물의 적재 전과 양하 후)는 운송인의 책임을 면제시킬 수 있도록 하였다. 그러나 함부르크 규칙과 로테르담 규칙은 운송인이 선적항에서 하주로부터 물품을 수령한 때부터 목적항에서 이를 인도한 때까지의 전 기간 혹은 전 운송구간을 운송인의 책임기간으로 설정하였다.

또한 헤이그 규칙은 과실책임주의에 입각하여 선박의 내항능력과 물품의 취급, 보관 등에 관한 주의의무 및 그 위반에 대한 책임을 규정하고 있으나 항해과실, 화재 등과 15개 항목은 면책카탈로그라고 하여 당연히 면책되는 사유로 인정하였다.

그러나 함부르크 규칙은 과실책임주의를 유지하고 있지만 해난구조 행위를 제외한 종래의 면책카탈로그 규정을 폐지하였다. 로테르담 규칙은 내항성 주의의무를 항해 전과 항해기간 동안까지 더욱 확대했으며 운송인의 항해과실 면책조항을 폐지하였다.

③ 운송인의 책임 한도액

헤이그 규칙에서 규정한 운송인의 책임 한도액은 포장물 또는 단위(package or unit) 당 100파운드이며, 헤이그-비스비 규칙의 책임한도는 포장물 또는 단위당 10,000 포앙카레 프랑(Poincaré Francs, 1 포앙카레 프랑=순금 65.5㎎)과 총중량 1㎏당 30 포앙카레 프랑 중 큰 금액으로 제한하고 있다.

함부르크 규칙은 멸실 또는 손상의 경우 한 개의 짐짝이나 선적 단위에 대한 835 SDR과 1㎏에 대한 2.5 SDR(로테르담 규칙은 875 SDR이나 중량 당 3 SDR)의 합계액 중 많은 금액, 그리고 지연 손해(헤이그-비스비 규칙에서는 허용되지 않음)의 경우 운송계약상의 운임 총액을 상한으로 하여 지정물품 운임의 2.5배로 제한하고 있다.

6. 선하증권의 위기와 극복방안

1) 선하증권 위기의 의의

최근 컨테이너선의 고속화로 선박이 양륙항에 도착하는 시간은 상당히 빨라졌으나 운송서류는 은행의 경유를 통해 지연 전달되고 있다.

이에 따라 본선이 입항했음에도 물품의 인도서류인 원본 선하증권이 도착하지 않아 수하인과 선사에게 불편한 경우가 빈번히 발생하고 있다. 이러한 현상을 선하증권의 위기(The B/L Crisis), 신속한 선박의 문제 또는 고속선 문제라고 부르고 있다.

2) 선하증권 위기의 원인과 극복방안

(1) 선하증권 위기의 원인과 문제

수입지에서 운송물품을 인도받기 위해서는 원본 선하증권(original B/L)의 제시를 절대요건으로 하고 있으므로 양륙항에 선하증권보다 운송물품이 먼저 도착하게 되면 수하인은 화물을 신속하게 인수할 수 없게 된다. 운송인도 운송물품을 수하인에게 신속하게 인도할 수 없음에 따라 신속 운송이라는 고객서비스의 향상에 역행하게 되는 결과를 가져오게 될 뿐 아니라 추가적인 창고료 등도 청구할 수밖에 없게 된다.

(2) 선하증권 위기의 극복방안

본선이 도착하였음에도 불구하고 선하증권이 도착하지 않은 경우 이론적으로는 다음과 같은 해결책들이 고려될 수 있다.

① 양륙항에서 원본 서류의 도착을 기다리는 방법

본선이 양륙항에서 원본 서류가 도착하는 것을 기다리는 방법이 있다. 이 방법은 선하증권의 위기를 극복하는 근본적인 방법이 되지 못하기 때문에 본선의 체선 비용을 고려하거나 그 기간 동안의 시장성 상실 등을 고려한다면 현실적인 대안이 될 수 없다.

게다가 신용장통일규칙(UCP)에 근거하여 이루어지는 은행의 서류심사 관행들이 획기적으로 변화되지 않는 한 현실적으로 기대할 수 없는 대안이다.

② 화물을 하역하여 창고에 보관하는 방법

또 다른 방법으로는 선사가 선박의 체선을 피하기 위해 화물을 양륙하여 창고에 보관하는 방법이 있다. 그러나 이 방법도 물품을 보관할 창고의 확보 여부와 확보했다 하더라도 보관료 등의 비용부담이 발생하기 때문에 현실적이지 못한 대안이다.

③ **수입화물선취보증서(L/G)를 통한 인도**

이상과 같은 해결책들이 안고 있는 문제점들에 대한 가장 현실적인 대안으로서 현재 실무에서 광범위하게 이용되고 있는 방법이 L/G(Letter of Guarantee, 수입화물선취보증서)를 통한 화물인도이다.

L/G는 운송서류가 내도하기 전에 수입자와 신용장 발행은행이 연대 보증한 보증서를 선사에 원본 선하증권을 대신하여 제출하고 수입화물을 인도받는 제도이다.

이것은 선하증권이 없더라도 L/G를 선사에 제시함으로써 화물을 먼저 인도받고 나중에 선하증권 원본이 도착하면 이것을 선사에게 전달하도록 하여 선하증권의 문제를 해결하고 신속한 화물인도에 이바지하도록 만들어진 제도이다.

그런데 L/G에 의한 화물의 인도의 경우 수하인으로서는 은행이 연대보증 요구에 응해야 하고 동시에 대금의 선결제를 해야 하는 것이 보통이다. 또한 은행에 L/G 발행을 신청할 때 높은 발행수수료를 부담해야 하며 그에 따른 발행절차도 번거롭다.

또한 운송인의 입장에서는 L/G 위조의 가능성으로 인해 불법의 정당하지 않는 소지인에게 물품을 인도하게 될 위험이 있어 이는 운송인의 책임을 가중시키게 되는 결과를 가져오게 된다. 왜냐하면 운송인이 위조된 L/G에 따라 물품을 인도한 후 나중에 정당한 선하증권의 소지인이 선하증권을 제시할 경우 운송인은 법적인 보호를 받을 수 없어 손해배상을 책임져야 하는 문제가 발생하기 때문이다.

그리고 L/G 인도 자체가 법적인 명문규정이 없는 상관습에 근거를 둔 관행적인 제도라는 문제가 있다.

④ **선하증권(B/L)의 편법 사용**

또 다른 선하증권의 위기극복 방안으로 활용될 수 있는 것은 선하증권을 이용하되 선하증권의 문제점을 보완하기 위해 선하증권 원본을 매수인에게 직송하거나 선하증권 원본 1통을 선장에게 탁송하는 방법 등이 있다.

㉠ 선하증권 원본을 매수인에게 직송하는 방법

발급받은 선하증권 원본을 매수인에게 직송하게 되면 수하인은 신속하게 물품을 인수할 수 있는 이점이 있다. 그러나 매도인으로서는 물품 선적 후 선하증권을 매수인에게 직송하는 관계로 담보권을 확보할 수 없기 때문에 매수인의 대금지급에 대한 불안을 완전히 해소할 수 있는 경우에만 사용되어야 한다.

또한 발행은행을 포함하여 신용장거래에 참여하는 은행들로서는 담보력이 없는 화환어음(documentary bill)을 매입 또는 지급하는 결과가 되어 개입을 꺼리게 된다. 따라서 매수인을 신용할 수 있는 경우에만 이러한 조건을 허용하도록 하는 신용장을 발행하게 된다.

㉡ 선하증권 원본 1통을 선장에게 탁송하는 방법

무역거래에서 선하증권은 보통 3통을 전통으로 발행하고 있으며 어느 1통이 먼저 사용되면 나머지 2통은 효력을 상실하게 된다. 따라서 화환신용장거래에서는 통상적으로 선하증권 전통(full set)을 제출하도록 요구하고 있다.

그러나 선하증권 원본 1통을 선장에게 탁송하면 수하인으로서는 신속한 화물인수가 가능하다. 그러나 은행입장에서는 나머지 2통이 화환어음에 첨부되어 은행에 대금결제용으로 사용될 경우 이 선하증권 2통은 담보 가치를 상실하게 된다.

따라서 이 방법에서는 은행들이 참여하기를 꺼리게 된다. 송하인 입장에서도 수하인이 화물을 인수하고 대금을 지급하지 않을 위험이 따르게 된다. 따라서 이러한 방법도 선하증권의 위기를 극복할 수 있는 궁극적인 대안이 될 수 없다.

⑤ Surrender B/L의 사용

Surrender B/L은 B/L에 Surrender 또는 Telex Release라는 문구의 도장을 찍어 유통이 가능한 유가증권으로서의 기능을 포기한 모든 선하증권을 말한다. 이는 화물이 도착지에서 선하증권 원본(Original B/L)의 제시 없이 전송(Fax나 이메일)받은 사본으로 화물을 인수받을 수 있도록 한 것이다. 수입자 입장에서는 Original B/L 없이도 팩스나 이메일로 전송받은 Surrender B/L 상에 수취인을 확인하는 명판 및 인감을 날인하여 해당 선사나 포워더에게 제시하고 화물인도지시서(D/O)를 교부받아 화물을 인수할 수 있다.

이 선하증권은 송하인이 선적지에서 물품을 선적한 후에 선하증권을 교부받기 전에 운송인에게 'Surrender 발행 동의서'를 제출하게 되면 운송인은 선하증권에 Surrender 또는 Telex Release라는 문구의 도장을 찍어 교부해 준다. 그러므로 Surrender B/L이 가능하려면 B/L상의 수하인(consignee)이 수입자로 되어 있어야만 한다.

그런데 신용장방식의 경우 발행은행에게 대금지급 의무가 있으므로 물품의 담보권을 확보하기 위해 B/L의 수하인을 발행은행의 지시식으로 요구하는 것이 일반적이다.

따라서 신용장거래에서는 발행의뢰인이 대금전액을 담보로 제공한 경우를 제외하고는 기본적으로 B/L의 Surrender는 발생할 수 없다. 무신용장거래에서도 수입자가 화물을 인수하고 대금을 결제하지 않을 위험성이 있으므로 이것은 주로 선불조건인 T/T거래, 본지점간 거래 또는 수입자의 신용이 확실한 경우에만 제한적으로 사용될 수 있다.

⑥ 비유통성 해상화물운송장(SWB)의 사용

1970년대 후반부터 물품의 인도를 신속히 하고 서류의 분실에 따른 제반 위험을 회피할 목적으로 권리증권(document of title)인 선하증권을 대신하여 사용되고 있는 서류가 비유통성 해상화물운송장(Non-negotiable Sea Waybill)의 사용이다.

제 7 절 해상화물운송장(SWB)

1. 해상화물운송장의 의와 효용성

1) 의의

최근 컨테이너선의 고속화로 선박이 목적항에 도착하는 기간이 상당히 빨라졌으나 운송서류는 구태의연한 은행 경유를 통해 지연되고 있다.

이에 따라 본선이 목적항에 도착하였음에도 선하증권이 도착하지 않아 화물을 찾지 못하는 선하증권의 위기(the B/L crisis) 문제를 해결하기 위한 방법 중의 하나가 비유통성 해상화물운송장(Non-negotiable Sea Waybill, SWB, 해상운송장)의 사용이다.

이 서류는 물품의 인도청구권을 상징하는 동시에 물권적 효력이 있는 권리증권인 선하증권(B/L)을 사용하는 대신에, 물품의 인도를 신속히 하고 서류의 분실에 따른 제반 위험을 회피하고자 하는 목적으로 등장하였다.

해상화물운송장은 비록 권리증권성이 없는 비유통성 운송서류이지만 기존의 선하증권이 가지고 있는 단점을 보완하는 기능을 가지고 있다. 따라서 유럽지역에서는 해상운송의 경우 선하증권 만큼이나 많이 이용되고 있다.

2) 효용성

첫째, 해상화물운송장은 기명식으로 발행되기 때문에 목적항에 화물이 도착하는 즉시 수하인은 이 서류의 제출 없이도 본인 확인이 되면 화물을 인수할 수 있다.

둘째, 선하증권은 권리증권성이 있는 운송서류이다. 따라서 분실한 경우 운송화물에 대한 인도청구를 하기 위해서는 거래은행으로부터 L/G를 발급받아 화물을 인수하여야 하는 불편이 있고 선하증권을 취득한 자가 화물을 인수할 위험성을 배제할 수 없다. 그러나 해상화물운송장은 유가증권이 아니기 때문에 분실이 된 경우에도 그러한 위험성이 전혀 없다.

셋째, 선하증권이 발행된 경우 목적항에서 화물이 인도되기 위해서는 원칙적으로 선하증권의 도착 및 제출을 기다려야 한다. 그러나 해상화물운송장은 물품의 수취에 필요한 서류가 아니므로 송하인은 이 서류의 발행을 기다리지 않고 상업송장 등의 서류를 구비한 후 이것을 수하인에게 송부하여 물품의 수입통관과 수입화물 인수의 신속화를 꾀할 수 있다.

넷째, 선하증권이 발행된 경우 선하증권이 도착할 때까지 화물에 대한 보관료 등의 경비부담이 발생한다. 그러나 해상화물운송장이 발행된 경우에는 화물의 도착 즉시 화물을 인수할 수 있기 때문에 창고료나 보관료 등 경비가 절감되는 효과가 있다.

2. 해상화물운송장의 장단점과 법적 특성

1) 장단점

해상화물운송장은 B/L과 달리 수하인이 물품을 수령할 때 선사에게 제출할 필요가 없는 서류이기 때문에 B/L의 입수가 화물의 도착보다 지연됨으로써 발생하는 물품의 인도지연을 해소할 수 있다. 그 결과 보관료 절감이 가능하고 분실할 경우 B/L과 같은 위험이 존재하지 않는다. 또한 물품수령에 꼭 필요로 하는 서류가 아니기 때문에 수하인은 이 원본서류 없이도 신속히 물품을 수령할 수 있는 장점이 있다.

이에 반해, 해상화물운송장은 권리증권이 아니기 때문에 항해 중에 증권을 이전함으로써 물품을 전매하는 것이 불가능하며 서류 자체가 담보력이 없다. 또한 송하인은 목적항에 물품이 도착하여 수하인이 인도를 청구할 때까지 자유로이 수하인을 변경할 수 있으며 화환어음을 매도하기 위해서는 은행을 수하인으로 해야 한다는 단점이 있다.

2) 법적 특성과 비교

무역거래에서 본선에 물품이 인도되었다는 물품인도의 증거서류로서 지난 오랜 기간 동안 중요한 역할을 담당하여 온 것은 선하증권(B/L)이었다.

그런데 최근 해상운송업계에서는 선하증권이 해상화물운송장으로 대체되어 사용되고 있다. 해상화물운송장의 법적 특성을 선하증권과 비교하면 다음과 같다.

첫째, 선하증권은 물품을 수취나 선적을 증명하는 서류이며 운송인과의 운송계약의 입증하는 추정적 증거서류가 된다. 그리고 그 서류의 정당한 소지인에게 물품을 인도할 것이라는 운송인의 약속이 명기되어 있는 물권적 유가증권이기 때문에 물품의 인수를 위해서는 반드시 제시되어야 한다. 이에 비해 해상화물운송장은 물품을 수취나 선적을 증명하는 서류라는 점에서는 B/L의 성격과 동일하다.

그러나 물품을 인수하기 위해 수하인이 운송인에게 제시하여야 하는 B/L과는 달리, 제시할 필요가 없고 물품을 대표하는 유가증권의 성격이 없다는 점에서 큰 차이가 있다.

그러므로 해상화물운송장에 의한 거래에서는 운송인으로부터 물품을 인도받는 과정에서 수하인이 원본 서류를 제시하지 않더라도 화물을 인수하기 위하여 찾아 온 자가 수하인임이 확인되면 물품을 인도받을 수 있다.

둘째, 선하증권은 백지배서에 의해 물품에 대한 권리를 타인에게 양도할 수 있는 유통성 증권이다. 이에 비해 해상화물운송장은 그 표면에 기재된 'Non-negotiable'을 통하여 알 수 있듯이, 배서에 의해 운송계약상의 권리를 타인에게 양도하여 유통시킬 수 없는 기명식으로 된 유통불능성의 성격을 가지고 있다.

Model Form 5

〈서식〉 해상화물운송장(SWB)

SEA WAYBILL

FOR COMBINED TRANSPORT SHIPMENT
OR PORT TO PORT SHIPMENT

NON-NEGOTIABLE

Shipper

Country of Origin

Sea Waybill No.

F/Agent Name & Ref.

Shipper's Ref.

Consignee (not "To Order")

BFS **BUCCI FREIGHT SERVICES LTD.**
2/4 GT. EASTERN STREET
LONDON EC2A 3NW
TEL. No: 020 7392 2200
FAX No: 020 7377 9155/020 7377 5415

Web Site: www.bucci.co.uk

Notify Party (No claim shall attach for failure to notify)

For the release of goods apply to: –

Place of Receipt (for combined transport only)	Intended Port of Loading	
Intended Vessel	Intended Port of Discharge	Place of Delivery (for combined transport only)

Marks & Number	No. of Pkgs. or Shipping Units	Description of Goods & Pkgs.	Gross Weight	Measurement
		SAMPLE		
	Total	Temperature Control Instructions:		

Freight Details, Charges etc:

Excess Value Declaration: Refer to Clause 6 (3) (B) + (C) on reverse side

RECEIVED by the Carrier the Goods as specified above in apparent good order and condition, unless otherwise stated, to be transported to such place as agreed, authorised or permitted herein and subject to all the terms and conditions appearing on the front and reverse of this Sea Waybill to which the Merchant agrees by accepting this SEA WAYBILL, any local privileges and customs notwithstanding. The particulars given above are as stated by the shipper and the weight, measure, quantity, condition, contents and value of the goods are unknown to the carrier. One of the original bills of lading shall be presented to the carrier.

The shipper shall be entitled to transfer right and control of the cargo to the Consignee, the exercise of such option to be noted on this Sea Waybill and to be made no later than the receipt of the cargo by the Carrieer.

SPECIAL CLAUSES
This Sea Waybill is subject to the CMI Uniform Rules for Sea Waybills
(see also Clauses 1 and 4 on the reverse side)

Place and date of issue:
Signed on behalf of the Carrier:

by ______________________

ON BEHALF OF

BUCCI FREIGHT SERVICES LTD.

TTC S500

BIFA

Sea-Waybill Not Negotiable - TERMS AND CONDITIONS

- ALSO AVAILABLE ON www.hamburgsud-line.com

1. DEFINITIONS

"Carrier" means Hamburg Südamerikanische Dampfschifffahrts-Gesellschaft ApS & Co KG, Willy-Brandt-Straße 59 - 65, 20457 Hamburg, Germany; Commercial Register: Amtsgericht Hamburg HRA 59448; General partner: HS GP ApS, Copenhagen (Denmark), Centrale Virksomhedsregister (CVR) Nr. 38943936, represented by its managing director Søren Toft (hereinafter "Hamburg Süd").

"Carriage" means the whole or any part of the operations and services undertaken by Carrier in respect of the Goods covered by this sea-waybill whether by water, land, or air.

"Charges" includes freight, deadfreight, demurrage and all expenses and money obligations incurred or payable in accordance with the applicable tariff or this sea-waybill.

"COGSA" means the U.S. Carriage of Goods by Sea Act.

"Container" includes any open or closed container, van, trailer, flatbed, flatrack, transportable tank or any similar receptacle whatsoever used to consolidate the Goods and any connected equipment.

"Goods" means the cargo, in whole or part, received from the shipper and any Container not supplied by or on behalf of Carrier.

"Hague Rules" means the International Convention for the Unification of Certain Rules relating to Bills of Lading of 1924 including the Visby Amendment and the 1979 Protocol.

"Hamburg Rules" means the UN-Convention on the Carriage of Goods by Sea of 1978.

"Merchant" includes the booking party, shipper, consignee, receiver, holder of this sea-waybill, or any person owning or entitled to possession of the Goods or of this sea-waybill, and the servants and agents and principals of any of these, all of whom shall be jointly and severally liable to Carrier for the payment of all Charges, and for the performance of the obligations of any of them under this sea-waybill.

"Subcontractor" includes the owners, managers, charterers, slot or space charterers, and operators of any Vessel (other than Carrier), underlying or substitute carriers, stevedores and terminal operators, and any direct or indirect servant, agent, or subcontractor (including their own subcontractors), or any other party employed by or on behalf of Carrier, or whose services or equipment have been used to perform this contract whether in contractual privity with Carrier or not.

"Vessel" means the ocean vessel named on the face side hereof, and any substitute vessel, feedership, barge or other means of conveyance by water used for the Carriage.

"VGM" means the verified gross mass obtained by a method prescribed by SOLAS and any laws in force at the port of loading.

2. CARRIER'S TARIFF(S)

All terms and conditions of Carrier's applicable tariff(s), including but not limited to those pertaining to demurrage and detention are incorporated herein. Copies of the tariff(s) or relevant provisions thereof are obtainable from Carrier or the applicable regulatory body on request. In the event of a conflict between the terms and conditions of such tariff(s) and this sea-waybill, the sea-waybill shall prevail.

3. CHARGES

3.1 Charges shall be deemed earned on acceptance of Goods or Containers or other packages for shipment by Carrier and shall be paid by Merchant in full, without any offset, counterclaim or deduction, Goods and/or Vessel or other conveyance lost or not lost, and shall be non-returnable in any event.

3.2 Merchant shall remain responsible for all Charges, regardless whether the sea-waybill be marked, in words or symbols, "Prepaid", or "Collect".

3.3 In case of non-payment of Charges or any other amount(s) due under this contract, Carrier is entitled to pursue the relevant amount(s) against Merchant or Goods and Merchant shall also be liable for interest on any overdue amount(s) as well as Carrier's reasonable attorney's fees and expenses incurred in collecting any amount(s) due.

3.4 In arranging for any services with respect to Goods, Carrier shall be considered Merchant's agent for all purposes. Charges and any payment of Charges to parties other than Carrier shall not, in any event, be considered payment to Carrier.

3.5 Charges for cold treatment are for administration only and do not impose any responsibility on Carrier for completion or success of cold treatment as per the applicable regulations.

4. CARRIER'S RESPONSIBILITY

4.1 Except as otherwise noted herein, Carrier shall be responsible for loss of or damage to Goods under the following circumstances only:

(a) PORT-TO-PORT SHIPMENT

(1) When Goods have been lost or damaged from the time of loading on the Vessel until the time of discharge from the Vessel, Carrier's responsibility is governed by German law making the Hague-Rules compulsorily applicable. However, if the sea-waybill covers a shipment to or from the USA, COGSA governs Carrier's responsibility and shall apply during the time from loading the Goods on the Vessel until discharge as well as during all times before loading and after discharge of the Goods from the Vessel.

(2) Carrier shall not be responsible for any fault of its personnel and of the Vessel's crew in cases of damage or loss caused by fire or explosion on board the Vessel ("Fire"), or caused by the navigation or management of the Vessel save for damage or loss caused when executing measures which were predominantly taken in the interest of the Goods ("Error in Navigation").

(3) Carrier shall not be responsible for any fault of other persons involved in the navigation or management of the Vessel, in particular, a pilot on board of the Vessel or the Crew of a tug boat assisting the Vessel, in cases of damage or loss caused by the navigation or the management of the Vessel; except for damage or loss caused, when executing measures, which were predominantly taken in the interest of the Goods ("Error in Navigation").

(4) Carrier is not deemed to have custody of the Goods before loading and after discharge, and Carrier is not responsible for acts or omissions of a terminal operator to which the Goods were submitted either by Carrier or by Merchant.

(b) MULTIMODAL TRANSPORT

(1) If it is established that loss or damage to Goods occurred during the port-to-port leg, Carrier's responsibility is governed by clause 4.1(a) and if it is established that loss or damage to Goods occurred during any other leg, the law applicable to such leg of transport shall apply except that if the sea-waybill covers a shipment to or from the USA, COGSA shall apply for all legs of transport. If the law thus applicable is not compulsory Carrier's liability shall never exceed 2 Special Drawing Rights ("SDR") per kilo of gross weight of Goods lost or damaged.

(2) If it is not established during which leg of transport loss of or damage to Goods has occurred, Carrier's liability shall be determined in accordance with German law incorporating the Hague Rules, except for shipments to or from the USA in which case COGSA shall apply. Unless otherwise provided for herein, in no event shall the liability of Carrier exceed 2 SDR per kilo of gross weight of Goods lost or damaged.

4.2 LIMITATION OF LIABILITY

(a) In no event shall Carrier's liability under or in connection with this sea-waybill exceed 2 SDR per kilo of the gross weight of the Goods lost or damaged, except that if COGSA applies, liability shall not exceed US$ 500 per package or per customary freight unit, as the case may be.

(b) The limitations of liability provided herein apply unless the nature and value of the Goods have been declared by Merchant prior to shipment and inserted in the box "Declared value" and extra freight paid if required. In no event shall the limitation amount exceed the declared value and nothing herein shall be construed as a waiver of limitation.

(c) The terms and conditions in Carrier's tariff(s) and herein (including the limitation of liability of US$ 500 per package or per customary freight unit and law and jurisdiction clauses in this sea-waybill) shall apply to all multimodal shipments originating in the USA unless Merchant selects full value Carmack liability coverage under 49 U.S.C. § 11706 by notifying Carrier at the time of booking the Goods and prepaying a negotiated Carmack freight rate obtained from Carrier.

4.3 MISCELLANEOUS PROVISIONS

(a) Delay: Carrier does not undertake that Goods or any documents relating thereto will arrive at a particular time at the Port of Discharge or at the Place of Delivery and Carrier shall not under any circumstances whatsoever be liable for any direct, indirect or consequential loss or damage caused by delay, unless such delay was caused by Carrier, its servants or agents with the intention to cause damage, or recklessly or with knowledge that such damage would probably result. If Carrier nevertheless shall be held legally liable for any loss or damage caused by delay, such liability shall in no event exceed 3 (three) times the freight paid.

(b) Except as provided herein, under no circumstances shall Carrier be liable for any indirect or consequential loss or damage or for any loss of profit or business from any cause whatsoever, unless such loss or damage was caused by Carrier, its servants or agents with the intention to cause damage, or recklessly or with knowledge that such damage would probably result.

(c) The liberties, rights, defenses, immunities, exemptions, limitations of and exonerations from liability of whatsoever nature, provided in this sea-waybill, or under statute, shall apply in any action or proceeding against Carrier whether founded in contract, tort, bailment or otherwise.

(d) Carrier shall, notwithstanding which legislation is applicable hereunder, be entitled to the benefit of Sections 30501 through 30511, Title 46, U.S. Code as may be amended as if the same were expressly set out herein, including but not limited to the Limitation of Liability Act and Fire Statute.

(e) Carrier shall have no liability whatsoever arising out of or in connection with the acts of any person (not employed or instructed by Carrier) who unlawfully, by the use of force or threats of any kind, damages, seizes, or exercises control over the Goods, over any Subcontractor, or over any means of transportation or storage of the Goods.

5. SUBCONTRACTING

(a) Carrier shall be entitled to sub-contract on any terms the whole or any part of the Carriage, loading, unloading, storing, warehousing or other handling whatsoever as well as any and all duties whatsoever undertaken by it in relation to the Goods or Containers or in performance of this contract.

(b) No Subcontractor shall in any circumstances be under any liability whatsoever to Merchant for any loss, damage or delay whether arising or resulting directly or indirectly from any act, neglect or default on the Subcontractor's part, and Merchant undertakes that no claim or allegation, whether in contract, bailment, tort, or otherwise, shall be made against any Subcontractor seeking to impose any liability whatsoever in connection with this contract. If any such claim or allegation should nevertheless be made, Merchant will indemnify Carrier against all consequences thereof.

(c) Without prejudice to the foregoing, every liberty, exemption, limitation of and exoneration from liability, condition, right, defense and immunity contained herein or available to Carrier including the right to enforce any law or jurisdiction provision contained herein shall also be available to and extend to every Subcontractor and Vessel which shall be entitled to enforce same against Merchant.

6. METHODS AND ROUTES OF CARRIAGE

6.1 Carrier may at any time and without notice to Merchant:

(a) Use any means of transport (water, land and/or air) or storage whatsoever;

(b) Transfer the Goods from one conveyance to another including transshipping or carrying them on a Vessel other than the Vessel named on the reverse side hereof or by any other means of transport or conveyance whatsoever;

(c) Sail with or without pilots, proceed by any route, place or port, in its discretion and at any speed and in any order, and omit, proceed to or stay at any place or port whatsoever, whether scheduled or not;

(d) Load and unload the Goods at any place or port (whether or not any such port is named on the reverse side hereof as the port of loading or port of discharge) and store the Goods at any such port or place;

(e) Unpack and remove the Goods which have been packed into a Container and forward them in a Container or otherwise;

(f) Carry livestock, explosives, munitions, warlike stores, dangerous or hazardous Goods or lawful Goods of any and all kinds; and/or

(g) Comply with any orders, directions or recommendations given by any government or authority.

6.2 The liberties set out in 6.1 above may be invoked by Carrier for any purpose whatsoever and whether or not connected with the Carriage of the Goods, including but not limited to loading or unloading the Goods, bunkering, repairs and/or dry docking of the Vessel. Anything done in accordance with clause 6.1 or any delay arising therefrom (i) shall be deemed within the contractual Carriage and shall not be a deviation and (ii) Carrier shall be entitled to full Charges and any additional freight, storage and all other expenses related thereto incurred by or on behalf of Carrier, all of which shall be due and owing from Merchant, and Carrier shall have a lien on the Goods for same.

7. MATTERS AFFECTING PERFORMANCE

If at any time the Carriage (whether commenced or not) is or is likely to be affected by any hindrance, risk, danger, delay, difficulty or disadvantage of any kind and however arising, including but not limited to Acts of God, disruption in labor, war, civil commotion, political unrest, piracy, act of terrorism, and threat thereof, which cannot be avoided by the exercise of reasonable endeavors (and even though the circumstances affecting performance hereunder existed at the time this contract was entered into or when the Goods were received for Carriage), Carrier may, at its sole discretion and without prior notice to Merchant, either

(1) Carry the Goods to the contracted port of discharge or place of delivery, whichever is applicable, by an alternative route to that indicated on the reverse side hereof or that which is usual for Goods consigned to that port of discharge or place of delivery and shall be entitled to charge such additional freight as Carrier may determine; or

(2) Suspend the Carriage of the Goods and store them ashore or afloat under these terms and conditions and endeavor to forward them as soon as reasonably possible and shall be entitled to such storage costs and additional freight as Carrier may determine; or

(3) abandon the Carriage of the Goods and place them at Merchant's disposal at any place or port which Carrier may deem safe and convenient, whereupon the responsibility of Carrier in respect of such Goods shall cease. Carrier shall nevertheless be entitled to full freight on the Goods received for the Carriage as well as any additional costs and Charges of the Carriage to, and delivery and storage at, such place or port.

Carrier election to use an alternative route or to suspend the Carriage under this clause shall not prejudice Carrier's right to subsequently to abandon the Carriage.

8. DECK CARGO

Goods, whether containerized or not, may be carried on or under deck without notice to Merchant and at Carrier's sole option, and Merchant expressly agrees that: (i) Containers carried on deck are considered for all legal purposes to be stowed under deck; (ii) Carrier shall not be required to note, mark or stamp on the sea-waybill any statement of such on deck Carriage; (iii) Carriage of Goods on deck not in Container(s) is solely at Merchant's risk; (iv) Carrier is not responsible for any expense, loss, damage or delay to the Goods resulting from Carriage on deck; (v) Carriage of Goods on deck is subject to all terms and conditions of this sea-waybill.

9. DELIVERY

9.1 Neither Carrier nor any Subcontractors are obliged to inform Merchant or Notify Party of Vessel's estimated or actual date or time of arrival, and if given, such information shall be considered gratuitous.

9.2 Merchant shall take delivery of the Goods within the time provided in Carrier's applicable Tariff(s). If Merchant fails to do so, Carrier may without notice take any reasonable measure at Merchant's sole risk and expense, including devanning, selling, disposing, or storing the Goods. Such measures shall constitute due delivery hereunder and all liability whatsoever of Carrier in respect of the Goods shall cease.

9.3 After discharge of the Goods, Carrier shall not be responsible for any claims, loss, liability, penalties, damage, delay, fines, attorney fees, costs, and/or expenses: (i) arising out of the Goods being in the custody of Customs or other authority and/or (ii) in the event the Goods are improperly released or delivered by Customs or other authority to a third party without the consent of Carrier.

10. NOTICE OF CLAIM AND TIME TO SUE

If notice of loss, damage or claim is not given at time of discharge/removal of Goods by Merchant or, if not then apparent, within 3 (three) consecutive days thereafter, a presumption of discharge/delivery in good order shall arise. In any event, Carrier shall be discharged from all liability whatsoever in respect of the Goods, including any claims for indemnity or contribution, unless suit is brought within 1 (one) year after their delivery or the date when they should have been delivered, provided however that if a shorter period for commencement of suit applies under applicable law, any liability whatsoever of Carrier shall cease unless suit is brought within such shorter period.

11. CARRIER'S LIEN

Carrier shall have a lien on Goods and any Charges and documents relating thereto for all sums due under this contract or any other contract or undertaking to which Merchant was party or otherwise involved, which lien shall also extend to General Average contributions, salvage and cost of recovering such sums, inclusive of attorney fees, and shall survive delivery. Such lien may be enforced by Carrier by public or private sale at expense of and without notice to Merchant.

12. MERCHANT'S RESPONSIBILITY

12.1 Merchant warrants that in agreeing to the terms and conditions hereof, he is, or has the authority of, the person owning or entitled to the possession of the Goods and this sea-waybill. Merchant further warrants that: (i) the particulars relating to the Goods as set out on the reverse hereof have been checked and that such particulars, and any other particulars furnished by or on behalf of Merchant are adequate and correct, and (ii) it has complied with all statutes, ordinances, regulations and requirements of whatsoever nature relative to the Goods, Containers or other packages, its/their documentation or in any other way relating thereto.

12.2 Merchant acknowledges that carriage of bullion, precious metals or minerals, diamonds, precious or semi-precious stones or coinage, artworks, antiques, jewellery or rare or precious artefacts, documents of value including but not limited to currency notes, bonds, bearer documents, negotiable instruments, bank drafts, checks, or payment orders, is subject to particulars furnished with the booking of the Goods and Carrier's written approval prior to shipment.

12.3 The party booking FCL shipments shall provide the VGM of each Container to the Carrier not later than the VGM-Cut-off-Date in a format pursuant to www.hamburgsud-line.com/howtovgm. Non-compliance herewith will bar the Carrier from loading the Container on the intended Vessel, in which case the Carrier shall be entitled to demurrage, detention and / or storage fees under the applicable Tariff. The booking party shall also be liable to the Carrier for any costs, damages and fees resulting from such non-compliance. Same applies to the shipper and the consignee named overleaf to the extent they are liable under the applicable law.

12.4 When a Container is stuffed by or on behalf of Merchant, such Container shall be deemed shipped as "Shipper's weight, load, stow, count and seal" and Carrier shall not be liable for loss of or damage to the Goods caused by the: (i) manner in which Container has been stuffed, (ii) unsuitability of Goods for Carriage in Containers, or (iii) Merchant's failure to seal the Container at the commencement of Carriage. Merchant agrees Carrier has no reasonable means of checking quantity, weight, condition, identity or existence of contents or manner in which Goods are stuffed, stowed and secured within Container or breakbulk cargo is packaged, or that same is accurate or proper.

12.5 When a Container is supplied by Carrier and has been stuffed by or on behalf of Merchant, Carrier shall not be liable for loss of or damage to the Goods caused by the unsuitability or defective condition of the Container, which would have been apparent upon reasonable inspection by Merchant at or prior to time Container was stuffed. It is the Merchant's obligation to set and/or check that the temperature controls on the container are at the required carrying temperature and to properly set the ventilation / gas level (CO_2/O_2) settings.

12.6 In absence of a written request to the contrary, Carrier is not under an obligation to provide a Container of any particular type or quality.

12.7 When any Container is owned or leased by Carrier, Merchant shall be liable, at tariff rates, for any delay beyond time allowed for the use of such Container, and for any loss, damage or expense incurred by Carrier as a result of failure to return the Container to Carrier in sound condition and state of cleanliness as when received, even if a condition caused by Goods does not then manifest itself and/or results in loss, damage or expense at a subsequent time. Payment therefor is due upon presentation of written cost estimates.

12.8 Carrier is committed to the concept of supply chain security. Merchant ensures the sealing of all packed Containers immediately after stuffing is completed and before placing them at Carrier's disposal for all destinations. Only high security seals must be used. All seals must meet the specifications for high security seals issued by the International Organization for Standardization under ISO/PAS 17712 and any subsequent amendment or new definition thereof.

12.9 When a Container is supplied by Merchant, Merchant warrants that: (i) the Container complies with CSC, ISO standards and all applicable rules and regulations established by IMO or other competent authorities or bodies, and (ii) the Container(s) meet or exceed applicable stacking weight and racking test load minimums.

12.10 Merchant shall be liable for and shall indemnify, defend and hold Carrier harmless against all claims, loss, liability, penalties, damage, delay, fines, attorney fees, costs, and/or expenses arising from any failure of Merchant to comply with the above-mentioned obligations or otherwise provided in this sea-waybill or in any way related to the Goods or Container or which results from the acts or omissions of Merchant, its agents or servants or third parties for whom Merchant, its agents or servants are responsible.

13. DANGEROUS OR HAZARDOUS GOODS

13.1 No Goods which are or may become dangerous, hazardous, flammable, explosive, noxious or damaging (including radioactive material), or which are or may become liable to damage any person or property whatsoever, regardless of whether such Goods are listed in any international or national code, convention, listing or table, shall be tendered to Carrier for Carriage without its express consent in writing and without distinctly marking the Goods and the Container or other covering on the outside so as to indicate the nature and character of any such Goods and so as to comply with any applicable laws, regulations or requirements. If any such Goods are delivered to Carrier without such written consent and marking, or if in the opinion of Carrier the Goods are or are liable to become of a dangerous, hazardous, flammable, explosive, noxious or damaging nature, the same may at any time or place be unloaded, destroyed, disposed of, abandoned or rendered harmless without compensation to Merchant.

13.2 Merchant undertakes that such Goods are packed in a manner adequate to withstand the risk of Carriage having regard to their nature and in compliance with all laws, regulations or requirements which may be applicable to the Goods or Carriage including IMDG Code, ADR, RID, and CFR.

13.3 Merchant shall indemnify and defend Carrier against all claims, loss, liability, damage, delay, fines, attorney fees, costs, and/or expenses arising from or related to the Carriage of such Goods and/or breach of any of the warranties and obligations provided herein whether or not Merchant was aware of the nature of such Goods.

14. REEFER CONTAINERS

Containers with temperature- or atmosphere-controlled apparatus will not be furnished unless expressly contracted for in writing at time of booking and, when furnished, may entail increased Charges. In absence of an express request, it shall be conclusively presumed that use of a dry Container is appropriate for the Goods. Merchant must provide Carrier with desired set-temperature when delivering Containers to Carrier. Carrier shall not be responsible for: (i) the functioning of temperature- or atmosphere controlled Containers not supplied by Carrier or related companies or (ii) the consequences of the Goods, when placed in any Container, being at a higher temperature than that required for the Carriage (hot stuffing).

Merchant acknowledges that temperature- or atmosphere-controlled Containers are not designed to freeze down cargo which has not been presented for stuffing at or below its designated carrying temperature or to monitor and control humidity levels, albeit a setting facility exists, in that humidity is influenced by many external factors and Carrier does not guarantee the maintenance of any intended level of humidity inside any Container.

Merchant acknowledges that Goods, which require refrigeration, ventilation or other specialized attention, were not verified by Carrier, when received, as being at the carrying temperature, humidity level or other condition designated by Merchant.

15. BOTH-TO-BLAME COLLISION CLAUSE

The Both-to-Blame Collision Clause published by the Baltic and International Maritime Council and obtainable from Carrier or its agents upon request is hereby incorporated herein.

16. GENERAL AVERAGE

16.1 General Average shall be adjusted, stated and settled according to York-Antwerp Rules 2016. Merchant shall give such cash deposit or other security as Carrier may deem sufficient to cover estimated General Average contribution of Goods before delivery as Carrier requires, or, if not so required, within 3 (three) months of delivery of Goods, whether or not at the time of delivery Merchant had notice of Carrier's lien. Carrier shall be under no obligation to exercise any lien for General Average contribution due from Merchant(s).

16.2 Cargo's contribution in General Average shall be paid even when such Average is result of fault, neglect or error of the Master, pilot, officers or crew. The New Jason Clause published by the Baltic and International Maritime Council and obtainable from Carrier or its agents upon request is hereby incorporated herein.

17. LAW AND JURISDICTION

Unless otherwise provided herein, any claim, dispute, suit or proceeding arising under or relating to this sea-waybill shall be governed by the laws of Germany and subject to the exclusive jurisdiction of the courts of the City of Hamburg, except that at Carrier's sole option, it may commence proceedings against Merchant at any court or tribunal having jurisdiction.

18. NON-WAIVER AND SEVERABILITY

18.1 No servant or agent of Carrier shall have the power to waive or vary any of the terms hereof unless such waiver or variation is in writing and is specifically authorized or ratified in writing by an officer or director of Carrier having actual authority to bind Carrier to such waiver or variation.

18.2 Nothing herein shall operate to deprive Carrier of any statutory protection or defense, immunity, exemption, limitation of or exoneration from liability contained in applicable laws.

18.3 The terms and conditions of this sea-waybill (including those of the applicable tariff(s)) are separable, and if any part or term is held invalid, such holding shall not affect the validity or enforceability of any other part or term hereof.

325-072 02-18-736089 v

제8절 컨테이너운송

1. 컨테이너운송의 의의와 경제성

1) 컨테이너의 정의

컨테이너(container)는 '반복적으로 사용이 가능하도록 규격화된 직육면체형의 용기로 화물의 단위운송을 실현시켜주는 수송용기'로 정의되고 있다. 국제표준화기구(ISO)는 Freight Container, 미국규격협회(ANSI)는 Cargo Container라고 부르고 있다.

컨테이너의 정의, 성격, 구조 등에 관한 통일된 국제협약은 현재로서는 존재하지 않는다.

다만, 1972년 UN이 제정한 컨테이너의 구비 조건은 첫째, 일정 기간에 재사용이 가능한 충분한 내구력을 가지고 있을 것 둘째, 운송 도중 수송경로(수단)가 바뀌는 경우에도 화물의 적양 없이 일괄수송을 할 수 있도록 설계되어 있을 것 셋째, 수송 경로를 변경할 때 조작이 용이할 것 넷째, 화물의 적양이 편리하게 설계되어 있을 것 다섯째, 내부의 용적이 1㎥ 이상일 것이라고 규정되어 있다.

우리나라 관세청 고시에는 '컨테이너는 리프트 밴(lift van), 하역탱크 및 이와 유사한 구조로서 첫째, 항구적인 성질을 가지며 반복 사용에 적합할 정도로 견고한 것 둘째, 수송 중 이적하지 않고 1개나 그 이상의 수송방식에 의한 화물의 수송을 용이하게 하고자 특별히 설계한 것 셋째, 화물의 적입과 적출이 용이하게 설계되어 있는 것 넷째, 1㎥ 이상의 내부 용적을 가지고 있는 것이라고 정의하고 있다.

이것을 종합하면 컨테이너는 내구성과 반복 사용이 가능하도록 충분한 강도가 있어야 하며 수송의 중도에서 재포장하지 않아야 하며 적재 및 양하 시 취급이 용이하도록 설계되어 있는 1㎥ 이상의 내부 용적을 가지는 용기이어야 한다.

2) 컨테이너운송의 의의

컨테이너운송은 컨테이너라는 화물의 단위를 매개로 각기 다른 운송수단 간에 호환성을 활용하여 일관운송이 가능하도록 함으로써 문전에서 문전까지의 (door to door) 운송서비스 실현이 가능하며, 운송도중에 화물의 별도 이적이 없이도 일관하여 운송을 가능하게 하는 운송수단이다. 컨테이너운송의 최대 장점은 다른 운송수단 간의 호환성을 갖췄다는 점과 화물의 단위화를 통해 하역작업의 효율성을 최대한 추구할 수 있다는 점이다. 우리나라도 1970년대에 접어들면서 컨테이너 화물운송이 많이 이용하고 있다.

3) 컨테이너운송의 경제성

(1) 컨테이너운송의 장점

컨테이너운송의 장점을 선주와 수출입 하주의 입장에서 살펴보면 다음과 같다.

첫째, 컨테이너운송은 하역 단계의 간소화에 따른 노동력의 절약과 화물의 기계적 처리로 인한 하역비 절감이 가능하므로 선사는 선박을 효율적으로 운항할 수 있다.

둘째, 컨테이너운송은 선사들에게 화물 취급의 편리성과 신속한 운송을 제공함으로써 하주들은 선사로부터 할인된 운임을 적용받을 수 있다.

셋째, 컨테이너 자체가 외부 포장의 역할을 하므로 포장비가 절감된다.

넷째, CY나 CFS 자체가 보세창고 역할을 겸하고 있기 때문에 화물의 통관을 위한 별도의 보세창고료가 들지 않기 때문에 그만큼 창고료가 절감된다.

다섯째, 컨테이너화물은 송하인(consigner)의 생산 공장이나 창고에서 컨테이너에 적입, 봉인되어 CY나 CFS에 반입되는 즉시 선하증권(B/L)이 발급되어 매입할 수 있기 때문에 자본의 원활한 회전을 기할 수 있다. 즉, 송하인(수출업자)의 입장에서 보면 컨테이너운송은 재래식운송에 비해 수출대금의 회수가 신속히 이루어진다.

여섯째, 컨테이너운송은 해상운송과 부대 육상운송과의 연결이 원만하고 환적할 때 지연시간 없이 해륙일관 수송이 가능하다. 따라서 화물의 생산지로부터 소비지까지의 수송기간을 단축시킬 수 있고 문전에서 문전까지의 운송서비스를 제공할 수 있다.

일곱째, 컨테이너 용기 자체는 견고하고 밀폐되어 있기 때문에 적재와 양하 작업과정에서 안전한 것은 물론 화물운송 도중의 풍랑, 풍우, 온도, 습도 등 기후의 변동에 대해서도 안전을 기할 수 있다.

(2) 컨테이너운송의 단점

컨테이너운송은 다음과 같은 단점을 가지고 있다.

첫째, 컨테이너 자체의 단가가 비싸다. 또한 특수컨테이너를 지속적으로 개발하고 있으나 컨테이너로 운송할 수 없는 화물들이 있다. 즉, 모든 화물을 컨테이너에 적입할 수 있는 것은 아니다.

둘째, 소량화물의 경우에는 혼재(consolidation)가 필요하며, 1척당 수천만 달러에 이르는 고가의 컨테이너 터미널을 포함하여 각종 장비와 시설을 보유해야 하고 전산네트워크 구성 등에 막대한 자본이 소요된다. 또한 선사 직원 및 항만 노무자의 교육·훈련, 관련제도의 개선, 기존 설비의 교체 등에 장기간의 노력과 투자를 요한다.

셋째, 컨테이너선은 주로 갑판적재를 하는데 갑판적재 화물은 보험료가 비싸고, 왕복항만간 물동량의 불균형으로 공(空) 컨테이너의 회수 문제가 발생한다.

2. 컨테이너 및 컨테이너선의 분류

1) 컨테이너의 분류

컨테이너는 크기, 구조, 사용목적, 재질 등에 따라 다음과 같이 분류된다.

(1) 크기에 의한 분류

현재 국제화물수송용으로 널리 사용되는 컨테이너는 크기에 따라 ISO 20 feet (TEU, Twenty feet Equivalent Unit), 40 feet(FEU, Forty feet Equivalent Unit), 40ft High Cubic, 그리고 45 feet(Jumbo) 등이 있다. 20 feet 컨테이너는 경제성이 떨어지기 때문에 그 비중이 점차 줄어들고 있기 때문에 현재 주종을 이루고 있는 것은 40 feet 컨테이너이다.

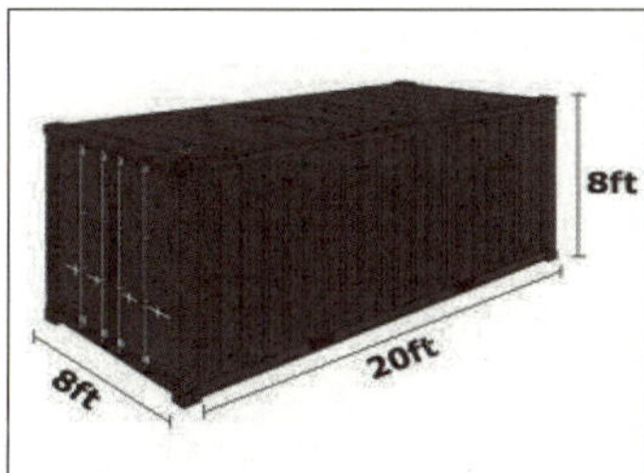	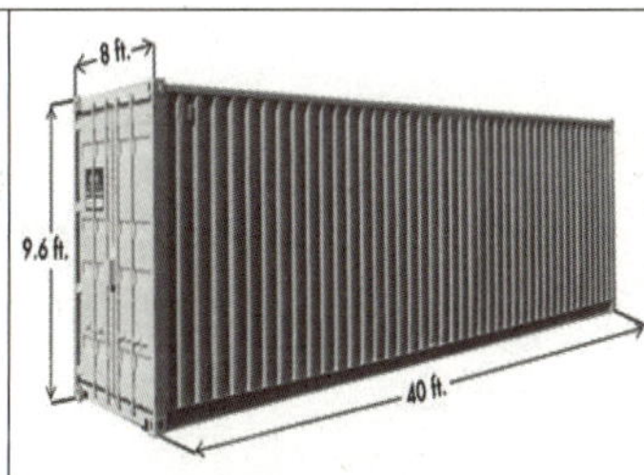	
20 feet container	40 feet container	45 feet container

(2) 구조와 사용목적에 의한 분류

① **드라이 컨테이너**(dry container, cargo container)

드라이 컨테이너는 일반화물을 수송하며 별도의 온도조절이 필요 없는 가장 대표적인 컨테이너로 General Cargo Container라고도 부른다. 일반적으로 우리가 부르는 컨테이너가 대부분 여기에 해당한다. 드라이 컨테이너는 전후 방향의 한쪽 끝에 2개의 여닫이 문(door)이 있고 각각의 문은 약 270° 개폐가 가능하다. 대상화물이 Dry Cargo이기 때문에 내장화물을 비나 바람으로부터 보호할 수 있도록 문 주위에는 합성고무로 코팅되어 있다.

② **냉동 컨테이너**(reefer container)

냉동 컨테이너는 농수산물, 축산물, 가공식품, 화공의약품 등과 같이 보냉과 보열이 필요한 화물을 수송하기 위한 컨테이너이다. 이 컨테이너는 Dry Container와 규격은 동일하지만 보통 +26℃에서 -28℃ 사이에서 온도조절이 되도록 특별한 온도 조절장치가 설치되어 있다. 외벽 구조의 재질은 강철, 스테인레스(stainless), 알루미늄 등이 사용된다.

③ **벌크 컨테이너**(bulk container)

벌크 컨테이너는 곡물, 사료, 화학제품 등 산화물(bulk cargo)을 포장하지 않은 상태로 운반하기 위해 설계된 컨테이너이다.

④ **상부개방 컨테이너**(open top container)

상부개방 컨테이너는 기계류나 강철제품 등 중량화물의 적입이 적합하도록 설계된 컨테이너로 천장개방 컨테이너라고도 부른다.

⑤ **플랫랙 컨테이너**(flat rack container)

플랫랙 컨테이너는 Dry Container의 천장과 좌측 측벽을 제거한 모양으로 양쪽 벽까지도 떼었다 붙였다 할 수 있어 바닥과 4개 기둥만으로 구성되어 있다. 이를 사주(四柱) 컨테이너 또는 Platform based Container라고도 부른다.

⑥ **탱크 컨테이너**(tank container)

탱크 컨테이너는 용기 내부에 원통형의 탱크(tank)를 위치시키고 외부에 철재 프레임으로 고정시킨 컨테이너로 술, 유류, 화학약품 등의 액상상태의 화물을 수송하는데 사용된다.

⑦ **통풍식 컨테이너**(ventilated container)

통풍식 컨테이너는 통풍을 요하는 화물을 운송할 때 사용되는 컨테이너이다.

⑧ **보냉 컨테이너**(insulated container)

보냉 컨테이너는 컨테이너의 전면을 열전도율이 낮은 단열재 및 보온재를 넣은 구조로 되어 있는 컨테이너이다. 야채나 과일 등의 수송에 사용된다.

⑨ **의류용 컨테이너**(garment container)

의류용 컨테이너는 고급 의복류를 옷걸이에 걸린 상태로 적입함으로써 의복류를 보호하도록 설계되어 있는 컨테이너로 Hanger Container라고도 부른나.

⑩ **분체산화물 컨테이너**(solid bulk container)

분체산화물 컨테이너는 밀가루나 사료 등 곡물류나 가루 상태의 화물수송에 적합도록 천장에 구멍이 뚫려 있고 내부는 섬유강화플라스틱(FRP)으로 설계된 컨테이너이다.

⑪ **가축용 컨테이너**(live stock container)

가축용 컨테이너는 살아있는 동물의 수송에 편리하도록 설계된 컨테이너로 시료나 분료처리장치가 되어 있으며 Pen Container라고도 부른다.

⑫ **오픈사이드 컨테이너**(open sided container)

오픈사이드 컨테이너는 길이가 긴 화물을 쉽게 하역하기 위해 컨테이너의 측면이 개폐되도록 설계된 컨테이너이다. 벽체면이 Full Side로 열리면 화물을 옆쪽에서 지게차로 손쉽게 넣고 빼기가 쉽다는 장점이 있다. 이 컨테이너 취급 시에는 특수한 설비가 필요하기 때문에 해상운임에 할증료가 부과되는 것이 일반적이다.

	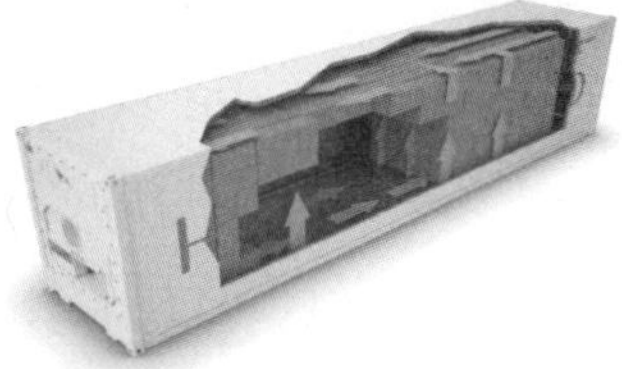	
드라이 컨테이너 (dry container)	냉동 컨테이너 (reefer container)	벌크 컨테이너 (solid bulk container)
		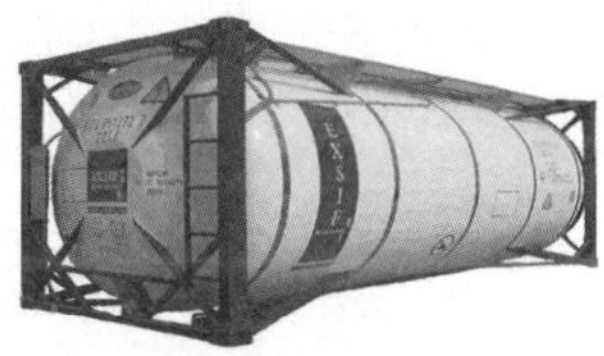
상부개방 컨테이너 (open top container)	플랫랙 컨테이너 (flat rack container)	탱크 컨테이너 (tank container)

통풍식 컨테이너 (ventilated container)	보냉 컨테이너 (insulated container)	의류용 컨테이너 (garment container)

분산체화물 컨테이너 (solid bulk container)	가축용 컨테이너 (live stock container)	오픈사이드 컨테이너 (open sided container)

(3) 재질에 의한 분류

① **알루미늄 컨테이너**(aluminium container)

알루미늄 컨테이너는 알루미늄으로 제조된 것으로 중량이 가벼우며 내식성이 강하므로 녹슬지 않고 외관이 아름답고 유연성이 있는 장점이 있다.

반면에 리벳(rivet) 구조로 되어 있어 결합 부분이 풀려 누수의 염려가 있으며 재료비가 높기 때문에 제품가격이 비싼 단점이 있다. 제작할 때 강제 부분은 용접하고 알루미늄 부분은 리벳으로 조립하는 것이 일반적이다.

주로 냉장 및 냉동용 컨테이너에서 약 60% 정도 사용되며 내부에는 측판의 보호를 위해 합판이 대어져 있으며 제작비용이 비싸고 강도가 강재 컨테이너에 비해 약하다.

② **강철제 컨테이너**(steel container)

강철제 컨테이너는 강철제로 만든 것으로 전체 컨테이너 중 90%의 비율을 차지한다. 이 컨테이너는 프레임(frame)과 패널(panel)을 강재로 사용하여 전기용접으로 전체를 제작하기 때문에 수밀성이 높고 누수의 염려가 없으며 제조원가도 저렴하다.

또한 전체가 강제로 되어 있어 강성이 높기 때문에 충돌, 긁힘, 마찰 등을 받아도 손상이 잘 되지 않는다. 그러나 전체가 철제로 되어 있기 때문에 무겁고 녹슬기 쉬워 지속적인 관리가 필요한 단점도 있다.

③ **강화섬유플라스틱**(FRP) **컨테이너**(fiber reinforced plastics container)

섬유강화플라스틱 컨테이너는 FRP를 합판의 표면에 접착제로 붙인 컨테이너로 튼튼하고 저렴하다. 프레임(frame)은 강재로 제작되고 합판의 양면에 FRP를 코팅 및 박판을 입힌 패널(panel)로 만드는 것이 일반적이다.

Frame은 모두 용접하며 Panel은 특수 리벳이나 볼트(Bolt)로 조립하여 완료된다. 그러나 이 컨테이너는 실무에서는 거의 사용되지 않고 있다.

알루미늄 컨테이너 (Aluminium container)	강철제 컨테이너 (Steel Container)	FRP 컨테이너 (fiber Reinforced Plastics container)

2) 컨테이너선의 분류

(1) 선형에 의한 분류

① **분재형**(semi-container ship)

분재형은 재래선의 특정 선창에 컨테이너 전용창을 설치해 놓았거나 갑판을 개조하여 화물의 크기나 부피로 인하여 컨테이너에 적재할 수 없는 일반화물을 적재할 수 있도록 설계된 선박이다.

② **전용형**(full-container ship)

전용형은 갑판상(on deck)이나 선창(hold)이 컨테이너만을 전용으로 적재하도록 설계된 선박이다. 우리가 '컨테이너선'이라고 하면 이 전용형 컨테이너선을 지칭하는 것이다. 전용형 컨테이너선에 사용되는 컨테이너 하역방식에는 다음과 같은 것들이 있다.

(2) 하역방식에 의한 분류

① **Lift on/Lift off** (Lo/Lo)

Lo/Lo는 본선이나 육상에 설치되어 있는 Gantry Crane으로 컨테이너를 수직으로(vertical) 들어 올려 적재나 양하를 하는 방식이다. 보통 Lo/Lo 선박은 컨테이너를 수직으로 포개어 쌓아 올리는 내부구조를 가지고 있다.

이를 수직형 하역방식이라고도 하며 가장 보편적인 컨테이너 하역방식이다. 최근에 발달한 컨테이너 전용선은 대부분 이 방식으로 하역작업을 수행하고 있다.

선창은 보통 20피트 또는 40피트의 셀(cell) 구조로 되어 있고 대형 스프레더(spreader)가 들어올린 컨테이너는 이 셀에 질서 정연하게 적재된다. 갑판에도 3~4단의 컨테이너 적재가 가능하다.

② **Roll on/Roll off** (Ro/Ro)

Ro/Ro는 선미나 선측에 경사로(ramp)가 설치되어 컨테이너를 이 램프를 통해 트랙터에 연결하거나 Forklift로 들어 올려 선내로 들어가 적재와 양하하는 방식이다. 크레인을 사용하여 컨테이너를 수직으로 하역하는 Lo/Lo방식과 구별하여 Ro/Ro방식이라 부르고 있다.

③ **Float on/Float off** (LASH, Lighter Aboard Ship)

Float on/Float off는 부선(barge)에 컨테이너를 적재하고 Barge에 설치되어 있는 크레인이나 Elevator로 하역되는 방식이다. 정박기간을 최소화하여 대기시간을 단축시킴으로써 선박의 가동률을 높이기 위해 고안된 것이다.

혼재형 (mixed type container ship)	분재형 (semi-container ship)	전용선 (full-container ship)

Lift on/Lift off (Lo/Lo)	Roll on/Roll off (Ro/Ro)	Float on/Float off (LASH)

(3) 하역설비의 유무에 의한 분류

① Geared Container Ship

Geared Container Ship은 본선의 갑판에 하역용 대형 기중기(gantry crane)를 장착하고 있는 컨테이너선이다.

② Gearless Container Ship

Gearless Container Ship은 선박 자체에 대형 기중기가 없기 때문에 부두에 설치된 대형 기중기를 이용하여 컨테이너화물의 적재와 양하작업을 하는 컨테이너선이다. 대부분의 컨테이너선은 이 형태로 되어 있다.

Geared container ship	Gearless container ship

3. 컨테이너 터미널의 시설과 내륙 컨테이너기지

1) 컨테이너 터미널의 시설과 기기

(1) 컨테이너 터미널의 의의

컨테이너 터미널(container terminal)은 화물수송의 중추인 해상과 육상운송의 접점인 항만에 위치하여 본선 하역, 하역준비, 화물보관, 컨테이너와 컨테이너화물의 접수, 육상운송수단에 컨테이너의 인도와 인수가 이루어지는 장소를 말한다.

컨테이너 터미널의 가장 대표적인 시설은 컨테이너 야드(Container Yard, CY)와 컨테이너 화물조작장(CFS)이며 여기에는 각종 장비와 기기들이 갖추어져 있다.

(2) 컨테이너 터미널의 시설

① 선석(Berth)

선석은 컨테이너선이 안전하게 부상(浮上)하고 와서 닿을 수 있는 계안선(벽)을 말한다. 이를 안벽, Pier, Wharf, Container Berth 등으로 부르고 있다. 선석은 컨테이너선이 안전하게 부상할 수 있는 일정한 수심의 유지가 필요하며 적정한 암벽 길이도 확보되어야 한다.

② 적양장(Apron)

적양장은 부두 여러 부분 중에서 바다와 가장 가까이 접해 있고 선석에 따라 포장된 부분(보통 30~50m 정도)을 말한다. Apron에는 컨테이너의 적재 및 양하작업을 위해 Gantry Crane이 설치되어 있다.

③ 조화장

조화장(操貨場, Marshaling Yard)은 컨테이너를 컨테이너선에 적재하거나 양하하기 위해 정렬시켜 놓는 부두의 넓은 장소를 말한다.

컨테이너 크기에 모두 맞추어 바둑판처럼 백색이나 황색의 구획선이 그어져 있는데 그 한 칸을 슬롯(slot)이라고 한다. 조화장은 Apron과 인접하여 배치되어 있다.

④ 컨테이너 야드(Container Yard, CY)

컨테이너 야드는 컨테이너의 하역작업 전후에 컨테이너를 하주에게 인도하거나 하주로부터 인수 및 보관하기 위해 쌓아두는 장소를 말한다.

이것을 Container Storage Yard, Container Stacking Area, 컨테이너 야적장, 컨테이너 장치장이라고도 부른다. 실무적으로 컨테이너 터미널을 CY라고 부르는 경우가 많으나 엄밀히 말하면 CY는 컨테이너 터미널의 일부분이다.

CY는 컨테이너 한 개에 만재되는 만재화물(FCL)의 인도와 인수가 이루어지는 장소이고 운송인의 책임도 여기에서 시작되고 종료된다. 보통 컨테이너 터미널 전체 면적의 약 65%를 CY가 차지하며 냉동 컨테이너와 장기간 컨테이너 보관을 위한 배전 시설 등이 갖추어져 있다. CY는 부두와의 위치관계에 따라 On-Dock CY와 Off-Dock CY로 구분된다.

일반적으로는 항만 내 부두 안에 있는 CY를 On-Dock CY라고 부르고, 항만 내 부두 밖에 있는 CY를 ODCY(off-dock CY)라고 부른다. 보통의 CY는 On-Dock CY를 의미하며, Off-Dock의 대표적인 형태는 의왕 ODCY와 양산 ODCY가 있다.

⑤ **CFS**(Container Freight Station)

CFS(컨테이너화물조작장)은 컨테이너 1개를 채울 수 없는 소량화물의 하주로부터 LCL화물(Less than Container Load cargo)을 인수하거나, 하주에게 인도 및 보관하거나 목적지나 수하인별로 분류하여 컨테이너 안에 화물을 적입(stuffing, vanning)하거나 끄집어내는(unstuffing, devanning, stripping) 장치 작업을 하는 장소를 말한다.

LCL화물은 CFS를 거쳐야만 해체 작업이 가능하고 해체 작업 이후에나 세관에 수입신고를 통한 통관도 가능하다. 따라서 수입 FCL에서 컨테이너의 내용물이 여러 하주들의 것으로 구성되어 있는 경우 CFS에서 Devanning 하여 통관과 수입신고를 거쳐 수하인들에게 배분하여 인도된다. 이 작업을 혼재(consolidation)라고 한다. 따라서 CFS는 Consolidator(혼재업자)가 혼재(consol)하기 위한 창고 형태로 운용되어 보세창고라고 부르기도 한다.

⑥ **관제탑**(control tower)

관제탑은 CY를 내려다 볼 수 있는 위치에 설치되어 CY 전체의 작업을 총괄하는 지령실을 말한다. 본선의 하역작업은 물론 CY 내의 작업계획, 컨테이너 배치계획 등을 지시하고 감독하기 때문에 Control Center라고도 부른다.

⑦ **컨테이너 정비소**(maintenance shop)

컨테이너 정비소는 컨테이너 터미널 운영시 필요한 항만 시설이나 부두에서 사용하는 컨테이너 차량, 하역기기, 각종 장비(각종 컨테이너, 트랙터 등)를 검사, 점검, 유지, 보수, 수리 및 정비하는 장소를 말한다.

⑧ **출입구**(CY gate)

출입구는 컨테이너 터미널을 출입하는 FCL화물이나 빈 컨테이너 등이 통과하는 출입구를 말한다. 출입구는 CY로 드나드는 입구이지만, 단순한 입구가 아니라 CY라는 보세구역으로 가는 통과지역이기 때문에 검문이 필수적이다.

Gate 통과시 컨테이너나 컨테이너화물의 인도와 인수에 필요한 서류 확인, 컨테이너의 이상 유무 확인, 통관봉인(seal)의 유무 확인, 컨테이너 중량 측정 등이 이루어지며, 화물 인수에 필요한 서류인 수출신고필증과 수입신고필증 등을 확인한다. 또한 CY Gate는 해륙일관운송 책임체계의 접점(接點)으로서의 기능을 수행한다.

⑨ **행정사무소**(administration office, 본부)

행정사무소는 컨테이너 터미널의 행정사무를 담당하는 장소를 말한다.

⑩ **Storage Yard**

Storage Yard는 선적을 기다리거나 양하되어 수하인에게 전달되기 전에 컨테이너를 일시 장치해 두는 장소 또는 빈(empty) 컨테이너 박스를 보관하는 장소를 말한다.

이것은 컨테이너에 화물을 편리하게 Vanning과 Devanning하는 것을 도와주는 장소이며, FCL(Full Container Load) 하주의 요구가 있을 경우에는 곧바로 빈 컨테이너를 인도할 수 있도록 하는 장소이다. 또한 대부분의 터미널들이 이 장소를 CFS에 인접하여 위치시킴으로써 LCL화물의 취급을 편리하게 하고 있다.

〈그림 2-1〉 **컨테이너 터미널의 모형도**

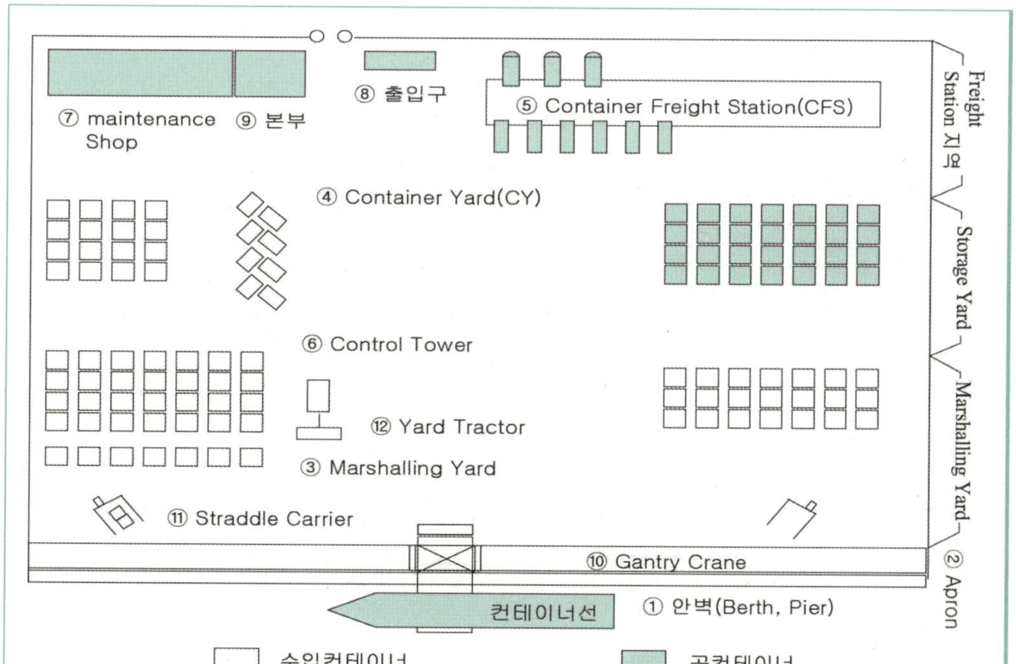

(3) 컨테이너 터미널의 기기

① Gantry Crane

Gantry Crane은 컨테이너 터미널에서 컨테이너선에서 컨테이너를 내리거나 적재하는데 사용되는 대형 기중기를 말한다. 컨테이너 전용부두에서 컨테이너의 하역용으로 설계된 대형 크레인으로 주로 부두의 Apron에 깔린 레일 위를 이동한다.

이것은 컨테이너부두 하역장비들 중에서 가장 기본이 되는 장비이며 실무에서는 컨테이너 크레인(container crane)이나 Wharf Crane이라고 부르고 있다.

길이가 140m, 무게가 1,500톤인 갠트리 크레인은 시간당 대략 30~40개의 컨테이너를 적재나 양하할 수 있다. 1회에 약 35톤 정도의 하역능력을 가지고 있으며 실시비용은 대당 약 50억 원 정도가 소요된다.

② Straddle Carrier

Straddle Carrier는 컨테이너 터미널 내에서 컨테이너를 양각 사이에 끼우고 하역과 운반을 동시에 할 수 있는 기동성이 뛰어난 대형 운전기계를 말한다.

컨테이너를 타고(straddle) 그것을 양다리 사이에 넣어 운반하는 데서 이와 같은 명칭으로 불리고 있다. 컨테이너를 상하로 들고 내릴 수 있으며 기동성이 우수하여 컨테이너 야드 내에 쌓아놓은 컨테이너를 자유롭게 이동시킬 수 도 있다.

③ 샤시(chassis)

Chassis는 컨테이너를 탑재하는 차대(車坮)를 말하며 트랙터(tractor)에 연결되어 이동한다. 이것을 컨테이너 Chassis나 Yard Chassis라고도 부른다.

④ Winch Crane

Winch Crane은 컨테이너를 Chassis나 트럭에 적재하거나 양하할 때 사용하는 기중기를 말하며 좌우로 회전이 가능하다. 자체를 이동하거나 회전하면서 컨테이너 트럭에 컨테이너를 적재하거나 양하할 때 주로 사용한다.

⑤ Fork Lifter

Fork Lifter는 컨테이너 터미널에서 컨테이너화물을 트럭에 적재하거나 트럭에서 양하할 때 사용하는 특수 자동차를 말하며 지게차라고도 부른다.

⑥ Yard Tractor

Yard Tractor는 작업용 컨테이너 운반트럭을 말하며 컨테이너 야드 내에서 새시에 적재된 컨테이너를 이동하는데 사용된다.

⑦ Transtainer

Transtainer는 이동식 컨테이너 취급 장비로 컨테이너를 차곡차곡 적재하거나 내리는데 사용된다. 사시나 트레일러에 싣고 내릴 때도 사용되며 Transfer Crane이라고도 부른다. 보통 전동식이며 시간당 30개 정도의 컨테이너를 처리할 수 있다.

⑧ Reach Staker

Reach Staker는 컨테이너를 위 또는 옆에서 붙잡는(grab) 특수 스프레더를 부착하여 부두나 야드에서 컨테이너를 직접 들어서 적재하거나 반출하는데 사용되는 장비이다. 가장 혁신적인 장비 중의 하나로 대당 가격은 4~5억 원 정도이다.

⑨ Spreader

Spreader는 컨테이너를 하역하기 위해 갠트리 크레인이나 지게차 등에 매달아 컨테이너를 들어 올리거나 내리는 장비이다.

Gantry Crane	Straddle Carrier	샤시(chassis)

Winch Crane	Fork Lifter	Yard Tractor

Transtainer	Reach staker	Spreader

2) 내륙 컨테이너기지(ICD)

(1) 개념

내륙 컨테이너기지(Inland Clearance (or Container) Depot, ICD)는 항만이나 공항이 아닌 내륙시설에 위치하여 컨테이너화물을 운송하는 운송경로의 내륙 접점에 위치하여 컨테이너의 집배, 컨테이너 화물의 적입과 인출 기능을 지닌 화물수송용 내륙물류기지 및 통관기능을 갖춘 복합화물 터미널이다. 이것을 '내륙의 항만'이라고도 부른다.

(2) 기능

ICD는 컨테이너의 배치와 석재, 석입과 해체, 인도와 인수를 기본으로 하고 부수적으로는 컨테이너 통관, 운송수단 간 컨테이너의 교환, 컨테이너의 일시 장치나 점검, 보관, 포장, 정비와 수리, 컨테이너 소화물의 혼재작업의 기능을 수행한다.

이러한 기능을 수행하기 위해 ICD 내에는 세관 이외에 선사, 철도회사, 트럭회사, 포장회사, 포워더, 은행, 보험, 검사소 등 관련 기관이나 기업들이 입주하고 있다.

(3) 우리나라의 ICD

우리나라의 ICD는 크게 의왕 내륙컨테이너기지와 양산 내륙컨테이너기지가 있다.

의왕 내륙컨테이너기지는 경기도 의왕시에 위치한 동양 최대 규모의 종합물류기지로 수도권으로 들어가고 나가는 컨테이너화물의 원활한 운송과 처리를 위해 설립되었으며, 컨테이너화물의 보관, 하역, 운송, 배송 등을 담당하는 물류거점으로서의 내륙수송기지의 역할을 담당하고 있다.

또한 철도를 이용하여 부산과 광양의 화물을 수도권으로 수송하는 철도수송지의 역할뿐 아니라 수출입화물의 통관을 담당하는 내륙통관기지로서의 역할도 수행한다.

의왕 내륙컨테이너기지에는 안양세관, 경인지방 식품의약품 안전청, 농림축산검역본부 의왕사무소, 한국철도공사(오봉역) 등 정부기관, 은행, 관세사무소 등 각종 기관, 보세화물창고 3개, 기지운영에 필요한 부수건물 8개, 차량 정비고, 컨테이너 정비고와 의왕 ICD가 직접 운영하는 주유소 등이 입주하고 있다.

양산 내륙컨테이너기지는 항만이 아닌 내륙지역인 경상남도 양산시에 위치하여 있으며 항만과 똑같이 컨테이너 화물처리를 위한 시설을 갖추고 있으며 수출입 통관업무 등 종합물류터미널의 기능을 하는 물류기지의 역할을 수행하고 있다. 즉, 내륙 항만의 역할과 화물의 통관, 보관, 주선, 내륙운송 등을 통한 컨테이너화물 복합물류기지의 기능을 담당하고 있다.

양산 내륙컨테이너기지에는 첨단 컨테이너 야적장과 작업장, 철도 운송시설, 세관, 은행, 주유소, 자동차 정비소, 컨테이너 수리소 등 편의시설들이 입주해 있다.

4. 컨테이너 운송화물과 운송형태

1) 컨테이너 운송화물

(1) FCL화물과 LCL화물

FCL화물(Full Container Load Cargo, FCL Cargo)은 1개 컨테이너를 송하인 1인의 화물만으로 만재되는 대량 화물을 의미하며 컨테이너 만재화물이라고도 한다.

FCL화물은 Door to Door Service가 가능하고 혼재화물보다 운임률표상의 운임이나 운임부대 비용이 저렴한 장점을 가지고 있다.

한편, LCL화물(Less than Container Load Cargo, LCL Cargo)은 1개의 컨테이너를 송하인 1인의 화물만으로 적재하기에는 화물 수량이 적어서 다수의 송하인 화물로 1개의 컨테이너를 더 채워야 되는 혼재화물(consolidated cargo)을 의미하며 컨테이너 혼재 소량화물이라고도 한다. LCL화물은 화물이 적은 하주의 경우 FCL을 통째로 이용하는 것에 비해 비용 면에서 유리하다. 그러나 FCL화물과 달리 문전까지의 서비스가 불가능하고 운임과 취급비용이 FCL화물보다 비싼 편이다.

(2) CY화물과 CFS화물

CY화물은 수출화물이 컨테이너에 적입되어 선사의 컨테이너 터미널(CY)로 인도되는 대량의 화물을 말한다. CFS화물은 아직 적입되지 않은 화물을 컨테이너 터미널의 CFS에서 선사 책임으로 컨테이너에 적입된 후 CY로 운송되는 소량의 화물을 말한다.

(3) Shipper's Pack과 Carrier's Pack

Shipper's Pack은 하주나 그 대리인이 자기의 책임과 비용으로 공장이나 창고에서 컨테이너에 화물을 적입하여 CY에 반입되는 것을 말한다. Shipper's Pack의 경우 완전 봉인상태로만 인도되면 선사는 완전 책임이행으로 간주된다.

Shipper's Load라고도 하며 하주 측에서 컨테이너에 적입하여 선사의 CY에 FCL화물로 반입되는 것은 모두 Shipper's Pack이다. 송하인이 운송품을 빈 컨테이너에 채워서 봉인을 하고 컨테이너 야드(CY)에 반입되는 FCL Cargo 즉, Shipper's Pack은 컨테이너를 수령한 운송인으로서는 컨테이너에의 적입시 입회하여 그 내용을 눈으로 직접 확인하여 보지 않는 한, 운송품의 수량, 중량 등 컨테이너에 적입된 내용을 확인할 수 없게 된다.

한편, Carrier's Pack은 개별 하주의 화물이 LCL화물이기 때문에 선사가 지정한 CFS의 보세장치장에 화물이 반입되어 통관된 이후 CFS에서 CFS 운영인에 의해 다른 하주의 LCL 화물과 1개의 컨테이너에 혼재 통합되는 형태이다. Carrier's Pack은 모두 선사의 책임과 하주의 비용부담으로 적입이 이루어지기 때문에 Carrier's Load라고도 부른다.

2) 컨테이너화물의 운송형태

(1) CY/CY (FCL/FCL, Door to Door))

CY/CY는 송하인 1인이 수하인 1인을 위하여 송하인의 창고나 공장에서 FCL(Full Container Load)로 운송하는 형태이다. CFS를 거치지 않고 바로 수출지의 CY에서 수입지의 CY로 이동하여 수하인의 문전까지 컨테이너의 개폐 없이 운송된다.

이것은 Shipper(선적인) → CY → CY → Consignee(수하인)에게 운송됨으로써 컨테이너의 장점을 최대로 활용한 가장 이상적인 운송형태이다.

(2) CFS/CFS (LCL/LCL, Picr to Picr)

CFS/CFS는 다수의 LCL화물을 수출하는 송하인과 다수의 수하인 사이에 이루어지는 운송형태이다. 이것은 수출지에서 LCL화물을 혼재하여 FCL화물로 바꾸기 위하여 CFS를 거치게 되고 양하지에 도착하여도 각각의 수하인에게 배분하여 인도하기 위해 CFS에서 분류작업이 필요한 운송형태이므로 'Forwarder's Consolidation(포워더 혼재)'이라고도 한다.

Forwarder's Consolidation는 포워더(forwarder)가 동일한 목적지로 보내지는 소량화물을 집화하여 FCL화물로 혼재하는 작업을 의미한다.

이 운송형태에서 선사는 포워더가 여러 LCL화물을 혼재하여 FCL화물로 만들어 자사에 인도해 주면 포워더에게 Master B/L인 Groupage B/L을 발행하고, 이에 포워더는 이를 근거로 LCL 하주들에게 House B/L을 발행한다.

(3) CFS/CY (LCL/FCL, Pier to Door)

CFS/CY는 LCL화물을 송부하는 다수의 송하인이 1인의 수하인을 위해 운송하는 형태이다. 이것은 선적지에서 다수의 송하인의 LCL화물을 혼재하기 위해 선적지의 CFS에서 작업을 하여 FCL화물을 만든 후 양하지 수하인의 창고나 공장 문전까지 운송하는 형태이므로 Buyer's Consolidation(바이어 또는 수입자형 혼재)이라고도 한다.

이 운송형태는 수입자가 여러 송하인들로부터 각 LCL화물들을 인수하여 일시에 자기의 지정창고까지 운송하고자 하는 경우에 이용되고 있다.

(4) CY/CFS (FCL/LCL, Door to Pier)

CY/CFS는 송하인 1인이 다수의 수하인을 위해 운송하는 형태이다. 이것은 송하인의 창고나 공장에서 FCL형태로 CFS를 거치지 않고 수출지 CY를 통해 수입지로 운송하고, 수입지에서는 FCL화물을 다수의 수하인에게 전달하기 위한 분류작업을 위해 CFS를 거쳐 수하인에게 인도하므로 Shipper's Consolidation이라고도 한다.

5. 컨테이너화물의 수출입 절차와 관련서류

1) 컨테이너화물의 선적 절차

(1) FCL화물운송

① 선복요청서(S/R) **제출 및 선복예약**(Booking)

송하인(혹은 하주)은 신용장이나 계약에서 정해진 선적기일에 맞추어 배선표를 참조하여 적합한 선박을 정하고 선사나 그 대리점에 선복요청서(S/R)를 제출한다.

송하인(혹은 하주)의 선복요청을 선사가 그대로 승낙하면 그 증거로 선사는 선복확인서(Booking Note)를 교부한다. 선복 요청은 하주가 선사의 영업부에 직접 의뢰하기도 하지만 대부분은 포워더를 통해 간접 의뢰한다.

선복을 요청할 때는 S/R을 비롯하여 포장명세서와 상업송장 등의 서류도 함께 제출하며 특히 공(empty) 컨테이너를 투입요청시 시간과 장소를 정확히 알려주어야 한다.

② 공(빈) 컨테이너의 반입 요청

선적 예약 후 송하인(혹은 포워더)은 선사나 그와 계약관계에 있는 운송회사에게 컨테이너에 화물을 적입할 수 있도록 화물이 있는 송하인의 생산공장이나 창고로 공(빈) 컨테이너의 반입을 요청한다. 선사는 트럭회사에 공 컨테이너의 인도를 지시한다.

보통 공 컨테이너 반입장소(공장)가 대전 이북지역인 경우에는 의왕 ICD, 대전 이남지역인 경우에는 양산 ICD나 부산의 ODCY에 장치되어 있는 컨테이너를 이용한다. ODCY는 부두밖 내륙지에 소재하고 있는 개인들이 운영하고 있는 CY이다.

③ 공 컨테이너의 반입

선사는 공 컨테이너와 함께 기기수도증(EIR) 5부를 작성하여 이 중 1부를 Tractor 기사를 통해 송하인에게 전달하고 송하인은 확인 후 EIR에 서명한다. 선사는 공 컨테이너 번호를 입수하여 Booking List에 기록하고 본선적부 계획에 활용한다.

④ 공 컨테이너에 화물 적입과 봉인 및 CLP 작성

공 컨테이너가 반입되면 여기에 화물을 적입하고 전달된 선사봉인(carrier's seal)을 컨테이너에 직접 장착한다. 물품이 컨테이너에 적입되어 봉인된 후에는 양하지에 도착할 때까지 개장되지 않기 때문에 이동 중에 컨테이너 개폐 상태를 확인할 수 있도록 봉인한다.

만일 봉인이 훼손되었다면 컨테이너에 이상이 있었다는 것을 의미한다. 또한 하주는 수출신고를 통하여 수출신고필증을 발급받고 화물을 컨테이너에 적입할 때 검수 후 컨테이너내부 적부도(CLP)를 작성한다.

⑤ Pick-up 요청과 내륙운송 및 CY반입

컨테이너에 화물 적입이 완료되면 선적을 위해 계약을 체결한 선사나 운송인에게 통보하여 컨테이너의 Pick-up을 요청한다.

이후 컨테이너의 선적을 위해서는 부산항까지 국내 운송절차를 거쳐야 하는데 주요 경로는 공로(육상), 철도, 연안운송(인천항에서 부산항) 등이 이용된다.

보통 FCL화물은 하주의 공장에서 수출통관 후 내륙 운송되며 트랙터에 끌려서 고속도로나 국도를 이용하여 공로(육상) 운송되기도 하며 의왕 ICD를 통한 철도운송이나 인천→부산항 간의 연안해송도 이용된다.

선적항 CY나 터미널에 반입할 때는 마감시간(closing time) 이전까지 반입이 이루어져야 하며 특히 미국행 해상화물은 '선적 24시간 전 적하목록전송규칙(24 Hour Rules)'에 따라 적재 24시간 전에 적하목록(Manifest)을 제출해야 하기 때문에 기타 행선지 화물보다 일찍 반입되어야 한다.

⑥ CY반입 후 D/R과 CLP제출

CY에 반입이 완료된 컨테이너는 CY 운영업자(operator)에게 인도되며 하주나 대리인인 포워드는 부두수취증(D/R)과 CLP를 선사나 선사의 대리인인 CY 운영업자에게 제출한다.

⑦ B/L수령 및 수출대금회수

하주는 부두수취증(D/R)에 확인 서명을 받아 수령하고 선사에서 B/L과 교환하며 다른 서류들과 함께 은행에 매입하여 수출대금을 회수한다.

이론상 D/R을 하주가 수령한 후 선사에 B/L과 교환한다. 그러나 실무에서는 CY 운영업자가 D/R을 CLP, 수출신고필증 등의 서류들과 비교 점검하고 서명한 후 서류 흐름의 간소화를 위해 하주에게 직접 교부하지 않고 선사에 송부하기 때문에 B/L 발급시 하주에게 D/R을 요청하는 일은 없다. 이것은 재래선의 경우도 마찬가지이다.

⑧ 선적완료 및 선적통지

CY 운영업자는 화물과 함께 D/R 사본과 CLP를 본선 선장에게 제출하여 서명을 받은 후 선적하며, 선적이 완료되면 수출자는 수입자에게 선적통지를 한다.

(2) LCL화물운송

LCL화물은 CFS에 반입 후 통관절차를 필한 다음 터미널 Operator가 컨테이너에 적입하거나 검량과 통관이 끝난 화물을 CFS에 반입하여 이곳에서 행선지별로 구분하여 컨테이너에 적입한다. 그 후 CY로 이동한 이후 절차는 FCL화물의 경우와 같다.

2) 컨테이너화물의 수입 절차

수입화물이 목적항에 도착하면 운송인(선사나 포워더의 대리점)은 수입하주에게 화물도착통지(arrival notice)를 하게 되며 하주는 은행에 수입대금을 결제하고 선적서류를 인수받아 수입통관절차를 밟게 된다.

Arrival Notice(화물도착 통지서, A/N)는 수출국에서 화물을 실은 본선이 양륙항에 도착하였을 때 또는 수입국 항구에 도착하기 전에 선사가 수하인에게 보내는 통지를 말한다.

FCL화물이 부두에서 양하되어 수입자의 문전까지 도착되는 과정은 보세운송을 통한 도착지 통관인 경우와 부두의 보세장치장에서 통관하여 일반 운송되는 양하지 통관 등 두 가지가 있다. LCL화물은 반드시 양하지 통관을 거쳐 일반화물 상태로 하주의 문전에 도달하게 된다. 보다 구체적인 컨테이너화물의 수입 절차는 다음과 같다.

① 수출지에 있는 운송인은 목적지에 있는 운송인(선사의 지점, 대리점 또는 포워더의 파트너)에게 선적서류를 발송한다. 수출하주로부터 수입하주에게 선적 후 컨테이너 선적목록, B/L목록, 선박출항보고서 등을 접수 후, 컨테이너 내부적부도, 컨테이너번호록 등을 항공우편이나 특사우편으로 우송한다.

② 운송인은 수하인의 신속한 화물인수를 위해 해당 선박의 도착을 통지한다.

③ 화물의 도착통지를 받은 하주는 발행은행에 수입대금을 지불하고 운송인이 발행하여 수출지 매입은행을 통해 송부된 원본(original) B/L을 수령한다.

④ Original B/L을 회수한 하주는 운송인에게 운임(운임후불의 경우) 및 부대비용을 지불하고 이 선하증권과 상환으로 화물인도지시서(D/O)를 발급받는다.

⑤ 화물 도착통지를 받은 하주는 화물이 어느 창고에 입고될 것인가를 지정하게 되며 선사는 적하목록에 배정 적하목록을 작성하여 세관에 입항 신고한다.

⑥ 세관으로부터 양하 허가 및 배정 적하목록의 확인이 끝나면 선사는 하역회사, 운송회사와 함께 해당 배정처 화물을 이송하게 된다. 이때 하주가 배정처를 지정하지 않을 경우에는 선사가 임의로 배정하게 된다.

⑦ 수입신고(통관)는 하주, 관세사, 관세법인, 통관취급법인의 명의로 하여야 하며 등록된 관세사를 채용하여 그 관세사 명의로 할 수도 있다. 일반적으로는 수출입통관 전문가로서 국가가 공인한 관세사를 통해 대행하여 수입신고(통관)가 이루어진다.

⑧ FCL화물을 도착지에서 통관할 때에는 보세운송이 이루어지며 보세운송 기간은 운송품의 중량, 기타 운송과정 등을 감안하여 세관장이 정한다. 그리고 수입신고를 하고 관세를 납부하여 수입통관을 완료하고 창고업자에게 D/O를 제시한 후 CY나 CFS에서 화물을 인도받아 내륙운송을 거쳐 자신의 공장이나 창고로 이동한다.

3) 컨테이너운송 관련서류

(1) 기기수도증

기기수도증(Equipment Receipt, E/R)은 컨테이너를 소유하지 않은 하주가 물품을 컨테이너에 적입하여 수출하고자 할 때에는 컨테이너를 임대하여 사용하는데 이때 주고받는 서류이다. 이것을 Equipment Interchange Receipt(EIR)이라고도 한다.

즉, 컨테이너 화물운송에서 송하인(하주)의 선적 요청시 선사는 빈 컨테이너를 하주가 요청한 작업장이나 창고 등으로 보내는데 이때 CY Operator가 컨테이너 트렉터 기사를 통해 하주에게 전달하여 기기를 인수했다는 증명서류가 기기수도증이다.

(2) 컨테이너내부 적부도

컨테이너내부 적부도(Container Load Plan, CLP)는 매 컨테이너마다 컨테이너에 들어있는 화물에 관한 모든 명세와 정보를 상세하게 기재한 서류이다. 이것을 컨테이너 내부 적부표, 컨테이너내 적입도 또는 컨테이너 명세서라고도 한다.

이 서류는 매 컨테이너 마다 컨테이너에 해당 화물을 채워 넣은 자 즉, FCL화물은 하주나 그 대리인이 작성하고, 혼재화물(LCL)은 CFS Operator 업자가 컨테이너 1개마다 작성하며 CY에 반입할 때에 CY 운영업자에게 제출한다.

이 서류는 선적지에서는 세관제출용의 화물반입신고, CY에서의 컨테이너 배치계획 및 본선 적재계획 등에 사용되며 화물의 인도지에서는 컨테이너 보세운송신고와 컨테이너 적출작업(unstuffing) 등에 이용된다.

(3) 부두수취증

부두수취증(Dock Receipt, D/R)은 CY에 상주하는 컨테이너 운항선사 직원이나 위임받은 CY Operater가 하주로부터 컨테이너를 수취한 때에 그 컨테이너 화물의 수령증으로 발행하는 서류이다. 재래선의 경우에 사용되는 본선수취증(M/R)과 같은 서류로 선사가 하주로부터 화물을 수취하고 발행하는 일종의 영수증이다.

(4) 본선적부도

본선적부도(Stowage Plan, S/P)는 본선 내의 컨테이너 적재위치를 나타내는 일종의 위치도이다. 이 서류는 손상 화물에 대한 적부 장소를 확인하여 선창 내에 적재된 화물의 위치를 알 수 있는 등 손해 원인을 규명하는데 필요하며 양륙지에서는 하역 관계자의 하역작업에서 매우 중요한 참고자료가 된다. 이것을 적부도 또는 화물적부도(cargo stowage plan)라고도 부른다.

제3장 항공운송

제1절 항공운송의 의의와 특징

1. 항공운송의 의의와 발달 과정

1) 항공운송의 의의

항공운송(air transportation)은 항공기에 화물, 승객, 우편물을 탑재하고 국내외 공항에서 다른 공항까지 공로(air route)로 운송하는 국제간의 운송을 말한다.

항공운송은 무역거래에서 매우 중요한 운송방식이다. 무역거래에서 의미하는 항공운송은 항공화물운송장(Air Waybill, AWB)을 바탕으로 수송되는 화물운송만을 지칭하며 승객이나 그 수하물(passenger's baggages), 우편물 등은 제외된다.

무역운송은 해상운송이 주류를 이루고 있지만 최근 항공산업의 급속한 발전, 화물 전세기의 등장 및 신속한 운송 요구에 따라 항공운송의 비중이 점차 증가되고 있다. 특히 반도체, 광학기기, 전자제품, 시계 등 고부가가치의 소형 경량화물은 비싼 운임을 지불하여도 신속한 운송을 요구하고 있기 때문에 항공운송을 크게 선호하고 있다.

2) 항공운송의 발달 과정

인류 최초로 동력기에 의한 비행의 성공은 1903년 12월 라이트 형제가 이룩하였다. 그 후 항공기는 프로펠러 시대에서 제트엔진 시대로 발전하였고 1970년대에는 약 100톤의 화물도 탑재할 수 있는 점보 제트기(jumbo jet)의 등장으로 대량운송이 가능하게 되었으며 최근에는 초음속기도 출현하였다.

우리나라는 1922년 한국인 최초의 비행사 안창남이 일본에서 금강호를 들여와 비행회를 가짐으로써 비행기 시대가 열렸고, 본격적인 항공운송의 시작은 1962년 대한항공공사가 설립된 이래 1969년 한진상사가 이를 인수하여 대한항공(KAL)으로 바뀌면서 부터이다.

1988년에는 금호그룹이 아시아나 항공을 설립하여 국내의 항공산업은 본격적인 경쟁체제로 돌입하였으나 2019년 매각이 결정되었고 현재 대한항공과 통합을 추진 중에 있다.

2. 항공운송의 특징

운송에 대한 하주들의 요구 사항은 빠르고(신속성) 적절한 시간에(적시성) 저렴한 운임으로(경제성) 가장 간편한 절차에 따라(편리성) 서비스되는 것인데, 항공운송은 다음과 같은 특징을 통해 이들을 충족시켜 주고 있다.

1) 신속성

항공운송의 가장 큰 강점은 수송 시간이 짧다는 것이다. 운임은 보통 해상운송보다 비싸지만 항공운송을 선택하는 이유 중의 하나가 바로 물품의 신속한 정시(just-in-time) 공급이 가능하기 때문이다. 상품의 신속한 운송은 고객에게 그 운송비용을 전가시킬 수 있음은 물론 그 상품의 실제가치보다 더 높은 가격에 판매할 수 있고, 상품을 보관함으로써 발생하는 자본비용의 절감과 함께 도난과 손상으로 발생할 수 있는 손실도 최소화 할 수 있다.

운임 자체는 비싸지만 수송의 신속성에 따른 다른 부분에서의 비용절감과 총이익 증대는 항공운송을 빠른 속도로 증가시키는 요인이 되고 있다.

2) 정시성

항공운송의 특징 중의 하나는 화물을 저녁때까지 집하하여 탑재하면 다음날 오전 중에 수하인에게 인도(over night delivery)할 수가 있기 때문에 정시 혹은 적시 서비스(on-time service)가 가능하고 야간운행으로 화물인도가 정확하다는 점이다.

3) 서비스의 완벽성

항공운송은 다른 운송수단보다 서비스의 완벽성이 우수하다. 여기에서 서비스의 완벽성은 본질적으로는 문전(door to door) 서비스를 의미하는 것이지만 신속한 집하(pick-up)와 인도(delivery), 화물추적(tracing)의 용이성 등을 통해 수하인의 창고까지 안전하게 수송할 수 있는 능력들도 여기에 포함된다.

4) 비경제성

항공운송의 운임은 해상운송에 비해 20배 정도 비싸고 중량도 제한을 받기 때문에 비경제적인 측면이 있다. 그러나 저가의 중량화물을 대량 운송할 때는 해상운송이 매우 유리한 반면, 고가 화물로서 화물의 단위 무게 당 가치가 높은 화물이나 시간이 돈(time is money)이 되는 화물이 유리할 수 있다.

제2절 항공운송의 대상화물과 화물의 탑재

1. 항공운송의 대상화물과 단위화

1) 항공운송의 대상화물

항공운송에는 재해 구호품과 같은 긴급 수요품과 신문 등 긴급을 요하는 물품, 반도체 제품 등 중량에 비해 고가이거나 귀중품, 그리고 물류관리 및 마케팅 전략품목 등이다.

(1) 긴급을 요하는 물품과 특수화물

첫째, 긴급 수요품으로 기계, 선박, 항공기 등의 제조나 조립에 소요되는 부품, 긴급의료품, 견본, 납기가 긴박한 상품, 계절 유행상품, 재해 구호품 등이 여기에 해당한다.

둘째, 시기를 놓치면 가치가 없어지는 품목과 신속운송을 요하는 품목으로 신문, 잡지, 뉴스 필름, 원고와 생화, 살아있는 동물, 활어 등이 여기에 해당한다.

셋째, 특수화물은 위험물이나 유해, 외교 행낭, 항공우편과 같이 접수, 보관, 탑재시 특별한 주의를 필요로 하는 화물로 각 화물의 특성에 따라 별도로 취급(handling)된다.

(2) 중량에 비해 고가이거나 귀중품

항공운송은 모피, 미술품, 귀금속, 시계, 의약품, 의류, 전자·전기제품, 광학기기, 반도체 제품 등 중량에 비해 고가이거나 귀중품들을 주로 운송한다.

우리나라 수출입에 있어 항공운송은 물량기준으로는 1%에도 미치지 못하지만 금액기준으로는 약 30%에 달하고 있어 그만큼 고가품들이 주로 항공으로 운송되고 있다.

(3) 물류관리 및 마케팅 전략품목

항공운송은 과잉 재고로 인한 가격하락의 방지, 경쟁제품보다 신속한 서비스를 제공할 목적, 물류관리상 창고시설과 재고에 대한 투자 절감을 위해 이용한다.

2) 항공화물의 단위화

초기 항공화물은 인력에 의한 Bulk 탑재방식이었다. 그 후 항공기의 대형화와 하역작업의 기계화로 항공화물의 컨테이너화와 파렛트화(palletized)가 이루어졌다.

이러한 변화는 인력에서 기계로, 개별 탑재에서 단위 탑재로, 단순운송관리에서 종합물류관리로 항공운송의 수송체제가 변화된 것을 의미한다.

2. 항공운송의 단위 탑재용기

항공운송의 단위 탑재용기(Unit Load Device, ULD)는 화물을 담을 수 있게 한 일정한 항공화물 운송용기로, 종래의 벌크화물을 항공기에 탑재하는데 적합하도록 제작된 항공화물용 컨테이너와 파렛트 및 이글루를 말한다.

1) 항공화물용 컨테이너

항공화물용 컨테이너(aircraft container)는 항공기 내부의 화물실(cargo bay)에 적재가 가능하도록 제작된 항공기용 컨테이너이다. 박스들의 한쪽 귀퉁이가 모두 대각선으로 깎여 있는데 그것은 둥그런 항공기 내벽 모양에 맞게 설계되었기 때문이다.

원래 알루미늄으로 제작되지만 자체 무게가 상당하기 때문에 요즘에는 특수 합성수지로 제작되어 무게를 줄인 형태도 많이 사용되고 있다.

2) 항공파렛트

항공파렛트(aircraft pallet)는 항공화물에 사용되는 파렛트이다. 파렛트는 지게차 등으로 화물을 실어 나를 때 화물을 안정적으로 옮기기 위해 사용하는 구조물을 말하지만 일반적으로는 알루미늄 합금으로 제작된 평판을 의미한다. 파렛트는 파렛트 위의 화물을 특정 항공기의 내부 모양과 일치하도록 적재 작업한 후 망(net)이나 띠(strap, 끈)로 묶을 수 있도록 고안되었으며 대부분의 국제항공운송협회(IATA)가 제정한 표준규격으로 제작되고 있다.

3) 이글루

이글루(igloo)는 에스키모(eskimo) 사람들이 눈과 얼음으로 만든 집 모양에서 유래된 것으로 알루미늄이나 유리섬유(fiberglass) 재질을 사용하여 항공기의 동체 모양에 맞게 모서리를 둥글게 하여 공간을 최대한 활용하도록 고안된 용기이다.

aircraft container

aircraft pallet

igloo

3. 항공화물의 탑재방식

1) 낱개화물 탑재방식

낱개화물 탑재방식(bulk loading)은 항공기의 하부 화물실에 개별 화물을 인력으로 직접 탑재하는 방식이다. 이를 산화물 탑재방식이라고도 한다.

가장 원시적인 탑재방식이지만 전용화물 항공기를 제외한 대부분의 경우 한정된 밑바닥 공간에 탑재 효율을 높이기 위해 화물을 적재할 때 이 방식을 사용하고 있다.

2) 파렛트 탑재방식

파렛트 탑재방식(pallet loading)은 파렛트 위에 화물을 올려놓고 그물(net) 등으로 고정시킨 뒤 항공기 화물실의 바닥에 장치되어 있는 굴림대(roller bed) 위를 굴려 항공기내의 정 위치에 고정시키는 방식이다.

이 방식은 항공화물 탑재방식의 기초가 되는 것으로 1962년에 지상 체류시간의 단축을 위해 목판을 상하로 하드보드로 덮고 알루미늄으로 사방을 덮어씌운 파렛트라는 운송용구를 고안하여 이를 이용하여 적재한 것으로부터 비롯되었다.

3) 컨테이너 탑재방식

컨테이너 탑재방식(container loading)은 컨테이너라는 화물실에 알맞은 항공화물 전용용기를 사용하여 탑재하는 방식이다. 항공기용 컨테이너는 해상운송에 사용되는 컨테이너보다 중량이 가볍다.

이 방식에서 컨테이너는 화물 실내에 있는 통제박스(control box)를 조작하고 화물실 바닥에 있는 전동식 롤러(roller)를 통해 자동으로 탑재된다.

다른 탑재방식보다도 안정성이 높고 하역작업의 기계화를 실현할 수 있으며 운송능력이 높기 때문에 가장 효율적인 항공화물의 탑재방식으로 평가되고 있다.

bulk loading	pallet loading	container loading

제 3 절 항공운임

1. 항공운임의 의의

항공운임(항공화물 운임)은 항공 화물수송을 위한 서비스의 대가로 하주가 항공회사에게 지급하는 금전을 말한다. 각 항공사에 의해 공시된 구간별 항공화물요율과 이에 관련된 규정을 포함하는 개념으로 Tariffs 의 요율이 실제 판매가와 차이가 있을 수 있으나 할인율의 기준으로서 항공화물운송장(AWB)에 기입되는 금액이 된다.

항공운임을 산정할 때에는 국제항공운송협회(IATA)가 제정한 운임표(tariff)가 국제적으로 널리 사용되고 있다. 그 이유는 수많은 항공사들 사이의 혼란 조정과 지나친 운임경쟁을 방지하기 위해 항공사들이 IATA 운임 조정회의에 모여 전원일치 원칙에 따라 국제항공운임이 결정되기 때문이다. 이렇게 결정된 항공화물 운임은 해당국 정부의 인가를 받아 사용하는데 우리나라도 동 운임요율에 의거 정부의 승인을 받아 사용하고 있다.

2. 항공운임의 적용 원칙

우리나라는 IATA가 제정한 운임표와 규정(rule and regulation)을 기초로 항공화물의 운임을 산출하는데 그 산출의 기초가 되는 일반 원칙은 다음과 같다.

첫째, 항공화물요율, 요금 및 그와 관련된 규정의 적용은 항공화물운송장의 발행 당일에 유효한 것을 적용한다.

둘째, 항공화물의 요율은 어느 한 국가의 공항에서 타 국가 공항까지의 운송만을 위하여 설정된 것이다. 따라서 운송에 부수적으로 발생되는 이적, 통관, 집하, 인도, 창고, 보관 또는 그와 유사한 서비스에 대한 요금은 이와는 별도로 계산한다.

셋째, 항공화물의 요율은 출발지국의 현지 통화로 표시한다. 그러나 다수의 국가들에서 현지통화 대신 US Dollar를 많이 이용하고 있다. 그리고 별도로 규정이 설정되어 있는 경우를 제외하고는 요율과 요금은 가장 낮은 것으로 적용한다.

넷째, 운임은 출발지에서 중량(weight)에 kg/lb(파운드)당 적용요율을 곱하여 산출한다. 다만, 계산한 운임 총액이 최저에 미달하는 경우에는 항공사가 정한 최저운임을 적용한다.

다섯째, 모든 화물요율은 ㎏당 요율로 표시된다. 다만, 계산한 운임 총액이 최저에 미달하는 경우에는 항공사가 정한 최저운임을 적용한다.

여섯째, IATA 운임 조정회의(tariff coordinating conference)에서 결의하는 각 구산별 요율은 해당 정부의 승인을 얻은 후에야 유효한 것으로 이용할 수 있다.

3. 항공운임의 종류

항공운임은 크게 요율(rate)과 부대요금을 포함한 기타 운임으로 구분된다.

1) 일반화물요율

일반화물요율(General Cargo Rate, GCR)은 특정상품 할인요율(SCR)이나 상품분류요율을 적용받지 않는 모든 항공화물운송에 적용되는 가장 기본적인 요율이다.

일반화물요율은 운항구역이나 구역 간에 대해 45kg 미만, 100kg, 300kg, 500kg 이상 등 각종 중량단계별로 운임을 설정하고 있는 것으로 중량 단계가 높아짐에 따라 운임이 저렴하며 다음과 같이 기본요율, 최저운임, 중량단계별 할인요율로 구분된다.

(1) 기본요율

기본요율(normal rate)은 45kg 미만의 화물에 적용되는 요율을 말하며 모든 화물요율의 기준이 된다. 항공화물운송장(AWB) 작성시 Rate Class란에 'N'으로 표시된다.

(2) 최저운임

최저운임(minimum charge)은 한 건의 화물운송에 적용할 수 있는 가장 낮은 운임을 말한다. 화물의 중량에 45kg 미만 요율을 곱하여 얻어진 운임이 최저운임보다 낮을 경우에 적용되며 AWB 작성시 Rate Class란에 'M'으로 표시된다.

(3) 중량단계별 할인요율

중량단계별 할인요율(quantity rate)은 중량이 높아짐에 따라 kg당 요율이 더 낮게 책정되는 운임을 말한다.

예를 들어 일반화물이 45kg 이상인 경우에는 45kg 이하 요율보다 약 25% 낮은 요율이 설정되어 있다. 이외에도 100kg, 200kg, 300kg, 500kg 이상의 중량 단계에 대해 점점 더 낮은 요율이 적용된다. AWB 작성시 Rate Class란에 'Q'로 표시된다.

2) 특정품목 할인요율

특정상품 할인요율(Specific Commodity Rate, SCR)은 동일 구간에서 동일 상품이 계속적으로 반복하여 운송되는 상품에 대해 일반상품(GCR)보다 낮은 요율을 적용하는 운임을 말한다. 주로 특정한 대형화물에 대해서 적용되는 할인운임이며 'CORATE'라고도 부른다. SCR은 특정 구간에서 특정 화물이나 품목에 대해 적용된다.

이 할인요율을 적용하는 목적은 선박으로 운송되는 상품 중에서도 항공운송을 하면 이점이 많은 상품에 대해 이 요율을 적용함으로써 항공운송으로 유도하는데 있다.

그런데 이 요율은 해당 요율마다 설정된 최저중량이 있기 때문에 그 최저중량을 넘어야만 할인요율을 적용받을 수 있다. 예로 서울발 동경행 수산물에 적용되는 SCR 0300은 최저중량이 100kg로 설정되어 있어, 100kg 이상에 한해서만 SCR 0300이 적용될 수 있다.

3) 상품분류요율

상품분류요율(Commodity Classification Rate, CCR)은 몇 가지 특정 상품에만 적용되는 할인(reduction)이나 할증(surcharges) 운임률이나. 이를 품목별 요율이라고도 한다.

이 요율은 운임률이 별도로 설정되는 것이 아니라, 기존 운임률표에서 운송구간에 따라 특정 상품을 할인해 주거나 할증하여 적용된다.

이 요율이 적용되는 특정 상품은 신문, 잡지, 정기간행물 등 서적, 사체(死體), 여객기 기내에 가지고 타지 못하는 비동반 수하물, 귀중품, 살아있는 동물, 서류, 카탈로그 등이다.

이 요율은 특정 상품 할인요율(GCR)의 백분율에 의한 할인(R)이나 할증(S)으로 표시되며, 다음과 같이 두 종류로 나뉘어 적용된다. 우선, 할증요율을 적용받는 상품은 생동물, 사체(human remains, dead body), 귀중품(valuable cargo), 자동차, 금, 보석, 화폐, 증권 등이며, 할인요율을 적용받는 상품은 신문, 책, 잡지, 안구와 각막, 정기간행물, 화물로 운송되는 개인의류나 개인용품(비동반 수하물) 등이다.

AWB 작성시 Rate Class 란에 할인요율을 적용할 때에는 'R'로 표시되고 할증요율을 적용할 때에는 'S'로 표시된다.

4) 단위탑재용기요금(BUC)

단위 탑재용기요금(Bulk Unitization Charge, BUC)은 컨테이너나 파렛트 등 항공기용 단위탑재용기(ULD) 별로 중량을 기준으로 정해놓고 부과하는 요금을 말한다.

이것은 항공사가 송하인이나 대리점에게 컨테이너나 파렛트 단위로 적용되는 요금이며 IATA에서 규정한 단위탑재용기 형태별로 상이한 운임이 적용된다.

이 요금은 귀중품, 동물, 사체 및 IATA 위험물품에 해당하는 제한상품을 제외한 나머지 모든 화물의 운송에 적용되며 우리나라에서 출발하는 미주로 향하는 항공화물운송에도 주로 적용되는 요금체계이다.

이 요금이 적용되는 대표적인 상품의 하나가 의류이다. Hanger Container를 이용하여 의류를 운송하면 포장비를 절감하고 도착지에서 다림질을 하지 않아도 되는 이점이 있기 때문에 항공운송에서 이 컨테이너가 자주 이용된다.

5) 종가운임

종가운임(valuation charge)은 화물의 가격을 기준으로 운임으로 부과하는 방식을 말한다. 화물에 대한 항공사의 책임한도액은 1kg 당 USD 20이지만 이를 초과하는 금액을 항공사로부터 배상받고자 할 때 하주가 운송장에 그 화물의 가격을 신고하고 화물의 가격에 따라 항공사에 지불하는 요금이 종가요금이다.

이 요금은 주로 신고가액이 화물 1kg 당 미화 20달러를 초과하는 고가화물인 경우에 적용된다. 보통 귀중품을 제외한 일반화물은 1kg 당 $20을 초과한 부분(금액)에 대해 0.5%의 종가운임이 부과되며, 귀중은 신고가액의 전액에 대해 0.1%의 종가운임이 부과된다.

항공화물운송장(AWB)에 화물의 실제가격을 기재하여 신고하면 사고가 발생했을 때 그 손해액을 배상을 받을 수 있는데 이때 화물 가액의 일정 비율로부터 종가요금이 가산되기 때문에 결국 종가운임은 손해배상과 직접적인 관련을 가진 요금이다.

6) 기타 운임

(1) 입체지불 수수료

입체지불은 항공운송 개시 이전에 항공사, 송하인 또는 그 대리인이 이미 지불한 비용으로 수하인이 부담해야 할 육상운송료, 보관료, 통관수수료 등을 말한다.

입체지불 수수료(disbursement fee)는 출발지에서 항공수송 이전에 발생된(순수 항공운임 이외의) 기타 요금이 착지불로 되어 도착지에서 수하인이 납부해야 하는 수수료를 모두 합친 것을 말하며 보통 입체지불금의 10%를 입체지불 수수료로 징수하고 있다.

(2) 착지불 수수료

항공화물운송장에 운임과 종가요금을 수하인이 납부하도록 기재된 화물을 착지불 화물이라 하는데 이러한 화물에 대하여 운임과 종가요금을 합한 금액에 일정률에 해당하는 금액을 착지불 수수료(charge collect fee)라 한다.

착지불 수수료는 운임을 수하인이 납부하도록 되어있는 화물에 대해 동 금액의 일정비율을 항공사가 징수하는 수수료이다. 보통 항공운임을 후불로 항공운송대리점에 지불하는 경우 항공운송대리점이 환전이나 송금에 필요한 경비를 보전하기 위해 징구하는 요금이다.

항공사가 착지 불수수료를 징수하는 목적은 운송료를 송하인으로부터 화물인수시 징수하지 않고 목적지에서 수하인에게 징수하는 것에 대한 위험을 방지하고 운송료를 타국 통화로 징수하여 자국으로 송금하는데 대한 환차손 보전과 송금업무에 대한 대가 및 착지불 운송의 억제에 있다. 우리나라의 착지불 수수료의 수준은 운송료(인보이스 금액)의 2%를 징수하며 최저 요금은 항공화물운송장(AWB) 당 미화 10달러이다.

(3) 부대운임

부대운임(charge) 혹은 부대요금은 설비를 사용한 대가나 운송과 관련한 부수적인 업무의 대가를 말하며 다음과 같은 종류들이 있다.

① 항공화물 THC(Terminal Handling Charge)

항공화물 THC(Terminal Handling Charge)는 항공화물 터미널에서 화물조작에 소요되는 비용을 말한다. 즉, 수출통관 또는 수입통관을 위해 항공화물이 항공사가 직접 운영하는 보세장치장에 반입되었을 때 하주에게 부담시키는 화물의 조작료이다.

② Pick-Up Service Charge

Pick-up Service Charge는 대리점이나 혼재업체가 항공화물의 인수를 위해 하주가 지정한 장소에서 화물을 Pick-up해 오는 경우에 발생한 차량 운송비용이다.

③ 화물취급 수수료(handling charge)

화물취급 수수료(handling charge)는 항공운송 대리점(포워더)이나 혼재업체가 수출입화물의 취급에 따른 서류발급비용, 도착통지(arrival notice), 해외 파트너와의 교신 등에 소요한 통신비용 등 제반 서비스제공에 대한 대가로 징수하는 수수료이다.

④ L/G 발급 수수료

L/G 발급 수수료는 항공화물운송장(AWB)상의 Consignee가 은행일 경우 수입하주가 수입대금을 은행에 결제하기 전에 반출하고자 할 때, 은행이 동 화물에 대한 수입대금 결제를 보증하는 서류인 L/G를 발행할 때 징수하는 수수료이다.

⑤ Documentation Fee

Documentation Fee 혹은 운송장 작성 수수료(AWB Preparation Fee)는 우리나라를 출발지로 하는 화물에 대해 항공사나 대리점이 하주를 대신하여 AWB을 작성할 경우 징수하는 수수료이다. 수출의 경우에는 이를 Air Waybill Fee(AW)라고도 부르며 건당 12,000원~15,000원 정도를 징수한다. 수입의 경우에는 이를 보통 D/O Charge라 부르고 있다.

⑥ 위험물품 취급수수료(dangerous goods fee)

위험물품 취급수수료(dangerous goods handling fee)는 위험물품 규정집에 위험물품으로 명시된 품목에 대해 부과되는 취급 수수료로 DGS(DG cargo Surcharge)라고도 한다. 이 수수료는 항공사가 위험물품을 접수할 때 포장상태, 관련 서류, 관련 국가의 규성 등을 검사하는 수수료(check fee) 개념으로 부과된다.

제 4 절 항공운송 관련사업

1. 항공운송사업

1) 항공운송사업의 의의

항공운송사업은 타인의 수요에 부응하여 항공기를 사용하여 유상으로 여객이나 화물을 운송하는 사업을 말한다. 여기에서 항공운송사업이란 국내 항공운송사업, 국제 항공운송사업 및 소형 항공운송사업을 말한다.

우리에게 익숙한 대부분의 대형 항공사들은 모두 다 항공운송사업자로 여객과 화물을 운송하는 업무를 수행한다. 즉, 보통 대부분의 대형 항공사는 여객영업과 화물영업을 겸하지만 화물영업만을 전문으로 하는 항공회사도 있다.

우리나라에서 항공운송사업 면허를 받고 여객 등을 운송하는 항공사는 현재 대한항공(약 170대 보유), 아시아나항공(약 90대 보유), 제주항공, 진에어(Jin Air), 에어부산, 이스타항공, 티웨이항공(t'way Air), 에어서울 등의 항공사가 있다. 이중에서 국제간의 화물을 전문으로 운송하는 항공사는 대한항공과 아시아나항공이 대표적이다.

2) 항공운송사업의 분류

(1) 운항계획에 따른 분류

① 정기 항공운송사업

정기 항공운송사업은 미리 정해진 특정의 지점 간을 공표된 시간표에 따라 화물과 여객(화객)을 정기적으로 운송하는 사업을 말한다. 이러한 사업은 사회공공의 성격이 강하여 항공법 등에 따라 여러 가지 규제를 받는다. 대부분의 항공회사는 국제항공운송협회(LATA)에 가입하고 있으며 LATA가 정한 운임과 운송약관에 따라 항공운송 서비스를 제공하고 있다.

② 부정기 항공운송사업

부정기 항공운송사업은 정기적인 스케줄이 없이 운송화물의 수요량에 부응하여 요구하는 구간과 시간에 따라 화물을 운송하는 사업을 말한다. 'Charter 항공운송사업'이라고도 하는데 이것은 정기편으로 화물을 운송할 수 없을 때 항공기를 빌려 운송한다는 의미이다.

이러한 사업은 대량의 화물을 운송해야 하는 경우나 다른 화물과 함께 운송할 수 없는 경우에 주로 이용되며 운임은 화물운송의 수요량에 따라 결정된다.

(2) 운송형태에 따른 분류

우리나라 항공사업법 제2조에서는 항공운송사업을 크게 국내 항공운송사업과 국제 항공운송사업, 소형 항공운송사업으로 구분하고 있다.

이중 국내 항공운송사업자와 국제 항공운송사업자는 국토교통부장관으로부터 면허를 받아야 하며, 소형 항공운송사업자는 등록을 해야만 항공기를 운항을 할 수 있다.

① 국내 항공운송사업

국내 항공운송사업은 국내선을 이용하여 한 국가 내에서 그 국가의 국적기가 여객이나 화물영업을 하는 항공사를 말하며 현재 외국 항공사는 원칙적으로 국내선 영업을 할 수 없다. 이 사입은 국내 정기편 운항과 국내 부정기편 운항으로 구분된다.

우리나라의 경우 국내 항공운송사업은 국내선을 운행하는 회사로 법인 기준 납입자본금 50억 원 이상과 항공기 대수 1대 이상을 갖추고 있어야 한다.

② 국제 항공운송사업

국제 항공운송사업은 국제선을 이용하여 다른 국가와 이어지는 노선에 취역하는 항공사를 말한다. 이 사업은 국내공항과 외국공항 사이 또는 외국공항과 외국공항 사이에 일정한 노선을 정하고 정기적인 운항계획에 따라 운항하는 항공기를 운항하는 국제 정기편 운항과 국제 부정기편 운항으로 구분된다.

우리나라의 경우 국제항공운송사업은 국제선을 운행하는 회사로 법인 기준 납입자본금 150억 원 이상, 항공기 대수 5대 이상을 갖추고 있어야 한다.

우리나라는 국토가 좁아 국내선이 발달하는데 한계가 있기 때문에 항공사들의 대부분은 국제 항공운송사업 면허를 받았다. 항공운송사업법상 국제 항공운송사업의 면허를 받은 경우에는 국내 항공운송사업의 면허를 받은 것으로 본다.

③ 소형 항공운송사업

소형 항공운송사업은 항공기를 사용하여 유상으로 여객이나 화물을 운송하는 사업으로서 국내 및 국제 항공운송사업 외의 소형항공기를 이용한 항공운송사업을 말한다.

소형 항공운송사업자인 만큼 항공기 좌석 수 제한을 받는데 9석 이하 항공기를 운행하는 회사는 법인 기준 납입자본금 7억 5천만 원 이상과 항공기 대수 1대 이상, 10석 이상 50석 이하 항공기를 운행하는 회사는 법인 기준 납입자본금 15억 원 이상과 항공기 대수 1대 이상을 갖춰야 한다. 국내 소형항공운송사업자는 현재 헬리코리아, 코리아익스프레스에어, 유아이헬리제트, 하이에어, 플라이드림, 스타항공우주, 신한에어 등이 있다.

소형항공 운송사업자의 경우 정기편 노선은 일반적으로 개설하지 않고 있으나, 최근에는 국내선과 국제선을 정기편으로 운항하는 경우도 있다.

2. 국제물류주선업(항공화물대리점)

현재 우리나라 물류정책기본법과 항공사업법에는 항공화물대리점과 항공화물주선업은 존재하지 않고 '국제물류주선업(자)'로 되어 있다. 그러나 실무에서는 이러한 명칭이 아직도 많이 사용되고 있으며 그 기능이 그대로 남아 있기 때문에 여기에서는 과거의 명칭을 그대로 사용한다. 다만 항공운송주선업은 국제물류주선업으로 바꾸어 부른다.

예를 들어 중국 남방항공 홈페이지에는 지금도 한국에 있는 항공화물 공식대리점이라는 명칭으로 라온항공, YCL, 중국항공여행사, Jupiter Express 등을 게기하고 있다.

1) 항공화물대리점의 의의

항공화물대리점(air cargo agent)은 항공회사와 대리점 계약에 근거하여 집하, 운송 및 항공화물운송장을 발급하는 업체를 말한다.

즉, 항공사를 대리하여 항공사의 운송약관, 운임요율(tariff), 스케줄에 의거하여 송하인과 운송계약을 체결하여 AWB를 발행할 뿐 아니라 이에 부수되는 업무를 수행하고 그 대가로 항공회사로부터 대리점계약에 의한 소정의 수수료(보통 5%)를 수취하는 사업체를 말한다.

2) 항공화물대리점의 역할

항공화물운송대리점은 수출입화물에 대해 트럭에 의한 육상운송과 수출입신고, 창고 반출입 업무를 대행하는 등 항공화물의 흐름을 원활히 하는 역할을 수행하고 있다. 그 구체적인 역할을 살펴보면 다음과 같다.

첫째, 항공사를 대신하여 세계 각국으로 수출입화물의 항공수요를 개발하고 유치하며 운송계약을 체결한다.

둘째, 운송을 위한 준비(ready for carriage)를 담당한다. 화물의 중량과 크기 등을 사전에 점검하여 AWB을 작성하고 상업송장, 출발지와 도착지 세관이 요구하는 각종 관련서류와 화물의 성질에 따라 작성되는 서류 등을 준비한다. 또 각 패키지 단위로 포장하며 화물의 관련 라벨이 각 패키지 단위로 잘 보이게 부착하는 작업도 한다.

셋째, 수출입 통관수속을 대행한다. 수출입화물의 통관은 송하인이나 수하인의 요청에 의거하여 적법한 절차에 따라 대행한다.

넷째, 트럭 수송을 주선(trucking, arrangement)하기도 한다. 화물의 항공운송 이전과 이후의 픽업(pick-up) 및 인도(delivery)를 위해 대리점은 지상 트럭수송을 주선한다.

다섯째, 수출입운송의 자문을 제공하고 고객에게 항공화물보험의 부보서비스를 제공한다. 또 화물이 정해진 루트에 따라 움직이고 있는가를 체크하고 사고 발생시 조치를 취해 준다.

3. 국제물류주선업(항공운송주선업)

1) 국제물류주선업의 의의

국제물류주선업(air freight forwarder, consolidator)은 타인의 수요에 응하여 자기명의로 항공운송업자(항공사)의 항공기를 이용하여 유상으로 송하인의 화물을 혼재하여 운송하는 사업이나 사업자를 말한다. 이를 혼재업자(air cargo consolidator), 항공운송주선업 또는 항공화물운송주선인라고도 부른다.

국제물류주선업은 개개의 송하인과 운송계약을 체결하고 운송책임을 부담하지만, 항공기를 스스로 운항하지 않고 수탁한 화물을 하나의 화물(one lot)로 모아서 스스로 송하인이 되어 항공회사에 운송을 위탁하는 역할을 주로 한다.

국제물류주선업자는 운송수단인 항공기를 갖고 있지 않지만 독자적인 운송약관과 항공운송 운임요율표(tariff)를 가지고 개개의 하주들과 운송계약을 체결할 뿐 아니라 항공사가 발행하는 항공화물운송장(MAWB)에 의거하여 자체 운송장을 발행한다.

국제물류주선업자가 송하인과 운송계약을 체결하여 발행하는 운송장을 혼재업자용 운송장(House Air Waybill, HAWB)이라고 부른다.

이 HAWB는 출발지와 도착지에서 수출입 통관에 사용되며 혼재업자의 운송계약서로서의 역할을 한다. 혼재화물을 항공회사에 위탁하기 위해 국제물류주선업자가 송하인으로 기재된 Air Waybill을 Master Air Waybill(MAWB)이라고 한다.

국제물류주선업자가 혼재화물을 항공회사에 인도하면 항공사는 혼재업자와의 운송계약의 증거로서 MAWB를 발행하여 혼재화물을 운송하고, HAWB은 화물과 함께 목적지로 발송되며 송하인이나 수하인에게 교부된다.

결국 국제물류주선업자는 하주에 대해서는 운송을 책임지는 주체자인 운송인(carrier)이나 그 운송인의 정당한 대리인(carrier's agent) 역할을 수행하지만, 항공사에 대해서는 실제의 하주(shipper, consigner)가 되는 중간 역할을 수행한다.

2) 국제물류주선업의 주요업무

국제물류주선업자는 송하인을 위한 화물의 예약·혼재, 트럭운송, 포장, 통관 관련서류를 작성하며, 항공사는 혼재업자에게 대리점과 같은 수수료를 지급한다.

수출 항공화물의 경우에는 화물이동의 혼적, 화물의 출발과 도착, 환적 업무, 산화물(bulk cargo)을 파렛트나 컨테이너화하는 단위화물 작업 등을 수행한다. 수입 항공화물의 경우에는 통관과 문전 서비스를 위한 조치, 제반 서류작성, 운송수단 결정과 운송 의뢰, 국내 보세운송의 주선(arrangement), 그리고 수하인을 위한 수입통관 주선 등을 수행한다.

〈표 3-1〉 국제물류주선업의 비교

구분	항공화물대리점(agent)	항공운송주선업(consolidator)
역할	항공회사나 총대리점을 대리하여 운송서비스를 판매하고 운송계약을 체결	다수의 하주로부터 화물을 집하, 혼재하여 자신의 명의로 직접 운송사업을 영위
대 하주책임	항공사(항공운송인)	항공운송주선업 본인
활동영역	주로 FCL화물 취급 LCL화물은 주선업자에게 혼재 의뢰	주로 LCL화물 취급
운임적용	항공사의 Tariff 적용	항공운송주선인 자체 Tariff 보유
적용약관	항공사 운송약관	항공운송주선인 자체 운송약관 보유
운송서류	항공사 명의로 Master AWB 발행	본인 명의로 House AWB 발행
수익	대리점 Commission(IATA의 5% 수수료 및 취급수수료 취득)	수취운임과 지급운임의 차액을 취득하거나 IATA의 5% 수수료 취득

4. 혼재화물 인수대리점 및 국제특송서비스업

1) 혼재화물 인수대리점

목적지에서 혼재화물을 분류해야 되는 경우, 항공운송포워더(forwarder)가 스스로 목적지에서 이것을 할 수 없으므로 목적지에 있는 자기의 현지법인이나 현지 포워더에게 업무를 위탁한다. 이와 같이 포워더가 혼재업무를 담당하도록 각 목적지에 지정한 대리점을 혼재화물 인수대리점(break bulk agent)이라 한다. 이들은 목적지에 도착된 혼재 화물을 수하인별로 혼재화물을 분류하여 각 수하인에게 인도하는 업무를 한다.

2) 국제특송서비스업

국제특송서비스업(international courier service)은 서류와 소형 및 경량 제품을 항공기를 이용해 문전에서 문전까지 수령·배달해 주는 서비스로 1970년대 미국에서 개발된 신종 운송서비스이다. 이를 국제택배, 국제특송, 국제택배서비스, 국제상업서류 송달업(courier), 국제소화물특송, 국제소화물 일관수송이라고도 부른다.

주로 상업서류, 서적, 신문 등 정기 간행물과 주로 중량 30㎏ 이하의 물품을 운송한다. 국제특송업체들은 대부분 외국계 기업들이 주종을 이루고 있으며 이들은 넓은 네트워크와 많은 비행기 편수를 보유하고 있다. 대표적인 업체들로서는 UPS(United Parcel Service), FedEx, DHL, TNT 등이 있으며 국내 특송업체로는 CJ 대한통운과 한진택배 등이 있다.

제5절 항공화물운송장(AWB)

1. 항공화물운송장의 의의와 기능

1) 의의

항공화물운송장(Air Waybill, AWB)은 항공운송의 가장 기본적인 운송서류로 육상운송에서 운송장(Waybill), 항공여객운송에서 항공권(airline ticket), 해상화물운송에서 선하증권(B/L)과 같은 성격을 가지고 있다. 이것을 항공운송장 또는 운송장이라고도 부르며 유럽과 미국에서는 보통 항공화물 수탁증(Air Consignment Note)으로 부르기도 한다.

이 서류는 송하인(하주)과 항공사(운송인) 사이에 운송계약이 체결되었다는 서류 이외에도 화물 수취 및 운송조건을 나타내는 증거서류이다.

AWB는 3통의 원본과 6부 이상의 부본(항공사에 따라 5장까지 추가 발급)이 1 Set로 발행된다. 3통의 원본중 원본 1은 항공사(운송인), 원본 2는 수하인용이며, 원본 3은 송하인용으로 사용되고 부본은 항공사의 운임정산 및 대리점용으로 활용된다.

AWB는 국제항공운송협회(IATA)의 표준양식과 발행방식에 따라 전세계 항공사가 동일한 운송장을 사용하도록 의무화하고 있다.

2) 종류

(1) Master AWB

Master AWB(MAWB)는 항공사가 송하인이나 혼재화물의 경우에는 Forwarder(포워더, 국제물류주선업자)에게 발행하는 운송장이다. 항공운송 실무에서 일반적으로 항공화물운송장(AWB)이라고 하면 Master AWB을 의미한다.

(2) House AWB

House AWB(HAWB)는 국제물류주선업자(포워더)가 자기의 운송약관에 근거하여 하주와 운송계약을 체결하고 하주들에게 발행하는 운송장이다. 혼재화물에 대해서 개별 하주와 맺는 계약에서 가지는 권리와 책임의 증빙이 된다.

일반적으로 송하인(수출자)은 포워더와 운송계약을 하여 포워더로부터 HAWB을 발급받고, 포워더는 여러 하주들에게 HAWB를 발행한 후 Consolidation을 하여 항공사와 단일 화물로 계약하여 항공사로부터 MAWB을 발급받는다.

3) 기능

(1) 운송계약의 증거서류

항공화물운송장(AWB)은 하주와 항공운송인이 체결한 운송계약의 증거서류이다. 3매의 원본과 6매 이상의 부본 중 운송계약서의 증거서류가 되는 것은 항공사용 원본 No.1이다.

(2) 화물수취증

항공화물운송장은 항공운송인이 송하인으로부터 화물을 수취한 것을 증명하는 화물수령증의 성격을 가지고 있다. 송하인에게 교부하는 원본 No.3가 여기에 해당한다.

(3) 요금계산서 및 청구서

항공화물운송장은 화물과 함께 목적지에 보내져 수하인이 운임과 요금을 계산하는 근거자료가 된다. 따라서 AWB는 운임과 요금의 명세서 겸 청구서 역할을 한다. 수하인용 원본 No.2가 여기에 해당한다.

(4) 보험계약증서

항공화물운송장은 송하인이 항공화물운송장에 보험금액과 보험가액을 기재한 하주보험(Air Waybill Insurance)을 부보(付保)한 경우에는 항공화물운송장 원본 No.3가 보험계약의 증거(보험가입 증명서)가 된다.

(5) 수출입신고서 및 수입통관 자료

항공화물운송장으로도 수출입신고가 가능한 화물의 경우는 이 서류가 수출입신고서로 사용될 수 있다. 과세가격이 되는 CIF가격 중 항공운임과 보험료의 증명자료로 항공화물운송장(AWB)을 수입신고서에 첨부할 수 있다.

(6) 화물운송의 지시서

항공화물운송장은 송하인이 화물의 운송, 취급, 인도에 관한 지시사항을 기재할 수 있으므로 운송인에 대한 운송물품의 취급, 발송, 인도의 지시서 역할을 한다.

(7) 사무처리용 자료와 화물인도 증서

항공화물대리점은 항공화물운송장을 운임의 정산과 회계용 자료 등 사무처리용 서류로 사용하며, 도착지에서 화물이 수하인에게 인도되었을 때는 그 증거자료가 된다. 수하인의 화물수령 서명과 날인을 받는데 부본 No.4가 여기에 해당한다.

2. 항공화물운송장과 선하증권의 비교

항공화물운송장과 선하증권은 다음 공통점과 차이점을 가지고 있다.

첫째, 항공화물운송장이나 선하증권은 모두 운송인과 송하인(consigner)이 운송계약을 체결하였음을 증빙하는 서류라는 점과 운송인이 화물을 수령했음을 증명하는 수취증이라는 점에서는 동일하다. 그러나 항공화물운송장은 선하증권과 달리 유가증권이 아니다.

또한 항공화물운송장에는 'Non-negotiable'이라고 표시되어 있기 때문에 유통이 되지 않는 비유통증권으로만 발행된다. 따라서 선하증권으로는 운송 중 물품의 권리 이전이 가능하지만 해상화물운송장으로는 불가능하다.

항공화물운송장의 수하인용 원본은 화물도착지에 화물과 함께 보내져서 항공사가 수하인에게 교부되는 것이므로, 유통을 목적으로 하는 것이 아닐 뿐 아니라 운송계약의 권리행사에 필요한 서류의 역할도 하지 못한다.

둘째, 선하증권의 발행은 본선적재(on board)식이다. 이에 반해 항공화물운송장의 발행은 수취(received)식이다. 원칙적으로 선하증권은 선적을 증명하는 증권이므로 선적이 완료된 후에 발행된다. 그러나 항공운송의 경우는 발착편이 많고 화물을 운송·위탁해서 항공기에 적재할 때까지 많은 시일이 소요되지 않기 때문에 항공사의 창고에 화물이 반입되면 이 서류가 발행된다.

셋째, 선하증권은 지시식으로 되어 있어 정당한 배서(endorsement)에 의해 양도되는 권리증권(document of title)이다. 이에 반해 항공화물운송장은 기명식으로 되어 있기 때문에 이 서류에 기재된 수하인이 아니면 당해 화물을 인수할 수 없다.

넷째, 선하증권은 선사가 송하인에게 발행한다. 이에 반해 항공화물운송장은 법률적으로 항공사의 청구에 의해 송하인이 작성해서 항공사에 화물과 함께 교부하는 형식을 취하고 있다. 그러나 실무에서는 보통 항공사나 항공사의 권한을 위임 받은 항공화물대리점(air cargo agent)이 송하인으로부터 화물을 인수함과 동시에 발급해 준다.

〈표 3-2〉 **항공화물운송장(AWB)과 선하증권(B/L)의 비교**

구 분	Air Waybill(AWB)	Bill of Lading(B/L)
유통성여부	양도성이 없는(non-negotiable) 비유가증권	양도성이 있는(negotiable) 유가증권
발행형식	창고에 반입 후 AWB 발행(수취식)	본선적재 후 B/L 발행(선적식)
기명여부	기명식	무기명식(지시식)
발행주체	송하인이 작성하여 항공사에 교부 원칙	선사가 송하인 앞으로 발행

Model Form 6

〈서식〉 항공화물운송장(AWB)

TFC2024

Shipper's Name and Address
ABC EXPORTER SND BND
KWANG 264, PADUNGAN ROAD,
KUCHING
MALAYSIA
T:46465 F:12346
THE DIRECTOR

Not Negotiable
HOUSE AIR WAYBILL
Issued By
MY FREIGHT FORWARDING COMPANY LTD
30, DEMO FREIGHT BUILDING KUALA LUMPUR Malaysia
T:+000000 F:+000000

Copies 1, 2 and 3 of this Air waybill are originals and have the same validity

Consignee's Name and Address
AYZ IMPORTER GMBH
RIEMER STRASSE 350, D - 81829
MUNICH
GERMANY
T:123987 F:654123
PURCHASING OFFICER

It is agreed that the goods described herein are accepted in apparent good order and c noted) for carriage SUBJECT TO THE CONDITIONS OF CONTRACT ON THE REVE GOODS MAY BE CARRIED BY ANY OTHER MEANS INCLUDING ROAD OR ANY UNLESS SPECIFIC CONTRARY INSTRUCTIONS ARE GIVEN HEREON BY TH SHIPPER AGREES THAT THE SHIPMENT MAY BE CARRIED VIA IMMEDIATE S WHICH THE CARRIER DEEMS APPROPRIATE. THE SHIPPER'S ATTENTION IS DRA CONCERNING CARRIER LIMITATION OF LIABILITY. Shipper may increase such lim declaring a higher value for carriage and paying a supplemental charge if required.

Issuing Carrier's Agent Name and City
MY FREIGHT FORWARDING COMPANY LTD
MALAYSIA

Account Information

Agent IATA Code | **Account No**

Airport of Departure (Addr of First Carrier) and Requested Routing
KUALA LUMPUR INTERNATIONAL

To	By First Carrier / Routing and Destination	to	by	to	by	CUR	CHGS Code	WT/VAL (PPD / COLL)	Other (PPD / COLL)	Declared Value for Carriage	Declared V
FRA										N V D	N

Airport of Destination: FRANKFURT INTERNATIO
Requested Flight/Terms
Amount of Insurance: NIL
INSURANCE - If carrier offers insurance and such insurar accordance with the conditions hereof, indicate amount to be in marked 'Amount of Insurance'

Handling information

No. of Pieces RCP	Gross Weight	kg / lb	Rate Class / Commodity Item No.	Chargable weight	Rate / Charge	Total	Nature and Quantity of Goods (Incl Dimension or Volume)
13	147	KQ			AS AGREED	AS AGREED	Shipper's load, stow, and FOOD STUFF 3.78
13	147					AS AGREED	

Prepaid	Weight Charge	Collect
	Total Other Charges Due Agent	
	Total Other Charges Due Carrier	
	Valuation Charges	
	Tax	
Total Prepaid		Total Collect
Currency conversion Rates		Collect Charges in Destination Currency
For Carrier's Use only at Destination		Charges at Destination

Other Charges
AS AGREED

Shipper certifies that the particulars on the face hereof are correct and that insofar as any part of the consignment con goods, such part is properly described by name and is in proper condition for carriage by air according to applicable D Regulations.

MY FREIGHT FORWARDING COMPANY LTD
Signature of Shipper or his agent

2 January 2010 KUALA LUMPUR INTERNATIONAL
Executed on (Date) at (Place) Signature of Issuing C

Total Collect Charges

ORIGIN
(FOR C

제6절 항공운송의 업무

1. 항공운송의 예약

1) 예약의 중요성

항공기 한 편(便)이 출항하기 위해서는 예약, 집하, 운항, 정비 등 각 분야가 상호 유기적인 협조체계를 갖추어야 한다. 또한 화물을 원만하고 안전하게 운송하기 위해서는 항공사와 하주의 협조도 긴밀하게 이루어져야 한다.

항공화물의 운송을 위해서는 우선적으로 운송화물에 대한 예약절차를 밟아야 한다. 예약의 부정확 또는 잘못으로 자칫 적재를 하지 못하면 큰 손해를 입을 수 있기 때문에 항공기 스케줄(schedule)에 따른 화물의 예약은 매우 중요하다.

항공사 입장에서도 예약(booking)은 가장 기본적이고 중요한 업무 중의 하나이다. 예약은 앞으로 일정한 계약을 맺을 것을 미리 약속해 두는 계약을 말한다.

예약은 항공사의 수입을 극대화하고 대고객 서비스를 제고시키며 운송을 위한 사전 정보 제공으로 탑재와 운송을 효율적으로 관리할 수 있도록 도와준다.

그런데 항공사 입장에서 예약업무를 원활히 수행하기 위해서는 업무의 전산화가 이루어져야 하고 그것도 전 세계의 판매망을 온라인(on-line)화 해야 하기 때문에 예약업무 수행에는 많은 자본과 인력들이 투입되게 된다.

2) 예약 시기와 접수

항공기의 스케줄은 보통 6개월 단위로 운용되고 있기 때문에 항공기 출발 6개월 전부터 해당 항공편을 예약할 수 있다. 항공화물의 예약은 보통 항공화물대리점이 하주를 대신하여 항공화물의 내역을 항공사에 통보하는 것으로 이루어진다.

대부분의 항공사들은 일정한 제도로 각 항공화물대리점 및 하주들과 사전 계약을 통해 예약을 하지 않아도 자동 예약이 가능하도록 하는 등 다양한 서비스를 제공하고 있으나 화물이 몰리는 성수기에는 공간 확보에 치열한 경쟁이 일어나기도 한다.

예약에 필요한 내용은 Air Waybill 번호, 화물의 포장개수, 중량, 출발지, 목적지, 원하는 항공편과 출발일자, 하주명 등이다. 내용을 접수하면 항공사의 예약요원이 화물의 상태나 크기, 예약상태, 항공기의 공간(space) 등을 컴퓨터로 확인하여 해당 편의 탑재가능성과 예약 가능 여부를 확인해 준다. 예약이 완료되면 제반 예약상황이나 운항일징을 통보해 준다.

2. 항공화물의 집하

항공사의 항공화물 집하활동에는 직접 하주(송하인이나 수하인)를 상대로 화물을 유치하는 직접 집하방식과 대리점이나 포워더 등을 통한 간접 집하방식이 있다. 보통은 후자의 방식이 널리 이용되고 있다.

1) 직접 집하방식

직접 집하방식은 운임을 지불하는 운송계약자를 대상으로 항공사가 직접 집하활동을 하는 방식으로 CIF계약은 수출자, FOB계약은 수입자가 대상이 된다.

2) 간접 집하방식

(1) 대리점 집하

대리점(agent) 집하는 대리점계약을 맺은 대리점이 항공운송 화물의 집하역할을 수행하며 그 대가로 항공사로부터 수수료를 받는 방식이다. 항공사는 다수의 송하인과 수하인들을 대상으로 집하활동을 수행하는 것이 불가능하기 때문에 대리점 판매의 필요성이 있다. 보통 항공사는 점유율을 극대화하기 위하여 이들 대리점을 적극적으로 활용한다.

(2) 포워더 집하

포워더(Forwarder, 혼재업자) 집하는 대리점 집하와 달리, 독자적인 운송약관과 운임률표를 가지고 있는 포워더가 개별적으로 하주나 대리점과 독자적으로 운송계약을 체결하여 항공화물을 집하하는 방식이다.

포워더는 항공사 운임의 중량체감 체계(중량이 높아질수록 적용요율이 더 낮아지는 운임체계)를 이용하여 개개의 하주들에게는 항공사보다 싼 운임을 적용하고 다수의 하주나 대리점들로부터 집하된 화물을 1건의 대형화물로 재편성하여 항공사에 위탁함으로써 더 저렴한 요율을 적용받는다. 이 방식에서는 하주나 위탁업자로부터 수취한 운임과 항공사에 지불하는 운임의 차액(margin)이 포워더의 주요 수입원이 된다.

(3) 총판매대리점 집하

총판매대리점(general sales agent) 집하는 불취항(off-line) 지역에서 판매망 확장을 통한 수입증대를 위해 항공사가 임명한 대리점을 통해 집하하는 방식이다.

이들은 지정된 국가나 지역에서 항공사 노선을 이용하도록 홍보하고 항공사의 시간표나 운임요율표를 지역 내 다른 지점에 배포하거나 집하활동을 대행한다.

3. 항공화물의 운송절차

1) 수출화물의 취급절차

(1) 항공화물 운송계약

무역계약이 체결되어 수출을 위한 준비단계가 완료되면 송하인(하주)은 화물의 출고시간에 맞춰 항공사를 선정한 다음, 해당 항공사에 예약(booking)을 한다.

이러한 절차는 보통 항공화물대리점이나 포워더가 중간매체자로서 업무를 대행한다. 대리점이나 포워더가 예약을 할 때에는 항공화물운송장(AWB) 번호, 출발지 및 도착지, 포장개수, 각 포장상자의 중량, 부피, 상품명 등을 지정 항공사에 제공해야 한다.

전 세계 항공사들은 연계운송계약을 체결하고 있기 때문에 특정 항공사에게 위탁하면 목적지까지 연결편을 확보할 수도 있다.

(2) 수출신고 및 통관

수출서류를 준비하고 상품을 포장하여 수출통관 준비한다. 포장이 완료된 화물을 보세지역에 반입하고 상업송장, 포장명세서 등 서류와 함께 수출신고서에 첨부하여 관할 세관에 제출한 후 수출신고필증을 교부받아야 한다.

수출 신고필증을 발급 받는다는 것은 수출 허가를 받는 것과 동일하며 그 내용에는 화물이 선적되어야 하는 기한(30일 이내)도 기재되어 있다. 수출신고를 하면 세관 심사과에서는 제출된 수출신고서를 토대로 1차 심사한 후 이상이 없을 경우 감정과로 서류를 이송한다.

감정과에서는 서류와 화물을 대조하면서 수량, 규격, 품질 등을 검사하며 심사과에서는 지정한 검사수량에 대해 전부 또는 일부를 개봉하여 검사한다. 화물검사 결과 이상이 없는 경우 서류는 세관 심사과로 회송되어 2차 심사 후 수출신고필증을 발급해 준다.

(3) 항공화물운송장 및 화물의 인계

통관절차가 완료된 화물은 항공사 또는 그 대리점에서 항공운송장(Air Way Bill)을 발급받고 화물의 내용에 따라 적절한 라벨(label)을 붙인다.

이때 위험물이나 산동물 취급에 관한 제반 규정은 국제민간항공기구(ICAO)와 국제항공운송협회(IATA)가 제정한 규정에 따라야 한다. 항공화물운송장에는 상업송장, 포장명세서, 원산지증명서, 검사증 등 수입지에서의 통관에 필요한 서류가 첨부된다.

항공사는 화물인도증명서에 접수 확인을 기재한 후 검수원에게 전달하여 화물을 인수토록 한다. 화물인수시 화물의 포장상태, 파손 여부, Marking과 Label의 정확성, 개수 및 수량의 일치 여부를 확인한다.

(5) 적재와 항공기 출발

항공사는 해당 항공편의 항공기 특성을 고려하여 사용 단위탑재용기(ULD) 및 적재작업 방법 등의 작업지시를 담당 검수원에게 하달하고 검수원은 작업지시에 의거 적재작업을 실시한다. 이 작업은 운송인의 업무로 대부분 공항에서 지상 조업사 또는 지상 용역회사(인천공항의 경우는 KASC(Korea Airport Service))가 담당한다.

적재작업 완료 후 탑재 책임자에게 인계되며, 항공사의 탑재 책임자는 항공기의 운항에 필요한 자료와 수하물, 기타 화물량에 적합한 탑재 계획에 따라 컨테이너나 파렛트를 기내에 탑재한다. 이후 항공기는 수입 목적지를 향해 출발한다.

2) 수입화물의 취급절차

(1) 항공기 도착

항공기가 도착하면 항공사 직원이 기내에 탑승, 운항승무원 또는 객실승무원으로부터 운송장 및 출발지 출항허가, 적하목록 등을 인계받은 다음, 세관에 적하목록, 항공기 입출항 신고서(General Declaration), 기용품 목록을 제출하여 입항허가를 득한다. 또한 항공화물은 각 항공사별로 지정된 장치장에 우선 입고된다.

(2) 보세창고 입고

도착화물은 항공사가 보관하지 않고 단지 탑재명세서에 의거, 화물의 대조 확인 및 파손 유무를 점검한 후 보세창고에 보관되며 관련서류는 항공사가 보관한다.

인천 및 김포세관을 제외한 서울세관, 남서울세관, 또는 부산, 대구로 운송되는 화물은 세관의 감독 하에 보세운송면허를 득한 업자에 의해 운반된다.

(3) 수입신고

수입신고는 수입하려는 물품의 종류, 과세가격, 납부세액 등을 세관에 신고하는 행위로 세관에 수입의사를 표시하는 것을 말한다. 보통 상업송장과 포장명세서를 바탕으로 포워딩 업체나 협력 관세사가 진행한다. 통관시 검사 대상으로 선정될 경우 화물의 인도가 조금 지연되는 경우도 발생한다.

(4) 화물인도

항공사로 부터 항공운송장을 인수받은 수하인 또는 통관업자는 수입신고서를 세관에 제출하고 수입허가를 득하여 통관, 인수하면 모든 절차가 끝나게 된다.

제 7 절 항공운송의 국제협약과 기구

1. 항공운송과 국제협약

1) 바르샤바 협약

바르샤바 협약(Warsaw Convention, Warsaw Rules for Carriage of Goods by Air)은 국제항공화물과 여객운송에 관한 항공운송인의 책임과 항공운송장(AWB)의 기재사항 등을 정한 국제협약으로 정식 명칭은 국제항공운송에 있어서 일부 규칙의 통일에 관한 협약이다. 이 협약은 와르소 협약 또는 바르샤바 조약이라고도 부르며 1929년 10월 바르샤바에서 채택되어 1933년에 발효되었다.

이 협약은 국제항공운송인의 책임을 정한 최초의 국제협약이다. 이 협약을 제정한 목적은 항공기 사고로 인해 여객과 화물에 미친 손해배상의 범위와 책임한도를 통일적으로 설정하여 운송인과 여객 및 하주의 이익을 조정하기 위한 것이다.

이 협약이 적용되려면 출발지와 도착지가 모두 체약국 영역 내에 있어야 하며 이때 체약국은 바르샤바 협약(1929)과 헤이그 의정서(1963)에 가입한 국가를 통틀어 일컫는 것이다.

2) 헤이그 의정서

헤이그 의정서(Hague Protocol)는 바르샤바 협약이 체결된 이후 항공기술이 발달하고 안전도가 향상됨에 따라 항공운송인의 책임 한도액을 이러한 현실에 적합하도록 1926년 제정된 국제항공운송의 기본 협약인 바르샤바 협약의 일부 조항을 개정한 것이다.

1955년 헤이그에서 작성되어 헤이그 의정서(Hague-Protocol)라고 부르며 1963년 8월에 발효되었다. 본 협약의 주요 내용은 여객에 대한 책임 한도액을 100% 인상하고 바르샤바 협약과 본 의정서를 합쳐 히나의 단일문서로 간주한다는 것 등이다. 따라서 헤이그 의정서에 가입하였다면 바르샤바 협약에도 구속된다.

3) 과다라하라 협약

과다라하라 협약(Guadalajara Agreement)은 다수 항공사들에 의한 공동운항과 항공사들의 항공기의 임대차계약(hire contract) 등 변화된 항공운송 실태를 반영하기 위해 기존 바르샤바 협약의 일부 내용을 보충한 협약이다. 국제민간항공기구(ICAO)가 1961년 9월 멕시코의 과다라하라에서 채택하였다.

4) 몬트리올 협정

몬트리올 협정(Montreal Agreement)은 여객이나 화물에 대한 운송인의 책임제한을 규정한 항공사간 협정이다. 1966년 몬트리올에서 채택되었고 1966년에 발효되었다.

미국이 여객의 책임한도액 25만 포앙카레 프랑(Poincaré Francs)이 너무 과하다는 이유로 헤이그 의정서를 비준하지 않고 바르샤바 협약을 탈퇴하겠다고 통보함에 따라, IATA가 미국 내를 운항하는 항공사들의 회의를 몬트리올에서 소집하여 항공사들 사이에 맺은 협정이 바로 몬트리올 협정이다.

헤이그 의정서와 몬트리올 협정 모두 위탁 수하물이나 화물의 책임 한도액은 차이가 없으나 여객의 경우 헤이그 의정서는 1인당 US$ 20,000인데 비해 몬트리올 협정은 US$75,000이고, 항공운송인의 책임의 경우 바르샤바 협약이나 헤이그 의정서는 과실책임주의를 원칙으로 하는 비해 몬트리올 협정은 절대책임주의 원칙으로 하고 있다.

미국과 관계하는 국제항공운송에 종사하는 항공사들은 이 협정에 가입할 것을 의무화하고 있으며 우리나라는 2007년에 가입하였다.

5) 과테말라 의정서

과테말라 의정서(Guatemala Protocol)는 1965년 7월 국제민간항공기구(ICAO) 총회에서 바르샤바 협약에 규정된 운송인의 책임 한도액 개정의 필요성이 제기된 후 ICAO가 작성한 초안을 1971년 과테말라에서 개최된 외교회의에서 채택한 협정이다.

이 의정서의 목적은 승객의 사망에 대한 운송인의 절대책임, 한도액의 정기적 자동수정 등 바르샤바 협약체제를 개정하는데 있다. 의정서의 주요 내용은 여객과 화물의 운송에 관련된 운송규정의 개정이었으나 아직 발효되지 않고 있다.

6) 몬트리올 추가의정서

몬트리올 추가의정서는 1972년 개최된 몬트리올 회의에서 바르샤바 협약, 헤이그 의정서, 과테말라 의정서에 표시된 통화단위를 포앙카레 프랑(Poincaré Francs)에서 US$로 변경하는 제안을 채택한 협정이다.

7) 몬트리올 협약

몬트리올 협약(Montreal Convention)은 바르샤바 협약과 관련 협정 및 의정서를 통합하여 1999년에 채택되었고 2003년 11월에 발효되었다. 이 협약은 항공운송인의 손해배상책임을 강화하였고 e-비즈니스 관련 사항을 새로 규정하였으며 2009년과 2019년에 개정되었다.

2. 항공운송과 국제기구

1) 국제항공연맹

국제항공연맹(Federation Aeronautics Internationale, FAI)은 국제 민간항공분야의 발전을 위해 각국의 민간 항공단체를 1개국 1개 단체에 한정하여 가입시킨 비정부 및 비영리 국제연맹으로 1905년 설립되었다.

이 기구의 설립 목적은 범세계적으로 항공과 우주 관련 활동을 촉진시키며 국제 민간항공분야의 발전을 도모하는 것이다. 주요 활동은 ICAO나 IATA와 유기적인 관계를 갖고 민간항공단체가 희망하는 항공정책의 방향과 새로운 사업 등을 건의하는 것이다.

우리나라는 대한민국항공회가 1957년에 가입하였다.

2) 국제항공운송협회(IATA)

국제민간항공기구(International Civil Aviation Organization, ICAO)는 세계 민간항공의 안전과 발전을 위해 1947년에 발족한 국가(정부)간 국제협력기구이다.

이 기구의 설립 목적은 국제 민간항공운송의 발전과 안전의 확보, 항공기의 설계와 운항기술의 발전에 두고 있으며 주요 업무는 항공기와 승무원, 통신과 공항시설에 대한 기술표준화 등이다.

이 기구는 총회, 이사회, 사무국으로 구성되어 있고 본부는 캐나다 몬트리올에 있다.

우리나라는 1952년 12월에 가입하였고 러시아와 중국, 북한도 가입하였다. 현재 회원국 수는 153개국에 이르고 있다.

3) 국제민간항공기구(ICAO)

국제항공운송협회(International Air Transport Association, IATA)는 1919년 헤이그에서 설립된 국제항공수송협회를 계승하여 1945년 4월 쿠바의 하바나에서 재설립된 항공관련 민간단체이다.

이 기구의 설립 목적은 항공권의 규격과 발권절차를 통일하고 운임협정과 서비스 내용을 설정함으로써 항공사간의 출혈경쟁을 방지하고 기술분야의 협력, 통신약호의 통일 및 출입국절차의 간소화를 도모하기 위한 것이다.

국가(정부)가 회원이 되는 ICAO와 달리, IATA는 국제 정기항공회사들이 중심이 되어 설립한 순수 민간단체이며 총회, 집행위원회, 운송위원회 등으로 구성되어 있다.

우리나라는 대한항공이 1989년 1월 정회원이 되었고 아시아나항공은 2002년 5월에 정회원이 되었다. 현재 본부는 캐나다 퀘벡 주 몬트리올에 있다.

제 4 장 육상운송

제 1 절 국제도로운송

1. 국제도로운송의 의의

국제도로운송(international carriage by road)이란 한 국가에서 다른 국가의 특정 장소로 물품을 육상운송수단에 의해 육로로 운송하는 것을 말한다.

국제도로운송은 고속도로나 일반 간선도로 등 각종 공로망의 확충과 운반차량의 발달 및 대형화를 통해 오늘날의 다양한 운송요구에 부응하는 운송수단이 되고 있다.

국제도로운송은 종합운송체계의 핵심적인 역할을 수행하고 있을 뿐 아니라 일괄운송이나 복합운송에서 문전까지 마감 운송을 담당하는 중요한 역할을 하고 있다.

2. 국제도로운송의 장단점

국제도로운송의 장점은 다음과 같다.

첫째, 국제도로운송은 다른 운송수단에 비해 별도의 적재시설이나 하역시설 등 운송과 관련한 기초적인 기반시설이 필요하지 않다. 또한 최초 투자액의 규모가 작고 출발과 도착시간 등 운송능력에 있어서 융통성이 뛰어나다.

둘째, 국제도로운송은 단거리 운송의 경우 빠른 속도와 터미널 비용이 적게 들고 문전에서 문전까지(Door to Door)의 서비스가 용이하며 이용이 편리하다. 또한 도로망이 충분하게 발달되어 있다면 생산자로부터 소비자에게 물품을 직송할 수 있다.

국제도로운송의 단점은 다음과 같다.

첫째, 국제도로운송은 다른 운송수단에 비해 대량화물의 수송에 불리하며 연료비 등 수송단가가 높고 소음, 진동, 배기가스 등 공해 문제로 인한 환경오염의 우려가 있다.

둘째, 국제도로운송은 기후나 운송차량의 고장으로 운송 중단이 발생할 가능성이 높고 화물의 중량에 제한을 받으며 장거리 운송의 경우 비용이 많이 든다.

3. 국제철도운송과의 비교

국제도로운송이 국제철도운송에 비하여 그 효용성 및 경제적 가치가 높은 이유를 보다 구체적으로 살펴보면 다음과 같다.

첫째, 복합운송의 측면에서 보면 국제도로운송은 철도운송의 보조수단인 측면도 있지만, 철도운송과 같이 거대한 고정자본이 투자되지도 않고 도로만 있으면 도시나 농촌, 공업단지나 상업단지, 산이나 골짜기까지 수송이 가능하다.

둘째, 국제도로운송은 단거리수송이나 소량화물의 경우 일회 수송에 따른 정차장 비용, 소요 동력비, 기타 간접비용 등에서 철도운송보다 경제적이다.

셋째, 국제도로운송은 문진까지 수송이 가능하고 화물의 이직이 없기 때문에 파손위험이 적고 안전수송이 가능하다.

넷째, 도로는 한 나라의 시회간접자본으로 건설되기 때문에 철도의 경우처럼 독점 등이 불가능하고 완전경쟁체제가 확립되어 있다. 따라서 국제도로운송은 소규모의 자본으로도 누구나 참여할 수 있는 반면, 규모의 경제에서 오는 이익이 적고 경쟁이 치열한 사업상의 특징을 가지고 있다.

4. 국제도로운송서류

국제도로운송서류는 도로화물 탁송장(road consignment note, road waybill)이다. 이것은 국제도로운송에서 운송인이 화물을 수취한(taking in charge) 것을 확인하고 탁송한 화물의 청구권을 표시하고 있는 비유통증서이다. 이를 도로화물 수탁증 또는 국제도로 탁송장이라고도 하며 주로 유럽의 인접국가들 간 거래에서 많이 이용된다.

이 서류는 운송인이 송하인과 운송계약에 따른 탁송화물의 수령을 증명한 것이며 목적지에서 이것과 상환으로 화물인도 의무를 진다는 취지가 기재되어 있다. 또 이 서류는 매매나 금융에 이용되며 운송의 중지와 운송화물의 처분을 이 서류를 가지고 할 수 있다는 점에서 법률적 성질이나 경제적 기능이 선하증권과 유사하다.

도로화물 탁송장은 보통 송하인과 운송인 사이에 3통이 작성되어 송하인과 운송인이 각각 1부씩 보관하고 다른 한 통은 화물과 함께 수하인에게 송부된다.

도로화물 탁송장의 필수 기재사항은 ① 발급일자 및 장소 ② 송하인의 성명과 주소 ③ 운송인의 성명과 주소 ④ 화물의 수탁장소 및 일자와 인도장소 ⑤ 수하인의 성명과 주소 ⑥ 물품의 성질에 따른 일반명칭, 위험물인 경우에는 일반적으로 식별이 가능한 품명 ⑦ 포장물수와 하인 및 수량 ⑧ 물품의 총중량 또는 수량 ⑨ 운송에 관계되는 비용 ⑩ 통관과 기타 행정처리상 필요한 지시사항 ⑪ 운송이 이 협약의 조항에 의해 규제된다는 문언 등이다.

5. 국제도로운송협약(CMR)

1) 국제도로운송과 국제협약

국제도로운송에서는 국제도로운송협약이 적용된다. 국제도로운송협약은 주로 유럽 인접국가들 간에 도로로 물품을 운송할 때에 적용된다.

2) 국제도로운송협약(CMR)

(1) 의의

국제도로운송은 국제도로물품운송계약에 관한 협약(Convention on the Contract for the International Carriage of Goods by Road, CMR Convention, International Convention of Geneva, 1956 ; 제네바 국제협약 1956)의 규제를 받도록 되어 있다.

이 협약은 육상화물운송에서 운송인의 책임을 중심으로 한 중요한 국제협약으로 주로 유럽 국가들이 서명하여 1967년에 발효되었고 1978년에 개정되었다. 이 협약은 화물이 트레일러나 섀시와 같은 도로 주행차에 실려 Ro/Ro선으로 해상이나 내륙의 국경을 넘어 운송될 때 그 출발지나 도착지가 CMR 비준국일 경우에 그 화물운송계약에 적용된다.

이 협약에서는 운송 경로의 일부가 해상운송이 포함되어 있을지라도 선상에서 도로 차량(road vehicle)으로부터 물품이 하역되지 않으면 전 운송구간을 국제도로 운송구간으로 인정하고 있다.

(2) 적용

이 협약은 계약에 명시된 화물 수령지와 인도지가 서로 다른 국가에 있을 경우 차량에 의한 유상의 물품운송에 적용된다. 그리고 계약 당사자의 주소나 국적은 묻지 않으나, 화물수령지와 인도지 중 하나는 본 조약의 체약국인 경우에만 적용된다.

그런데 멸실, 손상 또는 지연의 원인이 해상이나 철도와 같이 도로운송이 아닌 구간에서 발생한 경우 그리고 송하인이 운송인과 그 운송구간에 대해 직접 계약을 맺고 헤이그 규칙이나 헤이그-비스비 규칙과 같은 다른 협약이 적용되는 경우에는 적용되지 않는다.

(3) 운송인의 책임

이 협약에서 운송인은 지연에 의한 손실을 포함하여 화물에 대한 손해에 대하여 책임져야 한다. 화물에 손해가 발생하여 운송인을 상대로 소송을 제기하려면 수하인은 보통 2년 이내에 이를 제기해야 한다. 그러나 운송인의 고의적 악행에 의하여 손해가 발생되었으면 3년 이내에 소송을 제기해야 한다.

제 2 절 국제철도운송

1. 국제철도운송의 의의

국제철도운송(international carriage by rail)이란 선로(track, railroad, railway)를 주행하는 기관차를 이용하여 화물을 국제적으로 운송하는 것을 말한다.

보다 넓은 의미로는 철도차량에 의하여 어느 항만시설 국가로부터 다른 내륙지역 국가로, 반대로 내륙지역 국가로부터 항만시설 국가로 화물을 운송하거나 대륙과 대륙 구간 사이에서 화물을 운송하는 것이 국제철도운송이다.

2. 국제철도운송의 효용성

첫째, 국제철도운송은 국제도로운송에 비하여 1회에 대량의 화물을 운송할 수 있으며 운송거리가 장거리일수록 운임이 저렴하다.

둘째, 국제철도운송은 고정된 선로를 이용하므로 일반도로를 운행하는 국제도로운송보다 안전성이 높으며 철도망을 통하여 이동하므로 기후에 영향을 받지 않고 운송할 수 있다.

셋째, 국제철도운송은 배차 간격이나 배차 량을 조절하여 운송할 수 있기 때문에 계획적인 운행이 가능하며 화물의 거점을 중심으로 철도역 주변에 하역업, 보관업, 창고업, 운송업 등이 함께 발달하는 효과가 매우 크게 나타난다.

한편, 국제철도운송의 단점으로는 다음과 같은 것들을 들 수 있다.

첫째, 국제철도운송은 화물의 최종 목적지점까지 운송할 수 없기 때문에 문전에서 문전까지의 운송에 적합하지 않고 생산지에서 철도역까지, 철도역에서 도착지까지 운송수단을 상호간에 연결하는 데에 따른 추가 운송과 환적 작업이 필요하다.

둘째, 화물유송에 필요한 화차 편성에 시간이 많이 소요되며 열차 운행시간이 경직되어 있기 때문에 긴급한 운송에는 적합하지 않은 경우가 있다.

셋째, 국제철도운송은 기관차가 견인할 수 있는 화차의 수에 한도가 있으므로 대량의 화물을 운송하는 경우에는 화차의 배차를 조절하는 데에 한계가 있다.

넷째, 국제철도운송은 투자규모가 크고 투자자본 회수에 장기간이 소요되기 때문에 국가마다 국영기업의 형태로 독점적으로 운영하는 것이 일반적이다.

다섯째, 국제철도운송은 운임에 고정비용이 감안되어 산정되므로 중거리나 근거리 운송의 경우는 운임이 비싸고 운임은 이미 고정화되어 있으므로 운임의 결정에 탄력성이 거의 없다.

3. 국제철도운송서류

국제철도운송서류는 철도화물 탁송장(railway consignment note)이다. 이것은 철도운송인이 화물을 수취한 것을 확인하고 지정장소에서 이 서류의 정당한 소지인에게 이와 상환으로 화물을 인도할 것을 약속한 비유통서류이다.

즉, 철도운송인이 송하인과의 철도운송계약에 의거하여 운송을 위해 화물을 수령하였음을 증명하고, 이를 목적지까지 운송하여 약정된 수하인에게 인도할 것을 약정하는 증서로서 간주되지만 권리증권은 아니다. 이를 Rail Waybill이라고도 부른다.

4. 국제철도운송협약(CIM)

1) 국제철도운송과 국제협약

국제철도운송에서는 국제철도운송협약이 적용된다. 국제철도운송협약은 유럽의 대부분과 중동의 일부 국가에서 철도에 의해 물품을 운송할 때에 적용된다.

2) 국제철도운송협약(CIM)

국제철도운송에 적용되는 국제협약은 철도화물운송에 관한 국제협약(Convention International de Marchandises, CIM, International Convention concerning the Carriage of Goods by Rail, 국제물품운송협약)이다. 이 협약은 1970년에 제정되어 1975년 1월부터 발효되었으며 수차의 개정을 거쳐 현재는 1985년에 개정된 COTIF/CIM 협약이 적용되고 있다.

이 협약에 따라 철도화물 탁송장(railway consignment note)이 발행된다. 이 협약은 철도운송계약의 체결과 운임지급 등 이행에 관한 사항들과 함께 운송인의 책임과 재판관할권 등이 규정되어 있고, 적어도 2 개국 이상의 체약국 영토에서 걸친 철도운송에 대해서만 적용된다. 따라서 발착역과 도착역이 동일한 체약국의 영토 내에 위치하는 경우에는 운송 중 다른 체약국의 영토를 경유하더라도 본 협약은 적용되지 않는다.

이 협약에서 철도운송인은 자신이 운송을 위해 화물을 수령한 시점부터 인도한 시점까지의 화물이 멸실이나 지연되어 손해가 발생한 경우 그에 대한 배상책임을 부담해야 한다.

여기서 멸실은 화물이 수하인에게 인도되지 않거나 약정한 운송기간 이후 30일이 경과되는 시점까지 수하인이 화물을 처분할 수 없는 상태를 포함한다.

이 협약상 철도운송인의 책임한도액은 운송인이 고의적인 악행이나 태만의 경우를 제외하고는 kg당 50 gold 프랑을 한도로 손해보상책임을 지는 무과실책임주의를 채택하고 있고 무과실에 대한 입증책임은 운송인이 부담하도록 하고 있다.

제 5 장 복합운송

제 1 절 복합운송의 개념과 효용성

1. 복합운송의 개념과 정의

1) 복합운송의 개념

복합운송이란 용어는 1929년에 제정된 바르샤바 협약 제31조에서 'Combined Carriage'란 용어가 사용되면서 출발하였다. 1956년 해륙(sea & land) 복합운송용 컨테이너가 개발되면서 본격적인 복합운송의 개념이 정립되기까지는 통운송(through transport) 또는 연속운송(successive transport)의 개념으로 이해되었다.

이후 복합운송은 'Combined Transport'라고 표기하다가 1980년 UN 국제물품복합운송협약에서는 'Multimodal Transport'라고 표기하였다. 미국에서는 협동일관운송이란 의미로 'Intermodal Transport'라고 부르고 있다.

2) 국제복합운송의 정의

국제협약이나 관련 규칙에 규정되어 있는 내용들을 종합하면 '복합운송은 운송화물을 어느 한 국가의 수령 장소에서 다른 국가의 지정된 인도장소나 지점까지 적어도 두 가지 이상의 각각 다른 운송수단의 결합에 의하여 국제적으로 운송하는 것'으로 정의할 수 있다.

이것은 '복합운송은 단일의 복합운송인이 화물을 어느 국가에 위치해 있는 한 지정 인도지점이나 장소에서 다른 국가의 지정 인도지점이나 장소까지 단일의 복합운송계약에 의거하여 해상, 내수로, 항공, 육상 등 여러 운송방식 중 두 종류 이상의 운송수단을 상호 유기적으로 결합하여 단일책임과 단일운임을 적용하여 운송하는 것'을 의미한다.

따라서 복합운송이 되기 위해서는 국제간 단일 복합운송계약의 체결, 단일운임의 적용, 복합운송인에 의한 전 운송구간의 단일책임, 두 종류 이상의 이종 운송수단의 결합, 단일 복합운송증권의 발행이라는 요소들이 모두 포함되어야 한다.

2. 복합운송의 중요성과 비교

1) 복합운송의 중요성

두 가지 이상 서로 다른 운송방법에 의하여 물품이 이송되는 운송방법인 복합운송은 운송혁명이라고 불리는 컨테이너의 등장과 함께 비약적으로 발전하였다.

왜냐하면 컨테이너는 다른 운송수단으로 이동이 용이한 용기이며 문전에서 문전까지 일관된 운송을 제공하는 복합운송에 가장 적합한 용기이기 때문이다.

복합운송의 의미 속에는 무역운송에서 컨테이너의 발달과 수송기술과 장비의 혁신에 따라 종래의 'CY to CY' 운송개념이 더 나아가 'Door to Door'라는 더욱 진전된 운송형태로 발전하게 된 것을 포함하고 있다.

복합운송은 해상운송을 신속하고 저렴하게 하였을 뿐 아니라 해상, 육상, 및 항공운송에 이르기까지 전 운송수단을 효율적으로 연결하여 수송할 수 있게 한 혁신적인 운송형태라는데 중요한 의의가 있다.

2) 단일운송과 복합운송의 비교

첫째, 해상, 항공, 육상 등 단일운송은 운송수단별로 하주가 운송인과 개별적으로 운송계약을 체결해야 하고 운송절차도 매우 복잡하다. 그런데 복합운송은 하주가 화물을 위탁하면 복합운송인이 각 운송수단별 특징을 감안하여 최적의 운송경로와 운송수단을 선정하여 운송하기 때문에 운송계약과 운송절차가 간결하다.

둘째, 단일운송에서 손해가 발생하는 경우 하주는 개별운송인을 상대로 손해배상을 청구해야 한다. 따라서 손해발생구간이 불명확한 경우에는 책임주체를 확정하는데 문제가 발생할 수 있다. 그런데 복합운송은 화물운송의 전 구간에 대한 책임이 복합운송인 한 당사자에게 집중되기 때문에 손해가 발생한 경우에도 손해배상청구가 용이하다.

셋째, 단일운송은 각 운송수단별로 운임을 별도로 계산해야 하기 때문에 운임계산이 복잡해지고 비싸다. 그런데 복합운송은 복합운송인이 운임을 각 운송구간에 따라 별도로 설정하는 것이 아니라 전 운송구간에 걸친 단일운임을 하주에게 제공하기 때문에 운임계산이 간단하고 저렴하다. 그 이유는 복합운송에서 하주는 복합운송계약을 체결한 단일의 운송인에게 운송구간 전체에 대한 운임을 지불하고 복합운송인은 그 대가로 복합운송 업무를 수행하기 때문이다.

넷째, 단일운송은 하주가 별도로 포장, 검사, 보관, 통관 등의 서비스를 담당하고 수배해야 한다. 그런데 복합운송은 복합운송인이 운송 서비스 외에 포장, 검사, 보관, 통관 등의 서비스를 하주에게 종합적으로 제공한다.

3. 복합운송의 요건

1) 단일 복합운송계약

복합운송에서 전 운송구간에 대한 모든 책임은 단일(single)의 복합운송인에게 집중되어 있기 때문에 복합운송계약 역시 전 운송구간을 커버하는 단일운송계약이 이루어져야 한다.

그러한 의미에서 각 운송구간의 운송인들과 개별적으로 체결하는 하청운송계약은 복합운송계약이 아니다.

2) 단일 복합운송인에 의한 전 운송구간 책임

복합운송인은 전 운송구간에 걸쳐 복합운송계약을 책임지는 인수인으로 운송계약상 권리와 의무의 주체자이며 하주에게 단일책임을 부담하는 자이다.

복합운송인이 전 운송구간을 책임진다는 것은 반드시 복합운송인이 전체 운송을 실행해야 한다는 의미는 아니다. 누가 운송을 실행하느냐와 상관없이 1인의 계약운송인이 운송 전체를 책임지는 것이 복합운송이다.

3) 단일운임

복합운송은 각 구간별로 분할된 운임이 징수되는 것이 아니라 전 운송구간에 대해 단일운임(through freight, 통운임)이 징수된다. 이는 전 운송구간에 대한 책임이 복합운송인에게 집중되어 있으므로 이에 대한 반대급부도 하나로 통합시킨 것이다.

4) 이종의 다양한 운송수단 결합

복합운송은 선박, 철도, 트럭, 항공기 등 서로 다른 2종 이상의 운송수단을 통해 최종목적지까지 운송된다. 따라서 어느 한 운송방식에 의한 계약의 이행은 복합운송으로 간주되지 않는다. 복합운송에서는 참여하는 운송인의 수가 문제가 아니라 내륙 + 해상, 내륙 + 항공 또는 내륙 + 항공 + 해상과 같이 연계되는 운송수단의 종류가 매우 중요하며 이러한 운송수단은 각기 다른 법적 규제를 받게 된다.

5) 단일 복합운송증권의 발행

복합운송이 되려면 복합운송인은 하주의 증권청구 유무와 관계없이 하주에 대해 전 운송구간을 담당하는 복합운송증권(MTD)을 발행해야 한다. 이 증권의 발행은 법적으로 복합운송의 책임을 복합운송인에게 단일화시킨 의미를 가지고 있다.

4. 복합운송의 효용성

복합운송의 목적은 규격화된 컨테이너의 연계를 통해 문전에서 문전까지의 운송이념을 실현함으로써 연계구간의 양끝에 있는 수출자와 수입자 모두에게 유용한 서비스를 제공하는데 있다. 따라서 국제복합운송은 재래식운송에 비해 다음과 같은 효용성을 가지고 있다.

1) 운항비용의 절감

복합운송은 단위화된 컨테이너를 사용함으로써 재래식 운송방식에 비해 기계화된 적재와 양하가 가능하여 운항기간과 정박기간이 단축된다. 기간이 단축됨에 따라 연료비와 항만료 등 제반 부대비용과 경비가 절감된다.

2) 하역비의 절감

복합운송은 인력에 의한 재래식 운송방식에 비해 하역방식의 기계화가 가능하기 때문에 인건비를 포함한 하역비용이 절대적으로 절감된다.

3) 포장비의 절감

복합운송에서는 컨테이너 자체가 화물의 외부포장 역할을 하기 때문에 포장이나 보호에 필요한 비용 등이 대폭 절감된다.

4) 보관비의 절감

복합운송에서는 컨테이너 자체가 독립된 보관장소나 창고 역할을 겸하고 있기 때문에 그러한 경비가 절감된다.

5) 투입된 자본의 가동률 향상 효과

복합운송은 단위화된 컨테이너를 사용함으로써 하역방식의 기계화가 가능하고 하역시간과 정박기간이 단축됨으로써 선사가 투입하는 자본의 가동성도 높아지게 된다.

6) 운항기간의 단축과 해상보험료의 절감

복합운송은 신속한 하역을 통해 운항기간이 단축되고 컨테이너 자체의 견고성으로 인해 화물의 분실, 손상, 멸실 등의 위험이 감소하기 때문에 보험료가 절감된다.

7) 운항의 안정성

복합운송은 견고하고 완전히 밀폐되어 봉인된 컨테이너를 수송하기 때문에 컨테이너 자체의 견고성으로 인해 운송 도중에 발생할 수도 있는 여러 장애요소 즉, 갈고리에 의한 파손, 천재지변에 의한 작업의 지연, 벌레나 습기 등이 제거됨으로써 운송의 안정성이 도모된다.

8) 서류의 간소화와 화물 추적의 용이

복합운송은 컨테이너화에 의한 수속 절차의 간소화로 화물과 서류의 체크 및 서류작성이 간단하며 단일 복합운송인에 의해 운송됨으로써 화물 추적이 용이하다.

9) 운송책임의 일원화

복합운송에서는 육상·해상·항공 등 상이한 운송인이 상호계약을 체결하는 가운데 그 중 한 운송인이 운송의 주체자가 되고 다른 운송인들은 하청운송인이 된다. 따라서 복합운송인에 의한 일괄 운송업무로 운송책임과 그와 관련된 클레임의 처리도 일원화가 가능하다.

이에 비해 재래식 운송의 경우는 각 운송구간별로 분할하여 운송인이 책임을 부담하게 된다. 따라서 여러 당사자가 각각 자기의 운송방식에 의한 운송구간에 대해서만 책임을 지므로 책임 발생구간을 확정하기 어려운 경우가 많다.

10) 화물유통의 신속성

복합운송은 출발지에서 목적지까지 일관운송서비스를 제공하기 때문에 하역의 신속화에 따른 운송시간의 단축이나 지연의 회피가 가능하여 화물유통을 신속히 할 수 있다.

이에 비해 재래식 운송의 경우는 구간별로 운송을 할 때 여러 차례 환적을 해야 하기 때문에 운송물의 멸실, 손상 또는 도난 등이 발생할 가능성이 높다.

11) 생산능률의 향상

복합운송은 인력에 의한 선적 절차의 복잡성을 제거하고 하역의 간소화를 통해 많은 인력을 수출품 생산에 투입함으로써 생산능률의 향상을 기할 수 있다.

12) 대고객 서비스의 향상

복합운송에서는 컨테이너 수송의 신속성과 경제성을 통해 고객에 대한 서비스의 질을 제고하고 문전서비스를 보다 효과적으로 실현시킬 수 있다.

제 2 절 복합운송의 형태 및 경로

1. 해륙복합운송

1) 의의

복합운송은 1960년대 컨테이너가 발전함에 따라 해상과 육상(sea-land)으로 구성된 해륙복합운송의 형태인 랜드브리지(land bridge)방식에서 시작되었다.

해륙복합운송은 선박, 철도 및 자동차가 상호 조합된 운송방식이며 Land Bridge 방식은 대륙을 횡단하는 철도나 도로가 해상과 해상을 잇는 교량(bridge, 가교)처럼 활용되는 복합운송경로이다. 즉, 해륙복합운송에서 해상-육상-해상으로 이어지는 운송수단 중 중간구간인 육로(land) 운송구간을 Land Bridge라고 한다.

2) 목적과 유용성

Land Bridge의 목적은 대륙을 횡단하는 육상운송을 이용하여 바다와 바다를 연결하는 운송서비스를 제공함으로써 운송경비를 절감하고 운송시간을 단축하는데 있다.

이 방식을 이용하면 해상운송만을(all water) 이용하여 화물을 운송하는 경우에 비해 운송시간과 비용을 획기적으로 절감 및 단축할 수 있다. 따라서 Land Bridge 방식은 대량화물을 적기에 운송하는데 매우 적합한 운송형태이다.

Land Bridge의 가장 전형적인 경로에는 ① 극동에서 유럽지역까지 운송시에 파나마와 수에즈운하를 경유하지 않는 극동-북미 태평양연안-(철도)-북미 대서양안-유럽항구를 경유하는 북미 랜드브리지 ② 극동-나호드카(러시아)-(철도)-유럽항구를 운송하는 시베리안 랜드브리지(Siberian Land Bridge, SLB)가 있다.

3) 북미 랜드브리지

(1) 의의

북미 랜드브리지는 1967년 아랍 국가와 이스라엘의 전쟁으로 수에즈 운하가 봉쇄됨에 따라 수에즈 운하를 경유하는 극동/유럽 항로와 경쟁하는 새로운 운송방식으로 출발하였다.

최근 시베리안 랜드브리지(SLB) 서비스가 활성화됨에 따라 상대적으로 경제성이 떨어져 하주의 이용률이 매우 저조한 편이다.

(2) 유형

북미 랜드브리지는 경유 지역에 따라 American Land Bridge(ALB)와 Canadian Land Bridge(CLB)가 가장 대표적이다. 그 밖에 운송이 이루어지는 방법에 따라 기타의 다양한 형태가 있다.

① American Land Bridge(ALB)

ALB는 미국 대륙이 극동과 유럽을 이어주는 운송시스템에서 다리 역할을 한다는 개념으로 1972년에 Seatrain사가 개발하였다.

이것은 극동지역의 주요 항만에서 출발한 화물을 미국 서해안의 주요 항만까지 해상운송한 뒤, 횡단철도를 이용하여 미국 동해안이나 걸프만(The Gulf)의 항구까지 운송한 후, 거기에서 유럽지역 항만이나 내륙까지 해상으로 운송하는 방식이다.

전체 수송거리는 27~32일 정도로 시베리안 랜드브리지(SLB)와 거의 비슷하지만 운임면에서는 이보다 20~30% 정도 저렴하다.

〈그림 5-1〉 ALB의 경로 및 소요일수

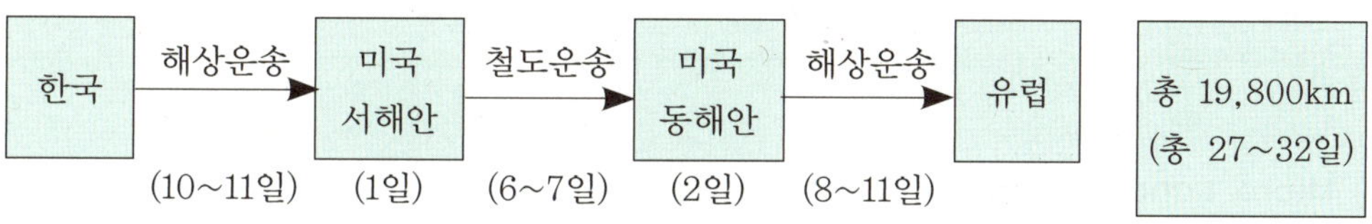

② Canadian Land Bridge(CLB, Canadian LB)

CLB는 육로를 마치 해상에서의 육교(교량)처럼 이용하는 랜드브리지(land bridge)의 일종으로, 극동의 항만에서 캐나다 서안의 밴쿠버(Vancouver) 항구나 미국의 시애틀(Seattle) 항구까지 해상으로 운송한 후, 그곳에서 캐나다 철도회사를 이용하여 몬트리올(Montreal)이나 캐나다 동해안까지 내륙운송한 뒤 다시 해상운송으로 유럽의 각 항만(Rotterdam, Antwerp 등)까지 운송하는 방식이다.

이것은 1979년 캐나다의 캐나다 철도회사(Canadian Pacific Rail)와 일본의 포워더인 미쯔비시(三菱)사가 공동으로 개발한 운송루트이다.

미국 대륙을 경유하는 ALB는 선사주도형의 서비스를 제공하고 있는데 반해, CLB는 포워더 주도형의 서비스를 제공하고 있는 것이 특징적이다.

세계적인 선복과잉 등으로 해상운임이 하락하였고 운송과정 중 여러 차례 환적으로 운송비용이 높아짐에 따라 최근에는 이 경로의 이용률이 매우 낮은 상태이다.

③ Mini Land Bridge(MLB)

MLB는 한국(극동)에서 미국 서해안까지는 해상으로 운송하고 거기에서 철도 등의 내륙운송을 거쳐 미국 동해안(대서양)이나 걸프지역 항만까지 수송하는 복합운송경로이다. 이 경로는 미국 Seatrain사가 ALB와 함께 1972년도에 운송서비스를 개시하였다.

Land Bridge와 Mini Land Bridge(MLB)의 차이점은 Land Bridge가 해상운송→육상운송→해상운송의 과정인데 비해, MLB는 해상운송→육상운송의 과정만을 포함한다는 점이다. MLB의 장점은 하주로서는 다양한 운송서비스를 제공받을 수 있고 운송수단이나 선박스케줄의 선택에 여유를 가질 수 있다는 점이다.

선사를 비롯한 운송인으로서는 동일한 하주를 계속 확보하면서도 항만 선택에 여유가 있고 소수의 항만에 화물을 집중하여 선박의 활용도를 높일 수 있다는 점이다.

〈그림 5-2〉 Mini-Land Bridge의 경로 및 소요일수

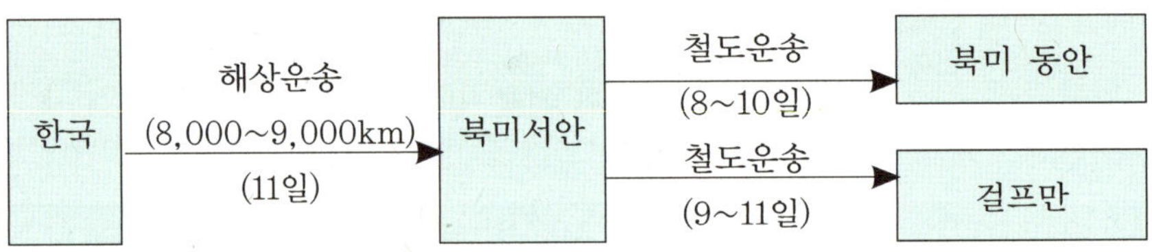

④ Micro Land bridge

Micro Land Bridge는 동아시아에서 미국 태평양 연안까지는 선박으로 해상운송하고 이후에는 철도나 트럭 등 육상운송수단을 통해 미국의 내륙지역까지 운송하는 방식을 말한다. 이것을 IPI(Interior Point Intermodal)라고도 부른다.

Micro Land Bridge에서는 선사 자신이 내륙까지의 B/L을 발급하며 철도에서 트럭으로의 연결과 최종목적지의 인도까지 모두 선사 자신이 책임진다.

MLB가 전구간 해상운송의 대체 운송서비스로서 미국 동해안이나 걸프만 지역의 항만에 한정되어 있는 항구 대 항구(port to port) 운송인데 비해, Micro Land Bridge는 해상과 철도를 이용하여 컨테이너화물을 운송하는 복합운송경로이다.

또한 MLB가 대륙 횡단철도를 이용하여 특정 항구에서 특정 항구(port to port)로 화물을 운송하는 방식인데 비해, Micro Land Bridge는 항구에서 주요 도시로(port to point) 화물을 운송하는 방식이다. 또한 MLB가 미국의 동해안이나 카리브 지역의 항구로 목적지가 한정되어 있는 것에 비해 Micro Land Bridge는 시카고 등 미국의 주요 내륙지점까지를 목적지로 하는 복합일관운송이다.

⑤ **Reversed IPI**(RIPI)

Reversed IPI(RIPI)는 극동이나 동아시아에서 파나마(Panama) 운하를 경유하여 미국 동해안 항만까지 해상운송한 뒤, 그곳에서 철도나 트럭 등에 접속하여 내륙도시까지 육상으로 운송하는 방식이다.

RIPI는 극동(Far East)이나 동아시아에서 북미 동해안 항구까지 All Water Service를 제공하고 있는 선사들이 극동에서 파나마 운하를 경유하여 북미 동해안이나 걸프만 항구까지 해상운송하고 거기에서 철도에 환적하여 IPI 운송경로를 역으로 올라가는 내륙운송서비스이므로 Reversed Microbridge 또는 Reversed MLB라고도 부른다.

RIPI는 IPI 복합운송서비스에 대항하기 위해 1980년 미국 동해안에 기항하는 선사들인인 머스크와 유에스라인 등이 북미 동해안까지 ALL WATER SERVICE를 하는 시작한 복합운송경로이다. RIPI는 미국 동해안에 가까운 내륙도시행 화물들이 많이 이용하며 IPI보다는 운임이 싼 편이지만 운송기간은 IPI보다 더 많이 소요된다.

⑥ **OCP**(Overland Common Point)

OCP(Overland Common Point)는 북미 대륙에서 해상운임을 할인하는 지역을 말하며 지리적으로는 로티(Rocky) 산맥 동쪽의 먼 지역들을 말한다. 이것은 미국의 서해안에서 콜로라도(Colorado), 미국 중북부에 있는 South Dakota, 미국 중북부 캐나다와 국경을 접하고 있는 North Dakota, New Mexico 등 로키산맥 동쪽의 멀리 떨어진 여러 지역으로 운송되는 복합운송화물의 해상운임을 특별히 할인하는 것이다.

이들 지역으로 해상과 철도를 이용하여 운송하면 대서양(atlantic ocean)과 걸프지역보다 운임이 많이 들기 때문에 경쟁력을 위해 할인요금을 적용한다. 그 해당 지역을 OCP Area 또는 OCP Territory라고 한다.

우리나라에서 이 지역으로 화물을 운송하는 것을 Overland 수송이라고 부르며, 북아메리카 서해안에서 양하되어 철도로 운송되는 화물의 운임률은 OCP Rate이라고 하고 이 운임률이 적용되는 화물을 OCP Cargo라고 부른다.

OCP 운임체제는 MLB와 비슷하지만 할인운임이 부과된다는 점에서 차이가 있다. OCP화물의 운임은 미국의 국내운임보다 5~30% 정도 저렴하다. 이는 미 대서양연안 및 걸프연안을 경유하는 화물들과 경쟁을 고려한 것이다. 극동에서 미국 대륙으로 운송되는 화물의 B/L에 'San Francisco OCP' 또는 'OCP Via Seattle'이라고 기재되어 있으면 화물은 목적항에서 수하인이 지정하는 내륙지역까지 운송된다. OCP운송에서 철도로 운송되는 경우 선박에서 화차까지 적재하는 비용은 미국철도운임협정기관(Trans-Continental Freight Bureau, TCFB)의 협정에 따라 양 회사가 부담하며, 선사와 트럭회사 간에도 록키산맥 자동차운임협정기관(Rocky Mountain Motor Freight Bureau)이 조직되어 있다.

4) 시베리안 랜드브리지

(1) 의의

시베리안 랜드브리지(Siberian Land Bridge, SLB)는 광활한 시베리아를 육상 가교(land bridge)로 하여 한국, 일본, 극동, 동남아, 호주, 유럽대륙, 스칸디나비아 반도를 복합운송 형태로 연결하는 해륙복합운송이다.

SLB는 일본이나 부산~보스토치니(Vostochny) 사이를 컨테이너선으로 해상운송하고 시베리아 철도인 컨테이너 전용열차(block train)로 러시아의 유럽국경 역까지 운송한 후 유럽의 철도, 트럭, 선박 등을 이용하여 컨테이너화물을 운송한다.

SLB의 운영 주체는 TSR(Trans Siberian Railway)이며 1971년에 서비스가 개시된 이래 한국, 대만, 필리핀, 호주, 뉴질랜드까지로 집하지역이 확대되고 있다.

목적지도 서구, 동구, 북구뿐만 아니라 지중해, 중동, 북아프리카, 몽골까지 확대되어 유럽항로에 의한 해상운송에 대항하는 운송루트로 발전하고 있다.

우리나라 수출 컨테이너화물은 1973년부터 SLB Service를 이용하여 운송되고 있으며 최근 우리나라 일부 포워더(Forwarder)들은 유라시아 트랜스 등과 직접 계약을 통해 TSR의 운영에도 실질적으로 참여하고 있다.

(2) 구분

SLB는 부산과 일본의 항구에서 러시아의 나호드카(Nakhodka)나 보스토치니 항까지 해상운송한 후 구소련 영토는 철도로 육상운송하여 유럽과 중근동의 국경까지 운송하며, 그 이후는 각 운송수단의 결합에 따라 다음과 같은 종류가 있다.

① Transrail

Transrail은 TSR의 3가지 운송시스템 중 가장 일반적인 것이다. 1984년에 TSR과 평행으로 북쪽에 건설된 제2의 시베리아 철도라고 불리는 총연장 4,335㎞의 바이칼-아무르 간선철도(BAM)의 개통으로 TSR의 운송능력은 크게 향상되었다.

이것은 극동지역의 항만으로부터 해상운송에 의해 보스토치니 항까지 컨테이너화물의 운송이 이루어진 후 운송의 안정화와 합리화를 위해 행선지별 컨테이너 전용열차로 시베리아 횡단철도를 이용하여 모스크바(Moscow)와 같은 거점도시를 거쳐 주요 경계지점까지 운송하는 Land Bridge 방식이다.

그러나 시베리아 철도는 광궤(궤간 1,520㎜)인데 비해, 유럽 철도는 표준궤도(궤간 1,435㎜)이기 때문에 구소련의 유럽 국경지역에서 반드시 환적이 이루어져야 한다. 전체 구간운송은 22~30일이 소요되며 경계지점에 따라 6개의 경로에 따라 운송된다.

② Transsea

Transsea는 해상운송으로 Vostochny항까지 운송된 컨테이너화물이 TSR로 발틱해 연안이나 흑해 항구인 Leningrad, Riga, Zhdanov(즈다노프), Ilyichevsk(일리이촙스크어), Estonia 수도인 탈린(Tallin)항까지 철도로 운송한 후 다시 선박으로 최종목적지(지중해, 서유럽, 스칸디나비아 반도)까지 운송되는 Land Bridge 방식이다.

③ Trancons

Transcons는 러시아나 폴란드 국경의 Brest 동쪽에 위치한 Vysokolitovsk(비소코리트브스크)까지 운송된 화물을 스위스나 프랑스 이북 등의 지역까지 트럭으로 운송하는 Land Bridge 방식이다.

〈그림 5-3〉 SLB의 운송경로

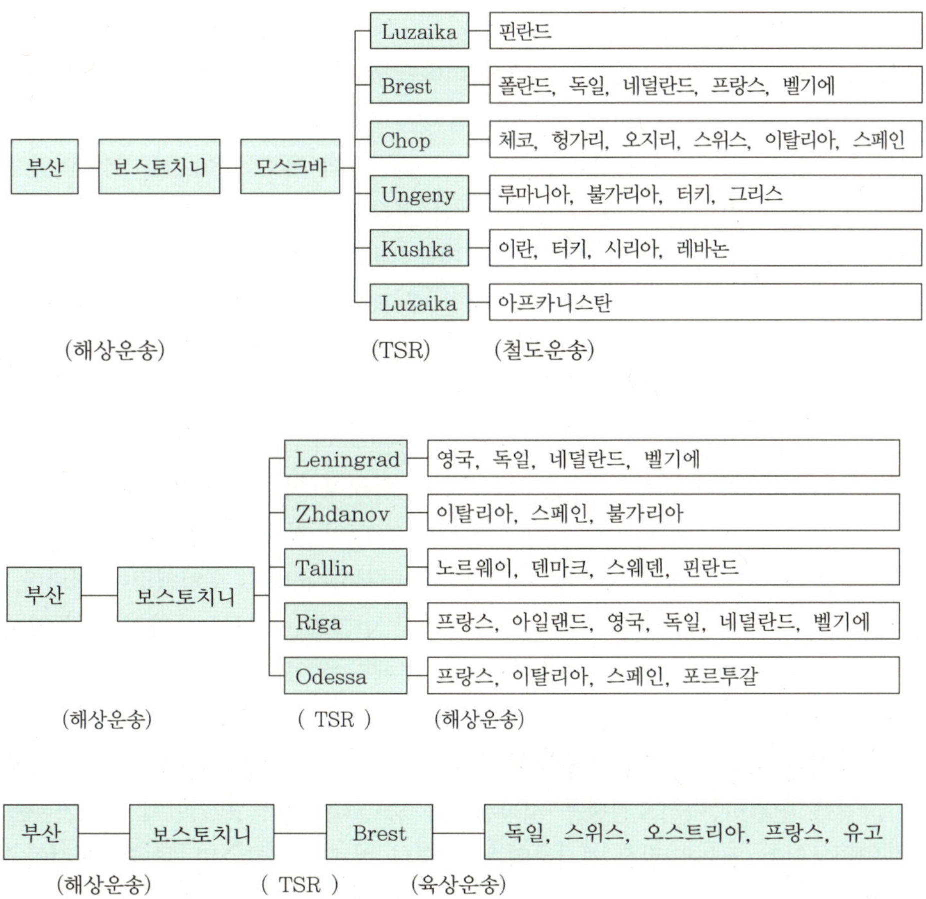

5) 중국대륙 횡단철도 해륙복합운송

(1) 의의

중국대륙 횡단철도(Trans China Railway, TCR) 해륙복합운송은 유럽대륙과 아시아대륙을 연결하는 Land Bridge로 기존의 TSR 이외에 중국대륙을 횡단하여 유럽까지 화물을 운송할 수 있도록 1992년에 개통된 해륙복합운송방식이다.

TCR은 대륙간 횡단 철도서비스이므로 한국, 일본, 대만, 홍콩 등 극동지역을 기점으로 하여 1차로 선박을 이용하고 강소성(江蘇省)의 연운항(連雲港)까지 해상으로 운송한 후, 중국대륙을 동서로 관통하는 철도운송으로 중국대륙을 횡단해서 구소련 국경지역에서 환적한 후 시베리안 횡단철도(TSR)에 연결되어 유럽까지 운송한다.

우리나라가 이용 가능한 경로는 인천이나 부산에서 중국의 연운항까지 해상운송하고 거기에서 중국대륙 횡단철도(TCR)에 환적되어 북유럽이나 중동지역으로 운송되는 경로이다.

(2) 효용성

TCR은 운송거리상 극동과 유럽을 연결하는 최단 코스로 요코하마와 로테르담 사이의 운송거리가 TSR보다 약 2,000㎞의 운송거리 단축이 가능하다.

국경역에서 환적을 위해 1~2일이 소요되더라도 극동과 유럽 간에 23~24일이면 운송이 가능하기 때문에 운송일수와 운송비용이 상당히 절감될 수 있다.

또한 시베리아 지역이 동절기(1~3월)에도 평균기온이 -20℃에서 −30℃ 정도로 매우 낮아 액체 화물운송에 어려움이 많은 점을 고려할 때 TCR은 TSR보다 위도상 낮은 지역에 위치해 동절기의 혹한에 의한 상품손상이나 동파의 위험이 적으므로 동절기의 액체 화물운송에도 커다란 장점이 있다.

그러나 단점으로 중국대륙 횡단철도는 중국 국경을 지나 구소련의 TCR과 연결되어야 하지만 궤도(track)의 차이로 중국 국경에서 반드시 환적이 이루어져야 한다.

또한 TCR은 TSR과 반드시 연계되어야 하는데 TCR의 전체 운임은 러시아 측과의 협상 여하에 영향을 받기 때문에 경쟁관계인 TSR보다 현저하게 낮은 운임책정이 어렵다.

이외에도 TCR 서비스에 대한 관계국간의 운영상 비협조, 컨테이너 환적 및 창고시설 등 물리적으로 국제화물운송에 부적합한 시설 등의 문제점이 있다. 따라서 TCR의 활성화에는 상당한 시간이 걸릴 것으로 보인다.

TCR은 아시아 대륙과 유럽을 연결하는 운송루트로 활용하기 위해 1956년부터 중국과 구소련이 국경을 연결하는 철도건설을 시작했다가 중단되었으나 1985년에 공사가 재개되어 1992년 12월부터는 운송을 정식 개시하였다. 그러나 현재 카사흐스탄 등 중앙아시아 지역까지의 국제화물 직행운송만 이루어질 뿐 유럽까지의 운송은 이루어지지 못하고 있다.

6) 유아시아 횡단철도

유아시아 횡단철도(Trans Asian Railway, TAR)는 아시아와 유럽을 가로지르는 완전한 철도망을 만들기 위한 프로젝트로 한반도(TKR)-중국(TCR)-러시아(TSR)를 경유하여 유럽까지 연결되는 철도망이다. 이것은 1992년부터 UN 산하 아시아·태평양 경제사회이사회(ESCAP)가 추진하고 있다.

아시아 횡단철도를 이용할 경우 부산에서 로테르담까지 거리는 약 10,370㎞인데, 컨테이너운송이 대략 24일 정도 걸리며 전구간을 해상 운송할 때 거리인 20,000㎞보다 9,630㎞가 짧아 운송기일이 약 4~5일 정도 빠르고 운임도 20% 저렴하다.

이 계획은 1950년대에 시작되었으나, 1990년대 들어 냉전이 종식되고 몇몇 국가들 간의 외교관계가 정상화 되면서 본격적으로 추진되게 되었다.

계획한 구간 내의 철도망은 대부분 존재하고 각 국가에서도 영업하고 있지만 중요한 차이점에 대한 통일이나 대안 확보가 아직 지지부진한 상태에 있다.

ESCAP는 1996년 제52차 회의에서 남북한 등 42개국이 TAR의 개통을 위해 단절된 남북한 철도를 복원하는데 최우선적으로 노력한다는 결의안을 채택하였다.

한반도 종단철도(Trans Korean Railway, TKR)망이 구축된다면 TAR은 21세기 아시아 경제부흥을 촉진하는 중요한 수단이 될 것이다.

우리나라의 경우도 동남아 주요 항과의 지리적 위치로 인한 열세에서 벗어나 부산, 인천, 광양항의 경쟁력을 강화시킬 수 있는 좋은 기회가 될 수 있다.

7) 아시아 횡단고속도로

아시아 횡단고속도로(Asian Highway)는 아시아 32개국을 횡단하는 전체 길이 14만 km의 고속도로이다. 이 고속도로는 아시아지역의 국제육상 교통개발을 촉진시키기 위하여 1959년 UN산하의 ESCAP에 의해 제창되었다.

주로 기존의 도로망을 활용한 현대의 실크로드를 목표로 1961년 착공되었으나 외교 등 여러 문제가 얽혀 있어 실제 연결까지는 많은 시간이 소요되고 있다. 원래는 동남아시아(태국, 필리핀 등)와 서아시아(아프가니스탄, 이란 등)를 연결하는 650,00㎞의 도로망 구축이 예정되었으나 동서냉전 구조 속에서 중국 등 사회주의 국가의 불참으로 필리핀-인도네시아-태국-인도-파키스탄-이란을 연결하는 남부노선을 대상으로 추진하였다.

그러나 최근 동서 냉전구조가 와해하면서 중국, 몽고, 베트남, 미얀마 등이 ESCAP에 가입함에 따라 한반도를 기점으로 중국-몽고-중앙아시아-유럽을 최단거리로 연결하는 북부노선이 추가되었다. 이 고속도로가 본격 가동된다면 아시아 각국 간 새로운 교류형태가 전개될 것이며 아시아 전역은 하나의 경제권이 될 수 있다.

2. 해공복합운송

1) 의의

해공(Sea & Air) 복합운송은 국제화물운송에 있어서 해상운송의 가장 큰 장점으로 평가되는 경제성(economy)과 항공운송의 가장 큰 장점으로 평가되는 신속성(speed)이라는 장점을 유기적으로 결합한 운송방식이다.

해공복합운송이 등장하게 된 배경은 운송구간 전체를 항공운송만을 이용한다면 운임이 너무 높고 해상운송만을 이용한다면 운송일수가 너무 오래 소요되기 때문에 상품의 정시인도(on time delivery)가 어렵다는 문제점을 효과적으로 극복하기 위함이다.

이 방식을 이용하면 운송구간 전체를 해상으로 운송하는 것에 비해 절반 이상 수송기간 단축되고 항공운송 요율보다도 60% 이상 요금이 저렴하여 기업들은 물류관리측면에서 적시 납품이 가능하고 수송기간이 단축으로 재고비용과 자본비용도 절감할 수 있다.

2) 개발

이 운송방식은 1950년대 말에서 1960년대 초 미국과 일본, 캐나다 기업들이 개발하였으며 1978년 Concord사와 Japan Sea Air Service(JSAS)가 해공복합운송의 전문 복합운송인으로서 업무를 개시한 이후, 현재에도 국제물류주선업자(Freight Forwarder, 포워더)들이 활발한 서비스를 제공하고 있다.

3) 효용성

해공복합운송은 항공운송에서의 고운임과 해상운송에서의 운송기간의 장기성을 극복할 수 있는 복합운송방식이기 때문에 운송운임과 운송일수의 이점이 전 구간 항공운송(all air)과 전 구간 해상운송(all water)의 중간적 입장에 있다.

이 운송방식은 항공운송인(air carrier)에 의해 시작되었으나 현재는 포워더(forwarder)에 의해 이루어지고 있다. 주로 포워더가 복합운송인으로서 선사와 항공사를 하청운송인으로 이용하며 하주에게는 단일 계약하에 복합운송증권을 발행하고 일관서비스를 제공한다.

4) 적격 화물

해공복합운송은 해상운송 중에는 무거운 해상컨테이너를 사용하고 항공운송 중에는 가벼운 항공운송용 컨테이너나 파렛트를 사용한다. 따라서 해공복합운송에 적합한 최적의 상품은 값과 운임이 비싼 공산품, 전자제품, 피복류, 시계, 의약품 등이다.

5) 유용성

(1) 적정 재고의 조절

해공복합운송은 해상운송과 항공운송의 운송기간 차이를 상품의 매출 상황에 따라 적정 재고량을 조절하는데 이용할 수 있다. 우리나라도 처음 2~3회 정도는 항공편으로 운송하고 판매상황을 보면서 차츰 해공복합운송을 이용한다.

유럽도 시장에서 재고량이 빨리 감소할 때에는 해공복합운송이나 항공운송을 이용하고 판매가 부진할 때에는 운송기간이 긴 해상운송방식을 주로 이용한다.

(2) 적기 선적의 운송수단

해공복합운송은 원료 수급에 따른 생산계획 차질 등 여러 가지 이유로 계약서에 명시된 선적기한에 선적할 수 없거나 외국 수입업자가 요구하는 도착예정일을 지키기 어려운 화물을 운송하는 경우에 주로 이용된다.

그 이유는 항공운송보다 운임이 싸고 해상운송보다 빠르기 때문이다. 해공복합운송은 전구간을 해상으로 수송할 때는 수송기간이 너무 길어 상품의 적시 인도가 어렵고, 전구간을 항공으로만 운송할 때에는 운임을 감당하기 어려울 때 주로 이용된다.

운송실무에서 해공(Sea & Air) 복합운송은 원래는 해상운송을 예정하고 있었으나 제조나 생산과정상의 문제 등으로 인하여 화물의 납기가 지연되거나 또는 실제로 전 운송구간을 운임이 비싼 항공(all air)으로 운송하기에는 약간의 시간적인 여유가 있을 때 주로 선택하는 운송방식이다.

(3) 운송기회 및 시설부족 지역의 운송수단

해공복합운송은 지역적인 특성이나 화물의 성격상 해상운송 서비스의 빈도가 낮고 해상운송을 통하여 화물을 보내는 것이 불안한 지역이나 국가의 화물을 운송하는 경우에 유용하게 이용될 수 있는 운송방식이다.

(4) 내륙 국가로의 운송수단

해공복합운송은 4면이 육지로 둘러싸인 내륙 국가로서 이웃 나라의 항구를 이용하여 화물을 수입하는 아프리카의 잠비아나 오스트리아 등에서 주로 사용되는 운송방식이다.

(5) 기타

해공복합운송은 해상운송 중 화물의 파손이나 도난의 위험성이 높은 중남미 제국과 아프리카 지역에서 해상운송의 대체운송으로 널리 이용되고 있는 운송방식이다.

6) 서비스 형태

(1) Carrier 형태

Carrier 형태는 운송인(항공사)이 자기회사 소속 항공기가 취항하는 노선을 기초로 경로를 설정하고, 해상운송구간은 선사들과 운송계약을 체결하고 중계지로부터 최종목적지인 주요 내륙도시까지는 자기회사 소속 항공기를 이용하는 방식이다.

중계지점에서 최종목적지까지를 자기 회사 소속 항공기만 이용하는 서비스 형태이기 때문에 복합운송 서비스 지역이 자기회사 노선이 있는 지역으로 한정되는 단점이 있다.

(2) Forwarder 형태

Forwarder 형태는 자기의 운송수단을 보유하고 있지 않은 포워더가 해상운송인 및 항공운송인과의 운송계약에 따라 일관운송의 책임을 인수하는 방식이다.

이 형태는 포워더가 여러 선사 및 항공회사의 일정한 공간(space)을 확보하고 있기 때문에 수요에 가장 적합한 중계지점과 운송수단을 설정할 수 있고 확실한 화물의 취급, 정확한 운송일수와 운송정보 등을 하주에게 제공할 수 있는 장점이 있다.

(3) Space Broker 형태

Space Broker 형태는 브로커가 선사와 항공사의 일정한 Space를 연간 계약으로 확보하고 양쪽 운임에 자기의 서비스 비용을 가산한 통운임을 책정하여 서비스하는 방식이다. 포워더 형태처럼 직접 하주에 판매하지 않고 주로 포워더에게 도매한다는 점이 특징이다.

7) 주요 경로

(1) 북미서안 경유 해공복합운송

북미서안 경유 해공복합운송은 한국과 일본을 비롯한 극동–북미 서해안간의 태평양항로에서는 컨테이너선으로 해상운송을 이용하고 미국 내 및 대서양에서는 항공운송을 이용하여 미국 중동부 및 남미지역과 유럽 각지로 수송하는 가장 역사가 오래된 방식이다.

운송의 평균 소요일수는 13~18일 정도이며 세계 해상항로 중 가장 선편이 많은 노선이다. 항공운송만으로의 운임과 비교할 때 40~50% 정도 저렴하다.

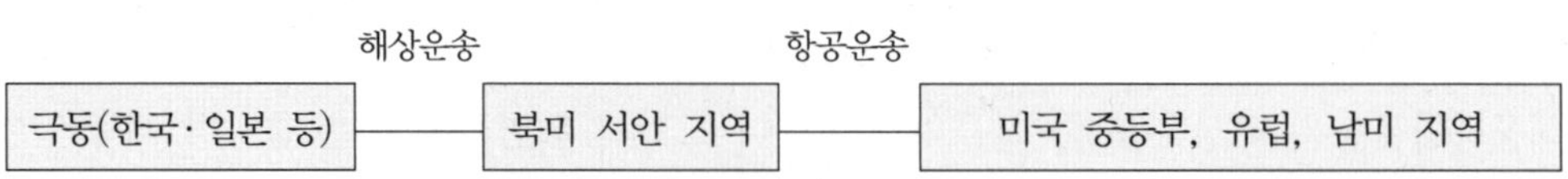

북미서안 경유 해공복합운송에는 캐나다 서해안의 밴쿠버에서 양하하여 항공운송으로 몬트리올을 경유하여 유럽으로 운송하는 방식도 있다.

운송의 평균 소요기간은 14~17일 정도이며 운임은 중동 지역의 두바이(Dubai)를 경로하는 것보다 20% 이상 높지만 약 3~4일이 덜 소요되고 선박 및 항공편의 운항회수가 많은 운송경로 중의 하나이다.

(2) 러시아 경유 해공복합운송

러시아 경유 해공복합운송은 러시아의 Aeroflot사가 주관하는 운송방식으로 한국이나 일본에서 러시아의 보스토치니항까지 컨테이너선으로 해상운송하고 다시 트럭으로 블라디보스톡 공항으로 육상운송한 후 그곳으로부터 모스크바까지 항공운송하여 모스크바에서 유럽 각 도시에 공수되는 방식이다. 컨테이너를 이용하여 해상에서 항공까지 일관 운송하며 운송의 평균 소요일수는 10~18일 정도이다.

(3) 동남아시아 경유 해공복합운송

동남아시아 경유 해공복합운송은 한국과 일본 등 극동에서 홍콩, 방콕, 두바이, 싱가포르 등 동남아와 중동까지는 해상운송하고 그곳에서 유럽, 중동, 아프리카, 호주까지 항공으로 운송하는 방식이다. 운임은 비싸지만 운송의 소요일수는 8~12일로 가장 신속하다.

해공복합운송 중에서 비교적 최근인 1980년대에 개발된 운송루트로서 북미서안 경유 해공복합운송 및 러시아 경유 해공복합운송은 항공사가 주도하여 개발한 것인데 반하여 이 방식은 포워더(air freight forwarder)와 Space Broker에 의해 발전되어 온 것이 특징이다.

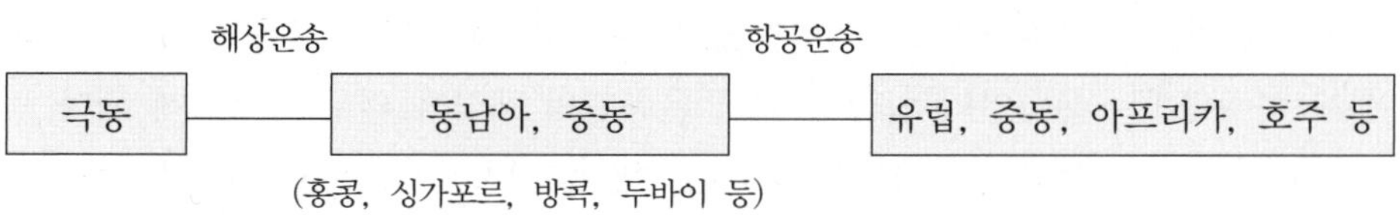

제3절 복합운송인

1. 복합운송인의 정의와 유형

1) 정의

복합운송인(Combined Transport Operator, CTO)은 자기의 명의와 계산으로 하주를 상대로 전 운송구간에 대해 복합운송계약을 체결하는 당사자이며, 복합운송기간 중 여러 운송구간을 적절히 연결하고 총괄하며 운송의 주체자로서 책임과 의무를 부담하고 복합운송증권을 발행하는 자'를 말한다. 이를 Multimodal Transport Operator(MTO)라고도 부른다.

복합운송인은 선사, 항공회사, 트럭회사, 철도회사, 창고업자, 물류업자, 포장업자, 포워더 가운데 하주에 대하여 단일 계약하에 단일책임을 지며 이종의 운송수단을 결합하여 복합운송증권을 발행할 수 있는 자이면 누구나 될 수 있다.

2) 유형

(1) 실제운송인형 복합운송인

실제운송인형 복합운송인(actual carrier, carrier operator)은 자신이 선박, 트럭, 항공기, 자동차 등 운송수단을 실제로 보유하고 있을 뿐 아니라 자신이 보유한 운송수단을 이용하여 복합운송을 직접 담당하는 운송인을 말다.

대표적인 실제운송인으로는 선사, 철도회사, 트럭회사 및 항공회사 등이 있다. 그러나 국제복합운송 과정에는 해상운송 부문이 가장 큰 비중을 차지하고 있기 때문에 해상운송의 실제운송인인 선사가 스스로 복합운송인이 되는 경우가 가장 일반적이다.

(2) 계약운송인형 복합운송인

계약운송인형 복합운송인(contracting carrier, non-carrier operator)은 자신이 선박, 항공기, 트럭, 철도 등 운송수단을 보유하고 있지 않으면서도 실제운송인처럼 운송의 주체자로서 복합운송인의 기능과 책임을 다하는 운송인을 말한다. 이들은 실제 운송을 담당하는 실제 운송인에 대해서는 하주(송하인)의 입장에서 운송인의 책임과 의무를 다하며, 운송을 위탁한 실제 하주에게는 운송인의 입장이 되어 운송인의 책임과 의무를 다하게 된다.

전형적인 계약운송인형 복합운송인들은 육상, 해상, 항공, 복합운송에서 업무를 주선하거나 대리하는 물류주선업자(international forwarder)나 통관업자 등이 있다.

2. 복합운송인의 책임

1) 책임구분

(1) 과실 책임원칙

과실 책임원칙(Principle of Liability with Fault)은 운송인이나 그 사용인이 선량한 관리자로서의 적절한 주의의무를 전제로 성립되는 책임원칙이다.

이 원칙에서는 운송인이 주의의무를 태만히 하거나 과실로 야기시킨 화물의 멸실이나 손상 등의 손해는 하주가 이를 입증하게 되면 당연히 운송인이 그 책임을 부담해야 한다.

(2) 무과실 책임원칙

무과실 책임원칙(Principle of Liability without Fault)은 운송인이나 그 사용인의 과실 유무를 불문하고 가해의 사실이 있다면 배상을 책임지는 원칙이다. 이것은 자신의 고의나 과실에 대해서만 책임을 진다는 과실 책임원칙의 예외 개념이다.

이 원칙에서는 엄격 책임원칙과 달리 불가항력, 포장의 부적절이나 부적합, 화물의 고유한 성질, 통상의 소모나 누손 등은 운송인의 면책사유로 인정된다.

(3) 엄격 책임원칙

엄격 책임원칙(Principle of Strict Liability)은 과실의 유무를 불문하고 운송인이 결과에 대한 모든 책임을 부담하며 면책을 인정하지 않는 책임원칙이다.

이 원칙은 손해의 결과에 대해 운송인이 절대적으로 책임을 지는 동시에 면책의 항변이 일체 용인되지 않기 때문에 절대 책임원칙 또는 결과 책임원칙이라고도 한다.

2) 책임체계

복합운송인은 하주에 대하여는 원칙적으로 단일책임을 부담하지만, 각 운송구간에 대하여는 어떠한 책임을 부담하느냐에 따라 다음의 세 가지 이론이 있다.

(1) 단일책임체계

단일책임체계(Uniform Liability System)는 전 운송구간에 걸쳐 모두 동일한 내용의 책임을 단일 복합운송인이 부담한다는 원칙으로 통합책임체계라고도 한다. 이 원칙에서는 화물의 멸실, 손상, 지연 손해가 복합운송의 어느 구간에서 발생하였느냐를 가리지 않고 복합운송인은 동일한 기준에 따라 모든 책임을 부담한다. 이 원칙은 책임소재가 매우 간결하고 분명하기 때문에 하주와 운송인 사이에서 발생할 수 있는 분쟁을 줄일 수 있는 장점이 있다.

그러나 단일책임체계는 다음과 같은 단점을 가지고 있다. 첫째, 복합운송인으로서는 여전히 하청운송인과의 구상관계가 남아 있기 때문에 오히려 절차가 복잡하게 될 뿐만 아니라 비용도 증가한다. 둘째, 복합운송인에게 충분한 배상능력과 업무능력이 요구되기 때문에 결국 복합운송인은 거대자본과 기술축적을 이룬 다국적기업이 될 수밖에 없다.

셋째, 책임한도가 기존 운송법의 책임한도 수준으로 설정되지 않으면 보험료율이 높아지게 되고 보험료의 상승은 운임의 상승을 의미하는 것이기 때문에 손해를 보는 것을 결국 하주와 최종 소비자가 될 수 있다.

(2) 이종책임체계

이종책임체계(Network Liability System)는 단일의 복합운송인이 부담하는 책임 내용이 각 운송계약에 적용되는 기존의 국제협약이나 법규에 따라 결정된다는 원칙으로 분할책임체계라고도 한다.

이 체계에서 복합운송인의 책임은 운송화물의 멸실이나 손상이 발생한 운송구간이 명확하게 확인된 경우(known damage)와 이를 알 수 없는 미확인의 경우(concealed damage)로 구분된다. 전자의 경우, 운송인의 책임은 운송물의 멸실이나 손상이 생긴 해상, 육상, 항공 등의 운송구간에 적용될 국제협약(해상운송은 헤이그 규칙, 항공운송은 바르샤바 협약, 육상운송은 CMR이나 CIM 등)이나 국내법에 따라 결정된다.

후자의 경우, 운송인의 책임은 그 손해가 운송구간이 가장 긴 해상구간에서 발생한 것으로 추정하여 Hague Rule이나 멸실, 손상된 운송물의 중량 kg당 일정액의 책임한도 금액을 기본책임으로 적용한다. 이 체계는 복합운송계약이 하주가 각 운송방식별 운송인과 개별적으로 계약을 체결한 것과 같은 효과가 있어 기존의 운송계약과 잘 조화될 뿐 아니라 기존의 국제협약사이의 충돌을 피하거나 최소한도로 충돌을 줄일 수 있는 장점이 있다.

그러나 복합운송인이 각 운송과정에 적용될 각종 국제협약과 국내법에 의한 책임내용을 모두 올바르게 알아 실무에 사용하기에는 어려움이 있을 뿐 아니라 복잡하기 때문에 사고발생시 그 해결을 위한 보험회사의 비용이 증가되는 단점이 있다.

(3) 절충형 책임체계

절충형 책임체계(Modified Uniform Liability System)는 단일책임체계와 이종책임체계를 절충한 원칙으로 변형 통일책임체계 또는 수정 단일책임체계라고도 한다.

이 체계는 손해발생 구간의 확인 여부와 관계없이 동일한 책임규정을 적용한다는 면에서는 단일책임체계를 반영하였고, 예외적으로 손해발생 구간이 확인되고 그 구간에 적용될 법규에 규정된 책임 한도액이 UN 국제물품복합운송협약의 책임 한도액보다 높을 경우에는 그 구간의 법규를 적용하는 이종책임체계를 반영한 것이다.

제7절 국제물류운송주선업(Freight Forwarder)

1. 의의와 구분

1) 의의

국제물류주선업(Freight Forwarder)은 하주(송하인이나 수하인)의 요청에 따라 그의 대리인으로서 화물에 관한 적재, 운송, 보관 등 일체 업무를 주선해줄 뿐 아니라, 스스로 운송계약의 주체자가 되어 복합운송인으로서 복합운송증권을 발행하여 전구간의 운송책임을 부담하는 사람이나 법인을 말한다.

운송실무에서는 보통 포워더, 포워딩사, 포워딩업체, 운송주선인, 국제운송주선인, 국제운송주선업자, 복합운송주선인, 국제물류주선업자 등으로 부르고 있고 영어로는 Forwarder, Shipping Agents, International Forwarding Agents, NVOCC, Forwarding Agents, Freight Forwarder, Forwarding Company 등으로 부르고 있다.

2) 구분

Freight Forwarder는 하주나 운송인의 단순한 대리인인 Forwarding Agent와 자기명의로 일관운송을 인수하는 계약운송인의 지위를 갖는 Freight Forwarder로 구별된다.

일반적으로 Forwarder는 단순한 주선인의 지위에 있지 않고 운송인의 지위도 동시에 가지고 있다. 또한 복합운송인에 대한 별도의 규정이 없기 때문에 포워더를 복합운송인과 동일시하고 있는 것이 일반적이다.

3) 우리나라의 Freight Forwarder

우리나라의 Freight Forwarder는 해운법상 해상화물운송주선업과 항공법상의 항공운송주선업 및 화물유통촉진법상의 복합운송주선업으로 삼분화 되어 있었다. 그런데 1993년 항공법 개정으로 항공운송주선업이 삭제되었고 1995년에는 화물유통촉진법과 해운법이 개정공포되어 해상화물운송주선업이 삭제되어 업종이 복합운송주선업으로 일원화 되었다.

또한 2007년에는 복합운송주선업이 '국제물류주선업'으로 개칭되어 오늘에 이르고 있다. 운송실무에서는 아직도 '복합운송주선업(인)' 또는 '운송주선인'이 많이 사용되고 있기 때문에 본서에서는 현재 물류정책기본법에서 사용하는 국제물류주선업(자), 포워더(Forwarder) 또는 Freight Forwarder를 혼용하여 사용하고자 한다.

2. 역할과 주요업무

1) 역할

Freight Forwarder는 운송을 위탁한 불특정 다수 고객(하주)의 대리인으로 복잡하고 다양한 업무를 위임받아 효과적인 업무를 수행함으로써 운송인(선주 등)과 하주 사이의 중립적인 입장에서 하주의 이익을 최대한 보호하는 역할을 수행한다.

또 화물의 입고와 출고, 선적, 운송, 보관, 배송 등 일체의 업무를 주선할 뿐 아니라, 복합운송에서는 스스로 운송계약의 주체자가 되어 복합운송증권을 발행하고 전 구간의 운송을 책임지는 역할도 수행한다.

2) 주요 업무

(1) 주선인의 역할과 운송의 주체자 및 하주의 대한 조언자

Freight Forwarder는 하주의 대리인으로서 운송 지역과 화물의 특성에 적합한 운송수단을 선택하는 전통적인 운송주선인의 역할과 운송의 주체자로서 선사 등 운송업체를 매체로 독자적인 운임 요율표에 의해 복합운송인의 역할을 동시에 수행하고 있다.

또한 Freight Forwarder는 하주의 요청에 따라 가장 효율적인 해상, 철도, 도로 등 운송경로 스케줄과 소요 비용, 서비스 내역, 경제성 등을 고려하여 가장 적합한 운송경로를 권해주고, 운송에 필요한 포장 관련 사항이나 운송서류를 용이하게 작성할 수 있도록 조언해 주는 역할을 수행한다. 최근에는 기존 수출입업자들이 하던 업무인 수출입 정보제공과 무역알선 업무도 수행하면서 그 영업 범위를 더욱 확대하고 있다.

현재 정부에 등록된 국제물류주선업체수는 약 2,000여개이고 이중 한국국제물류협회에 가입한 회원사는 약 760여 개이다.

(2) 화물의 집하, 분류, 배송, 혼재작업

Freight Forwarder는 운송의 주체자로서 화물의 집하(pick up), 분배, 배송, 분류(sort)도 담당한다. 운송화물이 LCL화물일 경우에는 소량의 단위화물을 여러 하주로부터 인수받아 이를 동일한 목적지별로 분류하고 혼재(consolidation)하여 FCL화물로 만들어 선사나 항공회사에게 전달하는 역할을 수행한다.

(3) 화물의 Pick-up 운송

Freight Forwarder는 송하인의 위탁에 따라 화물을 하주로부터 인수하여 선박에 적재를 위해 화물을 항구까지 운송하거나 공항까지 Pick-up하는 운송을 담당한다.

(4) Co-Loading

Co-Loading은 포워더 상호간에 이루어지는 소량화물의 공동집하를 말하며, 어느 한 포워더가 단독으로 소량화물(LCL cargo)을 FCL로 집화할 수 없는 경우에 다른 포워더와 협조하여 공동으로 FCL화하는 것을 의미한다. Freight Forwarder는 어느 한 포워더가 단독으로 소량화물을 콘솔할 수 없을 경우에 부득이 그것을 동업자이면서 서로 대등한 위치에 있는 다른 포워더에게 위임하여 그로 하여금 혼재 운송을 할 수 있도록 업무협조를 수행한다.

(5) 선복 예약 및 운송계약의 체결

Freight Forwarder는 보통 자신의 명의로 운송계약을 체결하지 않는다. 그러나 경우에 따라서는 특정 하주의 운송계약 대리인으로서 자기명의로 운송계약을 체결하고 특정 선박의 선복을 예약하는 역할을 수행하기도 한다.

(6) 운임과 기타 운송관련 비용의 견적

Freight Forwarder는 국내외 선사들과 협정을 통해 업무를 수행하고 있다. 따라서 송하인이나 수하인은 Freight Forwarder를 통해 운송구간의 운임과 그 밖의 시설들을 이용하는데 따른 소요 시간과 비용 등에 대한 견적을 받아볼 수 있다.

(7) 보험의 수배와 포장 및 보관

Freight Forwarder는 하주를 대신해서 보험계약을 체결하기도 하고 손해발생시 클레임 처리에 대해 효과적으로 하주를 보좌하는 역할을 수행한다.

또한 Freight Forwarder는 화물의 성질에 따른 가장 적절한 포장방법이나 형태를 조언해 주며 화물의 집하, 장치 등 수출입화물의 보관에 필요한 업무를 수행하기도 한다. 대형 복합운송주선인은 포장회사를 독자적으로 운영하는 경우도 있다.

(8) 수출입통관 대행과 유통

Freight Forwarder는 하주가 요청하는 경우 하주를 대신해서 수출입화물의 통관절차를 대신 밟는 업무를 수행한다. 또한 Freight Forwarder는 수입화물에 대해서는 다수의 하주를 대상으로 물품을 직접 유통하기도 한다.

(9) 관련 서류의 정비와 작성 및 조언

Freight Forwarder는 물품이 항구에 도착시 선사나 그의 대리점으로부터 선적 허가서나 부두수취증(D/R), 선하증권을 수령하고 항공화물운송장, 통관 관련 서류, 매입서류 등을 하주를 대신하여 작성해 주거나 하주가 작성할 때 조언해 준다.

(10) 포장 및 보관

Freight Forwarder는 화물의 성질에 따른 가장 적절한 포장방법이나 형태를 조언해주며 화물의 집하, 장치 등 수출입화물의 보관에 필요한 업무를 수행하기도 한다. 대형의 복합운송주선인은 독자적인 포장회사를 운영하는 경우도 있다.

(11) 기타 운송관련 각종 대행서비스

Freight Forwarder는 국내 운송업무(domestic transporting)는 물론, 하주를 대신하여 운송과정에서 필요한 화물의 집하, 분류, 배송, 혼재작업 이외에 창고, 적재와 양하업무, 창고업무 등을 직·간접적으로 수행하거나 대행한다.

(12) 특수화물 운송서비스

Freight Forwarder는 내국인이나 외국인이 일정 기간 우리나라나 외국에 거주하기 위해 반입하거나 반출하는 해외이주 화물을 취급하며 미군 화물 등의 특수 화물들도 처리하고 있다. 이주화물의 경우 운송서비스는 일반적으로 화물의 포장 과정부터 이민국의 최종목적지까지 문전 운송도 문전에서 문전까지의 운송서비스를 제공한다.

(13) 전시화물 취급업무

전시화물 취급업무서비스(exhibition cargo handling service)는 포워더가 상업화물의 해외 상품박람회나 예술품(fine arts) 등의 전시회 출품을 목적으로 일시적으로 반출입되는 전시화물들(exhibition cargoes)을 포장부터 통관, 국내운송, 선적이나 기적, 보험, 전시 후 재반입, 해체(unpacking)와 장치(installing)에 이르기까지 모든 절차를 일괄 위임받아 처리하는 업무를 수행하는 것을 말한다.

전시화물 취급서비스의 특징은 특수 포장 등 포장의 중요성과 왕복운송 업무(상업화물의 경우는 미 판매분에 대한 반송, 예술품의 경우는 반송) 등이며, 특히 일시 수출·재수입(반송)되기 때문에 일시수입 통관증서(ATA Carnet)를 취득해야 한다.

(14) House Forwarding Service

House Forwarding Service는 수출입자가 상품의 수출입 운송과정의 제반 업무를 포워더(freight forwarder)에게 도급하는 것을 말한다. 포워더에게 운송업무를 위임 도급하면 수출입자는 수출입 고유업무를 전담할 수 있다. 특히 수출자는 상품의 생산과 판매에 전념할 수 있고 수입자는 구매와 국내영업 등에 전념할 수 있게 된다.

또한 운송에 관한 제반 업무는 계약에 따라 전문업체인 포워더가 전담하여 일괄 처리하게 함으로써 수출입자 모두는 불필요한 부대경비와 인력을 절감할 수 있다.

3. 효용성

국제물류주선업(Freight Forwarder)은 운송을 의뢰하는 하주와 운송인 등에게 각각 다음과 같은 효용성을 제공한다.

1) 수출입 하주 측면

첫째, 수출 하주의 경우는 복잡한 국제화물운송 관련 업무를 Forwarder가 대신하기 때문에 자기가 직접 업무를 수행하는 것보다 비용, 시간, 인력절감 효과가 크다.

그리고 기업 조직 내에 운송을 전문으로 하는 인력이나 부서를 별도로 두지 않고서도 운송부문의 아웃소싱(outsourcing)을 Forwarder를 통해 이룸으로써 화물 유통정보나 운송 관련 노하우(know-how) 등 최적의 서비스를 제공받을 수 있다.

특히, 선사들은 보통 소량화물(LCL cargo)을 취급하지 않기 때문에 소화물의 수출하주들에게는 Forwarder가 필수적이다. 이 혼재 운송서비스를 통해 소화물을 취급하는 수출 하주들은 간소화된 화물운송 업무, 수송 일수의 단축, 컨테이너 단위에 따른 혼재 수송에 의한 수송비용의 절감의 혜택을 누릴 수 있다.

둘째, 수입 하주의 경우는 화물 수령에 필요한 각종 서류의 작성이나 업무절차에 관하여 Forwarder의 조언을 받을 수 있다. 또한 화물의 도착 통지와 함께 문전까지 화물을 직접 인도해 주기 때문에 수입하주로서는 이러한 업무에 구애받지 않고 국내영업 등 자신의 업무에 보다 더 전념할 수 있다.

2) 운송인 측면

Forwarder에게 운송수단을 제공해 주는 운송인은 각양각색의 다양한 일반 수출입 하주들을 직접 상대하는 것보다 집하, 분류, 배송, 혼재업무 전문가인 Forwarder를 상대하게 되면 보다 쉽게 안정적인 물량을 확보할 수 있다. 또한 운송인은 Forwarder의 집하력을 활용함으로써 자신의 집하체제를 보완하는 효과를 얻을 수 있다.

항공운송의 경우는 거의 모든 화물을 Air Freight Forwarder를 통해 집하하고 있다.

3) 국제물류주선업 자신 측면

국제물류주선업 자신도 복합일관수송 업무로부터 수익을 얻는 것은 물론이고, 부수적 업무로서 해상운송, 통관, 해상화물, 창고 또는 육상운송의 기반업무에 대한 수요 확대에 따른 이익을 누리게 된다. 그리고 자신이 하나의 하주 입장에서 선사에 대한 협상력도 강화시킬 수 있다.

제 5 절 복합운송증권

1. 의의와 기능 및 특성

1) 의의

어떠한 운송에서도 운송물을 대표하는 증권이나 증서가 필요하듯 복합운송에서는 복합운송증권이 필요하다. 복합운송증권은 각 기관이나 조약에 따라 다양하게 정의되고 있지만 전체적인 의미는 대동소이하다.

이들의 의미를 종합하면 '복합운송증권(Multimodal Transport Document, MTD)은 복합운송계약에 의하여 운송화물을 어느 한 국가의 수령지점이나 장소에서 다른 국가의 지정된 인도지점이나 장소까지 적어도 두 가지 이상의 다른 운송수단의 결합에 의하여 운송하는 것을 증명하는 서류'이다.

즉, 복합운송인이 전 운송구간에 걸쳐 일관운송의 책임을 지고 운송물의 멸실, 손상이나 지연 등으로 인한 배상의 책임을 부담할 것을 증명하여 복합운송인이 송하인의 청구에 의하여 송하인에게 발행하는 운송서류가 복합운송증권이다.

복합운송증권은 운송화물을 인수(taking in charge)할 때 발행되는 서류로서 '복합운송서류'라고 부르기도 하는데 현재 복합운송증권은 대부분 선하증권 형식으로 발행되고 있다.

UCP 600에서는 신용장에 별도의 명시가 없는 한, 은행은 복합운송서류를 수리하여야 한다고 규정하고 있어 복합운송증권을 중요한 운송서류로 인정하고 있다.

2) 기능

복합운송에 의해 물품이 인수된 사실과 계약에 따라 약정 물품을 인도할 것을 약속한 서류가 복합운송증권이다.

따라서 유통성 복합운송증권은 일반적인 선하증권의 기능과 마찬가지로 복합운송계약의 증거, 화물수취의 증거, 그리고 권리증권의 기능을 가지고 있다.

법적으로 유통성 복합운송증권은 선하증권과 같이 물권적 효력, 채권적 효력 및 문언적 효력이 인정됨으로써 유가증권의 기능을 가지고 있고, 운송계약에 의해 운송물의 수령을 전제로 복합운송인이 발행된다는 측면에서 요인증권의 성격도 가지고 있다.

그런데 선하증권은 선적항과 목적항이 기재되는 반면, 복합운송증권은 수령지와 인도지가 기재된다. 그리고 선하증권은 본선적재를 표시하는 반면, 복합운송증권은 수령지로부터 최종인도지까지 전 운송구간을 운송인이 인수하였음을 증명한다.

3) 특징

첫째, 복합운송은 상이한 운송인들의 결합에 의해 운송이 이루어지더라도 복합운송증권은 처음부터 끝까지 운송구간 전체를 단일로 커버한다. 또한 복합운송증권은 본선적재 전에 복합운송인이 화물을 인수하거나 수취한 상태에서 발행한다.

둘째, 복합운송증권은 실질적인 운송인만이 발행하는 선하증권과는 달리, 실질적인 운송인뿐 아니라 포워더(forwarder)도 발행할 수 있다. 즉, 복합운송증권은 하주에게 전 운송구간에 대한 전체적인 책임을 지는 복합운송인이면 누구나 발행할 수 있다.

4) 통선하증권(Through B/L)과의 비교

① 증권의 발행자

복합운송증권은 운송인 이외에 포워더 등도 발행할 수 있다. 이에 반해 통 선하증권은 선사나 그 대리인이 발행한다.

② 화물의 운송구간

복합운송증권에 의한 화물의 운송구간은 운송인이 화물을 송하인으로부터 인수한 시점에서 수하인에게 인도한 시점까지를 말하는 것으로 문전에서 문전까지를 운송한다. 이에 반해 통 선하증권은 항구에서 항구까지가 운송구간이 된다.

③ 운송수단의 결합형태

복합운송증권은 이종 운송수단의 조합만이 아니고 동종운송 수단의 결합도 가능하다. 이에 반해 통 선하증권은 이종 수송수단의 결합만 가능하다.

④ 발행 시기

복합운송증권은 운송인이 송하인으로부터 화물을 인수한 시점에서 발행된다. 이에 반해 통 선하증권은 일반적으로 화물을 본선에 적재한 후에 발행된다.

⑤ 운송계약의 형태

복합운송증권은 전 운송구간에 걸쳐 복합운송계약이 체결된다. 이에 반해 통 선하증권은 계약의 형태를 불문하고 최종목적항까지 별도 운송계약이 체결된다.

⑥ 증권의 형식

복합운송증권은 B/L 형식으로 발행되는 것이 일반적이지만 그 이외의 형식도 가능하다. 이에 반해 통 선하증권은 B/L 형식이어야 한다.

⑦ **운송인의 책임**

복합운송증권에서 운송인은 전 구간 단일책임을 부담하지만 통선하증권의 경우는 각 운송인이 분할하여 책임을 부담한다. 이에 반해 통 선하증권은 출항지, 출항지 야적장 및 장치장으로부터 입항지, 입항지의 야적장 및 창고까지를 책임구간으로 한다.

2. 발행형식과 종류

1) 발행형식

복합운송증권의 발행 형식에서 가장 중요한 것은 무역금융 및 화환매입과 관련하여 유통성이 있는가의 여부이다. 복합운송증권의 발행형식은 크게 구분하면 유통성(negotiable)과 비유통성(non-negotiable)이 있고 유통성증권은 지시식과 무기명식으로 구분된다.

유통성증권은 운송증권의 기본적인 기능을 갖고 있는 반면, 비유통성증권은 운송증권의 기본적인 기능 가운데 권리증권의 기능은 가지고 있지 않다.

2) 종류

(1) 선하증권 형식의 복합운송증권

선하증권 형식의 복합운송증권은 기존의 B/L에 복합운송을 의미하는 명칭들이 붙은 운송증권이다. 현재 실무적으로 사용되는 증권 가운데 명백하게 복합운송증권으로 인정할 수 있는 경우는 거의 선하증권 형식으로 되어 있다. Through B/L, Combined Transport B/L, Multimodal Transport B/L, Intermodal Transport B/L, FIATA B/L 등이 있다.

(2) Combined Transport Document(CTD)

CTD는 선하증권(B/L)이라는 명칭을 사용하지 않고 복합운송서류라는 명칭을 사용하고 있는데 이는 ICC가 1975년에 제정한 '복합운송증권에 관한 통일규칙'에서 규정하고 있는 복합운송증권이다. CTD는 모든 복합운송구간을 포괄하기 때문에 각 운송구간에 대한 별도의 운송서류는 필요가 없고 유통이 가능한 형태와 유통이 불가능한 형태가 있다.

(3) Multimodal Transport Document(MTD)

MTD는 UN 국제물품복합운송협약(UNCIMTG, 1980)에 준거한 복합운송증권이다. 이 협약은 비준 또는 가입한 국가가 아직까지 극소수이어서 현재 발효되지 못하고 있기 때문에 실무에서 사용되는 경우는 매우 드물다.

제 6 절 복합운송협약

1. 복합운송협약의 필요성과 성립 과정

1) 필요성

첫째, 복합운송은 Door to Door 서비스에 의한 전 운송구간을 단일의 운송계약으로 이행하는 것이므로 복합운송이 이상적으로 실행되기 위해서는 단일 운송주체와 단일책임체계가 준수됨을 원칙으로 하고 있다.

따라서 예전에 적용되어 왔던 단일운송에 관한 국제협약(예를 들어 해상은 헤이그 규칙, 항공은 바르샤바 협약 등)을 복합운송에 그대로 적용한다는 것은 무리가 있었다.

둘째, 컨테이너에 의한 복합운송에서는 해상운송을 전제로 한 재래선 운송과 달리, 통상 내장되어 있는 화물을 일일이 확인할 수 없고 운송화물의 멸실이나 파손 등의 손해가 어느 운송구간에서 발생하였는지 알 수가 없다. 따라서 복합운송인의 책임과 의무 등을 별도로 규정하고 있는 국제협약을 제정할 필요가 있었다.

셋째, 선하증권은 해상의 단일운송에 이용되기 때문에 육상의 내륙운송이 수반되는 복합운송에서는 본래의 기능을 다할 수가 없다. 그리고 국제운송에 적용하는 국제협약이나 규칙들이 다양할 뿐 아니라 각 운송구간의 책임원칙이 서로 다르기 때문에 각 운송마다 서로 다른 협약이나 국내법의 규율을 받는 운송서류들이 발행되는 문제가 있었다.

결국, 복합운송인의 책임내용과 복합운송서류를 국제적으로 통일시킴으로써 전 운송구간 단일운송책임을 부담하는 복합운송방식을 제도적으로 뒷받침하기 위한 국제협약의 제정이 필요하게 된 것이다.

2) 국제복합운송협약의 성립 과정

(1) UNIDROIT 초안과 Tokyo규칙

하주와 복합운송인 사이의 관계를 규율하는 국제협약과 국제규칙의 필요성은 컨테이너시대가 도래하기 이전인 1930년대부터 사법통일국제협회(UNIDROIT), 국제상업회의소(ICC) 및 국제해사법위원회(CMI) 등에 의해 검토되어 왔다.

그러나 국제복합운송에 관한 법제화는 1948년에 국제상업회의소(ICC)가 처음으로 거론하였고 이것이 보다 구체화된 것은 1965년 UNIDROIT가 국제물품복합운송 초안(일명 Bagge 안)과 1969년 CMI가 Toyko Rules이 발표되면서 부터이다.

즉, 1948년 ICC의 의뢰에 따라 CMI가 1949년에 공포한 국제복합운송계약에 관한 협약 초안이 '박게안(Bagge Draft)'이며 이 초안은 1961년에 UNIDROIT에 의해 심의되어 1965년에 복합운송에 관한 협약안으로 채택되었다. 그 후 1968년 CMI가 컨테이너운송을 주요 대상으로 하는 국제복합운송협약안의 초안을 작성하였고 1969년에 동경에서 그 안이 정식 채택되었는데 이것이 '도쿄규칙(Tokyo Rules)'이다.

(2) TCM 협약안

① 제정 과정과 백지화

박게안과 도쿄규칙이 서로 양립되는 가운데 UN산하 유럽경제위원회(ECE)와 정부간 해사자문기구(IMCO)는 박게안과 도쿄규칙의 내용들을 통일시키기 위하여 CMI와 UNIDROIT를 소집하여 1970년 로마(Roma) 초안을 작성하였다. 이 초안은 정부간 해사자문기구(IMCO)의 심의를 거쳐 1971년 11월에 TCM 협약안(국제물품복합운송협약)으로 공표되었다.

TCM 협약안은 1972년에 유엔과 IMCO가 공동으로 개최한 국제컨테이너운송회의에서 정식으로 채택될 것이 기대되었으나, 항공업계와 77그룹에 속하는 개도국 및 미국의 반대로 심의가 되지 못하여 결국 백지화되었다.

② 구성

TCM 협약안은 범위와 적용, 복합운송인의 의무, 복합운송증권, 운송화물의 멸실과 손상에 대한 복합운송인의 책임, 복합운송증권의 양도성, 지연손해, 제소기간, 복합운송인에 적용될 국내법과의 관계 등 전문 17개 조항으로 구성되어 있다.

③ 적용과 책임 범위

TCM 협약안은 해상, 내수, 항공, 철도, 도로 기타의 운송방법 가운데 적어도 두 종류 이상에 의한 2국간의 운송에 적용된다(TCM 협약안 제1조). 그리고 본 협약안의 적용은 임의이지만 일단 본 협약안을 따르기로 하면 이는 강행적으로 적용된다. 본 협약에서 복합운송인은 운송물을 수령할 때부터 최종 수하인에게 인도될 때까지 자기 또는 사용인 등의 귀책사유로 인해 발생하는 멸실, 손상, 지연 손해에 대한 책임을 부담한다(제9조).

④ 책임 주체

복합운송인은 복합운송증권을 발행하고 물품을 수령할 때부터 인도할 때까지의 전 기간을 통해 증권에 표시된 수령지로부터 인도지까지 전 운송구간을 인수할 뿐 아니라 전 운송과정의 어떤 구간에서 운송화물의 멸실이나 손상이 발생하면 협약이 정하는 책임원칙에 따라 복합운송증권의 소지인이나 증권에 지정된 자에게 일차적으로 책임을 부담한다.

2. UN 국제물품복합운송협약

1) 의의

TCM 협약안은 CMR 협약, 헤이그 규칙, 헤이그-비스비 규칙의 조합물로 탄생된 것이기 때문에 선진국들에게 매우 유리하게 규정되어 있었다.

이에 개발도상국들은 TCM 협약안은 하주 측의 이익이 충분히 반영되지 않았다는 것을 이유로 반대하였고, 1972년에 UN/IMCO가 공동으로 주최한 국제컨테이너운송회의에서 이를 부결시킴으로써 TCM 협약안은 결국 백지화되었다.

TCM 협약안이 백지화되어 국제복합운송협약으로 채택되지 못하게 됨에 따라, UN은 컨테이너 혁명과 국제복합운송이 개발도상국의 경제에 미치는 영향 등에 관한 연구를 권고하면서 UNCTAD가 이 작업을 수행하도록 추천하였다.

이에 따라 국제협약에 대한 작업이 UNCTAD 산하 68개국 정부간 대표로 구성된 국제복합운송에 관한 정부간 준비그룹에서 1973년부터 다시 시작되었다. 정부간 준비그룹은 동 작업에 착수한 이후로 1977년까지 6차례의 회의를 거친 끝에 1979년 3월 독자적인 UN 국제물품복합운송협약(United Nations Convention on International Multimodal Transport of Goods : UNCIMTG, 1980, UN 협약 또는 MT 협약)을 작성하여 11월 12일 제네바에서 개최된 UN회의에 제출하였다.

이 회의에서는 그룹간의 의견대립으로 채택되지 못하였지만 그 이후 1980년 5월에 개최된 제3차 제네바 회의에서는 이 협약안이 정식 채택되었다.

2) 주요 내용

첫째, UN 협약은 운송화물의 수령지 또는 인도지가 체약국 내에 있는 2국간의 복합운송계약을 적용대상으로 한다.

둘째, UN 협약하의 복합운송인은 운송화물을 자기의 관리 아래로 수령한 때로부터 이를 인도할 때까지 전 운송기간 내지 운송구간에 걸쳐 책임을 부담해야 한다.

이는 전 운송구간 단일책임원칙을 적용하는 것으로 복합운송인 한 주체에게 책임을 집중시킴으로써 하주의 손해에 대한 배상청구대상을 단순하고 명확히 해두기 위함이다.

셋째, UN 협약은 복합운송과정에서 발생한 물품의 손해와 관계하여 복합운송인은 운송화물의 멸실, 손상 또는 인도지연의 원인으로 된 사고가 운송화물이 그의 관리하에 있는 동안에 발생한 경우에는 그 멸실, 손상 또는 인도지연으로 인하여 발생한 손해에 대해 복합운송인이 모든 책임을 부담하도록 규정하고 있다. UN 협약은 단일운송계약을 지배하는 국제협약에 비해 매우 엄격한 책임을 운송인에게 부과하고 있다.

3. 복합운송증권통일규칙

1) 의의

복합운송증권통일규칙은 국제상업회의소(ICC)가 국제복합운송의 규제는 반드시 규칙의 형식에 의할 필요가 있으므로 신용장통일규칙의 선례에 따라 민간차원의 자주적 규범을 작성할 의도에서 1973년에 제안한 규칙이다.

정식명칭은 'ICC복합운송증권통일규칙(ICC Uniform Rules for a Combined Transport Document, ICC Publication No. 298, 1973, 1975)'이다. 이 규칙은 1975년에 일부 수정되어 1991년 말까지 적용되어 오다가 UNCTAD/ICC 규칙으로 대체되었다.

2) UNCTAD/ICC 규칙(1992)

(1) 개요

UNCTAD/ICC 복합운송증권 규칙은 UNCTAD와 ICC 합동위원회가 헤이그 규칙, ICC 복합운송증권 통일규칙 등을 기초로 1991년 프랑스 파리의 국제상업회의소(ICC) 이사회에서 제정한 '복합운송증권에 관한 UNCTAD/ICC규칙(UNCTAD/ ICC Rules for Multimodal Transport Documents, 1992, UNCTAD/ ICC 복합운송증권 규칙)'이다.

이 규칙은 UN 국제물품복합운송협약이 각국으로부터 광범위한 지지를 얻지 못해 발효가 지연되자 UNCTAD 사무국이 복합운송인의 책임에 관한 통일적이고 공평한 조항을 포함하여 UN 국제물품복합운송협약이 의도했던 목표를 실현할 수 있다는 다른 방안을 국제상업회의소(ICC)와 공동으로 모색한 결과로 탄생된 것이다.

(2) 제정 과정

국제해사법위원회(CMI)가 1969년에 작성한 Tokyo Rules과 1971년에 발표된 TCM 협약안을 기초로 1973년에 제정된 ICC 복합운송증권 통일규칙은 이후에 발틱 국제해운동맹과 FIATA 복합운송서류(FBL) 등 많은 표준증권에서 널리 채용되어 왔다.

그러나 1980년 UN 국제물품복합운송협약의 발효를 앞두고 1988년에 UNCTAD 사무국은 ICC와 합동으로 작업반을 조직하여 헤이그 규칙과 헤이그-비스비 규칙은 물론, FBL이나 1973년 ICC 복합운송증권통일규칙과 같은 기존의 통일규칙과 UN 국제물품복합운송협약의 내용을 바탕으로 한 복합운송증권에 관한 새로운 국제통일규칙의 모형을 제시하였다.

무역업계의 의견들을 반영하는 3년간의 작업과정을 거친 후, 1991년에 이 규칙은 정식 채택되었고 1992년 1월에 'UNCTAD/ICC Rules for Multimodal Transport Documents(복합운송증권에 관한 UNCTAD/ICC 규칙, 1992)가 최종 공표되었다.

제 6 장 국제운송과 무역거래

제 1 절 국제운송과 무역조건

1. 국제운송과 무역조건과의 관계

오늘날 운송, 금융, 보험은 무역거래에서 빠질 수 없는 세 기둥이다. 그 중에서 운송은 선사나 항공회사 등 운송회사가 담당하고 대금결제는 선적서류를 담보로 환어음 매입이라는 형태로 은행을 통해 이루어지며, 운송중의 화물에 발생하는 예측 불허의 손해는 보험회사로부터 보상받는 구조로 되어 있다.

따라서 이들 세 가지의 중요한 기능들이 상호 유기적으로 결합해야만 비로소 무역거래가 원활히 이루어질 수 있게 된다.

특히, 화물의 운송은 무역거래에서 매매당사자 중 매도인의 물품인도의무 이행을 위해 필수 불가결한 과정이다. 무역거래에서 운송계약을 어느 당사자가 체결하며 그 운임이나 수송비의 부담을 누가 할 것인가는 매매당사자간에 체결된 계약내용에 따라 결정되는 것이 일반적이다. 어떠한 운송형태를 선택하느냐 하는 문제도 수출입계약을 체결할 때에 매매당사간의 합의에 의해 결정된다.

이와 같이 무역거래에서 운송계약을 체결하는 주체자나 운송형태 등을 결정하는 것은 화물의 종류, 성격, 포장상태 등을 종합적으로 감안하여 매매당사자간에 체결되는 정형화된 무역조건(trade terms)에 달려있는 것이다.

게다가 운송중인 화물의 위험을 매도인과 매수인 어느 쪽이 부담하는가 또는 사고 발생시 보험금의 청구권자는 누구인가 그리고 위험의 이전 장소와 시간은 어느 시점인가 등은 매도인과 매수인이 체결한 정형화된 무역조건의 내용에 의해 결정되게 된다.

이러한 정형화된 무역조건들은 수출입자로 하여금 간결하고도 안전한 무역거래를 수행할 수 있도록 도와주는 중요한 역할을 담당한다. 왜냐하면 FOB나 CIF 등 정형화된 무역조건은 매매당사자간의 비용과 위험부담에 대한 책임 분기점을 규정하고 있으며 매도인과 매수인의 의무도 대칭적으로 상세하게 규정되어 있기 때문이다.

2. 무역조건과 국제규칙

국제거래는 국가에 따라 법률과 관습의 차이가 있기 때문에 매도인과 매수인 어느 쪽 국가의 법률과 관습에 따를 것인가가 문제가 된다.

이러한 문제를 해소하기 위해 국제적으로 널리 인정된 정형화된 무역조건들에 대한 해석의 통일이 이루어졌는데 그 대표적인 규칙들은 다음과 같은 것들이 있다.

◉ Warsaw-Oxford Rules for CIF Contract, 1932
국제법협회(The International Law Association, ILA) 제정

◉ Revised America Foreign Trade Definition, 1941
미국상업회의소(Chamber of Commerce of the United State)
전 미국수입자협회(American Importers Association)
전 미국무역협회(the National Foreign Trade Council) 공동채택

◉ International Rules for the Interpretation of Trade Terms, 1936
(약칭 : INCOTERMS) 국제상업회의소(ICC) 제정

여기에서 정형화된 무역조건(trade terms)은 이 규칙에 규정되어 있는 FOB나 CIF와 같은 약어를 말하며 무역거래조건, 무역조건, 정형무역거래조건이라고도 부른다.

이러한 규칙은 강제적인 것은 아니지만 무역에 관계하는 매도인과 매수인은 사실상 이러한 규칙에 따르고 있다.

Warsaw-Oxford Rules는 그 규칙의 명칭대로 CIF계약에서 당사자의 권리와 의무 관계만을 다루고 있는 단행법규인데, 서문과 함께 본문 21개 조로 구성되어 있다.

이 규칙은 CIF계약에 대하여는 상세한 규정을 두고 있지만 그 후 개정이 전혀 이루어지지 않았고 현재는 거의 사용되지 않고 있다.

개정미국외국무역정의(Revised American Foreign Trade Definitions, RAFTD 1941)는 1941년 전미무역회의에서 공식 채택된 것으로 6종의 FOB와 Ex(point of origin)을 비롯한 5종의 기타 거래조건(FAS, CIF, CAF, Ex: point of origin, Ex dock)들이 규정되어 있다. 특히 FOB조건을 6가지의 종류로 세분화한 것은 미국의 지리적인 특성에 따라 본선인도가 다양한 방법으로 발생되었기 때문이다.

이러한 규칙들 중 가장 중요한 것이 INCOTERMS(International Rules for Interpretation of Trade Terms)이고, 인코텀즈 중에서 우리나라에서 특별히 많이 사용되고 있는 조건들은 FOB, CFR, CIF규칙이다.

3. 인코텀즈(INCOTERMS) 2020

1) 인코텀즈의 의의와 개정

인코텀즈(International Rules for the Interpretation of Trade Terms, International Commercial Terms, INCOTERMS)는 무역조건의 해석에 관한 국제규칙이다.

인코텀즈는 세계 각국에서 관용되어 사용되고 있는 무역조건의 용어나 약어가 잘못 해석됨을 방지하고 당사자 사이에 발생하는 오해나 분쟁과 마찰을 미연에 방지함으로써 국가마다 다른 거래관행에 대한 불안전성을 해소하고 무역거래의 관습과 용어의 국제적 통일을 기하기 위한 목적으로 제정되었다. 인코텀즈는 정형화된 무역조건마다 계약의 당사자(매도인과 매수인)가 각각 무엇을 해야 하는가, 위험과 비용부담을 포함하여 상대방에 대하여 각각 어떠한 의무를 부담해야 하는지 등을 상세하게 규정하고 있다.

인코텀즈는 프랑스 파리에 본부를 두어 1920년에 창설된 국제상업회의소(ICC)가 1936년에 최초로 11종의 조건을 제정한 이후, 무역환경의 변화와 상거래 관행의 변화에 부응하여 1953년, 1967년, 1976년, 1980년, 1990년, 2000년에 각각 개정되었으며 현재는 2020년에 개정된 INCOTERMS 2020이 사용되고 있다.

2) 인코텀즈 2020

2020년 인코텀즈는 전체 11개 거래조건을 운송수단에 따라 단수나 복수의 어떠한 운송수단에도 사용이 적합한 규칙(즉 모든 운송조건)과 해상 및 내수로 운송을 위한 전용규칙(즉 해상운송조건)으로 구분하고 있다. 이에 반해 1990년 인코텀즈와 2000년 인코텀즈는 전체 13가지 거래조건을 E 그룹, F 그룹, C 그룹, D 그룹 등 네 가지 그룹으로 분류하였다.

〈표 6-1〉 인코텀스 2010의 구성과 비교

<table>
<tr><th colspan="2">1990년 INCOTERMS 및 2000년 INCOTERMS</th><th colspan="2">2010년 INCOTERMS</th><th colspan="2">2020년 INCOTERMS</th></tr>
<tr><td>E그룹
(출발지인도)</td><td>EXW</td><td rowspan="2">모든 운송 조건</td><td rowspan="2">EXW, FCA, CPT, CIP, DAT, DAP, DDP</td><td rowspan="2">모든 운송 조건</td><td rowspan="2">EXW, FCA, CPT, CIP, DAP, DPU, DDP</td></tr>
<tr><td>F그룹
(주운송비 미지급인도)</td><td>FCA, FAS, FOB</td></tr>
<tr><td>C그룹
(주운송비 지급인도)</td><td>CFR, CIF, CPT, CIP</td><td rowspan="2">해상 운송 조건</td><td rowspan="2">FAS, FOB, CFR, CIF</td><td rowspan="2">해상 운송 조건</td><td rowspan="2">FAS, FOB, CFA, CIF</td></tr>
<tr><td>D그룹
(도착지인도)</td><td>DAF, DES, DEQ, DDU, DDP</td></tr>
</table>

3) 인코텀즈 2020상 어떠한 단일 또는 복수의 운송방식에 사용 가능한 규칙

(1) EXW [Ex Works(insert named place of delivery)]

"공장인도"는 매도인이 다음과 같이 한때 매수인에게 물품을 인도하는 것을 의미한다. ▷ 매도인이 물품을 (공장이나 창고와 같은) 지정장소에서 매수인의 처분하에 두는 때, 그리고 ▷ 그 지정장소는 매도인의 영업구내일 수도 있고 아닐 수도 있다.

본 규칙은 선택되는 어떤 운송방식이 있는 경우에 그것이 어떠한 단일 또는 복수의 운송방식인지를 불문하고 사용될 수 있다.

(2) FCA [Free Carrier(insert named place of delivery)]

'운송인인도'는 매도인이 물품을 매수인에게 다음과 같은 두 가지 방법 중 어느 하나로 인도하는 것을 의미한다. 첫째, 지정장소가 매도인의 영업구내인 경우, 물품은 다음과 같이 된 때 인도된다. ▷ 물품이 매수인이 마련한 운송수단에 적재된 때 둘째, 지정장소가 그 밖의 장소인 경우, 물품은 다음과 같이 된 때 인도된다. ▷ 매수인의 운송수단에 적재되어 ▷ 지정장소에 도착하고 ▷ 매도인의 운송수단에 실린 채 양하 준비된 상태로 ▷ 매수인이 지정한 운송인이나 제3자의 처분하에 놓인 때.

(3) CPT [Carriage Paid to(insert named place of delivery)]

'운송비지급인도'는 매도인이 다음과 같이 매수인에게 물품을 인도하는 것을 - 그리고 위험을 이전하는 것을 - 의미한다. ▷ 운송인에게 물품을 교부함으로써 ▷ 매도인에 의해 계약이 체결된 ▷ 또는 그렇게 인도된 물품을 조달함으로써. CPT에서는 두 곳이 중요하다. 물품이 (위험이전을 위하여) 인도되는 장소 또는 지점(있는 경우)이 그 하나이고, 물품의 목적지로서 합의된 장소 또는 지점이 다른 하나이다.

(4) CIP [Carriage and Insurance Paid to(insert named place of Destination)]

'운송비·보험료지급인도'는 매도인이 다음과 같이 매수인에게 물품을 인도하는 것을 - 그리고 위험을 이전하는 것을 - 의미한다. ▷ 매도인에 의해 계약이 체결된 ▷ 운송인에게 물품을 교부함으로써 ▷ 또는 그렇게 인도된 물품을 조달함으로써.

매도인은 물품을 인도지로부터 합의된 목적지까지 운송계약을 체결해야 한다. 또한 매도인은 인도지점으로부터 목적지까지 매수인의 물품의 멸실이나 손상위험에 대해 보험계약을 체결해야 한다. 또한 인코텀즈 2020상 CIP조건하에서 매도인은 협회적하약관 (C)에 의한 제한적 담보조건이 아니라 협회적하약관 (A)이나 그와 유사한 약관에 따른 광범위한 담보조건으로 부보해야 한다는 것을 매수인은 유의해야 한다.

(5) DAP [Delivered at Place(insert named place of destination)]

'도착지인도'는 다음과 같이 된 때 매도인이 매수인에게 물품을 인도하는 것을 - 그리고 위험을 이전하는 것을- 의미한다. ▷ 지정목적지 내에 또는 ▷ 어떠한 지점이 합의된 경우에는 그 지점에서 ▷ 물품이 매수인의 처분상태로 놓인 때 ▷ 도착운송수단에 실어둔 채 양하 준비된 상태로. 매도인은 물품을 지정목적지까지 또는 지정목적지 내의 합의된 지점까지 가져가는데 수반되는 모든 위험을 부담한다.

(6) DPU [Delivered at Place Unloaded(insert named place of destination)]

'도착지양하인도'는 다음과 같이 된 때 매도인이 매수인에게 물품을 인도하는 것을 -그리고 위험을 이전하는 것을- 의미한다. ▷ 지정목적지 내에 또는 ▷ 어떠한 지점이 합의된 경우에는 그 지점에서 ▷ 물품이 ▷ 도착운송수단으로부터 양하가 완료된 상태로 ▷ 매수인의 처분상태로 놓인 때. 매도인은 물품을 지정목적지까지 가져가서 그곳에서 물품을 양하는데 수반되는 모든 위험을 부담한다.

DPU는 매도인이 목적지에서 물품을 양하하도록 하는 유일한 인코텀즈 규칙이다. 따라서 매도인은 자신이 그러한 지정장소에서 양하를 할 수 있는 입장에 있는지를 확실히 해야 한다. 당사자들은 매도인이 양하의 위험과 비용을 부담하기를 원하지 않는 경우에는 DPU를 피하고 그 대신 DAP를 사용해야 한다.

(7) DDP [Delivered Duty Paid(insert named place of destination)]

'관세지급인도'는 다음과 같이 된 때 매도인이 매수인에게 물품을 인도하는 것을 의미한다. ▷ 물품이 매수인의 처분상태로 놓인 때 ▷ 수입통관을 필하여 ▷ 도착운송수단에 실어둔 채 ▷ 양하준비된 상태로 ▷ 지정목적지에서 또는 지정목적지내의 어떤 지점이 합의된 경우에는 그 지점에서.

매도인은 물품을 지정목적지까지 또는 지정목적지 내의 합의된 지점까지 가져가는데 수반되는 모든 위험을 부담한다. DDP에서는 인도가 도착지에서 일어나고 매도인이 수입통관과 해당되는 세금의 납부책임을 부담하므로 DDP는 11개의 모든 인코텀즈 규칙 중에서 매도인에게 최고수준의 의무를 부과하는 규칙이다. 여기에 '조달한다'는 것은 특히 일차산품거래에서 일반적인 수차의 걸쳐 연속적으로 이루어지는 매매(연속매매)에 대응하기 위함이다. 매도인은 자신의 운송계약상 인도장소/목적지에서 양하에 관하여 비용이 발생한 경우에 당사자간에 달리 합의되지 않는 한 그러한 비용을 매수인으로부터 별도로 상환받을 권리가 없다.

DDP에서는 매도인은 해당되는 경우에 물품의 수출통관 및 수입통관을 수행해야 하고 또한 수입관세를 납부하거나 모든 통관절차를 수행해야 한다.

4) 인코텀즈 2020상 해상 및 내수로 운송 전용에만 사용 가능한 규칙

(1) FAS [Free Alongside Ship(insert named port of shipment)]

'선측인도'는 다음과 같이 된 때 매도인이 물품을 매수인에게 인도하는 것을 의미한다.

▷ 물품이 선박의 선측(예컨대 부두 또는 바지선)에 놓인 때 ▷ 매수인에 의해 지정된 ▷ 지정된 선적항에서 ▷ 또는 이미 그렇게 인도된 물품을 조달한 때. 물품의 멸실이나 손상위험은 물품이 선측에 놓인 때 이전하며 매수인은 그러한 시점 이후의 모든 비용을 부담한다.

(2) FOB [Free on Board(insert named port of shipment)]

'본선인도'는 매도인이 다음과 같이 물품을 매수인에게 인도하는 것을 의미한다.

▷ 지정된 선적항에서 ▷ 매수인에 의해 지정된 ▷ 본선상에 적재함 ▷ 또는 이미 그렇게 인도된 물품을 조달함. 본 규칙은 당사자들이 물품을 선박에 적재함으로써 인도하기로 하는 해상운송이나 내수로 운송의 경우에만 사용되어야 한다. 매도인은 물품을 선박에 적재하여 인도하거나 선적을 위하여 이미 그렇게 인도된 물품을 조달해야 한다.

(3) CFR [Cost and Freight(insert named port of destination)]

'운임포함인도'는 매도인이 다음과 같이 물품을 매수인에게 인도하는 것을 의미한다. ▷ 본선상에 적재함 ▷ 또는 이미 그렇게 인도된 물품을 조달함.

위험은 물품이 선적항에서 선박에 적재됨으로써 또는 이미 그렇게 인도된 물품을 조달함으로써 매수인에게 인도된 때 매도인으로부터 매수인에게 이전된다. 그러나 매도인은 물품을 인도지부터 합의된 목적항까지 운송하는 계약을 체결해야 한다.

(4) CIF [Cost, Insurance and Freight(insert named port of destination)]

'운임·보험료포함인도'는 매도인이 다음과 같이 물품을 매수인에게 인도하는 것을 의미한다. ▷ 본선상에 적재함 ▷ 또는 이미 그렇게 인도된 물품을 조달함.

본 규칙은 해상운송이나 내수로 운송의 경우에만 사용되어야 한다. 그런데 물품이 컨테이너터미널에서 운송인에게 교부되는 경우에 일반적으로 그러하듯이 둘 이상의 운송방식이 사용되는 경우에 적합한 규칙은 CIF가 아니라 CIP이다.

CIF하에서 매도인은 목적항까지 운송계약을 체결해야 하며 목적항까지 매수인의 물품의 멸실이나 손상 위험에 대하여 보험계약도 체결해야 한다.

인코텀즈 2020 CIF하에서 매도인은 협회적하약관 (A)에 의한 보다 광범위한 담보조건이 아니라 협회적하약관 (C)나 그와 유사한 약관에 따른 제한적인 담보조건으로 부보해야 한다는 것을 매수인은 유의해야 한다.

제 2 절 국제운송과 신용장거래

1. 국제운송과 운송서류

1) 운송서류의 의의

운송서류(transport documents)는 운송인이 하주와 운송계약을 체결하고 화물을 본선에 적재·발송·수탁하였음을 증명하기 위해 발행하는 서류이다.

이를 '선적서류(shipping document)'라 부르지만 신용장통일규칙(UCP)은 운송서류라는 용어를 사용하고 있다. 광의의 운송서류는 선하증권, 상업송장 등을 포함하는 개념이며 협의로는 운송서류 그 자체만을 의미한다. 가장 대표적인 운송서류는 선하증권(B/L)이다.

2) 운송서류의 구성

운송서류는 보통 복수의 통수(通數)로 구성된다. 대개 계약서나 신용장에 필요한 서류의 명칭과 통수가 명시된다. 계약서나 신용장에 명시가 없으면 3통(full set)이 1조가 된다.

3) 운송서류의 중요성

추심이나 신용장결제방식의 경우에는 매도인이 물품을 선적한 후 매수인이나 신용장 발행은행 앞으로 환어음을 발행하고 여기에 환어음의 담보가 되는 운송서류를 첨부하여 은행을 통하여 대금을 추심 및 매입하게 된다. 따라서 수출자는 계약상의 당연한 의무로서 계약물품의 인도를 입증하는 운송서류를 준비하여 제시해야 한다.

특히, 신용장결제는 독립추상성에 바탕을 둔 서류거래이기 때문에 여기에 관련되는 은행들은 오로지 수출자가 구비하여 제시하는 제반서류만을 심사함으로써 대금의 지급여부를 결정하게 된다. 따라서 대금결제와 관련된 가장 중요한 것 중의 하나가 적격한 요건을 갖춘 운송서류 및 제반서류의 구비와 제시이다.

4) 운송서류의 종류

운송서류는 운송인이 하주와 계약을 체결하고 화물을 본선에 적재·발송·수탁하였음을 증명하는 서류이기 때문에 운송서류의 종류는 운송방식만큼이나 다양하다.

현재 가장 많이 이용되고 있는 운송방식은 선박을 이용한 해상화물운송이므로 운송서류도 해상선하증권을 비롯하여 해운운송 관련 서류들이 가장 종류가 많다.

2. 운송서류와 신용장거래

1) 운송서류의 정규성

수출자가 계약서나 신용장조건에 따라 구비하여 제시해야 하는 운송서류는 다음의 정규성(regularity)을 갖추어야 한다. 첫째, 운송서류는 법률적으로나 사실적으로 유효성(validity)과 적법성(regality)을 갖춘 서류이어야 한다.

둘째, 운송서류는 현재 무역거래에서 널리 사용되는 양식의 서류이어야 한다.

셋째, 운송서류는 제시기한이 경과되지 않은 서류이어야 한다.

2) UCP 600과 운송서류

UCP 600은 운송서류를 복합운송서류(multimodal transport document), 해상선하증권(ocean bill of lading), 비유통성 해상화물운송장(non-negotiable sea waybill), 용선계약부 선하증권(charter party document), 항공운송서류(air waybill), 도로/철도/내수로 운송서류(road, rail or inland waterway transport documents), 특사배달, 우편수취증 또는 우송증명서(courier receipt, post receipt or certificate of posting) 등으로 구분하여 별도의 요건을 규정하고 있다.

3) 신용장에서 요구하는 운송서류(선하증권)의 요건

신용장거래에서 화환어음을 매입할 때 제시되어야 하는 가장 중요한 운송서류가 선하증권이므로 어느 신용장이든 다음과 같은 선하증권의 수리 요건을 기재하고 있다. 이것은 수출자가 네고(매입)할 때 은행에 의해 수리될 수 있는 B/L의 수리 요건을 의미한다.

> 예문) FULL SET OF CLEAN ON BOARD OCEAN BILL(S) OF LADING MADE OUT TO ORDER OF THE SHIPPER, BLANK ENDORSED, MARKED FREIGHT PREPAID NOTIFY ACCOUNTEE.

(1) Full Set B/L(전통제시 선하증권)

Full Set B/L은 전통제시 선하증권으로 선사가 발행한 원본(original) 선하증권 모두가 제시되어야 한다는 것을 의미한다. 일반적으로 원본 선하증권은 3통이 발급되는데 원본에는 어느 것에도 선사의 서명과 함께 First Original, Second Original, Third Original이라는 'Original' 표시가 되어 있다.

3통의 원본이 발행되는 이유는 유가증권인 선하증권이 발급된 이후에 분실되면 재발행 등 복잡한 법리 문제가 발생하기 때문이다.

목적항에서 화물을 찾을 때에는 이 중 하나의 원본서류만 선사에 제시하면 화물을 인도받을 수 있고 이후에 제시되는 선하증권은 자동적으로 무효가 된다.

만일 항공운송인 경우에는 신용장이나 계약서에서 Full Set 운송서류를 요구하더라도 1통의 항공화물운송장(AWB)만 제시하여도 상관없다. 그 이유는 AWB는 Original 1(carrier용), Original 2(consignee용), Original 3(shipper용) 용도가 각각 지정되어 있어 수출자가 이를 부당하게 사용할 여지가 없기 때문이다.

(2) Clean B/L(무고장 선하증권)

Clean B/L은 무고장 선하증권이 제시되어야 한다는 것을 의미이다. 이것은 화물의 외관상 양호한 상태로 선적 또는 수취하였다는 것을 증명하는 선하증권이다. 따라서 하자상태를 표시한 Foul B/L 또는 Dirty B/L은 당연히 수리가 불가능하다.

그런데 실무상 비교적 경미한 고장문언이 Remarks에 기재된 Foul B/L이 발행되는 경우도 있는데, 이때에 수출자는 선사에 파손화물보상장(Letter of Indemnity, L/I)을 제출해야 한다. Letter of Indemnity는 Foul B/L을 Clean B/L로 변경하기 위해 수출자가 선사에 제출하는 일종의 각서이다.

한편, FCL Cargo는 선사가 화물의 적재 상태를 알 수 없기 때문에 선사는 선하증권의 Remark란에 'Shipper's Load and Count'라는 부지약관(unknown clause)을 표시하는데 이러한 B/L도 은행은 Clean B/L로 수리한다.

(3) On Board B/L(본선적재 선하증권)

On Board B/L은 화물이 실제로 특정 선박에 적재되었다는 취지가 기재된 선하증권이 제시되어야 한다는 것을 의미한다. 만일 컨테이너에 의한 복합운송이나 항공운송의 경우에는 물리적으로 본선적재 이후에 운송서류가 발급되는 것이 불가능하다.

따라서 이러한 운송형태의 경우는 본선적재(on board) 조건을 상당히 완화하여 Received의 운송서류도 수리할 수 있도록 하고 있다.

(4) Ocean B/L(해양선하증권)

Ocean B/L은 해양 항로(maritime traffic)를 운항하는 선박에 화물이 적재된 선하증권이 제시되어야 한다는 것을 의미한다. 무역거래에 사용되는 선하증권은 거의 모두가 해양 또는 해상선하증권이다. 이와 반대되는 선하증권으로는 선적항과 목적항이 모두 동일 국내가 되는 Local B/L이 있다.

(5) Order B/L(지시식 선하증권)

Order B/L은 지시식 선하증권이 제시되어야 한다는 것을 의미한다. 지시식 선하증권은 유통을 목적으로 B/L의 수하인 란에 특정의 수하인 명을 기재하지 않고 단순히 'to order', 'to order of shipper', 'to order of … bank'와 같이 지시인(Order)만 기재하여 발행하는 선하증권이다.

이것은 기명식 선하증권(Straight B/L)에 상대되는 개념으로, Order B/L에서는 B/L의 정당한 소지자가 곧 하주가 된다.

Order B/L이어야만 선하증권을 양도할 수 있기 때문에 대부분의 무역거래에서는 원칙적으로 지시식 선하증권을 요구하고 있다.

(6) Blank Endorsed B/L(백지배서 선하증권)

Blank Endorsed B/L은 백지배서한 선하증권이 제시되어야 한다는 것을 의미하는 것으로 Endorsed in Blank B/L이라고도 한다. 하주는 특정인을 수하인으로 지시하지 않고 백지배서하여 은행에 매입 또는 추심(collection)을 위하여 제시한다.

다른 배서에 비해 은행이 자유롭게 화물을 지배할 수 있기 때문에 신용장거래에서는 일반적으로 선하증권에 피배서인을 지정함이 없이 배서하는 방식인 백지배서방식을 요구한다.

(7) Freight Prepaid or Collect B/L(운임선지급 또는 후지급 선하증권)

Freight Prepaid or Collect B/L은 운임 선지급 또는 운임 후지급 선하증권이 제시되어야 한다는 것을 의미한다. 운임의 지급시기는 무역조건에 따라 결정된다.

무역조건이 CFR, CIF, CPT, CIP계약의 경우는 수출자가 선적지에서 운임을 지급하므로 선하증권에 Freight Prepaid(운임 선지급, 운임 지급필, 선불, paid)라고 표시되어야 한다.

그러나 무역조건이 FOB, FCA, FAS계약인 경우는 선박이 목적항에 도착한 후 화물을 찾을 때 운임이 지급되기 때문에 선하증권에 Freight Collect(운임 후불, 운임 미지급, 운임 후지급)라고 표시되어야 한다.

(8) Notify Party : Accountee(착하통지처 : 결제인)

Notify Accountee는 'Notify Party : Accountee'의 의미이다. 이것은 본선이 목적항에 도착하면 선사는 화물을 인수해 갈 당사자에게 화물의 도착사실을 통지하는데 그 통지처를 Accountee(결제인, 발행의뢰인, Applicant)로 작성하라는 의미이다.

보통 선하증권의 'Consignee' 란은 지시식으로 기재되기 때문에 착하통지처는 수입자이나 수입자가 지정한 대리인(통관업자 등)이 기재된다. 만일 착하통지처를 발행은행으로 지정하면 선하증권의 'Consignee' 란에는 'to the order of issuing bank'라고 기재되어야 한다.

3. 운송서류와 신용장통일규칙(UCP 600)

1) 운송서류 관련 조항의 정비

UCP 500에서는 선하증권(제32조), 비유통성 해상화물운송장(제24조), 용선계약선하증권(제25조), 복합운송서류(제26조), 항공운송서류(제27조), 도로, 철도 또는 내륙수로운송서류(제28조), 특송화물수령증 및 우편수령증(제29조)의 순서로 운송서류가 배열되어 있었다.

그러나 UCP 600에서는 복합운송서류(제19조) 다음에 나머지 운송서류를 UCP 500과 동일하게 배열하였으며, 또한 포워더(Forwarder)가 발행하는 운송서류(UCP 500 제30조)에 관한 규정은 삭제하였다.

그런데 UCP 600 제25조는 UCP 500에 규정되어 있는 것과 반대로 특송화물 수령증(Courier Receipt)을 먼저 배열하고 그 뒤에 우편수령증 또는 우송증명서(Post Receipt or Certificate of Posting)의 조항을 규정하고 있다. 이것은 특송화물 수령증의 사용량이 많아진 것에 기인한 것으로 판단된다.

2) 운송서류의 명칭 변경

첫째, UCP 600 제19조(복합운송서류)에서는 복합운송서류는 '적어도 두 가지의 다른 운송방식을 표시하는 운송서류'라고 정의하고 있으나 그 명칭에 관하여는 기존의 UCP 500 제26조에서 사용되고 있었던 'Multimodal Transport Document'의 명칭을 통합하여 그대로 수용하고 있다.

둘째, UCP 600 제20조(선하증권)에서는 '선하증권'이라고만 표현하고 있다. 즉, 기존의 '해상'이라는 용어와 '항구간 선적을 표시하는'이라는 어구가 삭제되었다.

셋째, UCP 600 제25조(특송화물 수령증)에서는 기존의 UCP 500에서 사용하였던 '속달업자'라는 용어를 삭제하였고 제25조 c항(우편수령증 또는 우송증명서)에서는 '그 명칭에 관계없이(however named)'라는 어구가 새로이 추가되었다.

3) 운송서류상의 환적 관련조항의 변경

각 운송서류 수리요건의 후미에 '환적이란 신용장에 명기된 발송, 수탁 또는 선적지로부터 최종목적지까지의 운송과정 중에 한 운송수단으로부터의 양하 및 다른 운송수단으로의 재적재를 말한다.'고 규정함으로써 환적의 정의에 관한 조항을 신설하였다.

각 운송서류 조항에 규정된 환적은 신용장에 명기된 출발지나 출발공항에서 목적지나 목적공항까지의 운송과정 중에 한 선박이나 항공기로부터 양하 및 다른 선박이나 항공기로의 재적재를 의미한다.

4) 복합운송서류의 수리 요건

UCP 500 제26조에서는 '복합운송서류(multimodal transport document)'라는 명칭을 사용하여 그 서류의 수리 요건을 규정하고 있었다.

그러나 UCP 600 제19조에서는 '적어도 두 가지의 상이한 운송수단을 표시하고 있는 운송서류(Transport Document Covering at Least Two Different Modes of Transport)'라는 명칭으로 변경하여 그 서류의 수리 요건을 다음과 같이 규정하고 있다.

첫째, 적어도 두 가지 이상의 서로 다른 운송방식을 표시하는 운송서류(복합운송서류)는 그 명칭에 관계없이 운송인의 명칭을 표시하고 운송인, 선장 또는 그 지정대리인이 서명한 것으로 나타나야 한다. 그 서명은 서명자가 운송인, 선장 또는 대리인인지 그 신원이 밝혀져야 하고, 대리인의 서명인 경우 운송인을 대리한 것인지 또는 선장을 대리한 것인지를 표시해야 한다.

이것은 '그 명칭에 관계없이(however named)'라는 단어가 의미하는 것처럼 서류의 표제가 아니라 그 내용이 중요하다는 것으로, 신용장이 복합운송서류를 요구한 경우에는 복합운송서류의 명칭과 관계없이 적어도 두 가지의 다른 운송방식(복합운송)을 표시하는 운송서류의 요건을 모두 충족한다면 수리된다는 것이다.

둘째, 계약물품이 발송(dispatch), 수탁(taking in charge) 또는 본선적재(loading on board) 되었음을 사전 인쇄된 문언 또는 발송, 수탁 또는 본선에 적재된 일자를 표시하고 있는 스탬프나 표기로 명시하고 있는 서류이어야 한다.

셋째, 신용장에 명시된 발송, 수탁 또는 본선적재지 및 최종목적지와 다른 발송, 수탁 또는 본선적재지 및 최종목적지가 명기되어 있거나 선박과 적재항, 목적항에 관하여 '예정된' 또는 이와 유사한 제한표시가 있다고 하더라도 신용장에 명시된 발송, 수탁 또는 본선적재지 및 최종목적지를 표시하고 있는 서류이어야 한다.

넷째, 단일의 원본 서류 또는 두 통 이상의 원본으로 발행된 경우 운송서류상에 표시된 대로 전통이 제시되어야 한다. 즉, 단일의 원본이나 수통의 원본으로 발행된 복합운송서류는 그 운송서류상에 표시된 대로 전통이 제시되어야 한다는 것이다.

다섯째, 운송의 제 조건을 포함하고 있거나 운송의 제 조건을 포함하는 다른 자료를 참조하고 있는 서류이어야 한다. 즉, 은행은 운송에 관한 이면약관이 있는 정식의 복합운송서류(Long Form MTD)뿐 아니라 그 약관이 없는 약식의 복합운송서류(Short Form MTD)도 수리한다는 것이다.

여섯째, 용선계약 의한 운송의 어떠한 명시도 없는 것이어야 한다. 즉, 신용장에서 용선계약서를 요구하거나 허용한 경우를 제외하고는 용선계약에 의한 운송이라는 어떠한 명시가 있는 용선계약 복합운송서류는 수리가 거절된다는 것이다.

5) 선하증권(B/L)의 수리 요건

신용장통일규칙 제20조에서는 신용장이 선하증권(Bill of Lading)을 요구할 경우에 수리될 수 있는 요건을 다음과 같이 규정하고 있다.

(1) 발행자와 서명권자

선하증권은 문면상 운송인의 명칭이 표시되어 있고 지정된 운송인(carrier)뿐만 아니라 선장(master)이나 그 지정 대리인이 발행하고 서명 또는 인정한 것이어야 한다.

만일 그 대리인이 서명한 경우에도 반드시 운송인이나 선장의 명의와 자격을 나타내어 운송인을 대리한 것인지 또는 선장을 대리한 것인지를 표시해야 한다. 그래야만 서류의 심사자가 해당 서명이 운송인의 것인지, 선장이나 대리인의 것인지 파악할 수 있다.

실무적으로 서명자가 운송인, 선장 또는 이들의 대리인인 경우에는 'as carrier(운송인으로서)', 'as master(선장으로서)' 또는 'as agent for …(…의 대리인으로서)'로 각각 표시한다. 그리고 운송인, 선장 또는 대리인인 경우로서, 운송인의 대리인인 경우에는 'as agent for XXY Shipping, the carrier', 선장의 대리인인 경우에는 'as agent for the master'와 같이 그 대리인이 대리하는 자를 표시하고 서명한다.

(2) 본선 적재 또는 선적사실 표시

선하증권은 물품이 신용장에서 명기된 선적항에서 지명된 선박에 본선적재 되었다는 것을 사전 인쇄된 문언이나 본선적재필 부기로 명시한 것이어야 한다.

만약 선하증권이 본선적재 표기를 포함하지 않았다면 증권의 발행날짜를 선적일로 간주하며, 선하증권에 본선적재 표기가 된 경우에는 본선적재 표기일자가 선적일로 간주된다.

한편, 선하증권을 발행할 때 선박 명칭을 구체적으로 표기하지 않고 단순하게 예정된 선박(intended vessel)으로만 기재된 경우에는, 비록 그 예정된 선박에 물품을 적재하였다 하더라도 본선적재의 서명에는 반드시 적재된 일자와 함께 선박명이 기재되어야 한다.

왜냐하면 은행의 입장에서는 물품이 예정된 선박에 실제로 본선에 적재되었는지를 확인하여야 할 의무가 없기 때문이다.

(3) 신용장상의 선적항과 목적항 표시

선하증권에는 신용장이 요구하는 선적항과 목적항이 반드시 기재되어야 한다. 따라서 은행은 약정된 선적항과 목적항이 기재되지 않고 제시된 선하증권은 수리 거절된다.

기존의 신용장통일규칙에서는 선하증권을 발행할 때 지정된 선적항과 목적항을 각각 달리 기재하여도 무방하였으나, UCP 600에서는 선하증권의 선적항과 목적항은 반드시 신용장의 조건과 일치하게 기재하도록 요구하고 있다.

그러므로 해상선하증권는 ① 선적항과 다른 수탁지 및/또는 목적항과 다른 최종목적지만을 명시하거나 ② 예정된 선적항(intended port of loading) 또는 예정된 목적항(intended port of discharge)만을 표시해서는 안 된다. 이러한 경우에 은행은 그 제시된 선하증권을 수리 거절해야 한다.

(4) 전통의 원본 선하증권

선하증권이 단일의 원본이나 2통 이상의 원본으로 발행된 경우에는 선하증권에 표시된 대로의 원본 전통이 제시되어야 한다. 선하증권은 보통 원본이 3통이 발행되기 때문에 3통 전부가 은행에 제기되어야 한다.

(5) 정식 또는 약식선하증권

선하증권은 운송에 관한 이면약관이 있는 것도 좋고 그 약관이 없는 약식의 것도 무방하다. 본 조항은 운송조건을 모두 기재한 정식 선하증권 뿐만 아니라, 운송조건의 전부 또는 일부를 선하증권 이외의 자료에 참조하도록 발행된 선하증권(약식/배면백지식)의 수리를 인정하고 있는 것이다. 따라서 은행은 운송약관을 전부 기재한 정식선하증권 뿐만 아니라 약식 선하증권도 동일하게 수리한다.

(6) 용선계약 선하증권의 수리거절

선하증권에는 용선계약에 따른다는 어떠한 명시도 없어야 한다. 왜냐하면 용선계약에 의한 운송조항이 포함된 선하증권은 수리되지 않기 때문이다. 그러나 신용장이 이러한 서류를 특별히 허용하는 경우에는 예외이다.

(7) 환적 서류의 처리

본 조항에서 환적은 신용장에 규정된 선적항에서 목적항까지의 운송과정 중에 화물을 하나의 선박으로부터 다른 선박으로 양하하여 재적재하는 것을 의미한다. 이번 UCP 600에서는 환적에 관한 규칙을 각 운송방식별로 삽입하고 있다.

그 이유는 환적은 어떠한 운송방식에도 발생할 수 있지만 그 결과는 환적에 직접 관계된 운송방식에 따라 달라질 수 있기 때문이다.

또한 UCP 600에서는 환적이 금지된 경우에도 수리되는 운송서류의 조건을 구체적으로 열거하고 있다. 즉, 환적은 신용장 조건상 별도로 금지되어 있지 않는 한 허용되며, 전해상 운송이 단일(동일)의 선하증권에 의해 커버되면 환적선하증권은 수리된다.

또한 비록 환적을 신용장에서 조선으로 금지하고 있더라도 컨테이너, 트레일러 및 또는 LASH Barge에 의해 환적될 것이라고 명시된 선하증권은 수리된다는 것이다.

6) 비유통성 해상화물운송장(SWB)의 수리 요건

1983년 제4차 개정 신용장통일규칙(UCP 400)에서는 비유통성 해상화물운송장이라는 운송서류의 명칭이나 조항을 별도로 규정하지 않았었다. 그러나 UCP 500에서는 이를 신설하여 제24조에 규정하고 있다.

또한 제6차 개정 신용장통일규칙(UCP 600)에서는 오늘날 운송환경의 변화에 따른 새로운 방식의 운송서류를 수용해야 할 필요성을 인식하여 신용장에서 유통 가능한 선하증권 대신에 비유통성의 해상화물운송장(Non-negotiable SWB)을 요구하는 경우, 은행은 그 명칭에 관계없이 UCP 600 제21조의 요건 및 신용장의 조건을 충족하는 비유통성의 해상운송서류를 수리하도록 규정하고 있다.

본 규정은 '선하증권(B/L)'이라는 단어가 '비유통성 해상화물운송장'으로 대체된 것을 제외하고는 제20조(선하증권)의 규정과 동일하다. 따라서 UCP 600 제21조의 비유통성 해상화물운송장의 수리 요건은 제20조의 규정을 준용하면 된다.

신용장통일규칙 제21조에서 규정하고 있는 해상화물운송장의 수리요건을 정리하면 첫째, 운송인의 명칭을 표시하고 운송인, 선장 또는 그 지정 대리인이 서명한 것 둘째, 물품이 본선적재 되었음을 사전 인쇄된 문언이나 본선적재필 부기로 명시한 것 셋째, 신용장에 지정된 선적항과 목적항을 명시한 것 만일 신용장에 명시된 선적항을 표시하고 있지 않거나 선적항에 관하여 '예정된(intended)' 또는 이와 유사한 제한을 명시한 경우에는 신용장에 명시된 대로 선적항을 표시하고 있는 본선적재필부기, 선적일 및 선박명을 기재해야 한다.

넷째, 단일의 원본 또는 2통 이상의 원본으로 발행된 경우에는 선하증권에 표시된 대로의 전통인 것 다섯째, 운송에 관한 배면약관이 있거나 또는 그 약관이 없는 약식의 것 여섯째, 용선계약에 따른다는 어떠한 명시가 없는 것 등이다.

7) 용선계약부 선하증권의 수리 요건

UCP 600 제22조는 용선계약부 선하증권(Charter Party B/L)의 수리 요건을 다음과 같이 규정하고 있다. 첫째, 선장이나 선주, 용선자 또는 지정대리인이 그 신원을 밝히고 서명하여야 하고 대리인의 서명인 경우 선장이나 선주를 대리한 것인지 또는 용선자를 대리한 것인지를 표시하여야 한다. 또한 선주 또는 용선자를 대리하여 대리인이 서명한 경우에는 선주 또는 용선자의 명칭을 기재해야 한다. 둘째, 물품이 사전 인쇄된 문언 또는 본선적재필부기에 의하여 본선적재 되었음을 명시한 것 셋째, 신용장에 지정된 선적항으로부터 목적항까지의 선적을 표시하고 있는 것. 넷째, 단일의 원본 또는 2통 이상의 원본으로 발행된 경우 용선계약부 선하증권상에 표시된 대로의 전통인 것. 즉, 단일의 원본이나 수통의 원본으로 발행된 용선계약부 선하증권은 그 용선계약부 선하증권상에 표시된 대로 전통이어야 한다.

8) 항공화물운송장(AWB)의 수리 요건

(1) 개요

UCP 500은 제27조에 항공운송서류(Air Transport Document)의 수리 요건을 규정하였지만 현행의 UCP 600에서는 제23조에 항공운송서류의 수리 요건을 규정하고 있다.

(2) 수리요건

① 항공운송서류의 명칭

UCP 600 제23조 a항에서는 '신용장이 항공운송서류를 요구하는 경우에는 그 명칭에 관계없이 제23조의 규정에 있는 요건을 충족해야 한다.'고 규정하고 있다.

이 의미는 '그 명칭에 관계없이(however named)'라는 단어가 의미하는 것처럼 서류의 표제나 제목이 중요한 것이 아니라 그 내용이 중요하다는 것이다.

따라서 신용장이 항공운송서류를 요구한 경우에는 항공운송서류의 명칭과 관계없이 항공운송서류의 요건(UCP 600 제23조의 요건)을 모두 충족한다면 수리된다는 것이다. 이것은 항공운송서류를 발행하고 서명할 수 있는 당사자의 범의를 지정된 운송인이나 그 대리인으로 하고 있음을 의미하는 것이다.

② 운송인의 명칭 표시와 서명자

항공운송서류는 운송인의 명칭이 그 서류의 표면에 표시되고 운송인 또는 그 대리인이 서명하고 있어야 한다. 즉, 항공운송서류는 운송인의 명칭이 그 서류의 표면에 표시되고 운송인 또는 그 대리인이 서명하고 있어야 한다는 것이다. 이것은 항공운송서류를 발행하고 서명할 수 있는 당사자의 범위를 지정된 운송인이나 그 대리인으로 한정하고 있는 것이다.

③ 운송을 위한 물품수취의 표시

항공운송서류에는 물품이 '운송을 위하여 수취되었음(accepted for carriage)'이 표시되어야 한다. 항공운송에서는 해상의 선하증권과 달리, 적재(탑재) 항공운송서류를 발행하지 않는 것이 원칙이기 때문에 물품이 운송을 위하여 수취되었음이라는 표시가 있는 항공운송서류는 수리되도록 하고 있다.

④ 선적일의 증명

제23조 a항 iii호에서는 '원칙적으로 항공운송서류에 명기된 발행일이 선적일이 되지만, 예외적으로 항공운송서류에 실제 선적일에 관한 특정표기가 있는 경우는 그 특정표기의 일자가 선적일로 되고 항공운송서류상에 나타나는 운항번호와 일자에 관한 기타 모든 정보는 선적일의 결정에 고려되지 않는다.'고 규정하고 있다.

⑤ **발행 통수**

신용장에서 항공운송서류 원본의 전통(full set)의 제시를 요구하더라도, 송하인용 원본 1통만 제시하면 원본 전통을 제시한 것으로 보아 은행은 이를 수리한다.

이것은 운송인용 제1원본, 수하인용 제2원본, 송하인용 제3원본 등 원본 3통과 6통의 사본이 발행되는 항공운송서류의 관행을 반영한 것이며 각각의 원본마다 용도가 지정되어 있기 때문에 부정사용의 가능성이 없기 때문이다. 또한 도착공항에서의 신속한 화물취급을 위하여 수하인용과 운송인용 원본을 항공화물과 함께 보내는 항공운송 방식을 고려한 것이다.

⑥ **약식/배면백지식 항공운송서류**

은행은 운송약관의 전부를 기재한 정식 항공운송서류뿐 아니라 운송약관의 전부나 일부를 항공운송서류 이외의 근거 또는 서류를 참조하도록 하거나 항공운송서류의 뒷면이 백지상태로 발행된 약식 또는 이면백지식 항공운송서류도 수리한다.

약식 항공운송서류는 문면상 운송에 관한 일반조건의 전부를 기재하지 아니하고 조건 중 일부를 생략하여 필요사항만 발췌하여 기재하고 있는 것으로, 간단한 양식의 항공운송서류를 발행할 수 있으므로 운송인의 사무 간소화에 기여할 수 있다. 만일 분쟁이 발생하면 정식 항공운송서류의 운송인과 하주간의 권리와 의무에 따르도록 하고 있다.

⑦ **환적의 정의**

본 조항에서 환적이란 '신용장에 명기된 출발공항에서 목적공항까지의 운송 도중 한 항공기로부터 양하하여 다른 항공기로에 재적재(relaoding)'하는 것을 의미한다.

⑧ **환적금지부 항공운송서류**

전 운송과정이 동일한 항공운송서류에 의하여 커버되는 한, 그 항공운송서류에는 '물품이 환적될 것이다.' 또는 '물품이 환적될 수 있다.'고 표시될 수 있으며 신용장이 환적을 금지하더라도 운송서류상에 환적이 행해질 것이다 또는 환적이 행해질 수 있다고 명시하고 있는 항공운송서류는 수리한다.

왜냐하면 항공운송에서 한 국내공항으로부터 다른 국내공항으로의 국제항로를 필요로 하는 직항의 경우도 그 거리가 상당한 경우는 대부분 환적이 발생하기 때문이다.

⑨ **신용장에 명기된 출발 공항 및 목적 공항의 표시**

항공운송서류에는 신용장에 명기된 출발 공항(airport of departure)과 목적 공항이 표시되어야 한다. 즉, 항공운송서류에 표시된 출발 공항과 목적 공항이 신용장에 명기된 출발 공항 및 목적 공항과 일치한다면 이러한 항공운송서류는 수리한다는 것이다.

9) 도로, 철도, 내수로 운송서류의 수리 요건

UCP 600 제24조에서는 신용장에서 도로, 철로, 내수로 운송서류(Road, Rail or Inland Waterway Transport Document)의 수리 요건을 다음과 같이 규정하고 있다.

첫째, 운송인의 명칭을 표시하고 운송인 또는 그 지정 대리인이 서명하거나 서명, 스탬프 또는 표기에 의하여 물품수령을 표시하고 있는 것

둘째, 선적일 또는 물품이 선적, 발송, 운송을 위하여 수령된 일자를 표시하고 있는 것

셋째, 신용장에 명시된 선적지 및 목적지를 표시하고 있는 것

넷째, 원본표시의 유무에 관계없이 원본으로서 수리되며 운송서류상에 발행부수에 관한 언급이 없을 경우 제시된 통수를 전통으로 간주한다.

다섯째, 도로운송서류는 탁송인 또는 송하인용 원본으로 표시되거나 어느 당사자에 관한 아무 표시도 없어야 한다.

10) 특사배달 수취증, 우편수취증 또는 우송증명서의 수리 요건

UCP 600 제24조에서는 신용장에서 특사배달 수취증(courier receipt), 우편수취증 또는 우송증명서(post receipt or certificate of posting)를 요구한 경우에 운송서류의 수리 요건을 다음과 같이 규정하고 있다.

이러한 서류들은 주로 견본이나 서류 등을 발송하는데 주로 사용된다.

첫째, 특송업자(courier)의 명칭이 서류 표면에 표시되고 그 지정된 특송업자에 의하여 신용장에서 물품이 선적되어야 한다고 명기하고 있는 장소에서 스탬프 또는 서명되어야 한다.

둘째, 특사배달 수취증에는 접수일(date of pick-up), 수령일(date of receipt) 또는 이러한 취지의 문언이 표시되어 있어야 하며, 이러한 접수일 또는 수령일을 선적일로 본다.

여기에서 접수(pick-up)는 특송업자가 송신자로부터 물품을 받아 오는 경우를 말하고 수령(receipt)은 송신자가 자가지고 온 물품을 특송업자가 받는 경우를 말한다.

셋째, 신용장에서 특송요금이 지급 또는 선지급되었음을 표시한 운송서류를 요구하고 있는 경우에는, 은행은 운임선지급의 표시 없이, 특송요금이 수하인 이외의 당사자의 부담이라고 명기하고 있는 특사배달 수취증(courier receipt) 등과 같이 특송업자가 발행한 운송서류를 수리한다. 특송 요금은 송하인이 월별로 일괄 정산하는 것이 관례이므로 개별 운송서류에 운임선지급을 표시하는 것이 곤란하기 때문이다.

넷째, 운송물품의 수령을 입증하는 우편수령증 또는 우송증명서는 그 명칭에 관계없이 신용장에서 물품이 선적되어야 한다고 명기하고 있는 장소에서 스탬프 또는 서명되고 일자가 기재된 것으로 보여야 한다. 이 일자는 선적일로 본다.

제3절 국제운송과 보험

1. 해상운송과 해상보험

1) 해상보험의 필요성

무역거래는 물품을 운송하는 과정에서 선박의 좌초, 침몰, 충돌 등과 같은 해상고유의 위험이나 전쟁 등과 같은 인위적 위험들이 발생할 수 있다.

또한 수출자 소재지의 창고 입고, 출고, 본선 적재와 항해, 목적항에서의 취급, 보세창고에 보관, 최종 목적창고에 입고 과정에서 여러 위험들이 발생할 수 있다.

무역거래자들은 이러한 위험의 발생으로부터 초래되는 재산상의 손실을 보상받기 위해 화재보험, 운송보험(transport insurance), 해상보험(marine insurance) 등에 가입하여 만일의 손해발생에 대비하고 있다.

그러나 실제 거래에서는 이들 보험을 모두 가입하지 않고 해상보험만 가입하고 나머지 보험은 특약사항으로 부가시켜, 무역상품의 선적, 항해, 양하 과정에서 발생할지도 모르는 운송의 위험이나 화재의 위험들을 모두 커버하고 있다.

그것은 해상보험은 원래적으로는 항해에 따르는 사고로 인하여 생긴 손해를 전보(塡補)하는 손해보험의 일종이지만, 해상에서 발생하는 손해뿐 아니라 항해에 부수되는 육상이나 항공위험까지도 확장 담보해주는 육상·해상혼합보험의 성격을 가지고 있기 때문이다.

2) 해상운송과 해상보험

무역거래가 원활하게 이루어지기 위해서는 운송인과 운송계약이 체결되어야 할 뿐 아니라 화물이 매수인에게 인도될 때까지의 운송 도중에 발생할 수 있는 예기치 못한 여러 가지 위험에 대비하여 보험계약도 체결되어야 한다.

만일 운송인이 운송 도중에 발생한 화물의 손해에 대해 하주에게 신속하게 전액을 배상해 준다면 하주가 별도로 보험자와 보험계약을 체결할 필요는 없을 것이다.

그러나 운송계약에 따른 운송인의 책임은 여러 가지로 제한되어 있고 해상사고에 대한 대부분의 책임을 운송인은 부담하지 않기 때문에, 별도로 보험계약을 체결하는 것이 필요하다.

즉, 운송인의 책임에는 한도가 있고 더욱이 불가항력이나 법률 및 특약에 의해 면책되는 손해는 운송인에게 책임이 없는 손해이기 때문에 보상을 받을 수가 없게 된다.

따라서 운송인이 면책되는 위험은 결국 하주가 부담해야 하는데 이들 하주가 부담하는 위험들은 해상적하보험(marine cargo insurance)으로 담보하고 있다.

3) 해상운송과 선박보험

(1) 선박보험의 개요

선박보험(hull insurance)은 선박이 건조, 운항, 계선 중에 발생하는 크고 작은 각종 위험으로 발생하는 손해를 입는 경우 이를 보상하는 해상보험의 일종이다. 즉, 선박을 관리하거나 운항하던 중 선박이 멸실되거나 훼손된 경우, 또는 선박을 보존하기 위하여 지출된 경비가 있는 경우 이러한 손해를 보험 조건에 따라 보상하여 주는 보험이다.

선박보험은 ITC-HULLS(Institute Time Clauses, 협회기간약관)을 기본으로, 여기에 각종 특별약관을 첨부하여 선체의 물적손해나 비용손해를 담보하고 있으며, 타 선박과의 충돌사고 발생시 상대방에 대한 법적 손해배상책임(충돌손해 배상책임)도 담보하고 있다.

선박보험은 충돌손해 배상책임을 제외하고, 제3자에 대한 배상책임은 담보하지 않기 때문에 선원, 승객, 화물, 해상오염 등의 제3자에 대한 배상책임에 대비하여 선주는 선주책임 상호보험(Protection and Indemnity(P&I) Insurance)에 가입하고 있다.

(2) 선박보험의 종류

① 기간보험과 항해보험

기간보험(time insurance)은 해상보험에서 일정 기간(보통 1년)을 보험기간으로 설정하는 보험계약을 말하며 부보기간을 특정된 항해기간으로 정하는 항해보험(voyage insurance)에 대응하는 것이다. 선박보험에서는 원칙적으로 기간보험계약을 체결하는데 그 이유는 항해를 할 때마다 보험계약을 새롭게 체결해야 하는 불편을 제거하기 위함이다.

물론 선박보험의 경우에도 예를 들어 고철 선박을 해체하여 용광로에 넣기 위한 최후적 항해를 할 때나 특수 작업선 혹은 특정구역 어획조업선이 작업 장소 또는 조업지를 이동하는 항해를 할 때에는 일반적으로 항해보험계약을 체결하기도 한다.

항해보험은 일정 구간에서 일정 구간까지 1항해를 단위로 하여 인수하기 때문에 항해 개시시점에서의 선박의 내항성(seaworthiness) 문제가 대단히 중요하다.

② 선체 및 기관보험

선체 및 기관보험(hull & machinery insurance)은 선체 그 자체와 모든 선박자재·의장선구(outfit)·기관과 항해 용구나 기타 비품 등을 포함한 선박 전체를 피보험목적물로 하여 부보하는 보험이며 보험기간 중에 보험증권에 기재된 담보위험에 근인하여 발생된 피보험 선박에 발생하는 모든 물적 손실이나 비용손해가 담보되는 보험이다.

이외에도 선박간 충돌사고가 발생한 경우에는 피보험 선박의 선주가 가해 선주로서 상대 선박에 대한 법적 충돌배상책임도 담보하는 보험이다.

③ 선비보험

선비(disbursement)는 선박을 운항하는데 소요되는 비용으로 연료비, 부식비, 항내에서의 관습적인 예인비, 선적비, 항만시설 사용료 등을 말한다.

이러한 비용들은 선주가 예정된 항해를 성공적으로 마치고 운임수익을 획득함으로써 회수된다. 그러나 이 비용들은 선체보험 가액에 포함되어 있지 않기 때문에 항해 도중 선박이 멸실이나 손상된다면 선주는 이미 지출한 선비를 회수할 방법이 없게 된다.

이와 같이 선주는 선박이 항해 중 보험사고가 발생할 것을 대비하여 이미 지급된 비용을 회수하기 위해 보험에 가입하는데 이것을 선비보험(disbursement insurance)이라고 한다.

선비보험은 전손 사고의 경우에만 담보되는 조건(Total Loss Only, TLO)으로 부보한다. 분손 사고시는 실제로 상실된 선비를 정확히 산출하기가 어렵기 때문이다. 선비보험의 가입한도는 선박보험 가액의 일정 비율(보통 25%)로 제한되고 있다.

④ 증액보험

증액보험(increase value insurance)은 선박의 가액이 급등한 경우에 당초의 가액과의 차액을 증액보험으로 부보하는 것이 증액보험이다.

보험금은 그 선박의 계약 당시 가입금액(협정가액)을 기준으로 지급되므로 선체보험 금액이 사고시 선주가 입은 실제 손실금액에 미치지 못하는 경우가 발생할 경우에는 선주는 선체보험금 전액을 보험자로부터 보상받는다 하더라도 보험금과 선가와의 차액만큼 손실을 입게 된다. 이러한 손실에 대한 담보가 선주 입장에서는 필요하여 증액보험에 부보하는 것이다.

⑤ 선박건조보험

선박건조보험(builders risk insurance)은 선박의 건조에서부터 진수·시운전 및 인도에 이르기까지 이에 따르는 여러 가지 육상 및 해상위험을 담보함으로써 건조자의 경제적 손실을 보험자에게 전가시키기 위한 보험이다.

이 보험의 가입이 필요한 곳은 조선소나 선박을 건조하는 관련 업종이며 이들은 건조 중인 선박이 화재, 태풍, 전복 등의 위험뿐만 아니라 진수, 시운전시에는 운항 중인 선박과 동일한 위험에 직면하게 됨으로써 입게 될지도 모르는 경제적 손실을 보상받기 위해 가입한다.

⑥ 전쟁 및 동맹파업보험

전쟁 및 동맹파업보험(War & SRCC insurance)은 전쟁 및 동맹파업 등으로 인하여 선박에 발생한 멸실·손상을 담보하는 보험으로 별개의 증권으로 교부된다.

전쟁보험의 취지는 평화지역에서 우발적인 전쟁위험을 담보하는 것이지만 교전지역이나 전쟁의 발발 가능성이 높은 지역은 제외되는 경우도 있다.

2. 항공운송과 보험

1) 개요

항공기 사고는 손해가 순간적으로 발생하고 항공기의 특성상 사고가 발생하면 전손이 되기 때문에 손해가 대규모이고 손해액도 거액이 된다.

항공운송 중에 화물에 손해가 발생하면 항공운송인이 책임지는 것이 원칙이지만 항공운송인에게 과실로 인정할 만한 사유가 없거나 불가항력에 의해 발생하는 손해는 항공운송인으로서도 당연히 면책되게 된다.

또한 국제협약상 항공운송인의 책임한도는 1㎏당 미화 20달러 등으로 극히 제한되어 있기 때문에 주로 고가품인 항공화물을 고려할 때 하주로서는 만족할 만한 보상을 받을 수가 없는 경우가 매우 많다.

이러한 항공화물운송의 특수성 때문에 항공화물을 취급하는 하주들은 항공운송 도중에 항공위험의 발생으로 인하여 야기되는 화물의 손해를 보상받기 위하여 항공화물보험에 가입할 필요가 있다.

2) 항공화물보험의 계약체결형태

항공화물보험의 계약체결 형태는 보험회사를 통해 협회적하약관(항공)으로 부보하는 방법과 화물운송장(AWB)을 이용하는 하주이익보험(하주보험)으로 부보하는 방법이 있다.

(1) 협회적하약관(항공)

항공사고는 해상사고와 달리 손해발생의 순간성, 손해의 대형성, 손해의 거액성, 전손성 등의 성격을 가지고 있다. 이러한 항공화물운송의 특수성 때문에 항공화물의 보험조건은 전위험담보조건(All Risks)이 이용된다. 이를 위해 런던보험업자협회(ILU)는 협회적하약관(항공)(Institute Cargo Clauses [Air])을 제정하였다.

항공화물은 대부분 협회적하약관(항공)에 의한 항공화물보험으로 인수되고 있다.

(2) 하주이익보험

스스로 보험을 수배할 능력이 없는 일반 하주를 위해 항공사가 발행하는 AWB를 이용하여 보험에 가입하는 것이 하주이익보험(Shippers' Interest Insurance)이다.

하주이익보험의 가입 절차는 협회적하약관(항공)을 이용하는 것보다 매우 간단하지만 보험조건이나 요율이 항공사와 보험회사 사이에 체결된 획일적인 포괄계약의 내용에 따라야 하기 때문에 하주이익보험은 소량화물에 보다 적합한 보험이다.

3. 컨테이너운송과 보험

1) 컨테이너 화물운송의 위험

컨테이너(Container)는 반복 사용할 수 있는 튼튼하고 내구성을 가진 상자 모양의 큰 수송용기이기 때문에 재래선 운송에 비해 여러 면에서 안전할 뿐 아니라 각종 손해나 위험들이 방지되거나 경감될 수 있다.

그러나 컨테이너는 그 자체가 하나의 완전한 형태의 운송용기는 아니기 때문에 그와 관련하여 발생하는 손해는 있기 마련이며 이러한 손해를 완벽하게 방지한다는 것은 사실상 불가능한 일이므로 보험의 필요성이 제기된다. 컨테이너에 의한 화물운송(containerization)과 관련된 위험들로는 다음과 같은 것들이 있다.

첫째, 컨테이너 터미널(container terminal)에서 발생하는 위험이다. 컨테이너 터미널은 컨테이너선에 화물의 적재와 하역을 원활하고도 신속하게 하는 작업장소 및 설비로 컨테이너운송에서 해상 및 육상운송의 접점인 부두에 위치하고 본선 하역, 화물 보관, 컨테이너화물의 인도와 인수가 이루어지는 장소이다.

컨테이너화(containerization) 초기부터 현재까지 각종 태풍에 의한 손해방지를 위한 기술개발은 현저히 발전하였기 때문에 현재에는 대형 태풍에 의한 컨테이너 터미널의 손해는 거의 발생하지 않고 있다. 그러나 일부 지역에서는 대형 태풍이 Container Yard에 내습하여 크레인이나 장치된 컨테이너화물에 막대한 피해를 주고 있다고 보고되고 있다.

둘째, 갑판적재 컨테이너화물의 위험이다. 갑판에 적재되어 있는 컨테이너를 바다에 투하하거나 파도에 의해 컨테이너가 유실되는 손해는 발생빈도는 적지만 일단 발생하면 전손이 될 가능성이 매우 높다.

특히, 갑판적재 화물은 위험발생의 가능성이 높기 때문에 선사들은 그 위험을 면책조항에 포함시키고 있다. 또한 통상적인 해상보험에서도 갑판적재는 담보되지 않기 때문에 이 위험을 담보 받으려면 특약을 하고 할증보험료를 납부해야 한다.

셋째, 컨테이너내의 화물에 발생하는 발열과 발한 등의 위험이다. 컨테이너내의 화물에서 발생하는 발열, 발한, 결로현상은 방습제, 방습포장이나 방습장치 부착 컨테이너 등의 기술개발이 컨테이너화 초기 당시부터 추진되어 왔다.

그러나 항해 도중의 온도차이, 기타의 자연조건, 컨테이너화물의 성질 및 포장의 상태, 컨테이너 내에 적입되는 깔개나 충전물의 수분 함유율 등 여러 요인이 복합적으로 작용하게 되면 컨테이너화물에서 불가피하다고 생각되는 발열, 발한, 결로 등의 손해도 발생할 수밖에 없다. 특히, 컨테이너에 미세한 틈이 생겨 침수하는 경우, 천공이 있어 빗방울이 침투하는 경우, 내부 마루가 많이 젖어 있는 경우, 온도차에 의한 결로현상으로 인한 경우에는 이러한 위험이 발생할 가능성이 매우 높다.

2) 컨테이너보험의 의의와 특징

(1) 컨테이너보험의 의의

컨테이너운송에서 운송인은 자기가 소유하거나 임차한 컨테이너 자체의 멸실 이나 손상에 대비하여 보험에 가입할 필요가 있을 뿐 아니라, 컨테이너와 관련된 사고로 제3자에 대한 배상책임이나 컨테이너 적입화물에 대한 운송인으로서의 책임도 부보할 필요가 있다.

컨테이너보험은 컨테이너와 관련하여 발생하는 손해의 발생을 대비하기 위해 고안된 것으로 컨테이너 자체보험, 컨테이너 소유자의 제3자에 대한 배상책임보험, 컨테이너 운영자의 화물손해배상책임보험을 포괄한 보험이다.

이러한 3종류의 보험을 일괄하여 하나의 증권(blanket policy)으로 부보할 수도 있고 개별보험을 단독으로 부보할 수도 있다. 왜냐하면 컨테이너는 운송용구이지만 컨테이너 자체를 하나의 화물로 취급하여 무역거래의 대상이 되기도 하며, 컨테이너는 화물 그 자체로서 적하보험에서 피보험목적물이 되기 때문이다.

그러나 컨테이너 임차인을 포함한 소유자의 제3자에 대한 배상책임보험과 컨테이너 운영자의 화물손해 배상책임보험은 원칙으로 단독으로는 부보할 수 없고 컨테이너 자체보험과 한 Set가 되어 같은 조합으로 부보되어야 한다.

그것은 컨테이너 자체보험과 컨테이너 운영자의 화물손해 배상책임보험의 관계는 불가분한 것이며 컨테이너 자체보험은 책임보험의 기초가 되기 때문이다.

(2) 컨테이너보험의 특징

첫째, 컨테이너보험은 원칙적으로 컨테이너 자체보험, 컨테이너 소유자의 제3자에 대한 배상책임보험, 컨테이너 운항자의 화물손해 배상책임보험 등의 3가지 보험을 포괄해서 한 장의 증권으로 인수한다.

둘째, 컨테이너보험의 담보기간은 원칙적으로 연간을 기준으로 계약이 이루어지며 컨테이너보험의 대상이 되는 컨테이너는 국제표준화기구(ISO) 규격 및 이에 준하는 국제해상운송용(외항) 컨테이너이다.

셋째, 컨테이너보험의 담보구간은 운송뿐 아니라 보관중이거나 수리, 검사를 위한 이동 및 그 기간 중에도 포함된다. 따라서 보험기간 중에 사고가 발생하면 운송중이거나 보관 중 또는 수리나 검사가 진행 중에 있는 경우라도 보상받을 수 있다.

넷째, 컨테이너보험은 런던 보험업자협회(Institute of London Underwriters, ILU)가 제정한 협회컨테이너약관(Institute Container Clause)을 사용하고 있다.

다섯째, 컨테이너보험도 다른 손해보험제도와 같이 손해사정 처리상의 번잡함을 고려하여 소손해 면책제도를 채택하고 있다.

(3) 컨테이너보험의 종류

① 컨테이너 자체보험

컨테이너 자체보험(container itself insurance)은 피보험목적물인 컨테이너 자체의 운송, 보관, 검사 및 수리 중의 멸실이나 추락과 다른 물체와 충돌하여 발생하는 손상에 의한 경제적 손실을 보험자가 보상하는 보험이다.

컨테이너는 일반화물과 달리 반복적으로 사용되는 용기이기 때문에 수송뿐 아니라 보관, 검사, 수리 중의 손해도 보상된다. 다만, 컨테이너 본래 목적 이외의 용도로 사용할 때 발생하는 손해는 보상되지 않는다.

일반적으로 컨테이너보험이라고 하면 이 컨테이너 자체보험을 의미한다. 컨테이너 자체보험은 보험계약을 체결할 때에 항해를 기준으로 하는 항해구간을 보험기간으로 할 수 없고 기간을 기준으로 1년 미만의 기간을 보험기간으로 하는 것이 일반적이다.

또한 컨테이너 자체보험에서는 컨테이너 소유자가 보험계약자나 피보험자가 되는 것이 일반적이다. 그러나 임차 컨테이너(lease container)의 경우에는 임차인(lessee)이 준소유자로서 컨테이너 자체보험계약을 체결하게 되는데 이 경우에 임차인은 컨테이너 소유자에 대한 배상책임보험을 특약하게 된다.

② 컨테이너 소유자의 제3자에 대한 배상책임보험

컨테이너 소유자(임차인 포함)의 제3자에 대한 배상책임보험(container owner's third party liability insurance, TPL)은 컨테이너 소유자나 임차인이 컨테이너 운송작업 중 혹은 컨테이너와 관련된 사고로 제3자에게 끼친 신체적 손상이나 재산상의 손해(예로 미수선된 컨테이너의 사용 도중 컨테이너 바닥이 빠져 제3자에게 상처를 입힌 경우 등)에 대하여 보상하는 보험이다.

이 보험은 간단히 배상책임보험이라고도 부르고 있다. 이 배상책임보험에서도 피보험자의 고의나 중과실에 의한 손해, 전쟁이나 폭동, 지진이나 화산에 의한 천재지변 등으로 인한 손해는 보상되지 않는다.

③ 컨테이너 운영자의 화물손해 배상책임보험

컨테이너 운영자의 화물손해 배상책임보험(cargo indemnity, container operator's cargo indemnity insurance)은 컨테이너화물의 손해에 대해 컨테이너 운영자가 법률상 및 운송계약상의 배상책임을 이행함으로써 입는 경제상의 손실을 보상하는 보험이며, 간단히 화물손해 배상책임보험이라고도 한다.

이 보험은 원칙으로 계약기간을 1년으로 하고 ISO 규격 및 이에 준하는 외항 컨테이너 내 수용화물을 피보험목적물로 하며, 세계 각지의 각항 상호간을 수송하는 기간을 담보한다.

4. 복합운송과 적하보험

1) 의의

무역거래에서 화물의 운송과정 중 발생 가능한 여러 가지 위험들을 커버하기 위해 화물을 피보험목적물로 하여 적하보험에 부보하는 것은 복합운송이 발달하기 이전부터 운송화물의 위험을 관리하는 전통적인 방식이었다.

복합운송이 발전하고 있는 현 상황에서도 국제협약이나 국제규칙에 의한 책임제한 사항이나 법률로 정한 면책사항은 단일책임으로 운송하는 복합운송의 경우라 하더라도 복합운송인이 모든 책임을 다 부담하는 것은 아니기 때문에 하주들로서는 운송인의 책임범위를 넘는 부분의 위험에 대한 별도의 부보가 필요하다.

2) 필요성

복합운송에서도 해상적하보험에 부보를 해야 할 필요성은 다음과 같다.

첫째, 손해배상 청구절차가 복잡하여 신속한 손해배상이 이루어지기 않을 수 있다. 즉, 복합운송인의 책임구간 내에서 손해가 발생한 경우 복합운송인은 운송계약에 따라 손해를 배상해야 하지만, 손해배상 청구 절차가 매우 복잡하여 현실적으로는 화물손해가 발생한 시점부터 배상금을 수령하는 시점까지 단일운송보다 상당한 시간이 소요되기 때문에 신속한 손해배상이 이루어지지 않는 경우가 있다.

둘째, 복합운송인의 귀책사유로 인한 손해발생의 경우에도 복합운송인의 책임부담액이 제한되어 있다. 그것은 국제복합운송협약에는 복합운송인에게 개별 운송화물의 손해에 대해 일정액을 한도로 하여 배상하도록 하는 책임제한 조항을 두고 있기 때문이다.

셋째, 복합운송인의 면책사유로 손해가 발생하는 경우에는 당연히 복합운송인에게 손해를 배상해야 할 어떠한 의무도 없다. 따라서 이러한 경우에 하주는 손해발생에 대한 배상을 복합운송인 이외의 자 즉, 보험자로부터 보상받도록 하여야 한다.

넷째, 현행 신용장통일규칙상 무역금융제도의 담보 기능을 위해서는 선하증권과 아울러 해상보험증권(marine insurance policy)이 반드시 첨부되어야 한다.

컨테이너운송은 재래식에 비하여 안정성, 신속성, 경제성 등 여러 면에서 운송의 혁명적 발전을 이룩하였다. 그러나 컨테이너화물의 운송 특성상 일단 컨테이너에 화물이 적입된 다음 최종목적지에 도착하여 확인할 때까지는 컨테이너 적입 화물의 손해를 확인하기 어려울 뿐 아니라 손해의 발생구간도 확인하기가 매우 어렵다.

이러한 이유로 국제복합운송에서도 하주는 손해발생시 보상 받을 수 있는 안전장치로서 적하보험을 부보해 두어야 한다.

제Ⅱ부 해상보험

제 1 장 해상보험의 기초

제 1 절 해상보험의 특징과 기능

1. 해상보험의 의의

해상보험(marine insurance)은 해상사업과 관련하여 발생하는 손해의 보상을 목적으로 보험자는 손해를 보상하여 줄 것을 약속하고 피보험자는 그 대가로서 보험료를 지급할 것을 약속한 손해보험제도이다.

◉ MIA 제1조 : Marine insurance defined

A contract of marine insurance is a contract whereby the insurer undertakes to indemnify the assured, in manner and to the extent thereby agreed, against marine losses, that is to say, the losses incident to marine adventure.

『해상보험계약은 그 계약에 의해 합의한 방법과 범위 내에서 해상손해, 즉 해상사업에 수반하는 손해를 보험자가 피보험자에게 보상할 것을 약속하는 계약이다.』

해상보험은 해상사업에 부수 또는 접속하는 육상, 내륙수로 또는 항공위험을 담보하는 경우에는 해상위험 이외의 위험도 해상보험의 규정이 그대로 준용된다.

◉ MIA 제2조 제1항

A contract of marine insurance may, by its express terms, or by usage of trade, be extended so as to protect the assured against losses on inland waters or on any land risk which may be incidental to any sea voyage.

『해상보험계약은 명시된 특약이나 상관습에 의해 그 담보범위를 확장하여 해상항해에 부수되는 내수로나 육상위험의 손해에 대해서도 피보험자를 보호할 수 있다.』

2. 해상보험의 특징과 기능

1) 해상보험의 특징

(1) 국제성

해상보험은 상이한 국적의 기업들이 참여하는 국제적 성격을 가지고 있다. 그런데 각국의 보험약관이나 법률 규정이 국가마다 상이하기 때문에 오해나 분쟁이 발생할 가능성이 높다.

이에 해상보험 관련 규정의 국제적 통일을 기하기 위해 각국마다 해상보험증권에 영국법을 준거법으로 삽입하고 있다.

그러나 해상보험에서 영국의 법과 관습이 아무리 중요하다고 하여도 이것은 보험자의 책임과 보험금 결제에 한정되어 적용된다. 따라서 보험회사의 설립이나 이를 운영하는 방법 등은 해당 국가의 상법이나 보험업법이 적용되게 된다.

(2) 육상과 해상 혼합보험성

해상보험은 육상과 해상의 혼합보험 성격을 가지고 있다. 즉, 해상보험은 원칙적으로 해상위험을 담보하는 보험이지만, 특약이나 상관습에 따라 담보하는 범위를 확장하여 항해에 부수하는 내수 또는 육상위험을 포함하여 담보하고 있다.

(3) 위험담보의 종합성

화재보험이나 도난보험은 원칙적으로 화재나 도난과 같은 단일위험을 담보하지만 해상보험은 다양한 위험을 종합적으로 담보하는 종합보험의 성격을 가지고 있다. 즉, 해상보험은 생성초기에는 선박의 좌초나 침몰, 전복 등 일체의 해상위험만을 담보하여 왔지만, 오늘날에는 육상보험과 항공보험도 하나의 해상보험으로 일괄 담보하고 있다.

(4) 기업보험성

해상보험은 항해하는 선박에 적용되는 선박보험과 선박의 화물에 적용되는 적하보험으로 구분되는데, 선박보험의 주된 이용자는 선박회사나 해운업자이며 적하보험은 대부분 수출입업자들이 이용하고 있고 그 공급자도 대형 회사들이다. 따라서 해상보험은 생명보험이나 화재보험과 같은 가계보험이 아니라 기업보험의 성격이 매우 강한 보험이다.

그러나 개인 선주가 자기 선박을 선박보험에 가입하거나 개인이 해외출장이나 근무시 가재도구나 소지품을 해상으로 운송할 때 해상보험에 드는 경우도 있는데 이는 해상보험이 가계보험의 성격을 가지는 측면도 있다고 할 수 있다.

2) 해상보험의 기능

(1) 해난 사고의 예방

해상보험은 해난 사고의 예방과 손해경감을 위해 해사(maritime affairs)에 관한 조사연구뿐 아니라 해난 구조시설의 설치와 정비, 해운기업에 대한 조언 등을 통해 재난이나 사고를 사전에 예방하는 기능을 수행하고 있다.

영국 해상보험법(MIA)과 우리나라 상법 및 해상보험약관에도 손해의 방지와 손해의 경감에 대한 의무를 부과하고 있기 때문에 보험자와 피보험자들은 해난 사고의 예방과 손해방지 경감을 위해 여러 활동을 전개함으로써 해난사고의 예방기능을 수행하고 있다.

(2) 물품 가격의 안정화

해상보험이 존재하지 않는다면 무역, 해운 및 금융 등의 기업들은 각각의 해상위험에 대해 보상으로 상품의 소비자들에게 자의적으로 계산한 가격을 강요하게 될 것이다.

그러나 해상보험의 이용을 통해 위험의 비용화가 실현되어 확정적인 보험료가 각각의 가격 중에 포함되면 상품 소비자에게 안정적이고 저렴한 가격을 제공할 수 있게 된다.

(3) 국제수지의 개선

해상보험은 수출입기업이나 운송회사의 경제적 손실에 대한 안정성을 보장해 주는 제도이기 때문에, 해상보험료 수입은 무역거래의 형태에 따라서는 국제수지 항목 중 무역외수지의 주요 구성항목에 커다란 영향을 미치게 된다.

예를 들어 CIF계약이나 CIP계약의 경우 수출자 입장에서는 보험료 수입을 통해 외화획득을 가져오지만, FOB계약이나 FCA계약으로 수출하는 경우에는 외화유출을 가져온다.

(4) 자금의 공급

해상보험은 보험료 수입과 보험금 지출과의 기간적 차이에서 발생하는 각종 준비금의 운용으로 기업들에 대한 산업자금이나 가계에 대한 일반대출 등을 통해 자금을 공급함으로써 국민경제의 발전에 이바지하고 있다.

(5) 국제물류의 촉진

해상보험은 화물의 수출입에 수반하는 사고를 보험회사에게 전가시킴으로써 수출입자가 신뢰감과 안정감을 바탕으로 거래를 할 수 있도록 도와주는 기능을 가지고 있다. 이와 같은 기능을 통해 국제물류(international logistics)는 촉진하게 된다.

제2절 해상보험의 관련법규

1. 영국 해상보험법과 영국보험법

1) 의의

해상보험은 국제간에 화물을 운송하는 해상사업에 관련된 사고로 발생한 손해를 보상할 것을 목적으로 하는 손해보험의 일종이며 본질적인 성격상 2개국 이상이 관여하는 국제성이 매우 강한 보험이다. 그러므로 보험거래에서 발생할 수 있는 분쟁을 미연에 방지하고 이를 해결하기 위해서는 준거법(governing law)이 반드시 필요하다.

그런데 해상보험은 영국을 중심으로 발전하여 왔기 때문에 영국의 법률과 관습이 해상보험에 그대로 적용되어 오고 있다.

이에 따라 오늘날에 널리 사용되는 해상보험증권에도 손해보상청구에 대한 보험자의 책임이나 보험금(claim) 지급은 영국의 법률과 관례에 따라 해결한다는 준거법약관(governing laws clause)이 본문약관(body clause) 속에 인쇄되어 있다.

해상보험과 관련된 가장 대표적인 법규는 해상보험의 원리, 원칙의 대부분을 포함하고 있는 영국의 해상보험법(Marine Insurance Act, 1906 : MIA)이다. 이 법은 해상보험에 관한 영국의 성문법으로 1906년에 제정되었고 그 동안 해상보험과 관련하여 법원에서 내려졌던 각종 판례들을 정리한 것이다. 이 법은 해상보험에 관한 관습이나 원리들을 거의 수용하고 있기 때문에 대부분의 국가들도 영국의 해상보험법을 자국 법률의 모체로 삼고 있다.

2) 제정 배경과 구성

(1) 제정 배경

해상보험은 영국을 중심으로 발전되어 왔지만 1906년 전까지 해상보험에 관한 영국의 법률은 대부분이 관행의 형태로 존재하여 왔던 관습법(common law)이었다.

그런데 관습법은 성문법이 아니고 불문법이기 때문에 해상보험과 관련된 관습을 체계화하려는 노력들이 시도되어 왔다.

1800년대에 들어 해상보험에 관한 판례가 2,000개가 넘었고 이를 정리하여 체계화하고 법전화한 것이 영국의 해상보험법(MIA)이다. 영국의 해상보험법은 Chalmers경(卿)에 의해 기초가 된 해상보험법안이 1894년 영국 상원에 처음으로 제안된 후, 1900년 상원을 통과하여 1906년 12월 21일에 제정되었고 1907년 1월부터 실시되었다.

MIA는 영국의 국내법이다. 그러나 오늘날 모든 국가들이 보험거래에서 사용하는 해상보험증권상의 준거법약관에는 일체의 손해보상 책임의 유무와 보험금 지급은 영국의 법률과 관습에 따른다는 규정을 두고 있다. 그러므로 영국 해상보험법(MIA)은 해상보험에 있어 가장 중요한 준거법의 역할을 하고 있다.

국내 해상보험실무에서도 영국의 1906년 해상보험법은 중요한 법원이 되기 때문에 우리나라의 경우에도 해상보험계약에서 영국법 준거약관이 널리 사용되고 있다. 우리나라 대법원 역시 이러한 영국법 준거약관을 유효한 것으로 인정하고 있으며 내국인 간의 해상보험계약에서도 대한민국법이 아닌 영국법을 준거법으로 사용하는 경우가 많다.

(2) 구성

MIA는 총 94개 조와 부칙인 보험증권해석에 관한 규칙(Rules for Construction of Policy : RCP)으로 구성되어 있다. RCP에는 해상보험에서 많이 사용되고 있는 용어들의 정의가 명확하게 규정되어 있다.

◉ 영국 해상보험법(MIA)의 구성

해상보험(Marine Insurance) ⇒ 제1조~제3조
피보험이익(Insurable Interest) ⇒ 제4조~제15조
보험가액(Insurable Values) ⇒ 제16조
고지와 표시(Disclosure and Representations) ⇒ 제17조~제21조
보험증권(The Policy) ⇒ 제22조~제31조
중복보험(Double Insurance) ⇒ 제32조
담보 및 기타(Warranties Etc) ⇒ 제33조~제41조
항해(The Voyage) ⇒ 제42조~49조
보험증권의 양도(Assignment of Policy) ⇒ 제50조~제51조
보험료(The Premium) ⇒ 제52조~제54조
손해와 위부(Loss and Abandonment) ⇒ 제55조~제63조
분손(Partial Losses) ⇒ 제64조~제66조
손해보상의 한도(Measure of Indemnity) ⇒ 제67조~제78조
보험금의 지급에 관한 보험자권리(Rights of Insurer on Payment) ⇒ 제79조~제81조
보험료의 환급(Return of Premium) ⇒ 제82조~제84조
상호보험(Mutual Insurance) ⇒ 제85조
보칙(Supplemental) ⇒ 제86조~제94조

3) 영국보험법(2015)

(1) 제정 배경

완벽한 법률로 간주되었던 영국 해상보험법(MIA, 1906)도 보험환경이 변화됨에 따라 시대에 맞지 않는 규정들은 개정되어야 한다는 의견들이 지속적으로 제기되었다.

즉, MIA는 1906년에 제정되어 110년 이상 동안의 보험 관행을 제대로 반영하지 못한 부분들이 있었고 몇몇 규정들은 피보험자 또는 보험계약자에게 너무나 불리하도록 규정되어 있다는 비판들이 제기되었다.

이러한 상황을 반영하여 영국 법률위원회, 법조계와 보험업계 관련 위원, 법관, 전문가, 변호사 등 관련자의 변론과 여러 번의 검토를 거친 결과, 영국 해상보험법의 일부 개정에 해당하는 영국보험법(Insurance Act, 2015, 약칭하여 IA라 부름)이 영국 의회를 통과하여 2016년 8월 1일에 시행되고 있다.

(2) 주요 내용과 영향

2015년 영국보험법의 신설로 인해 MIA상 가장 큰 변화가 예상되는 부분은 최대선의 의무와 고지의무, 담보(warranty), 사기적인 보험금 청구에 관한 규정 등이다.

우선 최대선의 의무와 고지의무와 관련해서는 최대선의에 의한 보험계약의 취소를 제한하고 고지의무를 완화하도록 개정하였다. 또한 담보와 관련해서는 MIA는 담보위반에 대한 보험자의 면책정도가 너무 과도하다는 판단 하에 이를 대폭 완화하였다.

사기적인 보험금 청구에 대한 규정은 1906년 MIA에서는 존재하지 않았던 규정인데, 본 규정에서는 피보험자의 고의적인 손해발생 행위 등을 보험사기의 유형으로 제시하고, 사기적인 보험금 청구의 경우 보험자는 보험금 지급의무가 없으며 이미 지급한 보험금도 회수하고 해당 위반일로부터 보험계약을 종료시킬 수 있는 권한을 부여하였다.

이러한 부분들에 대한 개정내용들은 본서의 제2부 해상보험계약의 고지의무와 담보 부분에서 상세하게 다루어질 것이다.

한편, 1906년 해상보험법(MIA)을 일부 개정한 2015년 영국보험법은 MIA의 핵심조항이 개정된 것이며 비소비자(사업자)용의 보험계약을 대상으로 하여 제정된 것이기 때문에 MIA 중 본 법률과 모순되는 조항들은 효력을 잃게 된다.

본 법률은 우리나라의 해상보험 관련 법률에도 직접 적용되는 경우가 많기 때문에 그 개정내용을 검토할 필요가 있다. 특히 우리나라 해상보험시장의 경우에도 1906년 영국 해상보험법에 근거하여 많은 판결을 내리고 있기 때문에 본 법률의 신설은 향후 우리나라 해상보험 관련 법규에도 큰 영향을 미칠 것으로 보인다.

2. 우리나라 상법과 보험업법

1) 의의

보험사업은 공공성이 매우 강하고 국민경제 전반에 미치는 영향이 대단히 큰 금융사업이다. 따라서 대부분의 국가들은 상법(商法, Commercial law)이나 보험업법(保險業法)을 통해 보험사업을 엄격히 관리, 감독하고 있다.

해상보험도 손해보험의 일종이기 때문에 당국의 행정규제를 받을 뿐 아니라 해상보험에 관련되는 제반 법규의 제한을 받게 된다. 이에 각 국가들은 보험사업을 엄격히 감독하기 위하여 상법이나 보험업법 등을 제정하고 있다. 우리나라도 상법, 보험업법, 보험업법 시행령 등을 통해 정부가 보험사업을 관리, 감독하고 있다.

2) 상법의 적용과 예외

우리나라 상법은 상기업(商企業)을 중심으로 전개되는 생활관계를 규율하는 법으로 기업들의 영리활동을 활발하게 하며 그 거래의 안전을 보호함으로써 국민경제에 이바지하도록 함을 이념으로 하고 있다.

상법은 상법 총칙·상행위·회사·보험·해상·항공운송의 6편으로 되어 있다. 이 중에서 회사편은 회사법이라고 부르고 보험편은 보험법이라고 부른다.

상법은 그 양이 매우 방대하고 체계가 복잡한데 특히 상법 제4편에는 보험일반에 관한 규정을 두고 있으며 이와 별도로 보험업법과 보험업법 시행령을 제정하고 있다.

해상보험은 상법에 규정된 손해보험의 일종이므로 당연히 우리나라 상법의 적용을 받으며 해상보험사업을 영위하고자 하는 자는 보험업법과 그 시행령을 준수해야 한다.

그러나 해상보험은 국제성이 강한 보험이기 때문에 보험의 주요 내용은 상법을 적용하기보다는 국제적으로 관례화된 영국의 법과 관습에 따르고 있다. 이것은 해상보험의 역사가 가장 오래되었을 뿐 아니라, 무역관례상 영국에서 제정된 영국 해상보험법(MIA)에 준하여 보험금 지급 등의 클레임 처리가 이루어지도록 되어 있기 때문이다.

현재 우리나라에서도 적하보험의 경우 국내 상법이 적용되지 않고 대부분 판례의 기준이 되는 영국 해상보험법에 준하여 처리되고 있다. 그러나 해상보험에서 영국의 법과 관습이 아무리 중요하다고 하여도 그 법은 보험자의 책임과 보험금 지급에 한정되어 적용된다.

즉, 영국의 법과 관습은 주로 보험자와 피보험자간의 보험계약관계에 적용되는 것이지, 우리나라에서 보험회사의 설립이나 이의 운영까지 영국의 법과 관습을 적용해야 하는 것은 아니다. 따라서 우리나라 내에서의 보험사업의 궁극적 목적과 운영 등은 당연히 우리나라 상법과 보험업법이 적용된다.

3) 상법의 구성

상법 제4편은 제1장 통칙, 제2장 손해보험, 제3장에는 인보험을 규정하고 있고, 제2장 손해보험에서는 화재보험, 운송보험, 해상보험, 책임보험, 자동차보험, 보증보험을, 제3장 인보험에서는 생명보험, 상해보험, 질병보험을 자세하게 규정하고 있다.

상법 제4편 보험편은 각종 보험계약에 대한 규정을 담고 있기 때문에 흔히 보험계약법이라 부르기도 한다. 특히 상법 제693조로부터 제718조까지는 해상보험에 관한 상세한 내용들이 규정되어 있다.

◉ 우리나라 상법 제4편의 구성

- 제1장 통 칙 ⇒ 제638조~제664조
- 제2장 손해보험
  제1절 통 칙 ⇒ 제665조~제682조
  제2절 화재보험 ⇒ 제683조~제687조
  제3절 운송보험 ⇒ 제688조~제692조
  제4절 해상보험 ⇒ 제693조~제718조
  제5절 책임보험 ⇒ 제719조~제726조
  제6절 자동차보험 ⇒ 제726조의2~제726조의4
  제6절 보증보험 ⇒ 제726조의5~제726조의7
- 제3장 인보험
  제1절 통 칙 ⇒ 제727조~제729조
  제2절 생명보험 ⇒ 제730조~제736조
  제3절 상해보험 ⇒ 제737조~제739조
  제3절 질병보험 ⇒ 제737조의2~제739조의3

4) 보험업법

보험업법은 보험업의 영위에 관한 법률로 보험회사의 면허, 자본, 조직, 관리, 감독, 해산 등을 규정한 법이다. 즉, 보험회사를 설립하려면 어떤 요건을 갖추어야 하는지, 금융당국은 어떻게 감독하는지 등을 담고 있는 법이 보험업법이다.

이 법은 보험사업을 효율적으로 지도 및 감독하고, 보험가입자의 권익보호와 보험자의 건전한 경영을 추구하여 보험업의 발전을 도모하기 위해 제정되었다. 보험업법의 규정에 따라 우리나라에서 보험사업을 영위하고자 하는 자는 주식회사, 상호회사 및 외국보험사업자로 제한하며 보험 종목별로 금융위원회(구 금융감독위원회)의 허가를 받아야 한다.

3. 요크-앤트워프 규칙(YAR)

1) 의의

해상운송 과정에는 예측이 불가능한 다양한 해상위험(maritime perils)들이 존재하기 때문에 오래 전부터 항해 관계자들은 이러한 위험의 발생으로부터 보상받을 수 있는 제도의 마련에 노력해 왔다.

그 중 가장 대표적인 완성물이 공동해손(General Average : G/A) 제도의 탄생이다. 이 제도는 보다 큰 경제적 이익을 살리기 위해 보다 적은 경제적 희생(공동해손 행위)을 하고, 그로 인한 손해를 이해관계자에게 분담시킴으로써 공동해손으로 인해 혜택을 입은 자와 피해를 입은 자를 경제적으로 평등한 지위에 두게 한 것이다.

예를 들어, 선박이 화물을 적재하고 항해하던 중 태풍으로 가라앉고 있는 경우, 선장이 선박을 가볍게 하기 위하여 적재 화물을 바다에 버리게 될 때, 바다에 버려진 화물손해는 그 화물의 주인 혼자 부담하는 것이 아니라 선주와 하주, 보험자 등 이해관계자가 공동으로 손해를 부담하도록 하는 것이 공동해손의 기본 개념이다.

이때 공동의 위험을 피하기 위해 화물의 일부를 선외로 버리는 투하(jettison)와 같은 물질적 손해를 '공동해손 희생손해(general average sacrifice)'라고 하고, 선박이 위험한 장소에 좌초한 경우 선박을 구하기 위해 예선을 사용함으로써 발생하는 비용손해 등을 '공동해손 비용손해(general average expenditure)'라고 한다.

2) 공동해손에 관한 통일규칙

각국의 공동해손제도에 관한 근본 개념은 대략적으로 일치하였다. 그러나 공동해손의 구체적인 내용에 관한 각국의 법률 및 관습은 매우 다른 상황이었다.

이로 인해 공동해손의 정산에 많은 지장이 초래되었기 때문에 이를 해결하기 위하여 공동해손에 관한 법률 및 관습의 국제적인 통일을 시도하게 되었고, 그 결과로 제정된 국제규칙이 '요크-앤트워프 규칙(York-Antwerp Rules, YAR)'이다.

YAR은 공동해손을 구성하는 손해 및 비용의 정산에 관한 국제통일규칙이다. 1860년부터 공동해손의 취급과 해석의 통일을 기하기 위한 운동이 전개되었고 1864년에 요크(York)에서 개최된 국제회의에서 11개조의 York Rules가 공식 채택되었다.

이후 1877년 앤트워프(Antwerp) 회의에서 범선에 대한 공동해손 정산을 주제로 한 12개 조항의 규칙이 새로이 제정되었는데, 이것이 York-Antwerp Rules(1877)이다. 이 규칙은 무역환경의 변화에 따라 1890년, 1924년, 1950년, 1974년, 1994년, 2004년에 개정되었고, 현행 규칙은 국제해사위원회(CMI)가 개정한 York-Antwerp Rules(2016)이다.

제3절 해상보험의 기원과 발전

1. 해상보험의 기원과 생성

1) 해상보험의 기원

해상보험은 영리보험 중 역사가 가장 오래되었다고 전해지고 있으나 그 기원은 정확하지 않다. 해상보험은 모험대차설에 기원을 두고 있다. 모험대차(bottomry)는 선주나 하주가 항해를 시작하기 전에 금융업사로부터 사금의 선대(前貸)를 받고, 만일 선박이나 화물이 항해 중에 해난에 직면하면 그 손해의 정도에 따라 채무의 일부나 전부가 면제되지만 무사히 도착하면 원금과 고율의 이자를 상환하게 되는 일종의 조건부 소비대차계약을 말한다.

2) 해상보험의 생성

해상보험의 기원은 고대문명 초기에 이집트인들이 선박을 재해로부터 보호하기 위해 이용하였다고 전해지고 있다. 또 기원전 2250년경에는 바빌론 왕조의 함무라비 법전에 상호 구제의 성격을 가진 단체가 존재하였음이 나타나 있다.

그리고 기원전 1000년경에는 이스라엘 솔로몬 왕이 자국의 해상무역을 보호하기 위하여 해난을 당한 자에게는 손해를 보상을 해주었다는 기록도 있다. 그러나 이러한 사실들이 실제로 현재의 해상보험제도와 직접 관련이 있었는지는 명확하지 않다.

해상보험은 해상과 관련된 사고를 보상하는 보험이므로 무역인이나 운송인들을 제외한 일반인들은 거의 가입하지 않는다. 분명한 사실은 해상보험이 다른 보험의 역사보다 오래되었다는 점이며 최초의 보험 상품도 유럽의 중세시대에 등장했던 해상보험이라는 점이다.

2. 해상보험의 발전

14세기 르네상스 시대의 유럽은 문화예술과 항해술이 꽃을 피운 시기이다. 항해용 컴퍼스가 만들어지고 지도학과 천문학이 급격히 발전한 덕분에 해상무역이 활발하였다.

그러나 발달한 해상무역만큼이나 해상사고 또한 급증하였다. 선원들이 항해 중 사고를 당할 경우 남겨진 식구들의 생활은 막막해지기 마련이었고, 이러한 분위기 속에 오늘날 해상보험제도의 기원이라 할 수 있는 형태가 만들어지게 되었다.

14C 후반 이탈리아에서 성립된 해싱보험제도는 해상무역의 중심지가 이동함에 따라 이탈리아에서 스페인, 포르투갈을 거쳐 16C 초에는 네덜란드, 독일, 영국 등으로 전파되었다.

3. 영국의 해상보험

1) 로이즈의 태동

오늘날 해상보험제도뿐만 아니라 거의 모든 보험의 대명사가 되고 있는 영국의 로이즈(Lloyd's)는 대략 17세기경부터 발전되어 왔다. 로이즈는 런던 타워가(tower street)에 위치한 조그만 커피전문점에서 시작되었다.

런던에 커피점이 최초로 생겨난 것은 1652년이었으며 런던 대화재가 발생한 1666년 이후에는 런던 시내에 수많은 커피점들이 등장하였다. 커피점이 점차 일상의 생활화가 되자 신분이나 직업이 비슷한 사람들이 한 커피전문점으로 모이게 되었다.

해상보험에 특히 관심이 있는 사람들이 많이 모였던 커피전문점 중 하나가 1688년 에드워드 로이즈가 운영하였던 커피전문점(Edward Lloyd's Coffee House)이었다.

로이즈 커피전문점은 템즈강의 선착장 인근에 위치한 특성 때문에 개점 초기부터 선장이나 상인, 선주나 해외무역에 관심이 많은 사람들의 출입이 많았다.

당시에는 신문이나 잡지가 발달하지 않았기 때문에 로이즈 커피전문점은 해상사업에 필요한 정보를 얻고 교환하는 최적의 장소로 발전하였다. 로이즈 커피숍에서 로이즈는 손님들의 편의를 위해 화물선의 출발 날짜 등 해상운송과 관련된 상세한 정보들을 칠판에 적어 놓았고 나중에는 '로이즈 뉴스(Lloyd's News)'라는 신문도 발간하였다.

로이즈가 제공하는 해상관련 정보는 가장 신뢰할 수 있는 것으로 평판을 얻게 되었고 로이즈 커피전문점은 해상보험을 부보(付保)하기 위한 최적의 장소가 되었다.

해상보험거래가 더욱 활발하게 이루어지자 로이즈 커피전문점은 공간이 너무 좁아 1691년 롬바드가(Lombard Street) 16번지로 이주하게 되었다.

이후 1720년에 최초로 보험회사 형태를 갖춘 런던보험회사와 관련 법률이 영국 국회에서 제정되었는데, 그것이 로이즈 커피전문점을 해상보험의 중심지가 되도록 한 계기가 되었다. 이때부터 로이즈는 인수자가 책임진다는 의미로 보험증권 하단에 서명을 하게 되었다.

2) 로이즈의 발전

1769년까지는 누구라도 로이즈 커피전문점에 들어가서 보험을 인수할 수가 있었다. 독일을 중심으로 전투가 벌어졌던 7년 전쟁의 와중에서도 높은 전쟁보험료로 전쟁보험을 인수하여 단시일에 막대한 부를 축적할 수 있었던 보험자들은 전후에는 보험료가 하락하게 되자 해상보험과는 전혀 상관없는 도박보험으로 눈을 돌리게 되었다.

선박에 도박보험을 부보하는 행위는 1746년 법률의 제정을 통해 금지되었지만, 이후에도 저명인사의 생명에 도박보험을 부보하는 형태들이 널리 이루어지고 있었다.

로이즈 커피전문점에서는 이러한 도박보험을 금지하는 내용을 게시하였음에도 도박보험은 공공연히 행해졌다. 이에 로이즈에서 보험거래를 하려는 저명한 상인이나 Underwriter들은 근본적인 해결을 강구해야 한다고 판단하여 그들 자신이 새로운 로이즈 커피전문점(New Lloyd's Coffee House)을 설립하였다. 이후 수년간 신·구 로이즈 커피전문점 간의 경쟁은 계속되었지만 결국 구 로이즈 커피전문점은 쇠퇴한 반면, 신 로이즈 커피전문점은 전문가들이 회합하는 장소로서 멤버쉽제(membership system)로 운영되었다.

Member들은 자신들이 회합을 가지는데 보다 쾌적하고 편리한 장소로 옮길 필요성을 느끼기 시작하였고, 동시에 자주적인 조직과 규약을 만들 필요가 있었다.

그래서 1771년에 79인의 상인과 중개인들이 로이즈 역사 중에서 중요한 '우리 Underwriter는 신 로이즈 커피전문점의 건물을 인수하기 위해 선발된 위원회의 이름으로 영국은행에 각 출금을 납입하는 것에 동의한다.'는 문서를 작성하였다.

이 문서에 따라 79인은 각각 100파운드씩 각출하여 로이즈협회(Lloyd's Society)를 탄생시켰으며 이 협회를 규제하고 관리하기 위한 기구로 로이즈위원회(Lloyd's Committee)를 만들었다. 이 위원회는 협회회원 중에서 선입한 9명의 위원들로 구성되었다.

로이즈의 아버지(Father of Lloyd's)로 불리던 어거스틴(Angerstein)이 1790년에 로이즈협회의 위원장이 되었는데, 그는 조합의 활동을 당시의 상황에 맞도록 조직을 진취적으로 개혁하였을 뿐 아니라 정치경제적인 측면에서 동 협회의 진전을 이룩하였다.

로이즈는 1824년경에는 1,000인 이상의 개인보험업자로 구성된 큰 조직으로 확대되었으며 해상보험 외에 각종 손해보험 및 생명보험까지도 인수하는 명실상부한 세계최대의 보험업자로서 세계보험시장의 중심이 되었다. 오늘날에도 보험인수와 관련하여 사용되고 있는 Slip, Underwriting, Underwriter 등이 유래한 곳을 바로 Lloyd's Coffee House이다.

3) 로이즈의 조직

현재 로이즈의 조직은 영업회원(underwriting members)으로 스스로의 위험으로 보험을 인수하는 조합원과 비영업회원(non-underwriting members)으로 스스로 보험을 인수하지 않는 조합원으로 구성되어 있다. 영업회원들은 인수하는 보험의 종류에 따라 수인 또는 수십인이 모여 하나의 신디케이트(syndicate)를 조직하여 공동 활동하고 있다.

신디케이트의 영업회원(underwriting member)을 네임(name)이라고 하며, 신디케이트의 보험업무는 보험대리인의 수중에 있는데, 이들을 보험자라고 부른다.

신디케이트의 회원 수는 몇 명에서 몇 백명에 이르기까지 보험 규모에 따라 다르게 구성되어 있다. 비영업회원 중에는 브로커(broker)라 불리는 보험중개인이 있는데 로이즈의 보험거래는 반드시 이 브로커를 거쳐서 이루어지도록 하고 있다.

보험대리점은 보험회사를 위해 보험회사의 대리권을 행사하는데 반하여, Broker는 피보험자 측을 위하여 보험자로부터 유리한 보험조건, 보험료율을 취득하기 위해 활동한다.

그들의 주요업무는 위험을 인수할 적절한 보험자(underwriter)들을 물색하여 그중 가장 좋은 조건을 제시하는 Underwriter와 보험계약을 체결하는 것이다.

4) 로이즈의 위상

로이즈는 커피전문점 시기를 감안하면 330여 년의 전통을 이어오고 있다. 로이즈는 보험자들을 위한 조합이다. 즉, 개별 보험자들이 체결한 보험계약을 책임지는 조직이 아니라 그 회원이 체결하는 보험계약의 조건을 감독하는 조직이다.

현재 로이즈는 약 2만 5,000명 이상의 개별 보험업자들로 이루어져 있는데, 이들은 130개 이상의 신디케이트를 형성하고 있고 각 신디케이트는 몇 명에서 수백 명의 회원들로 구성되어 있으며 보험대리점으로서 로이즈를 대표하여 보험 인수업무를 담당하고 있다.

로이즈는 규모면에서 2023 회계년도를 기준으로 전 세계 해상보험료 시장에서 16.45%(36억 달러)의 비중을 차지하고 있다. 같은 년도에 전 세계의 해상보험료 규모가 220억 달러이고 이중에서 미국이 21억 달러를 기록한 것을 감안하면 로이즈의 위상은 로이즈 보험시장의 크기를 통해서도 가늠할 수 있다.

로이즈는 위험도가 높은 피보험물, 전문 선박, 전문 자동차, 항공기 및 비해상분야에도 보험서비스를 제공하고 있다. 보험계약상 책임은 독립되어 있기 때문에 저마다 자신의 인수분에 대해서만 책임을 지며, 법인인 로이즈나 신디케이트가 일체가 되어 책임지는 일은 없다.

따라서 로이즈 회원은 자기 자산과 신용만으로 보험인수를 하게 되며, 이러한 이유 때문에 회원 자격이 매우 엄격하게 제한되어 있다.

또한 로이즈의 영업량은 영국 보험시장의 약 3분의 1을 차지하고 있기 때문에 영국 전체의 해상보험시장에서도 강력한 영향력을 미치고 있다. 게다가 로이즈 조합이 발행하는 각종 회사자료, 해사 자료, 뉴스, 통계 및 해사재판기록 등은 세계적으로 권위 있는 것으로 널리 이용되고 있다. 로이즈의 관련조직들도 세계적으로 높은 권위를 인정받고 있다.

특히 로이즈 검정인(Lloyd's Surveyor)은 선급 검사와 선체의 손해발생을 검사하고 검정보고서를 작성하는 해상 검정인을 말하는데 이들의 검정보고서는 보험회사나 선박회사에 대해 손해의 원인이나 상태를 설명하는 유력한 정보로 국제적으로 인정받고 있다.

또한 로이즈가 제정한 보험증권(Lloyd's SG Policy)은 세계적으로 사용되고 있는 해상보험증권의 기초가 되고 있으며, 로이즈 양식은 크게 선박보험양식(Hull Form)과 적하보험양식(Cargo Form)이 있다. 현재 로이즈는 발전의 토대가 되었고 지금도 많은 비중을 차지하고 있는 해상보험 외에도 재산과 관련된 거의 모든 보험 업무를 처리하는 거대 조직이다.

4. 우리나라의 해상보험

1) 해방 전의 해상보험

역사적인 의미에서 우리나라 해상보험의 시초는 1921년에 일본인들이 세운 '조선화재해상보험주식회사'이었다. 이 회사는 1950년 5월 동양화재해상보험㈜으로 상호를 변경하였고, 1967년 7월에는 한진그룹에 편입되었다.

이후 2005년 3월 한진그룹에서 분리되어 현재와 같은 메리츠화재해상보험㈜로 상호가 변경되었다. 그러나 초창기 조선화재해상보험주식회사는 본점만을 국내에 두고 있을 뿐 일본인에 의해 설립되고 운영되었다. 발기인도 일본인 금융 및 실업가가 중심이 되었고 대주주도 일본인 중심의 법인과 개인으로 구성되었다. 또한 그 당시 조선화재해상보험주식회사는 화재보험에만 주력하였고 해상보험에 참여할 능력은 부족한 상태였다. 그러므로 해방 전의 우리나라 해상보험은 일본계 보험회사들의 독점무대가 되었다.

2) 해방 후의 해상보험

해방 후 극심한 사회변동과 경제혼란이 지속됨에 따라 우리나라 보험사업은 안팎으로 시련과 혼란을 겪는 시기에 접어들었다.

미군정하에서 해상보험은 국내 보험회사가 취급하지 않았고 모두 상대국의 무역상사에 의뢰하거나 국내에 있는 외국보험회사의 대리점을 이용하였다. 그 뒤 1947년부터 군정청 손해보험 고문관 스탠턴(Stanton, C.J.E.)의 지시에 의해 일본의 보험업법이 도입되었다.

조선은행을 비롯한 국내 금융기관이 영업을 개시함에 따라 1945년 12월 조선화재보험주식회사는 우리나라 사람으로 진용을 갖추어 처음으로 화재보험의 영업활동을 시작하였다. 그 뒤 화재보험회사의 증설이 더욱 필요하게 되자 1948년까지 8개 회사가 신설되었다.

우리나라에서 해상보험을 처음 취급한 것은 1953년 해상보험준비위원회의 집행기관으로 손해보험사의 공동체인 대한해상운송보험공동사무소가 설립되면서 부터이다. 그러나 1964년 이 사무소가 해체되면서부터 개별 보험회사들이 단독으로 영업활동을 취급하였다.

우리나라에서 해상보험을 포함한 손해보험이 보험상품의 구색을 갖추게 된 것은 1962년 이후의 국민경제가 고도성장을 보인 때부터이며, 이에 따라 국내 해상보험회사들의 성장도 1960년대 초반부터 본격적으로 이루어졌다.

2024년 현재 우리나라에서 해상보험을 취급하고 있는 손해보험회사는 MG손해보험, 롯데손해보험, 메리츠화재, 삼성화재, 한화손해보험, 현대해상, 흥국화재, KB손해보험, DB손해보험 등이 있으며, 외국손해보험사로서 AIG손해보험(미국) 등이 있다.

제 2 장 해상보험계약

제 1 절 해상보험계약의 개요

1. 해상보험계약의 의의

해상보험(marine insurance)은 항해 사업에 부수하여 발생하는 손해를 보상하는 손해보험의 일종이다. 해상보험에서 보험자는 물품의 운송 중에 자기가 책임져야 할 손해가 발생한 경우 피보험자에게 그 손해액을 보상할 것을 약속하고 피보험자는 그 대가로 보험료를 지불할 것을 약속하게 된다. 그런데 해상보험은 손해보험이기 때문에 보험사고가 발생한 경우, 보험자는 생명보험과 달리 피보험자가 입은 손해액의 범위 내에서 보험금을 지급한다.

이러한 의미에서 해상보험계약(contract of marine insurance contract)은 첫째, 해상사업에 관한 사고(해상위험)가 존재해야 하고 둘째, 그 사고 발생대상인 피보험목적물에 피보험자가 이해관계(피보험이익)를 가져야 하며 셋째, 피보험자가 그 피보험이익에 대하여 손해를 입어야 하며 넷째, 보험자가 피보험자에게 손해를 보상하는 대가로 피보험자는 보험료를 납부해야 한다는 해상보험의 주요 구성요소들을 포함하고 있다.

영국의 해상보험법(MIA)에서는 해상보험이라는 제도는 결국 해상보험계약을 통해 실현되기 때문에 해상보험을 해상보험계약과 동일한 개념으로 사용하고 있다.

◉ MIA 제1조 : Marine insurance defined

A contract of marine insurance is a contract whereby the insurer undertakes to indemnify the assured, in manner and to the extent thereby agreed, against marine losses, that is to say, the losses incident to marine adventure.

『해상보험계약은 그 계약에 의해 합의된 방법과 범위 내에서 해상손해 즉, 해상사업에 수반하는 손해를 보험자가 피보험자에게 보상할 것을 확약하는 계약이다.』

2. 해상보험계약의 주요 당사자

1) 보험자

보험자(insurer, assurer, underwriter)는 보험사고가 발생한 경우 피보험자에게 보험금(claim)을 지급해야 할 의무를 부담하는 자 및 보험계약의 당사자로 보험계약을 인수하는 주체자이다. 보통 보험회사(insurance company)나 개인보험업자(underwriter)를 말한다.

보험자는 대개 보험대리점과 보험모집인을 조직으로 두고 있으며, 피보험자에게 보험금을 지급할 것을 계약하는 대가로 피보험자로부터 보험료를 수취한다.

2) 보험계약자

보험계약자(policy holder, insurance contractor)는 보험자인 보험회사와 보험계약을 체결하고 그 대가로 보험료(insurance premium)를 납부하는 자를 말한다.

즉, 보험에 가입하는 사람으로서 보험회사와 자기의 이름으로 계약을 체결하고 보험료 납입의 의무를 지는 사람을 말한다.

보험계약자는 보험자에 대해 고지의무, 위험의 변경과 증가의 통지의무 등을 부담하며 자연인이든 법인이든 상관없고, 여러 사람이 공동으로 보험계약자가 되어도 관계없다.

영국 해상보험법(MIA)는 타인을 위한 보험계약을 인정하지 않기 때문에 보험계약자라는 개념은 존재하지 않는다.

3) 피보험자

피보험자(assured, insured)는 보험계약 체결에 의해 피보험이익(insurance interest)을 가지는 자이며 손해를 보상받을 권리를 가지고 있는 자를 말한다.

해상보험계약에서 보험계약자와 피보험자는 항상 일치하는 것은 아니다. 즉, FOB나 CFR 계약에서는 수입자가 보험계약자이면서 자신을 피보험자로 보험계약을 체결하므로 보험계약자와 피보험자가 수입자 자신으로 동일하다.

그러나 CIF나 CIP계약은 보험계약자와 피보험자는 동일인이 아니기 때문에 타인을 위한 보험계약이라 할 수 있다. CIF나 CIP계약에서는 이론적으로 수출자가 보험계약자가 되고 수입자가 피보험자가 되지만, 실제로는 수출자가 자신을 피보험자로 하여 보험계약을 체결하고 이후 입수한 보험증권에 배서하여 수입자에게 이를 양도하게 된다.

따라서 CIF조건으로 수출하는 경우 수입자에게 위험이 전가되는 시점인 선적 전까지는 수출자가 피보험자가 되며, 위험부담 시점을 벗어나게 되는 선적 후부터는 피보험이익이 이전되어 수입자나 이해당사자(피보험이익 소유자)가 피보험자가 된다.

4) 보험대리점

보험대리점(insurance agent)은 보험회사를 위해 보험계약의 체결을 대리하거나 중개하는 자를 말한다. 그러므로 보험대리점은 특정 보험회사에 소속되어 있지 않은 보험중개인과 구별된다. 그리고 보험회사로부터 위임을 받아 대리하거나 중개를 업으로 하는 독립된 상인이라는 점에서 보험회사의 단순한 사용자인 보험설계사와도 구별된다.

우리나라의 경우 보험대리점을 영위하고자 하는 자는 보험회사와 보험대리 업무에 관한 위임계약을 체결하고 등록요건을 갖추어 금융위원회에 등록해야 한다.

보험대리점은 업종별로는 생명보험·손해보험·제3보험 대리점으로 구분된다. 제3보험은 사람이 질병에 걸리거나 재해로 인해 상해를 당했을 때나 간병이 필요한 상태를 보장하는 보험이다. 손해보험과 생명보험 두 가지 성격을 모두 갖추고 있고 어느 한 분야로 분류하기가 곤란하여 제3보험이라는 명칭으로 분류하고 있다.

보험대리점은 보험계약의 체결 또는 모집하면서 이미 성립된 보험계약을 부당하게 소멸시키거나 부당하게 보험계약을 청약하게 하거나 이러한 것을 권유하는 행위 등을 해서는 안 된다. 그리고 보험대리점은 자기 또는 자기를 고용하고 있는 자를 보험계약자 또는 피보험자로 하는 보험을 모집하는 것을 주된 목적으로 하지 못한다.

한편 보험대리점이 영업을 하려면 보험회사에 영업보증금(개인 1억 원, 법인 3억 원의 한도 내에서 보험회사와 협의)을 예탁해야 한다. 이것은 보험대리점이 보험계약을 모집하는 과정에서 보험료 횡령 등으로 피보험자에게 손해를 끼치게 될 경우를 대비하기 위한 것이다. 보험대리점은 보험회사의 전속 여부에 따라 다음과 같이 구분된다.

(1) 전속대리점

전속대리점은 보험계약의 체결대리권이 있는 대리점을 말하며 체약대리점이라고도 한다. 전속대리점은 보험자 명의로 보험계약을 체결하거나 보험계약의 변경, 해지, 통지 및 보험료를 받을 수 있는 권한이 있다.

(2) 비전속대리점

비전속대리점은 여러 보험회사와 계약을 하고 다양한 보험상품을 파는 대리점으로, 보험계약체결을 위한 대리권은 없고 보험계약의 체결을 중개만 할 수 있다. 이를 독립대리점 또는 중개대리점이라고도 한다. 비전속대리점은 보험대리점 계약을 체결하고 그 계약내용에 따라 보험 모집업무를 수행하며 이 대가로 보험회사로부터 일정한 수수료를 지급받는다.

비전속대리점은 한 회사의 보험상품만을 파는 전속대리점과 달리 각 회사의 다양한 상품정보를 제공하기 때문에 이용하는 고객들은 상품 선택이 보다 수월한 장점이 있다.

5) 보험중개인

(1) 의의

보험중개인(insurance broker)은 보험회사와 피보험자 사이에서 보험계약의 체결을 중개하는 것을 업으로 하는 독립의 상인을 말하며 보험중개사라고도 한다.

이들은 보험회사의 사용인이나 대리인이 아니며, 주요 역할은 보험계약 체결의 중개, 보험금 청구에 대한 자문, 보험상품의 개발과 위험관리 등이다.

(2) 구별

보험중개인은 보험계약자(피보험자)를 위해 활동하는 독립된 조직인데 반해, 보험대리점은 보험회사를 대리하거나 대표하는 조직이다. 즉, 보험대리점이 보험회사를 위하여 보험회사의 대리권을 행사하는데 대하여 Broker는 피보험자 측을 위하여 보험자로부터 유리한 보험조건, 보험료율을 취득하기 위하여 활동한다.

또한 보험중개인은 보험회사별로 상이한 보험상품의 요율이나 조건을 비교하여 피보험자에게 정확한 상품 정보를 전달하고 독립적으로 보험회사와 피보험자 사이에서 보험계약 체결을 중개한다는 점에서 일정한 보험회사를 위해 계속하여 보험계약 체결을 대리하거나 중개하는 보험대리점과 구별된다.

보험중개인과 유사한 제도로 보험계리사와 손해사정사가 있다. 전자는 보험회사의 위험을 분석, 평가, 진단하며 보험료 등을 산출하고 새로운 보험상품을 개발하는 보험전문가이고, 후자는 보험계약에서 손해액과 보험금을 산정하는 전문가이다. 이들은 주로 보험회사에 소속되어 있지만 보험중개인은 보험회사와 독립되어 있다.

(3) 우리나라의 보험중개인제도

유럽이나 미국 등은 일찍부터 보험중개인 제도가 일반화되었으나 우리나라는 1977년 12월에 보험중개인제도가 처음 도입되었다. 그러나 모집질서의 여건상 시행되지 못하다가 1997년 4월과 1998년 4월에 각각 손해보험과 생명보험의 중개인제도가 다시 시행되었다.

현재 국내에는 한국자동차 손해보험중개인㈜ 등 10여 개 정도의 보험중개인이 있는데, 아직까지 보험중개인 제도가 크게 활성화되지 않음으로 인하여 자동차보험의 경우 취급액이 전체 자동차보험의 0.002%인 10억 원 정도에 불과한 실정이다.

한편, 보험중개인은 생명, 손해, 제3보험 보험중개인으로 구분되는데 금융감독원장이 실시하는 시험에 합격해야 한다. 응시에는 학력, 성별, 연령, 경력 등에 제한이 없다.

손해보험의 경우 보험관계법령, 회계원리, 위험관리론, 손해보험 1부와 손해보험 2부가 시험과목이며 문제는 객관식 4지 선택형이다.

6) 보험설계사

(1) 의의

보험설계사는 특정한 보험회사 등(보험회사 · 보험대리점 또는 보험중개사 포함)에게 소속되어 그 보험회사를 위해 보험계약의 체결을 중개하는 자로서 보험회사의 사용인이다. 그러므로 보험설계사들은 보험 상품을 팔 때마다 보험회사로부터 수당과 수수료를 지급받는다.

과거에는 보험모집인이라 불렀으나 2003년 5월 개정된 보험업법부터 보험설계사 또는 생활설계사(life planner)로 칭하고 있다.

오늘날 보험설계사의 업무는 단순한 보험계약의 모집을 넘어 재무상담이나 생활설계 및 대출상담 등 가정의 금융설계 영역까지 확대되고 있고 각종 보험에 관한 지식과 아울러 전문적인 금융지식을 겸비한 전문인으로 변하고 있다.

이에 최근에는 RC(risk consultant), FC(financial consultant), RFC(risk financial consultant), FP(financial planner) 등 전문성을 반영한 호칭들을 많이 사용하고 있다.

(2) 종류와 자격

보험설계사는 크게 생명보험 설계사, 손해보험 설계사 및 제3보험 설계사가 있다. 우리나라의 경우 보험설계사가 되려면 생명보험협회와 손해보험협회가 매달 1회 주관하는 보험설계사 자격시험에 합격해야 하며 금융위원회가 정하는 일정한 연수과정을 이수해야 한다.

손해보험 설계사는 손해보험회사 · 손해보험대리점 · 손해보험중개사에 소속되어 손해보험계약의 체결을 중개하는 사람으로 영업 범위는 화재보험, 해상보험, 자동차보험 등이다.

현행법상 금치산자나 한정치산자, 보험업법을 위반하여 벌금 이상의 형을 선고받고 그 집행이 종료나 면제된 날로부터 2년이 경과하지 않은 자 등은 보험설계사로 등록할 수 없다.

(3) 보험대리점과의 차이

보험대리점은 보험회사로부터 위임을 받아 대리 또는 중개를 업으로 하는 독립된 상인이라는 점에서 보험회사의 단순한 사용자인 보험설계사와 구별된다.

또한 보험설계사는 보험대리점(전속대리점)과 달리, 보험계약의 체결대리권이 없는 단순한 중개인이며 보험료 수령권과 고지의무 수령권도 없다.

(4) 보험중개인과의 차이

보험중개인과 보험설계사는 대리권이 없다는 점에서 공통점이 있다. 그러나 보험중개인은 보험대리점과 같이 독립된 상인이지만, 보험설계사는 독립된 상인이 아니다.

또한 보험중개인은 불특정 다수의 보험자를 위해 계약체결을 중개하지만, 보험설계사는 특정 보험회사를 위해서만 계약체결을 중개한다.

3. 해상보험계약의 주요 원칙

1) 최대선의의 원칙

보험자는 해상보험계약을 체결할 때 화물의 성격이나 포장상태 등 중요한 사항을 미리 검토할 수 없는 불리한 입장에 처해 있다. 그러므로 피보험자로부터 화물에 대한 구체적인 사실을 통보받아야만 보험자는 화물에 관한 중요한 정보들을 알 수 있게 된다.

따라서 해상보험계약에서는 피보험목적물에 대한 위험사정을 잘 알고 있는 피보험자로 하여금 보험자가 사고발생의 가능성을 추정하는데 도움이 되도록 중요한 사항을 보험계약이 체결되기 전에 최대선의로 보험자에게 고지(표시)하도록 의무화하고 있다.

이를 최대선의의 원칙(principle of utmost good faith)이라고 한다. 최대선의는 신의성실의 의무(duty of good faith obligation)보다 높은 정도의 의무를 말한다.

해상보험계약은 사행계약성과 정보의 비대칭성이 존재하기 때문에 최대선의의 의무가 계약 당사자 간에 요구되고 있는 것이다.

2) 실손보상의 원칙

손해보험계약은 보험자가 보험사고에 의해 발생하는 피보험자의 재산상 손해를 보상하는 것을 약정하는 계약을 말한다(상법 제665조). 여기에서 손해보상(indemnity)은 피보험자가 우연한 사고로 말미암아 손해를 입었을 경우에 계약에 의거하여 보험자가 보험금을 지급하는 행위를 말한다.

실손보상의 원칙은 손해보험계약에서의 본질적이고 절대적인 원칙으로서 피보험자가 보험사고로 인해 실손해 이상의 이익을 얻는 것을 금지하고 있는 것을 말한다. 즉, 손해보험을 통해 피보험자가 이중이득을 얻는 것을 막기 위해 실손보상의 원칙이 철저히 준수되어야 하며 보험가액을 초과하거나 실손해를 초과하여 보상하지 않는 것이 손해보험에서의 핵심적 원리이다. 손해보험하에서 실제 손해액을 보상하는 손해보험계약의 원칙을 실손보상의 원칙이라고 한다. 이것을 손해보상의 원칙 또는 이득금지의 원칙이라고도 부른다.

실손보상의 원칙은 손해보험에만 적용되는 고유의 개념이다. 왜냐하면 사람의 생명은 경제적으로 환산하기 어려운 반면, 재물은 그 경제적인 손해를 정확하게 평가할 수 있기 때문이다. 또한, 손해보험은 경제적 손실의 회복이라는 경제적 관점에 입각해 있는 반면, 생명보험은 유가족 등의 생활보장이라는 사회복지적 관점이 우선시되기 때문이다.

실손보상의 원칙에서 손해보상액은 보험금액을 한도로 이루어지게 된다. 이에 따라 해상보험계약에서는 보험사고가 발생한 경우 전손(total loss)의 경우를 제외하고는 보험금 전액이 지급되는 것이 아니라 보험금액의 범위 내에서 실제로 생긴 손해액만을 보상받게 된다.

4. 해상보험계약의 법적 성질

1) 낙성계약

낙성계약(consensual contract)은 당사자 쌍방의 의사표시 즉, 피보험자의 청약(offer)과 보험자의 승낙(acceptance)의 합치로 성립되는 계약을 말한다. 따라서 피보험자가 보험료를 납부해야만 계약이 성립되는 것은 아니다.

2) 불요식계약

불요식계약(informal contract)은 계약자유의 원칙에 따라 아무런 형식을 요하지 않는 계약을 말한다. 보험계약은 청약과 승낙에 특별한 요식행위를 요하지 않기 때문에 그 행위는 구두, 서면, 일부 서면, 일부 구두 어느 것으로도 가능하다.

그러나 보험실무에서는 보험계약을 체결할 때에 보험자가 사전에 미리 인쇄해 둔 보험청약서(application, slip)를 이용하며, 보험계약의 성립과 동시에 보험증권을 교부하여 보험계약 성립의 추정적 증거 역할을 하도록 하고 있다. 그러나 이러한 것들이 보험계약 성립의 전제조건이 되는 것은 아니다.

3) 유상계약

유상계약(contract for consideration)은 계약의 각 당사자가 서로 대가적(對價的) 의미가 있는 재산상의 출연(出捐)을 하는 계약을 말하며 무상계약에 대응하는 개념이다.

쌍무계약은 보통 유상계약이고 증여나 사용임차 등은 무상계약이다. 해상보험계약은 보험자의 보상 약속에 대해 피보험자가 이에 대한 대가인 보험료를 납부하게 되므로 당사자의 채무 내용이 서로 대가관계에 있는 유상계약이다.

4) 쌍무계약

쌍무계약(bilateral contract)은 계약의 각 당사자가 서로 대가적(對價的) 의미를 가지는 채무를 부담하는 계약을 말한다.

해상보험계약에서 보험자는 피보험목적물에 보험사고가 발생하면 그 손해를 보상하고 피보험자는 그 대가로 보험료를 지급하게 되므로 쌍무계약의 성격을 가진다.

물론 쌍무계약이라 하더라도 보험사고가 발생하지 않으면 보험자의 보험금 지급의무는 존재하지 않게 된다. 따라서 보험계약은 쌍무계약이지만 보험자의 보험금 지급의무는 불확정한 의무가 되는 것이다.

5) 부합계약

부합계약(adhesive contract)은 계약에 대한 당사자들 중 한쪽이 결정한 것에 다른 한쪽은 그대로 따라갈 수밖에 없다는 계약이다.

계약의 형식에서는 상대방이 서로 계약을 체결하는 형태를 취하고 있으나 실질적인 내용은 계약 당사자 일방(보험자)이 결정한 보험약관에 대하여 타방(계약자)이 이것을 포괄적으로 승인함으로써 효력이 발생하는 계약을 말한다.

해상보험계약은 보험자와 피보험자가 세부사항 하나하나를 합의하여 체결하는 것이 원칙이다. 그러나 보험계약의 내용이 복잡하고 어려우며 보험자는 다수의 피보험자를 상대하기 때문에 보험자가 미리 보험약관을 작성해 놓은 상태에서 피보험자가 원할 때 이 약관을 선택함으로써 보험계약을 성립시키도록 정형화하고 있다.

자본주의가 고도화하고 기업의 독점화가 증가됨에 따라 부합계약의 형태는 더욱 확대되고 있다. 일반인들로서는 계약내용은 물론 계약체결 여부의 자유도 충분히 가지지 못한 상태에서 계약을 체결하기 때문에, 부합계약으로 인해 계약자유의 원칙은 그 적용범위가 더욱 좁아지고 있다. 대표적인 부합계약의 형태로는 일반인이 대기업들과 체결하는 운송계약, 보험계약, 전기공급계약, 고용계약 등이 있다.

6) 유인계약

유인계약(causal contract)은 당사자 간의 계약에 의해 발생하는 채무가 그 원인 사실과 결부되어 그 원인사실이 없다면 채무도 성립하지 않는다는 성질의 계약을 말한다.

유인계약은 계약을 성립시키는 원인으로 된 사실이 법률상 존재하지 않을 경우에도 효력이 없어지지 않는 무인계약에 대응하는 개념이다.

해상보험은 피보험자의 청약에 따른 보험료 납입과 보험자의 손해보상과 보험금 지급이 서로 맞물려 원인관계를 이루고 있다. 따라서 청약에 따른 보험료 납입이 없으면 보험자의 손해보상과 보험금 지급이 없는 것이며 보험자의 손해보상과 보험금 지급이 없으면 당연히 청약에 따른 보험료 납입도 이루질 필요가 없는 것이다.

7) 유한책임계약

유한책임계약(limited liability contract)은 채무자의 일정한 재산 또는 일정액을 한도로 하여 채무가 이루어지는 계약을 말하며 채무자의 전재산이 채무의 담보가 되어 있는 무한책임에 대응하는 개념이다. 해상보험계약에서 보험자는 보험금액을 한도로 피보험자에게 보험금을 지급하게 된다. 따라서 보험자가 부담하는 책임은 유한책임을 내용으로 한다.

8) 최대선의계약

최대선의계약(utmost good faith contract)은 일반적인 신의성실보다 높은 정도의 성실의무로 보험계약이 체결되어야 한다는 것을 의미한다.

보험자는 보험계약을 체결할 때 중요한 사항을 미리 검토하기가 불가능할 뿐만 아니라 구체적인 사실을 피보험자로부터 통보 받지 않으면 모든 정보를 모르게 된다.

따라서 위험사정을 잘 알고 있는 피보험자로 하여금 중요한 사항을 보험계약을 체결하기 전에 최대의 선의로 보험자에게 고지하도록 하고 있다.

9) 상행위계약

상행위계약(contract for commercial activity)은 그 행위가 실질적으로 영리에 관한 행위를 말하며 비(非) 상행위계약에 대응하는 개념이다. 해상보험계약도 다른 기타 계약과 같이 보험자가 영리를 목적으로 하는 계약이다.

10) 사행계약

사행계약(aleatory contract, 射倖契約)은 경마나 복권과 같이 요행을 노려서 우연한 이득을 얻으려는 계약을 말한다. 해상보험계약은 장래의 우연한 사고의 발생에 따라 보험금 지급 여부가 달려 있다는 점에서 사행계약일 수밖에 없다.

해상보험계약은 우연한 사고의 발생으로 인하여 보험금액의 지급 또는 그 액수가 정해지므로 사행계약의 성격을 가지고 있는 것이다.

또한 보험자의 보험금 지급의무는 미리 보험료를 수령하였음에도 불구하고 미래에 우연한 보험사고가 생긴 때에만 발생하게 되므로 사행계약의 성격을 가지고 있다. 그러나 해상보험은 우연한 사고로 인한 경제적 손실을 보상받는 것이지 우연한 사건에 의해 일방적인 이득을 보는 것은 아니므로 전형적인 사행계약의 형태인 도박과는 성격을 달리하고 있다.

11) 계속계약

계속계약(continuous contract)은 전세 등 임대차와 같이 채무의 내용이 되는 급부의 실현이 시간적 계속성을 갖는 계약을 말한다.

해상보험계약에서 보험자는 보험사고가 발생한 경우에는 손해배상 또는 보험금의 지급책임을 부담하는데 이것은 보험기간 내에 발생한 것이어야 한다. 이와 같이 해상보험계약에서 보험자의 책임은 이 보험기간 중 계속해서 존재하는 것이고 보험계약관계도 그 기간 동안 계속 유지되는 것이다.

제 2 절 해상보험계약의 주요 법리

1. 피보험이익

1) 피보험이익의 의의

해상보험은 선박이나 화물과 같은 피보험목적물(재산)을 보호하려는 것이 아니라, 이러한 피보험목적물과 이해관계가 있는 특정의 경제주체를 보호하기 위한 제도이다.

따라서 해당 피보험목적물과 이해관계가 없는 자는 보험을 가입할 수 없고, 만일 보호할 이익이 없음에도 보험에 가입하게 되면 그러한 보험은 도박에 해당한다.

이와 같이 피보험목적물과 이해관계가 있는 자는 피보험목적물이 위험에 노출될 경우 손해를 입을 수 있기 때문에 이에 대비하여 보험계약을 체결하고, 이후 이 보험계약에 근거하여 불확실한 미래의 사고로부터 재산상의 손해를 보상받을 수 있는 이익을 가지게 된다. 이것을 피보험이익(insurable interest)이라고 한다.

우리나라 상법에서는 피보험이익을 '보험계약의 목적'이라고 표현하는데(제668조), 이것은 '보험의 목적'(제666조 제1호, 제675조, 제678조 등)과 구별되는 개념이다.

보험의 목적(subject-matter insured)은 보험계약의 대상(예를 들어 적하나 선박)을 말하는데 반하여, 보험계약의 목적은 이러한 피보험목적물에 대한 특정인이 갖는 이해관계 즉, 우연한 사고의 손해발생시 보상을 받고자 하는 것이다. 그러므로 '보험의 목적'과 '보험계약의 목적'은 그 개념이 전혀 다른 것이다.

생명보험은 사람의 생사를 다루는 보험이기 때문에 그것에 의한 손해의 유무는 발생하지 않게 된다. 따라서 생명보험에는 피보험이익의 개념은 존재하지 않는다.

◉ MIA 제6조 제1항 : When interest must attach

(1) The assured must be interested in the subject-matter insured at the time of the loss though he need not be interested when the insurance is effected.

『(1) 피보험자는 보험계약을 체결할 때에 피보험목적물에 대하여 이해관계를 가질 필요는 없으나 손해가 발생한 때에는 피보험목적물에 대하여 이해관계를 가져야 한다.』

2) 피보험이익의 요건

(1) 적법성

피보험이익의 적법성은 해상사업과 이해관계가 있다고 하여 무조건 피보험이익이 되는 것이 아니라 피보험이익은 적법하고 합법적인 것이어야 한다는 것을 말한다.

그러므로 선량한 풍속이나 사회질서에 어긋나는 사항을 내용으로 하거나 특정한 법률에 의해 자유로운 사용이나 유통을 금지시키는 이익을 피보험이익으로 하는 경우 그 보험계약은 무효가 된다. 따라서 밀수품, 절도품, 공서양속에 위배되는 서적 등 수출금지 품목은 피보험이익의 적법성이 결여된 것이므로 처음부터 해상보험계약의 대상이 될 수 없다.

그럼에도 이러한 이익을 피보험이익으로 하여 보험계약이 체결된 경우에는 보험계약 자체가 무효가 되므로, 사고 발생시 보험금도 당연히 지급되지 않게 된다.

영국 해상보험법(MIA) 제4조 제1항도 피보험이익에 관하여 '사행 또는 도박을 목적으로 하는 모든 해상보험계약은 무효이다.'라고 전제하고 있다.

(2) 확정성

피보험이익의 확정성은 피보험이익은 금전적으로 확정되고 그것이 누구에게 귀속될 것인가가 확실해야 한다는 것을 말한다. 피보험이익은 계약체결 당시에 그 존재가 객관적으로 '확정되어 있거나, 적어도 보험사고 발생시까지는 객관적으로 확정될 수 있는 것'으로 경제적으로 얼마의 가치가 있고 또한 누구의 것인가가 분명해야 한다는 것이다.

왜냐하면 보험사고가 발생한 경우 피보험이익이 확정되지 않으면 손해도 확정되지 않을 뿐 아니라 보험자가 보상할 보험금도 확정될 수 없기 때문이다.

이와 같이 피보험이익은 금전적으로 확정되고 그 귀속이 결정될 수 있어야 하는데, 예를 들어 CIF가격의 110%를 보험금액으로 할 때 100%(적하) + 10%(희망이익)이 된다.

(3) 경제성

피보험이익의 경제성은 피보험이익은 객관적으로 재산상의 가치를 가지고 있어야 하며 금전적으로 산정될 수 있는 이익이어야 한다는 것을 말한다.

보험사고가 발생하였을 때 보험자가 부담하는 책임은 경제적인 가치가 있어야 하므로 그 책임을 통해 충족되는 피보험이익도 경제적으로 평가할 수 있는 것이어야 하는 것은 당연한 일이다. 만일 피보험이익이 경제성을 가지고 있지 않으면 손해의 사정 자체가 불가능하며 손해액 이상의 보상을 하게 되는 문제들이 야기될 수도 있다.

그러므로 경제적 가치가 없고 종교적, 도덕적, 정신적, 감정적 가치와 같이 객관적으로 평가될 수 없는 이익들은 당연히 피보험이익이 될 수 없다.

3) 피보험이익의 평가

(1) 보험가액

보험가액(insured value)은 피보험이익을 금전으로 평가한 것으로 보험사고가 발생한 경우에 피보험자가 입게 될 손해의 최고 한도이며, 보험계약을 체결할 때에 보험계약 당사자 간에 합의하여 보험증권에 정하여 놓은 금액을 말한다. 자동차보험이나 기계보험의 경우에는 자동차나 기계의 시가가 보험가액이 된다.

보험가액은 손해보험에만 존재하는 개념이다. 그 이유는 보험가액은 때와 장소에 따라 변동할 가능성이 있는데, 사람의 가치는 때와 장소에 따라 변동되지 않으며 책임보험이나 인보험 등은 보험가액의 평가 자체가 불가능하기 때문이다.

(2) 보험금액

보험금액(sum insured, insurance amount)은 보험사고가 발생한 경우에 보험자가 보상하는 최고한도액으로, 보험계약에서 약정한 금액을 말한다.

무역거래에서는 보험계약을 체결할 때 보험금액이 결정된다. 예로 상업송장 금액의 110%를 보험금액으로 하여 부보하는 것이 그것이다. 그러나 신용장거래에서 보험금액을 정하지 않은 경우에는 선적분의 CIF가격 또는 CIP가격에 10%를 가산한 것을 보험금액으로 한다.

(3) 보험가액과 보험금액의 관계

① 전부보험

전부보험(full insurance)은 보험가액과 보험금액이 일치하는 경우를 말한다. 가장 이상적인 형태로 이 경우에 보험자는 보험사고에 따른 손해액 전부를 지급할 의무를 부담한다. 해상보험은 일반적으로 전부보험으로 계약을 체결한다.

② 일부보험

일부보험(under insurance)은 보험금액이 보험가액보다 적은 경우를 말한다. 일부보험은 피보험자가 보험료의 절감을 위해 의식적으로 하는 경우도 있고 또 물가가 상승한 결과 자연적으로 발생하는 경우도 있다.

③ 초과보험

초과보험(over insurance)은 보험금액이 보험가액을 초과할 경우를 말한다. 초과보험의 경우 계약 당사자의 선의나 악의를 불문하고 초과부분은 낭연히 무효가 된다. 그 이유는 보험의 도박화와 고의적인 보험사고를 방지하기 위함이다.

2. 보험료

1) 보험료의 의의

보험료(premium)는 보험자의 위험부담에 대한 대가로 피보험자가 보험자에게 지급하는 금전을 말한다.

보험료는 보험계약을 체결할 때에 확정되는 것이 원칙이다. 그러나 항해가 변경되어 추가 보험료를 지급할 것을 협정하면 계약을 체결한 후에 협정되기도 한다.

보험료의 보험금액에 대한 비율을 보험료율이라 하는데, 보험료율은 보통 보험금액에 대한 백분비(%)로 표시된다. 예를 들어 보험금액이 US$ 5,000이고 보험료율이 0.64%라고 하면 보험료는 US$ 32(5,000×0.0064)가 된다.

한편, 피보험자가 보험료를 지급해야 할 의무와 보험자가 보험증권을 발행할 의무는 동시조건이므로 피보험자에 의해 보험료가 지급될 때까지 보험자는 보험증권을 발행할 의무가 발생하지 않는다.

2) 보험료의 구성

보험료는 크게 순보험료(net premium)와 부가보험료(loading premium)로 구성되는데, 이를 합하여 영업보험료(gross premium) 또는 총보험료(gross premium)라고 부른다.

순보험료는 피보험자가 장래의 사고발생시 또는 만기가 되었을 때에 받게 되는 보험금 지급에 충당할 금액으로 보험 본래의 사명을 다하기 위해 직접 필요한 금액이다.

결국 피보험자들이 납부하는 보험료 중에서 순보험료를 적립하여 사고가 나는 사람에게 몰아주는 것이 보험의 원리가 된다. 부가보험료는 보험자가 보험사업을 경영하기 위한 사업비에 충당하는 금액으로 인건비나 광고 등 사업운영비가 포함된다. 부가보험료에서 가장 크게 차지하는 것은 영업조직에게 주는 수수료이다.

3) 보험료의 종류

(1) 경과보험료와 미경과보험료

경과보험료(earned premium)는 보험자가 일정기간에 대하여 수령한 보험료 총액 중에서 이미 지나간 기간에 해당하는 비율만큼의 보험료를 말한다.

미경과보험료(unearned premium)는 보험자가 피보험자로부터 받은 보험료 중에서 아직 해당 보험료 기간이 경과하지 않은 보험료를 말한다.

가령 보험자가 1년치 보험료를 받은 후 6개월이 경과했다면, 받은 보험료의 1/2은 나머지 6개월(미경과 기간)에 해당하는 것으로 미경과보험료가 된다.

(2) 추가보험료

추가보험료(additional premium)는 해상보험에서 기본보험료보다 부담해야 할 위험의 정도가 큰 경우나 위험이 증가되었을 경우에 그 위험의 정도에 따라 기본보험료에 추가해서 부가되는 보험료를 말한다.

적하보험에서는 기본적인 보험조건(A/R, WA, FPA 또는 ICC(A), ICC(B), ICC(C) 등)에 추가하여 부가위험(전쟁, 동맹파업, TPND 등)을 추가로 담보 받고자 원할 때 기본보험료 이외에 추가보험료가 부과한다.

추가보험료는 보험계약에서 특수한 위험을 특약하는 경우, 그 위험의 추가 내용에 따라 추가로 납부하는 보험료이기 때문에 할증보험료라고도 한다.

(3) 위험보험료

전술과 같이 영업보험료는 순보험료와 부가보험료로 구분되는데, 적하보험과 같은 손해보험에서 순보험료는 피보험목적물의 위험도에 따라 산출한다는 의미에서 위험보험료(risk premium)라고도 부른다. 참고로 생명보험에서는 보험가입자가 중도에 사망한 경우 지급하는 사망보험금의 재원이 되는 부분이 위험보험료가 된다.

(4) 수입보험료와 원수수입보험료

수입보험료(income premium)는 보험자가 일정 기간 중 또는 회계연도 중에 받아들인 보험료의 총액을 말한다. 그리고 수입보험료 중에서 원수(元受)보험계약에 의거하여 보험자가 피보험자로부터 받아들인 보험료를 원수수입보험료라고 한다.

(5) 초회보험료

초회보험료(initial premium, first premium)는 보험계약이 성립되면 피보험자는 보험료의 납부의무를 부담하게 되는데, 이 의무에 의해 최초로 납부되는 보험료를 초회(初回)보험료라 한다. 이를 제1회 보험료라고도 하는데, 이 보험료는 특히 보험계약의 효력을 발생시키는 책임개시 시기를 결정하는 중요한 요소이다.

(6) 계속보험료

계속보험료(continuous premium)는 제1회 보험료 납입 후 납입기간 종료시점 또는 보험만기까지 계속적으로 납입하는 보험료를 말한다.

보험료는 정해진 주기로 정해진 일자에 납입되는 것이 보통이지만, 계속보험료가 약정한 시기에 납입되지 않으면 보험자는 상당한 기간을 정하여 피보험자에게 통지하고 그 기간 내에도 지급되지 않으면 보험계약을 해지할 수 있다.

4) 보험료률 산정의 기본원칙

보험요율(rate of premium)은 보험가입 금액에 대한 보험료의 비율로 보험계약을 체결할 때 보험료를 결정하는 비율을 말한다. 생명보험 및 자동차보험과 같이 정액으로 표시되는 경우도 있고, 화재보험 및 해상보험과 같이 백분율로 표시되는 경우도 있다.

보험료율은 보험자로 하여금 보험영업을 통한 적정한 이윤을 획득하게 하고 경쟁에 효과적으로 대처하는데 필요한 요율구조를 발전시키는 중요한 요인이 된다.

보험자의 경쟁력 확보와 피보험자 보호를 위해 보험감독기관은 보험요율을 산정할 때 지켜야 할 원칙을 제시하고 있는데, 이것이 보험료율 산정의 기본원칙이다.

(1) 공평성

공평성(equity)은 부당하게 차별되지 않아야 한다는 것 즉, 보험요율은 동일한 위험에 대해서는 공평하게 산정되어야 한다는 것이다.

보험자는 보험요율을 산정할 때 위험을 여러 기준에 따라 분류한다. 이 경우 동일 집단에 속하는 위험이면 같은 수준의 보험요율이 부과되어야 하고 동일하거나 유사한 위험에 속하는 위험은 보험료를 차별하지 말고 같은 수준의 보험요율이 적용되어야 하지만, 성격이나 위험의 정도가 크게 다르다면 보험요율의 차별도 당연히 인정되어야 한다는 것이다.

(2) 충분성

충분성(sufficiency)은 보험요율은 보험자가 손해보상을 할 수 있고 보험사업을 운영할 수 있을 만큼 충분해야 한다는 것이다.

보험료는 손해보상을 위한 기금이면서 보험사업의 경비이므로 보험자가 자신이 약속한 손해보상을 이행할 수 있도록 충분해야 한다. 즉, 보험료는 보험자가 보험계약을 인수하고 이를 관리하는데 필요한 경비로 지출할 수 있을 만큼 충분해야 하고 영리보험일 경우에는 보험자에게 적정한 이윤도 보장해 주어야 한다.

만일 요율을 너무 낮게 산정하면 보험사고로 지급할 보험금에 비하여 보험료가 충분하지 않아 피보험자가 피해를 입게 되며, 충분성을 고려한 나머지 보험요율이 지나치게 높게 책정되면 보험료의 과도한 지출이 발생하게 된다.

(3) 적응성

적응성(adaptability)은 보험요율은 위험의 변화를 적절히 반영할 수 있어야 한다는 것이다. 즉, 보험요율은 충분한 동시에 경쟁성이 보장되어야 한다는 것이다. 요율 산출시 추세율(trend factor)의 반영은 적응성을 확보하기 위한 대표적인 기법으로 활용된다.

(4) 적정성

적정성(adequacy)은 보험요율은 과다하지 않아야 한다는 것이다. 즉, 예상손실이나 비용보다 과다하게 보험료를 산정하는 것이 아니라 적정하고 타당한 요율로 보험료가 산정되어야 한다는 원칙이다.

이것은 보험의 전문지식이 부족한 피보험자를 보호하려는 것으로 충분성과 상충되는 원리이다. 현실의 보험시장에서는 보험자간의 경쟁을 통해 보험료율의 적정성이 유지되고 있다.

(5) 안정성

안정성(stability)은 보험요율은 일정기간 동안 요율이 변동되지 않고 안정적이어야 한다는 것이다. 즉, 보험요율이 자주 변동하게 되면 피보험자들은 보험요율이 낮을 때 집중적으로 보험계약을 체결하고 보험요율이 오를 것으로 예상되면 보험계약의 체결을 미루게 되어 무보험상태가 되므로, 보험요율은 일정기간 변경되어서는 안 된다는 것이다.

(6) 단순성

단순성(simplicity)은 보험요율은 단순해야 한다는 것이다. 즉, 보험요율 체계는 이용하기 쉽고 적용이 간편해야 한다는 원칙이다.

이 원칙은 피보험자가 보험요율을 쉽게 이해할 수 있게 하고 다수의 보험계약을 신속하게 체결하는데 도움이 되도록 한 것이다.

(7) 신축성

신축성(flexibility)은 필요할 때는 변경될 수 있어야 한다는 것으로 보험요율은 신축적이어야 한다는 것이다. 즉, 보험요율은 위험의 정도나 경제환경의 변화 등 보험요율의 산정요소에 변경이 있을 경우에는 신축적이며 탄력적으로 조정되어야 한다는 원칙이다. 해상보험의 경우 요율의 조정기간은 보통 3년을 주기로 하고 있다.

(8) 비과도성

비(非)과도성(non-excessive)은 보험요율은 피보험자의 보험에 대한 무지를 이유로 과도하게 높게 책정해서는 안 된다는 원칙이다. 이것은 피보험자를 보호하기 위한 것으로 적정성과도 연결되는 원칙이다.

(9) 사고방지의 장려성

사고방시의 상려성은 보험요율은 사고방지를 유도할 수 있도록 산정되어야 한다는 것이다.

5) 보험료 산정에 영향을 미치는 요인

(1) 보험조건

보험조건(condition of insurance)은 보험자가 부담하는 손해보상의 범위를 나타내는 조건을 말하며 기본조건, 부가위험 담보조건, 확장담보조건으로 구분된다.

첫째, 기본조건은 구약관은 A/R조건, WA조건, FPA조건이 있고 신약관은 ICC(A), ICC(B), ICC(C) 등 3종류가 있다. 기본조건은 각각의 필요성에 따라 여러 가지 특수조건을 부가하여 사용하고 있다. 기본조건 중에서 보험자가 보상하는 담보위험은 A/R과 ICC(A)가 유사하고 WA와 ICC(B)가 유사하며 FPA와 ICC(C)가 유사하다. 또한 A/R과 ICC(A)가 보상범위가 가장 넓으며 FPA와 ICC(C)는 보상범위가 가장 좁다.

담보위험과 보상범위가 확대하면 그 만큼 보험자가 부담하는 위험도는 증가하기 때문에 보험요율도 거기에 비례하여 높아진다. 따라서 화물의 성질에 적합한 보험조건이면서도 채산이 맞는 조건을 채택하는 것이 바람직하다.

둘째, 부가위험 담보조건은 기본조건인 FPA, WA나 ICC(C), ICC(B)에 TPND 등의 위험을 추가하여 부보함으로써 보다 저렴한 보험료로 A/R이나 ICC(A) 조건으로 부보한 것과 동일한 효과를 거두기 위해 사용하는 조건이다.

셋째, 확장담보조건은 해상보험에서 육상운송이나 보험기간의 연장이 필요할 때 추가하는 담보조건으로 내륙운송 확장담보조건(ITE)과 내륙보관 확장담보조건(ISE)이 있다.

(2) 화물의 종류와 성질

해상보험의 대상이 되는 화물의 종류는 다양할 뿐 아니라 그 화물의 종류나 성질에 따라 어떠한 특정한 손해를 발생시키는 위험도 달라진다. 예로 유리제품이나 정밀기계 등은 일반화물에 비해 수송중의 충격에 약하기 때문에 파손이 일어날 가능성이 크며, 철광석은 비에 젖어도 거기에 따르는 손해는 거의 없는데 비해 설탕이 비에 젖으면 큰 손해를 입게 된다.

이와 같이 해상보험의 대상이 되는 화물의 종류나 성질은 보험요율의 산정에 중요한 영향을 미치는 요인이 된다.

(3) 화물의 포장상태

산화물(bulk cargo)은 개별 단위화된 화물이나 밀봉된 컨테이너 화물의 경우에 비해 부족손해의 발생이 일어나기 쉽고, 같은 밀봉화물이라 하더라도 2~3겹의 종이봉지에 넣은 것과 5~6겹의 종이봉지에 넣은 다음 다시 견고하게 폴리에틸렌 포장을 한 것은 포장파손에 따른 부족 손해의 발생정도에 상당한 차이가 난다. 따라서 화물의 포장상태의 좋고 나쁨도 보험요율 산정의 중요한 요인이 된다.

(4) 화물의 적재상태

갑판에 적재된 화학약품이나 목재 등은 악천후를 만나면 파도에 휩쓸릴 위험이 높고 항상 바람과 비에 노출되어 있기 때문에 선창 안에 선적된 화물보다 보험요율이 높게 된다.

또한 선창 안에 선적된 경우에도 적재상태가 부적절하면 무너지기 쉽고 인접한 적재화물이 새기 쉬운 액체화물은 오손(汚損)을 입을 가능성이 커지게 된다. 이와 같이 화물의 적재상태는 보험요율 산정의 중요한 요인이 된다.

(5) 적재 선박

하주의 귀중한 화물을 운송하는 선박의 상태는 보험요율 산정에 매우 중요한 요인이 된다. 노후 선박은 선박자체에 견고함이나 내항성이 떨어지기 때문에 충돌이나 좌초 사고가 발생하게 되면 전손이 될 위험성이 매우 높다.

이에 반해, 새롭게 건조된 선박은 선박 자체의 견고함이 우수하고 내항성이 높을 뿐만 아니라 정평이 있는 일류 선사가 운항하는 선박은 선박의 보수나 관리가 확실하기 때문에 화물의 운송이 안전하게 이루어질 수 있다. 따라서 해상보험에서는 선령, 선급, 총톤수 등에 따라 위험도를 측정하고 경우에 따라 할증보험료를 받고 있다.

(6) 손해율

과거에 해당 계약과 동종의 화물, 도착항, 동종의 적재선박들이 실제로 어느 정도 사고가 발생했는가를 아는 것은 요율산정에 불가결한 요소가 된다. 손해율(loss ratio)은 지급보험금의 수입보험료에 대한 비율이며, 보험자는 손해율을 근거로 현재 사정의 변화를 감안하여 계약의 위험도를 측정하기 때문에 손해율의 평가는 보험회사 경영분석의 기초가 된다.

(7) 환적 여부

운송 도중에 다른 선박으로 환적(transshipment : T/S)을 하게 되면 적재화물의 양하와 재선적의 과정에서 파손 등의 위험이 발생할 가능성이 매우 높기 때문에 보통의 경우에는 환적을 금지시킬 뿐 아니라 환적이 발생하는 경우 할증보험료가 부가된다. 그러므로 환적의 여부와 횟수도 보험요율 산정에 중요한 영향을 미치는 요인이 된다.

(8) 운송구간과 계절 및 기타

화물의 운송구간이나 계절도 보험요율 산정에 중요한 요소가 된다. 그 밖에 보험자는 출발항·도착항의 항만상태, 도착지의 여러 사정(정치·사회정세, 도난 위험의 정도, 접속 육상운송의 방법, 기상 조건 등)을 고려하여 보험을 인수하기 때문에 이러한 것들도 보험요율의 산정에 영향을 미치게 된다.

3. 고지의무

1) 고지의무의 의의

고지의무(duty of disclosure)는 피보험자 등이 보험계약을 체결할 당시에 보험자에게 자지가 알고 있는 중요한 사실을 고지하고 그 중요한 사실에 대해 부실고지를 하지 아니할 의무를 말하며 '계약 전 알릴 의무' 혹은 '표시의무'라고도 한다.

보험계약을 체결할 때 보험자는 그 위험을 인수할 것인가, 인수한다면 보험료를 어떻게 정할 것인가를 결정하기 위해 위험에 대한 정확한 평가를 해야 한다.

그런데, 보험자의 위험에 대한 평가는 피보험자 등이 알려주는 정보를 토대로 이루어지기 때문에 피보험자 등에게 사고발생의 가능성을 측정하는데 중요한 사항(예로 화재보험은 가옥 구조, 생명보험은 피보험자의 기왕병이나 현재 병의 유무, 자동차보험은 자동차의 사용목적 등)을 보험자에게 알리도록 하는 의무를 부과하고 있다.

2) 고지의무의 성질

고지의무는 보험자가 선택할 위험의 판단 과정에 피보험자 등이 협력할 의무이기 때문에 피보험자 등은 보험계약을 체결할 당시에 중요한 사항을 고지해야 한다.

그러므로 고지의무 자체는 보험계약을 체결하기 이전에 이루어지는 의무이지 보험계약이 체결됨으로 인하여 발생하게 되는 의무는 아니다.

또한 고지의무는 보험계약이 체결되기 전에 피보험자 등이 부담하는 의무이기 때문에, 보험계약의 체결 후에 보험계약의 효과로서 발생하는 피보험자의 위험의 변경이나 증가의 통지의무(상법 제652조)나 손해발생의 통지의무(제657조)와 명백히 구별된다.

3) 고지의무의 당사자

고지의무를 이행해야 하는 당사자는 보험계약자, 피보험자, 또는 피보험자의 대리인이다. 보험계약자와 피보험자는 대부분 동일인이지만 제3자를 위한 보험과 같이 동일인이 아닌 경우에는 보험계약자가 고지의무의 당사자가 된다.

만일 보험계약이 피보험자의 대리인에 의해 체결될 경우는 그 대리인이 고지의무의 당사자가 된다. 대리인에 의해 고지할 때에는 보험계약자 자신이 알고 있는 사실뿐만 아니라 그 대리인 자신이 알고 있는 사실도 고지해야 한다.

우리나라 상법 제651조에서는 고지의무자로 보험계약자와 피보험자를 규정하고 있다. 그런데 영국 해상보험법(MIA)은 타인을 위한 보험계약을 인정하지 않고 보험계약자의 개념도 존재하지 않기 때문에 피보험자가 고지의무자가 된다.

4) 고지 사항

(1) 피보험자가 알고 있는 모든 중요한 사실

피보험자는 자기가 알고 있는 모든 중요한 사실을 보험자에게 고지할 의무가 있다. '중요한 사실(material fact)'은 보험자가 사고발생의 위험을 측정하여 보험의 인수여부나 보험료를 결정하는 합리적 판단에 영향을 미치는 사실을 말한다.

즉, 보험자가 그 사실을 알고 있다면 보험계약을 체결하지 않거나 적어도 같은 조건으로는 보험계약을 체결하지 않을 것이라고 생각되는 사실이 '중요한 사실'이 된다.

영국해상보험법(MIA) 제18조 2항도 '신중한 보험자(prudent insurer)가 보험료를 정하거나 위험의 인수 여부를 결정하는데 있어서 그 판단에 영향을 미치는 모든 사항은 중요한 사실이다.'라고 규정하고 있다.

피보험자 등이 보험계약을 청약할 때에는 피보험목적물의 상태나 사실을 확인할 위치에 있지 않은 보험자로서는 화물 등 그 피보험목적물에 대해 알고 있는 것이 없으며 이들 사실의 대부분은 단지 피보험자만이 알고 있다.

따라서 모든 필요한 정보를 피보험자에게 의존할 수 없게 되는 것이다. 그러므로 피보험자는 자기가 알고 있는 중요한 사실들을 은폐하여 보험자를 오도해서는 안 되며 보험자가 그 위험을 정당하게 평가할 수 있도록 고지의무를 통해 최대한 협조해야 한다.

실무에서 중요한 사실은 피보험자 등이 보험청약서를 통해 고지하는 것이 일반적인데, 청약서에 질문되지 않는 사항이라도 피보험자 등이 중요하다고 판단되는 사항은 청약서 여백에 기재하여 고지하는 것이 바람직하다. 해상보험에서 고지해야 할 중요한 사실들로는 적하보험의 경우는 화물의 성격과 특성, 갑판적재나 환적 여부 등이며, 선박보험의 경우는 선박의 성질(상선, 화물선 등), 선급, 선령, 선박의 국적, 출항 예정일 등이다.

(2) 피보험자가 당연히 알고 있을 것으로 추정되는 모든 중요한 사실

해상보험에서 고지의무는 피보험자 등이 실제로 알고 있는 중요한 사실에만 한정하여 적용되는 것이 아니라, 피보험자 등이 통상적인 업무수행 상 당연히 알고 있을 것으로 추정되는 사실에도 적용된다.

그러므로 이런 사실을 피보험자 등이 몰랐다는 점을 이유로 불고지가 허용되는 것은 아니다. 물론, 피보험자 등이 어떤 결정적인 시점에서 몰랐던 사실 또는 알고 있었을 것으로 추정할 수 없는 사실에 대해서까지 피보험자 등이 고지해야 하는 것은 아니다.

따라서 고지의무자가 스스로 알고 있는 사항만 고지하면 그 의무는 이행한 것이 된다. 그러나 피보험자 등이 상당한 조사를 했더라면 그 사실을 발견할 수 있었을 경우 이를 게을리하여 불고지한 것은 고지의무를 위반한 것이 된다.

5) 불고지 사항

영국 해상보험법(MIA)은 고지할 필요가 없는 사항으로 다음을 규정하고 있다.

(1) 위험을 감소시키는 일체의 사항

위험을 감소시키는 일체의 사항은 고지할 필요가 없다. 왜냐하면 고지의무는 보험자의 보호를 목적으로 한 것이므로 위험을 감소시키는 사실을 고지하지 않았다는 이유로 그 보험계약을 취소할 권리를 보험자에게 주는 것은 불합리하기 때문이다.

예를 들면 선박보험에서 해난에 대비하여 선박에 어떤 설비가 구비되어 있다는 사실, 또는 보다 위험이 적은 항로를 취항할 예정이라는 사실 등이 여기에 해당한다.

(2) 보험자가 알고 있거나 알고 있는 것으로 추정되는 일체의 사항

보험자가 알고 있거나 알고 있는 것으로 추정되는 일체의 사항은 고지할 필요가 없다. 왜냐하면 특정국의 통상규칙이나 일반적인 상관습, 보험증권에 기재된 선적항의 적재방식, 목적항의 양하방식, 보험증권에 기재된 지역의 무역환경과 전쟁의 발생사실 등은 보험자도 알고 있거나 알고 있는 것으로 추정되기 때문이다.

(3) 보험자가 그에 관한 정보를 포기한 일체의 사항

보험자가 그에 관한 정보를 포기한 일체의 사항은 고지할 필요가 없다. 예를 들면 선박이 소급약관(lost or not lost clause) 조건으로 부보된 경우, 보험계약이 체결되기 전에 선박이 실제로 출항한 사실은 고지할 필요가 없다. 소급약관은 보험계약을 체결할 때 이미 위험이 개시되어 사고가 발생하였다고 하더라도 그러한 사실을 계약 당사자가 알고 있지 못하였다면 보험계약은 유효하다는 것을 규정한 약관이다.

(4) 어떠한 명시나 묵시담보에 의해 고지할 필요가 없는 일체의 사항

어떠한 명시담보나 묵시담보에 의해 고지할 필요가 없는 일체의 사항은 고지할 필요가 없다. 왜냐하면 보험계약상 담보가 있으면 그 담보에 포함된 사항은 이미 보험자도 알고 있기 때문이다. 선박보험에서는 내항성(耐航性)이 묵시담보 조건으로 되어 있기 때문에 선박의 불내항성에 대해 고지할 필요가 없다. 왜냐하면 고지의 유무를 불문하고 그로 인한 손해에 대해서는 묵시담보 위반으로 보험자가 면책되기 때문이다.

적하보험에서는 구협회적하약관 제8조 내항성 담보약관 및 신협회적하약관 제5조 불내항 및 부적합 면책약관에 선박의 내항성이 담보된 것으로 전제되어 있기 때문에 고지할 필요가 없다. 그런데 적하보험에서는 피보험자가 선박의 내항성을 관리할 수 있는 입장은 아니기 때문에 선박의 내항성 담보는 적용되지 않는다.

6) 고지의 시기와 방법

(1) 고지의 시기

고지의무는 보험계약의 체결교섭 중이나 계약이 성립되기 전까지 계속되다가 계약의 성립 시점에서 종료된다(상법 제651조).

보험계약이 성립은 피보험자의 청약이 보험자에 의하여 승낙된 시점에서 성립된 것으로 추정되고 이 시점에서 보험증권이 정식으로 발행되었는지의 여부는 불문한다.

(2) 고지의 방법

영국 해상보험법(MIA)은 고지의 방법에 대하여 제한을 두고 있기 않기 때문에 시면이든 구두이든 명시적이든 묵시적이든 불문하고 가능하다. 그러나 고지는 정확하게 표시되어야 하므로 피보험자 등은 자기가 알고 있는 사항을 구두나 서면으로 진실되게 표시해야 한다.

보험실무에서는 고지방법으로 질문표(questionnaire)가 널리 이용되는데 이것은 보험자가 보험청약서에 질문난을 두고 고지할 사항을 게기하여 피보험자로 하여금 이에 대한 해답을 기입하도록 한 것이다.

질문표는 전문적 지식을 가진 보험자가 작성한 것이기 때문에 보험자가 서면으로 질문한 사항은 중요한 사항을 질문한 것으로 추정한다. 질문표에 기재되지 않은 사항의 불고지는 악의의 묵비가 아닌 한, 고지의무의 위반은 되지 않는다.

7) 고지의무 위반의 요건

영국해상보험법(MIA)은 객관적 요건만 충족되면 고지의무 위반이 성립되지만, 우리나라 상법은 객관적 요건과 함께 주관적 요건도 충족되어야만 고지의무 위반이 성립된다.

(1) 객관적 요건

객관적 요건은 중요한 사실에 관한 고지의무자의 불고지 또는 부실고지가 있어야 한다는 것이다. 고지는 보통 피보험자 등에 의하여 자발적으로 행해지거나 보험자가 피보험자 등에 대하여 질문에 답하는 것으로 이루어지는데, 이때 피보험자 등이 중요한 사항을 고의적으로 알리지 않는 것을 '은폐(concealment)'라고 하고 중요한 사실을 알고 있으면서도 알리지 않는 것을 '불고지(non-disclosure)'라고 한다. 은폐이든 불고지이든 그 결과는 피보험자 등이 중요한 사실을 알리지 않은 것이므로 모두 고지의무를 위반한 것이 된다.

또한 고지는 진실하게 표시되어야 하는데 그렇지 못하여 사실과 다르게 진술한 것을 '부실고지(misrepresentation)' 또는 '허위진술'이라 한다. 부실고지는 피보험자가 중요한 사실을 알릴 때 허위로 알리는 것이므로 고지의무를 위반한 것이다.

예를 들어, 지난번까지는 화물이 나무상자에 포장되어 운송되었는데 이번에는 마분지상자에 포장하고 이러한 사실을 알리지 않았다면 이것은 불고지에 해당된다. 그리고 얇은 마분지상자의 포장을 튼튼한 수출용 상자에 포장했다고 진술하는 것은 부실고지에 해당된다.

(2) 주관적 요건

주관적 요건은 불고지나 부실고지가 고지의무자의 고의나 중대한 과실로 이루어져야 한다는 것이다. 고의(intention)란 어떤 사실의 존재뿐만 아니라 그 사실의 중요성과 고지하여야 한다는 당위성에 관한 인식을 하면서 묵비를 하거나 허위진술을 한 것이 된다.

중대한 과실(gross negligence)은 고지의무자가 조금만 주의하였더라면 그 사실의 중요성과 고지의 당위성을 충분히 알았을 것인데 부주의로 묵비하거나 허위로 한 것이다.

그런데 사실의 존재자체에 대해서 알지 못한 것은 중과실이 될 수 없다. 왜냐하면 중과실로 인한 '사실의 부지(不知)'의 경우도 고지의무의 위반이 된다면 피보험자 등에게 알고 있는 사실에 관한 고지의무뿐 아니라 사실의 탐지의무까지 부담시키는 가혹한 결과를 초래할 수 있기 때문이다.

8) 고지의무 위반의 효과

(1) 영미법상의 효과

영국 해상보험법(MIA)은 피보험자 등이 중요사실을 고지하지 않거나 부실로 고지하는 경우에는 보험자는 보험계약을 취소(revocation)할 수 있도록 하고 있다. 계약이 취소되면 보험계약은 법적으로 처음부터 무효로 된다.

그런데 보험자의 계약취소권은 포기(waiver) 될 수도 있다. 즉, 보험자는 고지의무 위반사실에 대해 추가보험료를 받고 고지위반 사실을 승인할 수도 있는 것이다. 고지의무 위반으로 보험계약이 취소되면 보험계약성립 후 피보험자가 지급한 보험료는 사기의 경우를 제외하고는 반환받을 수 있으며 보험자가 이미 지급한 보험금도 반환을 청구할 수 있다.

(2) 상법상의 효과

우리나라 상법상 고지의무의 위반이 있는 경우에는 보험사고의 발생 전후를 불문하고 보험자는 보험계약을 해지(termination, 解止)할 수 있다. 고지의무는 권리에 대립하는 의무를 지칭하는 것은 아니지만, 만약에 이를 위반하였을 때에는 보험자는 일정한 요건하에서 보험계약을 해지(解止)할 수 있는 것이다. 해지의 효력은 장래에 대하여 발생하는 것이며 소급효과가 인정되지 않기 때문에, 보험자는 이미 수령한 보험료를 반환할 필요가 없을 뿐 아니라 오히려 미징수 보험료까지도 청구할 수 있는 권리를 가지게 된다.

4. 담보(warranty)

1) 담보의 의의

해상보험에서 담보(擔保)는 'to cover'와 'warranty'가 있다. 전자(to cover)는 보험사고가 발생한 경우에 보험자가 그 손해를 보상한다는 일반적인 의미이다.

이에 반해 후자(warranty)는 보험자의 위험 측정을 용이하게 하는 안전장치(safety device)로, 피보험자에게 특정 사항의 충족이나 이행사항을 보험증권에 명시하도록 하거나 명시되어 있지는 않지만 보험계약이 체결됨으로 인하여 당연히 지켜야 할 약속들을 말한다.

담보의 내용은 피보험자가 어떠한 특정한 일을 행하거나 행하지 않을 것, 어떠한 조건을 구비하거나 충족할 것, 특정한 사실 상태의 존재를 긍정하거나 부정하는 약속사항 등이며 이것은 보험계약의 중요한 조건이 된다.

예를 들어, 일정구역으로는 항해를 하지 않겠다든가, 일정한 선급(ship's class)을 유지하겠다든가, 어느 날짜까지는 출항하겠다든가 등이 후자의 개념이다.

우리나라 상법에는 담보 또는 담보특약에 관한 별도의 규정이 없지만, 해상보험은 영국의 법률과 관행에 따르기 때문에 영국의 보험법상 담보와 담보 위반시의 효과 등에 대한 법률 해석은 우리나라에서도 매우 중요한 문제가 될 수 있다.

2) 담보의 필요성

피보험자는 보험계약을 체결할 때 고지의무에 따라 자기가 알고 있는 모든 중요한 사실들을 보험자에게 최대선의로 충실히 진술해야 한다.

그러나 보험계약을 체결할 때 피보험자가 보험자에게 고지하는 사항들 중에는 부실고지하거나 아예 고지하지 않은 불고지도 있을 수 있다. 그런데 보험자로서는 이러한 사실을 알기 어렵기 때문에 보험자는 피보험자가 반드시 이행하거나 충족해야 할 사항들을 담보로서 명시하여 추가적인 안전장치를 마련하고 있는 것이다.

담보는 피보험자가 반드시 지켜야 할 약속이기 때문에 피보험자의 그러한 약속이나 진술사항은 절대적인 것이어야 하며, 담보내용이 위험 측정상 중요한 것이냐 그렇지 아니한 것인가와 상관없이 중요성 불문의 원칙에 따라 문자 그대로 충족되어야 한다.

영국 해상보험법(MIA) 제33조에서도 담보는 명시담보(express warranty)일 수도 있고, 또는 묵시담보(implied warranty)일 수도 있으며, 담보는 그것이 위험에 대해 중요한 것이든 아니든 관계없이 반드시 정확하게 충족되어야 하는 조건임을 분명히 하면서, 만약 그것이 정확히 충족되지 않으면 보험증권에 명시적 규정이 있는 경우를 제외하고 보험자는 담보 위반일로부터 책임이 해제되도록 규정하고 있다.

3) 담보의 종류

담보는 보험증권에 명시되어 있는지 여부에 따라 명시담보와 묵시담보로 구분된다.

명시담보(express warranty)는 당사자의 합의에 의해 보험증권에 명시하는 약속을 말하며 묵시담보(implied warranty)는 보험증권에 명시되어 있지는 않지만 보험계약의 성질상 필연적으로 내재하는 요소로서 보험계약상 피보험자가 당연히 지켜야 할 약속을 말한다.

그러한 의미에서 명시담보는 계약 당사자의 합의에 의한 담보이고 묵시담보는 법률에 의해 보험계약에 적용되는 담보이며 내항성 담보와 적법성 담보가 있다. 명시담보에는 보험증권에 이와 상반되는 내용이 있더라도 그것에 우선하여 적용된다.

담보는 피보험자가 반드시 준수해야 하므로 피보험자가 담보를 위반하면 보험계약이 해지될 수 있다. 그러나 담보위반 이전에 발생된 손해는 보험자가 보상책임을 부담해야 한다.

4) 담보위반

(1) 담보위반의 의의와 입증책임

담보는 중요성 불문의 원칙(principle of non-materiality)에 따라 위험에 대하여 중요한 것이든 아니든 관계없이 엄격하게 준수되어야 한다.

따라서 담보는 실질적으로 충족하는 것만으로는 불충분하다. 이것이 엄격하고 정확하게 충족하지 않은 것을 담보위반(breach of warranty)이라고 한다.

담보위반의 입증책임은 그것을 주장하는 보험자에게 있다. 따라서 보험자는 피보험자가 담보를 위반했다는 사실을 입증해야만 자신의 책임을 면할 수 있게 된다.

(2) 담보위반의 효과

피보험자가 담보를 위반하게 되면 그 위반시점부터 보험자의 위험부담 책임이 면제된다. 따라서 그 이후에 발생하는 손해는 당연히 보험자가 책임을 지지 않게 된다. 그러나 담보위반 이전에 발생한 손해는 보험자가 보상책임을 부담해야 한다.

담보위반 시점까지의 보험료는 계약의 유효성에 따라 반환되지 않는다. 왜냐하면 담보위반은 보험자를 면책시키지만 보험계약은 유효하게 존재하므로 고지의무 위반과 같이 보험계약 자체가 취소되는 것은 아니기 때문이다.

한편, 담보를 위반하면 보험자에게 보험계약의 해지권이 인정된다. 해지권은 미래의 계약부분에 대해서 효력이 발생하는 것이기 때문에 해지권을 행사하기 전의 계약은 유효하다. 그런데, 담보위반이 발생한 경우에도 자동적으로 보험계약이 종료되는 것은 아니다. 위반에 대해 법률적 효력을 부여할 것이냐 안 할 것이냐의 여부는 결국 보험자의 선택에 달려 있기 때문에 보험자는 담보위반에 대한 권리를 포기할 수도 있다.

제3절 해상보험계약의 성립과 효과

1. 해상보험계약의 성립

1) 해상보험계약의 청약

해상보험계약은 낙성계약의 성질을 가지고 있기 때문에 당사자 간의 합의 즉, 피보험자의 청약과 보험자의 승낙에 의해 성립된다. 이 중에서 피보험자가 보험자에게 보험가입의 의사를 밝히는 것을 보험계약의 청약(offer)이라 한다.

청약은 일정한 방식이 요구되지 않으며, 법률적으로 청약의 의사표시는 보험청약서를 기재하여 보험자에게 정식으로 교부한 때가 된다.

실무거래에서는 보험자가 사전에 보험계약 청약서(application, slip)를 만들어 놓기 때문에 이를 피보험자가 작성하여 보험자에게 제시하는 행위가 청약이 된다.

2) 해상보험계약의 승낙

해상보험계약에서 승낙(acceptance)은 보험자가 특정한 보험계약의 청약에 대해 계약을 성립시킬 목적으로 하는 확정적 의사표시이다. 계약자유의 원칙에 따라 승낙의 방식에는 제한이 없기 때문에 명시적으로든 묵시적으로든 가능하다. 법률적으로 승낙의 시점은 보험자에 의해 보험청약서가 인수·확인되어 서명되는 시점이 된다.

보험실무에서는 일반적으로는 보험자에 의해 작성된 정형화된 서식인 보험계약 청약서(application)에 담보조건과 보험요율 산정 및 보험자가 요청하는 사항들을 고지하고 이를 보험자가 승낙함으로써 보험계약체결을 확정시키며 이에 대해 보험증권을 발행함으로써 승낙의 의사표시를 대신하고 있다.

◉ MIA 제21조

A contract of marine insurance is deemed to be concluded when the proposal of the assured is accepted by the insurer, whether the policy be then issued or not.

『해상보험계약은 보험증권의 발행여부에 관계없이, 피보험자의 청약이 보험자에 의해 승낙된 때 성립한 것으로 간주한다.』

2. 해상보험계약의 체결방식과 청약서

1) 직접 체결

해상보험계약도 일반적인 계약의 형태와 마찬가지로, 법리적으로는 불요식의 낙성계약이기 때문에 특별히 정해진 형식이 없고 피보험자가 보험에 가입하고 싶다고 청약을 하고 이를 보험자가 승낙하면 성립하게 된다.

실무에서는 긴급한 경우에는 구두나 전화로 청약하는 경우도 있지만, 보통은 보험자에 의해 작성된 정형화된 서식인 보험계약 청약서에 담보조건과 보험자가 요청하는 사항들을 고지하고 이를 보험자가 승낙함으로써 보험계약 체결을 확정시키고 있다.

그런데 피보험자가 보험자와 직접 보험계약을 체결하는 경우에는 계약을 체결하기 전에 보험계약체결에 있어 알고 있어야 할 실무적인 측면 및 법적인 측면의 중요사항들을 올바로 이해하는 것이 필요하다.

2) 보험중개인을 통한 체결

우리나라는 아직까지 보험중개인(insurance broker)의 활동이 적은 편이지만, 로이즈와 보험계약을 체결하는 경우에는 반드시 보험중개인이나 그 대리점을 통해야 하므로 피보험자는 보험중개인에게 청약서를 제출해야 한다. 이 경우에는 청약서에 해당하는 슬립(slip, 부전지)이나 부보각서 등 보험중개인이 발행하는 서류가 사용된다.

보통 피보험자가 보험의 세부사항을 결정하면 보험중개인은 슬립에 주요 내용을 기재하여 보험자에게 제시하여 보험의 인수 여부를 결정하도록 하고, 보험자는 그 조건을 받아들이면 이에 서명하는데 이것이 법적으로 승낙행위가 된다. 보험중개인은 보험료를 받았다는 사실을 확인하기 위해 피보험자에게 그 증거서류로 부보각서(cover note)를 발행한다.

이 서류는 피보험자가 직접 보험자를 상대하지 않고 보험중개인을 통해 보험에 가입할 경우 보험중개인이 보험료의 수령 사실과 보험자와 보험계약을 체결하겠다는 각서로서 발급하는 서류로 보험승인서 또는 보험승낙서라고도 한다.

〈그림 3-1〉 해상보험에서 청약과 계약관계

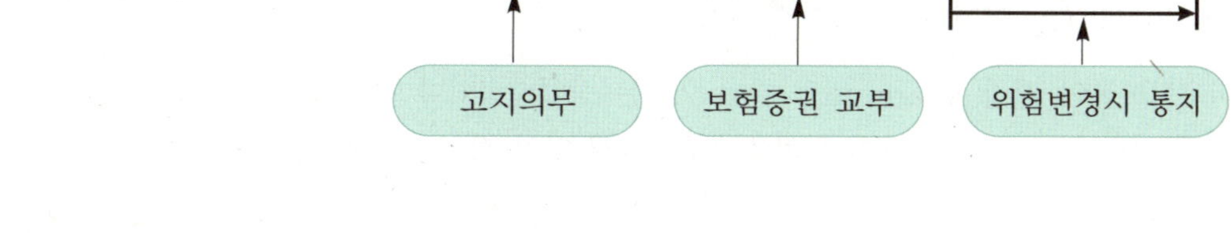

3) 해상보험계약 청약서의 기재사항

해상보험계약 청약서는 해상보험계약을 체결하기 위해 작성하는 서류로, 보험금액이나 보험조건 등의 계약사항과 계약 당사자의 인적 사항들이 기재된다.

(1) 피보험자

피보험자(assured)란에는 피보험자의 정식 표기 회사명이 기재된다. 피보험자와 보험계약자가 동일인인 경우에는 별 문제가 없지만 양자가 서로 다른 경우에는 보험계약자명을 해당란에 별도로 기재해야 한다. CIF와 CIP계약에서 매도인은 매수인의 위험에 대해 적하보험에 부보하고 보험료를 납부하면 보험자로부터 보험증권을 받게 된다.

이 보험증권은 최초에 매도인(수익자, beneficiary)을 피보험자로 해서 발행이 되는데, 이후 배서(endorse)를 통해 바이어에게 권리 양도함으로써 피보험자가 바뀌게 된다.

(2) 보험청약자

보험청약자(applicant)는 보험계약을 청약하고 보험료를 납입하는 자로서 피보험자명과 상이한 경우(타인을 위한 보험계약)에만 기재된다.

(3) 발행장소 및 발행일

발행장소 및 발행일은 보험증권이 발행된 장소와 일자를 기재한다. 보통은 보험증권이 발행되는 국가와 도시명이 기재된다.

(4) 보험조건

보험청약서에 미리 A/R, WA, FPA 또는 ICC(A), ICC(B), ICC(C)의 기본조건이 약호로 인쇄되어 있기 때문에 피보험자는 그중에서 필요한 보험조건(condition)을 선택하면 된다.

인코텀즈는 CIF수출의 경우는 최소한 FPA이나 ICC(C) 조건으로 가입하도록 하고 있으나, 보통은 신용장의 보험조건들과 일치하게 기재된다.

(5) 보험금액

보험금액(amount insured)은 손해가 발생한 경우 보험자가 보상하는 금액의 최고한도로, 상업송장 가액에 10%의 희망이익을 가산한 금액이 기재된다.

(6) 피보험화물의 명세

피보험화물의 명세(description of goods)는 상업송장이나 신용장상의 내용과 일치하여야 하며, 만일 그 내용에 변경이 있을 때는 지체 없이 보험자에게 통지해야 한다.

(7) 수송구간 및 수송방법

수송구간 및 수송방법은 선적지, 양하지, 환적항, 최종목적지, 적재하는 본선의 선박명, 선박의 출항예정일, 육상 수송용구 등이 기재된다.

최종목적지가 내륙지방에 있어 목적지와 상이한 경우, 운송약관에 따라 목적항에서 최종목적지까지의 운송화물에 대해 부보할 때 최종목적지와 운송용구가 기재된다.

(8) 상업송장 번호

보험증권이나 보험증명서에는 피보험목적물의 하인과 번호 기재는 생략되지만 청약서에는 해당 화물의 송장번호(invoice number)가 반드시 기재되어야 한다.

(9) 보험금 지급지

보험금 지급지(claims payable at)는 보험금 지불을 희망하는 장소를 말하며 피보험목적물의 최종목적항 또는 최종목적지에 따라 지급받기가 용이한 대리점을 기재된다.

CIF계약의 경우 보험금의 청구권자는 보험계약지(수출국)가 아닌 수입국에 소재하는 발행은행이나 수입상이 되므로 사고발생시 청구의 편의를 위해 신용장에 보험금 지급지를 수입국으로 기재한다. 보통 수입의 경우 보험회사의 본사로 하고 수출의 경우는 해당 도착지의 정산대리점 및 감정인을 지정한다.

수입국에서 보험금을 청구할 경우, 업무상 편의를 위해 보험청구 업무를 대행해 줄 보험금 결제대리인을 지정해 두는데 이를 Claims Setting Agent라고 한다.

(10) 보험사고 통지처

보험사고 통지처는 피보험목적물에 손해가 발생하였을 때 통지하여야 할 곳이 기재된다. 보통 수출의 경우에는 최종목적항에 있는 보험자 대리점의 상호와 주소가 기재되고 수입의 경우에는 보험자명이 기재된다.

(11) 서명

보험증권은 계약내용에 대해 보험회사가 책임진다는 서명(signature)이 따르게 된다. 이때 서명은 보험회사나 보험회사의 대리인에 의하여 이루어지게 되는데 보험회사의 서명은 인장(corporate seal)으로도 가능하다.

보통은 보험증권의 하단에 보험증권의 발행일자와 작성지 등이 기재되고 그 아래에 보험자가 서명을 하도록 되어 있다. 우리나라에서는 보험회사의 해상보험 책임자가 서명하는 것이 일반적인데 이것은 보험자가 직접 확인·작성하였다는 것을 의미한다.

SAMSUNG FIRE & MARINE INSURANCE

Samsung Insurance Bldg.
14 Seocho-daero 74-gil, Seocho-gu,
Seoul 06620, Korea

Claim, if any,
Please visit our website :
http://globalportal.samsungfire.com

ORIGINAL

DUPLICATE UNPAID

MARINE CARGO INSURANCE POLICY

Policy No.

Assured(s), etc.

Claim, if any, payable at : (Website: http://globalportal.samsungfire.com)

INTERTEK HONG KONG
6/F., Garment Centre, 576 Castle Peak Rd., Kowloon, Hong Kong

TEL : 852--2197-1600
FAX : 852--2310-4350

Claims are payable in the US DOLLAR

Survey should be approved by :

INTERTEK HONG KONG
6/F., Garment Centre, 576 Castle Peak Rd., Kowloon, Hong Kong

TEL : 852--2197-1600
FAX : 852--2310-4350

Ref. No L/C No.:M16N
INVOICE No.:

Amount insured
EXCH:@1,134.40000
US DOLLAR ************55,000.00
CARGO : USD ************55,000.00
<USD************50,000.00X110.00%>

Conditions : Subject to the following Clauses as per back hereof
INSTITUTE CARGO CLAUSES(ALL RISKS)
SPECIAL REPLACEMENT CLAUSE

Local Vessel or Conveyance	
Ship or Vessel called the	
Sailing on or about	
at and from	WEIHAI, CHINA
transhipped at	
arrived at	INCHEON, KOREA, REPUBLIC OF
thence to	

Goods and Merchandises
DC MOTOR 5,000SET

- TRANSIT TERMINATION CLAUSE (30 DAYS) (A)/(B)
  applicable only for cargoes imported to Korea
- Institute Classification Clause
- On-Deck Clause (A) / (B)
- Special Replacement Clause (applying to machinery)
- Replacement Clause for Secondhand Machinery (applying to used machinery)
- Label Clause (applying to labeled goods)
- Other Insurance Clause (Cargo)
- Institute Extended Radioactive Contamination Exclusion Clause
- Institute Chemical, Biological, Bio-Chemical, Electromagnetic Weapons and Cyer Attack Exclusion Clause
- Termination of Transit Clause (Terrorism)
- Currency Clause
- Sanction Limitation and Exclusion Clause

대한민국정부
인지세
100원
남대문세무서장
후납승인 2002년 8호

※ The Korea Deposit Insurance Corporation does not protect this insurance product under the Depositor Protection Act

Place and Date signed in SEOUL, KOREA ON 16 JUL. 2018

Numbers of Policies issued TWO

For the use only with the New Marine Policy Form

Notwithstanding anything contained herein or attached hereto to the contrary, this insurance is understood and agreed to be subject to English law and practice only as to liability for and settlement of any and all claims.

This insurance does not cover any loss or damage to the property which at the time of the happening of such loss or damage is insured by or would but for the existence of this Policy be insured by any fie or other insurance policy or policies except in respect of any excess beyond the amount which would have been payable under the fire or other insurance policy or policies had this insurance not been effected.

We, SAMSUNG FIRE & MARINE INSURANCE CO., LTD., hereby agree, in consideration of the payment to us by or on behalf of the Assured or the premium as arranged, to insure against loss damage liability or expense to the extent and in the manner herein provided.

In witness whereof, *I the Undersigned of* SAMSUNG FIRE & MARINE INSURANCE CO., LTD.,on behalf of the said Company have subscribed My Name in the place specified as below to the policies, the issued numbers there of being specified as above, of the same tenor and date, one of which being accomplished, the others to be void, as of the date specified as above.

For the use only with the Old Marine Policy Form

1. Warranted free of capture, seizure, arrest restraint or detainment and the consequences thereof or of any attempt thereat ; also from the consequences of hostilities or warlike operations, whether there be a declaration of war or not: but this warranty shall not exclude collision, contact with any fixed or floating object (other than a mine or torpedo), stranding, heavy weather or fire unless caused directly (and independently of the nature of the voyage or service which the vessel concerned or, in the case if a collision, any other vessel involved therein, is performing) by a hostile act by or against a belligerent power ; and for the purpose of this warranty "power" includes any authority maintaining naval, military or air forces in association with a power. Further warranted free from the consequences of civil war, revolution, rebellion, insurrection, or civil strife arising there from, or piracy.

2. Warranted free of loss or damage
(a) caused by strikers, locked-out workmen, or persons taking part in labour disturbances, riots or civil commotions;
(b) resulting from strikes, lick-outs, labour disturbances, riots or civil commotions.

3. (a) Should the risks excluded by Clause (F.C.&S.Clause) be reinstated in this Policy by deletion of the said Clause, or should the risks or any of them mentioned in that clause or the risks of mines, torpedoes, bombs or other engines of war be insured under this Policy, Clause (b) below shall become operative and anything contained in this contract which is inconsistent with Clause (b) or which affords more extensive protection against the aforesaid risks than that afforded by the Institute War Clauses relevant to the particular form of transit covered by this insurance is null and void.
(b) This Policy is warranted free of any claim based upon loss of, or frustration of, the insured voyage or adventure caused by arrests restraints or detainments of Kings Princes People Usurpers or persons attempting to usurp power.

The descriptions to be inserted in the following claues are shown as above

Be it known that Assured, as specified above

as well in his or their own Name, as for and in the Name and Names of all and every other Person or Persons to whom the same doth, may, or shall appertain, in part or in all, doth make Assurance, and cause himself or themselves and them and every of them, to be Assured, lost or not lost, at and from as specified above upon any kind of Goods and Merchandises in the good Ship or Vessel called the as specified above whereof is Master, for this present Voyage, or whosoever else shall go for Master in the said Ship, or by whatsoever other Name or Names the said Ship, or the Master thereof, is or shall be named or called, beginning the Adventure upon the said Goods and Merchandises from the loading thereof aboard the said Ship as above, and shall so continue and endure during her abode there, upon the said Ship, &c., ; and further, until the said Ship with all her Goods and Merchandises whatsoever, shall be arrived at as specified above and upon the Goods and Merchandises until the same be there discharged and safely landed; and it shall be lawful for the said Ship, &c., in this Voyage to proceed and sail to and touch and stay at any Ports or Places whatsoever without Prejudice to this Assurance. The said Goods and Merchandises, &s., for so much as concerns the Assured by Agreement between the Assured and Assurers in this Policy, are and shall be valued at TOUCHING the Adventures and Perils which the said Company are contented to bear and do take upon themselves in this Voyage, they are, of the Seas Men-of-War, Fire, Enemies, Pirates, Rovers, Thieves, Jettisons, Letters of Mart and Countermart, Surprisals, Takings at Sea Arrests, Restraints and Detainments of all Kings, Princes and People, of What Nation, Condition, or Quality soever, Barratry of the Master and Mariners, and of all other Perils, Losses and Misfortunes that have or shall come to the Hurt, Detriment or Damage of the said Goods and Merchandises, or any Part thereof; and in case of any Loss or Misfortune, it shall be lawful to the Assured, his or their Factors, Servants and Assigns, to sue, labour and travel for, in and about the Defence, Safeguard and Recovery of the said Goods and Merchandises, or any part thereof, without Prejudice to this Assurance : to the Charges whereof the said Company will contribute. And it is especially declared and agreed that no acts of the Assurer or Assured in recovering saving, or preserving the property assured, shall be considered as a waiver or acceptance of abandonment. And it is agreed that this writing or Policy of Assurance shall be of as much Force and Effect as the surest Writing or Policy of Assurance made in London. And so the said Company are contented, and do hereby promise and bind themselves to the Assured, his or their Executors, Administrators, or Assigns, for the true Performance of the Premises ; confessing themselves paid the Consideration due unto them for this Assurance, at and after the rate of *as arranged Per Cent.*

N.B.-Corn, Fish, Salt, Fruit, Flour and Seed are warranted free from Average, unless general, or the Ship be stranded : Sugar, Tobacco, Nemp, Flax, Hides and Skins are warranted free from Average, under Five Pounds per cent. : and all other Goods, also the Ship are warranted free from Average, under Three Pounds per cent., unless general, or the Ship be stranded, sunk or burnt.

All questions of liability arising under this policy are to be governed by the laws and customs of England.

IN WITNESS whereof, I the Undersigned of SAMSUNG FIRE & MARINE INSURANCE CO.,LTD.,on behalf of the said Company, have subscribed my Name in the place specified as below to Policies of the same tenor date, one of which being accomplished, the others to be void *as of the date specified as above.*

☞ In the event of loss or damage arising under this Policy, no claims will be admitted unless a survey has been held with the approval of this Company's office or Agents specified in this policy
In case of loss or damage, please follow the "IMPORTANT" clause printed on the back hereof.

For SAMSUNG FIRE & MARINE INSURANCE CO., LTD.

AUTHORIZED SIGNATORY

10956289

3. 해상보험계약에서 보험조건

해상보험계약에서 보험조건(conditions of insurance)은 보험자의 보상범위를 말한다. 보험조건은 크게 기본조건, 추가위험 담보조건, 확장담보조건, 그리고 특수화물에 대한 특별약관(또는 특별조건)으로 구분된다.

1) 기본조건

(1) 구협회적하약관상의 기본조건

구협회적하약관(이하 구약관이라고 함)의 기본조건에는 다음의 조건들이 있다.

분손부담보조건(Free from Particular Average : FPA)은 '단독해손부담보조건'이라고도 하며, 담보되는 위험에 의해 발생한 전손과 공동해손은 보상되지만 단독해손인 분손은 원칙적으로 보상되지 않는 조건이다.

분손담보조건(With Average : WA)은 '단독해손담보조건'이라고도 하며, 전손과 공동해손은 물론 단독해손인 분손도 보험증권에 열거된 일반적으로 담보하는 위험에 의한 손해는 모두 보상해 주는 조건이다.

전위험담보조건(All Risks, A/R)은 통상 담보하는 위험 이외에 보험증권에 열거되어 있지 않은 이른바 특약에 의해 담보하는 위험을 제외하고는 원칙적으로 모든 위험이 담보되는 조건이다.

(2) 신협회적하약관상의 기본조건

신협회적하약관은 예전의 ICC(All Risks, A/R), ICC(WA), ICC(FPA) 조건과 대응되는 것으로 ICC(A), ICC(B), ICC(C) 조건이 있다. 보험자가 보상하는 담보범위는 ICC(A/R) 또는 ICC(A) 조건이 가장 넓으며 ICC(FPA) 또는 ICC(C) 조건이 가장 좁다.

2) 추가위험 담보조건

ICC(A) 조건은 포괄책임주의를 채택하고 있기 때문에 각종 부가위험이 포괄적으로 담보된다. 그러나 ICC(B) 및 ICC(C) 조건은 열거책임주의를 채택하고 있기 때문에 보험계약의 기본조건에 열거된 담보위험으로 발생한 손해에 대해서만 보상받을 수 있다.

따라서 열거된 담보위험 이외의 위험을 추가적으로 보상받으려면 특약이 필요한데, 이러한 특약에 의하여 추가보험료를 지급하고 가입하는 위험을 추가위험(extraneous risks)이라 하며 이때 하나 하나의 조건들을 '추가조건', '부가조건' 또는 '추가위험 담보조건'이라 부른다. 추가위험 담보조건에는 다음과 같은 것들이 있다.

(1) 도난·발화·불착(Theft, Pilferage and Non-Delivery, TPND)

TPND는 ICC(A/R)와 ICC(A) 조건에서는 보상되지만, WA와 ICC(B) 조건, 그리고 FPA와 ICC(C) 조건에서는 보상되지 않기 때문에 이러한 위험을 보상받기 위해 특약하는 것이다. 여기에서 Theft는 도난 즉, 포장 전체를 도난당하는 것이고, Pilferage는 좀도둑에 의해 포장 내용물의 일부가 도난당하는 것으로 발하(拔荷)를 의미한다.

Non-Delivery는 다른 항구에서 양하(揚荷)되었거나 분실 등을 원인으로 포장단위의 화물이 송두리째 도착항이나 목적지에 도착하지 않는 불착을 의미한다.

불착(Non-Delivery) 손해는 해당 물품이 단긴 화물 전체가 정해진 위치에 미도착하는 것을 말하기 때문에 포장은 이미 도착하였지만 일부가 파손되었거나 기타의 사유로 인해 내용물의 일부나 전부가 분실 또는 유실된 상태인 부족(shortage)과는 구별되는 것이며, 위험약관(perils clause)상의 강도(thieves)와도 성격이 다른 위험이다.

(2) 우담수에 의한 손해(Rain and/or Fresh Water Damage, RFWD)

RFWD는 바닷물 이외에 염분이 섞여 있지 않은 빗물이나 담수 등으로 젖은 손해를 보상받기 위해 특약하는 조건으로 해수침손(sea water damage)에 대응하는 것이다.

이중에서 화물이 운송 중, 장치 중, 보관 중, 하역 중 빗물(rain water)에 의해 발생하는 손해를 우손(rain water damage)이라고 한다. 이 조건은 섬유제품이나 잡화 등 젖기 쉬운 화물에 주로 비가 오는 날 하역시에 발생하는 위험을 보상받기 위해 특약한다.

(3) 투하 및 갑판유실(Jettison & Washing Over-Board, JWOB)

JWOB는 운송 중에 해난사고가 발생하는 경우 갑판에 적재된 화물을 투하하거나 풍랑으로 인해 유실되는 손해를 담보받기 위해 특약하는 조건이다.

투하(jettison)는 비상시에 선박을 가볍게 하거나 선박의 복원성을 확보하기 위하여 적하, 선박의 일부, 선박의 부속품, 의장품 및 저장품 등을 일부러 바다에 버리는 것을 말한다.

해상운송 화물은 선창 내 운송이 원칙이나 원목이나 차량 및 실아 있는 동물 등 일부 품목 등은 갑판적재가 허용되고 있다. 그런데 갑판적재 화물은 선창내 적재화물에 비하여 풍랑이나 파도에 의한 유실의 손해를 입기 쉽고 긴급할 때에는 최초로 바다에 투하되는 등 극히 위험이 높기 때문에 특약한다.

갑판유실(washing overboard)은 갑판적재 화물이나 선박의 속구, 비품 등이 거센 파도 등의 해수나 강한 폭풍우 등의 악천후(bad weather)에 의해 선외로 유실되는 것을 말한다.

분손부담보(FPA)와 ICC(C) 조건에서는 담보하지 않으므로 보험자에게 추가보험료를 납부하고 특약해야 보상받을 수 있다.

(4) 유류나 타 화물과 접촉(Contract with Oil and/or Other Cargo, COOC)

COOC는 주로 유류나 산(acid)을 선내에서 충분하게 청소하지 않아 발생하는 오손이나 다른 화물과 접촉하여 오염되었을 때 발생하는 손해를 보상받기 위해 특약하는 조건이다.

(5) 누손 및 중량부족(Leakage and/or Shortage, LS)

LS는 액체화물의 누손이나 수량 및 중량 부족으로 인한 손해를 추가적으로 보상받기 위해 특약하는 조건이다. Leakage(누손)는 액체 또는 기체화물이 용기에서 유출되어 나가는 손해를 말하며 Shortage(부족손)는 주로 중량의 감소(Weight Shortage) 혹은 수량부족에 따른 손해를 말한다.

(6) 한습손 및 열손(Sweat &/or Heating, SH)

SH는 선창의 천정이나 내벽에 응결한 수분에 접촉함으로써 발생하는 습기와 열기에 의한 손해를 보상받기 위해 특약하는 조건이다.

보다 구체적으로 이 조건은 첫째, 선창이나 컨테이너 내벽에 응결된 수분에 과도하게 접촉함으로써 발생하는 손해(ship's sweat) 둘째, 직접 화물의 표면에 응결한 수분에 의한 발생하는 손해(cargo sweat) 셋째, 이상 온도의 급격한 상승에 의하여 화물이 입게 되는 손해(heat damage) 등을 보상해 준다.

(7) 파손(Breakage)

Breakage는 유리나 도자기 제품, 정밀기기 등 금이 가거나 쪼개지기 쉬운 화물에 추가적으로 특약하는 조건이다.

도자기나 유리제품 등 파손되기 쉬운 화물은 특별한 사고가 발생하지 않았더라도 일정율의 파손이 발생하는데 이 파손을 통상의 파손(ordinary breakage)이라 한다. 적하보험에는 파손위험이 담보위험으로 포함되어 있지 않기 때문에 이 위험을 특약해야 보상받을 수 있다.

(8) 쥐 및 벌레손해(Rate &/or Vermin)

Rate &/or Vermin은 곡물, 소맥분, 죽제품 등의 화물이 운송 도중에 쥐나 곤충에 의해서 발생하는 손해를 보상받기 위해 특약하는 조건이다.

(9) 곰팡이 손해(Mildew and Mould)

Mildew and Mould는 함유수분이나 습도의 증가로 곰팡이나 기타 미생물에 의한 피해를 받기 쉬운 식료품, 섬유품 등을 보상받기 위해 특약하는 조건이다. 이 손해는 대부분이 물품 고유의 하자나 성질에 의한 손실이지만 이러한 특약에 의해서도 담보된다.

(10) 갈고리에 의한 손해(Hook & Hole, HH)

HH는 화물을 선적하고 양하할 때 인부가 사용하는 갈고리로 인해 화물에 구멍이 생기는 손해를 보상받기 위해 특약하는 조건으로 섬유제품이나 잡화 등에 사용된다.

갈고리에 의한 손해는 주로 Bale 포장의 섬유제품 등에 대해 취급 부주의로 발생하게 되며 특약에 의해서만 보상받을 수 있다.

(11) 녹손(Rust)

Rust는 기계류나 철물 등의 화물이 포장 재료의 건조불충분 등으로 내부가 습해져서 녹이 스는 경우나 해수, 담수, 빗물 등으로 녹이 스는 경우에 발생하는 손해를 보상받기 위해 특약하는 조건이다.

(12) 곡손(Denting &/or Bending, DB)

DB는 곡손을 보상받기 위해 특약하는 조건이다. 여기에서 Denting은 움푹 들어가거나 우그러지는 것이고 Bending은 화물이 눌려서 들어가거나 구부러지는 것을 말하는데, 이러한 손해들은 보통 강판이나 기계류에서 발생하기 쉽다.

그런데 기계류는 부분적인 파손이나 일부의 곡손이 발생했음에도 불구하고 그 전체의 사용이 불가능하게 되거나 크고 중대한 손해가 발생할 염려가 있기 때문에 협회대체약관(Institute Replacement Clause)을 삽입하여 손해 부분의 수선비나 교체비용 및 그 부대비용을 보상받을 수 있도록 하고 있다.

(13) 오손(Contamination)

Contamination은 액체의 화학약품이나 유류 등이 해수나 담수 등의 혼입으로 입게 되는 품질저하의 손해를 보상받기 위해 특약하는 조건이다.

(14) 자연발화(Spontaneous Combustion)

Spontaneous Combustion은 석탄, 성냥, 화약 등 항해 중 화물 자체의 화학적 변화에 의한 자연발화로 인한 손해를 보상받기 위해 특약하는 조건이다. 자연발화를 일으키는 원인에는 물질의 산화열, 분해열, 흡착열, 발효열 등이 있으며 자연히 발열하는 조건에는 주로 화학반응 특히, 공기 중의 산소와의 반응이나 물질 자체의 분화에 의해 발생한다.

자연발화는 화물고유의 하자나 성질이기 때문에 원래 보험자가 부담하지 않는 것이지만, 전혀 우연성이 없는 사고는 아니며 화재 원인의 확인이 곤란한 경우도 있으므로 특약에 의해서는 담보 받을 수 있다. 그러나 특약이 없는 경우에도 선박이 충돌하고 그 결과로서 석탄 등이 발화된 것은 보험자가 책임을 부담한다.

3) 확장담보조건

(1) 내륙운송 확장담보조건(Inland Transit Extension, ITE)

내륙운송 확장담보조건은 송하인이나 수하인의 창고가 내륙의 육상구간에 위치하는 경우, 송하인의 창고나 보관창고로부터 선적항, 또는 목적항구에서 내륙의 수하인의 창고까지 내륙운송중의 위험을 협회적하약관 및 기타 특별약관에 따라 당초의 보험증권에 추가하여 확장 담보하는 조건이다.

원래 ICC의 운송약관(Transit Clause)상 보험기간은 창고간(warehouse to warehouse) 담보가 원칙이다. 그러나 우리나라 해상적하보험 요율은 항구간(port to port) 담보조건의 요율이 적용되기 때문에 육상운송을 담보받으려면 추가보험료를 지불하고 ITE를 특약해야 했다. 그러나 1998년부터 창고간 요율체계로 변경됨에 따라 특약이 없이도 자동 담보된다.

(2) 내륙보관 확장담보조건(Inland Storage Extension, ISE)

내륙보관 확장담보조건은 운송과정에서 중간창고의 보관 등을 위해 보험증권에 명시된 기간 이상으로 보험기간을 연장할 경우 그 연장기간을 담보하는 조건이다.

예를 들어 최종목적항에서 본선에서 하역완료 후 60일이 경과하면 보험자의 책임은 종료하므로 추가보험료를 지불하고 ISE(30 days)를 부보하면 30일이 더 연장 담보되어 본선하역 후 90일까지 담보받을 수 있다.

이외에도 ISE(60 days), ISE(90 days) 등이 있는데, 이 조건은 장기간 장치가 필요하거나 원매자를 찾기 위해 보관해 두어야 할 경우에 발생하는 위험을 담보하기 위한 것이다.

4) 특수화물에 대한 특별약관

(1) 갑판적약관(On-deck Clause)

갑판적약관은 화물이 선창 내에 적재하기로 예정된 상태로 보험계약이 체결되었으나 갑판위에 적재되면 보험자가 부담하는 위험이 더 증가되므로 보험자의 책임이 시작되는 시점부터 보험조건이 FPA including Jettison & Washing Overboard (FPA+ JWOB)조건으로 변경된다는 것을 규정한 약관이다.

(2) 관세담보약관(Duty Clause)

관세담보약관은 운송 중에 입은 손해가 있었음에도 정품과 동일한 비율로 손상화물에 대해 관세가 부과되었거나 통관 후에 화물의 손상이 발견되었음에도 이미 지급한 관세가 환급되지 않음에 따라 피보험자가 입게 되는 손실을 보상하는 특별약관이다.

(3) 통관거부위험담보약관(Rejection Clause)

통관거부위험담보약관은 수입국 정부나 대행기관이 행한 품질검사에서 수입이 불합격 판정을 받음에 따라 수입통관을 할 수 없게 됨으로써 피보험자가 입게 되는 손실을 보상해 주는 조건의 특별약관으로 식품류 등에 첨부되어 사용된다.

이는 품질검사로 통관이 거부됨에 따라 발생하는 피보험자의 경제적 손실을 보상하는 것이므로 무사고로 통관이 될 경우에는 납입한 보험료의 일정비율을 환급한다.

(4) 원산지손해약관(Country Damage Clause)

원산지손해약관은 면화 등이 원산지에서 포장된 후 선적되기까지의 사이에 먼지, 진흙, 비 등에 젖거나 오염되어 발생한 손해를 보상해 주는 조건의 특별약관이다.

선적을 위한 대기 중 원산지에서의 비나 습기에 의해 발생할 수 있는 비교적 경미한 손해를 원산지손해라 한다. 이러한 손해는 원칙적으로 수출업자가 부담해야 하지만 특약을 통해 보험자가 특별히 승인하면 손해발생시 이러한 손해도 보상받을 수 있게 된다.

(5) 협회대체약관(Institute Replacement Clause)

협회대체약관은 중장비와 같은 수입 기계류가 손상될 경우 보험금액을 한도로 수리비나 대체비용을 보상해 주는 조건의 약관으로 협회기계수선약관이라고도 한다.

이 약관에서는 손상부분에 대한 수리비나 대체비용으로 책임이 제한되어 있기 때문에 보험자는 피보험자가 부당하게 강제 매각하려는 것을 방지할 수 있고 피보험자로서는 원래의 기능을 발휘하지 못한다는 이유로 전손보험금을 청구하지 않아도 된다.

(6) 상표약관(Label Clause)

상표약관은 깡통이나 병의 상표가 운송 중 손상을 입었을 때 내부 상품의 질이 이상이 없다면 그 상표의 교체비용을 보상해주는 조건의 특별약관이다. 상표만 손상되었을 경우에는 원상회복에 필요한 비용과 새로운 상표 및 상표 재부착 비용이 보상된다.

(7) 냉동창고보관 특별약관(Refrigerating Cargo/Machinery Clauses)

냉동제품의 변질이나 부패 등은 손해원인이 협회적하약관으로 담보가 되지 않는 원인이기 때문에 이러한 냉동기계의 고장으로 인한 식품류의 변질과 같은 손해가 발생한 경우에는 이 특별약관을 첨부해야만 보상을 받을 수 있다.

이 약관에서 Refrigerated Cargo Clauses는 냉동기계의 24시간 이상 고장으로 발생한 화물의 손해만 보상되는 조건이며, Refrigerating Machinery Clauses는 손해의 원인이 단순히 냉동기계의 고장이라고 판명될 경우에도 보상되는 조건이다.

5) 소손해면책

(1) 의의

무역화물의 종류에 따라서는 수송 중 어느 정도의 소손해(小損害, petty claim)를 입는 것이 불가피한 상품들도 있다.

피보험자 입장에서는 소손해가 개인이나 기업에 별다른 영향을 주지 않는다고 판단될 때는 소손해에 대한 위험을 자기가 부담하고, 일정액 혹은 일정률의 손해를 초과하는 부분에 대해서만 보험자에게 전가함으로써 보험료의 절감을 꾀할 수 있다.

또한 보험자 입장에서는 소액의 손해나 비용을 모두 보상해야 한다면 해당 손해의 조사나 보험금 지급에 소요되는 비용이 오히려 더 많이 발생될 수 있다.

이렇게 되면 피보험자가 부담하는 보험료는 고액이 되지 않을 수 없으며 이것은 결과적으로는 피보험자에게 불이익이 될 수도 있다. 따라서 이러한 것을 회피하기 위해 해상보험에서는 소손해면책제도가 이용되고 있다.

이 제도는 담보위험으로 말미암아 손해가 발생하여도 일정률 또는 일정액에 이르지 않는 적은 손해는 보험자가 보상책임을 부담하지 않거나 일정부분 이상이 되어야만 보상해 주는 것을 말한다.

일정비율 또는 일정액에 이르지 않는 작은 손해는 보험자가 보상책임을 지지 않는다고 할 때 통상은 그 비율이 대개 보험가격의 2% 또는 3%에 해당된다.

(2) 종류

소손해면책은 프랜차이즈(franchise)와 엑세스(excess)로 구분되는데 전자를 소손해면책이라 하고 후자를 소손해공제라고 부른다.

여기에서 Franchise는 손해가 일정비율 또는 일정액에 이르지 않는 경우에는 전혀 보상하지 않으나 이것을 초과하면 손해액 전체를 보상하는 방식인 반면, Excess는 소손해면책금액 또는 비율을 공제한 후 잔액인 초과액만을 보상하는 방식이다.

예를 들어 만일 화물이 Franchise of 5%로 부보되었는데 7%의 손해가 발생하였다면 소손해 면책비율 5%를 초과하므로 피보험자는 7% 전액에 대해서 보상받을 수 있는 방식이 Franchise이다. 손해가 일정비율 또는 일정액에 이르지 않는 경우는 전혀 보상하지 않으나, 이것을 초과했을 경우에는 손해를 전액 보상하는 방식인 것이다.

이에 반하여, 화물이 Excess of 5%로 부보되었다면 7%에서 5%를 공제한 2%에 대해서만 보상받을 수 있는 방식이 Excess이다. 이것은 손해가 일정비율 또는 일정액을 초과하지 않는 경우에는 전혀 보상하지 않는 것은 전자와 마찬가지이지만 이것을 넘었을 경우에는 면책률(금액)을 공제하고 초과액만을 보상하는 방식이다.

4. 해상보험계약의 효과

1) 의의

해상보험계약이 체결되면 보험계약의 직접 당사자인 보험자와 보험계약자(피보험자)에게 그 계약의 효력으로서 법률상의 일정한 권리와 의무가 발생한다. 가장 기본적인 의무는 보험자의 보험금 지급의무와 피보험자의 보험료 납부의무이다.

2) 보험자의 의무

(1) 손해보상의 의무

보험자의 가장 중요한 의무는 보험사고가 발생하면 그 손해를 보상해 주는 것이다. 이것은 피보험자가 보험료를 납부하는 의무를 부담하는 대신에 보험자가 부담하는 가장 기본적인 쌍무적인 의무이다. 물론, 운송 중에 손해가 발생하지 않았거나 사고 없이 보험기간이 경과하였다면 보험자는 이러한 의무를 부담할 필요가 없다. 그 이유는 보험자는 이미 위험부담이라는 급부를 이행하였기 때문이다.

(2) 보험증권교부의 의무

보험증권(insurance policy)은 보험계약의 성립과 내용의 증명을 위해 보험자가 기명날인하여 피보험자에게 교부하는 증권이다. 보험자는 보험계약이 성립하면 보험증권을 발행하여 피보험자에게 교부해야 할 의무가 있다.

그런데 보험계약이 성립되었다 하더라도 피보험자가 보험료의 전부 또는 최초의 보험료를 납부하지 않을 때에는 보험자는 보험증권을 교부할 의무가 없다.

보험증권의 교부 방법은 직접 전달 또는 우편에 의한 송달이 일반적이며, 송달비용과 위험은 보험자가 부담한다.

(3) 보험금 지급의무

전술한 손해보상의 의무에 따라 보험기간 내에 보험사고가 발생한 경우 보험자는 약정한 보험금을 지급할 의무를 진다. 이는 손해보상의 의무와 더불어 보험자의 가장 기본적인 의무이다. 그러나 보험기간 중에 사고가 발생함이 없이 그 기간이 경과하게 되면 보험자는 잠재적으로 위험부담을 이미 부담한 것이므로 보험금을 지급할 의무를 지지 않는다.

보험자의 보험금 지급의무는 원칙적으로 최초 보험료의 지급을 받은 때로부터 이후 보험기간이 종료할 때까지 발생한 보험사고에 대해서만 부담한다. 그러나 소급보험의 경우에는 그 계약 전에 발생한 사고라도 보험자가 책임을 지게 된다.

(4) 보험료 반환의무

보험료 반환(return of premium)의 의무는 보험계약이 무효인 경우와 보험사고 발생 전에 보험계약이 해지된 경우로 나누어 살펴볼 수 있다.

첫째, 보험계약의 전부나 일부가 무효인 경우, 보험자는 보험료의 전부나 일부를 반환할 의무가 있다. 다만, 보험자가 이러한 의무를 부담하는 것은 보험계약이 선의로 이루어진 경우와 피보험자와 보험자에게 중대한 과실이 없는 경우를 조건으로 한다.

둘째, 피보험자가 보험사고가 발생하기 이전에 보험계약을 해지한 경우에는 다른 별도의 약정이 없으면 보험자는 미경과 보험료를 피보험자에게 반환해 줄 의무가 있다.

3) 보험계약자 또는 피보험자의 의무

(1) 보험료 납부의무

보험자의 손해보상에 대한 쌍무적 의무로서 보험계약자 또는 피보험자는 보험료를 납부해야 할 당연한 의무를 부담한다. 보험료의 납부의무자는 원칙적으로 자신을 위한 보험계약이나 타인을 위한 보험계약 모두 다 보험계약자가 되지만, 보험계약자가 파산선고를 받았거나 납부를 지체할 경우에 보험자는 피보험자에게 이를 청구할 수 있다.

납부방법은 일시 납부방식과 분할 납부방식이 많이 이용되며, 보험료 납부는 보험자가 보험증권을 발행하여 교부할 때까지는 이행되어야 한다.

(2) 고지의무

보험계약을 체결할 때 피보험자 등은 보험자에게 보험계약의 인수 여부나 보험계약 내용을 결정하는데 영향을 줄 수 있는 모든 중요한 사실을 고지해야 한다.

고지의무를 부여하는 이유는 보험자는 화물의 상태나 성질을 잘 알지 못할 뿐 아니라 보험자가 모든 중요한 사항을 일일이 점검하는 부담을 덜어 주기 위한 것이다. 고지의무는 보험계약을 체결하기 이전의 의무이지 계약이 체결됨에 따라 발생하는 의무가 아니다.

(3) 통지의무

통지의무(duty of notice)는 보험기간 중에 위험의 변경이나 손해 발생 등 피보험자의 위험에 대한 조건이 변경되는 경우 보험자에게 알려야 하는 의무를 말한다.

고지의무는 계약체결 이전에 보험자에게 알려야 하는 의무이기 때문에, 보험계약이 성립된 이후에 피보험자자 등이 보험사고의 발생이나 위험이 증가된 경우에 부담하여야 하는 통지의무와는 그 성격이 전혀 다른 것이다. 최근 보험실무에서는 보다 쉽게 이해할 수 있도록 고지의무를 '계약 전 알릴의무'라고 부르고 통지의무를 '계약 후 알릴의무'라고 부르고 있다.

① 위험의 변경 및 증가의 통지의무

보험기간 중에 피보험자나 보험자에게 책임을 돌릴 수 없는 사유로, 보험계약 체결시에 불변으로 예측하여 계약된 위험이 이후에 변동하거나 증가되었다면 피보험자는 이를 지체 없이 보험자에게 통지할 의무를 부담한다.

만일 통지의무를 태만히 할 경우, 상법상의 보험자는 그 사실을 안 날로부터 1개월 내에 보험계약의 해지도 가능하다. 그러나 보험자가 그 사실을 알고도 해지하지 않을 때에는 보험자가 증가된 위험 및 변경된 위험을 인수한 것으로 간주된다.

② 손해발생의 통지의무

피보험사는 운송 중에 보험사고가 발생하면 그 손해 사실을 지체 없이 보험자에게 통지해야 할 의무를 부담한다. 그러나 손해가 발생하였다 하더라도 보험자가 부담하는 보험사고로 인한 사고발생의 경우에만 통지의무가 있고, 보험자의 면책사유로 인한 사고의 손해는 통지하지 않아도 된다.

통지의무를 부과하는 목적은 사고사실에 대한 통지가 없는 한, 보험자는 그 사실을 알지 못할 뿐 아니라 이를 통지함으로써 보험자에게 손해의 방지나 경감조치를 강구할 기회를 부여하거나 손해보상을 준비하도록 하기 위함이다.

만일 피보험자가 이러한 통지의무를 위반하여 보험자에게 오히려 손해를 끼쳤을 경우에는 보험자는 이에 대한 손해배상을 청구할 수도 있고 보험금에서 그 부분을 공제할 수도 있다.

(4) 손해방지 및 손해경감의 의무

피보험자는 화물의 손해를 가장 잘 보호해야 할 입장에 있기 때문에 피보험이익의 보호에 상당한 주의와 신의성실의 원칙 및 공익적 차원에 입각하여 그 손해를 방지하거나 경감하기 위한 합리적인 조치를 강구하여야 할 의무를 부담한다.

사고가 발생했을 때 손해방지나 경감에 노력하지 않으면 손해가 더 확대될 수 있기 때문에, 공익보호의 필요에 의해 손해방지와 경감의무가 존재하는 것이다. 손해의 방지의무는 피보험자가 손해발생을 방지하는데 적극적으로 노력하여야 하는 의무를 말하며, 손해의 경감의무는 이미 발생한 손해를 줄이려고 노력하는 것을 말한다.

그러므로 이러한 의무에는 손해의 발생을 방지하는 행위뿐 아니라 발생한 손해의 확대를 방지하는 행위도 포함한다. 그런데 손해방지나 경감에 대한 노력과 목적만 있으면 본 의무를 이행한 것으로 간주되기 때문에 반드시 손해의 방지나 경감효과가 발생할 필요는 없다.

한편 피보험자가 고의나 과실로 이 의무를 위반한 경우 보험자는 피보험자가 손해방지의무를 성실히 이행하였더라면 손해의 발생을 방지하거나 경감할 수 있었던 손해액을 손해배상액에서 상계 또는 공제할 수 있다.

제 4 절 해상보험계약의 종료

1. 해상보험계약의 무효

1) 의의

보험계약은 계속계약이기 때문에 그 성질상 일정기간 동안 계속되는 것이 원칙이다. 그러나 보험계약을 체결할 때에 이미 보험사고가 확정된 것과 같이 보험계약이 성립된 때부터 그 효력이 발생하지 않는 경우가 있다.

2) 해상보험계약의 무효

(1) 개념

무효(invalidity, 無效)는 법적으로 보험계약이 그 효력을 발생시키기 위한 요건에 어떠한 하자가 있어 보험계약이 성립한 때로부터 법률상 효력이 발생하지 않는 것을 말한다.

일단 보험계약이 성립한 것처럼 보이지만 어떤 사항이 무효의 사유에 해당하여 보험계약의 효력이 전혀 발생하지 않는 것이 무효이다.

(2) 사유

① 보험계약이 취소된 경우

보험자가 보험계약을 체결할 때 피보험자에게 보험약관을 교부하고 그 약관의 중요한 내용을 알려주는 것을 게을리 한 때 피보험자는 보험계약이 성립된 날로부터 1개월 이내에 그 계약을 취소할 수 있다(상법 제638조). 또한 보험자는 피보험자가 고의로 보험금 지급사유를 발생시키면 보험계약을 취소할 수 있는데 보험계약이 취소되면 보험계약은 무효가 된다.

② 피보험자의 사기로 인한 보험계약

피보험자의 사기로 보험계약이 체결된 경우에는 보험계약이 효력을 발휘하지 않는 것이 당연한 것이며 오히려 정의로운 것이다. 사기(fraud)는 사람을 속여 착오를 일으키게 함으로써 일정한 의사표시나 처분행위를 하게 하는 일을 말한다. 민법상 사기에 의한 의사표시는 취소할 수 있고 불법행위로서 손해배상을 청구할 수도 있다. 형법상으로는 사기로 인하여 재물이나 재산상의 이득을 얻거나 제3자로 하여금 얻게 하면 사기죄가 성립한다.

2015년 영국보험법은 피보험자의 고의적인 손해발생 행위와 과다한 보험금의 청구행위 등을 대표적인 보험사기 유형으로 규정하고 있다.

③ **보험계약체결 당시 불확실성의 결여**

보험계약을 체결할 당시에 보험사고가 이미 발생하였거나 발생할 수 없는 것과 같이, 보험사고의 불확실성이 완전히 결여된 때에는 보험계약은 무효가 된다.

그러나 계약 당사자가 보험계약을 소급한 소급보험계약의 경우에는 보험사고가 이미 발생한 것이라도 보험계약은 유효하게 성립한다.

④ **초과보험에서 초과부분과 초과보험이 피보험자의 사기에 의한 경우**

보험금액이 보험가액(insured amount)을 초과하는 초과보험(over insurance)에서 초과부분의 보험계약은 무효이다. 게다가 초과보험이 피보험자의 사기에 의해 체결된 경우에는 그 보험계약 진체가 무효가 된다.

초과보험은 시가 5천 만원의 화물을 보험금액 8천 만원으로 정하여 체결한 것과 같다. 각국의 법률에서 초과보험을 제한하는 취지는 보험의 도박화와 고의적인 보험사고의 유발을 방지하고 사기성 피보험자를 응징하려는데 있다.

⑤ **위임결여의 불고지**

보험계약자가 정당한 위임을 받지 않고 타인을 위해 보험계약을 체결한 경우에 그 뜻을 보험자에게 고지하지 않았을 때에도 그 계약은 무효가 된다.

⑥ **위법 손해의 부보**

적법하지 못한 손해의 보상을 목적으로 보험계약을 체결할 경우 그 계약은 당연히 무효가 된다. 대표적인 예를 들면 적국인과 보험계약의 체결, 자국의 수출입 금지규정에 위반하는 항해에 대한 위험의 담보를 목적으로 하는 보험계약의 체결 등이다.

⑦ **피보험이익의 결여**

피보험이익은 손해보험에서 보험사고의 발생에 의해 손해를 입을 우려가 있는 피보험자의 경제적 이익을 말한다. 피보훠이익은 손해보험에서 사고가 발생한 보험에 의해 손해를 입을 우려가 있는 피보험자가 받게 되는 보상을 의미한다.

해상보험과 같이 손해보험의 본질적인 목적은 피보험목적물(화물)에 대한 손해를 피보험자에게 보상하는 것이기 때문에 계약이 성립하기 위해서는 손해를 입을 우려가 있는 이익의 존재가 반드시 필요하다.

이때 피보험목적물에 손해가 발생함으로써 피보험자에게도 손해가 발생하는 이해관계를 가리켜 피보험이익이라고 하며 해상보험계약은 손해보험계약의 일종이기 때문에 항상 피보험이익의 존재를 요건으로 한다. 따라서 피보험이익의 결여 상태로 보험계약이 체결되었다면 그 계약은 당연히 무효가 된다.

2. 해상보험계약의 소멸

소멸(discharge)은 계약 당사자 간의 계약관계가 종료되는 것이다. 따라서 보험계약의 소멸은 피보험자와 보험자 간에 체결되었던 보험계약에 따른 권리와 의무 관계가 종료되는 것을 말한다.

보험계약의 소멸사유에는 보험계약의 고유의 성질이나 법률적 규정에 의해 특정의 사실이 발생함으로써 당사자의 의사표시를 기다리지 않고 당연히 그 시점에서 보험계약이 종료되는 것과 당사자 일방의 의사표시에 의해 종료되는 것이 있다. 전자를 실효(losing, 失效)라고 부르고 후자를 해지(cancellation, 解止)라고 부른다.

실효는 보험계약의 종료 또는 당사자의 의사에 의하지 않고 보험계약이 효력을 잃는 것이고 해지는 현재까지의 보험계약은 유효하지만 장래는 효력을 상실하는 것이다.

1) 해상보험계약의 실효

(1) 해상보험계약 실효의 의의

보험계약의 실효는 당사자의 의사에 의하지 않고 보험계약이 효력을 잃는 것을 말한다. 이것은 보험계약이 당연히 소멸한다고 하여 효력 상실 또는 당연 실효라고도 한다.

대표적인 실효사유로는 보험자가 부담해야 할 보험사고 이외의 사유에 의해 보험계약의 목적(피보험이익)이 소멸한 경우, 보험기간이 만료된 경우, 보험에 붙여진 위험이 소멸되는 경우 등이 해당된다. 참고로 생명보험계약의 경우에는 보험료 납입의 유예기간이 지났음에도 유예기간 내에 보험료가 납입되지 않았을 때 등이 실효사유가 된다.

(2) 해상보험계약 실효의 사유

① 보험계약의 목적의 소멸

손해보험은 보험사고의 발생으로 입은 손해를 보상할 것을 목적으로 하는 보험이므로 그의 전제요건으로 손해를 입을 만한 이익이 존재해야 한다. 이 이익을 피보험이익이라고 하고 상법은 이것을 '보험계약의 목적'이라 부르고 있다.

손해보험계약에서 피보험이익은 필수불가결한 요소이며 보험계약의 성립과 존속을 위한 절대적인 요건이다. 그러므로 피보험이익이 없으면 보험계약은 무효가 된다.

그러므로 보험자가 부담하는 보험사고 이외의 사유로 보험계약의 목적(피보험이익)이 소멸한 경우에는 그 원인 여하와 피보험자의 귀책사유에 관계없이 또 보험자의 책임개시 전후를 불문하고 보험계약은 그 때로부터 효력을 상실한다.

피보험이익의 소멸은 보험적 보호의 목적과 그 존재 이유를 상실하는 것이기 때문에 보험계약 실효의 원인이 되는 것이며, 대표적인 것으로는 예정된 운송의 취소 등이 해당한다.

② 보험기간의 만료

보험자는 보험계약에 따라 일정한 기간 내에 발생한 보험사고에 대해 보험금을 지급하게 되는데, 그 일정기간을 보험기간(period of insurance), 위험기간(duration of risk) 또는 책임기간이라고 부른다. 보험기간은 피보험목적물에 사고가 발생했을 경우 보험회사가 책임을 부담하는 기간인 것이다.

보험계약 당사자 사이에 분쟁을 방지하기 위해서는 보험기간을 명확히 정하는 것이 필요하다. 보험기간에는 일정한 시간을 표준으로 하는 기간보험(time insurance)과 일정한 항해구역을 표준으로 하는 항해보험(voyage insurance)이 있다. 일반적으로 선박보험에서는 기간보험을 적용하고 적하보험에서는 항해보험을 적용한다.

보험사고가 발생하지 않고 보험기간이 만료하면 그 시점부터 보험계약의 효력은 소멸된다. 왜냐하면 보험계약은 일반적으로 보험기간 동안만 유효하고 그 기간이 종료되면 보험계약도 종료되기 때문이다.

그러나 보험실무에서는 보험기간을 연장하는 약관으로 계약을 연장시키는 경우도 있다. 즉, 보험계약이 여러 가지 사정으로 목적지 이외의 항구 또는 지역에서 종료되거나 운송이 중단된 경우에는 보험계약도 거기에서 종료하게 된다.

이때 이 사실을 보험자에게 통지하고 담보의 계속을 요청하는 경우에 보험자로부터 승낙이 있으면 추가보험료를 지급하는 조건으로 보험계약을 최종목적지까지 연장할 수 있다.

③ 위험의 소멸

보험계약의 소멸은 피보험자와 보험자 간에 체결되었던 보험계약에 따른 권리와 의무관계가 종료되는 것이며, 보험계약의 주요 소멸사유는 보험사고 발생, 해약, 효력상실, 만료, 무효 등이 있다.

보험에 붙여진 위험이 소멸하게 되면 보험계약의 존재 의의가 없어지게 되므로 그 시점에서 보험계약은 효력을 상실한다. 즉, 보험사고의 발생가능성이 소멸하면 보험존속의 이유 자체가 상실되기 때문에 그 시점부터 보험계약은 효력을 상실하게 된다.

우리나라 상법에서는 위험의 소멸이 발생하는 경우로 항해의 변경(change of voyage)에 대한 규정을 두고 있다.

즉, 상법은 항해의 변경이 보험자의 책임이 개시하기 전에 발생한 경우에는 보험계약은 그 효력을 잃으며, 항해의 변경이 보험자의 책임이 개시한 이후에 발생한 경우에는 보험자는 그 변경 후의 사고에 대하여 책임을 지지 않으나 그 변경이 보험계약자 또는 피보험자의 귀책사유가 될 수 없는 사유에 의해 발생한 것일 때에는 그러하지 않다고 규정하고 있다.

항해의 변경은 영국해상보험법에 규정된 위험변동의 한 가지 경우로서 보험증권에 명시된 도착항을 위험 개시 후 선주 또는 선장이 임의로 변경하는 것을 말한다.

2) 해상보험계약의 해지

(1) 해지의 개념

보험계약이 유효하게 성립하려면 계약의 요건이 충족되어야 하고 성립된 계약은 합의된 계약 내용대로 당사자가 성실하게 이행해야 한다.

그러나 계약이 진행되는 도중에 계약을 파기해야 할 경우가 발생하거나 계약의 내용대로 이행할 수 없는 경우도 발생할 수 있다. 이러한 경우 남은 계약기간에 대해 계약효력을 중지할 필요성이 생기게 된다.

이와 같이 보험계약에서 장래에 대해서 보험계약의 효력을 소멸시킬 필요성이 발생하게 되는 경우에 당사자의 계약소멸 의사표시를 '해지(解止)'라고 한다.

보험계약의 해지는 보험계약기간 중 계속되는 당사자의 계속적 채무관계를 장래에 대하여 소멸시키려는 당사자 일방의 일방적인 의사표시이다.

보험계약을 계속해서 유지할 수 없는 사건이 발생할 경우 피보험자나 보험자는 보험계약을 해지할 수 있다. 이러한 경우 지금까지 진행되어 왔던 양당사자간의 보험계약은 유효하지만 장래의 남은 기간에 대한 보험계약은 그 효력을 잃게 된다.

보험계약이 해지되면 장래에 대해 보험계약이 종료되므로 보험자는 잔여기간분에 대한 보험료(해약 환급금)를 반환하게 된다.

(2) 유사 용어들의 구분

보험계약의 종료와 관련하여 사용되는 용어들 중 혼동되는 경우가 많다. 특히 보험계약의 해지에 대한 의미를 더욱 명확하게 이해하기 위해서는 아래와 같은 보험용어의 의미를 함께 이해할 필요가 있다.

첫째, 보험계약의 해지(cancellation)는 현재까지의 보험계약은 유효하지만 장래는 효력을 상실하는 것이다. 즉, 장래에 대해 효력이 소멸시키는 것이 보험계약의 해지이며 이것은 계약 당사자들의 의사표시로 가능하다.

둘째, 보험계약의 해제(termination, 解除)는 이미 성립된 계약의 효력을 소급하여 소멸시켜 처음부터 그 계약을 하지 않은 것과 동일한 법률적 효과를 발생시키는 것이다.

따라서 보험계약해제의 효과는 보험계약의 해지와는 다르게, 처음부터 그 보험계약을 하지 않은 상태 또는 보험계약이 존재하지 않은 상태로 돌아가게 하는 것이다.

이 경우 보험계약에 의해 발생했던 채권과 채무는 모두 소멸하게 된다. 예를 들어 팔기로 했던 상품이 갑작스런 화재로 소실된 경우는 보험계약의 해제사유가 된다.

우리나라 상법 제650조에서는 초회보험료를 보험계약 성립 후 2개월이 경과하도록 미납하면 보험계약이 해제되도록 규정하고 있다.

셋째, 취소(revocation)는 일단 성립한 계약에 법률이 정한 취소의 원인이 존재하여 취소권자의 의사표시에 의해 계약이 처음부터 없었던 것으로 되는 것이다.

예를 들어, 착오나 사기·강박에 의해 계약을 체결하는 등 의사표시 과정에서 문제가 발생하거나 미성년자, 한정치산자, 금치산자와 같이 의사표시 당사자에게 문제가 발생한 경우에는 의사표시 당사자가 계약을 취소할 수 있다.

그러한 의미에서 보험계약의 취소는 일단 유효하게 성립한 보험계약을 법률의 취소 요건에 따라 계약을 성립한 시점으로 소급하여 효력을 소멸시키는 것이며, 취소가 되면 무효와 마찬가지로 소급적으로 법률관계가 소멸하지만 취소 전까지의 법률 효과는 유효하다.

넷째, 무효(invalidity)는 계약은 성립하였으나 효력의 발생요건을 충족하지 못하여 법률상 효력이 발생하지 않는 것이다. 즉, 법률효과가 전혀 없는 것으로, 일단 무효가 되면 모든 법률관계는 그 법률관계가 형성되기 이전의 상태로 원상 복귀된다. 따라서 무효는 소급적 효력이 있는 것이다.

보험계약의 무효는 법률효과를 처음부터 발생시키지 않는다는 점에서 일단 보험계약의 효력이 발생하였다가 처음으로 돌아가 효력이 없었던 것으로 간주되는 보험계약의 취소와 구별되는 개념이다.

(3) 피보험자가 해지하는 경우

① 보험사고 발생 전 임의해지된 경우

보험사고가 발생하기 이전의 임의해지는 보험사고 발생 전에는 언제든지 피보험자가 보험계약을 해지할 수 있는 것을 말한다.

이것은 보험계약은 계속계약으로서 일정한 기간 동안 존속하는 것이므로, 피보험자의 이익을 보호하기 위하여 위험담보를 필요로 하지 않을 때에는 언제든지 그 계약을 해지할 수 있도록 한 것이다. 이 경우 보험자는 피보험자에게 미경과보험료를 반환해야 한다.

② 보험자가 파산한 경우

일반적으로 파산(bankruptcy)이란 채무자가 그의 채무를 완전히 변제할 수 없다고 추측되는 경우, 모든 채권자에게 채무자의 전 재산을 공평하게 변제할 것을 목적으로 하는 재판상의 절차를 말한다.

보험자가 파산선고를 받은 때에는 피보험자는 보험자의 책임이 개시된 이후일지라도 보험계약을 해지할 수 있다. 그러나 만일 해지하지 않은 보험계약은 파산 선고 후 3개월이 경과하면 보험계약 그 자체가 효력을 자동 상실한다(상법 제654조).

보험자의 파산(bankruptcy)으로 보험계약이 해지가 되더라도 해지 전에 유효한 상태에서 발생한 보험금 지급사유는 보험자가 책임을 부담해야 한다.

(4) 보험자가 해지하는 경우

보험자에게는 기본적으로 보험계약의 임의해지권이 없다. 그러나 제한적인 사유가 있는 경우에는 그 해지권이 인정되고 있다.

보험계약이 해지되면 그 계약의 효력은 장래에 대하여 실효가 된다. 특히 아래의 사유에 의해 해지되면 보험자에게는 보험금 지급책임도 없고 이미 지급한 보험금은 반환을 청구할 수도 있다.

① 고지의무를 위반한 경우

고지의무는 보험계약의 전제조건이며 보험자가 고지의무의 이행을 강제하거나 그 불이행에 대해 손해배상을 청구할 수 있는 것이 아니라 이른바 간접의무 또는 자기의무의 성격을 가지고 있다. 따라서 고지의무를 위반하면 보험자는 보험계약을 해지할 수 있다.

우리나라 상법 제651조는 '보험계약을 체결할 당시에 보험계약자나 피보험자가 고의나 중대한 과실로 인하여 중요한 사항을 고지하지 아니하거나 부실의 고지를 한 때에는 보험자는 그 사실을 안 날로부터 1개월 이내에, 계약을 체결한 날로부터 3년 이내에 계약을 해지할 수 있다. 그러나 보험자가 계약을 체결할 당시에 그 사실을 알았거나 중대한 과실로 인하여 알지 못한 때에는 그러하지 아니하다.'라고 규정하고 있다.

② 통지의무를 위반한 경우

피보험자 등이 위험의 변경이나 증가를 통지하지 않은 경우 보험자는 보험계약을 해지할 수 있다. 여기에서 통지의무는 보험계약 후에 보험계약 전과 달라진 내용에 대해 보험자에게 알려야 하는 의무를 말한다.

통지의무를 위반할 경우, 보험자는 해당 계약을 해지하거나 보험료를 증액할 수 있다. 그것은 피보험자가 보험계약을 체결할 당시 고지한 선박이나 화물의 상태에 따라 보험료의 산출이 달라지기 때문이다.

③ 계속보험료가 미지급된 경우

피보험자가 계속보험료를 지급기일에 지급하지 않아 보험자가 상당한 기간을 정하여 피보험자에게 최고(催告)했음에도 불구하고 그 기간 내에 보험료를 납부하지 않은 경우에는 보험자는 보험계약을 해지할 수 있다.

④ 위험유지 의무를 위반한 경우

보험기간 중에 보험계약자나 피보험자의 고의나 중대한 과실로 인해 사고발생의 위험이 현저하게 변경이나 증가된 때에는 보험자는 보험계약을 해지할 수 있다.

제 4 절 해상보험계약과 보험금 구상

1. 보험금의 청구 및 보험사고 처리절차

1) 피보험자의 보험금 청구

보험계약의 목적은 위험의 발생으로 인해 손해가 발생한 경우 그 손해를 보험자에게 청구하여 보험금을 지급받는 데 있다.

따라서 해상손해가 발생하는 경우 피보험자는 우선적으로 그 손해가 보험자의 담보위험으로 보상되는 손해인지 보상되지 않는 손해인지를 먼저 확인해야 한다.

만일 보상손해에 해당하는 경우 피보험자나 그 대리인은 지체 없이 보험자나 그 대리점에게 그 발생사실을 통보를 한 뒤 전손 및 분손에 필요한 서류를 준비하여 보험금을 청구해야 한다. 이때 손해의 통지는 구두로 하여도 상관없으나 서면으로 하는 것이 일반적이다.

2) 보험자의 사고처리절차

보험사고의 발생사실을 통보받으면 보험자는 우선적으로 사고내용을 확인한 후 검정인(surveyor)을 선정하여 검정을 실시하고 그 검정보고서(surveyor's report)를 접수받으면 그를 토대로 손해액과 손해원인을 종합적으로 검토해야 한다.

그 결과 보험자의 면책으로 판단되면 보험처리 건은 종결되지만 그렇지 않은 경우에는 피보험자에게 보험금을 지급한 후 당해 화물에 대한 구상권을 행사하게 된다.

2. 구상절차

1) 전손 또는 단독해손의 경우

전손(total loss) 또는 단독해손(particular average)의 경우 피보험자는 피보험목적물이 보험사고로 인해 손해를 입었을 경우에는 보험자에게 서면이나 구두로 그 사실을 즉시 통지해야 한다.

그리고 피보험자는 손해의 원인이나 손해의 정도를 증명하기 위해 보험자나 그 대리점이 지정하는 손해검정인으로 하여금 손해를 조사하도록 하여 손해의 발생원인, 발생시점, 상황, 정도 등에 대한 조사확인을 받아야 한다. 그 조사결과에 따라 검정보고서(survey report) 및 기타 관계 서류를 구비하여 구상절차(claims procedure)를 취해야 한다.

수입화물의 경우에는 본사나 지점에, 수출화물일의 경우에는 증권상에 명시되어 있는 현지대리점(settling a gent)에 다음의 서류들을 제출해야 한다.

이러한 서류는 보험자의 보상책임 유무를 결정하는 중요한 자료가 된다. 검정에 소요된 비용은 손해보상 책임이 보험자에게 있는 한 부대비용으로 보험자가 보상한다.

정식 보험금청구에 있어 구비하여야 하는 서류들은 다음과 같다.

- 보험증권 또는 보험증명서 원본(original policy or certificate of insurance)
- 상업송장 원본
- 선하증권 원본 또는 항공운송장
- 해난보고서(sea protest, 있는 경우), 검정보고서 또는 기타 멸실·손상 관련 증빙서류(other certificates of damage)
- 포장명세서 또는 화물의 수량 및 중량명세서
- 운송인 또는 손해·손상에 책임이 있는 당사자와 관련 교신서류
- 기타 참고서류

2) 공동해손의 경우

선사로부터 공동해손 선포에 따른 통지를 받게 되면 피보험자는 보험자에게 그 사실을 통지하고 보험증권, 선하증권 외에 필요서류를 구비하여 본사나 지점에 제출하는 한편 보험자가 발급하는 보증서를 받아 선사에 제출해야 한다. 공동해손이 발생했을 경우 피보험자가 보험자에게 제출해야 하는 서류는 전손이나 단독해손의 경우와 차이가 있다.

하주가 자신의 화물이 공동해손과 관련되었다는 것은 선박회사가 공고하는 공동해손 선언서 및 하주에게 통지되는 공동해손 통지서를 통해서 알게 된다. 이 선언서나 통지서에는 공동해손의 발생 경위와 각 하주가 취해야 할 조치사항들이 기재되어 있다.

따라서 하주는 통지서를 받는 즉시 보험자에게 이를 통지하고 필요한 조치를 취해야 한다. 이 경우 하주가 보험자에게 제출해야 하는 공동해손과 관련된 서류들로는 공동해손 선언서(declaration of general average), 공동해손 통지서(notice of general average), 공동해손 구상장(claim letter of general average), 공동해손 서약서(general average bond) 등이 있다.

공동해손의 경우, 선박회사는 하주에게 화물을 인도하기 전에 최종적으로 공동해손 공탁금(general average deposit)이나 보험자가 발행하는 공동해손보증장(general average contribution)을 요구한다. 이와 같이 공탁금이나 보증장을 요구하는 것은 공동해손의 정산에 상당한 기일이 소요되기 때문이다.

만일 화물이 보험에 가입되어 있지 않다면 공동해손 공탁금은 하주가 독자적으로 부담해야 하지만, 보험에 가입되어 있으면 보험자가 이 공탁금을 부담하든가 공동해손보증장을 제출함으로서 공탁금을 대신한다.

3. 보험사고 발생시 피보험자의 의무

보험사고가 발생한 경우 피보험자나 그 대리인은 손해방지의무와 제3자에 대한 손해배상 청구권의 확보 의무를 부담해야 한다.

1) 손해방지의무

(1) 의의

손해방지의무(duty to sue and labour)는 보험계약에서 보험사고가 발생한 경우 피보험자나 그 대리인이 손해를 방지하거나 경감하기 위해 합리적인 조치를 취해야 하는 의무를 밀한다. 이 의무는 고지의무, 통지의무 등과 함께 피보험자가 부담하는 중요한 의무이다.

손해방지의무는 보험계약의 사행성 측면에 대한 보완적 수단으로 보험계약자나 피보험자는 피보험목적물에 이익을 가진 자이며 사고발생 현장에서 우선 조치를 취할 수 있는 기회가 많기 때문에 이를 방관하는 경우 손해를 고스란히 부담할 수 없는 보험자와의 형평성의 논리상 법이 특별히 부여한 의무이다. 또한 보험자의 피보험자에 대한 신의성실의 원칙상의 요구와 손해방지활동을 장려하는 공익상의 필요에서 나온 것이다.

보험계약은 신의성실을 바탕으로 체결되기 때문에 손해방지의무를 보험계약자나 피보험자가 부담하는 것은 당연한 것이다. 그런데 손해방지의무는 보험자의 부담이 될 보험사고의 발생을 전제로 하여, 보험 사고로 인한 손해를 방지하거나 경감시키는 것을 그 내용으로 한다. 따라서 보험사고 그 자체의 발생을 방지하여야 한다는 것을 의미하지 않는다.

(2) 손해방지의무의 발생 시기

우리나라 상법은 손해방지를 위해 노력해야 한다고만 규정하고 있을 뿐, 그 의무의 발생 시기는 규정하고 있지 않다. 손해방지의무는 보험사고 발생을 전제로 손해 확대의 방지를 위한 것으로 손해 발생 당시에 취해지는 것이 바람직하다.

(3) 손해방지 의무자와 대상

① 손해방지 의무자

우리나라 상법 제680조는 손해방지의무자로 보험계약자와 피보험자를 규정하고 있다. 이에 반해, 영국 해상보험법(MIA) 제78조 (4)항은 손해방지의무자로 피보험자 및 그 대리인(agent)을 규정하고 있으며, 2009년에 개정된 ICC(A), ICC(B), ICC(C) 제16조는 피보험자, 그 사용인(servant) 및 대리인도 손해방지의무자에 포함시키고 있다. 이 법 규정들의 공통점은 피보험자를 모두 손해방지의무자로 포함하고 있다는 점이다.

② 손해방지의무의 내용

손해방지의무의 내용은 손해의 발생 자체의 방지와 더불어 발생되는 손해의 확대 저지 곧 경감하는데 있다. 손해의 방지나 경감을 위해 피보험자 등이 취해야 할 조치나 행위는 물적 손해에 관한 방지행위와 제3자에 대한 손해의 방지행위로 구분된다.

물적손해에 관한 방지행위는 선박이 해난을 당하여 그것을 방치하면 침몰손해가 발생할 염려가 있는 경우에 선박을 구조하기 위해 선장이 임의로 좌초시키는 행위 등을 말한다.

제3자에 대한 손해의 방지행위는 화물의 손해책임이 있는 해상운송인에 대한 손해배상청구권을 행사하고 보존하기 위한 조치 행위 등을 말한다.

(4) 손해방지의무의 위반과 그 효과

손해방지의무를 위반한 경우, 그것으로 인해 발생하지 않았을 손해가 새로 유발되었거나 적은 손해로 그칠 것이 더 확대되었다면 그 유발 및 확대된 손해를 보험자가 보상해야 할 의무는 없다. 영국 해상보험법(MIA)에는 손해방지의무 위반에 대한 별도의 규정이 없기 때문에 피보험자와 그 대리인 등이 손해방지의무를 태만히 하였을 경우 보험자가 보상할 책임이 있는가 하는 해석상의 문제가 발생할 수 있다.

2) 제3자에 대한 손해배상청구권의 확보 의무

중요약관(Importance Clause)은 해상보험증권의 본문약관(body clause) 옆에 기재되는 약관으로, 보험사고가 발생되었을 때 피보험자 등이 취해야 할 각종 조치와 절차 등을 일괄적으로 규정하고 있는 약관이다. 다른 약관과 구분하기 위하여 붉은색으로 인쇄되어 있으므로 적색 라인약관(red line clause)이라고도 부르고 있다.

이 약관은 보험사고가 발생한 경우, 피보험자나 그 대리인이 취해야 할 손해방지의무와 대위권에 의해 보험자가 적절히 행사할 수 있도록 운송인이나 제3자에 대한 손해배상청구권을 피보험자가 확보해야 한다는 손해배상청구권의 확보(혹은 보전) 의무를 피보험자와 그 대리인의 의무로 규정한 것이다.

보험자에게 보상책임이 있는 운송중 화물의 손해가 운송인 등 제3자의 귀책사유로 발생한 경우, 수하인은 보험자에 대한 손해배상청구권과 동시에 운송인 등 제3자에 대한 손해배상청구권을 갖게 된다.

보험금을 지급받은 피보험자로서는 손해보상의 원칙에 따라 제3자에 대한 권리, 즉 손해배상청구권을 대위해야 하고 보험자는 그가 지급한 금액의 한도 내에서 피보험자의 제3자에 대한 대위 권리를 당연히 취득하게 된다. 중요약관은 이러한 대위권에 부수되는 여러 가지 필요한 조치 사항들을 피보험자 등이 이행하도록 의무화하고 있다.

4. 보험금 청구시 구비서류

전술과 같이, 중요약관은 해상보험에서 보험증권의 본문약관(body clause) 옆에 기재되는 약관이다. 여기에는 클레임이 발생되었을 때 피보험자가 취해야 할 각종 조치와 절차 및 클레임 제기에 필요한 구비서류가 열거되어 있다.

물론 여기에 열거되어 있지 않은 서류들도 해당 클레임의 내용이나 성격에 따라 손해의 입증에 필요한 경우에는 추가로 제출해야 한다.

중요약관에 보험금 지급에 필요한 구비서류들을 사전에 명기하고 있는 이유는 보험자가 이러한 정보를 입수하는데 소요되는 시간과 업무량을 절약하기 위함이다.

클레임 제기를 위해 구비해야 하는 서류는 ① 보험자의 담보위험에 의한 손해인을 입증하는 서류 ② 손해액을 입증하는 서류 ③ 구상권(손해배상 청구권)의 행사를 위한 손해와 제3자와의 책임관계 즉, 운송인 등 제3자의 귀책사유로 인한 손해임을 입증하는 서류 등이다.

1) 보험증권 원본

피보험자가 보험사고로 보험금을 청구하는데 필요한 보험증권은 원칙적으로 원본(original)의 보험증권이 요구된다. 그런데 만일 원본의 보험증권을 분실하였을 경우에는 피보험자가 보험증권 원본의 분실로 인해 발생하는 모든 책임을 부담한다는 조건의 각서(letter of indemnity : L/I)에 서명하여 제출해야 한다. 한편 보험증권의 양수인도 양도받은 보험증권이나 보험증명서를 기초로 보험금을 청구할 수 있다.

2) 상업송장

상업송장(commercial invoice)은 매도인이 매수인 앞으로 작성하는 선적화물에 대한 상세한 명세와 함께 화물의 가액이 기재된 유일한 서류이다. 무역거래에서 상업송장은 출하안내서, 계산서 및 대금청구서의 역할을 수행한다.

상업송장은 피보험목적물의 명세, 수량, 단가, 수하인, 보험금액의 적정 여부 등을 파악하는데 필요하고, 상업송장에 기재된 FOB, CIF 등은 피보험이익의 존재 즉, 보험금의 수취권자를 입증하는 중요한 근거가 된다.

3) 선하증권

선하증권(bill of lading)은 화물이 선적된 사실과 선적 상황 및 운송계약조건을 파악하는데 필요하며, 특히 보험자의 구상권 행사와 관련하여 운송인의 책임을 규명하는데 매우 중요한 서류이기 때문에 원본이 요구된다.

4) 포장명세서

포장명세서(packing list)는 멸실이나 손상된 화물의 수량이나 중량을 확인하기 위해 필요한 서류이며 적합한 포장을 했는지의 여부를 파악하는 근거 서류의 성격을 가지고 있다.

5) 검정보고서

검정보고서(survey report)는 운송 도중에 발생한 화물의 손상 정도와 원인을 규명하기 위해 선정된 검정인이 작성하는 보고서로, 손해의 상태, 정도, 원인, 발생시점 등 손해산정시 보험자가 필요로 하는 제반사항들이 기재되어 있다.

6) 귀책 사유자의 교신문

운송 중의 손해는 운송 관련자 중에서 책임을 져야 할 귀책당사자가 있게 된다. 따라서 손해발생을 인지한 후 선사, 하역업자, 창고업자, 육상운송업자 중 귀책사유가 있는 자에게 손해배상을 청구해야 하는 경우도 있는데 이때 손해배상청구 공문과 그 회신들이 필요하다.

7) 기타 사고 사실의 입증에 필요한 서류

(1) 본선수취증

본선수취증(mate's receipt : M/R)은 화물수취증(B/N)과 함께 운송인의 책임한계를 입증하는데 필요한 서류이다.

(2) 화물수취증

화물수취증(cargo boat note : B/N)은 본선수취증(M/R)과 같이 운송인의 책임한계를 입증하는데 필요한 서류이다.

(3) 해난보고서

해난보고서(sea protest)는 악천후로 선박이나 화물 등이 피해를 입은 경우, 그 사실을 당해 감독관청에 통지하여 항해일지의 검열을 받고 그 사실의 증명을 받아두기 위해 선장이 처음 입항하는 항구의 항만당국에 보고하는 약식의 해난사고와 관련된 보고서이다.

(4) 화물적부도

화물적부도(stowage plan)는 본선의 선창에 화물이 적재된 상태를 나타낸 도면이나 그림표로 양하지에서 하역관계자의 하역작업에 중요한 참고자료가 된다.

5. 보험금의 지급

해상보험에서는 피보험목적물의 보험가액을 최고 한도로 하여 손해액에 대한 보험가액과 보험금액의 비율로써 보험금이 지급된다. 피보험자가 보험자에게 보험금을 청구하였을 때, 보험자는 증권상으로 담보되지 않는 위험임을 증명할 수 없는 한, 피보험자에게 지체 없이 보험금을 지급해야 한다. 보험금의 지급방식에는 다음과 같은 것들이 있다.

첫째, 특례지급방식(without prejudice settlement)이 있다. 이 지급방식은 보험자 측과 피보험자 측의 의견이 상반될 때 '여타 보험에 영향을 주지 않는(without prejudice)' 조건하에 또한 장차 이와 유사한 보험금을 제기하지 않을 것을 조건으로 보험금의 전부나 일부가 지급되는 방식이다.

즉, 보험자와 피보험자의 의견이 상반되는 경우 이를 모두 소송으로 해결한다는 것은 시간과 비용 관계상 적절하지 않다. 따라서 당사자 간에는 앞으로는 이에 대해 보험금 청구를 하지 않겠다는 약속하에 손해액의 전부나 일부를 지급하는 방식이다.

둘째, 구조물(救助物)차감 보상방식(salvage loss settlement)이 있다. 이 지급방식은 운송 도중에 화물에 손상이 발생하였을 경우 손상된 화물을 목적지까지 운송하는 것보다 중간항에서 판매처분하는 것이 경제적 유리한 경우 손상품의 판매대금(차감금액, net proceeds)을 보험금에서 공제한 후의 그 차액을 보험금으로 지급하는 방식이다.

적하보험에서 화물의 해상운송시 물적손해가 발생하였을 때, 화물이 항해 중 중간항에서 매각되어 정상가격이나 손상가격을 계산하기 어려운 경우에 보험금을 산정하는데 실무적으로 이용되는 방식이다.

셋째, 대부금형식 보상방식(loan form payment)이 있다. 이 지급방식은 보험금이 확정되었을 때 보험금이 아니라 보험자가 피보험자에게 대부금(loan, 貸付金)을 지급하는 방식으로 보험금이 지급되는 방식이다.

이것은 일종의 보험자가 행하는 무이자의 대부금형식 지급이며, 대부금의 형식으로 보험자가 피보험자에게 보험금을 일단 지급하는 것을 말하며 대부금형식 지급이라고도 한다.

즉, 운송 중에 화물에 손상이 발생한 경우, 피보험자가 취하는 보험금 구상의 순서는 먼저 선사(운송인)에 구상하지만 선사로부터 수락 거부를 당했을 때에는 그 거부장을 첨부하여 보험자에게 구상을 청구하는 것이 일반적이다.

그러나 선사의 대응은 늦어지는 경우가 많고 그 손해가 보험자에 의해 커버되는 성질의 것이면 보험자와 상의한 후 일단 보험자로부터 보험금을 지급받고 후일 선사로부터 배상금을 받았을 때 그 금액을 보험자에게 반환하는 것이 인정되고 있다.

이때 보험자가 하는 지급은 보험금의 지급이 아니고 무이자 대부금의 지급이 되는 것이다. 그러한 의미에서 이것을 대부금형식 보상방식이라고 부르고 있다.

제 3 장 해상위험

제 1 절 해상위험의 개념과 요건

1. 해상위험의 개념과 범위

1) 해상위험의 개념

위험이 없으면 손해도 없고 손해가 없으면 보상도 없기 때문에 해상보험은 결국 운송 중에 발생할 수 있는 해상위험(marine risks, marine perils)을 전제로 한 것이다. 여기에서 해상위험은 항해에 기인하고 항해에 부수하여 발생하는 사고를 말한다.

영국 해상보험법(MIA)에서는 해상위험을 '항해에 기인 또는 수반되는 위험'으로 정의하면서 해상위험들을 하나하나 열거하고 있다.

이에 반해, 우리나라 상법에서는 '해상보험계약의 보험자는 항해에 관한 사고로 인하여 생길 손해를 보상할 책임이 있다.'라고 해상위험을 포괄적으로 규정하고 있다.

2) 해상위험의 범위

보험자가 보상하는 해상위험의 범위는 보험계약을 체결할 때에 확정되고 그것은 보험증권상에 나타나게 된다. 여기에서 말하는 해상위험은 해상구간에서 발생하는 위험만을 지칭하는 것이 아니라 항해사업에 부수하여 발생하는 위험을 포괄하는 개념이다.

해상위험은 항해에 기인하고 항해에 부수하여 발생하는 사고이지만, 그 담보범위는 그 발생장소가 반드시 해상에서 발생하는 손해에만 한정되는 것은 아니다.

그러므로 해상보험에서 말하는 해상위험의 범위는 해상고유의 위험에 항해와 관련되는 내수 및 육상에서 발생하는 화재나 도난과 같은 사고도 포함된다.

영국 해상보험법(MIA)이나 우리나라 상법도 해상위험을 침몰·좌초 등 해상고유의 사고뿐 아니라 화재·폭발·도난 등을 포함하고 있고, 더 나아가 해상사업에 부수하는 육상이나 내수로 항해에 관한 사고도 해상위험에 포함시키고 있다.

2. 해상위험의 요건

보험자가 보상하기 위해서는 해상위험으로 인한 손해 즉, 보험사고는 다음 요건을 갖추어야 한다. 여기에서 보험사고는 보험기간 중에 발생한 것이어야 하고 고의나 중대한 과실이 아닌 우연한 원인으로 발생한 것이어야 한다.

1) 위험의 손해성

보험자는 담보위험에 의한 손해만을 보상하기 때문에 그 해상위험은 손해의 원인이 되는 담보위험이어야 한다. 즉, 그 위험이 보험자가 보상하는 손해의 결과로 나타나야 보상이 되는 것이다. 그러한 의미에서 위험이 발생하였음에도 불구하고 손해를 초래하지 않았다면 그 위험은 보험자가 보상하는 해상위험의 요건이 되지 않게 된다.

2) 위험발생의 우연성

보험자는 우연한 보험사고에 대해 보험금을 지급하기 때문에 불가피하거나 필연적인 위험은 보험자가 보상하는 해상위험의 요건이 되지 않는다.

여기서 '우연한 보험사고'란 첫째, 사고의 발생 여부가 불확실하고 둘째, 사고의 발생 시기가 불확실하며 셋째, 사고의 발생 형태가 불확실한 사고를 의미한다.

이와 같이 보험자가 보상하는 위험의 요건이 되는 위험발생의 우연성(contingency)은 사고발생의 여부, 시기, 정도가 불확정한 것을 의미하는데, 이것은 보험계약의 악용을 막기 위해 필요한 것이다. 따라서 피보험자 등의 고의나 중과실로 보험사고가 발생한 경우에는 우연성이 결여된 사고이기 때문에 보험자는 보험금 지급책임으로부터 벗어나게 된다.

그러나 적하보험의 경우 사고가 이미 발생했어도 계약 당사자인 피보험자와 보험자가 이를 모르고 있었다면 소급보험(遡及保險)으로 이를 보상할 수 있다(상법 643조).

3) 위험의 발생가능성

보험자가 보상하는 해상위험의 요건은 위험의 발생가능성(possibility)이 있어야 한다. 따라서 보험계약을 체결할 때 위험이 이미 발생하였거나 아예 발생할 수 없는 위험을 대상으로 하였다면 그 보험계약은 당연히 무효가 된다.

그러나 적하보험에 적용되는 소급보험의 경우는 보험계약 체결 이전에 사고가 이미 발생하였다 하더라도 보험자와 피보험자 모두가 그 보험사고의 발생 사실을 모르고 있는 경우에는 그 보험계약은 유효한 것으로 간주하고 있다.

4) 위험의 비불가항력성

보험자가 보상하는 해상위험은 우연적이고 우발적이면 되기 때문에 반드시 불가항력적인 위험일 필요는 없다. 따라서 자연적인 위험, 통상적인 위험, 특약에 의한 전쟁위험과 같은 인위적인 위험들도 보험자가 보상하는 해상위험에 포함된다.

전쟁위험(Ware Risks)은 군함, 적에 의한 가해 행위, 포획, 나포, 포격, 공습 등의 전쟁 행위 내지 군사 행동의 결과로 발생하는 위험 등을 말한다. 이들 보험사고는 통상의 해상보험조건에서는 담보되지 않으므로 추가보험료를 지급하여 특약을 맺어야 한다.

5) 위험의 비장래성

위험의 비장래성은 해상위험은 반드시 보험계약 체결 이후에 발생하는 장래적인 위험이어야 하는가에 관한 문제이다.

일반적으로 보험자가 보상하는 해상위험은 계약체결 이후에 발생하는 사고를 대상으로 한다. 그러나 적하보험에서 과거의 사고라도 보험계약을 체결할 때 그 발생이 확정되어 있는 사실이나 이미 발생한 사실을 계약 당사자가 모르고 있는 한, 그 사고는 보험자가 보상하는 위험이 된다. 이와 같이 적하보험의 경우에만 적용되는 소급보험(retroactive insurance)은 보험자의 책임이 과거로 소급하기 때문에 과거의 사고도 위험이 될 수 있다.

그런데 소급조건의 보험계약을 할 때에는 계약체결시 보험계약 당사자가 손해 발생의 사실이나 항해 무사고 종료의 사실을 알지 못하는 것을 전제로 한다.

6) 위험의 적법성

보험자가 보상하는 해상위험의 요건은 적법성(legality)을 가져야 한다. 여기에서 적법성은 법에 어긋남이 없이 맞는 것을 의미한다.

따라서 고의적이며 자의적인 위험의 초래는 보험자가 보상하는 해상위험의 요건이 될 수 없다. 다만, 고의적으로 손해를 초래하는 공동해손의 경우는 예외이다.

7) 위험의 한정성

보험자는 운송 중에 발생 가능한 모든 위험들을 보험사고로 간주하는 것이 아니라 화재, 멸실, 손상, 도난 등 보험계약에서 정한 내용과 범위 내에 한하여 보상책임을 부담한다.

이것은 보험자의 책임범위를 명확히 한 것이기 때문에 보험계약에서 합의된 범위를 벗어난 위험으로 인한 사고는 보험사고로 인정되지 않게 된다.

제 2 절 해상위험의 종류와 부담원칙

1. 해상위험의 종류

해상위험은 크게 해상고유의 위험(perils of the seas), 해상위험(maritime perils), 전쟁위험(war perils) 및 기타 일체의 위험으로 구분된다.

1) 해상고유의 위험

해상고유의 위험(perils of the seas)은 바다의 작용을 원인으로 해상에서 발생하는 우발적인 사고나 재난을 말한다.

대표적인 5가지 해상고유의 위험으로는 SSCG 위험이라고 불리는 침몰(sinking), 좌초(standing), 충돌(collision), 교사(grounding)와 풍파의 이례적인 작용 및 악천후 등이 있다. 해상고유의 위험은 해상에서 발생한 것이어야 하고 그것도 우연히 발생해야 한다.

(1) 침몰

침몰(sinking)은 선박이 부력을 상실하고 수중에 가라앉아 더 이상 항해가 불가능한 상태를 말한다. 침몰이 되면 선박 스스로 항해가 불가능한 상태가 된다.

침몰은 운송 중에 우연적으로 발생한 것이어야 보상받을 수 있고, 초과 적재나 선박의 불내항 등에 의한 침몰은 보상되지 않는다.

침몰은 심해에서 구조가 불가능한 상태의 침몰인 심몰(foundering)과 천해에서 구조가 가능한 침몰인 천몰(submersion)로 구분된다.

심몰은 전손(total loss)으로 인정되며, 천몰은 추정전손(constructive total loss)으로 인정되기 위해서는 위부(abandonment)의 행사가 가능하다.

(2) 좌초 및 교사

좌초(stranding)는 선박이 암초나 그 밖의 견고한 물체에 얹혀 일정기간 움직이지 못하여 쉽게 인양할 수 없는 상태를 말한다.

교사(grounding)는 모래나 진흙 등과 같이 견고하지 않은 물체에 걸쳐 일정기간 진퇴가 불능인 상태를 말한다. 영미법에서는 이것을 서로 구분하지 않고 혼용하여 사용하고 있다.

교사는 보통 썰물로 갇혀 있다가 밀물 시 항해가 가능한 상태가 되지만, 좌초는 암초 등에 얹혀 있는 상태이므로 인양을 해야만 항해가 가능하다.

한편, 좌초와 비슷한 것으로 촉초(觸礁, touch and go)가 있다. 이것은 선박이 암초 등의 물체에 얹혔거나 사저(砂底)에 접촉하여 잠시 항행을 방해 당했지만 다시 항진하는 힘에 의해 저절로 이초(refloating)하는 정도의 접촉을 말하기 때문에 해상고유의 위험에 속하지 않는다. 촉초가 좌초로 되기 위한 조건은 통상 15~20분 이상 정지된 상태로 있어야 한다.

(3) 충돌

충돌(collision)은 협의의 개념과 광의의 개념으로 구분된다. 협의의 충돌은 선박과 다른 선박 간의 충돌만을 의미하는 것으로 서로 맞부딪히거나 맞선 상태를 뜻한다.

광의의 충돌은 선박과 다른 선박 간의 충돌뿐 아니라 부선, 기타 운반 용구, 난파물, 암벽, 빙산, 빙벽, 잔교 등 다른 물체(물은 제외되고 얼음은 포함)와 직접적으로 접촉하는 것을 말한다. 그 원인이 자연적이든 인위적이든 충돌은 해상 고유의 위험으로 간주된다.

한편, 충돌은 그 원인에 따라 과실(fault)에 기인하는 충돌과 무과실(without fault)에 기인하는 충돌로 구분되는데, 전자는 일방과실에 의한 충돌과 쌍방과실에 의한 충돌로 구분되며 후자는 불가항력에 의한 충돌과 원인불명의 충돌로 구분된다.

(4) 전복

전복(capsize, overturn)은 선박이 해상에서 횡(橫) 방향의 어느 한쪽으로 기울어져 뒤집어 지는 현상을 말한다. 이에 비해 선박이 선체의 길이 방향인 종 방향으로 뒤집어 지는 현상은 Plunging이라 한다. 전복은 보통 선박의 복원력(restoring force)이 작은 경우, 강한 풍랑 등의 외부적 요인이나 화물의 이동, 급선회 등 내부적 요인에 의해 주로 발생한다.

(5) 풍파의 이례적인 작용과 악천후

풍파(風波)의 이례적인 작용(extraordinary actions of winds and waves)은 세찬 바람과 험한 물결이 이례적으로 발생하는 현상을 말한다.

악천후(heavy weather, bad weather)는 소나기나 우박 등을 동반하는 몹시 나쁜 날씨 또는 풍파 상태나 이상한 황천에 의한 위험에 기인하는 손해를 말하며 황천(荒天, Stress of Weather)이라고도 한다. 악천후에는 위험을 동반하는 천둥이나 번개, 강한 바람, 태풍, 난기류, 열대성 저기압, 강한 우박, 광범위한 모래나 먼지 등의 날씨가 포함된다. 이들 대부분은 규모가 작고 수명이 짧기 때문에 정확한 예보가 어렵다.

악천후는 화물의 해수 침손이나 갑판적재 화물의 풍랑 유실을 초래하는 원인이 된다.

선박이 이상한 풍파에 조우하여 파손된 것이 선박의 파손(ship wreck)이다. 이러한 위험은 선박의 전복, 이상 경사, 포장 붕괴 등은 해상고유의 위험(Perils of the Seas)으로 간주되어 보험자가 보상하게 된다.

2) 해상위험

해상위험(marine risk, maritime perils)은 항해와 관련하여 발생하는 위험을 말하며, 화재와 같은 자연적 위험뿐 아니라 투하, 선장이나 선원의 악행, 해적, 표도, 강도 등과 같은 인위적 위험들도 포함된다.

(1) 화재

화재(fire)는 불이 나는 재앙이나 불로 인해 발생하는 재난을 말한다. 이 위험은 협회적하약관(ICC)에서 보상되는 가장 기본적인 위험이다.

다만, 화재의 원인이 자연발화나 피보험목적물의 고유의 하자나 성질을 근인으로 하는 멸실이나 손상의 경우에는 보상되지 않는다. 그러나 화염에 의한 소실, 화재에 의한 연기나 열에 의한 손해, 소화주수(消火注水)에 의한 손해와 폭발과 낙뢰 등은 동종제한의 원칙에 따라 화재와 함께 보상된다.

낙뢰(lightning stroke, 落雷)는 뇌전 현상의 일부로 구름으로부터 지면으로 방전 현상이 일어나는 벼락을 의미한다. 번개(lightning)는 발달한 구름대에서 발생하는 전기적 현상으로 구름 내부나 구름과 구름 사이로 혹은 구름에서 주변 대기나 지면으로 이동하는 섬광을 말하는데, 이중 구름에서 지면으로 연결되는 번개 불빛을 낙뢰라고 한다.

(2) 투하

투하(jettisons)는 선장이 다수의 이익을 위해 공동의 위험이 직면한 경우, 임의로 화물을 바다에 던져버리는 행위, 또는 전체를 가볍게 하거나 고조할 목적으로 선구를 절단하여 바다에 버리는 행위를 말하며 가장 전형적인 공동해손에 속하는 위험이다.

이와 같이 피보험목적물의 고유의 하자나 성질을 원인으로 하는 투하는 보험자가 면책되는 위험이지만, 그렇지 않는 투하는 항해에 관한 사고의 하나로서 협회적하약관(ICC)에 담보위험으로 열거된 위험 중의 하나이므로 당연히 보상을 받게 된다.

그러나 화물이 부패하거나 화물고유의 하자로 인한 투하는 보상되지 않는다.

(3) 선장이나 선원의 악행

선장이나 선원의 악행(barratry of master or mariners)은 선장이나 선원들이 고의적으로(willfully) 또는 의도적으로 선주나 용선자(charterer)에게 저지르는 모든 비행이 말한다.

예로 선박보험의 경우 선박을 밀수목적으로 사용하거나 방화, 고의적인 좌초, 침몰, 천공, 고의적인 이로, 사기의 목적을 가지고 화물을 매각처분 등의 부정한 처분들이 여기에 해당한다. 물론 고의가 아닌 단순과실은 여기에서의 악행으로 인정되지 않는다.

(4) 해적 행위나 표도

해적 행위(pirates)는 어느 국가의 관할권에도 속하지 않는 공해상에 있는 선박에 대해악의가 있는 다른 선박의 승무원이나 여객이 사적인 목적을 달성하기 위해 자행되는 불법한 폭력행위, 억류, 약탈행위 등을 말한다. 그러나 군함이나 군용 항공기 또는 정부의 선박이나 항공기에 의한 이러한 행위는 해적 행위로 인정되지 않는다.

표도(rovers)는 약탈물을 구하려고 해상을 배회(wandering)하면서 상선을 습격하여 적재물품을 약탈하는 일종의 절도로 해적행위와 동의어로 사용되고 있다.

옛날에는 해적 행위나 표도 위험들이 해상운송 중 만날 수 있는 가장 치명적인 위험이었다. 그러나 오늘날에는 선박이 대형화 및 고속화되어 극동해안이나 아프리카 일부지역을 제외하고는 거의 보기 힘든 위험이 되었다.

(5) 강도

강도(thieves)는 화물감독자가 습격을 받아 화물을 강탈당하는 것으로 폭력을 동반한 습격을 말하며 도적이라고 한다. 따라서 은밀한 절도나 승선자의 절도는 여기에 해당하지 않고 기타 일체의 위험으로 분류된다. 강도 위험은 ICC(A) 조건에서는 담보되지만, ICC(B) 조건이나 ICC(C) 조건에서는 담보되지 않는다. 따라서 보험자로부터 이러한 위험을 보상받기 위해서는 보험계약을 체결할 때에 TPND를 특약해야 한다.

3) 전쟁위험

전쟁위험(war perils)은 군함 등에 의한 포획이나 나포를 포함하는 국제법상의 전쟁행위를 말한다. 대표적인 전쟁위험들로는 군함, 외적, 습격, 포획, 해상탈취, 나포, 군왕·군주·인민의 강류·억지·억류 등이 있다. 전쟁위험은 ICC(A) 조건에서 뿐 아니라 ICC(B) 조건이나 ICC(C) 조건에서도 담보되지 않기 때문에 이러한 위험으로 인하여 발생하는 손해를 보험자로부터 보상받기 위해서는 협회전쟁약관(institute war clause)을 특약해야 한다.

(1) 군함

군함(men-of war, warship)은 한 국가의 군대에 속하는 선박을 말하며 전시에 군함에 의한 손해가 대표적인 전쟁위험에 해당한다.

(2) 외적

외적(enemies)은 육지나 해상, 공중에서 발생하는 모든 형태의 적대행위 즉, 외부로부터 쳐들어오는 것을 말하며 외국의 선박에 의한 공격이 대표적인 외적 위험이다.

(3) 습격

습격(surprise attack, raid)은 원래 정치적 타격 등 특정한 목적을 가지되 땅을 뺏으려는 의도는 없을 때, 빠르게 쳤다가 적군이 역습하기 전에 원래 방어위치로 퇴각하는 것을 목적으로 하는 전술을 말한다.

습격의 주요 목적은 적의 교란, 요인 구출, 재물 파괴, 포로 해방, 요인 암살 및 정보 수집 등이다. 해상보험에서 습격은 전시에 선박이나 화물의 소유자로부터 일체의 소유권을 탈취할 목적으로 선박을 갑자기 덮치는 행위를 의미한다.

(4) 포획

포획(capture)은 외국의 선박이나 항공기 또는 화물을 몰수하는 행위를 말하며 단순히 이들을 일시적으로 자기 권력하에 두는 것도 포함되는 개념이다.

영해에서 연안국의 법령에 위반한 외국선이나 공해에서 해적행위를 하는 외국선에 대해서 평상시에 행하는 포획도 있으나, 일반적으로는 교전국이 적이나 중립국의 선박이나 화물을 몰수하는 것을 의미한다.

(5) 해상탈취

해상탈취(taking at sea)는 재물을 탈취하는 것이 주요 목적이 아니라, 적대국의 화물을 싣고 있다고 의심될 때 검문을 위해 항해를 정지시키거나 특정 항구에 입항시키는 행위를 말한다. 현재는 나포라는 용어가 해상탈취를 대신하여 해상보험 실무에서 널리 사용되고 있다.

(6) 나포

나포(seizure, 拿捕)는 전시에 교전국의 군함이 정당한 포획의 이유가 있다고 인정되는 적의 선박이나 적재화물을 해상에서 포획자의 권력 밑에 일시적으로 잡아 두는 행위를 말한다.

일반적으로 나포된 선박이나 화물은 일시적으로 포획자의 권력 밑에 놓이게 되고 그 규율에 따르게 된다. 보통은 군함에서 몇 사람의 승무원을 선박에 파견하여 선박을 그 시위에 들게 하거나, 선박의 국기를 내리게 하고 군함의 지휘에 따라 항행하도록 한다.

나포는 전쟁 중에만 국제법상 적법한 행위이며, 국제법에 자세한 조항이 명시되어 있다. 이 법 조항에 부합하지 않는 선박 포획 행위는 나포가 아니라 해적 행위로 간주된다.

영어로는 배의 나포는 Capture라고 부르고 나포한 배에 실린 화물의 압수는 Seizure라 부르는데 Seizure는 우리말로 노획에 가깝다.

나포된 선박은 검정(檢定)을 위하여 포획 심검소(捕獲審檢所)가 있는 항구로 인도된다. 나포라는 말은 평상시의 경우에도 특히 외국의 선박을 포획하는 경우에 주로 사용되고 있다.

(7) 군왕, 군주, 국민의 강류, 억지, 억류

군왕, 군주, 국민의 강류, 억지, 억류(arrest, restraints and detainment of king, princes and people)는 국가 통치권의 주체자들이 정치적으로나 행정적으로 행하는 출항금지, 입항금지, 양하금지, 봉쇄 등을 의미한다. 이러한 행위들은 선박이나 화물의 소유권을 탈취하기 위한 것이 목적이 아니라 그들의 이동을 정지시키는 것이 주된 목적이다.

여기에서 강류(arrests)는 국가의 권리나 전쟁 등으로 수송이 중지되거나 피보험화물의 소유권이 박탈당하는 것을 말하며, 억지(restraints, deterrence)는 자신이 힘을 행사할 수 있음을 나타내면서 적이 공격을 통해서 얻는 이익보다 보복으로 입게 되는 손해가 더 크다는 것을 깨닫게 하여 일정한 행동을 하지 못하게 하는 전략을 말한다.

억류(detainment)는 전시에 특정인이나 선박을 자국의 유치나 감시하에 머무르게 하거나 비교적 단기간 피의자 등의 신체를 일시적으로 구금하는 것을 말한다.

일반적으로 강류나 억지, 억류는 상호 동의어로 사용되고 있다. 그러나 이들은 궁극적으로 소유자에게 반환할 의사를 가진 재산의 일시적인 유치행위를 의미한다는 점에서 재산을 자기의 소유로 할 것을 목적으로 하는 포획(capture)과 구별된다.

4) 기타 일체의 위험

기타 일체의 위험(all other perils)은 앞에서 열거한 위험의 종류나 기타 위험들은 동종제한의 원칙(principle of the like or same kind)에 따라 같은 것으로 간주하는 것을 말한다.

예를 들어 위험약관(perils clause)상에 많은 위험이 열거되고 그 이후에 문언으로 'all other perils'라고 되어 있는 경우, 이것은 그 앞에 열거된 위험과 전혀 다른 별개의 위험이 아니라, 그들 열거 위험과 꼭 같은 것은 아니지만 동일한 문언으로는 표기하기 곤란한 동종의 유사한 위험을 지칭하는 말로 이해되어야 한다는 것이다.

해상보험증권에서는 위험약관 중 일반문언 즉, '기타의 모든 위험, 멸실 및 불행(all other perils, losses and misfortunes ……)'이라고 하는 말의 해석에 이 원칙이 적용된다.

동종제한의 원칙은 계약서나 약관 등에 우선 특정한 열거사항이 기재되고 다음에 포괄적인 부가문언이 있는 경우에, 후자의 포괄적인 부가문언은 선행하는 특정적 사항과 동질의 것만을 의미한다고 풀이한 영국법에 따른 해석상의 원칙이다.

동종제한의 원칙은 언제나 적용되어도 상관없다고 하는 것을 보증하는 것은 아니라, 오히려 전체의 문맥에 비추어 적용여부를 종합적이면서도 개별적으로 신중하게 판단해야 할 성질의 것이다. 따라서 ICC(B) 조건과 ICC(C) 조건이 적용되는 열거책임주의에서는 발생한 위험이 열거한 위험에 해당하거나 이와 동종에 해당하는 위험인 경우에 한하여 보험자가 손해를 보상하게 된다.

2. 해상위험의 부담원칙

1) 포괄책임주의

포괄책임주의는 보험자가 보상하는 위험을 구체적으로 열거하지 않고 면책위험에 해당하지 않는 한 모든 손해를 보상한다는 위험부담 원칙을 말한다. 이를 무제한책임주의 또는 일반책임주의라고도 한다. 이 원칙은 구 ICC(A/R)와 신 ICC(A)가 채택하고 있다.

포괄책임주의라 하더라도 피보험자의 고의적인 불법행위에 의한 손해와 같이 일정한 위험은 면책약관에 의해 보험자가 위험을 담보하지 않게 된다.

포괄책임주의에서 거증 혹은 입증책임은 보험자에게 있다. 따라서 그 손해로부터 면책받기 위해서는 보험자는 그것을 스스로 입증해야 하며, 피보험자는 사고가 발생한 때에 그 사고가 보상되지 않는 손해에 해당되지 않으면 보상을 받을 수 있게 된다.

포괄책임주의는 보험자의 보상범위가 넓기 때문에 보험에 대한 지식이 부족한 피보험자들에게는 좀 더 유리하다. 그러나 포괄책임주의는 보험자의 위험부담에 따른 보상범위가 넓기 때문에 피보험자는 높은 보험료를 부담하게 되는 단점이 있다.

2) 열거책임주의

열거책임주의는 보험자가 보상하는 위험이 보험약관에 열거되어 있고 보험자는 열거된 위험으로 말미암아 생긴 손해에 대해서만 책임을 진다는 위험부담 원칙을 말한다.

이를 제한책임주의 또는 한정책임주의 라고도 한다. 이 원칙은 보상이 가능한 위험을 열거하는 방법이므로 열거되지 않은 사항은 담보위험에서 제외된다. 구 ICC(FPA)과 ICC(WA) 및 신 ICC(B)과 ICC(C)가 이 열거책임방식을 채택하고 있다.

열거책임주의에서는 피보험자가 발생한 손해가 열거된 위험에 해당하는지, 또는 보상하는 손해에 해당하는지를 증명해야 보상을 받을 수 있는데, 그 입증책임은 피보험자에게 있다.

한편, 열거책임주의는 보험증권상에 열거된 위험만 담보되고 열거되지 않은 위험은 담보되지 않기 때문에 피보험자 측이 사전에 예상하지 못한 위험으로써 보험증권상에 열거되지 않은 위험이 발생하게 되면 그 위험은 당연히 피보험자가 부담하게 된다.

따라서 피보험자는 열거되지 않은 위험으로 인한 손해를 보험을 통해 보호받기 위해서는 화물의 종류, 성질, 포장, 항로 등을 감안하여 추가적으로 특약을 해야 한다.

열거책임주의는 보험자의 위험부담에 따른 보상범위가 좁기 때문에, 피보험자로서는 포괄책임주의 방식보다 저렴한 보험료를 부담하는 장점이 있다.

그러나 피보험자의 입장에서 본다면 사전에 예상되지 않았던 위험이 발생히면 보호를 받을 수 없을 뿐 아니라 입증책임을 부담해야 하기 때문에 불편한 단점이 있다.

제 3 절 담보위험

1. 담보위험의 의의

담보위험(risks covered, covered risks)은 보험자가 그 위험에 의해 발생한 손해를 피보험자에게 보상해주는 위험을 말한다. 그 위험으로 인하여 생긴 손해를 보험자가 보상책임이 있다는 의미에서 담보위험을 피보험위험 혹은 보험사고라고도 한다. 결국, 보험자는 피보험위험을 담보하며 피보험위험이 아닌 위험은 담보하지 않게 된다.

2. 구협회적하약관상의 담보위험

구협회적하약관은 1963년부터 신협회적하약관이 제정되어 사용된 1982년까지 사용되었던 약관으로 ICC(FPA), WA, A/R조건이 있다. ICC(FPA)는 분손부담보조건, ICC(WA) 조건은 분손담보조건, 그리고 ICC(A/R)은 전위험담보조건이라고 부르고 있다.

A/R조건은 포괄책임주의의 위험부담방식을 채택하고 있기 때문에 면책위험이나 부담보위험을 제외하고는 보험자가 모든 손해를 보상하게 된다.

이에 반해 ICC(FPA)와 ICC(WA) 조건은 모두 열거책임주의를 채택하고 있기 때문에 특약에 의하지 않거나 열거위험에 포함되지 않은 손해는 보상하지 않게 된다. 이들 조건에서 보상받기 위해서는 면책위험에 해당되어서도 안 될 뿐 아니라 담보위험으로 열거되거나 특약되어야만 한다.

3. 신협회적하약관상의 담보위험

구협회적하약관(이하 간단히 구약관이라 함)의 적용상의 편리함을 위해 새롭게 선보인 것이 1982년 제정된 신협회적하약관 ICC(A), ICC(B), ICC(C) 조건이다.

1982년의 신협회적하약관에서 보험자의 보상범위는 구협회적하약관과 거의 비슷하다. 왜냐하면 ICC(A), ICC(B)와 ICC(C)는 구약관의 전위험담보조건(A/R), 분손담보조건(WA)와 분손부담보조건(FPA)에 각각 대응한 것이기 때문이다.

이중에서 ICC(A)는 보험자의 보상범위가 가장 넓은 조건이며 반대로 가장 좁은 조건은 ICC(C) 조건이다. ICC(A) 조건의 경우는 손해가 약관에 의하여 면책되는 것이 아닌 담보위험이 약관상에 명시되어 있으며 이러한 위험은 동 약관에 규정된 면책위험이 아닌 한 보험자가 담보하는 조건이기 때문에 보상범위가 가장 넓다.

4. 개정협회적하약관상의 담보위험

1) 2009년 개정약관(ICC)의 제정

1982년 협회적하약관(이하 간단히 신약관이라 함)의 도입은 구 Lloyd's S.G. Policy로부터 탈피한 해상적하보험증권의 큰 첫 걸음이었다. 그러나 시간이 흐르면 변화가 발생하기 마련이므로 개정작업의 필요가 제기되었고, 특히 해상 절도나 테러 행위의 만연 등 최근 국제 환경의 변화는 신약관을 개정하게 된 배경이 되었다.

이에 개정작업이 2006년 2월부터 개시되었고, ICC(A), ICC (B) 및 ICC(C) 약관과 이와 관련되는 전쟁 및 동맹파업약관의 개정 초안이 2008년 5월 전세계 적하보험시장에 배부되었다. 그리고 2008년 10월 최종 초안이 배포되었고, 이어 2008년 11월에 협회적하약관 및 관련 약관들이 공표되면서 2009년 1월부터 개정약관이 시행되었다.

2) ICC(A)상의 담보위험

ICC(A) 조건은 보험자가 부담하는 위험의 내용면에서는 구약관인 A/R(전위험담보조건)상의 담보위험과 비슷하다. 포괄책임주의 방식을 채택하고 있는 ICC(A) 조건상 담보위험은 제4조(일반면책약관), 제5조(불내항 및 부적합면책약관), 제6조(전쟁면책약관), 제7조(동맹파업면책약관)를 제외한, 모든 위험이 담보위험이 된다.

이와 같이 ICC(A) 조건은 보험자가 법률이나 약관에 의해 면책되는 위험 이외의 일체의 위험을 담보하는 조건이지만, 말 그대로 모든 손해를 보상하는 것은 아니다.

왜냐하면 선박 등의 불내항 및 부적합에 기인하는 손해, 통상의 누손, 중량 또는 용적의 통상적인 감소 또는 자연소모나 마모, 항해의 지연의 손해, 피보험자의 고의적인 불법행위, 피보험목적물의 고유의 하자나 성질에 기인하는 손해, 선박소유자 등의 도산이나 금전상의 채무불이행, 원자핵 분열 등은 보험자가 그 책임을 부담하지 않기 때문이다.

제6조에 규정된 전쟁위험이나 제7조에 규정된 동맹파업위험도 원칙적으로는 보험자가 그 책임을 부담하지 않지만 특약을 통해서는 보상받을 수 있다.

◉ ICC(A)상의 담보위험

1. This insurance covers all risks of loss of or damage to the subject-matter insured except as excluded by the provisions of Clauses 4, 5, 6 and 7 below.

『1. 본 보험은 다음의 제4조, 제5소, 제6조 및 제7조의 규정에 의하여 배재된 위험을 제외하고, 피보험목적물의 멸실 또는 손상에 관한 일체의 위험을 담보한다.』

3) ICC(B)상의 담보위험

열거책임주의 방식을 채택하고 있는 ICC(B) 조건은 제4조(일반면책약관), 제5조(불내항 및 부적합면책약관), 제6조(전쟁면책약관), 제7조(동맹파업면책약관)는 당연히 제외되고, 제1조에서 보험자가 보상하도록 열거되어 있는 위험이 담보위험이 된다.

ICC(B) 조건은 제1조에서 첫째, 보험자가 부담하는 위험을 위험과 손해 간에 상당한 인과관계가 요구되는 위험, 둘째, 단순한 인과관계만을 요구하는 위험, 셋째, 인과관계가 필요 없는 본선이나 부선으로의 선적 또는 양하 작업 중 바다 또는 갑판에 추락한 포장단위 당 전손 등 세 가지 항목으로 열거하고 있다.

(1) 위험과 손해 간에 상당한 인과관계가 요구되는 위험

① 화재 또는 폭발

화재(fire) 또는 폭발(explosion)은 불이 나는 재앙 또는 불로 인한 재난을 의미하며, 로이즈증권이든 협회적하약관이든 가장 기본적으로 보상되는 위험이다.

화염에 의한 소실 손해, 화재에 의한 연기나 열에 의한 손해, 소화주수((消火注水))에 의한 손해들도 동종제한의 원칙에 따라 당연히 보상된다.

② 본선 또는 부선의 좌초, 교사, 침몰 또는 전복

본선 또는 부선의 좌초, 교사, 침몰 또는 전복(vessel or craft being stranded, grounded, sunk or capsized)은 본선이나 부선이 좌초, 교사, 침몰 또는 전복되는 손해를 의미한다.

③ 육상 운송용구의 전복 또는 탈선

육상 운송용구의 전복 또는 탈선(overturning or derailment of land conveyance)은 해상운송에 부수하는 육상운송 과정에서 발생하는 육상 운송용구의 전복이나 탈선에 의해 발생하는 손해를 의미한다.

여기에서 전복은 육상 운송용구가 어느 한쪽으로 기울어져 뒤집어지는 것이며, 탈선은 철도 차량의 차륜이 궤도를 이탈하는 것이다. 이러한 위험은 과속이나 기계적 결함 등의 유발 요소가 단독이나 복합적으로 작용하여 발생하게 된다.

④ 본선, 부선 또는 운송용구와 물 이외의 다른 물체와의 충돌 또는 접촉

본선, 부선 또는 운송용구와 물 이외의 다른 물체와의 충돌 또는 접촉(collision or contact of vessel, craft or conveyance with any external object other than water)은 본선이나 부선, 운송용구가 타 물체와 충돌하거나 접촉함으로 발생하는 손해를 의미한다. 충돌이나 접촉에 의한 손해에는 얼음이나 빙벽 등은 포함되지만 물은 제외된다.

⑤ 피난항에서 화물의 양하

피난항에서 화물의 양하(discharge of cargo at a port of distress)는 운송 도중 일정한 사유로 인하여 일시 피난항에 정박하여 화물을 일단 양하했다가 재선적 후에 다시 최종목적항으로 운송하는 경우, 피난항에서 화물을 양하할 때에 발생하는 손해를 의미한다.

⑥ 지진, 화산의 분화 또는 낙뢰

지진, 화산의 분화 또는 낙뢰(earthquake, volcanic eruption or lighting)는 해상운송에 부수하여 육상에서 발생하는 지진이나 화산 위험도 보상한다는 의미이며, 낙뢰도 화재의 발생 여부와 상관없이 그 자체에 의한 손해도 보상된다.

(2) 단순한 인과관계만을 요구하는 위험

① 공동해손 희생손해

공동해손 희생손해(general average sacrifice)는 공동해손이 발생한 경우 선체나 화물 등의 일부가 희생되는 물적 손해를 의미이다. 이는 공동해손 희생손해와 대응하는 개념이다.

② 투하 또는 갑판유실

투하(jettison)는 비상시에 선박을 가볍게 하거나 선박의 복원성을 확보하기 위해 적하나 선박 및 의장품의 일부를 고의로 바다에 버리는 행위를 말한다.

일반적인 의미의 투하는 항해에 관한 보험사고의 하나로 약관에 열거된 위험이지만, 피보험목적물 고유의 성질을 원인으로 하는 투하는 보험자가 면책된다.

갑판유실(washing overboard)은 갑판적재 화물 또는 선박의 속구나 비품 등이 파도에 의해 선외로 떨어져 유실되는 현상을 말한다.

③ 본선, 부선, 선창, 운송용구, 컨테이너, 지게차 또는 보관장소에 해수, 호수, 하천수의 유입

본선이나 부선 등에 해수나 호수, 하천수의 유입(entry of sea lake or river water into vessel, craft, hold, conveyance, container, liftvan or place of storage)은 본선이나 부선, 선창, 운송용구, 컨테이너, 지게차 또는 보관장소에 해수나 호수, 하천수가 유입되어 발생하는 손해를 의미하며 빗물은 여기에 포함되지 않는다.

(3) 인과관계가 필요 없는 위험

본선이나 부선으로의 선적 또는 양하 작업 중 바다 또는 갑판에 추락한 포장단위 당 전손은 본선이나 부선이 선적이나 양하 작업을 하던 중에 바다나 갑판에 추락하여 발생하는 포장단위 당 전손을 의미한다.

◉ ICC(B) Risk covered

1. This insurance covers, except as excluded by the provisions of Clauses 4, 5, 6 and 7 below,

1.1 loss of or damage to the subject-matter insured reasonably attributable to

1.1.1 fire or explosion

1.1.2 vessel or craft being stranded grounded sunk or capsized

1.1.3 overturning or derailment of land conveyance

1.1.4 collision or contact of vessel craft or conveyance with any external object other than water

1.1.5 discharge of cargo at a port of distress

1.1.6 earthquake volcanic eruption or lighting

1.2 loss of or damage to the subject-matter insured caused by

1.2.1 general average sacrifice

1.2.2 jettison or washing overboard

1.2.3 entry of sea lake or river water into vessel craft hold conveyance container liftvan or place of storage

1.3 total loss of any package lost overboard or dropped whilst loading on to, or unloading from, vessel.

◉ ICC(B)상의 담보위험

『1. 이 보험은 다음의 제4조, 제5조, 제6조 및 제7조의 규정에 의하여 배제된 위험을 제외하고, 다음의 멸실 또는 손상에 관한 위험을 담보한다.

1.1 다음의 사유에 합리적으로 기인하는 피보험목적물의 멸실 또는 손상

1.1.1 화재 또는 폭발

1.1.2 본선 또는 부선의 좌초, 교사, 침몰 또는 전복

1.1.3 육상 운송용구의 전복 또는 탈선

1.1.4 본선, 부선 또는 운송용구와 물 이외의 타 물체와의 충돌 또는 접촉

1.1.5 피난항에서의 화물의 양하

1.1.6 지진, 화산의 분화 또는 낙뢰

1.2 다음의 사유에 기인하는 피보험목적물의 멸실 또는 손상

1.2.1 공동해손 희생손해

1.2.2 투하 또는 갑판유실

1.2.3 본선, 부선, 선창, 운송용구, 컨테이너, 지게차 또는 보관장소에 해수, 호수 또는 하천수의 유입

1.3 본선 또는 부선으로의 선적 또는 양하 작업 중 바다 또는 갑판에 추락한 포장단위당 전손

4) ICC(C)상의 담보위험

열거책임주의를 채택하고 있는 ICC(C) 조건에서는 제4조(일반면책약관), 제5조(불내항 및 부적합면책약관), 제6조(전쟁면책약관), 제7조(동맹파업면책약관)는 당연히 제외되고, 제1조에서 보험자가 부담하도록 열거되어 있는 위험이 담보위험이 된다.

그런데 ICC(C) 조건은 ICC(B) 조건보다 보상범위가 좁기 때문에 제1조에 열거된 담보위험의 수가 ICC(B) 조건보다 적다.

구체적으로 ICC(C) 조건은 제1조에서 보험자가 부담하는 위험을 다음과 같이 두 가지 항목으로 열거하고 있다.

첫째, 위험과 손해 간에 상당한 인과관계가 요구되는 위험으로 ① 화재 또는 폭발 ② 본선 또는 부선의 좌초, 교사, 침몰 또는 전복 ③ 육상 운송용구의 전복 또는 탈선 ④ 본선, 부선 또는 운송용구와 물 이외의 다른 물체와의 충돌 또는 접촉 ⑤ 피난항에서의 화물의 양하 등 다섯 가지 세목으로 열거하고 있다.

둘째, 단순한 인과관계만을 요구하는 위험으로 공동해손 희생손해와 투하 등 두 가지 세목으로 열거하고 있다.

따라서 ICC(B) 조건에 열거된 위험 중 ① 지진, 화산의 분화 또는 낙뢰 ② 갑판유실 ③ 본선 또는 부선 등에 해수, 호수 또는 하천수의 유입 ④ 본선이나 부선에 선적·양하작업 중 바다나 갑판에 추락한 포장단위 당 전손이 ICC(C) 조건에서는 제외되었다.

◉ ICC(C) Risk covered

1. This insurance covers, except as excluded by the provisions of Clauses 4, 5, 6 and 7 below,

1.1 loss of or damage to the subject-matter insured reasonably attributable to

1.1.1 fire or explosion

1.1.2 vessel or craft being stranded grounded sunk or capsized

1.1.3 overturning or derailment of land conveyance

1.1.4 collision or contact of vessel craft or conveyance with any external object other than water

1.1.5 discharge of cargo at a port of distress

1.2 loss of or damage to the subject-matter insured caused by

1.2.1 general average sacrifice

1.2.2 jettison

◉ ICC(C)상의 담보위험

1. 이 보험은 다음의 제4조, 제5조, 제6조 및 제7조의 규정에 의하여 배제된 위험을 제외하고, 다음의 멸실 또는 손상에 관한 위험을 담보한다.

1.1 다음의 사유에 합리적으로 기인하는 피보험목적물의 멸실 또는 손상

1.1.1 화재 또는 폭발

1.1.2 본선 또는 부선의 좌초, 교사, 침몰 또는 전복

1.1.3 육상 운송용구의 전복 또는 탈선

1.1.4 본선, 부선 또는 운송용구와 물 이외의 타 물체와의 충돌 또는 접촉

1.1.5 피난항에서의 화물의 양하

1.2 다음의 사유에 기인하는 피보험목적물의 멸실 또는 손상

1.2.1 공동해손 희생손해

1.2.2 투하

〈표 4-1〉 신협회적하약관의 담보위험 비교

조항	담 보 위 험	(A)	(B)	(C)
제1조	1. 화재 또는 폭발	○	○	○
	2. 본선 또는 부선의 좌초, 교사, 침몰 또는 전복	○	○	○
	3. 육상 운송용구의 전복 또는 탈선	○	○	○
	4. 선박, 부선, 운송용구의 물 이외의 다른 물체와의 충돌·접촉	○	○	○
	5. 피난항에서의 화물의 양하	○	○	○
	6. 지진, 화산의 분화 또는 낙뢰	○	○	×
	7. 공동해손 희생손해	○	○	○
	8. 투하	○	○	○
	9. 갑판유실	○	○	×
	10. 본선, 부선, 선창, 운송용구, 컨테이너, 지게차, 보관 장소에 해수나 호수 및 하천수의 유입	○	○	×
	11. 본선 또는 부선으로의 선적 또는 양하 작업 중 바다 또는 갑판에 추락한 포장단위 당 전손	○	○	×
	12. 기타 일체의 위험	○	×	×

제4절 면책위험

1. 면책위험의 개요

1) 면책위험의 의의

면책위험(excepted perils, excluded risks)은 보험자가 보상할 성질의 손해가 생겼음에도 일정한 사유에 의해 보험자의 책임이 면제되는 위험이나 사유를 말한다.

2) 면책위험의 종류

면책위험에는 특약을 통해서도 보험자의 부담으로 하는 것이 불가능한 것과 특약을 하고 할증보험료를 납입하면 보험자의 부담으로 할 수 있는 것이 있다.

면책위험은 절대적 면책위험과 상대적 면책위험으로 구분된다. 절대적 면책위험은 어떠한 경우에도 보험자가 면책되는 위험이다. 이것은 공서양속에 반하는 위험 등을 말한다.

이에 반해 상대적 면책위험은 성격으로는 면책위험이지만 전쟁, 동맹파업, 폭동 및 소요 위험 등을 특약하면 보험자가 손해보상의 책임을 지는 위험을 말한다.

3) 위험면책의 사유

첫째, 전쟁이나 동맹파업, 지진과 같은 거대 위험을 일반 보험료로 부담하기에는 위험의 규모가 지나치게 큰 손해인 경우이다. 이러한 위험들은 규모가 크기 때문에 보험자가 보험사업을 합리적으로 경영하는데 도움을 주기 위해 면책으로 인정한 것이다.

둘째, 차량의 녹이나 부식, 농산물의 부패 등 피보험목적물의 성질이나 하자, 자연소모 등 피보험목적물의 성질상 발생하게 되는 손해인 경우이다. 이러한 위험은 피보험목적물의 내부적인 성실이라는 점에서 면책위험으로 인정하고 있다.

셋째, 우연성이 결여되어 있는 손해인 경우이다. 우연성의 결여는 보험사고의 발생 전제가 되는 위험의 조건이 상실된 것이기 때문에 보험사고가 될 수 없다.

넷째, 위험을 부담하는 것이 공공질서에 위배되는 손해인 경우이다. 공서양속에 반하는 것은 반사회적인 것이기 때문에 특약으로도 담보할 수 없는 면책사유가 된다.

다섯째, 보험계약자나 피보험자의 고의나 중대한 과실이 있는 손해인 경우이다. 상법이나 보험약관에서 고의적인 사고나 중과실 사고를 면책으로 규정하고 있는 취지는 피보험자 등의 도덕적 위험을 강하게 견제하고자 한 것이다.

2. 영국 해상보험법(MIA)상의 면책위험

영국 해상보험법(MIA) 제55조 제2항은 보험자의 면책위험을 다음과 같이 규정하고 있다.

1) 피보험자의 고의적인 불법행위에 기인하는 손해

보험자는 피보험자의 고의적인 불법행위(the willful misconduct of the assured)에 의하여 발생하는 손해는 책임을 지지 않는다. 따라서 보험증권에 별도의 규정이 없는 한, 피보험자가 아니라 선장이나 선원이 자행한 불법행위나 과실이 없었다면 손해가 발생하지 않았을 경우에는 보험자는 그 담보위험에 근인하여 발생하는 모든 손해를 보상할 책임이 있다.

2) 지연

보험자는 지연(delay)에 근인하여 발생한 손해에 대해 책임을 부담하지 않는다. 여기에서 지연은 출항의 지연(delay in the commencement of voyage, 항해 개시의 지연), 항해의 지연(delay in voyage, 항해 계속의 지연), 적재 및 양하 작업의 지연을 의미한다.

주로 문제가 되는 것은 출항과 항해의 지연이다. 출항이나 항해가 적법한 이유 없이 상당히 신속하게 수행되지 않는 경우에는 지연(delay)이라는 위험의 변동이 발생한다.

이러한 지연으로 인하여 화물이 부패하거나 시장성을 상실한 경우에 발생하는 손해를 지연손해(delay damage)라 하는데 영국 해상보험법(MIA)에서는 이러한 손해는 보상되지 않는 면책위험으로 간주하고 있다.

3) 통상의 자연소모

보험자는 통상의 자연소모(ordinary tear and wear)에 대해 책임을 부담하지 않는다. 통상의 자연소모는 화물이나 선박 등이 시간이 경과됨에 따라 발생하는 노후 소모를 말한다.

통상의 자연소모는 화물고유의 성질과 구별하기 어렵지만 MIA 제55조 제2항 c에서는 통상의 자연소모를 피보험목적물의 고유의 성질과 구분하여 면책위험으로 열거하고 있다.

4) 통상적인 누손과 파손

보험자는 보험증권에 별도로 규정하고 있지 않는 한, 통상적인 누손과 파손에 대해 책임을 부담하지 않는다. 통상의 누손(ordinary leakage)은 항해 중에 외부로부터의 원인이 없이도 화물의 고유한 성질 때문에 포장용기의 이음새에서 유출되어 나오는 위험을 말하며 유류나 주류 등 액체성 화물 용기나 기체성 화물에서 주로 발생한다.

통상의 누손은 거래 관습상 당연히 면책위험으로 인정되는 것이기 때문에, 보험자는 추가 담보조건으로 누손 및 부족위험(leakage or shortage)에 대해 특약이 있는 경우에만 이러한 손해를 보상하게 된다. 통상의 파손(ordinary breakage)은 항해 그 자체는 무사하게 종료하였으나 유리제품이나 도자기 등이 운송 중에 파손이 발생한 손해를 말한다.

이것들은 화물고유의 성질에 의한 것이고 그 발생은 우발적 위험에 의한 것이 아니기 때문에 보험자는 특약에 의해서만 이 손해를 보상하게 된다.

5) 피보험목적물의 고유의 하자나 성질

보험자는 피보험목적물의 고유의 하자나 성질에 기인하여 발생한 손해에 대해서는 책임을 부담하지 않는다. 여기에서 피보험목적물의 고유의 하자(inherent vice, inherent defect)나 성질(inherent quality or nature)에 의한 손해는 보험의 대상화물에 존재하는 일반적 또는 특수적 결함 즉, 하자 상태를 말한다.

대표적인 예로서는 과일이나 육류가 시간이 경과함에 따라 부패하는 것, 수분을 포함한 석탄이 자연적으로 발화하기 쉬운 것, 도자기가 깨지기 쉬운 것 등이 있다.

이러한 손해는 보험사고로서의 우연성이 결여되어 있기 때문에 현재 사용하고 있는 모든 약관에서는 보험자의 면책위험으로 인정하고 있다.

6) 쥐 또는 벌레(蟲)에 근인하는 손해

보험자는 보험증권에 별도로 규정하고 있지 않는 한, 쥐 또는 벌레(해충)에 근인한 손해에 대해 책임을 부담하지 않는다. 목재나 곡물은 운송 중 쥐나 벌레(rats and/or vermin)에 의한 손해가 종종 발생한다.

영국 해상보험법(MIA)에서는 이러한 위험을 피보험목적물의 고유의 하자나 성질의 일종으로 간주하기 때문에 이러한 위험을 보상받고자 할 때는 별도로 특약을 해야 한다.

7) 해상위험에 근인하지 않는 기계장치의 손상

보험자는 해상위험에 근인하지 않는 기계장치의 손상에 대해 책임을 부담하지 않는다. 선박의 기관손해는 자연소모가 많기 때문에 이러한 경우에는 보상하지 않지만, 해상위험에 근인하여 발생한 손해는 보험자가 보상책임을 부담한다.

이 손해는 쥐 또는 벌레에 근인하는 손해와 함께 영국 해상보험법(MIA)에만 규정되어 있는 독특한 면책위험들이다. 즉, 구협회적하약관이나 신협회적하약관의 어디에도 선박의 기계장치에 의한 손해를 일반면책위험으로 규정하고 있지 않다.

3. 구협회적하약관상의 면책위험

전술한 바와 같이, 구협회적하약관은 전위험담보조건(A/R), 분손담보조건(WA), 단독해손부담보조건(FPA)으로 구분된다. 이 세 가지 협회적하약관은 각각 14개의 개별약관과 유의사항들로 구성되어 있다. 14개 약관 중에서 제5조의 규정 내용만 각각 다르고 나머지 13개 약관은 모두 서로 동일하게 규정되고 있다.

구협회적하약관에서 보험자의 면책위험으로 규정하고 있는 것은 제12조의 포획이나 나포부담보약관과 제13조의 동맹파업·소요·폭동 부담보약관 두 가지이다.

구협회적하약관 제12조에서 면책되는 포획위험과 나포위험은 신약관의 전쟁위험에 해당한다고 할 수 있다. 그리고 구협회적하약관 제13조에서 면책되는 동맹파업위험, 소요위험, 폭동위험 부담보약관은 신약관의 동맹파업위험에 해당한다고 할 수 있다.

4. 신협회적하약관상의 면책위험

협회적하약관(Institute Cargo Clause)은 1912년 런던보험업자협회(ILU)가 제정한 적하약관으로 1982년을 기준으로 이전의 약관을 구약관이라 하고 이후의 약관을 신약관 또는 신협회적하약관이라고 한다.

신협회적하약관에서는 구협회적하약관의 전위험담보조건(A/R)이 신협회적하약관(A)로, 구협회적하약관의 분손담보조건(WA)이 신협회적하약관(B)로, 구협회적하약관의 분손부담보조건(FPA)이 신협회적하약관(C)로 각각 명칭이 변경되었다.

이들 약관들의 내용은 거의 동일하지만 일부 차이점을 살펴하면 다음과 같다.

우선 FPA와 ICC(C) 조건의 차이는 선적, 환적 또는 양하작업 중 추락으로 인하여 발생한 포장단위 당 손해는 FPA조건에서는 담보되지만, ICC(C) 조건에서는 담보되지 아니한다는 것이다. 또한 WA와 ICC(B) 조건의 차이는 악천후라는 용어는 삭제되고 갑판유실 및 해수, 호수, 강물의 유입이라는 구체적인 위험을 규정하고 있으며 지진, 분화, 낙뢰를 담보위험으로 규정하고 있다는 점이다.

그리고 A/R과 ICC(A) 조건의 담보범위는 모든 외부적, 우발적 원인으로 인한 손해를 보상하는 것은 동일하다고 볼 수 있으나, ICC(A) 조건은 A/R 조건보다 면책위험을 보다 구체적으로 명시하고 있다는 점에서 차이가 있다.

신협회적하약관상의 면책위험은 제4조, 제5조, 제6조 및 제7조에 규정되어 있다. 이 네 가지의 면책위험들은 ICC(A), ICC(B), ICC(C) 모두에 적용되지만, 제4조와 제5조의 면책위험은 일반적으로 특약의 대상 자체도 되지 못하는데 반해, 제6조와 제7조의 위험은 면책위험이지만 특약을 하면 보상받을 수 있는 위험이다.

1) 일반면책약관

신협회적하약관(A), (B), (C)는 각각 제4조에 일반면책약관(general exclusion clause)을 규정하고 있다.

(1) 피보험자의 고의적인 불법행위

ICC(A), ICC(B), ICC(C) 모두 제4조 제1항에서 '피보험자의 고의적인 불법행위에 기인하는 멸실, 손상 또는 비용'을 면책위험으로 규정하고 있다. 따라서 피보험자의 적극적 행위나 무행위가 고의적으로 작용하여 위험이 발생한 경우에 보험자는 면책된다.

(2) 통상의 누손, 중량 또는 용적의 통상적인 감소 또는 자연소모나 마모

ICC(A), ICC(B), ICC(C) 모두 제4조 제2항에서 '피보험목적물의 통상의 누손, 중량 또는 용적의 통상적인 감소, 또는 통상적인 자연소모나 마모에 기인한 멸실, 손상 또는 비용'을 면책위험으로 규정하고 있다.

통상의 누손은 운송 중에 액체성 화물이 포장용기의 이음매에서 새어 나와 발생하는 손해이며, 자연소모(wear and tear)는 피보험목적물이 통상적인 사용이나 시간의 경과에 따라 자연적으로 입는 손해를 말한다.

자연소모 그 자체는 물론 자연소모의 결과로서 생긴 손해, 예를 들어 철판이 부식된 곳으로부터 침수하여 기관이 손해를 입은 경우에도 담보하지 않는다.

(3) 포장이나 준비의 불충분 또는 부적합

ICC(A), ICC(B), ICC(C) 모두 제4조 제3항에서 '피보험목적물의 포장이나 준비의 불충분 또는 부적합에 기인한 멸실, 손상 또는 비용'을 면책위험으로 규정하고 있다.

여기에서 '포장(packing)'은 컨테이너나 지게차에 적재하는 것을 포함한다. 다만, 이러한 적재는 이 보험의 개시 전에 행하여지거나 피보험자나 그 사용인에 의해 이루어지는 경우로 한정된다.

(4) 피보험목적물의 고유의 하자나 성질

ICC(A), ICC(B), ICC(C) 모두 제4조 제4항에서 '피보험목적물의 고유의 하자나 성질로 인한 멸실, 손상 또는 비용'을 면책위험으로 규정하고 있다.

피보험목적물의 고유의 하자나 성질은 동종의 다른 피보험목적물에는 존재하지 않고 특정한 피보험목적물에만 존재하는 성질을 말한다.

피보험목적물의 성질로 인한 손해란 동종보험물의 목적에 동일하게 존재하는 바람직하지 못한 성질을 말하며 차량의 녹이나 부식, 농산물의 부패 등이 대표적인 예이다.

(5) 지연

ICC(A), ICC(B), ICC(C) 모두 제4조 제5항에서 '지연이 피보험위험으로 인하여 발생한 경우에도 지연에 근인하여 발생한 멸실, 손상 또는 비용'을 면책위험으로 규정하고 있다.

따라서 ICC(A), ICC(B), ICC(C) 제8조 운송약관(Transit Clause)에 의해 비록 보험의 효력이 지속되더라도, 지연이 피보험자의 통제를 벗어나는 것이면 피보험자는 지연에 근인해서 발생된 어떠한 손해도 보상받을 수 없다.

(6) 선박소유자 등의 도산이나 금전상의 채무불이행

ICC(A), ICC(B), ICC(C) 모두 제4조 제6항에서 '선박의 소유자, 관리자, 용선자 또는 운항자의 도산이나 금전상의 채무불이행으로 인하여 발생한 멸실, 손상 또는 비용'을 면책위험으로 규정하고 있다.

이 면책위험은 1919년 및 1963년 약관에는 규정되어 있지 않았으나, 1982년 약관에서 처음으로 면책위험으로 인정되었다.

(7) 원자핵 분열 등

ICC(B), ICC(C) 모두 제4조 제8항(다만 ICC(A)의 경우는 제7항)에서 '원자핵 분열 및/또는 원자핵 융합, 또는 기타 유사한 반응, 또는 방사능이나 방사성 물질을 이용한 일체의 무기의 사용으로 인하여 발생한 멸실, 손상 또는 비용'을 면책위험으로 규정하고 있다.

원자핵 분열이나 방사능 등의 위험은 위험의 규모가 지나치게 큰 손해이므로 면책으로 인정하고 있는 것이다.

(8) 어떤 자나 어떤 자들의 불법행위에 의한 의도적인 손상이나 파괴

ICC(B)와 ICC(C)는 제4조 제7항에서 '어떤 자 또는 어떤 자들의 불법행위에 의한 피보험목적물 또는 그 일부의 의도적인 손상이나 파괴'를 면책위험으로 규정하고 있다.

이 위험은 ICC(B)와 ICC(C)의 경우에 면책위험이고 ICC(A)의 경우에는 그렇지 않기 때문에, ICC(B)와 ICC(C)의 경우는 특약을 통해서만 보상받을 수 있다.

이 조항은 1983년 협회적하약관에서 신설된 것으로, 일명 '악의적 손해에 대한 면책조항'이라고도 불린다. 가해자가 누구든지 그 불법행위에 의하여 의도적으로 화물을 손상되거나 파괴한 경우(악의적 손해)는 보험자를 면책시킨 것이다.

여기에서 '악의적 손해'는 보험계약자 또는 피보험자 이외의 자가 고의로 발생시킨 손해를 말하며 도난, 발하(拔荷), 불착손(不着損), 해적, 강도, 선원의 악행, 테러, 방화, 고의적인 기계파괴 행위 등이 대표적이다.

2) 불내항 및 부적합 면책약관

(1) 의의

선박이나 부선 등은 통상적인 항해과정에서 발생하는 위험을 견딜 수 있는 내항성 혹은 감항성(seaworthiness, 堪航性)을 갖추고 있어야 하며, 선박 등이 화물의 운송에 사용되는 경우에는 화물운송을 위한 적합성(fitness)도 갖추고 있어야 한다.

불내항(unseaworthiness, 不耐航) 및 부적합(unfitness)은 선박 등이 위험 개시의 시점에서 항해의 위험에 견딜 수 있을 정도로 견고하지 못하거나 적합하지 못한 상태를 말한다.

따라서 선박의 내항성과 적합성은 선체의 물리적 내항성과 선박의 항해능력 및 적재능력 등이 적절하게 확보되어 있는 상태를 의미한다.

(2) 범위

ICC(A), ICC(B), ICC(C) 제5조의 규정상 보험자는 첫째, 본선 또는 부선의 불내항 둘째, 본선, 부선, 운송용구, 컨테이너 또는 지게차가 피보험목적물의 안전한 운송을 위해 부적합으로 인하여 발생한 멸실, 손상, 또는 비용을 보상하지 않는다.

다만, 보험자는 선박이나 부선 등이 불내항과 부적합이 인지되었음에도 불구하고 피보험자가 본선 등에 화물을 선적하는 경우에 발생하는 손해만을 면책된다.

(3) 적용

선박이나 부선 등의 불내항 및 부적합은 묵시담보에 해당한다. 묵시담보는 서면상에 어떠한 명시도 없지만 당사자가 암묵 중에 당연한 일로서 어떤 행위를 하거나 행위를 하지 않으면 안 된다는 것을 양해하고 보증하는 것을 말하기 때문에 그것이 보험사고와 관련하여 얼마나 중요한가의 여부와 관계없이 반드시 지켜져야 한다.

따라서 피보험자가 그 담보를 위반하게 되면 그 시점부터 보험자 책임이 면제되기 때문에 그 이후에 발생하는 손해는 당연히 보험자가 보상을 하지 않게 된다.

그런데 적하보험의 경우 피보험자는 선박 등의 내항성이나 적합성을 통제할 수 있는 입장에 있지 않다. 따라서 비록 선박이나 부선 등이 내항성을 상실하여 화물에 손해를 입혔다고 하더라도 피보험자가 그러한 불내항성을 알고 있지 않는 한, 보험자는 내항성에 대한 묵시담보의 위반을 이유로 보상을 거절할 권리를 포기해야 하는 것이 당연하다.

이에 ICC(A), ICC(B), ICC(C) 제5조는 모두 선박이나 부선 등은 그 내항성을 갖추고 피보험목적물을 목적지까지 운송하는데 적합하여야 한다는 묵시담보를 위반한 경우에는 피보험자 또는 그 사용인이 이러한 불내항 또는 부적합의 사실을 알시 못한 경우에 한하여 보험자는 그 권리를 포기한다고 규정하고 있다.

이와 같이 적하보험에서는 내항성이나 부적합으로 인한 사고에 대해 무조건적으로 보험자의 면책을 인정하는 것이 아니라, 피보험자나 그 사용인이 당해 화물을 선박이나 부선, 또는 운송용구 등에 적재할 때 그 불내항이나 부적합 사실을 알고 있었던 경우에 한하여 보험자 면책을 인정하고 있다.

◉ ICC(A) 제5조 : Unseaworthiness and Unfitness Exclusion Clause

5.2 The Underwriters waive any breach of the implied warranties of seaworthiness of the ship and fitness of the ship to carry the subject-matter insured to destination, unless the Assured or their servants are privy to such unseaworthiness of unfitness.

『5.2 선박이 그 내항성을 갖추고 피보험목적물을 목적지까지 운송하는데 적합하여야 한다는 묵시담보를 위반한 경우에는 피보험자 또는 그 사용인이 이러한 불내항 또는 부적합의 사실을 알지 못한 경우에 한하여 보험자는 그 권리를 포기한다.』

3) 전쟁면책약관

전쟁면책약관(war exclusion clause)은 전쟁행위나 군사행동의 결과로 발생한 손해는 보험자가 면책된다는 내용을 규정하고 있는 약관이다.

구체적으로 ICC(A), ICC(B), ICC(C) 제6조는 ① 전쟁, 내란, 혁명, 반역, 반란, 이로 인해 발생하는 국내투쟁, 교전국에 의하거나 또는 교전국에 대하여 가해진 일체의 적대행위 ② 포획, 나포, 강류, 억지 또는 억류, 그리고 그러한 행위의 결과 또는 그러한 행위의 시도 ③ 유기된 기뢰, 어뢰, 폭탄, 또는 기타의 유기(遺棄)된 전쟁무기에 기인하여 발생한 멸실, 손상 또는 비용은 보험자가 보상하지 않는다고 규정하고 있다.

◉ ICC(A) 제6조 : War Exclusion Clause

6. In no case shall this insurance cover loss, damage or expense caused by
6.1 war, civil war, revolution, rebellion, insurrection, or civil strife arising therefrom or any hostile act by or against a belligerent power
6.2 capture, seizure, arrest, restraint or detainment(piracy excepted), and the consequences thereof or any attempt thereat
6.3 derelict mines, torpedoes, bombs or other derelict weapons of war.

신협회적하약관에서 만약 제6조가 없다면 ICC(A)의 경우에는 보험자가 전쟁위험을 부담하는 것이 되며, ICC(B)와 ICC(C)의 경우에는 담보위험에 전쟁위험이 열거되어 있지 않기 때문에 보험자가 전쟁위험을 부담하지 않는 결과가 된다.

전쟁위험은 특약이 가능한 상대적 면책위험이므로 피보험자가 전쟁위험을 담보 받으려면 추가로 협회전쟁위험약관(Institute War Clauses [Cargo])을 특약해야 한다.

4) 동맹파업면책약관

동맹파업면책약관(strikes exclusion clause)은 동맹파업, 폭동, 소요, 테러리스트 등의 손해는 보험자가 면책된다는 내용을 규정하고 있는 약관이다.

ICC(A), ICC(B), ICC(C) 제7조는 모두 ① 동맹파업자, 직장폐쇄 노동자 또는 노동쟁의, 폭동, 소요에 가담한 자에 의해 발생하거나 그 결과로 발생한 것 ② 일체의 테러 행위에 의한 것 ③ 정치적, 사상적 또는 종교적 동기를 가지고 행동하는 어떤 자에 의해 발생한 멸실, 손상 또는 비용은 보험자가 보상하지 않도록 규정하고 있다.

◉ ICC 제7조 : Strikes Exclusion Clause

7. In no case shall this insurance cover loss damage or expense

7.1 caused by strikers, locked-out workman, or persons taking part in labour disturbances, riots civil commotions

7.2 resulting from strikes, lock-outs, labour disturbances, riots or civil commotions

7.3 caused by any terrorist or any act of terrorism

7.4 caused by any person acting from a political, idealogical or religious motive.

신협회적하약관에서 만약 제7조가 각 약관에서 삭제된다면 ICC(A)의 경우에는 보험자가 동맹파업위험을 부담하는 것이 되며, ICC(B)와 ICC(C)에 경우에는 담보위험에 동맹파업위험이 열거되어 있지 않기 때문에 보험자가 동맹파업위험을 부담하지 않는 결과가 된다. 따라서 피보험자가 동맹파업위험을 담보 받으려면 협회동맹파업위험약관을 특약해야 한다.

본 약관에서는 어떠한 폭력주의자(any terrorist) 또는 정치적인 동기를 가지고 행동하는 자에 의한 손해로 한정하고 있다.

따라서 악의에 의한 손해를 보상하는 ICC(A) 조건을 제외하고, ICC(B)나 ICC(C) 조건의 경우는 그러한 동기나 행동이 아니라 일반적인 악의적 행위(malicious acts)에 의한 손해를 보상받으려면 별도로 특약해야 한다.

〈표 4-2〉 영국 해상보험법(MIA)와 협회적하약관(ICC)의 면책위험 비교

면책위험	MIA 법정 면책	ICC 일반 면책
1. 피보험자의 고의적인 불법행위	○	○
2. 지연	○	○
3. 자연소모	○	○
4. 통상의 누손	○	○
5. 통상의 파손	○	×
6. 중량 및 용적의 통상의 멸실(부족분)	×	○
7. 피보험목적물의 고유의 하자나 성질	○	○
8. 쥐 또는 벌레	○	×
9. 기계장치의 손해	○	×
10. 포장의 불완전 및 부적합	×	○
11. 선주 등의 도산	×	○
12. 원자핵 분열 등	×	○

〈표 4-3〉 신협회적하약관상의 면책위험

약관 조항	면 책 위 험	(A)	(B)	(C)
제4조	1. 피보험자의 고의적인 불법행위	×	×	×
	2. 통상의 누손, 중량 또는 용적의 통상적인 감소 또는 자연소모나 마모	×	×	×
	3. 포장이나 준비의 불충분 또는 부적합	×	×	×
	4. 피보험목적물의 고유의 하자나 성질	×	×	×
	5. 지연	×	×	×
	6. 선박소유자·관리자·용선자 또는 운항자의 도산이나 금전상의 채무불이행	×	×	×
	7. 어떤 자나 어떤 자들의 불법행위에 의한 의도적인 손상이나 파괴	○	×	×
	8. 원자핵 무기 등에 의한 손해	×	×	×
제5조	9. 불내항 및 부적합	×	×	×
제6조	10. 전쟁	×	×	×
제7조	11. 동맹파업	×	×	×

5. 개정협회적하약관상의 면책위험

1) 면책위험 관련 2009년 개정약관의 변화

ICC(A), ICC(B), ICC(C)의 제4조, 제5조, 제6조, 제7조, 그리고 협회전쟁약관 및 협회동맹파업약관의 제3조 및 제4조의 면책규정과 관련하여, 1982년 약관에서는 예컨대 전쟁면책약관 중에 정치상 또는 행정상의 조치를 의미하는 '구속, 억지 또는 억류'라는 전쟁과는 거의 관계되지 않는 위험들이 포함되어 있었다.

그리고 동맹파업면책약관 중에 동맹파업과 거의 관계없는 '테러리스트 또는 정치적 동기에 입각해 행동하는 자'의 면책이 포함되어 있었다. 이에 개정약관에서는 일부조항의 수정이 이루어졌다. 그러나 큰 틀에서의 내용들은 1982년 약관과 거의 유사하다.

따라서 여기에서는 간략히 다루고, 면책위험에 대한 개정약관상의 상세한 내용은 뒤의 개정협회적하약관의 내용에서 다루고자 한다.

2) 2009년 개정약관(ICC)상의 일반면책위험

(1) 피보험자의 고의나 불법행위

피보험자의 고의적인 불법행위는 피보험자가 고의로 화물을 해하는 행위인데, 이 경우 보험금을 지급받게 되는 것은 위법행위가 된다. 따라서 피보험자가 피보험목적물을 고의로 파괴했을 경우나 위법행위에 의한 손해는 보상되지 않는다.

오히려 법적으로 불법행위가 성립하게 되면 가해자는 피해자에게 그 손해를 배상해야 하고, 이 경우 그 배상의 방법은 금전배상이 원칙이다.

(2) 피보험목적물의 고유의 하자나 성질

피보험목적물인 화물의 고유의 하자나 성질에 의한 손해는 증발, 신선한 식료품 등의 변질, 금속의 자연 녹, 농산물의 숙성 부패 등 그 화물의 고유의 성질에 의해서 생긴 손해를 말한다. 이것은 화물 그 자체가 가지는 결함인 하자나 본래의 성질에 의해 발생되는 손해이기 때문에 면책위험으로 간주하고 있다.

(3) 포장이나 준비의 불충분 또는 부적절

화물의 포장이나 준비가 불충분 또는 부적절하여 발생하는 손해는 그 화물 및 피보험항해에 어울리는 포장이 이루어지고 있지 않아서 발생하는 파손 등을 말한다.

이 위험이 면책되려면 피보험자나 그 사용인에 의해 포장이나 준비가 이루어져야 하며, 포장이나 준비도 위험의 개시 이전에 이루어져야 한다.

(4) 통상적인 누손, 중량이나 용적의 통상적인 감소 또는 자연소모나 마모

이것은 보통의 운송과정에서 불가피적으로 발생하는 용기의 접목부분에서 새거나 용기에 흡수되어 나는 손해를 말하며 액체나 기체 화물의 경우에 주로 발생한다.

누손(leakage)은 기름, 포도주 등 액체성 화물을 담은 용기의 틈 속에서 새어 나온 손해를 말한다.

통상의 누손(ordinary leakage)은 유류, 주류 등이 항해 중에 외부의 원인이 없이도 화물의 고유한 성질 때문에 포장용기의 이음새에서 유출되어 나오는 위험을 말한다.

통상의 자연소모(ordinary tear and wear)는 피보험목적물이 통상적인 사용이나 시간의 경과에 따라 자연적으로 입게 되는 소모나 노후 소모를 말한다.

(5) 지연

지연에 의한 손해는 적재 선박이 목적항에 도착이 늦어짐에 의해 발생하는 손해를 말한다. 지연이 발생되면 화물의 손상이나 부패 등이 발생할 수 있기 때문에 정기선의 경우, 수입지까지 항해일수가 짧고 운항업무가 안정되어 있는 선사(운송회사)를 선정해야만 이러한 위험의 발생을 예방할 수 있다.

(6) 선박의 소유자 등의 도산이나 금전상의 채무불이행

선박의 소유자, 관리자, 용선자 또는 운항자의 도산이나 금전상의 채무불이행에 의해서 생기는 멸실, 손상 또는 비용은 보상되지 않는다. 이 면책위험은 1919년과 1963년 약관에서는 규정되어 있지 않았으나 1982년 약관에서 처음 면책으로 인정되었다.

1982년 협회적하약관에서는 선사 등의 파산으로 인한 손해에 대해 보험자가 무조건 면책되는 것으로 규정되어 있었다.

그러나 2009년 개정약관에서는 선사의 파산정보를 '피보험자가 알고 있었거나 또는 통상의 업무상 당연히 알고 있었을 경우'에만 면책되는 것으로 규정하고 있다. 또 개정약관에서는 '선의의 제3자로서의 보험계약의 양수인'이 보험금청구를 하는 경우에는 이 면책조항이 적용되지 않는다는 취지가 명시되었다.

따라서 선의의 피보험자 또는 양수인은 항해의 종료를 초래한 재정상의 궁핍 또는 파산의 경우에도 보험증권에 의해 보호를 받을 수 있게 되었다.

(7) 방사능오염, 화학무기, 생화학 무기 등

핵연료, 핵폐기물, 원자력설비, 핵무기, 방사능 물질에 해당하는 유해 물질, 화학무기, 생화학 무기 등에 기인하여 발생하는 손해는 보상되지 않는다.

제5절 해상위험의 변동

보험자는 피보험자 등이 고지의무에 따라 알려준 위험 사정을 근거로 보험인수의 여부와 보험율을 산출하게 되며, 보험자가 책임을 부담하는 기간 동안에는 이러한 위험 사정들이 변경되지 않을 것을 전제로 하여 보험계약을 체결하게 된다.

그런데 보험기간 중에 위험 측정의 기초조건들이 계약체결 이후에 변하게 되면 최초의 보험계약관계가 파괴되어 새로운 보험계약 관계의 조정을 필요로 하게 된다.

즉, 보험계약을 체결한 당시와 실제 해상 운송이 이루어지는 도중의 상황이 달라졌을 때 이러한 변동 내용을 해상위험의 변동(change of marine risk)이라고 하며 해상위험의 변동에는 크게 해상위험의 변경과 해상위험의 변혁이 있다.

1. 해상위험의 변경

해상위험의 변경(variation of risk)은 위험률 정도의 변경을 수반하는 위험 사정의 변경을 말하며, 위험정도의 증감은 있어도 위험의 동일성은 그대로 가지고 있는 경우이다.

이것은 보험계약 체결시의 내용이 전혀 다른 종류의 것으로 변경되는 '해상위험의 변혁'과 구별되는 것이다. 대표적인 위험의 변경에는 이로, 출항 및 항해의 지연, 화물의 갑판적재, 환적이 있다.

1) 위험변경의 요건

첫째, 위험의 변경은 보험계약이 체결된 이후에 발생한 것이어야 한다. 따라서 위험의 변경 이전에는 보험자는 보험계약자 등의 고지의무에 의해 보호받게 된다.

둘째, 위험의 변경은 피보험자의 행위에 의한 것일 수도 있고 불가항력(force majeure)에 의해 발생할 수도 있다. 그러나 고의나 과실에 의한 위험의 증가는 그 위험이 변경된 시점부터 면책되거나 보험계약 자체가 취소될 수 있다.

셋째, 위험의 변경은 보험자의 담보위험이 변경이나 증가하는 것이어야 한다. 여기서 위험이 변경이나 증가하는 것은 위험의 감소는 포함하지 않는다는 의미이다.

넷째, 위험의 변경은 위험의 증가가 현저한 것이어야 한다. 여기에서 현저한 위험의 증가는 고지의무에서 중요한 사항과 같이, 만약 계약체결 당시 이와 같은 위험의 증가를 예상하고 있었다면 계약을 체결치 않았거나 적어도 동일 조건으로는 계약을 체결하지 않았을 것이라고 인정되는 경우를 말한다.

2) 이로

(1) 이로의 개념과 성립요건

이로(deviation, 離路)는 위험에 처해있는 인명이나 화물 구조 등을 위하여 또는 선주 또는 용선자의 자유 재량권에 의거하여 본선이 정한 항로를 이탈하는 것을 말하며 항로의 이탈 또는 항로의 변경이라고도 부른다.

넓은 의미에서는 선박이 정해진 항로에서 이탈하는 행위나 그 상태를 말한다. 그러나 좁은 의미에서는 항해의 출발항 및 도착항은 변경하지 않고 단지 그 항로만을 변경하는 것을 말한다. 출발항 및 도착항을 바꾸지 않는다는 점은 이로가 항해의 변경(change of voyage)과 구별되는 중요한 판단기준이 된다.

이로는 단순히 항로 밖으로 나가는 경우, 정당하지 않는 항해를 행하는 경우, 기항의 순서를 변경하는 경우가 있다. 계약에 기항 항이 특별히 정해져 있는 경우에는 다른 항에 기항해서는 안 되며, 특별히 정함이 없는 경우에도 통상적이고 관습적인 항로에 따라 항해하는 것이 이로하지 않는 것이 된다.

이로가 성립되기 위해서는 이로를 하겠다는 의사가 중요한 것이 아니라, 실제로 항로를 변경하는 행위가 있어야만 한다. 또한 이로는 보험계약이 체결된 이후에 발생되는 것이어야 하고 그 발생이 일시적인가, 계속적인가의 여부는 불문할 뿐 아니라 이로에 의한 위험의 증감 여부도 불문한다.

(2) 이로의 효과

항해가 예정된 항로를 따라 이루어진다는 전제하에 보험자는 위험을 측정하고 보험계약을 체결한다. 따라서 이로가 발생하면 보험자가 인수한 위험의 양적 변동을 초래하기 때문에 보험자는 이로가 발생된 이후의 손해에 대해 당연히 면책된다.

즉, 인명이나 재산의 구조행위 등 정당한 사유가 없이 이로한 상태에서 손해가 발생한 경우에는 보험자는 이로가 시작된 시점부터 보상책임이 해제되기 때문에 이에 대한 책임을 부담하지 않게 된다.

영국 해상보험법(MIA) 제46조에도 '선박이 적법한 이유 없이 증권에 예정된 항해를 이탈하는 경우, 보험자는 이로 시점부터 책임이 해제되며, 선박이 손해발생 전에 선박의 예정 항로로 다시 복귀하였다는 사실은 중요하지 않다.'고 규정하고 있다.

그런데 항해 중의 이로는 하주의 의사와는 상관없이 발생하게 되는 것이므로, 선의의 피보험자(하주)를 보호하기 위해 협회적하약관 제8조 운송약관(transit clause)에는 피보험자가 좌우할 수 없는 일체의 이로로 인한 손해는 보험자가 담보한다는 취지를 규정하고 있다. 따라서 적하보험에서 이로는 보험계약의 효력에 영향을 미치지 않게 된다.

3) 출항 및 항해의 지연

(1) 개념과 성립

지연(delay)은 항해개시의 지연과 항해계속의 지연 및 항해종료의 지연으로 구분된다. 여기에서 주로 문제가 되는 것은 항해개시의 지연과 항해계속의 지연이다.

적하보험에서는 만약 항해를 개시할 수 있음에도 불구하고 항해를 개시하지 않은 경우에는 항해개시의 지연(delay in commencement of voyage, 출항(발항)의 지연)이라는 위험변동이 발생한다. 상당기간 내에 항해가 개시되어야 한다는 묵시조건이 있기 때문이다.

항해개시에는 선박의 출발뿐 아니라 항해에 필요한 준비물들 즉, 승무원의 승선, 출항허가서 확보, 화물의 선적 등을 준비하는 것도 포함된다. 따라서 항해개시의 지연은 출항 준비를 하지 않거나 준비가 완료되었음에도 발항하지 않는 경우에 발생한다.

항해계속의 지연은 항해과정에 부당한 지연이 있어서는 안 된다는 것을 의미하며 항해종료의 지연은 목적항에서의 지연을 의미한다.

항해계속의 지연이 발생하면 선박이 목적항에 도착하여 운송계약에서 정한 정박기간 내에 양하 작업이 이루어졌어도 이미 도착한 일자가 지연되었기 때문에 보험자는 면책된다.

(2) 효과

MIA에서는 발항이나 항해의 지연이 없는 것을 묵시조건으로 하고 있기 때문에 항해개시의 지연은 계약 해약권이 보험자에게 주어지고, 항해계속의 지연은 특별한 사유가 없는 한, 보험자에게 지연 이후에 생긴 손해에 대해 보상책임을 부담하지 않도록 하고 있다.

그런데, 발항이나 항해의 지연은 이로나 환적과 같이 하주의 의사와는 상관없이 발생하게 되는 것이다. 따라서 선의의 피보험자(하주)를 보호하기 위해 협회적하약관 제8조 운송약관에는 피보험자가 좌우할 수 없는 발항이나 항해의 지연으로 인한 손해는 보험자가 담보한다는 취지를 규정하고 있다.

4) 화물의 갑판적재·환적

화물의 갑판적재(on deck load)는 일반적으로 선창 내부에 적재하는 것보다 더 위험률이 높기 때문에 위험의 변경사유가 된다. 따라서 보험자는 상관습에 따라 허용되는 경우를 제외하고 갑판적재 이후에 발생하는 손해로부터 면책된다.

환적도 위험을 변경을 발생시키는 것이므로, 환적이 이루어지면 보험자는 원칙적으로 환적이 이루어진 이후에 발생하는 손해로부터 면책된다. 영국 해상보험법(MIA)의 경우 환적은 해상위험의 변경사유가 아닌 선박의 변경 속에 포함시키고 있다.

2. 해상위험의 변혁

해상위험의 변혁(alteration of marine risk)은 위험의 정도에 반드시 증감은 없어도 위험의 동일성이 상실되고 계약체결 이전과 전혀 다른 종류의 위험사정이 발생하는 것을 말한다. 대표적인 해상위험의 변혁에는 선박의 변경과 항해의 변경이 있다.

1) 선박의 변경

선박의 변경(change of vessel)은 선박이 교체되는 것을 말한다. 선박의 변경은 선박이 보험계약에서 특정되어 있을 것이 요구되기 때문에, 계약에서 특정된 선박 이외의 타 선박에 선적해서는 안 되며 또한 선박은 운송 도중에 다른 선박으로 변경되어서는 안 된다. 그럼에도 이를 위반했을 때에는 이것이 선박의 변경을 발생시키게 된다.

이와 관련하여 우리나라 상법은 적하보험의 경우, 피고험자의 고의나 과실에 의한 주관적 위험의 변경을 통해 선박이 변경되면 보험자는 면책되지만, 불가항력 등 객관적 위험의 변경으로 선박이 변경되면 보험자의 책임은 계속되도록 규정하고 있다.

한편, 영국 해상보험법(MIA)도 선박의 변경이 발생되면 원칙적으로 그 시점부터 보험자가 면책되도록 하고 있다. 그러나 이러한 경우에도 피보험자가 지체 없이 이러한 사실을 보험자에게 통보하고 보험자가 승낙하면 추가보험료를 지급할 것을 조건으로 하여 계속 담보를 받을 수 있도록 하고 있다.

2) 항해의 변경

(1) 항해변경의 의의

항해의 변경(change of voyage)은 출발항이나 도착항 또는 그 양자가 변경되는 것을 말한다. 항해의 변경은 선박보험이나 적하보험 모두에서 발생한다.

영국 해상보험법(MIA)에서는 '위험의 개시 후 선박의 목적항이 보험증권에 의해 예정된 목적항으로부터 임의로 변경되는 경우'를 항해의 변경이라고 간주하고 있다.

즉, 항해의 변경이 있을 경우 사고가 발생할 당시 보험증권상 규정된 항로를 이탈하지 않았다 하더라도 보험자의 책임은 항해의 변경이 결정되는 순간에 종료하도록 하고 있다.

이 규정에 따라 목적항의 변경이 항해의 변경을 구성하면 출발항의 변경도 당연히 항해의 변경을 구성한다고 할 수 있다.

항해변경의 발생에는 그 전제로서 항해가 보험계약에 특정되어 있을 것을 요하며, 항해의 특정은 출발항이나 도착항의 특정을 통해 이루어진다. 그리고 항해가 단축된 경우나 연장된 경우에도 도착항을 변경한 것으로 간주하여 항해의 변경을 발생시킨다.

한편, 항해의 변경은 항해 그 자체가 포기되거나 중단됨으로써 보험자가 인수한 피보험항해 자체가 소멸되고 새로운 항해로 대체되는 것이지만, 이로는 항해 그 자체는 그대로 존속한다는 차이가 있다.

또한 이로의 의사(意思)는 중요하지 않고 보험자가 계약상의 책임을 면하기 위해서는 반드시 실제 이로가 있어야 한다(MIA 제46조 제3항). 즉, 이로의 의사는 보험자의 책임과 아무런 관계가 없고, 실제 이로를 할 때 보험자의 책임이 해제되는 것이다. 이에 비해 항해의 변경은 항해를 변경할 의도가 명백한 때부터 보험자의 책임이 해제된다.

(2) 항해변경의 효과

보험증권에 별도의 규성이 없는 한, 항해의 변경이 있는 경우 보험자는 항해를 변경할 의도가 명백해졌을 때부터 보상책임에서 해제된다. 그리고 손해발생시 선박이 보험증권에 예정된 항로를 실제 떠나지 않았다는 사실은 중요하지 않다.

MIA 제45조는 '위험의 개시 후 선박의 목적지가 보험증권에 의해 예정된 목적지로 부터 임의로 변경되는 경우를 항해의 변경으로 정의하면서, 보험증권에 별도로 규정하지 않는 한, 항해의 변경이 있는 경우에는 보험자는 항해를 변경할 의도가 명백해졌을 때부터 보상책임에서 해제된다. 그리고 손해발생시 선박이 보험증권에 예정된 항로를 실제 떠나지 않았다는 사실은 중요하지 않다.'고 규정하고 있다.

◉ MIA 第45조 : Change of voyage

(1) Where, after the commencement of the risk. the destination of the ship is voluntarily changed form the destination contemplated by the policy, there is said be a change of voyage.

(2) Unless the policy otherwise provides, where there is a change of voyage, the insurer is discharged from liability as from the time of change, that is to say, as from the time when the determination to change it is manifested; and it is immaterial that the ship may not in fact have left the course of voyage contemplated by the policy when the loss occurs.

『(1) 위험의 개시 후 선박의 목적지가 보험증권에 의해 예정된 목적지로 부터 임의로 변경되는 경우에, 항해의 변경이라고 말한다.

(2) 보험증권에 별도로 규정하지 않는 한, 항해의 변경이 있는 경우에는 보험자는 항해를 변경할 의도가 명백해졌을 때부터 보상책임에서 해제된다. 그리고 손해발생시 선박이 보험증권에 예정된 항로를 실제 떠나지 않았다는 사실은 중요하지 아니하다.』

제6절 인과관계와 근인주의

1. 인과관계

1) 인과관계의 의의

보험계약에서 보험자가 손해를 보상하기 위해서는 담보위험과 손해와의 사이에 일정한 관계가 존재해야 한다. 이와 같이 어떤 원인이 어떤 결과를 가져온다는 위험과 결과(손해) 사이의 관계를 인과관계(causation)라고 한다.

2) 인과관계 결정의 필요성

해상운송에서 발생하는 손해는 항상 단일위험으로 인해 발생하는 것은 아니지만, 손해의 원인이 된 위험이 단 하나뿐인 경우에는 별로 문제가 되지 않는다. 왜냐하면 해상보험에 있어서 해상위험은 크게 담보위험과 면책위험으로 구성되는데, 이 중에서 하나의 위험만이 손해의 원인으로 되는 경우는 보험자의 책임 여하를 간단하게 결정할 수 있기 때문이다.

그러나 손해의 원인이 되는 둘 이상의 위험이 시기적으로 전후하거나 또는 동시에 복합적으로 작용하는 경우, 특히 그 중 하나는 담보위험이고 나머지는 보험자의 면책위험이라면 어느 위험을 손해의 원인으로 보느냐에 따라 보험자의 손해의 보상여부가 결정된다.

따라서 이러한 경우에는 이종 원인의 협력 작용을 통해 손해가 발생한 경우에는 보험자의 책임 여하를 정하기 매우 복잡하고 어려울 뿐 아니라 보험자의 책임 문제를 둘러싼 분쟁이 발생하기 쉽다.

예를 들어, 전쟁위험 면책조건으로 부보된 선박이 어뢰에 부딪혀 상당한 손상을 입었으나 자력 항해가 가능하여 인근 피난항으로 항해하고 있는 중 마침 태풍이 일어 선박이 침몰되었다고 가정하자. 전자(손상)만 있었다면 이 선박은 피난항에 도착하여 수리한 후 항해를 계속할 수 있었을 것이고, 후자(태풍)만 있었다면 선박은 침몰을 면할 수 있었을 것이다.

이 경우는 양 위험에 의해 침몰되어 전손이 발생된 것이다. 이러한 경우 손해의 원인은 어뢰와 태풍으로 인한 침몰인데, 전자는 면책위험이고 후자는 담보위험이다. 이때 선박의 전손에 대해 보험자의 보상책임 유무를 결정하기 위해서는 인과관계의 결정이 필요하다.

이와 같이 해상보험에서는 복수의 해상사고가 복합적으로 작용하여 손해가 발생할 수 있다. 이때 손해가 보험자가 부담하는 사고인가 아니면 면책사유에 속하는 사고로 인한 손해인가를 결정하는 인과관계의 결정은 보험자의 보상책임을 결정하는 중요한 기준이 된다.

2. 근인주의

근인주의(doctrine of proximate cause)는 손해의 원인들이 다수 관련되어 발생한 경우에도 그 중 결과적으로 가장 가까운 어느 하나의 원인을 취하여 근인(직접 원인)으로 하고, 그 원인이 보험자가 부담하는 위험인가 아닌가에 따라 보험자 보상책임의 유무를 결정해야 한다는 원칙을 말한다.

해상보험에서 보험자는 담보위험에 근인하여 발생한 손해만을 보상할 뿐 아니라 해상위험에 직접원인이 된 손해만을 보상하고 간접원인이 된 손해는 해상위험에 의한 손해로 인정하지 않는다. 따라서 보험증권상으로 담보위험과 면책위험이 연속적으로 발생했을 때 손실을 야기시킨 가장 지배적이고 효과적인 원인으로 발생한 손해가 보험증권상 담보되는 위험이라면 보험자가 보상해야 한다는 원리를 근인주의라고 한다.

그래서 해상보험에서는 '근인(近因)을 주시하고 원인(遠因)을 보지 말라.'는 말이 있다. 여기에서 근인은 손실을 일으킨 가장 지배적이고 효과적인 원인을 말한다. 근인은 사건발생과 시간적으로 가까운 원인이 아니며 지배력과 효과 면에서 비중이 가장 큰 원인이다.

예를 들면 해난 발생의 결과 화물이 입은 해수에 의한 손해는 직접손해이지만, 그 손해 때문에 화물의 인도가 지연되고 시가하락으로 인해 발생한 손해는 간접손해이기 때문에 보험자의 보상대상이 되지 않게 된다.

또 본선이 충돌로 파손되어 중간항에서 수리하기 위해 화물을 양하하려고 화물을 내릴 때 부주의나 과실로 손해가 발생했다면 원인은 선박의 충돌이지만 근인은 화물을 취급할 때의 부주의나 과실이다.

그런데 근인주의 학설은 주관자의 판단이 양립할 수 있다는 약점을 가지고 있다. 영국 해상보험법(MIA) 제55조 제1항은 근인주의를 다음과 같이 규정하고 있다.

◉ 영국 해상보험법(MIA) 제55조 제1항

Subject to the provisions of this Act, and unless the policy otherwise provides, the insurer is liable for any loss proximately caused by a peril against, but subject as aforesaid, he is not liable for any loss which is not proximately caused by a peril insured against.

이 법률과 보험증권에 별도의 규정이 있는 경우를 제외하고, 보험자는 담보위험에 근인하여 발생한 손해에 대하여 책임을 진다. 그러나 상기의 조건에 따라 보험자는 담보위험에 근인하여 발생하지 아니한 일체의 손해에 대해서는 책임을 지지 아니한다.

제 4 장 해상손해

제 1 절 해상손해의 의의와 종류

1. 해상손해의 의의

1) 해상손해의 개념

해상손해(marine loss or damage)는 항해사업(marine adventure)과 관련된 선박이나 화물이 해상위험으로 인해 피보험목적물의 전부 또는 일부가 멸실되거나 손상되어 피보험자가 입게 되는 재산상의 불이익이나 경제상의 부담을 초래하는 것을 말한다.

손해는 영어로 'Loss or Damage'라는 용어가 사용되는데 이 경우 Loss는 멸실 또는 손실로 해석되고 Damage는 훼손 또는 손상으로 해석된다.

2) 해상손해의 범위

해상손해에는 반드시 해상에서 발생한 손해뿐만 아니라 항해에 부수되어 발생되는 육상이나 내수로 운송과정에서 발생하는 손해도 포함된다.

3) 해상손해의 보상원칙

해상보험에서 보험자는 어떠한 손해든지 무조건 보상해 주는 것이 아니라, 해상손해로 인해 피보험자가 입게 되는 실질적인 손해를 보상해 주는 것이 원칙이다.

해상손해는 직접손해와 간접손해로 구분되며 직접손해는 피보험목적물에 발생한 직접적인 손해이고 간접손해는 직접손해의 결과로 인한 2차적 손해 내지는 결과적 손해이다.

보험자가 보상책임을 부담하는 것은 직접손해이므로 간접손해는 보상책임을 지지 않는 것이 원칙이다. 그러나 예외적으로 영국 해상보험법이나 우리나라 상법은 구조료, 손해방지비용, 특별비용 등의 비용손해는 간접손해임에도 불구하고 이는 보상하도록 규정하고 있다.

2. 해상손해의 종류

해상손해는 손해형태에 따라 물적손해(property damage)와 비용손해(expense damage)로 구분된다. 물적손해는 피보험목적물이 멸실되거나 손상되는 직접손해를 말하며 손해의 정도에 따라 전손(total loss)과 분손(partial loss)으로 구분된다.

전손은 선박이나 화물 등 피보험목적물 전체가 위험에 의해 멸실이나 손상되어 발생하는 손해를 말하는데, 이는 현실전손(actual total loss)과 추정전손(constructive total loss)으로 구분된다.

분손은 피보험목적물의 일부가 멸실이나 손상되어 발생하는 손해를 말하며 손해의 성격에 따라 단독해손(particular average)과 공동해손(general average)으로 구분된다.

비용손해는 화물의 멸실이나 보상과 관계없이 피보험목적물이 보험증권상의 담보위험에 처해 있을 때, 손해를 경감하거나 방지하기 위해 지출된 경비나 보수 등 부득이하게 지출된 비용을 말한다. 여기에는 구조료와 손해방지비용 및 특별비용이 있다. 기타의 손해배상책임으로는 충돌손해배상책임이 있다.

〈그림 5-1〉 해상손해의 종류

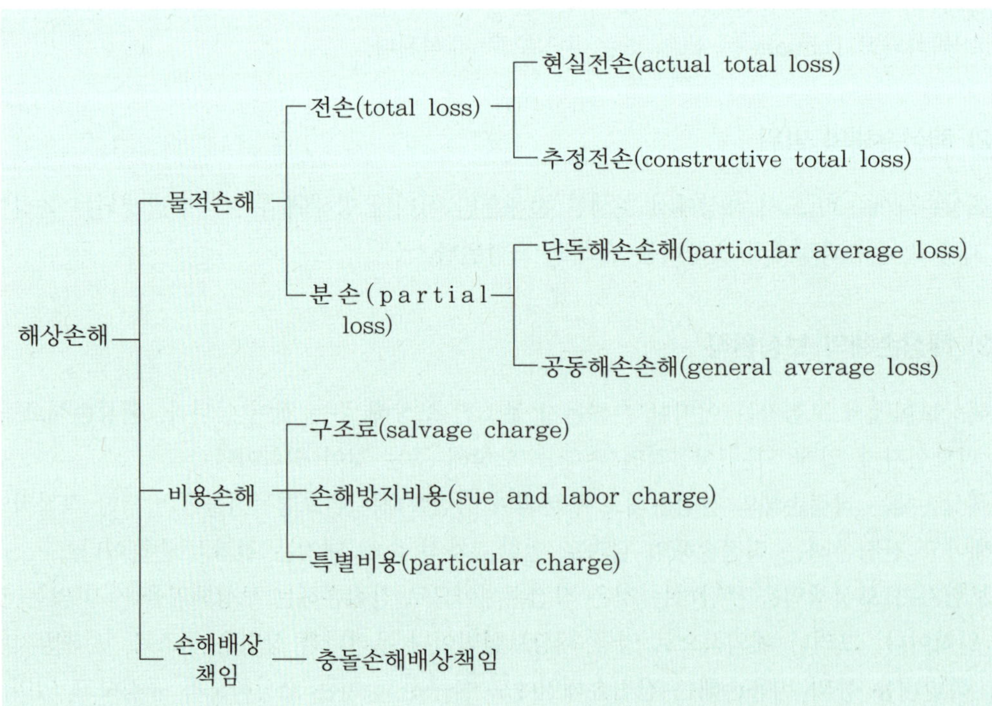

제 2 절 물적손해

물적손해(property damage)는 피보험목적물이 직접적으로 멸실되거나 손상되는 손해를 말하여 실체적 손해라고도 한다. 이것은 전손과 분손으로 구분된다.

1. 전손(total loss)

전손(total loss)은 피보험목적물인 선박이나 화물이 형식적으로나 실질적으로 모두 전멸(全滅)된 손해를 말한다. 전손은 분손에 상대되는 개념으로, 실질적인 전손인가 아니면 실질적인 전손은 아니지만 경제적인 의미에서 실질적인 전손으로 취급될 수 있는가에 따라 현실전손과 추정전손으로 구분된다.

전손이 발생한 경우, 피보험자는 그 사고가 보험사고인 경우에는 보험자로부터 보험금 전액을 보상받을 수 있다. 구협회적하약관에서는 이 손해만을 전문적으로 보상하는 조건으로 전손담보조건(Total Loss Only : TLO)이 있었다.

전손담보조건은 피보험화물에 전손만 발생하였을 때 보험자가 이것을 보상하는 보험조건으로 보험자에 있어서는 가장 부담이 적은 조건이다. 이 조건하에서 피보험자는 전손이 발생한 경우에 보험금액의 전액 지급을 청구할 수 있는 것 외에 전손의 발생을 방지하기 위한 손해방지비용도 지급받을 수 있었다.

◉ MIA 第56条 : Partial and total loss

(1) A loss may be either total or partial. Any loss other than a total loss, as hereinafter defined, is a partial loss.

(2) A total loss may be either an actual total loss, or a constructive total loss.

(3) Unless a different intention appears from the terms of the policy, an insurance against total loss includes a constructive, as well as an actual, total loss.

(1) 손해는 전손이거나 또는 분손인 경우도 있다. 다음에 정의하고 있는 전손을 제외한 일체의 손해는 분손이다.

(2) 전손은 현실전손이거나 또는 추정전손인 경우도 있다.

(3) 보험증권의 문언에서 다른 의도가 나타나 있지 않는 한, 전손에 대한 보험은 현실전손은 물론 추정전손을 포함한다.

1) 현실전손

(1) 현실전손의 의의

현실전손(Actual Total Loss : ATL)은 선박이나 화물 등 피보험목적물이 현실적으로 전멸된 경우나 지배력의 완전한 상실 등으로 전면 소멸된 것을 말한다.

현실전손은 전손 중에서 추정전손에 해당하지 않는 모든 물적 손해로 절대전손(absolute total loss)이라고도 부른다.

(2) 현실전손의 형태

현실전손에는 피보험목적물의 실실석인 파손이나 멸실, 피보험목적물의 심각한 성질의 상실, 피보험목적물의 회복할 수 없는 점유의 박탈, 선박의 행방불명이 있다.

즉, 피보험목적물이 완전히 파손 혹은 멸실되거나, 피보험목적물이 보험에 가입할 당시의 성질을 그대로 갖지 못할 정도로 심하게 훼손을 입었거나, 피보험자가 회복할 수 없도록 피보험목적물을 박탈당했을 때, 그리고 위험에 처한 선박이 행방불명되어 상당기간 찾을 수 없을 경우에 이 손해들을 현실전손으로 간주한다.

① 피보험목적물의 실질적인 파손이나 멸실

피보험목적물의 실질적인 파손(physical destruction)이나 멸실은 피보험목적물이 완전히 파손되거나 멸실되어 현실적으로 전멸(全滅)된 것을 말한다.

② 피보험목적물의 심각한 성질의 상실

피보험목적물의 심각한 성질의 상실(alteration of species)은 피보험목적물이 존재하고는 있으나 손해의 정도가 매우 심하여 보험에 가입할 당시의 성질이나 상품가치를 그대로 갖지 못할 정도로 심하게 손상을 입은 것을 말한다.

③ 피보험목적물의 회복할 수 없는 점유의 박탈

피보험목적물의 회복할 수 없는 점유의 박탈(irretrievable deprivation)은 피보험자가 회복할 수 없도록 피보험목적물을 탈취당하여 다시 찾거나 회복할 수 없는 지배력의 항구적 상실상태를 말한다.

④ 선박의 행방불명

선박의 행방불명(missing ship)은 위험에 처한 선박이 해상에서 행방불명되어 상당기간 동안 찾을 수 없는 것을 말한다. 우리나라 상법(제711조)은 선박의 존재 여부가 2개월간 분명하지 않은 때에는 그 선박의 행방이 불명한 것으로 규정하고 있다.

2) 추정전손

(1) 추정전손의 의의

추정전손(Constructive Total Loss, CTL)은 전손의 형태로 현실적 전멸은 아니지만 손해의 정도가 심하여 본래의 효용을 상실하거나 복구비용이 오히려 시장가격을 초과함으로써 현실전손과 경제적으로 동일시 할 수밖에 없는 경우를 말한다.

(2) 추정전손의 형태

우리나라 상법 제710조와 영국 해상보험법(MIA) 제69조 제2항에서 열거하고 있는 추정전손의 인정 사유를 종합하면 추정전손의 형태에는 다음과 같은 것들이 있다.

첫째, 피보험자가 보험사고로 인해 자기의 선박이나 화물의 점유를 상실하여 이를 회복할 가능성이 없거나 회복하기 위한 비용이 회복하였을 때의 가액을 초과하리라고 예상될 경우

둘째, 선박의 손상의 경우에는, 선박이 보험사고로 인하여 심하게 손상되어 이를 수선하기 위한 비용이 수선하였을 때의 가액을 초과하리라고 예상될 경우

셋째, 화물의 손상의 경우에는, 화물이 보험사고로 인하여 심하게 손상되어서 이를 수선하기 위한 비용과 그 화물을 목적지까지 운송하기 위한 비용과의 합계액이 도착하는 때의 화물의 가액을 초과하리라고 예상될 경우

(3) 추정전손과 위부의 관계

추정전손이 발생하는 경우 피보험자는 그 손해를 분손(partial loss)으로 처리할 수도 있고, 피보험목적물을 보험자에게 위부(abandonment)하고 그 손해를 현실전손의 경우에 준하여 처리할 수도 있다(MIA 제61조).

따라서 보험금 전액이 지급되는 추정전손의 경우는 피보험목적물이 현실적으로는 전부 멸실한 것은 아니지만, 보험사고로 인해 자기의 선박이나 화물의 점유를 상실하여 이를 회복할 가능성이 없거나 회복하기 위한 비용이 회복하였을 때의 가액을 초과하는 경우, 수리비용이 피보험목적물의 가액을 초과하는 경우에 합리적으로 위부했을 경우를 의미한다.

현실전손은 반드시 위부를 하지 않아도 보험사고시 보험금 전액이 지급된다. 그러나 추정전손의 경우는 위부 통지(notice of abandonment)가 없으면 보험금 전액이 지급되지 않으며 그 손해는 오로지 분손으로만 청구될 수 있다.

그러므로 피보험자가 위부 통지를 게을리 하면 그 손해는 오로지 분손으로만 청구될 수 있다. 협회적하약관 제13조에도 현실전손은 아니지만 현실전손을 피할 수 없거나 피보험목적물의 복구비용이 오히려 그 가액을 초과하여 그대로 현실전손으로 처리하는 것이 유리한 경우, 피보험자는 위부를 통지하여 이를 추정전손으로 처리할 수 있음을 규정하고 있다.

2. 위부와 대위

1) 위부

(1) 위부의 의의

위부(委付, abandonment)는 추정전손(constructive total loss)이 발생한 경우, 현실전손(actual total loss)에 준하는 전손에 대한 보험금을 청구하기 위해 피보험자가 피보험목적물에 대해 가지는 일체의 권리(소유권 및 제3자에 대한 구상권)를 보험자에게 이전하고 보험금 전액을 청구하는 제도를 말한다. 즉, 피보험목적물이 전부 멸실된 것과 동일시할 수 있는 일정한 경우에 피보험자에게 보험금의 전액을 청구할 수 있게 하고 피보험자가 가졌던 피보험목적물에 대한 권리를 보험자가 취득하게 하는 제도이다.

이 제도는 해상보험에만 있는 특별한 제도로 16세기경에 유럽에서 확립되었으며 오늘날에는 거의 모든 국가가 해상보험에서 이 제도를 채택하고 있다.

(2) 위부의 성립과 요건

보험사고가 발생하면 그 손해를 추정하는 과정에서 보험 당사자 사이의 견해 차이로 인하여 피보험자는 전손으로 추정하는 반면, 보험자는 분손으로 추정할 수도 있고 혹은 그 반대의 경우가 발생할 수도 있다.

따라서 추정전손이 성립하려면 보험자와 피보험자간의 양자 합의가 있어야 하며, 이 양자의 합의가 곧 위부의 성립이 된다. 즉, 피보험자의 위부의 의사표시를 보험자가 승낙하게 되면, 추정전손이 성립되고 만약 이를 거절하게 되면 분손으로 처리된다.

위부는 조건이나 기한을 붙이는 것은 인정되지 않기 때문에 무조건적이어야 하며 피보험목적물의 전부에 대해 이루어져야 한다.

(3) 위부의 통지

첫째, 피보험자가 피보험목적물을 보험자에게 위부할 것을 신택한 경우에는 피보험자는 위부를 통지해야 한다. 만약 피보험자가 위부를 통지하지 않으면 그 손해는 오로지 분손으로만 처리된다.

둘째, 위부의 통지는 반드시 손해에 관한 신뢰할 수 있는 정보를 수취한 후에 상당한 주의를 가지고 이루어져야 한다. 그 정보가 의심스러운 성질을 가지는 경우에는 피보험자에게 조사할 수 있는 상당한 기간이 주어진다.

셋째, 위부의 통지가 승낙되면 위부는 철회할 수 없다. 왜냐하면 위부의 승낙은 손해에 대한 책임과 충분한 요건을 갖춘 통지임을 결정적으로 인정하는 것이기 때문이다.

(4) 위부의 목적

위부는 보험금이 지급되면 보험자 임의대로 처분하게 될 재산을 피보험자가 계속 보관함으로써 손해가 확대되는 것을 방지하는 것이 목적이다.

피보험자는 추정전손의 경우 위부를 통지하게 되면 전손으로 인정받을 수 있고 보험자는 시간이 흐르면 현실전손이 불가피한 경우 위부를 통해 보험자가 조기에 이를 관리하여 재산가치를 보존할 수 있다.

(5) 위부의 통지방법

위부의 통지는 피보험목적물에 대한 피보험자의 피보험이익을 보험자에게 무조건 위부 한다는 피보험자의 의사를 나타내는 것이면 어떠한 용어나 방법으로도 할 수 있다.

(6) 위부의 통지시기

피보험자가 위부를 할 때에는 상당한 기간 내에 보험자에게 그 통지를 발송해야 한다. 그러나 그 정보가 의심스러운 성질을 가지고 있는 경우에는 피보험자에게 조사할 수 있는 상당한 기간이 추가적으로 주어진다.

우리나라 상법(제713조)의 경우에는 피보험자가 위부를 할 때에는 위부 발생사실을 안 날로부터 상당한 기간 내에 보험자에게 위부를 통지하도록 규정하고 있다.

(7) 보험자의 위부 승낙

위부의 승낙은 보험자의 행위에 의해 명시적으로도 가능하고 묵시적으로도 가능하다. 다만, 위부의 통지가 이루어진 이후에 보험자의 단순한 침묵 즉, 침묵에 의한 승낙은 보험자의 위부 승낙으로 인정되지 않는다.

(8) 위부의 효과

유효한 위부가 있는 경우 보험자는 피보험목적물에 잔존하는 이익과 소유권 등에 속하는 모든 권리를 양도받을 수 있는 권리가 있고, 피보험자는 피보험목적물을 보험자에게 위부하고 보험금액의 전부를 청구할 수 있는 권리가 있다.

위부가 이루어지더라도 보험자로서는 보통 피보험목적물의 지배권을 행사할 수 있는 지위에 있지 않기 때문에, 보험자의 보호를 위해 피보험자는 위부를 행한 후에도 손해방지 및 경감을 위한 노력 등 선량한 관리자로서의 피보험이익의 보호를 위해 노력해야 한다.

한편, MIA에서 위부는 단독행위가 아니므로 보험자의 승인이 필요하다. 그러나 우리나라 상법에서 위부는 승인을 기다리지 않고 피보험자의 의사표시만으로 성립되는 단독행위이므로 보험자의 승낙이 없어도 위부를 통지할 때 즉시 위부의 효력이 발생하게 된다.

2) 대위

(1) 대위의 의의

대위(代位, subrogation)는 법적으로 '제3자가 타인의 법률상의 지위를 대신하여 그가 가진 권리를 취득하거나 행사하는 것'을 의미이다.

대위(代位, subrogation)는 손해보험에서 사용되는 용어로, 보험자가 피보험자에게 보험금을 지급한 경우, 피보험목적물에 대한 일체의 권리와 손해발생에 과실이 있는 제3자에 대한 구상권 등을 피보험자를 대신하여 보험자가 권리를 취득하게 되는데, 보험자가 취득한 이와 같은 권리를 대위 혹은 대위권(right of subrogation)이라고 한다.

대위는 모든 손해보험에서 인정하는 제도로 피보험자에게 보험자가 보험금을 지급했다면 피보험목적물에 대한 권리를 보험자가 취득하는 것이 법률적으로 보장되는 것을 뜻한다. 즉, 제3자가 다른 사람의 법률적 지위를 대신하여 그 권리를 행사하는 것을 말한다.

따라서 해상보험에서 대위는 손해가 발생한 경우 보험자가 피보험자에게 보상을 해주면 피보험자는 해당 손해에 대한 제3자의 손해배상청구권과 피보험목적물에 대한 권리를 보험자에게 이전시키는 행위를 말한다.

영국 해상보험법(MIA) 제79조는 대위를 '보험자가 보험금을 지급한 경우, 피보험자가 피보험목적물에 대해 가지는 권리 및 제3자에 대하여 가지는 권리를 보험자가 승계하는 것'이라고 규정하고 있다.

◉ MIA 제79조 : Right of subrogation

Where the insurer pays for a total loss, either of the whole, or in the case of goods of any apportionable part, of the subject-matter insured, he thereupon becomes entitled to take over the interest of the assured in whatever may remain of the subject-matter so paid for, and he is thereby subrogated to all the rights and remedies of the assured in and in respect of that subject-matter as from the time of the casualty causing the loss.

『보험자가 피보험목적물 전부의 전손 또는 화물의 경우에 해당하는 일부분에 대해 보험금을 지급한 경우에, 보험자는 전손보험금이 지급된 피보험목적물의 잔존물에 대한 피보험자의 이익을 승계할 수 있는 권리를 갖게 된다. 그리고 전손보험금의 지급에 의해 보험자는 손해를 야기한 재난이 발생한 시점부터 피보험목적물에 대한 그리고 피보험목적물과 관련한 피보험자의 모든 권리와 구제수단을 내위한다.』

(2) 대위의 목적

손해보험의 일종인 해상보험은 이득이 목적이 아닌 실손보상의 원칙이 적용되므로 실손이상의 보상은 받을 수 없는 것이 원칙인데 이것을 부당이득 금지의 원칙이라고도 부른다.

실제로 피보험자가 보험자로부터 보상받고도 피보험목적물을 소유하거나 제3자에 대한 손해배상청구권을 가지고 있다면 부당이득을 취득할 가능성이 있기 때문에 부당이득 금지의 원칙에 위배되게 된다. 따라서 대위는 손해를 입은 피보험자가 실손 이상의 보상을 받는 것을 방지하는데 목적이 있다.

(3) 대위의 종류

대위는 보험자가 피보험자에게 보험금을 지급한 경우에 행사할 수 있는 권리를 말하는데 여기에서 첫째, 잔존하는 피보험목적물에 대한 잔존물 대위권(잔존물 대위)과 둘째, 손해배상책임이 있는 제3자에 대한 손해배상청구권(청구권 대위)이 있다.

잔존물 대위는 보험사고의 결과 잔존물이 있는 경우 그 잔존물을 취득할 수 있는 권한을 말하며 전손보험금을 지급한 경우에 한하며 행사할 수 있고 제3자에 대한 대위권은 전손 또는 분손에 상관없이 보험자가 자신이 지급한 보험금의 범위 내에서 행사할 수 있다.

(4) 대위의 한계

보험자가 가지는 대위의 한계는 자신이 지급한 보험금 이내에서 행사되어야 한다. 따라서 만일 보험자가 대위권의 행사를 통해 자신이 지급한 보험금 이상을 회수하게 된다면 그 차액은 피보험자에게 반환해야 한다.

(5) 대위의 성립시기와 성격

대위의 성립은 보험자가 피보험자에게 보험금을 지급한 때 성립되기 때문에 피보험자가 잔존하는 피보험이익을 보험자에게 양도하는 행위로 선박의 경우는 등기의 이전, 적하의 경우는 소유권의 이전과 같은 법적인 절차가 필요 없다.

즉, 대위에 의한 권리 이전은 보험자가 보험금을 지급함으로써 법률상 당연히 발생하는 것이기 때문에 물품의 양도행위와 같이 당사자 사이의 의사표시를 요건으로 하지 않는다. 왜냐하면 보험금을 지급하면 그때부터 보험자는 피보험자를 대신하여 대위권을 자동적으로 취득하기 때문이다.

(6) 대위의 효과

보험자는 대위를 통해 피보험자가 피보험목적물에 대해 가지는 이해관계인 피보험이익을 피보험자를 대신하여 취득할 수 있다.

3) 대위와 위부의 비교

(1) 대상

해상보험에서 대위는 전손이든 분손이든 상관없이 보험자가 보험금을 지급하면 구상권이 자동적으로 승계되지만, 위부는 추정전손에서만 발생하는 것이기 때문에 전손인 경우에만 해당된다.

(2) 목적

대위의 목적은 피보험자가 실손 이상의 보상을 통해 부당이득을 얻지 못하게 하는 것이지만, 위부의 목적은 보험금이 지급되면 보험자의 임의대로 처분하게 될 재산을 피보험사가 계속 보관함으로써 손해가 확대되는 것을 방지하는 것이다.

(3) 성립

대위는 보험자가 피보험자에게 보험금을 지급한 때 성립되는 것이지만, 상법상 위부의 성립은 보험자가 위부를 승낙했는지 여부를 막론하고 이전된다. 즉 대위는 보험금의 지급을 요건으로 하지만, 위부는 이를 요건으로 하지 않는다.

(4) 적용

대위는 피보험자가 이중으로 보상받는 것을 방지하기 위해 모든 손해보험에서 반드시 필요한 원칙이지만, 위부는 특정 손해를 추정하여 전손으로 처리하기 위해 추정전손이 통용되는 해상보험에서만 독특하게 인정되는 원칙이다.

(5) 법적 성격

대위는 법률의 규정에 의한 당연한 권리의 취득이지만, 위부는 피보험자의 의사표시에 따른 권리의 취득이다. 또한 대위에서는 보험금액 이상으로 대위하지 못하지만, 위부에서는 보험자가 피보험자에게 지급한 보험금액보다 위부 목적물의 가액이 큰 경우에도 그 목적물을 취득할 수 있다는 점이 구별된다.

(6) 효과

위부의 효과로 피보험자는 보험금액 전부를 지급 청구할 수 있다. 또한 대위와 위부의 효과로 보험자는 공히 피보험목적물에 잔존하는 소유권과 제3자에 대해 가지는 피보험자의 권리도 양도받을 수 있다. 그러나 대위에서 보험자의 피보험목적물에 대한 권리는 전손의 경우에만 발생하지만 제3자에 대한 손해보상청구권은 전손이나 분손 모두의 경우에 발생한다.

3. 분손(partial loss)

분손(Partial Loss : P/L)은 피보험목적물의 일부가 멸실이나 손상됨으로써 발생하는 손해로 전손에 반대되는 개념이다. 전손이 아닌 손해는 모두 분손으로 간주된다.

분손은 그 손해를 단독으로 부담하는가 또는 하주와 선주 등 이해관계자가 공동으로 부담하는가에 따라 단독해손과 공동해손으로 구분된다.

1) 단독해손

단독해손(Particular Average : P/A)은 전손에 반대되는 분손의 한 형태로, 피보험목적물에 발생하는 물적손해 중에서 이해관계자간에 공동으로 분담하는 공동해손이 아닌 손해를 말한다. 즉 좌초, 화재, 충돌 등의 우발적 사고로 선박이나 화물에 발생하는 상실 또는 손상 중, 손해를 입은 하주나 선주가 단독으로 부담하는 손해이다.

적하보험에서 단독해손은 화재에 의한 화물의 일부 손상, 해상고유의 위험이나 악천후에 의한 화물의 일부 파손, 누손에 의한 일부 손해 등이 포함되며, 선박보험에서는 선내 화재로 선박장비의 일부 멸실이나 수선비 일부, 선박이 항해 중에 난파물과 접촉해서 추진기를 손상시킨 손해 등이 포함된다. 단독해손은 영국 해손정산인협회가 정한 실무규칙에 따라 해손정산인(average adjuster)이 그 손해액을 산정한다.

2) 공동해손

공동해손(General Average : G/A)은 항해의 수행과정에서 공동의 이익을 위해 고의적 또는 합리적으로 위험에 놓인 재산을 희생하거나 긴급하게 지출한 비용을 당사자들이 나누어 공동으로 부담하는 것을 말한다.

운송 중에 선박과 화물에 공동의 위험이 발생하였을 경우 그러한 위험을 제거하거나 경감시키기 위해 선체나 화물의 일부를 희생시키거나 필요한 경비를 지출하는 행위를 공동해손 행위(general average act)라고 하며 그에 의한 손해와 경비가 곧 공동해손이 된다.

예를 들어 본선이 폭풍우로 좌초되어 침몰위기에 있을 때, 공동의 위험을 회피할 목적으로 선장이 고의로 적하의 일부를 투하(jettison)시킴으로써 배를 가볍게 하는 물질적 손해인 공동해손 희생손해와 예인선의 사용 등 다른 위험 탈출조치를 강구하는데 소요되어 지불하는 비용인 공동해손 비용손해를 합하여 '공동해손'이라고 부른다.

공동해손에서는 물적인 희생손해이든 비용손해이든 비상조치로 인해 발생한 손해는 그로 인하여 위험을 면하게 된 자들이 그들이 받은 혜택의 정도에 따라 서로 분담하게 되는데, 이 분담액을 공동해손 분담금(general average contribution)이라고 한다.

(1) 공동해손의 성립요건

공동해손의 정산에 관한 국제규칙(York-Antwerp Rules 2016)에서는 공동해손으로 인정되기 위한 요건으로 다음을 제시하고 있다. 만일 그 손해가 공동해손으로 인정되지 못하면 그 손해는 단독해손으로 처리된다.

첫째, 위험의 공동성이다. 공동해손이 성립되기 위해서는 항해단체 전원에게 그 위험이 존재해야 하기 때문에 선체나 화물 중 하나 혹은 한쪽 이해 당사자의 안전을 위한 희생이나 비용지출은 공동해손으로 인정되지 않는다. 이것은 단독해손이 된다.

둘째, 처분의 자발성 혹은 고의성(intentionality)이다. 공동해손으로 인정되기 위해서는 희생과 비용의 지출이 우연이 아닌 행위자의 자의적인 의도나 고의적인 판단에 의해야 한다. 특정한 결과를 예상하고 고의적으로 취한 행동은 공동해손행위로 인정되지만 우연히 일어나는 행위는 공동해손행위로 인정되지 않는다.

셋째, 처분의 합리성(rationality)이다. 공동해손으로 인정되기 위해서는 그 처분이 적정해야 하기 때문에 선체나 적하의 불합리한 희생이나 과도한 경비지출은 공동해손으로 인정되지 않는다.

넷째, 이례적인(extraordinary) 희생이나 비용이다. 공동해손으로 인정되기 위해서는 물적손해나 비용지출에 있어 그 공동해손의 행위가 이례적으로 발생한 것이어야 하기 때문에 통상적으로 발생할 수 있는 정도의 손해나 비용의 지출은 공동해손으로 인정되지 않는다.

다섯째, 현실적인 절박성(urgency)이다. 공동해손으로 인정되기 위해서는 선체나 화물에 공통된 위험이 현실적이며 객관적으로 실제로 존재하고 그 위험을 면하기 위한 목적이 있어야만 한다. 따라서 위험을 예측하여 취하여 행동이나 이미 가치를 상실한 물품을 본선 밖으로 투기(投棄) 및 절단(絕斷)하는 행위는 공동해손으로 인정되지 않는다.

◉ The York-Antwerp Rules 2016 : Rule A

There is a general average act when, and only when, any extraordinary sacrifice or expenditure is intentionally and reasonably made or incurred for the common safety for the purpose of preserving from peril the property involved in a common maritime adventure.

『공동해손행위는 공동의 항해사업에 관련된 재산을 위험으로부터 보존할 목적으로 공동의 안전을 위해 고의적이고 합리적으로 이례적인 희생 또는 비용을 행하거나 지출한 경우에 한하여 성립한다.』

(2) 공동해손의 구성

공동해손은 선체나 화물의 일부가 희생되는 공동해손 희생손해와 비용이 발생하는 공동해손 비용손해로 구분된다.

공동해손 희생손해는 공동해손이 발생했을 때 선박이나 적하 등의 전부나 그 일부를 희생시키게 됨으로써 생기게 되는 손해이고 공동해손 비용손해는 공동해손이 발생한 경우에 소요되는 비용의 손해를 말한다.

① 공동해손 희생손해

공동해손 희생손해(general average sacrifice)는 공동의 안전(common safety)을 위해 의도적으로 선체나 화물의 일부를 희생시킴으로써 발생하는 손해를 말한다. 따라서 공동해손행위의 결과가 아닌 우연한 손해는 선주나 하주가 단독으로 부담하는 단독해손이 된다.

적하(화물)의 경우, 대표적인 공동해손 희생손해는 다음과 같은 위험들이 포함된다.

첫째, 적하의 투하이다. 이것은 가장 전형적인 공동해손의 형태로, 공동의 안전을 위하여 위험이 발생한 경우에 선체를 가볍게 하거나 구조할 목적으로 적하나 선구를 바다에 던지거나 절단하여 바다에 버리는 행위이다. 그러므로 화물이 부패하거나 화물고유의 하자로 인한 투하는 공동해손으로 인정되지 않는다.

둘째, 선박의 소화작업시 물에 의한 손해이다. 이것은 공동안전을 위하여 선박의 소화작업시 물이나 기타 행위에 의해 선박이나 적하에 생긴 손해이다. 그러므로 열이나 연기에 의한 손해는 공동해손으로 인정되지 않는다.

셋째, 임의좌초에 의한 손해이다. 이것은 공동의 안전을 위하여 선박을 임의로 좌초시켜서 발생하는 손해이다. 그러므로 임의좌초가 아닌 우연한 좌초로 침수된 해수에 의한 손해는 공동해손으로 인정되지 않는다.

선박의 경우, 대표적인 공동해손 희생손해는 다음과 같은 위험들이 포함된다.

첫째, 선체의 절단이다. 이것은 위험에 직면하여 공동의 안전을 위하여 선체 일부를 의도적으로 파괴함으로써 야기된 손해이다. 그러므로 과도한 사용이 있는 경우에는 공동해손으로 인정되지 않는다.

둘째, 임의좌초(voluntary stranding)이다. 이것은 화재가 발생하여 진화를 위하여 선박을 좌초시키거나 구멍을 뚫으므로 발생하는 손해이다. 그러므로 공동의 위험을 회피하기 위한 목적 이외의 선박의 임의좌초는 공동해손 희생손해로 인정되지 않는다.

셋째, 선체기계나 기관의 손상이다. 이것은 선박이 좌초 상태에서 공동의 위험을 회피할 목적으로 추진기와 기관을 사용하여 부양하던 중에 발생하는 기계나 기관이 입게 되는 손해이다. 그러므로 정상적인 선박의 운항 중에 발생한 기계나 기관의 손해는 공동해손으로 인정되지 않는다.

② 공동해손 비용손해

공동해손 비용손해(general average expenditure)는 현실적인 공동위험을 회피하기 위해 합리적으로 지출되는 비용을 말한다.

이것은 공동해손이 발생하였을 때 선체나 화물의 전부 또는 일부를 희생시킴으로써 발생하는 공동해손 희생손해에 상대되는 개념이다.

여기에는 구조비나 피난항비용, 대체행위로 인해 발생하는 비용은 물론, 자금조달에 필요한 비용과 공동해손정산에 따른 비용 등 희생행위에 의해 간접적으로 발생하는 비용손해들이 포함된다.

㉠ 구조비

구조비(salvage)는 공동의 위험이 발생한 경우, 구조를 위해 계약에 의하여 지출된 비용을 말한다. 선박이나 화물이 해양사고를 만났을 때 선박이나 화물의 손해를 방지하거나 경감하는데 소요되는 비용, 안전 장소로 회항을 위한 예항비용, 적하의 이송비용, 구조자에 대한 보수 등의 비용이 구조비에 해당한다.

항해선박이나 화물이 어떠한 수면에서 위험에 처한 경우에 이를 구조한 자는 그 결과에 대해 상당한 보수를 청구할 수 있는데, 이와 같은 구조의 보수가 구조비이다.

구조비의 한도는 다른 약정이 없으면 구조된 목적물의 가액을 초과하지 못한다.

한편, 구조비와 유사한 개념으로 비용손해의 일종인 구조료(salvage charge)가 있는데, 이것은 계약에 의하지 아니한 구조에 따른 보수를 말한다.

㉡ 피난항비용

피난항비용(port of refuge expenses)은 운송 도중 선박이 선체의 사고로 피난항에 기항했을 경우에 발생하는 비용을 말하며 항비가 여기에 해당된다.

여기에서 항비(port charges)는 선박의 출입이나 정박 등 해당 항만을 이용하는데 발생하는 일체의 비용들을 말하는데, 그 비용에는 보통 도선료(pilotage), 입출항세(entrance and clearance fee), 톤세(tonnage dues), 부두사용료(wharfage), 부표사용료(buoyage), 예선료(towage), 세관제비용(custom fee), 등대세(light dues), 부선료, 잔교사용료, 항만관계 위생세(sanitary fee), 접안료(cost for berthing), 정박비용(anchor cost), 창고 보관비용, 출항비용, 항만세(port tax), 하역비용, 재선적료, 재포장비 등이 포함된다.

보통 정기선은 선사가 이러한 항비를 부담하며 부정기선은 용선자와 용선주가 체결하는 용선운송계약의 내용에 따른다.

그러나 악천후로 인한 피난항비용은 항해를 개시할 때부터 어느 정도 예견되는 것이고 운송인이 운송계약의 이행에 있어서 당연히 취해야 할 행위이기 때문에 원칙적으로 공동해손 비용손해로 인정되지 않는다.

ⓒ 대체비용

대체비용(substituted expense)은 공동해손비용을 절약하기 위해 그 대신으로 지출된 비용을 말한다. 즉, 공동의 안전을 위해 선박이 피난항에서 수리를 한 후 화물을 운송하는 것보다 대체선박을 사용하는 것이 보다 경제적일 경우가 있는데, 이때 대체 선박을 사용함으로써 절약된 비용만큼을 대체비용으로 처리하여 공동해손으로 인정한다.

대체비용에는 예선료(towage)와 임시수리 비용 등이 포함된다. 전자는 예선(tug boat)이 독항력(independent navigation ability)이 없는 타선(tow boat, 견인 보트)을 예인하기 위해 예인선을 사용하는데 소요되는 비용이며, 후자는 공동해손비용을 절약하기 위해 임시수단으로 선박을 수리하는데 소요되는 비용이다.

ⓔ 자금조달비용

자금조달비용(fund-raising expense)은 공동해손비용을 지급해야 함에도 불구하고 자금이 부족하여 현지에서 필요한 자금을 조달할 때 발생하는 비용을 말한다.

일반적으로 조달자금 2%는 수수료로 공동해손비용을 구성한다. 기타 공동해손을 구성하는 모든 자금조달에 대해 발생에서 정산이 완료되는 시점까지 연 7%의 이자를 공동해손비용으로 인정한다.

ⓜ 정산비용

공동해손이 발생하게 되면 공동해손 채무자들이 공동해손을 균등하게 분담하게 되는데, 이러한 절차를 공동해손의 정산이라고 한다.

공동해손의 정산은 다른 특약이나 관습이 없는 한, 공동해손 정산인이 작성하는 공동해손 정산서(statement of GA)를 통해 선장이 담당한다. 정산지는 특약이 없는 한 최종목적항이 되며 정산은 늦어도 목적항에서 운송물을 수하인에게 인도할 때까지는 종료되어야 한다.

정산비용은 공동해손을 정산하기 위해 발생하는 비용을 말하며 이것은 관습적으로 공동해손비용으로 인정되고 있다. 주요 정산비용으로는 해난보고서 작성비용, 공동해손 손해감정비용, 정산인 보수, 공동해손 정산인의 여비 및 통신비 등이 포함된다.

여기에서 해난보고서(master's protest, sea report)는 선박의 해난사고나 인명사고와 같은 중대사고가 발생한 경우에 선장이 최초의 도착항 또는 정박항의 항만당국에 제출하는 보고서를 말한다. 해난보고서를 제출한 선장은 항만당국에 그 증명을 청구할 수 있고 이것을 해상손해의 증명으로 활용한다.

또 공동해손 정산인(Average Adjuster)은 공동해손 정산서의 작성이나 공동해손 분담금의 징수 등 공동해손의 정산업무의 처리를 전문으로 하는 개인이나 회사를 말한다.

우리나라는 공동해손이 발생할 경우 선주의 요청에 따라 정산인(adjuster)에게 정산을 의뢰하는데 정산에 따른 비용은 보통 공동해손비용의 15~20%가 된다.

제3절 비용손해

비용손해(expense damage)는 사전에 명시될 수 없는 손해로, 피보험목적물이 보험증권상의 담보위험에 처해 있을 때 손해를 경감하거나 방지하기 위해 부득이하게 지출되는 비용을 말한다. 이것은 원칙적으로 간접손해이지만 예외적으로 보험자가 보상하고 있다.

1. 구조료

구조료(salvage charges)는 해난에 봉착한 재산에 발생하는 손해를 방지하기 위해 계약에 의하지 않고 자발적으로 구조를 한 자에게 지급하는 대가를 말한다. 구조료는 보험자가 피보험자를 대신하여 구조자(savior)에게 지급한다.

그러나 피보험자나 그 대리인 또는 보수를 받고 고용된 자가 행하는 계약구조에 대해 지급되는 것은 구조비 또는 구조보수(salvage award)로 간주되기 때문에 구조료에 포함되지 않고, 피보험목적물 단독의 이익을 보호하기 위한 것이라면 손해방지비용이 되고, 선박과 화물의 공동의 이익에 대한 것이라면 공동해손비용으로 처리된다.

한편 구조료는 보험자가 보상하는 손해를 방지하기 위해 발생된 경우에만 지급되고, 어떠한 경우에도 보험금액을 초과할 수 없다. 또한 구조행위에 불구하고 피보험목적물이 전손된 경우에는 구조자에 대한 지급책임이 없게 되므로 보험자도 보상하지 않는다.

◉ MIA 제65조 : Salvage charges

'Salvage charges' means the charges recoverable under maritime law by a salvor independently of contract. They do not include the expenses of services in the nature of salvage rendered by the assured or his agents, or any person employed for hire by them, for the purpose of averting a peril insured against. Such expenses, where properly incurred, may be recovered as particular charges or as a general average loss.

『'구조료'는 계약과 관계없이 해상법상 구조자가 보상받을 수 있는 비용을 의미한다. 구조료에는 피보험위험을 피하기 위해 피보험자나 그 대리인 또는 보수를 받고 그들에 의해 고용된 자가 행하는 구조의 성격을 띤 서비스의 비용은 포함하지 아니한다. 그와 같은 비용은 정당하게 지출된 경우에 특별비용이나 공동해손손해로 보상된다.』

2. 손해방지비용

1) 의의

손해방지비용(sue and labour charge)은 피보험자나 그의 대리인이 보험자가 부담하는 손해를 방지하거나 경감시키기 위해 지출한 비용을 말한다.

손해방지의무는 보험자를 위한 의무이며 손해방지비용은 구조료와 특별비용과 함께 비용손해로서 보험자가 피보험목적물의 손해 이외에 추가로 보상하는 비용이다.

따라서 손해방지 과정에서 발생하는 비용은 실제로 손해방지 및 경감의 결과를 가져왔는가의 여부는 묻지 않고 보험자가 보상해 준다.

2) 원칙

실제로 손해방지비용을 별도로 보상하게 되면 보험계약에서 보험자가 보상해 주기로 한 최고의 보상금액인 보험금액을 초과하여 보상하는 결과가 나올 수도 있다. 그러나 피보험목적물에 대한 책임은 별개의 것이므로 보험자는 보험금액을 초과하더라도 지급한다.

즉, 손해방지행위가 시도되었는데도 불구하고 전손이 발생한 경우에도 보험자는 피보험목적물 자체의 손해액과 손해방지비용 모두를 피보험자에게 지급한다.

3) 구별

손해방지의무의 이행이나 손해방지의 행위는 일종의 구조행위이다. 그런데 임의구조의 경우 'No cure-no pay'의 원칙에 따라 구조가 성공해야 구조료가 지급되며, 구조가 성공한 경우에도 구조료는 구조된 선박이나 화물가액을 한도로 보상하게 된다.

〈표 5-1〉 구조료와 손해방지비용의 비교

	구조료	손해방지비용
공통점	비용손해	
행위의 주체자	피보험자나 그의 대리인 등을 제외한 제3자	피보험자나 그의 대리인
성립요건	구조자는 구조물의 일부 또는 전부를 취득해야만 해상법상의 구조료를 청구할 권한이 있다. 즉, 구조행위가 성공해야 한다. 따라서 구조물이 전혀 없이 전손이 발생한 경우에는 구조료가 성립되지 않는다.	피보험자의 손해방지행위가 실패하더라도 보상된다. 즉, 손해방지행위가 시도되었음에도, 전손이 발생한 경우에는 보험자는 전손보험금과 손해방지비용을 모두 보상해야 한다.

3. 특별비용

1) 의의

특별비용(particular charges)은 피보험목적물의 안전이나 보존을 위해 피보험자에 의하여 또는 피보험자를 대신하여 지출된 비용으로서 공동해손 비용손해나 구조료 및 손해방지비용 등에 해당하지 않는 비용을 말한다.

영국 해상보험법(제64조 제1항)에서도 보험자의 보상대상이 되는 단독해손 손해에 관한 조항에서, 담보위험으로 인한 피보험목적물의 분손으로 공동해손손해가 아닌 것을 단독해손 손해라고 하고, '피보험목적물에 안전이나 보존을 위해 피보험자에 의하여 또는 피보험자를 대신하여 지출된 비용으로 공동해손과 구조료가 아닌 것은 특별비용으로 단독해손에 포함하지 아니한다.'고 규정하고 있다.

특별비용은 지출자를 손해방지비용에서처럼 한정하지 않고 있기 때문에 손해방지비용보다는 넓은 개념이라고 할 수 있다. 특별비용은 그 행위자를 한정하지 않으며 피보험자에 의해서 또는 피보험자를 위하여 지출한 비용이고, 단독해손에 포함되지 않는 비용으로 보험금액을 한도로 보상된다.

2) 종류

특별비용에 해당하는 것으로는 첫째, 항해 중 사고로 인하여 중간항에서 발생하는 양하비용, 창고보관료, 재선적비용 둘째, 건조비용 등과 같이 화물의 손해를 확대하지 않도록 보존하는데 소요되는 비용 셋째, 목적항에서 손해를 사정하기 위해 발생하는 검사비용과 손해조사비용 넷째, 손상된 화물을 처리하는데 지출된 부대비용으로 화물판매비용, 재포장비용, 재조정비용 등, 그리고 손상물품을 재정비하는데 소요되는 부대비용 등이다.

3) 손해방지비용과 구분

특별비용은 손해방지비용과 거의 비슷한 성격을 가지고 있지만 약간의 차이가 있다.

그것은 특별비용에는 화물이 손해를 입고 목적항에 도착한 경우 손해를 사정하는 과정 중에 발생하는 검사비용과 손해를 입은 화물을 판매하는 경우에 소요되는 판매비용 등과 같이 손해방지비용에 포함될 수 없는 순수한 비용이 포함되어 있기 때문이다.

손해방지비용은 목적지 도착 이전에 피보험자나 대리인에 의해 지출된 비용이다. 그러나 특별비용은 목적지에서 피보험자에 의해 또는 피보험자를 위하여 지출된 피보험목적물의 안전이나 보존비용이다. 따라서 손해방지비용이 사전적 성격의 비용손해인 것에 반해, 특별비용은 오히려 보험사고 때문에 지출하지 않을 수 없는 사후적 성격의 비용손해이다.

제 5 장 해상보험증권

제 1 절 해상보험증권의 특징과 법적 성질

1. 해상보험증권의 의의

해상보험증권(marine insurance policy, 보험증권)은 보험자가 서명하고 피보험자에게 교부하는 증권으로 피보험자, 보험자, 피보험목적물, 보험가액, 보험금액, 보험조건 등 보험계약의 주요 내용들이 상세하게 기재되어 있다.

◉ MIA 제22조 : Contract must be embodied in policy

A contract of marine insurance is inadmissible in evidence unless it is embodied in a marine policy in accordance with this Act. The policy may be executed and issued either at the time when the contract is concluded, or afterwards.

『해상보험계약은 본 법에 따라 해상보험증권에 구현되지 않는 한 증거로서 인정되지 않는다. 보험증권은 계약이 성립된 때 또는 그 후에 작성되고 발행될 수 있다.』

해상보험증권은 보통 2통의 원본이 발행되며 각각에 Original, Duplicate라고 인쇄되어 있다. CIF나 CIP계약에서 해상보험증권은 은행에 제출하는 필수서류가 된다.

2. 해상보험증권의 특징

해상보험증권은 보험계약이 성립된 증거로서 보험자가 피보험자의 청구에 따라 발급하는 서류이다. 이것은 계약서도 아니고 단지 증거증권에 지나지 않지만, 보통 배서나 인도하는 방법으로 타인에게 양도된다.

3. 해상보험증권의 법적 성질

1) 증거증권성

보험증권은 보험계약의 성립을 증명하기 위해 보험자가 발행하는 서류이다. 따라서 피보험자가 보험증권을 이의 없이 수령하면 보험증권에 기재된 사항은 보험계약의 성립과 내용을 증명하는 것이 된다.

2) 상환증권성

보험증권은 보험계약의 내용을 증명하는 증거서류이기 때문에 피보험자는 보험금을 청구할 때 보험증권을 제시해야 한다. 그러나 보험증권 원본을 제출할 수 없을 때는 다른 방법으로 보험계약 체결사실이나 피보험자임을 증명하면 보험금을 청구할 수 있다.

3) 요인증권성

보통 지시식으로 발행되는 보험증권이 제3자에게 양도되면 보험증권의 유인성에 의해 보험계약과 관련되는 사항은 증권의 소지인에게도 그대로 영향을 미치게 된다.

4) 요식증권성

우리나라 상법에서는 보험증권에는 일정한 사항을 기재하고 보험자가 기명날인 또는 서명해야 한다고 규정하고 있기 때문에 요식증권의 성격을 가지고 있다. 그러나 보험증권의 요식증권성은 수표나 환어음처럼 엄격하지 않다.

5) 유인증권성

계약이 무효가 되더라도 계약효력에 영향을 받지 않는 증권을 무인증권이라 하는데, 해상보험증권은 고지 및 통지의무와 그 위반 등에 따라 보험계약을 해지할 때는 보험증권의 효력에도 영향을 미치게 되므로 무인증권이 아니라 유인증권이다.

6) 면책증권성

보험자는 보험금을 지급할 때 증권을 제시하는 자의 자격을 조사할 의무는 없기 때문에 보험증권은 면책증권의 성질을 지닌다. 따라서 다른 사람의 보험증권을 제시한 자에게 보험금을 지급하더라도 중대한 과실이 없는 한 보험자의 책임은 면책된다.

제 2 절 해상보험증권의 해석원칙과 기재사항

1. 해상보험증권의 해석원칙

1) 수기문언의 우선원칙

해상보험증권은 인쇄약관(printed clauses), 타자약관, 스템프약관, 수기문언으로 구성되어 있다. 인쇄약관은 보험증권에 미리 인쇄되어 있는 기본적인 약관을 말하며 상품에 따라 인쇄약관이 불충분한 경우나 반대의 약관이 필요할 경우 인쇄약관을 말소 또는 정정하지 않고 별도의 약관을 스템프로 찍거나 수서(手書) 및 타자기 등으로 추가, 정정한다.

그런데 보험증권의 각 약관내용이 서로 상이한 경우에 어느 약관의 내용을 가장 우선할 것인가에 관한 규정이 없는 경우나 보험증권상에 수기, 인쇄, 타자 등의 문언이 서로 모순되어 전체의 의미가 명료하지 않은 경우에는 수기문언(handwritten wording)을 우선시 하여야 한다는 것이 수기문언의 우선원칙이며 이를 '필서 우선의 원칙'이라고도 한다.

수기문언은 보험계약을 체결할 때 피보험자가 보험자에게 특별한 의사를 표시한 것이기 때문에 기타 약관에 비해 우선하여 적용하는 것이다.

2) 계약 당사자 의사 및 판례의 존중원칙

보험증권은 계약 당사자 간의 합의표시를 반영한 증서이므로 보험증권의 해석은 계약 당사자의 본뜻이나 의도하는 바가 무엇인가를 가려내어 그 의도에 따라 해석해야 한다는 원칙이다. 그러나 해상보험의 오랜 역사를 지닌 영국도 당사자 의사보다도 판례에 따라 해석하고 있다. 예를 들어, 곡류(corn)속에 쌀(rice)을 포함시킬 의도를 가지고 있다 하더라도 그 쌀을 포함하지 않는다는 판례가 있는 한, 포함시킬 수 없다고 해석하는 것이 일반적이다.

3) 평이적·통상적·통속적 방법(POP)의 원칙

보험증권상의 각 약관이나 문언은 특정 학문이나 이론에 치우치는 것이 아니라, 평이한 방법(plain method), 통상적인 방법(ordinary method), 통속적인 방법(popular method)으로 해석하여야 한다는 것이다.

예를 들어, 화학자들은 화재를 특별한 원소들의 반응 및 결합에 의한 타는 현상으로 해석할 수도 있다. 그러나 화재는 보통 사람들이 일반적으로 생각하는 것처럼 화염이나 불로 인한 재난 또는 실제로 불에 타는 정도로 해석되어야 한다는 것이다.

4) 합리적 해석의 원칙

합리적 해석의 원칙은 보험증권은 일방 당사자에게 불리하게 해석되어 불리한 결과를 초래하도록 해석되어서는 안 된다는 원칙이다. 여기에서 합리적인 해석은 보험증권 전체를 기준으로 해야지 특정용어나 그 용어의 기술적인 해석에 국한해서는 안 된다는 것이다.

5) 동종 제한의 원칙

동종 제한의 원칙(principle of the like or some kind)은 약관 중에 구체적 선행사항을 열거하고 최후에 '기타 이와 유사한 사고'와 같은 총괄적 어구는 선행 열거위험과 별개가 아니라 동일 또는 유사한 위험이며 동종위험으로 해석하여야 한다는 영미법상의 원칙이다.

이를 동종 제한 해석의 원칙이라고도 부르며 이를 해석하는데 있어서는 앞에서 열거한 사항들과 같은 성격은 같은 것으로 판단하지만 그것보다 크게 확대하여 해석해서는 안된다.

LIoyd's S.G. Policy의 위험약관에는 본 증권으로 담보되는 위험을 명기한 뒤 'all other perils(기타의 모든 위험)'라는 말로 접속되어 있다.

Perils Clause상에 많은 위험이 열거되고 그 다음 최종 문언인 'all other perils'는 그 앞에 열거된 위험과 전혀 다른 별개의 위험이 아니라, 그들 열거 위험과 같은 성질의 것은 아니지만 똑같은 문언으로는 표기하기 곤란한 동종의 위험을 지칭하는 것이다.

6) 문서 작성자 불이익의 원칙

문서작성자 불이익의 원칙은 보험증권은 보험자가 일방적으로 작성하여 서명·교부한 것이기 때문에, 그 중 애매한 문언이 있어 피보험자에게 불리한 영향을 미치게 될 때에는 보험증권 작성자인 보험자가 불이익을 받도록 해석하여야 한다는 원칙이다. 이것은 피보험자를 보호하고자 한 것이다.

7) 특별약관 우선의 원칙

특별약관 우선의 원칙은 적용된 약관이 서로 모순되는 경우 정형의 정도가 낮은 약관(특별약관)보다 정형의 정도가 높은 약관(보통약관)에 우선한다는 원칙이다.

8) 증권 문언 위주의 원칙

증권 문언 위주의 원칙은 보험증권은 법적으로 문언증권의 성격을 가지고 있기 때문에 보험증권만이 해석의 기준이 되며 증권 문언 이외의 증거는 인정되지 않는다는 원칙이다.

2. 해상보험증권의 기재사항

1) Assured

여기에는 피보험자 또는 피보험자의 대리인 성명이 기재된다. 피보험자는 보험사고가 발생한 경우 보험금의 지급을 받는 자를 말한다.

FOB계약과 같이 선적지 인도조건에서는 수입자가 보험계약을 체결하고 자신의 성명을 기재한다. 이 경우는 보험계약자와 피보험자가 서로 동일하다.

그러나 CIF계약이나 CIP계약과 같이 수출자가 부보하는 경우에는 수출자가 피보험자의 대리인으로서 자신의 성명을 기재하며, 환어음을 매입할 때에는 백지배서를 통해 보험증권을 양도한다. 이 경우는 보험계약자와 피보험자는 동일인이 아니다.

2) Policy No.

여기에는 보험증권 번호가 기재된다. 보험증권을 교부할 때 붙이는 일련번호이다.

3) Claim, (if any), payable at/in

여기에는 보험금의 지급지가 기재된다. 보통 보험자를 대신하여 해외에서 보험금의 지급 및 정산업무를 맡고 있는 해외 보험대리점(Agent)의 상호 및 연락처 등이 기재된다.

일반적으로 수출의 경우에는 화물의 최종목적항이 기재되고 수입의 경우에는 수입지의 보험자명이나 보험금 지급 팀 및 연락처가 기재된다.

4) Survey should be approved by

여기에는 피보험목적물에 손해가 발생하였을 때 통지해야 할 곳이 기재된다. 수출의 경우에는 최종목적항에 있는 보험자 대리점의 상호나 주소가 명시되고, 수입의 경우에는 보험자명이 기재된다. 또 여기에는 클레임의 검정 주체 즉, 보험회사가 지정한 감정인이 기재되기도 하는데, 이 경우 피보험자는 손해의 원인이나 정도를 증명하기 위해 보험회사나 그 대리인이 지정하는 감정인으로부터 감정보고서를 입수해야 한다.

5) Local vessel or conveyance

여기에는 보통 화물의 출발지에서 선적항까지 부보하는 경우에 기재하는데, Local vessel or conveyance에는 국내운송 용구가 기재되고 From(interior port or place of loading)에는 내륙선적항이나 출발지가 기재된다.

6) ship or vessel

여기에는 화물을 운송할 B/L상에 기재된 선박명이 기재된다. 기선의 경우에는 선명 앞에 SS(steam ship), 동력선의 경우에는 MS(motor ship)가 표시된다. 해상운송화물이 도중에 환적되는 경우에는 제1선과 제2선이 함께 병기(倂記)되어야 한다.

7) sailing on or about

여기에는 B/L상에 기재된 선박이 선적항을 출항하는 예정 년 월 일이 기재된다. 특히, 수출의 경우에는 선하증권상의 내용과 일치하도록 기재하여야 한다.

8) at and from, arrived at

여기에는 선적항과 함께 도착항이 기재된다. 이는 두 항구 간의 운송을 부보한다는 뜻이 된다. 적하보험은 대부분 항해보험으로 가입되기 때문에, 보험자의 책임이 출발항에서 시작하여 도착항까지 계속된다는 의미로 출발항과 도착항이 기재된다.

9) transshipped at

여기에는 보험증권에 운송 도중 환적을 할 경우 그 환적지가 기재된다. 해당 사항이 없을 때에는 빈칸으로 한다.

10) thence to

여기에는 최종목적지가 내륙지방에 있는 경우, 목적항에서 최종목적지까지의 내륙운송 화물에 대해 부보할 때 최종목적지와 운송용구가 기재된다.

11) subject-matter insured

여기에는 피보험목적물인 화물의 명세, 수량 등을 신용장이나 선하증권에 기재된 내용 그대로 기재된다. 해당 상업송장에 명시된 하인(shipping mark)과 하번(case number)이 있는 경우 이것도 같이 표시되어야 한다.

12) Ref. No.

여기에는 보험자가 업무상 참조하기 위한 번호가 기재된다. 수출의 경우에는 신용장이나 상업송장 번호가 기재되고, 수입의 경우에는 상업송장의 번호가 기재된다.

13) amount insured hereunder

여기에는 피보험자가 부보한 금액이 기재된다. 이것은 보험사고가 발생하였을 때 보험자가 손해보전액 즉 보험금으로 지불하는 최고 한도액이다.

14) conditions and warranties

여기에는 보험조건과 담보가 기재된다. 보험조건은 계약을 체결할 매매당사간의 합의에 의해 결정되며 그 내용은 매매계약서나 신용장에 기재된다. 보통은 보험계약 청약서에 미리 A/R, WA, FPA 또는 ICC(A), ICC(B), ICC(C)의 약호가 인쇄되어 있기 때문에 피보험자는 그 중에서 필요한 보험조건을 선택하면 된다.

15) subject to the following clauses as per back hereof. institute cargo clauses specified above, institute replacement clauses (applying to machinery), on-deck clause

여기에는 당사자가 합의한 것들이 기재되는 것이 아니라, 보험계약을 체결할 때 합의한 보험조건은 이면에 첨부된 내용과 같은 것이 적용된다는 것을 인쇄해 둔 문구이다.

16) marks and number

여기에는 수량이나 품명 등이 상업송장에 기재한 내용과 동일하게 기재된다.

17) place and date signed in

여기에는 보험증권의 발행지와 발행일자가 기재된다. 특히, 발행일자는 선하증권의 발행일보다 이전일자가 되어야 한다.

18) number of policies issued

여기에는 보험증권의 발행부수가 기재된다. 보통 2통의 원본이 발행된다. 그 중 어느 1통으로 보험회사가 보험금을 지급하면 나머지는 무효가 된다.

19) Authorized Signatory

여기에는 보험자의 서명이 기재된다. 보험증권은 보험자 또는 보험자의 대리인에 의해 서명되어야 한다.

Model Form 8

〈서식〉 신 해상적하보험증권

MERITZ Fire & Marine Insurance Co., Ltd.
Address: 382, Kangnam-Daero(MERITZ Tower), Kangnam-Ku, Seoul, Korea.
Telephone : 1566-7711

MARINE CARGO INSURANCE POLICY

② Policy No. 301HAA85110420 ① Assured(s), etc. WOO YANG ELECTRONICS COMPANY		
③ Claim, (if any), payable at/in CALEB BRETT (H.K) LTD. 1004 MONGKOK COMMERCIAL CENTER 16 ARGYLE ST. KOWLOON, HONGKONG TEL : 3-941573		⑫ Ref. No INVOICE NO. WY-841109 L/C NO. IL7265 ⑬ Amount insured hereunder US$1,665.22 ($1,513.84×110%)
④ Survey should be approved by THE SAME AS ABOVE		⑭ Conditions and Warranties INSTITUTE CARGO CLAUSE(A), INSTITUTE WAR CLAUSE(CARGO), INSTITUTE STRIKES CLAUSE(CARGO) AS ATTACHED. CLAIMS PAYABLE IN HONGKONG IN CURRENCY OF THE DRAFTS. ⑮ Subject to the following clauses as per back hereof. Institute Cargo Clauses specified above, On-Deck Clause, Institute Replacement Clause (applying to machinery), Institute Classification Clause
⑤ Local Vessel or Conveyance	⑤ Form(interior port or place of loading)	
⑥ Ship or Vessel "HAPPY STAR V-23"	⑦ Sailing on or about NOV. 14. 2024	
⑧ at and from PUSAN. KOREA	⑨ transhipped at	
⑧ arrived at HONGKONG	⑩ thence to	
⑪ Subject-matter Insured 66,500 PCS OF MYLAR CAPACITOR		
⑯ Marks and Numbers as per Invoice No. specified above		
⑰ Place and Date singed in SEOUL, KOREA, NOV. 10. 2024		⑱ Numbers of Policies issued two(2)

⑳ IMPORTANT

PROCEDURE IN THE EVENT OF LOSS OR DAMAGE FOR WHICH UNDERWRITERS MAY BE LIABLE
LIABILITY OF CARRIERS, BAILEES OR OTHER THIRD PARTIES

It is the duty of the Assured their Agents, in all cases, to take such measures as may be reasonable for the purpose of averting or minimizing a loss and to ensure that all rights against Carriers, Bailees or other third parties are properly preserved and exercised. In particular, the Assured or their Agents are required :

1. To claim immediately on the Carriers, Port Authorities or other Bailees for any missing packages.
2. In no circumstances, except under written protest, to give clean receipts where goods are in doubtful condition.
3. When delivery is made by Container, to ensure that the Container and its seals are examined immediately by their responsible official.
   If the Container is delivered damaged or with seals broken or missing or with seals other than as stated in the shipping documents, to clause the delivery receipt accordingly and retain all defective or irregular seals for subsequent identification.
4. To apply immediately for survey by Carriers' or other Bailees' Representatives if any loss or damage be apparent and claim on the Carriers or other Bailees for any actual loss or damage found at such survey.
5. To give notice in writing to the Carriers or other Bailees within 3 days of delivery if the loss or damage was not apparent at the time of taking delivery.

NOTE : The Consignees or their Agents are recommended to make themselves familiar with the Regulations of the Port Authorities at the port of discharge.

INSTRUCTIONS FOR SURVEY

In the event of loss or damage which may involve a claim under this insurance, immediate notice of such loss or damage should be given to and a Survey Report obtained from this Company's Office or Agents specified in this Policy or Certificate.

DOCUMENTATION OF CLAIMS

To enable claims to be dealt with promptly, the Assured or their Agents are advised to submit all available supporting documents without delay, including when applicable :

1. Original policy or certificate of insurance.
2. Original or certified copy of shipping invoices, together with shipping specification and/or weight notes.
3. Original or certified copy of Bill of Lading and/or other contract of carriage.
4. Survey report or other documentary evidence to show the extent of the loss or damage.
5. Landing account and weight notes at of discharge and final destination.
6. Correspondence exchanged with the Carriers and other Parties regarding their liability of the loss or damage.

☞ In the event of loss or damage arising under this Policy, no claims will be admitted unless a survey has been held with the approval of this Company's office or Agents specified in this policy

Notwithstanding anything contained herein or attached hereto to the contrary, this insurance is understood and agreed to be subject to English law and practice only as to liability for and settlement of any and all claims.

This insurance does not cover any loss or damage to the property which at the time of the happening of such loss or damage in insured by or would but for the existence of this Policy be insured by any fire or other insurance policy or policies except in respect of any excess beyond the amount which would have been payable under the fire or other insurance policy or policies had this insurance not been effected.

We, MERITZ Fire & Marine Insurance Co., LTD hereby agree, in consideration of the payment to us by or on behalf of the Assured of the premium as arranged, to insure against loss damage liability or expense to the extent and in the manner herein provided.

In witness whereof, I the Under-signed of MERITZ Fire & Marine Insurance Co., LTD on behalf of the said Company have subscribed My Name in the place specified as above to the policies, the issued numbers thereof being specified as above, of the same tenor and date, one of which being accomplished, the others to be void, as of the date specified as above.

For MERITZ Fire & Marine Insurance Co., LTD.

⑲ AUTHORIZED SIGNATORY

1/1/63 INSTITUTE CARGO CLAUSES (so far as applicable)

15/6/65 INSTITUTE AIR CARGO CLAUSES(ALL RISKS) (excluding sendings by post)

[1/1] Transit Clause (Incorporating Warehouse to Warehouse Clause) /]

INSTITUTE WAR CLAUSES(CARGO)

INSTITUTE STRIKES RIOTS AND CIVIL COMMOTIONS CLAUSES

INSTITUTE CARGO CLAUSES(A)

INSTITUTE CARGO CLAUSES(B)

INSTITUTE CARGO CLAUSES(C)

INSTITUTE WAR CLAUSES (CARGO)

INSTITUTE STRIKES CLAUSES(CARGO)/(AIR CARGO)

INSTITUTE WAR CANCELLATION CLAUSE(CARGO)

INSTITUTE CLASSIFICATION CLAUSE

ON DECK CLAUSE

SPECIAL CLAUSES FOR ON DECK CARGO

SPECIAL SURVEY CLAUSE

RISK AFTER DISCHARGE CLAUSE

COUNTRY DAMAGE CLAUSE

LABEL CLAUSE

INSTITUTE EXTENDED RADIOACTIVE CONTAMINATION EXCLUSION CLAUSE

INSTITUTE CHEMICAL, BIOLOGICAL, BIO-CHEMICAL, ELECTROMAGNETIC WEAPONS AND CYBER ATTACK EXCLUSION CLAUSE

TERMINATION OF TRANSIT CLAUSE (TERRORISM)

TRANSIT TERMINATION CLAUSE (30 DAYS)

GUARANTEE OF PAYMENT OUT OF THE INSURANCE GUARANTY FUND

CO-INSURANCE CLAUSE

OTHER INSURANCE CLAUSE

IMPORTANT

제3절 신해상보험증권

1. 신해상보험증권의 의의와 특징

1) 신해상보험증권의 의의

신해상보험증권(New LIoyd's Insurance Marine Policy)은 런던보험자협회(ILU)와 로이즈 보험자가 UNCTAD가 제출한 보고서에 따라 1981년 7월에 제정한 해상보험증권의 표준양식이다. 우리나라는 1983년부터 이 증권을 사용하고 있다.

신해상보험증권은 Lloyd's S.G. 보험증권에 비해 매우 단순한 양식으로 되어 있다. 왜냐하면 신해상보험증권은 Lloyd's 증권에 있던 대부분 약관을 없애는 대신 이것을 협회적하약관에 중복되지 않게 정리하였고, 증권의 앞면은 계약사항을 명기하는 스케줄과 보험계약서로서 필수적인 본문약관과 중요약관만으로 구성되어 있기 때문이다.

Lloyd's S.G. 보험증권은 현재 널리 사용되고 있는 해상보험증권의 기초가 된 증권이며 1983년 전까지 널리 사용되었다. S.G.는 Ship과 Goods의 약자이다.

2) 신해상보험증권의 특징

(1) 약관의 간소화

신해상보험증권은 보험계약서로 필수적인 본문약관과 중요약관만을 남겨놓고 대부분의 약관을 없애거나 협회적하약관 속에 규정함으로써 구증권보다 간소화되었다.

현재 사용되고 있는 해상보험증권의 본문약관은 준거법약관, 타보험약관, 약인약관, 선서약관으로만 단순하게 구성되어 있다.

(2) 명세표(Schedule)방식의 도입

신해상보험증권은 선박명, 피보험목적물, 담보조건 등의 내용을 별도로 기재하는 명세표 방식을 도입하였다. 우리나라에서 사용되는 신해상보험증권의 명세표에는 보험금액 등 보험계약의 주요내용을 기재하고 뒷면은 약관이 인쇄되어 있다.

(3) 약관의 평이하고 명료한 구성

신해상보험증권에 첨부되는 각 약관상의 담보위험과 면책위험이 과거의 구약관보다 평이하고 분명하게 구성되어 있다.

2. 신해상보험증권의 구성

1) Schedule(명세표)

Lloyd's S.G. 보험증권은 본문약관을 중심으로 계약이 체결되었기 때문에 보험계약의 주요 내용이 이 본문약관에 규정되어 있었다.

그러나 신해상보험증권은 보험계약의 주요 내용을 별도로 기재하는 스케줄 방식을 사용하고 있어 선박명, 출항 예정일, 피보험목적물, 보험조건 및 기타 중요한 사항들을 여기에 기재하도록 하였다.

2) 본문약관

본문약관(body clause)은 해상보험증권 본문에 사전에 인쇄되어 있는 가장 기본적인 약관이다. 이 약관은 해상보험증권이 제정될 당시부터 있었으며 각 약관에는 공란을 두어 필요사항을 기재하도록 하고 있다.

1982년 신해상보험증권이 만들어지면서 과거 로이즈 보험증권에 있던 주요 약관들이 대부분 뒷면에 첨부되는 협회적하약관으로 흡수되었기 때문에 현재는 준거법약관, 타보험약관, 약인약관, 선서약관만이 본문약관을 구성하고 있다.

(1) 준거법약관

준거법약관(governing law clause)은 손해보상청구에 관한 책임이나 보험금 지급은 영국의 법률과 관례를 따르도록 한다는 것을 규정하고 있는 약관이다.

그러나 손해배상청구나 보험금 지급과 관련이 없는 사항들은 해당국의 법률과 관습에 따르게 된다. 이에 우리나라에서 체결된 보험계약의 체결, 보험료 납부, 보험계약 해지 등은 당연히 우리나라 상법의 적용을 받게 된다.

> Notwithstanding anything contained herein or attached hereto to the contrary, this insurance is understood and agreed to be subject to English law and practice only as to liability for and settlement of any and all claims.
>
> 『본 보험증권의 규정 또는 첨부된 어떠한 반대규정에도 불구하고, 이 보험은 어떠한 모든 보상청구에 대한 책임과 보험금 지급에 대해서 영국의 법률과 관습만 따를 것을 합의한다.』

(2) 타보험약관

타보험약관(other insurance clause)은 보험사고가 발생한 경우, 만일 화재보험이나 여타 보험증권과 중복되어 있다면, 화재보험이나 다른 보험증권으로 먼저 보상하고 잔액이 있다면 본 해상보험증권으로 보상한다는 것을 규정하고 있는 약관이다.

즉, 해상보험이 다른 보험과 동시에 계약되었을 때 다른 보험증권으로 보상될 금액을 공제한 나머지 손해부분만 본 해상보험으로 보상한다는 것이 타보험약관이다.

예를 들면 피보험자가 내륙의 창고에 보관중인 동일한 피보험목적물에 대해서 해상보험과 동시에 화재보험을 계약하게 되면 우선적으로 화재보험계약에 의해 손해를 보상받는다는 것을 약정한 것이다.

오늘날 해상보험은 최종창고까지 확장하여 담보하고 있으나, 경우에 따라서는 생산지 창고로부터 선적항, 목적항으로부터 최종창고까지 화재보험을 추가로 부보하는 경우가 있다.

이와 같이 단일 항해구간에 해상보험과 화재보험이 중복되어 있는 경우에 중복된 부분은 해상보험은 없는 것으로 간주하여, 화재보험에 의해서만 보상하고 만일 그 잔액부분이 있다면 이를 해상보험으로 보상하겠다는 것이 타보험약관의 취지이다.

해상보험에서 이 약관을 설정하고 있는 근본적인 이유는 손해보험의 원칙인 이득금지의 원칙에 따라, 피보험자가 해상보험과 화재보험 둘 다로부터 보상을 받음으로써 이득을 얻는 것을 원칙적으로 방지하고 형평의 원칙에 입각하여 보험자간의 손해액을 분담하는 것이 타당하기 때문이다.

> This insurance does not cover any loss or damage to the property which at the time of the happening of such loss or damage is insured by or would but for the existence of this Policy be insured by any fire or other insurance policy or policies except in respect of any excess beyond the amount which would have been payable under the fire or other insurance policy or policies had this insurance not been effected.
>
> 『피보험재산의 멸실이나 손상이 발생한 때에 그것이 화재보험증권 또는 기타의 보험증권으로 부보되어 있는 경우, 또는 본 보험증권이 없었다면, 화재보험증권 또는 기타의 보험증권에 의하여 부보되었을 경우에는 본 보험은 그러한 피보험재산의 일체의 멸실 또는 손상을 담보하지 아니한다. 단, 본 보험에 부보되어 있다면 화재보험증권 또는 기타 보험증권에서 지급되었을 금액을 초과한 금액에 대해서는 본 보험에서 지급한다.』

(3) 약인약관

약인약관(consideration clause)은 피보험자가 보험료를 납부하면 보험자는 손해발생 시에 보험금을 지급한다는 것을 규정하고 있는 약관이다.

약인이란 보험자가 보상을 약속하는 대가로 보험료를 영수하였음을 의미한다. 이 보험의 효력은 피보험자가 보험료를 납부함으로써 효력이 발생한다는 것을 밝히고 있기 때문에 약인약관은 일종의 보험료 영수증과도 같은 것이다.

We, …… Co., Ltd. hereby agree, in consideration of the payment to us by or on behalf of the Assured of the premium as arranged, to insure against loss damage liability or expense to the extent and in the manner herein provided.

『본 …… 보험주식회사는 피보험자 또는 그 대리인이 정해진 보험료를 당사에 지급함으로써 피보험목적물의 멸실, 손상, 책임 또는 비용을 본 증권에서 규정된 비율과 방법으로 보상할 것을 합의한다.』

(4) 선서약관

선서약관(attestation clause)은 보험계약이 정상적으로 체결된 증빙으로 보험자를 대표하여 그 책임자가 서명하였고, 보험증권이 두 통 발행된 경우에 한 통으로 보험금의 보상청구가 이루어지면 다른 한 통은 그 효력을 상실한다는 것을 선언하고 있는 약관이다. 이를 서명약관이라고도 부른다.

In witness whereof, I the Undersigned of …… Co., Ltd. on behalf of the said Company have subscribed My Name in the place specified as above to the policies, the issued numbers thereof being specified as above, of the same tenor and date, one of which being accomplished, the others to be void, as of the date specified as above.

『이에 본인, 즉, …… 보험주식회사의 아래 서명자는 동 회사를 대신하여 상기 장소에서 동일문언 및 일자의 보험증권에 서명하였음. 이 보험증권 중 1통에 대하여 손해보상의무가 이행되었을 때에는 남은 보험증권은 그 효력을 상실하는 것으로 한다.』

3) 중요약관

(1) 의의

중요약관(important clause)은 보험증권의 본문약관 옆에 인쇄되어 있는 약관으로, 손해발생시 피보험자와 그 대리인의 의무와 피보험자 등이 취하여야 할 절차나 구비서류를 규정하고 있다. 이 약관은 다른 약관과 구분하기 위해 붉은색으로 인쇄되어 있기 때문에 적색 라인약관(red line clause)이라고도 부른다.

본 약관은 피보험자로 하여금 손해방지 행위를 할 것과 아울러 운송인 등이나 항만 당국을 상대로 하는 클레임을 입증하는데 필요한 구체적 사항을 보험자에게 알리고 이에 따른 조치를 취할 수 있도록 하는데 목적을 두고 있다.

(2) 구성

중요약관의 내용은 다음 3가지 조항으로 구분된다. 이 조항에 명기된 조치나 의무를 게을리 할 경우 피보험자나 그 대리인은 불이익을 당할 수 있다.

첫째, 보험사고가 발생할 경우, 피보험자나 그 대리인이 취해야 할 손해방지의무와 손해배상청구권의 확보(보전) 의무가 규정되어 있는 조항이다. 보험자에게 보상책임이 있는 손해가 운송인 등 제3자의 귀책사유로 인하여 발생한 경우, 피보험자는 보험자에 대한 손해배상청구권과 동시에 운송인 등 제3자에 대한 손해배상청구권을 갖게 된다.

여기에서 손해배상청구권의 확보의무는 운송인 등 제3자에 대한 손해배상청구권의 확보를 위해 피보험자나 그 대리인이 이행하여야 할 사항들을 규정하고 있다.

둘째, 손해발생시 보험자의 대리인(보통 Lloyd's의 지역대리점이나 런던보험자협회(ILU)에 소속된 특정한 대리점, 우리나라는 보험회사의 지점이나 대리점)에게 통지할 것을 명시한 손해검정을 위한 지침(Instruction for Survey) 조항이다.

이 조항에서는 손해검정이 그러한 사무소나 대리점의 승인 없이 실시되는 경우 어떠한 클레임도 인정하지 않는다고 규정하고 있다. 이때 손해의 통지는 구두든 서면이든 제3자에 대한 손해배상청구권의 보전을 위한 보험자와의 협의를 위해 지체 없이 이루어지면 관계없다.

또 피보험자는 손해의 원인과 손해의 정도를 확인하기 위해 보험자나 그 대리점이 지정하는 손해검정인(surveyor)에게 손해검정을 의뢰하고 보험사고 일시와 장소, 손해의 정도와 손해의 원인에 대한 의견 등을 포함한 손해 검정보고서(survey report)와 그에 따른 기타 증거서류 등을 입수하여 보험자에 제출해야 한다.

셋째, 보험자에게 클레임을 제기하는 데 필요한 서류들을 구체적으로 명시하고 있는 조항이다. 이 조항에 따라 클레임을 제기할 때는 보험자의 담보위험에 의한 손해임을 입증하는 서류, 손해액과 운송인 등 제3자의 귀책사유로 인한 손해를 입증하는 서류를 구비해야 한다.

IMPORTANT

PROCEDURE IN THE EVENT OF LOSS OR DAMAGE FOR WHICH UNDERWRITERS MAY BE LIABLE :

LIABILITY OF CARRIERS, BAILEES OR OTHER THIRD PARTIES

It is the duty of the Assured and their Agent, in all cases, to take such measures as may be reasonable for the purpose of averting or minimising a loss and to ensure that all rights against carriers, Bailees or other third parties are properly preserved and exercised. In particular, the Assured or their Agents are required ;

1. To claim immediately on the carriers, Port Authorities or other Bailees for any missing packages.
2. In no circumstances, except under written protest, to give clean receipts where goods are in doubtful condition.
3. When delivery is made by container, to ensure that the container and its seals are examined immediately by their responsible official. If the container is delivered damaged or with seals broken or missing or with seals other than as stated in the shipping documents, to clause the delivery receipt accordingly and retain all defective or irregular seals for subsequent identification.
4. To apply immediately for survey by carriers' or other Bailees' representatives if any loss or damage be apparent and claim on the carriers or other Baiees for any actual loss or damage found at such survey.
5. To give notice in writing to the carriers or other Bailees within 3 days of delivery if the loss or damage found at such survey.

NOTE : The Consignees or their Agents are recommended to make themselves familiar with the Regulations of the Port Authorities at the port of discharge.

중 요

보험자가 보상책임을 질 수 있는 멸실 또는 손상의 경우에 있어서의 절차

운송인, 수탁인 또는 기타 제3자의 책임

모든 경우에 있어서 손해의 방지와 경감을 위하여 합리적인 조치를 취하고 또한 운송인, 수탁인 또는 기타 제3자를 상대로 한 모든 권리가 적절히 보존되고 행사되도록 확실히 하는 것은 피보험자와 그 대리인의 의무이다. 특히 피보험자 또는 그 대리인은 다음과 같은 사항을 이행해야 한다.

1. 행방불명된 여하한 포장물품에 대하여 운송인, 항만당국 또는 수탁인에게 즉시 클레임을 청구할 것
2. 서면의 해난보고서에 의한 경우를 제외하고, 화물이 불명한 상태에 있으면 어느 경우에도 무사고수취증을 교부하지 않을 것
3. 컨테이너에 의하여 화물이 인도되는 경우, 컨테이너 및 그 봉인이 파손되거나 없어진 채로 컨테이너가 인도되거나 또는 선적서류에 기재된 것과 다른 봉인으로 컨테이너가 인도되는 경우에는 그에 따라 화물수취증에 사고를 기재할 것. 그리고 결함이 있거나 규격이 다른 모든 봉인은 추후 확인을 위하여 보존할 것
4. 멸실이나 손상이 분명한 경우 운송인이나 기타 수탁인의 대리인들에게 즉시 손해 사정을 의뢰할 것. 그리고 그러한 검정에서 발견된 실제 멸실이나 손상에 대하여 운송인 또는 기타 수탁인에게 클레임을 청구할 것
5. 화물의 인수시 멸실이나 손상이 분명하지 않을 경우 인수 후 3일 이내에 운송인 또는 기타 수탁인에게 서면으로 통지할 것

주의 : 수하인 또는 그 대리인에게 목적항 항만당국의 제 규정들을 숙지할 것을 권고한다.

INSTRUCTIONS FOR SURVEY

In the event of loss or damage which may involve a claim under this insurance, immediate notice of such loss or damage should be given to and a survey report obtained from this Company's Office or Agents specified in this Policy or Certificate.

손해검정을 위한 지침

이 보험하의 클레임에 포함될 수 있는 멸실이나 손상이 있는 경우에는 이 보험증권이나 보험증명서에 기재된 당 회사의 사무소 또는 대리점에게 그러한 멸실이나 손상을 즉시 통지하여야 하고 그 사무소 또는 내리점으로부터 손해검정보고서를 확보하여야 한다.

DOCUMENTATION OF CLAIMS

To enable claims to be dealt with promptly, the Assured or their Agents are advised to submit all available supporting documents without delay, including when applicable;

1. Original policy or certificate of insurance
2. Original or certified copy of shipping invoices, together with shipping specification and/or weight notes.
3. Original or certified copy of Bill of Lading and/or other contract of carriage.
4. Survey report or other documentary evidence to show the extent of the loss or damage.
5. Landing account and weight notes at port of discharge and final destination.
6. Correspondence exchanged with the carriers and other parties regarding their liability of the loss or damage.

In the event of loss or damage arising under this policy, no claims will be admitted unless a survey has been held with the approval of this company's office or Agents specified in the policy.

클레임의 서류

클레임이 신속하게 처리될 수 있도록 피보험자나 그 대리인들은 적용 가능한 경우를 포함하여 다음과 같은 유효한 모든 구비서류들을 지체 없이 제출할 것을 권고한다.

1. 보험증권의 원본 또는 보험증명서의 원본
2. 선적명세서나 중량증명서와 함께 선적송장의 원본이나 인정 사본
3. 선하증권이나 기타 운송계약서의 원본 또는 인정 사본
4. 멸실이나 손상정도를 입증하는 손해검정보고서나 기타 증거서류
5. 목적항과 최종목적지에서의 양육보고서 및 중량증명서
6. 멸실이나 손상에 대한 운송인과 기타 관계자들의 책임에 관하여 그들과 교환한 서신

이 보험증권하에서 발생하는 멸실이나 손상의 경우, 이 보험증권에 기재된 본 회사의 사무소나 대리점의 승인을 얻어 손해검정이 이루어지지 않는 한, 어떠한 클레임도 인정되지 않는다.

제 6 장 협회적하약관

제 1 절 구협회적하약관

1. 협회약관과 구협회적하약관의 의의

해상보험에서 널리 사용되고 있는 협회약관(institute clause)은 1912년에 런던보험자협회(Institute of London Underwriters, ILU)가 제정한 것이다.

협회약관에는 Institute Cargo Clause(협회적하약관) 외에 Institute War Clause(협회전쟁약관), Institute Strikes, Riots and Civil Commotions Clause(협회동맹파업·폭동 및 소요약관), Institute Theft, Pilferage and Non-Delivery Clause(협회도난·발하 및 불착약관) 및 기타 특정상품에 관한 약관 등이 있다.

협회약관 중 가장 널리 사용되는 약관은 협회적하약관(Institute Cargo Clause, ICC)이며 이것은 해상보험의 가장 기본적인 조건으로 사용되면서 1963년, 1982년, 2009년에 각각 개정되어 현재에 이르고 있다.

1982년을 기준으로 그 이전에 사용되던 약관을 구약관, 그 이후에 사용되던 약관을 신약관이라고 부르며 특히 2009년에 개정된 것을 개정약관이라 부르고 있다.

2. 구협회적하약관의 구성

구협회적하약관에는 1912년에 채택된 ICC FPA(Free From Particular Average : 단독해손부담보조건), 1921년에 채택된 WA(With Average : 분손담보조건), 그리고 보험자들이 담보범위를 확장하는 추세에 발맞추어 1951년에 채택된 A/R(All Risks : 전위험담보조건) 등 3가지가 있다.

1963년 1월에 개정된 구협회적하약관은 해상손해뿐 아니라 항해에 부수되는 내수로나 육상위험으로 인한 손해도 보상되며, 각각 14개 조항과 하나의 유의사항으로 구성되어 있다. 14개 조항 가운데 제5조만 서로 다르고 나머지 13개 조항은 동일하다.

3. 구협회적하약관의 내용

1) 제1조 운송약관

운송약관(Transit Clause)은 보험기간(보험자 책임의 시작(始期)과 끝(終期))과 위험변경이 있는 경우 계속적인 담보를 규정하고 있는 약관이다. 이것을 창고간약관(Warehouses to Warehouses Clause)이라고도 부른다.

이 약관은 보험기간의 시기와 종기, 최종목적항에서 화물의 하역 후 목적지가 변경되어 계속 운송되는 경우 보험기간의 종기, 그리고 피보험자가 지배할 수 없는 지연, 이로 등의 경우 담보의 자동적인 계속을 규정하는 내용으로 구성되어 있다.

Transit Clause (incorporating Warehouses to Warehouses Clause)

1.This insurance attaches from the time the goods leave the warehouse or place of storage at the place named in the policy for the commencement of the transit continues during the ordinary course of transit and terminates either on delivery

(a) to the Consignees' or other final warehouse or place of storage at the destination named in the policy,

(b) to any other warehouse or place of storage, whether prior to or at the destination named in the policy, which the Insured elect to use either

i. for storage other than in the ordinary course of transit or

ii. for allocation or distribution, or

(c) on the expiry of 60 days after completion of discharge overside of the goods hereby insured form the oversea vessel at the final port of discharge, whichever shall first occur.

If, after discharge overside form the oversea vessel at the final port of discharge, but prior to termination of this insurance the goods are to be forwarded to a destination other than that to which they are insured hereunder, this insurance whilst remaining subject to termination as provided for above, shall not extend beyond the commencement of transit to such other destination.

This insurance shall remain in force during delay beyond the control of the Insured, any deviation, forced discharge, reshipment or transshipment and during any variation of the adventure arising form the exercise of a liberty granted to ship owners or charterers under the contract of affreightment, but shall in no case be deemed to extend to cover loss damage or expense proximately caused by delay or inherent vice or nature of the subject matter insured.

운송약관 (창고간약관 포함)

『1. 이 보험은 화물이 보험증권에 기재된 지역에서의 창고 또는 장치장에서 수송개시를 위하여 떠날 때부터 담보가 개시되고 통상의 수송과정 중에 계속되며

(a) 보험증권에 기재된 목적지에서 수하인 또는 기타 최종창고 또는 보관장소에 인도될 때이거나,

(b) 보험증권에 기재된 목적지나 또는 그 이전이거나를 불문하고, 피보험자가

i. 통상의 수송과정을 벗어난 보관이나,

ii. 할당 또는 분배를 위하여 사용하려고 선택한 기타의 창고나 혹은 보관장소에 인도될 때, 또는

(c) 최종목적항에서 하역한 후 60일이 경과할 때 중에서 어느 것이 먼저 발생하든 그때에 담보가 종료된다.

만약, 화물이 최종목적항에서 외항선으로부터의 양하 작업 후, 그러나 본 보험기간의 만료 이전에 이 증권하에서 담보된 목적지 이외의 곳으로 수송되는 경우에는 이 보험은 전항에서 규정된 보험종료의 조건에 따라 계속되나, 그러한 목적지를 향해 수송을 개시할 때 종료된다. 이 보험은 피보험자가 좌우할 수 없는 지연, 이로, 부득이한 양하, 재선적, 환적 및 해상운송계약에 의거하여 선주나 용선자에게 부여된 자유재량권의 행사결과로 생기는 위험의 변경기간 중 유효하게 계속된다.

그러나 어떠한 경우에도 지연 또는 피보험목적물의 고유의 하자 혹은 성질을 근인하여 발생한 멸실, 손상 또는 비용까지도 확장 담보하는 것으로 간주해서는 안 된다.』

과거 Lloyd's SG 보험증권에서는 보험기간을 화물이 본선에 적재될 때부터 도착항에 양륙될 때까지 소위 항구간(港口間, port to port)으로 규정하였다. 이러한 보험기간은 현실적으로 불편한 점이 많아서 19세기 말부터 보험자의 책임을 선적항의 창고에서 목적항의 창고까지 연장하는 창고간(倉庫間) 약관이 사용되기 시작하여 지금에 이르고 있다.

이에 따라 1963년 1월 1일에 개정된 구협회적하약관 제1조 운송약관에서도 보험자가 손해를 보상하는 범위는 선적지 창고에서 목적지 창고까지 확장된다는 것을 규정하고 있다.

운송약관은 1958년에 개정된 약관의 제1조에 있던 Warehouse to Warehouse Clauses (창고간약관), 제2조의 Extended Cover Clause(확장담보약관)과 제3조의 Termination of Adventure Clause(운송중단약관) b항을 1개 조항으로 통합하고 명칭을 변경한 것이다.

본 조항의 명칭과 관련하여 구협적하약관의 내용들을 살펴보면, 'Transit Clause'란 명칭이 적합하지만 'Warehouse to Warehouse Clause'이란 명칭이 다년간 해상보험업계 및 무역업계에서 널리 사용되어 왔기 때문에 본 약관 제1조에서는 Transit Clause (incorporating Warehouse to Warehouse Clause)라는 약관 명칭을 사용하였다.

2) 제2조 운송중단약관

운송중단약관(Termination of Adventure Clause)은 피보험자가 통제할 수 없는 사정으로 화물이 목적지에 도착하기 이전에 항해가 종료되는 경우, 보험은 원칙으로 종료하지만 추가보험료를 지급함으로써 보험기간이 일정 기간 존속한다는 것을 규정하고 있는 약관이다.

이는 피보험자가 좌우할 수 없는 사정으로 운송계약이 운송 도중에 종료된 경우 피험자를 보호하기 위하여 도입된 것으로 운송종료약관이라고도 한다.

Termination of Adventure Clause (운송중단약관)

2. If owing to circumstances beyond the control of the Insured either the contract of affreightment is terminated at a port or place other than the destination named therein or the adventure is otherwise terminated before delivery of the goods as provided for in Clause 1 above, then, subject to prompt notice being given to Insurers and to an additional premium if required, this insurance shall remain in force until either

i. the goods are sold and delivered at such port or place, or, unless otherwise specially agreed, until the expiry or 60 days after completion of discharge overside of the goods hereby insured form the oversea vessel at such port or place, whichever shall first occur, or

ii. if the goods are forwarded within the said period of 60 days to the destination named in the policy or to any other destination, until terminated in accordance with the provisions of Clause 1 above.

『2. 피보험자가 좌우할 수 없는 사정에 의해, 해상운송계약이 그 계약서에 기재된 목적지 이외 의 항구 또는 지역에서 종료되거나, 또는 기타의 사정으로 제1조에서 규정된 화물의 인도이전에 수송이 종료되었을 경우에는 지체 없이 그 취지를 보험자에게 통보하고, 또한 필요하면 추가보험료를 지급할 것을 조건으로 하여

i. 화물이 상기의 항구 또는 지역에서 매각된 후 인도되거나 또는 별도의 합의가 없는 한, 그러한 항구 또는 지역에서 외항선으로부터의 양하작업 완료 후 60일이 경과되거나, 그 중의 어느 한쪽이 먼저 생길 때

ii. 만약, 화물이 상기 60일의 기간 내에 보험증권에 기재된 목적지 또는 기타의 목적지로 계속 운반된 경우에는 상기 제1조의 규정에 따라 보험이 종료될 때까지, 이 보험은 유효하게 존속된다.』

3) 제3조 부선약관

부선약관(Craft & C. Clause)은 선적항이나 목적항에서 부선(Craft, barge) 등의 운송용구로 운송하는 기간도 보험기간에 포함시킨다는 것을 규정하고 있는 약관이다.

즉, 선적항 또는 목적항에서 부선을 이용하는 경우에 부선의 운송기간 중에 발생한 위험도 보험자가 담보한다는 것을 규정한 약관이 부선약관이다.

Craft & C. Clause (부선약관)

3. Including transit by craft raft or lighter to or from the vessel. Each craft raft or lighter to be deemed a separate insurance. The Assured are not to be prejudiced by any agreement exempting lighter-men from liability.

『3. 본선까지의 및 본선으로부터의 부선과 예인선에 의한 수송을 포함한다. 각 부선과 예인선을 각기 별도로 부보된 것으로 간주한다. 피보험자는 부선운송인의 책임을 면제하는 계약에 의하여도 자기의 권리를 침해받지 않는다.』

4) 제4조 항해변경약관

항해변경약관(Change of Voyage Clause)은 항해가 변경되었을 경우 추가보험료를 지급하면 보험이 계속된다는 것을 규정한 약관이다.

즉, 피보험자에 의해 항해가 변경되는 경우 등에는 원칙적으로 그 발견 시점에서 보험계약이 종료되지만, 보험자에게 신속히 통지하고 추후 협정될 추가보험료를 지급하게 되면 보험의 담보가 그 시점부터 계속 지속된다는 것을 규정하고 있는 약관이다.

Change of Voyage Clause (항해변경약관)

4. Held covered at a premium to be arranged in case of change of voyage or of any omission or error in the description of the interest vessel or voyage.

『4. 항해의 변경이 생기는 경우 혹은 피보험목적물, 선박 또는 항해에 관한 기재상의 탈루나 오기가 생기는 경우에는 추후 협정되어야 할 추가 보험료에 의하여 담보가 계속된다.』

5) 제5조 담보약관

(1) 단독해손부담보조건(Free from Particular Average Clause, FPA)

단독해손부담보조건(분손부담보조건)은 말 그대로 단독해손(particular average)은 담보하지 않는 조건이다. 따라서 전손과 공동해손은 보상되지만, 단독해손인 분손은 선박이나 부선의 좌초(stranding), 침몰(sinking) 또는 화재(burning) 등 이른바 SSB의 사고가 발생한 경우를 제외하고는 원칙적으로 보상하지 않는다.

다만, 하역이나 환적시 포장단위 당 추락 전손과 화재, 폭발, 다른 물체와의 충돌 또는 접촉, 그리고 피난항에서의 화물 양하에 기인하는 손해는 단독해손이라도 보상된다. 또한 피난항 등에서 양하 작업비용, 창고비용, 계속운반을 위한 특별비용 등 비용손해도 보상된다.

Warranted free from particular average unless the vessel or craft be stranded, sunk, or burnt, but notwithstanding this warranty the Underwriters are to pay the insured value of any package or packages which may be totally lost in loading, transshipment or discharge, also for any loss of or damage to the interest insured which may reasonably be attributed to fire, explosion, collision or contract of the vessel and/or craft and/or conveyance with any external substance (ice included) other than water, or to discharge of cargo at a port of distress, also to pay special charge for loading warehousing and forwarding if incurred at an intermediate port of call or refuge, for which Underwriters would be liable under the standard form of English Marine Policy with the Institute Cargo Clause (W.A.) attached. This clause shall operate during the whole period covered by the policy.

『선박 또는 부선이 좌초되거나 침몰되거나 혹은 대화재를 입었을 경우를 제외하고 단독해손을 담보하지 아니한다. 그러나 상기 면책조건에도 불구하고 보험자는 선적, 환적 또는 양하시에 전손이 될 수 있는 화물포장 단위에 대하여 협정보험가액을 보상하고, 다시 화재, 폭발, 선박간의 충돌 혹은 선박 및/또는 부선 및/또는 운송용구와 물 이외의 다른 물체(얼음 포함)와의 접촉 혹은 피난항에서의 화물의 양륙에 상당인과관계가 있는 것으로 간주되는 피보험보험목적물의 멸실 또는 손상에 대해서도 보상한다.

또한 중간의 기항항 혹은 피난항에서의 양륙, 입고 및 계속운반을 위해 특별비용을 지출했을 경우에 만약 이들 특별비용이 협회적하약관(분손담보)이 첨부된 영국해상보험증권 표준양식에 의거하여 보험자가 보상책임을 져야 할 것이라면 그 특별비용까지도 보상한다. 이 약관은 이 보험증권하에서 남보되는 전 기간에 걸쳐 적용된다.』

(2) 분손담보조건(With Average Clause, WA)

분손담보조건(단독해손담보조건)은 보험자가 전손과 공동해손은 물론 FPA 조건에서 담보된 침몰, 좌초 및 화재를 근인으로 하여 발생한 단독해손과 기타의 위험에 의한 단독해손을 담보하는 조건이다.

다만, 이 경우에는 소손해 면책비율이 적용되기 때문에 WA 3% 등 일정비율 미만의 소손해는 원칙적으로 담보하지 않는다.

그러나 하역이나 환적시 포장 단위 당 추락 전손과 화재, 폭발, 선박 충돌이나 다른 물체와의 접촉, 그리고 피난항에서의 양하작업에 기인하는 손해는 보상한다.

> Warranted free from average under the percentage specified in the policy, unless general, or the vessel or craft be stranded, sunk or burnt, but notwithstanding this warranty the Underwriters are to pay the insured value of any package which may be totally lost in loading, transshipment or discharge, also for any loss of or damage to the interest insured which may reasonably be attributed to fire, explosion, collision or contract of the vessel and/or conveyance with any external substance(ice included) other than water, or to discharge of cargo at a port of distress. This clause shall operate during the whole period covered by the policy
>
> 『분손은 그것이 공동해손이 성립되었을 때, 혹은 선박 또는 부선이 좌초, 침몰되거나 또는 대화재를 입었을 경우를 제외하고는 보험증권에 기재된 비율 미만의 분손을 보상하지 아니한다. 그러나 상기 면책조건에도 불구하고, 보험자는 선적, 환적 혹은 양하시에 전손이 되는 수가 있는 화물포장단위에 대하여 그 협정보험가액을 지급하고, 또한 화재, 폭발,선박 간의 충돌 또는 선박 및/또는 부선 및/또는 운송용구와 물 이외의 다른 물체(얼음 포함)와의 접촉 혹은 피난항에서의 양륙작업에 상당인과관계가 있는 것으로 간주되는 보험목적물의 멸실 또는 손상에 대해서도 보상한다. 이 약관은 이 보험증권하에서 담보되는 전 기간에 걸쳐 적용된다.』

(3) 전위험담보조건(All Risks Clause, A/R)

전위험담보조건은 피보험자의 고의적인 불법행위 등 면책위험을 제외하고 나머지 일체의 위험을 담보하는 조건이다. A/R조건에서도 전쟁위험과 동맹파업위험은 면책되므로 이를 보상받기 위해서는 별도로 특약해야 한다. FPA 및 WA조건이 열거책임주의를 채택하고 있는데 반하여, A/R조건은 포괄책임주의를 채택하고 있다.

This insurance is against all risks of loss of or damage to the subject-matter insured but shall in no case be deemed to extend to cover loss damage or expense proximately caused by delay or inherent vice or nature of the subject-matter insured. Claims recoverable hereunder shall be payable irrespective of percentage.

『이 보험은 피보험목적물의 멸실이나 손상의 일체의 위험을 담보한다. 다만 어떠한 경우에 있어서도 지연이나 피보험목적물의 고유의 하자, 또는 성질에 기인하여 발생되는 멸실, 손상 또는 비용을 담보하도록 확장하는 것으로 간주해서는 안 된다. 이 보험에 의거하여 청구할 수 있는 보험금은 손해율의 여하를 불문하고 지급된다.』

6) 제6조 추정전손약관

추정전손약관(Constructive Total Loss Clause)은 현실전손은 아니지만, 현실전손을 피할 수 없거나 피보험목적물의 복구비용이 오히려 그 가액을 초과하여 현실전손으로 처리하는 것이 유리한 경우, 피보험자는 위부를 적절히 통지하고 추정전손으로 처리할 수 있음을 규정하고 있는 약관이다.

이것은 영국 해상보험법(MIA) 제60조의 규정 내용을 다시 확인하고 있는 약관이다. MIA 제60조는 피보험목적물의 현실전손이 불가피할 것으로 생각되거나 또는 피보험목적물의 가액을 초과할 비용의 지출 없이는 현실전손으로부터 피보험목적물이 보존될 수 없는 경우에, 추정전손이 있다고 규정하고 있다.

Constructive Total Loss Clause (추정전손약관)

6. No claim for Constructive Total Loss shall be recoverable hereunder unless the goods are reasonable abandoned either on account of their actual total loss appearing to be unavoidable or because the cost of recovering, reconditioning and forwarding the goods to the destination to which they are insured would exceed their value on arrival.

『6. 추정전손에 대한 보험금 청구는 화물의 현실전손이 불가피하다고 생각될 때, 또는 화물을 회복시켜 거기에 손질을 하고, 그것을 담보목적지까지 계속 운반하는데 소요되는 비용이 그 목적지에 도착했을 때의 화물가액을 초과할 가능성이 있어 화물의 손해를 정당하세 위부하시 않는 한 이 보험에서는 보상되지 않는다.』

7) 제7조 공동해손약관

공동해손약관(General Average Clause)은 공동해손의 처리를 위한 준거법을 규정하고 있는 약관이다. 공동해손손해는 보험자가 보상하지만, 그때의 공동해손은 선하증권이나 용선계약서에 기재된 준거법에 의해 정산된다.

본 약관은 보험자의 보상책임에 대해 분쟁이 발생하지 않도록 운송계약상의 취급과 보험증권상의 취급을 일치시킬 목적으로 규정된 것이다.

General Average Clause (공동해손약관)

7. General Average and Salvage Charges payable according to Foreign Statement or to York-Antwerp Rules if in accordance with the contract of affreightment.

『7. 공동해손 및 구조비는 외국에서 작성된 정산서에 의거하거나 또는 해상화물운송계약에 그렇게 규정되어 있으면 요크-엔트워프 규칙에 의거 정산된다.』

8) 제8조 내항성담보약관

내항성담보약관(Seaworthiness Admitted Clause)은 하주의 내항성 보장책임을 면제해주기 위하여 피보험자에게 매우 가혹한 영국 해상보험법(MIA)의 내항성 묵시담보를 완화한다는 것을 규정한 약관이다.

Seaworthiness Admitted Clause (내항성담보약관)

8. The seaworthiness of the vessel as between the Insured and Insurers is hereby admitted. In the event of loss the Assured's right of recovery hereunder shall not be prejudiced by the fact that the loss may have been attributable to the wrongful act or misconduct of the shipowners or their servants, committed without the priority of the Assured.

『8. 피보험자와 보험자 사이에서는 선박이 내항성이 있는 것으로 인정한다. 손해가 발생했을 때 이 보험에 의한 보상청구권은 그 손해가 피보험자의 관여없이 행하여진 선주 또는 그 사용인의 불법행위나 비행에 기인하였을지도 모른다는 사실을 이유로 침해받지 않는다.』

9) 제9조 수탁자약관

수탁자약관(Bailee Clause)은 보험사고가 발생한 경우, 피보험자는 그 손해의 방지 또는 경감을 위해 합리적이고 적절한 조치를 취해야 할 뿐만 아니라 운송인, 수탁자 또는 기타 제3자를 상대로 한 모든 권리를 확보하여 놓는 것은 피보험자 및 그 대리인의 의무임을 규정하고 있는 약관이다. 이 약관은 1963년 협회적하약관(ICC)의 WA, FPA, A/R에서는 각 제9조에 규정되어 있다.

Bailee Clause (수탁자약관)

9. It is the duty of the Insured and their Agents, in all cases, to take such measures as may be reasonable for the purposes of averting or minimizing a loss and to ensure that all rights against carriers, bailees or other third parties are properly preserved and exercised.

『9. 모든 경우에 손해의 방지 및 경감을 위해 적절한 조치를 취하고, 또한 운송인, 수탁자 또는 기타 제3자를 상대로 한 모든 권리를 확보해 놓는 것은 피보험자 및 그 대리인의 의무이다.』

10) 제10조 보험이익불공여약관

보험이익불공여약관(Not to Insure Clause)은 운송인에게 보험계약이 체결되어 있다는 이유로 이익을 주어서는 안 된다는 것을 규정하고 있는 약관이다.

즉, 보험계약자인 동시에 운송계약자인 피보험자가 운송 중 보험사고가 발생한 경우, 운송계약상 1차적인 책임을 부담하는 해상운송인으로부터 보상받을 수 있음에도 불구하고 해상보험에 부보하였다는 사실을 이유로 해상운송인에게 보상을 청구하지 않는 행위를 해서는 안 된다는 것을 규정하고 있는 약관이다.

Not to Inure Clause (보험이익불공여약관)

10. This insurance shall not inure to the benefit of the carrier or thar bailee.

『10. 이 보험은 운송인 및 기타의 수탁지에게 유리하게 이용되어서는 안 된다.』

11) 제11조 쌍방과실충돌약관

쌍방과실충돌약관(Both to Blame Collision Clause)은 선하증권의 쌍방과실충돌약관에 의거한 피보험자의 부담액 중 보험증권에 의해 보상받을 수 있는 손해부분을 피보험자에게 보상한다는 것을 규정하고 있는 약관이다.

충돌이 한쪽 선박의 과실로 발생한 경우에는 그 한쪽의 선박소유자가 손해배상의 책임을 부담하지만 충돌이 쌍방의 과실로 발생한 경우에는 과실의 경중에 따라 각 선박소유자가 손해배상의 책임을 분담한다.

실무상 해상운송인들은 운송계약서에 쌍방과실충돌약관을 삽입하고 있다. 따라서 쌍방과실충돌시 손상된 화물의 소유자인 피보험자는 보험자로부터 손해액 전액을 보상받으며, 이를 지급한 보험자는 피보험자를 대위하여 지급한 손해액을 타운송인으로부터 회수한다.

또한 보험자에게 손해액 전액을 배상한 타운송인은 화물운송인에게 쌍방과실의 책임을 물어 손해배상액의 50%를 회수하며, 이 금액을 배상한 화물운송인은 또 다시 하주인 피보험자로부터 이 금액을 회수하게 된다.

결국, 피보험자는 운송계약의 쌍방과실충돌약관에 의한 피해액의 50%를 보상받지 못하게 되는데, 이를 보험자가 보상해 준다는 것이 쌍방과실충돌약관이다.

Both to Blame Collision Clause (쌍방과실충돌약관)

11. This insurance is extended to indemnify the Insured against such proportion of liability under the contract of affreightment "Both to Blame Collision" Clause as is in respect of a loss recoverable hereunder.

In the event of any claim by shipowners under the said Clause the Insured agree to notify the Insurers who shall have the right, at their own cost and expense, to defend the Insured against such claim.

『11. 이 보험에서는 손해보상의 범위를 확장하여 해상화물운송계약 "쌍방과실충돌" 약관에 의한 피보험자의 부담액 중 본 보험증권에서 보상받을 수 있는 손해에 관한 부분을 지급한다.

상기 약관에 의거 선주로부터 청구를 받았을 경우에는 피보험자는 그 취지를 보험자에게 통지할 것을 약속한다. 보험자는 자기의 비용으로 선주의 청구에 대하여 피보험자를 보호할 권리를 갖는다.』

12) 제12조 포획·나포부담보약관

포획·나포부담보약관(Free From Capture and Seizure Clause)은 포획이나 나포위험은 물론 전쟁위험을 보험자가 담보하지 않는다는 것을 규정하고 있는 약관이다.

과거 Lloyd's 보험증권에서는 이탤릭서체로 인쇄되어 있었다. 이 약관의 하단 고딕체 부분에 명시되어 있듯이, 전쟁위험 담보의 특약을 맺은 후 이 약관을 삭제하게 되면 전쟁위험을 담보하는 협회전쟁약관으로 인정해 준다.

F.C. & S. Clause (포획나포부담보약관)

12. Warranted free of capture, seizure, arrest, restraint or detainment, and the consequences thereof or of any attempt thereat; also from the consequences of hostilities or warlike operations, whether there be a declaration of war or not; but this warranty shall not exclude collision, contact with any fixed or floating object (other than a mine or torpedo), stranding, heavy weather or fire unless caused directly (and independently of the nature of the voyage or service which the vessel concerned or, in the case of a collision, any other vessel involved therein, is performing) by a hostile cot by or against a belligerent power; and for the purpose of this warranty "power" includes any authority maintaining naval, military or air forces in association with a power.

Further warranted free from the consequences of civil war, revolution, rebellion, insurrection, or civil strife arising therefrom, or piracy.

Should Clause No. 12 be deleted, or the relevant War Clauses as set out in Section 4 are specifically included then the same shall be deemed to form part of this insurance.

『12. 포획, 나포, 강류, 억지 또는 억류와 이러한 행위의 결과 또는 이러한 행위를 하고자 기도한 결과를 담보하지 않는다. 또한 선진포고의 유무에 관계없이 적대행위 또는 군사적 행동의 결과를 담보하지 않는다.

그러나 본 면책약관은 교전국에 의하여 혹은 교전국에 대하여 행해진 적대행위로 인하여 직접 발생되지 않는 한 고정 또는 부유 물체와의 충돌 또는 접촉, 좌초, 악천후, 화재를 면책하는 것은 아니다. 또한 본 면책약관에 관한 한 국가라 하는 것은 어느 국가와 제휴하고 해군, 육군, 공군을 보유하고 있는 모든 정권에 포함된다. 또한 내란, 혁명, 모반, 반란 또는 이로 인해서 생기는 국내투쟁의 결과와 해적 행위를 담보하지 않는다.

만약, 제12조가 삭제되었을 경우에는 적하보험용의 현행 협회전쟁약관이 이 보험의 일부를 구성하는 것으로 간주한다.』

13) 제13조 동맹파업 · 폭동 · 소요부담보약관

동맹파업 · 폭동 · 소요부담보약관(Free From Strikes, Riots and Civil Commotions Clause)은 동맹파업, 폭동, 소요 등의 위험은 보험자는 면책된다는 것을 규정하고 있는 약관이다.

이 약관의 하단 고딕체 부분에 명시되어 있듯이, 동맹파업 위험 담보의 특약을 맺은 후 이 약관을 삭제하게 되면 동맹파업 등의 위험을 담보하는 협회동맹파업약관으로 인정해 준다.

F.S. R. & C.C. Clause (동맹파업폭동소요부담보약관)

13. Warranted free of loss or damage

(a) caused by strikers, locked-out workmen, or persons taking part in labour disturbances, riots or civil commotions (b) resulting from strikes, lock-outs, labour disturbances, riots or civil commotions

Should Clause No. 13 be deleted, or the relevant Strikes, Riots and Civil Commotions Clause as set out in Section 5 be specifically included then the same shall be deemed to form part of this insurance.

『13. 다음 사유로 인한 멸실이나 손상을 담보하지 않는다.

(a) 동맹파업자, 직장폐쇄노동자, 또는 노동쟁의, 폭동 또는 소요에 가담한 자에 의해 발생한 것 (b) 동맹파업, 직장폐쇄, 노동쟁의, 폭동 또는 소요의 결과로 발생한 것

만약, 제13조가 삭제되었을 경우에는 적하보험용의 현행 협회동맹파업소요약관이 이 보험의 일부를 구성하는 것으로 간주한다.』

14) 제14조 신속조치약관

신속조치약관(Reasonable Despatch Clause)은 피보험자는 보험기간 중에 발생한 위험 변동 등에 대해서 피보험자는 신속한 통지(prompt notice) 및 합리적인 대응조치를 취해야 한다는 것을 규정하고 있는 약관이다.

Reasonable Despatch Clause (신속조치약관)

14. It is a condition of this insurance that the Insured shall act with reasonable despatch in all circumstances within their control.

『14. 피보험자는 자기가 좌우할 수 있는 모든 여건에서는 가능한 한 신속하게 행동하는 것이 이 보험의 조건이다.』

제2절 신협회적하약관

1. 신협회적하약관의 의의와 종류

1) 신협회적하약관의 의의

런던 해상보험자협회와 로이즈 해상보험자협회는 구약관인 1963년 협회적하약관을 1982년에 개정하였다. 이를 신협회적하약관 또는 신약관이라고 부른다.

구약관은 지금으로부터 약 400년 전에 작성된 약관을 토대로 제정되었기 때문에 어법이 낡고 이해하기 어려웠으며, 구약관상의 WA조건과 FPA조건의 담보범위 차이가 불명확하여 피보험자들의 곤란한 문제가 발생하였다.

이러한 문제들을 개선하기 위하여 개정된 신약관은 구약관의 전위험담보(A/R), 분손담보(W/A), 분손부담보(FPA)를 ICC(A), ICC(B), ICC(C)로 표시하여 명칭을 간소화하였고 담보범위도 수정하였다. 그러나 신협회적하약관에서 보험자의 보상범위나 기타의 담보에 대한 근본적인 조항은 구협회적하약관과 거의 변동이 없다.

신협회적하약관은 1982년 1월 1일자로 공포되어 다음 해 4월 1일부터 사용되고 있으며 우리나라는 1983년 3월 1일부터 이 약관을 사용하고 있다.

2) 신협회적하약관의 종류

신협회적하약관은 ① Institute Cargo Clause (A) : ICC(A) ② Institute Cargo Clause (B) : ICC(B) ③ Institute Cargo Clause (C) : ICC(C) ④ Institute War Clause ⑤ Institute Strikes Clause 등 5가지 약관으로 구성되어 있다.

핵심이 되는 것은 ICC(A), ICC(B), ICC(C)이며, 이중에서 ICC(A)의 보상범위가 가장 넓고, 그 다음은 ICC(B), 그리고 ICC(C) 조건의 순서이다. 대신 피보험자 입장에서 보험료의 부담이 큰 조건은 ICC(A), ICC(B), ICC(C) 순서이다.

(1) Institute Cargo Clause(A)

ICC(A)는 구약관의 전위험담보조건(A/R)에 상응하는 조건으로, 보험자의 일반면책사항, 불내항 및 부적합, 전쟁 및 동맹파업에 따른 위험 등을 제외한 모든 손해를 보험자가 보상하는 조건이다. 담보범위가 가장 광범위한 조건이므로 손해가 약관에 의하여 면책되는 것이 아닌 한 모든 위험을 보험자가 보상한다.

(2) Institute Cargo Clauses(B)

ICC(B)는 구약관의 단독해손담보조건(WA)에 상응하는 조건으로, ICC(C)의 담보위험에 ① 지진, 화산의 분화, 낙뢰와 상당한 인과관계가 있는 피보험목적물의 멸실 및 손상 ② 갑판유실로 인한 피보험목적물의 멸실 및 손상 ③ 본선과 기타 운송용구에의 해수, 호수, 강물의 유입으로 인한 피보험목적물의 멸실 및 손상 ④ 선적 또는 양하 작업 중의 포장단위 당 전손의 위험이 추가된 조건이다.

(3) Institute Cargo Clauses(C)

ICC(C)는 구약관의 단독해손부담보조건(FPA)에 상응하는 것으로, ① 화재 또는 폭발 ② 분선 또는 부선의 좌초, 교사, 침몰, 전복 ③ 육상 운송용구의 전복 또는 탈선 ④ 본선, 부선 또는 운송용구와 물 이외의 다른 물체와의 충돌 또는 접촉 ⑤ 피난항에서의 화물의 양하 ⑥ 공동해손 희생손해 ⑦ 투하를 보상하는 조건이다.

ICC(C)상의 보험자의 면책위험은 ① 피보험자의 고의에 의한 손해 ② 통상적 누손, 중량 또는 용적의 통상적인 감소 또는 자연소모나 마모 ③ 포장불량에 의한 손해 ④ 화물 고유의 하자 또는 성질에 의한 손해 ⑤ 항해지연으로 인한 손해 ⑥ 본선의 소유자, 관리자, 용선자 또는 운항자의 도산이나 금전상의 채무불이행으로 생긴 손해 ⑦ 불법적인 행위에 의한 피보험목적물의 파괴 또는 손상 ⑧ 핵무기 사용으로 인한 손해 외에 선박 등의 불내항성에 따른 위험, 전쟁위험, 동맹파업위험 등이 포함된다.

한편, 구약관의 FPA나 WA조건에서는 단독해손에 대해 상당한 제한을 하였다. 즉, FPA조건에서는 단독해손인 분손은 선박이 좌초(stranding), 침몰(sinking) 및 화재(burning)의 SSB사고가 발생한 경우를 제외하고는 원칙적으로 보상되지 않았다.

또한 WA조건에서는 단독해손인 분손도 일반적으로 담보하는 위험으로 인한 손해이면 보험자는 모두 보상해 주었지만 SSB사고를 제외하고 원칙적으로 일정비율 미만의 단독해손은 담보되지 않았다.

그러나 ICC(B) 조건과 ICC(C) 조건에서는 그 손해가 담보위험으로 발생한 손해이면 전손과 분손에 관계없이 보상이 이루어지도록 하였다.

한편, ICC(B) 조건과 ICC(C) 조건은 ICC(A) 조건에 비해 보상하지 않는 위험들이 많기 때문에, 화물에 따라서는 부가위험을 특약해야 보상받을 수 있다.

대표적인 부가위험으로는 도난·발하·불착손(TPND), 우담수에 의한 손해, 투하와 갑판유실(JWOB), 유류와 다른 화물과의 접속으로 인한 손해, 파손, 갈고리에 의한 손해 등이 있는데 추가보험료를 지급하고 특약하면 ICC(B)와 ICC(C) 조건에서도 이들 위험에 의한 손해를 보상받을 수 있게 된다.

〈표 7-1〉 ICC(A)·(B)·(C)의 담보위험

담 보 위 험	ICC(A)	ICC(B)	ICC(C)
다음 사유에 상당한 인과 관계가 있는 멸실 및 손상			
① 화재, 폭발	○	○	○
② 선박 등의 좌초, 침몰, 전복	○	○	○
③ 육상 운송용구의 전복, 탈선	○	○	○
④ 선박 등의 충돌, 접촉	○	○	○
⑤ 피난항에서 화물의 양하	○	○	○
⑥ 지진, 화산의 분화, 낙뢰	○	○	×
다음 사유로 인한 멸실 및 손상			
⑦ 공동해손 희생손해	○	○	○
⑧ 투하	○	○	○
⑨ 갑판유실	○	○	×
⑩ 해수 등의 유입	○	○	×
⑪ 선적·양하시의 포장당 전손	○	○	×
⑫ 상기 이외의 일체의 위험	○	×	×
⑬ 공동해손 비용손해	○	○	○
⑭ 쌍방과실충돌	○	○	○

신협회적하약관 (A), (B), (C)는 제1조(위험약관), 제4조(일반면책약관) 및 제6조(전쟁면책약관)를 제외하고는 그 내용이 전적으로 동일하다.

그러나 이 중에서 제6조는 구약관에서 전쟁위험으로 취급하였던 해적위험을 해상위험으로 취급하게 됨에 따라 ICC(A) 조건 제6조 제2항 괄호 안에 'piracy except'(해적행위 제외)라는 문구가 있으나, ICC(B) 및 ICC(C) 조건에는 이러한 문구가 없다는 점만 차이가 있다.

그러므로 신협회적하약관의 경우 (A)조건은 해적행위가 해상위험이 되지만 (B)와 (C)조건에서는 전쟁위험에 해당한다.

2. 신협회적하약관의 구성

신협회적하약관 ICC(A), ICC(B), ICC(C)의 약관들은 모두 19개 약관으로 구성되고 있으며, 이것은 ① 담보위험(Risks Covered) ② 면책조항(Exclusions) ③ 보험기간(Duration) ④ 보험금청구(Claims) ⑤ 보험이익(Benefit of Insurance) ⑥ 손해경감(Minimising Losses) ⑦ 지연의 회피(Avoidance of Delay) ⑧ 법률 및 관례(Law and Practice)의 8개 Section으로 묶어 배열되어 있다.

〈표 7-2〉 신협회적하약관의 구성

구 분	약관번호	약 관 명
담보위험 (Risk covered)	제1조	Risks Clause(위험약관)
	제2조	General Average Clause(공동해손약관)
	제3조	"Both to Blame Collision" Clause(쌍방과실충돌약관)
면책위험 (Exclusions)	제4조	General Exclusion Clause(일반면책약관)
	제5조	Unseaworthiness & Unfitness Exclusion Clause (불내항·부적합면책약관)
	제6조	War Exclusion Clause(전쟁면책약관)
	제7조	Strikes Exclusion Clause(동맹파업면책약관)
보험기간 (Duration)	제8조	Transit Clause(운송약관)
	제9조	Termination of Contract of Carriage Clause (운송계약종료약관)
	제10조	Change of Voyage clause(항해변경약관)
보험금청구 (Claims)	제11조	Insurable Interest Clause(피보험이익약관)
	제12조	Forwarding Charges Clause(계반비용약관)
	제13조	Constructive total Loss clause(추정전손약관)
	제14조	Increased Value Clause(증액약관)
보험이익 (Benefit of Insurance)	제15조	Not Insure Clause(보험이익불공여약관)
손해경감 (Minimising Losses)	제16조	Duty to Assured Clause(피보험자의무약관)
	제17조	Waiver Clause(포기약관)
지연의 회피 (Avoidance of Delay)	제18조	Reasonable Despatch Clause(신속조치약관)
법률 및 관례 (Law & Practice)	제19조	English Law & Practice(영국법 및 관례약관)

3. 신구협회적하약관의 비교

구협회적하약관과 신협회적하약관은 핵심적인 내용면에서는 큰 차이가 없다. 다만 구약관인 FPA, WA, A/R조건이 신약관인 ICC(C), ICC(B), ICC(A)로 변경되었고 일부 조항의 변동과 함께 몇 개의 조항들이 신설되었다.

ICC(A)와 A/R조건을 중심으로 이들의 내용을 간략히 비교하면 다음과 같다.

〈표 7-3〉 신구협회적하약관의 비교

구 분	약관번호	ICC(A)(신약관)	ICC(A/R)(구약관)			
		약 관 명	약관번호	동일표현	표현변경	신설
담보위험	1	Risks Clause	5		○	
	2	General Average Clause	5		○	
	3	"Both to Blame Collision" Clause	11	○		
면책위험	4	General Exclusion Clause	5		○	
	5	Unseaworthiness & Unfitness Exclusion Clause	8		○	
	6	War Exclusion Clause	12		○	
	7	Strikes Exclusion Clause	13		○	
보험기간	8	Transit Clause	1	○		
	9	Termination of Contract of Carriage Clause	2		○	
	10	Change of Voyage clause	4		○	
손해사정	11	Insurable Interest Clause				○
	12	Forwarding Charges Clause				○
	13	Constructive total Loss clause	6	○		
	14	Increased Value Clause				○
보험이익	15	Not Insure Clause	10	○		
손해경감	16	Duty to Assured Clause	9		○	
	17	Waiver Clause				○
미연방지	18	Reasonable Despatch Clause	14	○		
법률관례	19	English Law & Practice				○

1) Institute Cargo Clauses(A)

ICC(A)는 보험자가 법률이나 약관에 의해 면책되는 위험을 제외한 일체의 위험을 보상하는 조건이다. ICC(A)와 구약관 A/R조건을 비교해 보면 다음과 같다.

첫째, ICC(A)상의 담보위험(risks covered)은 구약관 A/R조건의 담보위험과 표현방법은 달라도 실제 담보위험과 범위는 사실상 A/R조건과 동일하다.

둘째, 제1조 위험약관(risks clause)은 A/R조건의 제5조 전위험담보약관의 내용과 같다.

셋째, 보험자의 면책위험들을 한데 묶어 'Exclusions라고 하는 큰 제목에 일반면책약관(General Exclusion Clause), 불내항과 부적합면책약관(Unseaworthiness and Unfitness Exclusion Clause), 전쟁면책약관(War Exclusion Clause) 및 동맹파업면책약관(Strikes Exclusion Clause)을 제4조, 제5조, 제6조 및 제7조에 연속적으로 배열하였다.

넷째, 도산이나 금전상의 채무불이행을 면책위험으로 명시하여 피보험자와 보험자 간에 발생할 수 있는 분쟁의 소지를 제거하였다.

다섯째, 제11조의 피보험이익약관, 제17조의 포기약관 및 제19조의 법률 및 관례 약관 등은 구 약관에 없던 것으로 새로 신설된 것이다.

2) Institute Cargo Clauses(B)

ICC(B)는 구약관의 WA조건과 유사하며 ICC(A)와는 위험약관에서 약간의 차이가 있다. 즉, ICC(B)는 담보하는 위험을 제1조에 다음과 같이 구체적으로 열거하고 있다.

또한 WA조건과 ICC(B)는 그 보상범위가 거의 동일하지만, 구약관 FPA에서 담보하고 있는 화물단위 당 추락 전손을 ICC(C)가 아닌 ICC(B)에서 담보하고 있다.

『제1조(위험약관) : 이 보험은 다음 제4조, 5조, 6조 및 제7조에서 규정한 면책위험을 제외하고 다음의 멸실, 손상을 보상한다.

(1) 다음의 사유에 상당한 인과관계가 있는 피보험목적물의 멸실, 손상

화재 또는 폭발, 본선 또는 부선의 좌초, 교사, 침몰 또는 전복, 육상운송용구의 전복 또는 탈선, 본선, 부선 또는 운송용구와 물 이외의 타물과의 충돌 또는 접촉, 피난항에서의 화물의 양하, 지진, 화산의 분화, 낙뢰

(2) 다음의 사유로 생긴 피보험목적물의 멸실, 손상

공동해손 희생손해, 투하 또는 갑판유실, 본선, 부선, 선창, 운송용구, 컨테이너, 지게자동차 또는 보관장소에 해수, 호수, 강물의 침입, 본선, 부선으로의 선적 또는 양하 작업 중 바다에 떨어지거나 갑판에 추락한 포장 당 1개의 전손』

3) Institute Cargo Clauses(C)

ICC(C)는 구약관인 FPA조건과 유사하며 담보위험은 제1조(위험약관)에 다음과 같이 구체적으로 열거하고 있다.

이를 요약하면 ICC(C)는 제4조 일반면책약관(General Exclusion Clause), 제5조 불내항 및 부적합면책약관(Unseaworthiness and Unfitness Exclusion Clause), 제6조 전쟁면책약관(War Exclusion Clause)과 제7조 동맹파업면책약관(Strikes Exclusion Clause)에서 규정한 위험은 보상이 안 된다.

그리고 화재 또는 폭발, 본선이나 부선의 좌초 등, 육상 운송용구의 전복이나 탈선, 본선, 부선 또는 운송용구와 물 이외의 다른 물체와의 충돌이나 접촉, 피난항에서의 화물의 양하, 공동해손 희생손해, 투하로 인해 발생한 멸실과 손상은 보상된다.

『제1조(위험약관) : 이 보험은 다음 제4조, 5조, 6조 및 제7조에서 규정한 면책위험을 제외하고 다음의 멸실, 손상을 보상한다.

(1) 다음의 사유에 상당한 인과관계가 있는 피보험목적의 멸실, 손상

화재 또는 폭발, 본선 또는 부선의 좌초, 교사, 침몰, 전복, 육상운송용구의 전복 또는 탈선, 본선, 부선 또는 운송용구와 물 이외의 다른 물체와의 충돌 또는 접촉, 피난항에서의 화물의 양하

(2) 다음의 사유로 생긴 피보험목적물의 멸실, 손상

공동해손 희생손해, 투하』

(1) ICC(B)와 차이

ICC(B)와의 차이는 ICC(B)에서 담보하는 위험에 있다. 즉, ICC(B)에서는 ① 지진, 화산의 분화 또는 낙뢰 ② 갑판유실 ③ 본선, 부선, 선창, 운송용구, 컨테이너, 지게자동차 또는 보관장소에 해수, 호수, 강물의 유입 ④ 본선, 부선으로의 선적 또는 양하 작업 중 바다에 떨어지거나 갑판에 추락한 포장 당 1개의 전손의 위험은 보상하였지만, ICC(C)에서는 담보하지 않는다.

(2) 구 FPA와 차이

구 FPA와의 차이는 FPA조건에서는 본선이나 부선에 선적이나 양하 작업 중 바다나 갑판에 추락한 포장단위 당 전손을 보상하고 있으나, ICC(C)에서는 이를 보상하지 않는 대신 ICC(B)에서 보상하도록 규정하고 있다는 점이다.

제 3 절 개정협회적하약관

1. 개정약관의 제정 경위와 적용

1) 제정경위

1982년에 도입된 신협회적하약관은 구 Lloyd's S.G. Policy에서 탈피한 적하보험증권의 새로운 걸음이었다. Lloyd's S.G. 보험증권은 비록 몇몇 판결에서 매우 이상한 도구(a very strange instrument)로 묘사되기도 하였으나, 법원의 무수한 판례에 의해 단어의 의미가 잘 확립된 것으로 평가되어 왔다.

한편 1982년에 도입된 신협회적하약관하에서도 담보범위에 관한 큰 소송들은 거의 발생되지 않았다. 그러나 시간이 흐르면서 변화는 발생하기 마련인데 특히 최근의 해상 사기와 절도, 테러행위의 만연 등 국제환경의 변화는 협회적하약관의 개정을 하지 않을 수 없도록 하는 환경요인으로 작용하였다.

2009년 협회적하약관(ICC)의 개정작업은 Nicholas Gooding을 의장으로 하는 작업반을 만들고 이해당사자들에게 질문서를 보낸 2006년 2월부터 시작되었다.

이어 질문서에 대한 답변을 분석하고, ICC(A), ICC(B) 및 ICC(C)와 전쟁 및 동맹파업약관의 개정을 작성하여 2008년 10월 최종 초안을 배포하였다. 2008년 11월 개정 협회적하약관(이하 개정약관이라 함) 및 관련 약관들이 공표되었고 이는 2009년 1월부터 시행되었다.

2) 적용

우리나라 적하보험실무에서는 수출화물의 경우 신용장(L/C)에 의해 지정되어 있는 경우나 피보험자의 특별한 요청이 있는 경우에는 구해상보험증권 양식과 1982년 협회적하약관을 주로 사용하였다.

그러나 상당수의 계약에서는 전통적인 Lloyd's S.G. 보험증권을 모방한 구 보험증권과 1963년 협회적하약관(WA, FPA, All Risks)을 아직도 그대로 사용하고 있다. 또 보험증권이 유통되지 않는 수입화물의 경우는 전통적인 구해상보험증권과 1963년 협회적하약관에 의한 계약이 많이 이루어지고 있다.

국제적인 추세가 신해상보험증권과 1982년 약관을 사용하고 있고 2009년 개정약관에는 피보험자에게 유리한 개정내용들이 많이 들어있다는 것을 고려하면 우리나라에서도 개정약관의 사용이 가속될 것으로 보인다.

2. 개정약관의 내용

1) 제1조 담보위험약관

(1) ICC(A) : Risk Clause

담보위험약관(Risk Covered)은 해상위험으로 인해 발생한 손해를 보험자가 보상한다는 것을 규정한 약관으로 위험약관(Risk Clause)이라고도 한다.

Risk covered

1. This insurance covers all risks of loss of or damage to the subject-matter insured except as excluded by the provisions of Clauses 4, 5, 6 and 7 below.

담보위험

『1. 이 보험은 다음의 제4조, 제5조, 제6조 및 제7조에 규정에 의하여 배재된 위험을 제외하고 피보험목적물의 멸실 또는 손상에 관한 일체의 위험을 담보한다.』

ICC(A)는 보험자가 법률이나 약관에 의해 면책되는 위험을 제외한 일체의 위험을 보상하는 조건이다. 따라서 보상범위가 가장 넓은 ICC(A) 조건이라 할지라도 말 그대로 모든 손해를 보상하는 것은 아니다.

실제로 ICC(A)는 제1조에 '제4조(일반면책약관), 제5조(불내항·부적합면책약관), 제6조(전쟁면책약관), 제7조(동맹파업면책약관) 등에서 규정된 사유를 제외하고 피보험목적물의 멸실 또는 손상에 관한 일체의 위험을 담보한다.'고 규정하고 있다.

따라서 ICC(A)에서도 선박의 불내항 및 부적합 손해, 전쟁위험, 동맹파업위험 외에, ICC(A) 제4조 일반면책약관에 규정되어 있는 다음의 위험들의 경우에는 보험자가 면책된다.

첫째, 피보험자의 고의적인 불법행위

둘째, 통상의 누손, 중량 또는 용적의 통상적인 감소 또는 자연소모나 마모

셋째, 포장이나 준비의 불충분 또는 부적합

넷째, 피보험목적물의 고유의 하자나 성질

다섯째, 지연

여섯째, 선박의 소유지 등의 도신이나 금진싱의 채무불이행

일곱째, 원자핵 분열 등

(2) ICC(B) : Risks Clause

열거책임주의를 채택하고 있는 ICC(B)상의 담보위험은 제4조(일반면책약관), 제5조(불내항 및 부적합면책약관), 제6조(전쟁면책약관), 제7조(동맹파업면책약관)는 당연히 제외되고, 제1조에 열거되어 있는 위험이 된다.

ICC(B)의 담보위험은 ICC(A)의 담보위험에서 규정된 것과는 달리 제1조에 구체적으로 열거하고 있다.

ICC(B) 제1조에서 열거하고 있는 보험자가 부담하는 위험은 첫째, 위험과 손해 간에 상당한 인과관계가 요구되는 위험 둘째, 단순한 인과관계만을 요구하는 위험, 셋째, 인과관계가 필요 없는 본선이나 부선에 선적 또는 양하 작업 중 바다 또는 갑판에 추락한 포장단위당 전손 등 세 가지 항목이다.

Risk covered

1. This insurance covers, except as excluded by the provisions of Clauses 4, 5, 6 and 7 below,

1.1 loss of or damage to the subject-matter insured reasonably attributable to

1.1.1 fire or explosion

1.1.2 vessel or craft being stranded grounded sunk or capsized

1.1.3 overturning or derailment of land conveyance

1.1.4 collision or contact of vessel craft or conveyance with any external object other than water

1.1.5 discharge of cargo at a port of distress

1.1.6 earthquake volcanic eruption or lighting

1.2 loss of or damage to the subject-matter insured caused by

1.2.1 general average sacrifice

1.2.2 jettison or washing overboard

1.2.3 entry of sea lake or river water into vessel craft hold conveyance container liftvan or place of storage,

1.3 total loss of any package lost overboard or dropped whilst loading on to, or unloading from, vessel.

첫째는 위험과 손해 간에 상당한 인과관계가 요구되는 위험으로 ① 화재 또는 폭발 ② 본선 또는 부선의 좌초, 교사, 침몰 또는 전복 ③ 육상 운송용구의 전복 또는 탈선 ④ 본선, 부선 또는 운송용구와 물 이외의 다른 물체와의 충돌 또는 접촉 ⑤ 피난항에서의 화물의 양하 ⑥ 지진, 화산의 분화 또는 낙뢰 등 여섯 가지를 규정하고 있다.

둘째는 단순한 인과관계만을 요구하는 위험으로 ① 공동해손 희생손해 ② 투하 또는 갑판유실 ③ 본선, 부선, 선창, 운송용구, 컨테이너, 지게차 또는 보관장소에 해수, 호수, 하천수의 유입 등 세 가지를 규정하고 있다.

셋째는 인과관계가 필요 없는 본선이나 부선으로의 선적 또는 양하 작업 중 바다 또는 갑판에 추락한 포장단위 당 전손 등 한 가지를 규정하고 있다.

담보위험

『1. 이 보험은 다음의 제4조, 제5조, 제6조 및 제7조의 규정에 의하여 배제된 위험을 제외하고 다음의 멸실 또는 손상에 관한 위험을 담보한다.

1.1 다음의 사유에 합리적으로 기인하는 피보험목적물의 멸실 또는 손상

1.1.1 화재 또는 폭발

1.1.2 본선 또는 부선의 좌초, 교사, 침몰 또는 전복

1.1.3 육상 운송용구의 전복 또는 탈선

1.1.4 본선, 부선 또는 운송용구와 물 이외의 다른 물체와의 충돌이나 접촉

1.1.5 피난항에서의 화물의 양하

1.1.6 지진, 화산의 분화 또는 낙뢰

1.2 다음의 사유에 기인하는 피보험목적물의 멸실 또는 손상

1.2.1 공동해손 희생손해

1.2.2 투하 또는 갑판유실

1.2.3 본선, 부선, 선창, 운송용구, 컨테이너, 지게차 또는 보관장소에 해 , 호수 또는 하천수의 유입

1.3 본선 또는 부선으로의 선적 또는 양하 작업 중에 바다로의 낙하 또는 갑판상에 추락한 포장단위 당 전손』

(3) ICC(C) : Risks Clause

열거책임주의 방식을 채택하고 있는 ICC(C)상 담보위험은 제4조, 제5조, 제6조, 제7조는 당연히 제외되고, 제1조에서 보험자가 부담하도록 구체적으로 열거되어 있는 위험이 된다.

즉, 개정 ICC(C)의 담보위험약관(Risk Covered Clause)에서는 일반면책약관(제4조), 선박의 불내항 및 부적합면책약관(제5조), 전쟁면책약관(제6조), 동맹파업면책약관(제7조)의 위험을 제외하고, 담보위험약관에서 정한 사유에 합리적으로 기인하는 피보험목적물의 멸실 또는 손상에 관한 위험을 담보하고 있다.

ICC(A)는 포괄책임주의를 채택하고 있고, ICC(B)의 담보위험약관과 ICC(C)의 담보위험 약관은 열거책임주의를 채택하고 있다. ICC(C)는 ICC(B)보다 보험자의 보상범위가 적기 때문에 ICC(C)는 제1조에 열거된 담보위험의 수가 ICC(B)보다 적다.

즉, 개정 ICC(A), ICC(B), ICC(C)에서 담보하는 담보위험을 비교하면 ICC(A)의 담보범위가 가장 넓고, ICC(B)의 담보범위는 ICC(A)보다는 좁지만 ICC(C)보다는 넓다.

개정 ICC(A), ICC(B), ICC(C) 중에서 ICC(C)의 담보범위가 가장 좁다.

Risk covered

1. This insurance covers, except as excluded by the provisions of Clauses 4, 5, 6 and 7 below,

1.1 loss of or damage to the subject-matter insured reasonably attributable to

1.1.1 fire or explosion

1.1.2 vessel or craft being stranded grounded sunk or capsized

1.1.3 overturning or derailment of land conveyance

1.1.4 collision or contact of vessel craft or conveyance with any external object other than water

1.1.5 discharge of cargo at a port of distress,

1.2 loss of or damage to the subject-matter insured caused by

1.2.1 general average sacrifice

1.2.2 jettison

담보위험

『1. 이 보험은 다음의 제4조, 제5조, 제6조 및 제7조의 규정에 의하여 배제된 위험을 제외하고, 다음의 멸실 또는 손상에 관한 위험을 담보한다.

1.1 다음의 사유에 합리적으로 기인하는 피보험목적물의 멸실 또는 손상

1.1.1 화재 또는 폭발

1.1.2 본선 또는 부선의 좌초, 교사, 침몰 또는 전복

1.1.3 육상 운송용구의 전복 또는 탈선

1.1.4 본선, 부선 또는 운송용구와 물 이외의 다른 물과의 충돌 또는 접촉

1.1.5 피난항에서의 화물의 양하

1.2 다음의 사유에 기인하는 피보험목적물의 멸실 또는 손상

1.2.1 공동해손 희생손해

1.2.2 투하』

즉, ICC(B)에 열거된 위험 중 ① 지진, 화산의 분화 또는 낙뢰 ② 갑판유실 ③ 본선이나 부선 등에 해수, 호수 또는 하천수의 유입 ④ 본선이나 부선의 추락 전손 위험이 ICC(C)에서는 제외되었다.

구체적으로 ICC(C) 제1조에 규정되어 있는 보험자가 부담하는 위험은 다음과 같다.

첫째는 위험과 손해 간에 상당한 인과관계가 요구되는 위험으로, ① 화재 또는 폭발 ② 본선 또는 부선의 좌초, 교사, 침몰 또는 전복 ③ 육상 운송용구의 전복 또는 탈선 ④ 본선, 부선 또는 운송용구와 물 이외의 다른 물체와의 충돌 또는 접촉 ⑤ 피난항에서의 화물의 양하 등 다섯 가지의 세목으로 규정하고 있다.

둘째는 단순한 인과관계만을 요구하는 위험으로 공동해손 희생손해와 투하 등 두 가지의 세목으로 규정하고 있다.

이러한 위험들은 ICC(B)에서 보상되는 것과 같이 ICC(C)에서도 보상된다. 그러나 피보험목적물의 멸실 또는 손상에 상당인과관계를 갖는 위험인 갑판유실, 본선, 부선, 선창, 운송용구, 컨테이너 또는 보관장소에 해수, 호수 또는 하천수의 유입 등으로 인하여 발생한 피보험목적물의 멸실이나 손상은 ICC(C)에서는 보상되지 않는다.

2) 제2조 공동해손약관

공동해손약관(General Average Clause)는 개정약관 ICC(A), ICC(B), ICC(C) 모두 동일한 내용으로 되어 있는데, 공동해손이 발생한 경우 공동해손해위에 따르는 손해보상에 관한 내용을 규정하고 있다.

이 약관은 일반면책약관(General Exclusion Clause), 불내항 및 부적합면책약관, 전쟁면책약관, 동맹파업면책약관 또는 이 보험의 기타 약관에서의 사유를 제외하고, 적하와 선박의 공동위험을 회피하거나 그와 관련하여 발생한 피보험목적물의 멸실이나 손상은 해상운송계약을 비롯하여 강행적인 법률이나 관습에 따라 정산되며, 이와 관련하여 결정된 공동해손과 구조비를 보상한다는 내용이다.

1963년 ICC(FPA, WA, A/R)에서는 각 제7조에 규정되어 있었던 것이 1982년 및 2009년 ICC(A), ICC(B), ICC(C)에서는 각 제2조로 옮겨 규정되어 있다.

공동해손은 선하증권(B/L) 또는 용선계약서(C/P)에 기재된 준거법에 의해 정산된다. 또한 선하증권에는 '공동해손은 운송인의 선택에 따라 어느 항구, 어느 장소에서 정산될 수 있고 YAR(York-Antwerp Rule)에 준하여 정산된다.'는 공동해손약관이 삽입되어 있기 때문에 공동해손이 발생하면 YAR에 따라 정산하는 것이 국제적인 관례이다.

이 약관은 보험자의 보상책임에 대해 분쟁이 발생하면 곤란하므로 운송계약상의 취급 및 보험증권상의 취급을 일치시킬 목적으로 규정된 것이다.

General Average Clause

2. This insurance covers general average and salvage charges, adjusted or determined according to the contract of carriage and/or the governing law and practice, incurred to avoid or in connection with the avoidance of loss from any cause except those excluded in Clauses 4, 5, 6 and 7 below.

공동해손약관

『2. 이 보험은 다음의 4, 5, 6 및 7조에서 제외한 원인 이외의 원인에 의한 손해를 피하기 위하여 또는 피하는 것과 관련하여 발생한 공동해손과 구조비를 보상한다. 공동해손과 구조비의 정산과 결정은 해상운송계약 및/또는 준거법 및 관례에 따른다.』

3) 제3조 쌍방과실충돌약관

쌍방과실충돌약관(Both to Blame Collision Clause)은 충돌한 선박 쌍방에 과실이 인정될 때, 그에 따른 손해를 부담한다는 것을 규정하고 있는 약관이다.

즉, 보험자의 손해보상 범위를 확장하여 선하증권의 쌍방과실충돌약관에 의해 피보험자가 부담해야 할 금액 중 보험증권에서 보상받을 수 있는 손해를 보험자가 지급함을 규정한 약관이다. 이는 피보험자인 하주의 불이익을 보호하기 위하여 도입된 약관이다.

이것은 일방과실충돌약관(One to Blame Collision Clause)에 상대되는 개념으로 구협회적하약관에서는 각 제11조에 규정되어 있었다.

Both to Blame Collision Clause

3. This insurance indemnifies the Assured, in respect of any risk insured herein, against liability incurred under any Both to Blame Collision Clause in the contract of carriage. In the event of any claim by carriers under the said Clause, the Assured agree to notify the insurers who shall have the right, at their own cost and expense, to defend the Assured against such claim.

쌍방과실충돌약관

『3. 이 보험은 피보험자가 이 보험의 일체의 담보위험에 관하여, 운송계약상의 쌍방과실충돌약관에 의해 부담하는 책임액을 보상한다. 상기 약관에 의거 운송인으로부터 청구를 받았을 경우, 피보험자는 그 취지를 보험자에게 통지할 것을 약속한다. 보험자는 자기의 비용으로 운송인의 청구에 대하여 피보험자를 보호할 권리를 갖는다.』

4) 제4조 일반면책약관

(1) ICC(A)의 일반면책약관

일반면책약관(General Exclusion Clause)은 보험자가 면책되는 위험들을 구체적으로 명시하고 있는 약관이다.

이 약관에 규정되어 있는 면책사유로는 ① 피보험자의 고의적인 불법행위 ② 통상의 누손, 중량 또는 용적의 통상적인 감소 또는 자연소모나 마모 ③ 포장이나 준비의 불충분 또는 부적합(위험개시 전 또는 피보험자에 의한 컨테이너에의 화물의 적재를 포함함) ④ 피보험목적물의 고유의 하자나 성질 ⑤ 지연(담보위험 또는 피보험위험에 의한 경우를 포함함) ⑥ 선박의 소유자, 관리자, 용선자, 운항자의 도산이나 금전상의 채무불이행 ⑦ 원자핵 분열 등 원자력 무기의 사용결과에 의한 손해 등이 있다.

이상과 같이 ICC(A) 조건상의 일반면책약관에 규정되어 있는 면책사유는 7항목이다. 그러나 ICC(B)와 ICC(C) 조건의 제4조에 규정되어 있는 면책사유는 8항목이다.

이것은 어떤 자와 어떤 자들의 불법행위에 의한 의도적인 손상이나 파괴는 보험자가 면책된다는 규정이 추가된 결과이다. 그러므로 이 위험은 ICC(B)와 ICC(C) 조건은 면책위험이 되고 ICC(A)은 면책위험에서 제외되어 있기 때문에 보험자가 담보하는 위험이 된다.

General Exclusion Clause

4. In no case shall this insurance cover

4.1 loss, damage or expense attributable to willful misconduct of the Assured

4.2 ordinary leakage, ordinary loss in weight or volume, or ordinary wear and tear of the subject-matter insured

4.3 loss, damage or expense caused by insufficiency or unsuitability of packing or preparation of the subject-matter insured to withstand the ordinary incidents of the insured transit where such packing or preparation is carried out by the Assured or their employees or prior to the attachment of this insurance(for the purpose of these Clauses "packing" shall be deemed to include stowage in a container and "employees" shall not include independent contractors)

4.4 loss, damage or expense caused by inherent vice or nature of the subject-matter insured

4.5 loss, damage or expense caused by delay, even though the delay be caused by a risk insured against (except expenses payable under Clause 2 above)

4.6 loss, damage or expense caused by insolvency or financial default of the owners, managers, charterers or operators of the vessel, the Assured are aware, or in the ordinary course of business should be aware, that such insolvency or financial default could prevent the normal prosecution of the voyage.

This exclusion shall not apply where the contract of insurance has been assigned to the party claiming hereunder who has bought or agreed to buy the subject-matter insured in good faith under a binding contract.

4.7 loss, damage or expense directly or indirectly caused by or arising from the use of any weapon or device atomic or nuclear fission and/or fusion or other like reaction or radioactive force or matter.

일반면책약관

4. 어떠한 경우에도 이 보험은 다음의 손해를 담보하지 아니한다.

4.1 피보험자의 고의의 불법행위에 기인하는 멸실, 손상 또는 비용

4.2 통상의 누손, 중량 또는 용적의 통상적인 감소 또는 자연소모나 마모

4.3 이 보험의 대상이 되는 운송에서 통상 발생하는 사고에 견딜 수 있도록 피보험목적물의 포장 또는 준비를 완전하고 적절하게 하지 않음으로 인하여 발생한 멸실, 손상 또는 비용. 다만, 그러한 포장 또는 준비가 피보험자 또는 사용인에 의해 실행되거나 이 보험의 개시 전에 실행되는 경우에 한한다(이 약관에 있어서 "포장"에는 컨테이너에 적부하는 것을 포함하고, "사용인"에는 독립계약자를 포함하지 아니한다)

4.4 피보험목적물의 고유의 하자 또는 성질에 기인하여 발생한 멸실, 손상 또는 비용

4.5 지연이 피보험위험에 기인하여 발생한 경우라도, 그 지연에 근인하여 발생한 멸실·손상 또는 비용(다만 위의 2에 따라 지급되는 비용은 제외함)

4.6 선박의 소유자, 관리자, 용선자 또는 운항자의 도산이나 금전상의 채무불이행으로 인한 멸실, 손상 또는 비용. 다만, 피보험목적물을 본선에 적재할 때 피보험자가 그러한 도산이나 금전상의 채무불이행이 그 항해의 정상적인 수행을 방해할 수 있다는 사실을 알고 있었거나 또는 통상의 업무상 당연히 알고 있었을 경우에 한한다.

이 면책규정은 구속력 있는 계약에 따라, 선의로 피보험목적물을 구입한 자 또는 구입하는 것에 동의한 자에, 보험계약이 양도되어, 그 자가 이 보험에 의하여 보험금을 청구하는 경우에는 적용되지 아니한다.

4.7 원자력 또는 핵의 분열 및/또는 융합 또는 기타 이와 유사한 반응 또는 방사능이나 방사성 물질을 응용한 무기 또는 장치의 사용으로 인하여 직접 혹은 간접적으로 발생한 멸실, 손상 또는 비용』

(2) ICC(B)·ICC(C)의 일반면책약관

ICC(B)와 ICC(C)의 일반면책약관(General Exclusion Clause)에서는 보험자가 면책이 되는 위험을 8가지로 규정하고 있다.

8가지는 ① 피보험자의 고의적인 불법행위 ② 통상의 누손이나 자연소모 등 ③ 포장이나 준비의 불충분이나 부적합 ④ 피보험목적물의 고유의 하자나 성질 ⑤ 지연 ⑥ 선박의 소유자 등의 도산 등 ⑦ 어떤 자나 자들에 의한 고의적인 불법행위 ⑧ 원자핵 분열 등이다.

General Exclusion Clause

4. In no case shall this insurance cover

4.1 loss, damage or expense attributable to willful misconduct of the Assured

4.2 ordinary leakage, ordinary loss in weight or volume, or ordinary wear and tear of the subject-matter insured

4.3 loss, damage or expense caused by insufficiency or unsuitability of packing or preparation of the subject-matter insured to withstand the ordinary incidents of the insured transit where such packing or preparation is carried out by the Assured or their employees or prior to the attachment of this insurance(for the purpose of these Clauses "packing" shall be deemed to include stowage in a container and "employees" shall not include independent contractors)

4.4 loss, damage or expense caused by inherent vice or nature of the subject -matter insured

4.5 loss, damage or expense caused by delay, even though the delay be caused by a risk insured against (except expenses payable under Clause 2 above)

4.6 loss, damage or expense caused by insolvency or financial default of the owners managers charterers or operators of the vessel, the Assured are aware, or in the ordinary course of business should be aware, that such insolvency or financial default could prevent the normal prosecution of the voyage.

This exclusion shall not apply where the contract of insurance has been assigned to the party claiming hereunder who has bought or agreed to buy the subject-matter insured in good faith under a binding contract.

4.7 deliberate damage to or deliberate destruction of the subject-matter insured or any part thereof by the wrongful act of any person or persons.

4.8 loss, damage or expense directly or indirectly caused by or arising from the use of any weapon or device atomic or nuclear fission and/or fusion or other like reaction or radioactive force or matter.

일반면책약관

『4. 어떠한 경우에도 이 보험은 다음의 손해를 담보하지 아니한다.

4.1 피보험자의 고의의 불법행위에 기인하는 멸실, 손상 또는 비용

4.2 통상의 누손, 중량 또는 용적의 통상적인 감소 또는 자연소모나 마모

4.3 이 보험의 대상이 되는 운송에서 통상 발생하는 사고에 견딜 수 있도록 피보험목적물의 포장 또는 준비를 완전하고 적절하게 하지 않음으로 인하여 발생한 멸실, 손상 또는 비용. 다만 그러한 포장 또는 준비가 피보험자 또는 사용인에 의해 실행되거나 이 보험의 개시 전에 실행되는 경우에 한한다(이 약관에 있어서 "포장"에는 컨테이너에 적부하는 것을 포함하고, "사용인"에는 독립계약자를 포함하지 아니한다)

4.4 피보험목적물의 고유의 하자 또는 성질에 기인하여 발생한 멸실, 손상 또는 비용

4.5 지연이 피보험위험에 기인하여 발생한 경우라도, 그 지연에 근인하여 발생한 멸실·손상 또는 비용(다만 위의 2에 따라 지급되는 비용은 제외함)

4.6 선박의 소유자, 관리자, 용선자 또는 운항자의 도산이나 금전상의 채무불이행으로 인한 멸실, 손상 또는 비용. 다만, 피보험목적물을 본선에 적재할 때 피보험자가 그러한 도산이나 금전상의 채무불이행이 그 항해의 정상적인 수행을 방해할 수 있다는 사실을 알고 있었거나 또는 통상의 업무상 당연히 알고 있었을 경우에 한한다.

이 면책규정은 구속력 있는 계약에 따라, 선의로 피보험목적물을 구입한 자 또는 구입하는 것에 동의한 자에, 보험계약이 양도되어, 그 자가 이 보험에 의하여 보험금을 청구하는 경우에는 적용되지 아니한다.

4.7 피보험목적물 또는 그 일부에 대한 어떠한 자 또는 자들의 불법행위에 의한 고의적인 손상 또는 고의적인 파괴

4.8 원자력 또는 핵의 분열 및/또는 융합 또는 기타 이와 유사한 반응 또는 방사능이나 방사성 물질을 응용한 무기 또는 장치의 사용으로 인하여 직접 혹은 간접적으로 발생한 멸실, 손상 또는 비용』

일반면책약관은 ICC(A), ICC(B), ICC(C) 조건의 공통조항이다. 대부분의 면책사항들은 영국 해상보험법(MIA)에 규정되어 있는 중요 사항을 다시 기술하여 피보험자에게 주의를 환기하고 있는 것에 불과하다.

다만, ICC(A) 조건의 면책사유는 7항목인데 ICC(B), ICC(C) 조건의 경우는 4.7의 면책이 추가되어 8항목이다. 즉, ICC(A) 조건의 일반면책약관의 제4조 제6항 선사의 파산면책약관 다음에 악의적 손해면책약관이 제4조 제7항에, 제4조 제7항의 원자력위험 면책약관이 제4조 제8항에 규정되어 있다.

즉, ICC(A)의 일반면책약관상의 면책위험은 ICC(B) 및 ICC(C)의 일반면책약관에도 그대로 포함되어 있다.

그러나 ICC(B) 및 ICC(C)는 ICC(A)의 일반면책 사항에 추가하여 '어떤 자 또는 어떤 자들의 불법행위에 의한 피보험목적물이나 그 일부의 의도적인 손상이나 파괴(deliberate damage to or deliberate destruction of the subject-matter insured or any part thereof by the wrongful act of any person or persons)'를 면책위험으로 규정하고 있다.

이 조항은 1983년 협회적하약관에서 신설된 것으로, 일명 악의적 손해에 대한 면책규정이다. 가해자가 누구든지 그 불법행위에 의해 의도적으로 화물을 손상 또는 파괴한 경우(악의적 손해)를 면책으로 인정한 것이다.

이 조항은 ICC(B)와 ICC(C)의 경우에 면책위험이 되는 것이고 ICC(A)의 경우에는 그렇지 않기 때문에, ICC(B)와 ICC(C)의 경우는 특약을 통해서만 보상받을 수 있다. 여기에서 어떤 자 또는 어떤 자들은 피보험자를 제외한 제3자를 말한다.

따라서 ICC(B)와 ICC(C)상의 일반면책의 사유로는 ① 피보험자의 고의적인 불법행위에 기인하는 멸실, 손상 또는 비용 ② 통상의 누손, 중량 또는 용적의 통상적인 감소 또는 자연소모나 마모 ③ 피보험목적물의 포장이나 준비의 불충분 또는 부적합 ④ 피보험목적물의 고유의 하자나 성질로 인한 멸실, 손상 또는 비용 ⑤ 지연 ⑥ 선박의 소유자, 관리자, 용선자 또는 운항자의 도산이나 금전상의 채무불이행으로 인해 발생한 멸실, 손상 또는 비용 ⑦ 어떤 자 또는 어떤 자들의 불법행위에 의한 피보험목적물 또는 그 일부의 의도적인 손상이나 파괴 ⑧ 원자핵 분열 및/또는 원자핵 융합, 또는 기타 유사한 반응, 또는 방사능이나 방사성물질을 이용한 일체의 무기의 사용으로 인해 발생한 멸실, 손상 또는 비용이 있다.

5) 제5조 불내항 및 부적합면책약관

선박이나 부선 등의 불내항 및 부적합이란 선박 등이 위험 개시의 시점에서 항해의 위험에 견딜 수 있을 정도로 견고하지 못하거나 적합하지 못한 상태를 말한다.

불내항 및 부적합면책약관(Unseaworthiness and Unfitness Exclusion Clause)은 피보험목적물을 적재할 때에 선박이나 부선의 불내항, 또는 피보험목적물의 안전운송을 위한 선박이나 부선의 부적합한 사실, 또는 피보험자나 그 사용인에 의해 실행되고 또한 그들이 적재를 할 때에 피보험목적물의 안전운송을 위한 컨테이너 또는 운송용구의 부적합한 사실을 피보험자가 인지하고 있었다면 보험자가 책임을 부담하지 않는다는 내용을 구체적으로 규정하고 있는 약관이다.

따라서 이 약관은 선박이나 부선 등의 불내항 및 부적합이 인지되었음에도 피보험자가 본선에 화물을 선적하는 경우에 발생하는 손해는 보험자가 면책되도록 한 것이다.

Unseaworthiness and Unfitness Exclusion Clause

5.1 In no case shall this insurance cover loss damage or expense arising from

5.1.1 unseaworthiness of vessel or craft or unfitness of vessel or craft for the safe carriage of the subject-matter insured, where the Assured are privy to such unseaworthiness or unfitness, at the time the subject-matter insured is loaded therein

5.1.2 unfitness of container or conveyance for the safe carriage of the subject-matter insured, where loading therein or thereon is carried out prior to attachment of this insurance or by the Assured or their employees and they are privy to such unfitness at the time of loading.

5.2 Exclusion 5.1.1 above shall not apply where the contract of insurance has been assigned to the party claiming here under who has bought or agreed to buy the subject-matter insured in good faith under a binding contract.

5.3 The Insurers waive any breach of the implied warranties of seaworthiness of the ship and fitness of the ship to carry the insured to destination.

불내항 및 부적합면책약관

『5.1 어떠한 경우에도 이 보험은 다음 사유로부터 생긴 멸실, 손상 또는 비용을 담보하지 아니한다.

5.1.1 선박 또는 부선의 불내항, 또는 피보험목적물의 안전운송을 위한 선박 또는 부선의 부적합. 다만, 피보험목적물을 적재할 때에 피보험자가 그와 같은 불내항 또는 부적합을 알고 있을 경우에 한한다.

5.1.2 피보험목적물의 안전운송을 위한 컨테이너 또는 운송용구의 부적합. 다만, 그 적재가 이 보험의 개시 전에 실행되는 경우 또는 피보험자 또는 그 사용인에 의해 실행되고 또한 그들이 적재할 때에 그러한 부적합을 알고 있을 경우에 한한다.

5.2 상기 5.1.1 면책규정은 구속력 있는 계약하에서, 선의로 피보험목적물을 구입한 자 또는 구매하는 것에 동의한 자에, 이 보험계약이 양도되어, 그 자가 이 보험에 의해 보험금을 청구하는 경우에는 적용되지 아니한다.

5.3 보험자는 선박의 내항성 및 피보험목적물을 목적지로 운송하기 위한 선박의 적합성에 대한 묵시담보의 위반의 권리를 포기한다.』

선박의 불내항 및 부적합은 묵시담보이다. 따라서 피보험자가 그 담보를 위반하게 되면 그 시점부터 보험자 책임이 면제된다. 그런데 피보험자가 선박의 내항성을 통제할 수 있는 입장에 있지 않기 때문에, 피보험자나 그 사용인이 이러한 불내항 및 부적합의 사실을 알지 못한 경우에 한하여 보험자 책임이 면제된다.

6) 제6조 전쟁면책약관

(1) ICC(A)

ICC(A)의 전쟁면책약관(War Exclusion Clause)은 보험자의 전쟁위험에 대한 면책을 규정하고 있는 약관이다.

ICC(A) 제6조는 ① 전쟁, 내란, 혁명, 반역, 반란, 또는 이로 인해 발생한 국내투쟁, 또는 교전국에 의하거나 또는 교전국에 대하여 가해진 일체의 적대행위 ② 포획, 나포, 강류, 억지 또는 억류(해적위험은 제외함), 또는 그러한 행위의 결과 또는 그러한 행위의 시도 ③ 유기된 기뢰, 어뢰, 폭탄, 또는 기타의 유기된 전쟁무기에 기인하여 발생한 멸실, 손상 또는 비용은 보험자가 보상하지 않는다고 규정하고 있다.

War Exclusion Clause

6. In no case shall this insurance cover loss damage or expense caused by

6.1 war, civil war, revolution, rebellion, insurrection, or civil strife arising therefrom, or any hostile act by or against a belligerent power

6.2 capture seizure arrest restraint or detainment(piracy excepted), and the consequences thereof or any attempt thereat

6.3 derelict mines torpedoes bombs or other derelict weapons of war.

전쟁면책약관

『6. 어떠한 경우에도 이 보험은 다음의 위험에 기인하여 발생한 멸실, 손상 또는 비용을 담보하지 아니한다.

6.1 전쟁, 내란, 혁명, 반역, 반란, 또는 이로 인하여 발생하는 국내투쟁, 또는 교전국에 의하거나 또는 교전국에 대하여 가해진 일체의 적대행위

6.2 포획, 나포, 강류, 억지 또는 억류(해적위험은 제외함), 또는 이러한 행위의 결과 또는 이러 한 행위의 기도

6.3 유기된 기뢰, 어뢰, 폭탄, 또는 기타의 유기된 전쟁무기』

만약, ICC(A)에서 제6조가 없다면 ICC(A)는 보험자가 전쟁위험을 부담하는 것이 되며, ICC(B)와 ICC(C)는 담보위험에 전쟁위험이 열거되어 있지 않기 때문에 보험자가 전쟁위험을 부담하지 않는 결과가 된다. 특이한 점은 LIoyd's S.G. Policy에서 면책위험으로 규정하였던 포획이나 나포 부담보약관(F.C & S Clause, Free From Capture and Seizure)을 1982년 ICC와 2009년 개정약관에서는 'War Exclusion Clause'로 명칭을 변경한 것이다.

ICC(A)의 전쟁면책약관의 특징은 Institute War Clauses(Cargo)에서 제시되는 '해적행위(piracy)'를 전쟁위험에서 제외(excepted)시킴으로써 해적행위는 해상위험이라는 점을 분명히 하였다는 것이다.

그런데 ICC(B) 및 ICC(C)에는 해적행위 제외(piracy excepted)라는 단서조건이 없다. 해적행위는 해적의 강탈, 파괴, 방화 등의 행위를 뜻하는데, 과거에는 전쟁위험으로 취급되었다. 그러나 여기서는 해적행위를 전쟁위험에서 제외했기 때문에 ICC(A)에서는 보험자가 해적행위도 담보한다.

한편 구협회적하약관에서는 포획나포부담보약관이 삭제되면 자동적으로 협회전쟁약관이 보험의 일부를 간주하는 것으로 간주하였으나 신협회적하약관에서는 그러한 규정이 없다. 그러므로 이들 위험을 담보받기 위해서는 전쟁위험 담보특약인 협회전쟁약관(Institute War Clause)을 별도로 특약해야 한다.

(2) ICC(B) 및 ICC(C)

ICC(B)와 ICC(C)의 전쟁면책약관에서도 보험자의 면책위험에 대한 내용을 상세히 규정하고 있다. 다만, ICC(B) 및 ICC(C)의 전쟁면책약관에서는 해적행위가 면책위험에서 제외된다고 명시하지 않음으로써, 해적행위가 ICC(B) 및 ICC(C)에서는 면책위험도 담보위험도 아닌 비담보위험(risks not covered)이 되도록 하였다.

War Exclusion Clause

6. In no case shall this insurance cover loss damage or expense caused by

6.1 war, civil war, revolution, rebellion, insurrection, or civil strife arising there from, or any hostile act by or against a belligerent power

6.2 capture, seizure, arrest, restraint or detainment, and the consequences thereof or any attempt thereat

6.3 derelict mines, torpedoes, bombs or other derelict weapons of war.

전쟁면책약관

『6. 어떠한 경우에도 이 보험은 다음의 위험에 기인하여 발생한 멸실, 손상 또는 비용을 담보하지 아니한다.

6.1 전쟁, 내란, 혁명, 반역, 반란, 또는 이로 인해 발생하는 국내투쟁, 또는 교전국에 의하거나 또는 교전국에 대하여 가해진 일체의 적대행위

6.2 포획, 나포, 강류, 억지 또는 억류, 또는 그러한 행위의 결과 또는 그러한 행위의 시도

6.3 유기된 기뢰, 어뢰, 폭탄 또는 기타의 유기된 전쟁무기』

7) 동맹파업면책약관

동맹파업면책약관(Strikes Exclusion Clause)은 동맹파업, 폭동, 소요 등으로 인한 손해에 대해 보험자가 면책된다는 내용을 규정한 약관이다.

ICC(A), ICC(B) 및 ICC(C)의 제7조는 모두 ① 동맹파업자, 직장폐쇄노동자, 노동쟁의, 폭동 또는 소요에 가담한 자에 의해 발생하거나 ② 동맹파업 등의 결과로 발생한 것 ③ 일체의 테러행위에 의한 것 즉, 합법적 또는 불법적으로 설립된 정부를 무력이나 폭력으로, 전복 또는 영향력을 미치기 위해 행동하는 조직을 대신하여 또는 그 조직과 연대 행동하는 자의 행위에 의한 것 ④ 정치적, 사상적 또는 종교적 동기를 가지고 행동하는 자에 의해 발생한 멸실은 보험자가 보상하지 않는다고 규정하고 있다.

이 위험들은 특약을 통해 보상될 수 있는 상대적 면책위험이다. 따라서 피보험자가 이 위험을 보상받으려면 협회동맹파업약관(Institute Strikes Clauses)을 특약해야 한다.

Strikes Exclusion Clause

7. In no case shall this insurance cover loss damage or expense

7.1 caused by strikers, locked-out workmen, or persons taking part in labour disturbances, riots or civil commotions

7.2 resulting from strikes, lock-outs, labour disturbances, riots or civil commotions

7.3 caused by any act of terrorism being an act of any person acting on behalf of, or in connection with, any organization which carries out activities directed towards the overthrowing or influencing, by force or violence, of any government whether or not legally constituted

7.4 caused by any person acting from a political, ideological or religious motive.

동맹파업면책약관

『7. 어떠한 경우에도 이 보험은 다음의 멸실, 손상 또는 비용을 담보하지 아니한다.

7.1 동맹파업자, 직장폐쇄노동자 또는 노동쟁의, 폭동 또는 소요에 가담한 자에 의해 발생한 것

7.2 동맹파업, 직장폐쇄, 노동쟁의, 폭동 또는 소요의 결과로 생긴 것

7.3 일체의 테러행위, 즉 합법적 또는 불법적으로 설립된 일체의 정부를 무력이나 폭력으로, 전복 또는 영향력을 미치기 위해 행동하는 조직을 대신하여 또는 그 조직과 연대하여 행동하는 자의 행위에 의한 것

7.4 정치적, 사상적 또는 종교적 동기를 가지고 행동하는 자에 의해 발생한 것』

8) 제8조 운송약관

운송약관(Transit Clause)은 보험자가 손해보상의 책임을 져야 하는 보험기간의 시기(始期)와 종기(終期)를 규정하고 있는 약관으로 수송약관 또는 창고간약관이라고도 부른다.

(1) 운송약관의 구성과 내용

제8조 운송약관의 전문은 3개항으로 구성되어 있다. 우선 제1항에서는 보험기간의 시기와 종기, 제2항에서는 최종목적항에서 화물의 양하 후 목적지가 변경되어 계속 운송되는 경우 보험기간의 종기, 그리고 제3항에서는 피보험자가 지배할 수 없는 지연, 이로 등의 경우 담보의 자동적인 계속을 규정하고 있다.

(2) 보험자 책임의 시기(제8조 제1항)

운송약관은 보험자 책임의 시기에 대해 '이 보험은 운송개시를 위해 운송차량 또는 기타의 운송용구에 피보험목적물을 즉시 적재할 목적으로 창고 또는 보관장소에서 피보험목적물이 최초로 이동한 때에 개시되고'라고 규정하고 있다.

Transit Clause

8. 8.1 Subject to Clause 11 below, this insurance attaches from the time the subject-matter insured is first moved in the warehouse or at the place of storage(at the place named in the contract of insurance) for the purpose of the immediate loading into or onto the carrying vehicle or other conveyance for the commencement of transit, continues during the ordinary course of transit and terminates either

운송약관

『8. 8.1 아래 약관 제11조를 조건으로 하여, 이 보험은 운송개시를 위해 운송차량 또는 기타 운송용구에 피보험목적물을 즉시 적재할 목적으로(이 보험계약에 명시된 장소의) 창고 또는 보관장소에서 피보험목적물이 최초로 이동한 때에 개시되고, 통상의 운송과정 중에 계속되며,』

1982년 운송약관에서는 창고 안에서 화물이 이동하거나 운송용구에 적재되었다 하더라도 결코 떠났다고 할 수 없기 때문에 보험자의 책임은 개시되지 않았었다.

그러나 개정된 운송약관에서는 화물이 창고를 출발(leave)하기 전부터 보험자의 책임이 개시되는 것으로 규정함으로써 보험자의 책임을 확대시켰다.

개정약관 중 보험자책임의 시기와 관련하여, 1982년 약관과 변화되지 아니한 어구 중의 하나가 '운송의 개시를 위하여(for commencement of transit)'이다.

〈표 7-4〉 보험자 책임의 비교

1982년 약관	화물이 운송의 개시를 위해 보험증권에 기재된 창고나 보관장소를 떠날 때에 개시되며, 보험증권에 기재된 창고나 보관장소에 인도될 때에 종료된다.
2009년 개정약관	피보험목적물이 (이 보험계약으로 지정된 지역의) 창고나 보관장소에서 이 보험의 대상이 되는 운송의 개시를 위해 운송차량이나 그 외의 운송용구에 즉시 적재할 목적으로 최초로 이동한 때에 개시되고, 이 보험계약으로 지정된 목적지의 최종창고나 보관장소에 있어 운송차량이나 그 외의 운송용구에서 양하가 완료되었을 때에 종료된다.

(3) 통상의 운송과정과 보험자 책임(제8조 제1항)

2009년 개정약관에서 보험자 책임의 계속과 관련하여 1982년 약관의 내용과 변화되지 않은 어구 중의 하나가 '통상의 운송과정(ordinary course of transit)'이다.

즉, 1982년 약관과 2009년 개정약관 모두 보험자의 책임은 '화물이 통상의 운송과정에 있는 동안 계속된다(continues during the ordinary course of transit)'라고 규정되어 있다.

여기에서 통상적인 운송과정의 기준은 일상적인 항로에 의한 관습적인 방법과 목적지에 적절하게 양하되는 것을 의미하기 때문에, 통상적인 항로로부터 적당하지 않은 지연이나 항로의 변경은 보험자 책임의 면책사유가 된다.

이 어구는 신속조치약관이라는 제목으로 '피보험자는 자신이 좌우할 수 있는 모든 여건에서는 신속하게 행동해야 하는 것이 이 보험의 조건이다.' 라고 규정하고 있는 개정약관 제18조(신속조치약관)와 관련하여 해석되는 것이 의도되어 있다.

현재까지 판례에 의해 지지된 '통상의 운송과정'에 대한 해석을 정리하면 ① 화물이 선적항이나 환적지에서 선적을 대기하는 동안 ② 부두의 운송장치장과 같은 어떠한 중간장소에 화물이 일시적으로 보관되는 경우 ③ 화물이 하역 항에서 세관이나 위생당국에 의해 검사를 받거나 통관절차를 받기 위해 일시적으로 대기하고 있는 동안 ④ 최종목적지까지 화물을 운송할 운송용구의 도착을 기다리는 동안 ⑤ 본선과 부두 사이에 화물을 운반하는데 사용되는 부선이나 강이나 운하 등에 화물을 운송하는데 사용되는 부선 등이 본 운송약관에서 말하는 통상적인 운송과정에 해당된다고 할 수 있다.

(4) 보험자 책임의 종기(제8조 제1항 제1호, 제2호, 제3호 및 제4호)

운송약관은 보험자 책임의 종기를 다음과 같이 4가지로 구분하여, 이중에서 어느 것이든 먼저 생긴 때에 그 사유로 책임이 종료하도록 하고 있다. 아래의 첫째, 둘째, 셋째는 장소적 종료사유이고 넷째는 시간적 종료사유이다.

첫째, 하역 후 최종 목적지에서 인도규정으로, '이 보험계약에서 기재된 목적지의 최종창고나 보관장소에서 운송차량 또는 그 운송용구로부터 양하가 완료된 때' 종료되도록 하고 있다. 이 규정은 전항의 보험자 책임의 개시 시점과 대칭적으로 규정하여 보험기간의 완성도를 높인 것이다.

둘째, 중간지점에서의 인도규정으로, '이 보험계약에서 기재된 목적지로 가는 도중이든 목적지이든지를 불문하고, 피보험자 또는 그 사용인이 통상적인 운송과정 이외의 보관을 위해, 또는 할당이나 분배를 위해 사용할 것을 선택한 기타의 창고나 보관장소에서 운송차량 또는 기타의 운송용구로부터 양하가 완료된 때' 종료되도록 하고 있다.

여기에서 '인도된 때'를 '양하가 완료된 때'에 종료한다고 개정한 것은 보험자 책임 종기의 대원칙에 부합하도록 한 것으로 판단된다.

셋째, 보관목적의 운송수단 선택에 관한 규정으로, '피보험자 또는 그 사용인이 통상의 운송과정이 아닌 보관을 목적으로, 운송차량이나 기타의 운송용구 또는 컨테이너를 사용할 것을 선택한 때'에 종료되도록 하고 있다.

이것은 화물이 운송차량에 남아 있는 상태에서 피보험자나 그 사용인이 통상의 운송과정이 아닌 보관을 목적으로 그 차량을 선택하였다면 보험기간이 종료된다는 것을 분명하게 한 것으로 1982년 약관에서는 없었던 신설된 내용이다.

이 규정은 널리 사용되고 있는 컨테이너의 보관과 실제 작업을 담당하는 실무자의 선택도 인정하고 있다는 점에서 현실성을 반영한 것이며, 피보험자의 선택의 폭을 확대시킨 측면이 있다. 그러나 피보험자가 보관을 위해 차량이나 컨테이너를 이용함으로써 하역시까지 운송의 확장이 허용되어서는 안 된다는 점들을 우려하는 보험자들도 있다.

넷째, 하역 후 60일 경과규정으로, '최종목적항에서 외항선으로부터 피보험목적물의 양하을 완료 후(after completion of discharge) 60일이 경과한 때 중, 어느 것이든 먼저 발생한 때'에 종료되도록 하고 있다.

1982년 운송약관에서 보험시기의 종기는 '수하인 또는 기타 최종창고에 인도시'로 되어 있었으나, 2009년 개정약관에서는 '최종목적항에서 외항선으로부터 피보험목적물의 양하를 완료 후'로 변경됨으로 인해 창고 내에서의 화물의 적재나 양하 작업 중이 보험기간 내에 포함된다는 것을 명백히 하고 있는데, 이것은 피보험자의 측면에서 보면 보다 유리한 개정이라 할 수 있다.

이상과 같이, 개정약관상의 보험자의 책임은 하역 후 최종목적지에서의 인도, 중간지점에서의 인도, 보관 목적의 운송수단 선택, 하역 후 60일 경과 중에서 어느 것이든 먼저 발생한 때에 그 사유를 이유로 종료하도록 되어 있다.

특히, 개정약관에서는 보험자 책임의 종기와 관련하여 '양하가 완료된 때(on completion of unloading)'라는 어구가 사용되고 있는데 반해, 1982년 약관에서는 '인도된 때에(on delivery to)'라는 어구를 사용함으로써 창고 내에서의 화물의 적재나 양하 작업이 이루어지는 기간도 보험기간 내에 포함된다는 것을 명백히 하고 있다.

8.1.1 on completion of unloading from the carrying vehicle or other conveyance in or at the final warehouse or place of storage at the destination named in the contract of insurance,

8.1.2 on completion of unloading from the carrying vehicle or other conveyance in or at any other warehouse or place of storage, whether prior to or at the destination named in contract of insurance, which the Assured or their employees elect to use either for storage other than in the ordinary course of transit or for allocation or distribution, or

8.1.3 when the Assured or their employees elect to use any carrying vehicle or other conveyance or any container for storage other than in the ordinary course of transit or

8.1.4 on the expiry of 60 days after completion of discharge overside of the subject-matter insured from the oversea vessel at the final port of discharge, whichever shall first occur.

『8.1.1 보험계약에 기재된 목적지의 최종창고 또는 보관장소에서, 운송차량 또는 기타 운송용구로부터 양하가 완료된 때

8.1.2 보험계약에 기재된 목적지로 가는 도중 이든 목저지든 불문하고, 피보험지 또는 그 사용인이 통상의 운송과정상의 보관 이외의 보관을 위해, 또는 할당이나 분배를 위해 사용하고자 선택한 기타의 창고나 보관장소에서, 운송차량 또는 기타 운송용구로부터 양하가 완료된 때, 또는

8.1.3 피보험자 또는 그 사용인이 통상의 운송과정이 아닌 보관을 목적으로, 운송차량이나 기타 운송용구 또는 컨테이너를 사용하고자 선택한 때, 또는

8.1.4 최종목적항에서 외항선으로부터 피보험목적물의 양하를 완료한 후 60일이 경과한 때 중, 어느 것이든 먼저 발생한 때에 종료된다.』

(5) 하역 후 목적지의 변경과 보험자책임(제8조 제2항)

1982년 협회적하약관(ICC) 제8조 제2항에서는 피보험자의 선택에 의해 하역 후 목적지가 새롭게 변경될 경우에는 새로운 목적지로 운송이 개시될 때 보험기간은 종료된다라고 규정하고 있다.

이에 비해 2009년 운송약관 제8조 제2항은 하역 후 목적지의 변경(다른 목적지로의 계속 운송)에 따른 보험자 책임과 관련하여, '최종 하역항에서 외항선으로부터 하역 후, 그러나 이 보험이 종료되기 전에 피보험목적물이 부보된 목적지 이외의 장소로 계속 운송되는 경우, 이 보험은 상기의 협회적하약관 8.1.1.에서 8.1.4에 규정된 보험종료 규정에 따라 계속되나, 피보험목적물이 그러한 목적지로 운송개시를 위해 최초로 움직인 때에 종료된다.'고 규정하고 있다.

이에 따라 피보험자의 선택에 의해 하역 후 목적지가 변경될 때는 하역항에서 하역 후 새로운 목적지로 운송이 시작되는 순간부터 담보는 종료된다.

본 조항은 1982 약관상의 제8조 제2항에 규정된 운송시기에 관한 본래의 취지는 그대로 유지하면서 일부 용어가 수정된 것이다. 즉, 'the goods'는 'the subject-matter insured'로 개정되었고, 'which they are insured hereunder'는 'which it is insured'로 개정하면서 hereunder를 삭제하였다.

그리고 'for above'는 'in Clauses 8.1.1 to 8.1.4'로, 'beyond the commencement'는 'beyond the time the subject-matter insured is first moved for the purpose of'로 각각 개정되었다.

8.2 If, after discharge overside from the oversea vessel at the final port of discharge, but prior to termination of this insurance, the subject-matter insured is to be forwarded to a destination other than that to which it is insured, this insurance, whilst remaining subject to termination as provided in Clauses 8.1.1 to 8.1.4, shall not extend beyond the time the subject-matter insured is first moved for the purpose of the commencement of transit to such other destination.

『8.2 최종 하역항에서 외항선으로부터 하역 후, 그러나 이 보험이 종료되기 전에 피보험목적물이 부보된 목적지 이외의 장소로 계속 운송되는 경우, 이 보험은 약관 8.1.1.에서 8.1.4에 규정된 보험종료 규정에 따라 계속되나, 피보험목적물이 그러한 목적지로 운송개시를 위해 최초로 움직인 때에 종료된다.』

(6) 지연, 이로 등 위험의 변경기간 중 담보(제8조 제3항)

2009년 운송약관 제8조 제3항은 위험의 변경기간 중 담보와 관련하여 '이 보험은 피보험자가 좌우할 수 없는 지연·일체의 이로·부득이한 양하·재선적·환적 및 운송계약상 운송인에게 부여된 자유재량권의 행사로부터 생기는 위험의 변경기간 중에도 유효하게 계속된다.'고 규정하고 있다.

적하보험에서 보험의 계속은 화물이 통상의 운송과정에 있다는 것, 신속한 운송이 이루어진다는 것 등 이를 테면 위험사정의 변경이 없을 것을 전제로 하는 것이다.

그러나 해상운송은 대양을 운항하는 것이기 때문에 피보험자의 통제를 벗어난 여러 가지 사정으로 인해 예정된 대로 운송이 이루어지지 않는 경우가 많다.

이 경우 계약을 체결할 때는 예상하지 못하였다가 위험사정이 변동했다고 하여 바로 보험자의 책임을 종료시키는 것은 피보험자에게 너무 가혹하고 또 어떤 경우에는 보험의 경제적 효과를 현저히 손상시키는 결과를 초래할 수도 있다.

이러한 점을 고려하여 개정약관 제8조 제3항은 항해 중 피보험자가 좌우할 수 없는 지연, 이로, 부득이한 하역, 재선적, 환적, 및 해상운송계약에 의거하여 운송인에게 부여된 자유재량권의 행사결과로 생긴 모든 위험의 변경기간 중에도 추가보험료 없이 보험이 계속되도록 하고 있다.

본 조항은 1982 협회적하약관 제8조 제3항에 규정된 위험변경중의 담보에 관한 취지는 그대로 유지하면서 'for above'는 'in Clauses 8.1.1 to 8.1.4'로, 'shipowners or charterers'는 'carrier'로, 'the contract of affreightment'는 'the contract of carriage'로 일부 용어들을 수정하였다.

8.3 This insurance shall remain in force (subject to termination as provided for in Clauses 8.1.1 to 8.1.4 above and to the provisions of Clause 9 below) during delay beyond the control of the Assured, any deviation, forced discharge, reshipment or transshipment and during any variation of the adventure arising from the exercise of a liberty granted to carriers under the contract of carriage.

『8.3 이 보험은 피보험자가 좌우할 수 없는 지연·일체의 이로·부득이한 양하 재선적·환적 및 운송계약상 운송인에게 부여된 자유재량권의 행사로부터 생기는 위험의 변경기간 중에도 (상기 약관 8.1.1에서 8.1.4까지에 규정된 보험종료규정 및 아래 제9조의 규정에 따라) 유효하게 계속된다.』

9) 제9조 운송계약종료약관

운송계약종료약관(Termination of Contract of Carriage Clause)은 항만파업 등 피보험자의 영향력이 미치지 않는 사정으로 화물이 목적항이나 최종창고에 인도되기 전에 운송이 중단되는 경우에도 피보험자의 보호를 위해 계속 담보된다는 것을 규정하고 있는 약관이다.

이 경우 피보험자가 목적지로 계속 운송하기를 원하면 보험자에게 지체 없이 통보한 후 추가보험료를 지불하면 계속 연장담보를 받을 수 있다. 그렇지 아니하고 화물이 다른 목적지로 인도되면 운송약관의 적용을 받아 보험기간은 그때 종료된다.

Termination of Contract of Carriage Clause

9. If owing to circumstances beyond the control of the Assured either the contract of carriage is terminated at a port or place other than the destination named therein or the transit is otherwise terminated before unloading of the subject-matter insured as provided for in Clause 8 above, then this insurance shall also terminate unless prompt notice is given to the Insurers and continuation of cover is requested when this insurance shall remain in force, subject to an additional premium if required by the Insurers, either

9.1 until the subject-matter insured is sold and delivered at such port or place, or, unless otherwise specially agreed, until the expiry of 60 days after arrival of the subject-matter insured at such port or place, whichever shall first occur, or

9.2 if the subject-matter insured is forwarded within the said period of 60 days (or any agreed extension thereof) to the destination named in the contract of insurance or to any other destination, until terminated in accordance with the provisions of Clause 8 above.

운송계약종료약관

『9. 피보험자가 통제할 수 없는 사정에 의해 운송계약이 그 계약서에 기재된 목적지 이외의 항구 또는 장소에서 종료되거나, 또는 기타 위의 제8조에 규정된 피보험목적물의 양하 이전에 운송이 종료되는 경우에는 이 보험도 또한 종료한다.

다만, 보험자에게 그 취지를 지체 없이 통고하고 담보의 계속을 요청하는 경우에는 추가보험료를 지급할 것을 조건으로, 이 보험은

9.1 피보험목적물이 위의 항구 또는 장소에서 매각된 후 인도되거나, 또는 별도의 합의가 없는 한, 그러한 항구 또는 장소에서 피보험목적물이 도착한 후 60일이 경과된 것 중의 어느 것이든 먼저 발생한 때까지, 또는

9.2 만일 피보험목적물이 위의 60일의 기간 내에(또는 합의된 60일의 기간을 연장한 기간 내에) 보험계약에 기재된 목적지 또는 기타의 어떠한 목적지로 계속 운송되는 경우에는, 위의 제8조의 규정에 따라 이 보험이 종료될 때까지 유효하게 계속된다.』

10) 제10조 항해변경약관

항해변경약관(Change of Voyage Clause)은 보험이 개시된 이후에 피보험자가 목적지를 변경하는 경우에는 보험자에게 지체 없이 그 취지를 통지하고, 추가보험료를 납부하면 변경된 보험조건에 따라 담보가 계속된다는 내용을 규정하고 있는 약관이다.

즉, 보험개시 후 목적지가 피보험자에 의해 변경된 경우는 지체 없이 그 취지를 보험자에게 통지하고 보험조건 등을 협정해야 한다. 그런데 협정 전에 손해가 발생한 경우에는 영리보험시장에서 타당하다고 생각되는 보험조건 및 보험요율에 의한 담보를 받을 수 있는 때에 한하여 보상받게 된다.

한편, 피보험목적물이 이 보험의 운송약관에 따라 예상된 운송을 개시하였지만 피보험자 또는 그들의 사용인이 알지 못하고 선박이 다른 목적지로 향하는 경우에도 이 보험은 그러한 운송을 개시할 때에 시작된 것으로 간주된다.

Change of Voyage Clause

10. 10.1 Where, after attachment of this insurance, the destination is changed by the Assured, this must be notified promptly to insurers for rates and terms to be agreed. Should a loss occur prior to such agreement being obtained cover may be provided but only if cover would have been available at a reasonable commercial market rate on reasonable market terms.

10.2 Where the subject-matter insured commences the transit contemplated by this insurance (in accordance with Clause 8.1), but, without the knowledge of the Assured or their employees the ship sails for another destination, this insurance will nevertheless be deemed to have attached at commencement of such transit.

항해변경약관

『10. 10.1 이 보험의 개시 후 목적지가 피보험자에 의해 변경된 경우에는 지체 없이 그 취지를 보험자에게 통지하고 보험요율과 보험조건을 협정해야 한다. 그러한 협정 전에 손해가 발생한 경우에는 영리를 목적으로 하는 보험시장에서 타당하다고 생각되는 보험조건 및 보험요율에 의한 담보를 받을 수 있는 때에 한하여 담보한다.

10.2 피보험목적물이 이 보험(약관 제8.1조에 따라)에서 예상된 운송을 개시하였지만, 피보험자 또는 그들의 사용인이 알지 못하고 선박이 다른 목적지로 향하는 경우에도 이 보험은 그러한 운송의 개시할 때 시작한 것으로 간주된다.』

11) 제11조 피보험이익약관

피보험목적물과 이해관계가 있는 자는 피보험목적물이 위험에 노출될 경우 손해를 입을 수 있으므로 이에 대비하여 보험계약을 체결할 수 있으며, 이후 이 보험계약에 의해 불확실한 미래의 사고로부터 재산상의 손해를 보상받을 수 있는 이익을 가지는데 이를 피보험이익(insurable interest)이라 한다.

피보험이익약관(Insurable Interest Clause)은 손해가 발생하였을 때 피보험자가 피보험이익을 갖고 있어야 한다는 내용을 규정하고 있는 약관이다.

이 약관에 따라 보험사고가 발생하면 피보험자는 피보험목적물에 대하여 피보험이익을 가지고 있다는 것을 증명해야 보험금을 청구할 수 있다.

또한 보험기간 중에 발생하는 손해는 그 손해가 보험계약의 체결 이전에 발생한 것이라도 피보험자가 알고 있지 못하였다면, 보험자는 그 손해를 보상해야 한다.

피보험이익은 상법에서는 '보험계약의 목적'이라고 표현되고 있는데(제668조), 이것은 보험의 목적 또는 보험의 대상과 구별되는 개념이다.

보험계약은 손해의 보상을 목적으로 하기 때문에 그 전제로서 피보험이익의 존재가 당연히 필요하며 피보험이익이 없으면 해상보험이 있을 수 없기 때문에 이 약관을 규정하고 있는 것이다.

Insurable Interest Clause

11. 11.1 In order to recover under this insurance the Assured must have an insurable interest in the subject-matter insured at the time of the loss.

11.2 Subject to 11.1 above, the Assured shall be entitled to recover for insured loss occurring during the period covered by this insurance, notwithstanding that the loss occurred before the contract of insurance was concluded, unless the Assured were aware of the loss and the Insurers were not.

피보험이익약관

『11. 11.1 이 보험에 따라 보상을 받기 위해서는 피보험자는 손해가 발생했을 때에 피보험목적물에 대하여 피보험이익을 갖고 있어야 한다.

11.2 위의 11.1의 규정을 제외하고, 이 보험의 담보기간 중에 발생하는 손해는 그 손해가 보험계약의 체결 이전에 발생한 것이라도 피보험자가 이 손해발생의 사실을 알았고 보험자가 몰랐을 경우가 아닌 한, 피보험자는 이를 보상받을 권리가 있다.』

12) 제12조 계반비용약관

계반비용(forwarding charges)은 적재선박이 해난을 당해 피난항에 입항하였으나, 계속 항해하는 것이 불가능하게 되어 다른 선박을 수배하여 목적지까지 운송을 계속하게 되는 경우에 지출되는 비용 등을 말한다.

계반비용약관(Forwarding Charges Clause)은 선박이 담보위험으로 손상을 입음으로써 항해를 계속할 수 없어 중간항에서 화물을 양하할 경우에도 보험자는 이에 따른 하역비용, 창고보관료, 재포장비, 재선적비 및 처음 약정된 목적지까지의 운반비용 등을 보상한다는 내용을 규정하고 있는 약관이다.

Lloy's S.G.보험증권상의 손해방지약관에서는 규정이 명확하지 않아 보험자가 계반비용을 보상해야 하는지 여부가 문제가 되어 왔다. 따라서 이를 분명히 하기 위해 1982년 협회적하약관은 계반비용약관을 새로 삽입하여 현재 2009년 개정약관에 이르고 있다.

Forwarding Charges Clause

Where, as a result of the operation of a risk covered by this insurance, the insured transit is terminated at a port or place other than that to which the subject-matter insured is covered under this insurance, the insurers will reimburse the Assured for any extra charges properly and reasonably incurred in unloading storing and forwarding the subject-matter insured to the destination to which it is insured.

This Clause 12, which does not apply to general average or salvage charges, shall be subject to the exclusions contained in Clauses 4, 5, 6 and 7 above, and shall not include charges arising from the fault negligence insolvency or financial default of the Assured or their employees.

계반비용약관

『12. 이 보험에서 담보되는 위험의 발생결과로 인하여 피보험운송이 이 보험에서 담보되는 피보험목적물의 목적지 이외의 항구 또는 장소에서 종료되는 경우에는, 보험자는 피보험자에 대하여 피보험목적물을 양하하고, 보관하고 또 이 보험증권에 기재된 목적지까지 운송하기 위하여 적절히 합리적으로 지출한 추가비용을 보상한다.

이 제12조는 공동해손 또는 구조비에는 적용되지 아니하고 위의 4, 5, 6 및 7에 규정된 면책 조항의 적용을 받으며, 또 피보험자 또는 그 사용인의 과실·태만·지불불능, 또는 재정상의 채무불이행으로부터 야기된 비용을 포함하지 아니한다.』

13) 제13조 추정전손약관

추정전손약관(Constructive Total Loss Clause)은 추정전손이 발생하여 위부를 청구하면 이에 합당한 보상이 이루어진다는 내용을 규정하고 있는 약관이다.

추정전손에 대한 보험금청구는 피보험목적물의 현실전손이 불가피하다고 생각되거나, 또는 피보험목적물의 회복, 수선, 부보된 목적지까지의 계속운송에 소요되는 비용이 도착시 피보험목적물의 가액을 초과하게 될 이유로 피보험목적물이 위부되지 아니하는 한, 이 보험증권하에서는 이를 보상하지 않는다는 것을 규정하고 있다.

추정전손(Constructive Total Loss : CTL)은 전손의 한 형태로, 현실적 전멸은 아니지만 현실전손을 피할 수 없거나 피보험목적물의 복구비용이 오히려 시장가격을 초과함으로써 현실전손과 경제적으로 동일시 할 수밖에 없는 경우를 말한다.

추정전손이 발생한 경우 피보험자는 그 손해를 분손으로 처리할 수도 있고, 피보험목적물을 보험자에게 위부하고 그 손해를 현실전손의 경우에 준하여 처리할 수도 있다.

이 약관은 현실전손은 아니지만 현실전손을 피할 수 없거나 피보험목적물의 복구비용이 오히려 그 가액을 초과하여 그대로 현실전손으로 처리하는 것이 유리한 경우, 즉 추정전손이 발생한 경우 피보험자는 위부를 적절히 통지하고 추정전손으로 처리할 수 있음을 규정하고 있는 것이다.

이 약관은 1963년 협회적하약관(FPA, WA, A/R)에는 각 제6조에 규정되어 있었다.

Constructive Total Loss Clause

13. No claim for Constructive Total Loss shall be recoverable hereunder unless the subject-matter insured is reasonably abandoned either on account of its actual total loss appearing to be unavoidable or because the cost of recovering, reconditioning and forwarding the subject-matter insured to the destination to which it is insured would exceed its value on arrival.

추정전손약관

『13. 추정전손에 대한 보험금 청구는 다음과 같은 경우에 이루어지는데, 즉, 피보험목적물이 현실전손이 불가피하다고 생각되거나, 또는 피보험목적물의 회복, 수선, 부보된 목적지까지의 계속운송에 소요되는 비용이 도착시 피보험목적물의 가액을 초과하게 될 이유로 피보험목적물이 위부되지 아니하는 한, 이 보험증권에서는 이를 보상하지 아니한다.』

14) 제14조 증액약관

(1) 증액약관의 내용과 필요성

적하보험의 경우, 화물이 운송하는 도중에도 화물의 소유권은 계속 변동될 수 있다. 그러므로 운송 중에 있는 화물을 새로 매입한 매수인은 본래의 보험증권에서 담보되지 않는 화물가액의 증가분에 대해서도 별도의 보험계약을 체결할 수 있다. 이를 증가액보험(increased value insurance) 또는 증액보험이라고 한다.

증액약관(Increased Value Clause)은 1982년 약관 제14조에 새로 신설된 것인데 이것은 증액보험에 관한 예전의 관습을 배제하기 위함이다. 즉, 과거 증액보험 실무에서는 원보험과 증가액보험을 각각 별개의 피보험이익에 대한 보험계약으로 취급하여, 증가액 보험자는 원보험의 적하에 관계되는 손해방지비용 등의 비용손해는 보상책임을 부담하지 않았다.

따라서 증액보험의 보험자가 원래의 보험자와 제3자에 대해 동등한 권리를 갖게 하고, 손해보상도 공평하게 손해를 부담하는 공동보험자로 취급되기 위해 도입한 것이다.

(2) 신협회적하약관상 증액보험의 손해보상한도

이 약관의 내용은 피보험자가 원래의 보험에 추가하여 동일한 피보험화물의 증가가액에 대해 여러 개의 보험계약을 체결한 경우, 화물에 대한 원래 보험의 보험자와 증액보험의 여러 보험자들을 공동보험자로 간주한다는 것이다.

이는 각각의 보험증권의 보험금액 합계가 원래의 보험증권과 기타 모든 증액보험증권의 협정보험가액으로 간주한다는 것으로, 손해가 발생한 경우 각 보험자들은 손해액 중에서 이 협정보험가액(각 보험금액의 한계액)에 대한 자기가 인수한 보험금액의 비율만을 보상하게 되는 것이다.

예를 들면 보험가액(100만 불)과 보험가입금액(100만 불)이 일치되게 전부보험으로 부보하였다. 그런데 보험계약 체결 후 물가가 50만 불 상승하면 사고 발생시 물가상승에 따른 실제손해액을 보상받을 수 없게 된다. 그래서 물가상승에 따른 실제손해액을 보상받고자 물가상승분(50만 불)만큼 보험금액을 증액하여 부보했다고 가정하자.

이 경우 만약 전손이 발생한 경우에 원보험으로는 손해액 × 원보험의 보험가입금액 / 보험가입금액의 합계액(150만 불 × 100만 불 / 150만 불 = 100만 불)만큼을 보상받고, 증액보험으로는 손해액 × 증액보험의 보험가액금액 / 보험금액의 합계액(150만 불 × 50만 불 / 150만 불 = 50만 불) 만큼을 보상받게 되어 물가상승에 따른 실제손해액인 150만 불을 원보험과 증액보험에 의해 보상받게 된다.

이 약관은 2개 조항으로 구분되어 있으나, 제1항은 원래 보험에 적용되는 것이고 제2항은 증액보험에 적용된다는 것만 다를 뿐 그 내용은 서로 동일하다.

이 약관에 따라 보험금을 청구할 때에는 피보험자가 그 화물에 관한 모든 보험의 보험금액에 관한 증거서류를 보험자에게 제공해야 한다.

Increased Value Clause

14. 14.1 If any increased Value insurance is effected by the Assured on the subject-matter insured under this insurance the agreed value of the subject -matter insured shall be deemed to be increased to the total amount insured under this insurance and all Increased Value insurances covering the loss, and liability under this insurance shall be in such proportion as the sum insured under this insurance bears to such total amount insured.

In the event of claim the Assured shall provide the Insurers with evidence of the amounts insured under all other insurances.

14.2 Where this insurance is on Increased Value the following clause shall apply: The agreed value of the subject matter insured shall be deemed to be equal to the total amount insured under the primary insurance and all Increased Value insurances covering the loss and effected on the subject-matter insured by the Assured, and liability under this insurance shall be in such proportion as the sum insured under this insurance bears to such total amount insured.

In the event of claim the Assured shall provide the Insurers with evidence of the amounts insured under all other insurances.

증액약관

『14. 14.1 이 보험의 피보험목적물에 대해 피보험자가 증액보험을 부보한 경우에는 이 피보험목적물의 협정보험가액은 이 보험 및 이와 동일한 손해를 담보하는 모든 증액보험의 총 보험금액으로 증가된 것으로 간주되며, 이 보험에서의 보상책임은 총 보험금액에 대한 이 보험의 보험금액의 비율로 부담한다.

보험금을 청구할 때에 피보험자는 모든 타보험의 보험금액을 증명할 수 있는 서류를 보험자에게 제출해야 한다.

14.2 이 보험이 증액보험일 경우에는 다음 약관을 적용한다. 이 피보험목적물의 협정보험가액은 원보험 및 피보험자에 의하여 그 피보험목적물에 대해 부보되어 동일한 손해를 담보하는 모든 증액보험의 총 보험금액과 동액으로 간주되며, 이 보험에서의 보상책임은 총 보험금액에 대한 이 보험의 보험금액의 비율로서 부담하게 된다.

보험금을 청구할 때에는 피보험자는 모든 타보험의 보험금액을 증명할 수 있는 서류를 보험자에게 제공해야 한다.』

15) 제15조 보험이익불공여약관

보험이익불공여약관(Not to Insure Clause)은 하주인 피보험자는 보험계약을 체결하였다는 이유로 운송인이나 기타 해상사업과 관련이 있는 수탁자에게 어떤 이익이나 혜택이 주어져서는 안 된다는 것을 규정하고 있는 약관이다.

만일 보험계약자인 동시에 운송계약자인 피보험자가 운송계약서에 보험계약에 따라 보험회사로부터 보상받는 손해는 운송회사가 이를 보상하지 않는다는 약관을 삽입하게 되면, 보험자가 피보험자에게 보상한 후에 운송회사에게 대위권을 행사하지 못하게 되고, 운송인 또는 기타의 수탁자는 그만큼 이익을 얻게 된다. 이러한 문제를 해결하기 위하여 규정한 것이 보험이익불공여약관이다.

이 약관은 보험계약을 체결하거나 또는 자기를 위하여 체결한 자로서, 또는 양수인으로서 보험금을 청구하는 자를 포함하는 피보험자를 대상으로 하여 적용된다.

이 약관에 따라 보험이익은 확장 또는 기타 방법에 의하여 운송인 또는 기타 수탁자에게 유리하게 이용되어서도 안 된다. 이 의미는 운송 중 보험사고가 발생한 경우, 피보험자가 운송인으로부터 보상받을 수 있음에도 불구하고 해상보험에 부보하였다는 이유로 이를 운송인에게 청구하지 않는 행위를 해서는 안 된다는 것이다.

이 약관은 1963년 협회적하약관(FPA, WA, A/R)에서는 제10조에 각각 규정되어 있었고 1982년 협회적하약관(A), (B), (C)에서는 제15조에 규정되어 있었다.

Not to Insure Clause

15. This insurance

15.1 covers the Assured which includes the person claiming indemnity either as the person by or on whose behalf the contract of insurance was effected or as an assignee,

15.2 shall not extend to or otherwise benefit the carrier or other bailee.

피보험이익불공여약관

『15. 이 보험은

15.1 이 보험계약을 체결하거나 또는 자기를 위해 체결된 자로서 또는 양수인으로서 보험금을 청구하는 자를 포함하는 피보험자를 대상으로 한다.

15.2 확장 또는 기타 방법에 의해 운송인 또는 기타의 수탁자에게 유리하게 이용되어서는 안 된다.』

16) 제16조 피보험자의무약관

피보험자의무약관(Duty of Assured Clause)은 손해가 발생한 경우 피보험자의 손해방지 활동과 운송인 등에 대한 손해배상청구권을 확보할 것을 피보험자의 의무로 규정하고 있는 약관이다. 이 약관은 Lloyd's S.G. 보험증권에 규정되어 있던 손해방지약관과 1963년 협회적하약관(ICC)의 수탁자약관(Bailee Clause)을 대체한 것이다.

이 약관에 의거하여 피보험자와 그 사용인 및 대리인은 해상사고가 발생한 경우에 손해의 방지나 경감을 위해 합리적인 조치를 취해야 한다. 그리고 운송인이나 수탁자 또는 기타의 제3자에 대한 일체의 권리가 적절히 보전되고 행사되도록 확보해야 한다.

예를 들어 수하인이 운송인으로 화물을 인수받을 때 운송화물에 손상이 발견되면 운송인에게 서면으로 클레임을 제기해야 한다. 그 이유는 수하인이 제한된 기간 내에 클레임을 제기하지 않으면 운송인에 대한 보험자의 대위권이 침해받기 때문이다.

이 보험에서 보상하는 손해에 추가하여 이러한 피보험자의 의무를 수행함에 있어 적절하고 합리적으로 발생된 일체의 비용은 보험자가 피보험자가 보상한다. 그런데 이때 발생한 비용은 보험금을 초과하여도 보상된다.

Duty of Assured Clause

16. It is the duty of the Assured and their employes and agents in respect of loss recoverable hereunder

16.1 to take such measures as may be reasonable for the purpose of averting or minimising such loss, and

16.2 to ensure that all right against carriers, bailees or other third parties are properly preserved and exercised and the Insurers will, in addition to any loss recoverable hereunder, reimburse the Assured for any charges properly and reasonably incurred in pursuance of these duties.

피보험자의무약관

『16. 이 보험에 따라 보상하는 손해에 대하여 다음의 사항은 피보험자, 그 사용인 및 대리인의 의무이다.

16.1 손해의 방지나 경감을 위하여 합리적인 조치를 취하는 것, 그리고

16.2 운송인, 수탁자 또는 기타의 제3자에 대한 일체의 권리가 적절히 보전되고 행사되도록 확보하는 것, 그리고 보험자는 이 보험에서 보상하는 손해에 추가하여 이러한 의무의 수행상 적절하고 합리적으로 발생된 일체의 비용을 피보험자에게 보상한다.』

17) 제17조 포기약관

포기약관(Waiver Clause)은 피보험목적물을 구조, 보호 또는 복구하기 위한 피보험자 또는 보험자의 조치는 위부의 포기 또는 승낙으로 간주되지 아니한다는 것을 규정하고 있는 약관이다. 여기에서 포기는 '포기하지 않는 것으로 생각하라.'는 뜻이다.

즉, 해상사고가 발생하였을 때 피보험자나 보험자가 피보험목적물을 구조하거나 보호 또는 회복하기 위해 취하는 조치는 위부를 포기하거나 승인하였기 때문에 취하는 행위가 아니라는 것이다. 이것은 단지 손해경감을 위해 취하게 되는 당연한 행위이기 때문이다.

Waiver Clause

17. Measures taken by the Assured or the Insurers with the object of saving, protecting or recovering the subject-matter insured shall not be considered as a waiver or acceptance of abandonment or otherwise prejudice the rights of either party.

포기약관

『17. 피보험목적물을 구조하거나, 보호하거나 또는 회복하기 위하여 피보험자 또는 보험자가 취한 조치는 위부의 포기 또는 승낙으로서 보지 아니하며, 또는 그 밖에 각 당사자의 권리를 침해하지도 아니한다.』

18) 제18조 신속조치약관

신속조치약관(Reasonable Despatch Clause)은 피보험자는 자기가 좌우할 수 있는 모든 여건에서는 가능한 한 신속하게 행동하여야 한다는 것을 규정하고 있는 약관이다. 신속한 행동은 보험사고 발생시 보험사고 통지와 위험변경 통지 등을 위한 신속한 조치를 말한다.

Reasonable Despatch Clause

18. It is a condition of this insurance that the Assured shall act with reasonable despatch in all circumstances within their control.

신속조치약관

『18. 피보험자는 자신이 통제할 수 있는 모든 사정에 있어서 상당히 신속하게 행동하는 것이 이 보험의 조건이다.』

19) 제19조 영국법과 관례약관

영국법 및 관례약관(English Law and Practice Clause)은 보험증권과 보험약관의 해석은 영국의 법률과 관례를 준거해야 한다는 약관이다.

오늘날에 사용되고 있는 해상보험증권의 본문약관에도 영국의 법률과 관습에 따라 보험금의 지급 등을 해결한다는 준거법약관이 인쇄되어 있다.

이러한 취지와 동일하게 제19조에도 보상청구에 관한 책임(claim)과 보험금 지급은 영국의 법률과 관례를 따르도록 규정하고 있다. 따라서 우리나라에서 이루어지는 보험자(보험회사)의 설립과 운영 및 보험계약의 체결 등은 당연히 우리나라 법이 적용된다.

English law and practice Clause

19. This insurance is subject to English law and practice.

영국법 및 관례약관

『19. 이 보험은 영국의 법률과 관례에 준거하는 것으로 한다.』

아래에 있는 유의사항은 피보험자의 주의를 환기시키기 위한 내용을 규정하고 있다.

이 유의사항은 피보험자는 이 보험의 제9조 운송계약종료약관에 의해 담보의 계속이 요청되거나 제10조 항해변경약관에 의해 항해의 변경이 통지되는 경우, 즉시 그 취지를 보험자에게 통지할 의무가 있으며, 계속 담보를 받을 수 있는 권리는 이러한 의무를 이행하였을 경우에만 인정된다는 것을 규정하고 있다.

◉ NOTE — Where a continuation of cover is requested under Clause 9, or a change of destination is notified under Clause 10, there is an obligation to give prompt notice to the Insurers and the right to such cover is dependent upon compliance with this obligation.

『유의사항 – 약관 제9조에 의해 담보의 계속이 요청되거나, 또는 약관 제10조에 의해 항해의 변경이 통지되는 경우, 그 취지를 지체 없이 보험자에게 통지할 의무가 있으며, 또 계속 담보를 받을 권리는 이러한 의무를 이행하였을 경우에 한한다.』

제 7 장 해상보험과 무역거래

제 1 절 해상보험과 무역조건

1. 해상보험과 무역조건의 관계

무역거래에서 운송중의 위험을 매매당사자 중 어느 쪽이 부담하며 그 위험을 보험에 부보할 당사자가 누구인가는 매매당사자간에 체결된 계약에 의해 결정된다.

무역조건과 국제규칙에 대한 설명은 제1부 제6장에서 상세하게 설명하였기 때문에 여기에서는 중복되지 않는 내용만을 간결하게 설명한다.

2. 인코텀스 2020상 매도인의 부보의무 규칙

1) 운임보험료포함규칙(CIF)

CIF규칙은 매도인은 지정목적항까지 운송계약을 체결하고 전 운송구간에 대해 적하보험을 부보하여 선하증권과 보험증권 등을 매수인에게 제공할 의무가 있다. CIF규칙하에서 매도인의 부보의무는 ICC(C) 조건이나 이와 유사한 조건이기 때문에 이것보다 범위가 넓은 조건으로 부보를 희망하는 경우에는 이를 매매계약서 등에 명확히 규정할 필요가 있다.

2) 운송비보험료지급인도규칙(CIP)

CIP규칙에서 매도인은 지정목적지의 합의점까지 운송계약을 체결하여야 하고, 또한 평판이 좋은 보험자와 보험계약을 체결하고 보험료를 지급하여야 한다.

인코텀즈 2020에 규정된 매도인의 부보의무는 그 전의 인코텀즈의 규정과 달리, ICC(C)나 이와 유사한 조건이 아니라 ICC(A) 조건이나 이와 유사한 조건에 따른 광범위한 담보조건으로 부보하도록 규정하고 있다.

3. 인코텀스 2020상 통상 매수인이 부보하는 규칙

1) EXW규칙

EXW규칙은 매도인이 자기의 구내 또는 그 밖의 지정된 장소(예컨대, 공장·창고 등)에서 수출통관을 필하지 않은 계약물품을 매수인이 임의로 처분할 수 있는 상태로 두면 되고 그때까지의 위험과 비용을 부담하는 규칙이다. 따라서 별도의 합의가 없는 한, 매도인은 매수인이 제공한 차량에 물품을 적재할 책임은 없다.

EXW규칙에서는 물품의 이동 없이 인도가 이루어지고, 그 후 매수인이 당해 물품의 소유자로서 그 물품을 자기가 수배한 운송수단으로 운송한다. 매도인의 의무가 가장 적고 반대로 매수인으로서는 가장 부담이 큰 규칙이라 할 수 있다.

본 규칙은 선택되는 어떤 운송방식이 있는 경우에 그것이 어떠한 단일 또는 복수의 운송방식인지를 불문하고 사용될 수 있다.

2) FCA규칙

FCA규칙은 FOB규칙과 대동소이하지만, FOB규칙이 해상운송의 경우와 같이 본선의 난간 통과라는 것이 특별한 의미를 가지지 않는 복합운송에 보다 더 적절하다.

이 규칙은 매수인이 지정한 장소에 매수인이 지명한 운송인의 관리하에 수출통관된 물품을 인도할 때 매도인의 의무가 종결됨으로 그 이후의 물품의 멸실 및 손상의 위험은 매수인이 부담하게 된다.

3) FOB규칙

FOB규칙은 매수인이 수배한 본선에 화물을 선적하기까지의 일체의 비용을 포함하고 있는 규칙이다. 이 규칙에서는 화물의 위험부담은 본선 적재시에 매도인으로부터 매수인에게 이전되므로 매수인은 본선선적 이후 위험에 대한 적하보험을 스스로 부보할 필요가 있다. 따라서 매도인이 매수인에게 제공하는 선적서류에는 보험증권은 포함되지 않는다.

매도인은 매수인의 보험가입에 지장이 생기지 않도록 매수인에 대해서 선적일과 적재 선박명을 지체 없이 통지하지 않으면 안 된다.

CIF규칙의 경우 매도인이 부보하는 보험증권이 통상 창고간약관 첨부로 매도인 매수인 쌍방의 위험을 담보하고 있는 것에 비해, FOB규칙에서 매수인이 가입하는 보험증권에서 담보되는 위험은 보통 매수인의 위험이 시작됨과 동시에 개시되도록 되어 있다.

따라서 매도인은 매수인이 부보하는 적하보험과는 별도로 본선선적까지의 자신의 위험에 대하여 별도로 보험가입을 할 필요가 있다.

4) FAS규칙

FAS규칙은 매도인이 물품을 지정선적항에서 매수인에 의하여 지정된 본선의 선측에 인도하거나 이미 그렇게 인도된 물품을 조달하는 것을 의미한다.

이 규칙에서 물품의 멸실 또는 손상의 위험은 물품이 본선에 적재된 때에 이전하며, 매수인은 그러한 시점 이후의 모든 비용을 부담한다.

FAS규칙과 FOB규칙과의 차이는 매도인으로부터 매수인으로의 위험부담의 이전시기가 선적항의 본선선측이 된다는 점뿐이다. 따라서 FOB규칙에서 적용되는 보험관계는 FAS규칙에도 적용되고 이 규칙의 매수인은 선적항 본선선측 이후의 위험에 관해서 보험가입을 해야 한다. 이 규칙은 당사자들이 물품을 선측에 둠으로써 인도하기로 하는 해상운송이나 내수로 운송의 경우에만 사용되어야 한다.

따라서 FAS규칙은 물품이 선측에 놓이기 전에 운송인에게 교부되는 경우, 예로 물품이 컨테이너터미널에서 운송인에게 교부되는 경우에는 적절하지 않다. 이러한 경우에 당사자들은 FAS규칙 대신에 FCA규칙을 사용하는 것을 고려해야 한다.

5) CFR규칙

CFR규칙은 물품이 선적항에서 본선 상에 인도될 때 매도인이 인도하는 것을 의미한다. 매도인은 지정된 목적항까지 물품을 운송하는데 필요한 비용 및 운임을 지불하여야 한다.

그러나 물품의 멸실 또는 손상의 위험 및 인도 이후에 발생하는 사건에 기인하는 모든 추가비용은 매도인으로부터 매수인에게 이전된다.

이 규칙은 매도인에게 수출을 위하여 물품을 통관할 것을 요구하고 있으며 해상 또는 내륙수로운송에만 사용될 수 있다. 만일 당사자가 본선의 난간을 횡단하여 물품을 인도할 의도가 없는 경우에는 CPT규칙을 사용해야 한다.

화물의 위험부담 이전시기는 CIF, FOB, CFR규칙의 매매계약에서 부보관계는 FOB규칙의 경우와 거의 같다. CFR규칙의 특성을 살펴보면 다음과 같다.

첫째, 위험부담의 분기점과 비용부담의 분기점이 상이하다. 이 규칙에서 물품의 멸실 및 손상에 대한 책임은 선적항에서 매도인으로 부터 매수인에게 이전되지만, 매도인의 요소비용의 부담은 목적항구에까지 연장되어 목적항까지의 해상운임(내수로 운송 포함) 비용을 매도인 부담하도록 하고 있다.

둘째, 물품인도방법으로 추정인도(constructive delivery)의 방법에 의한다.

셋째, 물품의 소유권(property)은 운송증권의 매수인에게 인도를 정지규칙으로 하여 물품이 선적된 시점(본선상에 인도된 시점)으로 소급하여 매도인으로부터 매수인에게 이전된다. 따라서 해상 운송중의 보험사고로 인한 피보험이익(보험금청구권)은 매수인에게 귀속된다.

제2절 해상보험과 신용장거래

1. 화환어음과 신용장

오늘날 무역거래에서 대금결제는 보통 환어음 결제방식으로 이루어지고 있다. 특히 CIF수출의 경우 수출자가 화물의 선적을 완료한 후, 수입자나 발행은행을 지급인으로 하는 화환어음(documentary bill)을 발행한 뒤 선하증권과 보험증권 및 관련서류를 은행에 제시하고 매입을 받아 무역대금을 결제받고 있다.

이때 화환어음을 매입하는 환은행은 무조건 매입에 응하는 것이 아니라 신용장(L/C)에 규정되어 있는 조건과 제시서류가 일치해야만 매입에 응하게 된다.

CIF계약과 같이 수출자가 부보하는 조건의 경우, 화환어음을 매입할 때 필수적으로 첨부되어야 하는 서류가 보험서류이다. 보험서류는 보험자와 피보험자가 보험계약 내용과 담보범위 등에 관하여 합의한 사항들을 명시하고 있는 서류를 말한다.

2. 보험서류의 의의와 종류

1) 보험서류의 의의

무역조건이 FOB나 FCA인 경우는 매수인이 부보하기 때문에 보험관련 서류의 제공이 필요하지 않다. 그러나 CIF계약이나 CIP계약은 보험서류가 운송서류와 마찬가지로 필수적으로 구비해야 하는 신용장의 기본서류가 된다. 보험서류의 종류와 담보위험은 당사자간의 합의에 따라 신용장에 명시되어 있는 것이 보통이다.

◉ 신용장에서 일반적으로 요구하는 보험관련 문언

- Insurance policy or certificate in duplicate endorsed in blank for 110% of Invoice value.
- Insurance policy or certificates must expressly stipulate that claims are payable in the currency of draft and must also indicate a claim settling agent in Korea.
- Insurance policy or certificate in duplicate blank endorsed for 110% of the invoice value covering Institute Cargo Clause[I.C.C.(A)], War Clause, SRCC and TPND Clause.

2) 보험서류의 종류

보험서류(insurance document)는 운송중의 화물에 예측 불허의 사고로 손해가 발생할 경우 정당한 보험서류의 소지인이 입게 될지도 모르는 금전적 손해를 보험회사로부터 보상받을 수 있도록 한 것으로 보험증권, 보험증명서, 보험승인서 등이 있다.

(1) 보험증권

보험증권(insurance policy)은 피보험자가 매 건별로 보험회사나 보험자와 보험계약을 체결할 경우에 보험회사 및 보험자가 발급하는 보험계약 증명서류이다.

이는 보험계약 성립의 증거이며 보험자가 피보험자의 청구에 의해 교부하는 것이지만 법적으로는 계약서나 유가증권은 아니고 단지 증거증권의 성격을 가지고 있으며 배서나 인도에 의해 양도된다.

(2) 보험증명서

보험증명서(insurance certificate)는 매번 보험계약을 체결해야 하는 번거로움을 피하고 보험비용도 절감하기 위해 그 업체의 일정기간 동안(6개월이나 1년)의 보험가입 예상 물량을 추산하여 보험자와 포괄보험계약을 체결한 후, 실제로 보험가입 필요가 발생할 때마다 보험에 가입한 사실을 증명하여 보험자가 발급한 보험서류이다.

이 서류의 효력은 보험증권과 동일하며 일반 보험의 보험료 납입증명서를 의미이다.

포괄예정보험에서 처음에는 보험증권이 발행되나 이후부터 보험에 가입할 상황이 발생할 때마다 보험증명서가 발급된다. 신용장통일규칙에 의하여 보험증권과 함께 유효한 보험서류로 인정되어 은행에서 수리된다.

(3) 보험승인서

보험승인서 혹은 부보각서(cover note)는 피보험자 또는 보험계약자가 직접 보험자를 상대하지 않고 보험중개인(insurance broker)을 통하여 보험에 가입할 경우에 발행되는 서류이다. 즉, 보험중개인이 피보험자로부터 보험료를 받았다는 사실과 보험자와 보험계약을 피보험자가 요청한 대로 체결하겠다는 것을 증명하여 발급하는 각서이다.

이 서류는 보험자의 정당한 자격이 없는 보험중개인이 정식의 보험계약이 체결되기 전에 발급한 것이므로 이것으로는 보험계약이 확실히 체결되었는지의 여부도 확인할 수 없다.

또한 보험승인서는 이미 발급되었으나 보험중개인이 아직 보험계약을 체결하지 못하여 보험자로부터 정식의 보험증권을 발급받지 못한 사이에 사고가 발생하면 보상을 받지 못하는 문제가 발생한다. 따라서 은행은 특별한 약정이 없는 한, 이러한 종류의 보험서류는 원칙적으로 수리하지 않고 있다.

3. 신용장통일규칙(UCP 600)에서 보험서류의 규정내용

UCP 600에서는 제시되어야 할 각종 서류에 관한 규정을 두고 있다. 그 중 보험서류는 기존 UCP 500 제34조, 제35조 및 제36조를 통합하여 UCP 600 제28조에 규정을 두고 있다. 이들 조문에 규정되어 있는 보험서류의 내용을 살펴보면 다음과 같다.

1) 보험서류의 발행자 및 서명자(제28조 a항)

a. an insurance document, such as an insurance policy, an insurance certificate or a declaration under an open cover, must appear to be issued and signed by an insurance company, an underwrite or their agents or their proxies.

『a. 보험증권, 포괄예정보험에 의한 보험증명서 또는 통지서와 같은 보험서류는 보험회사, 보험업자 또는 그들 대리인 또는 그들 대리업자에 의해 발행되고 서명된 것으로 나타나야 한다.』

제28조 a항은 보험서류는 그것이 어떤 자에 의해 발행되고 누가 그 보험서류에 서명되어 있어야 하는 것인지에 대한 상세한 내용들이 규정되어 있다.

이 규정에 의하면 보험서류(보험증권, 포괄예정보험에 의한 보험증명서 또는 확정통지서)의 발행인 및 서명권자는 보험회사, 보험업자 또는 그들 대리인(agents) 또는 그들 대리업자(proxies)로서 보험서류는 이들에 의하여 발행되고 서명된 것으로 보여야 한다. 즉, 대리인 또는 대리업자가 서명하는 경우에는 그 서명에는 이들 대리인 또는 대리업자가 보험회사 중에서 누구를 위하여 서명하였는지를 표시하여야 한다.

UCP 600에서는 보험서류의 발행인과 서명자로서 보험회사, 보험자(underwriters), 대리인(agents) 외에 대리업자(proxies)가 추가되었다. Underwriters라는 용어는 보험업자와 동의어로 사용되기도 하지만, 여기서는 보험회사(insurance company)와 구분하여 병기(倂記)하고 있으므로 Lloyd's underwriter와 같은 개인보험업자를 말하는 것이다.

여기에서 'Declaration'은 포괄예정보험 확정통지서이다. 즉, 수입자가 FOB, CFR조건으로 계속해서 수입을 하기 위하여 수입지의 보험자와 포괄예정보험계약을 체결하고 있는 경우, 수출자가 선적할 때 선적내용을 보험자의 수출지 대리점에 확정 통지하는 서류를 포괄예정보험 확정통지서(declaration under open policy)라 하고 이것을 반은 보험자가 이 취지를 확인하기 위해 발행하는 것이 Declaration이다.

2) 보험서류의 제시 통수(제28조 b항)

b. when the insurance document indicates that it has been issued in more than one original, all original must be presented

『b. 보험서류가 2통 이상의 원본으로 발행되었다고 표시하고 있는 경우에는 모든 원본이 제시되어야 한다.』

제28조 b항은 보험서류 원본이 2통 이상 발행된 경우에 발행된 원본 전통이 제시되어야 하는 요건을 규정하고 있다.

이 요건은 보험서류가 유가증권성을 지니고 있기 때문에 특히 중요하다. 보험서류의 원본이 복수로 발행된 경우에는 보험금 청구를 위해 그 전통을 보험자에게 인도할 필요는 없고 그 중 1통을 인도하면 보험금을 지급 받을 수 있으므로 발행된 전통을 제시하도록 규정하고 있는 것이다.

이 규정은 원본 1통은 보험금을 청구하기 위해 사용되고 나머지 원본 1통은 다른 용도로 사용되는 것을 방지하기 위한 것이다.

3) 보험승인서의 수리 불가능(제28조 c항)

c. cover notes will not be accepted.

『c. 보험승인서는 수리되지 아니한다.』

제28조 c항은 보험중개인이 발행한 보험승인서 혹은 부보각서(cover note)는 수리하지 않는다는 것을 규정하고 있다.

Cover Note는 보험중개인(insurance broker)이 피보험자로부터 보험료를 징수하는 경우 보험료를 받았다는 사실을 증명하고 보험자와 피보험자가 요청한 대로 보험계약을 체결하겠다는 각서로서 발급하는 서류이므로 피보험자와 보험자 사이에 보험계약이 체결되었음을 나타내는 증거서류가 아니다.

Cover Note는 보험증권과 달리, 이 서류를 가지고 보험자에게 직접 보상청구를 할 수 없다. 따라서 이 서류는 정규의 보험서류로 인정하지 않는다는 것을 여기에 규정한 것이다.

4) 수리 가능한 보험서류의 종류(제28조 d항)

d. an insurance policy is acceptable in lieu of an insurance certificate of a declaration under an open cover.

『d. 보험증권은 포괄예정보험에 의한 보험증명서 또는 통지서를 대신하여 수리될 수 있다.』

제28조 d항은 신용장에 단순히 '보험서류(insurance documents)'라고 지시하는 것은 그 구체성이 결여된 것이기 때문에 신용장거래에서 수리 가능한 보험서류의 종류로 보험증권뿐 아니라 보험증명서 및 포괄예정보험 확정통지서(a declaration)를 규정하고 있다.

신용장에서 보험증권이나 보험증명서(insurance policy or certificate)를 요구한 경우에는 보험증권 또는 보험증명서 중 어느 것이 제시되어도 무방하다.

그러나 신용장에서 '보험증권'을 요구했음에도 불구하고 '보험증명서'가 제시된다면 이것은 신용장 조건과 일치하지 않는 것이 되기 때문에 수리되지 않게 된다.

그런데 만일 신용장에서 보험증명서를 요구하고 있는데 보험증권이 제시된다면 이 서류는 수리될 수 있다. 왜냐하면, 보험증권이 보험증명서 또는 통지서 대신에 수리될 수 있다는 것은 보험증권이 포괄예정보험하에서의 증명서 또는 통지서보다 더 완전한 보험서류라는 것으로 인정되고 있기 때문이다.

5) 선적일보다 늦은 일자의 보험서류는 수리 불가능(제28조 e항)

e. The date of the insurance document must be no later than the date of shipment, unless it appears from the insurance document that the cover is effective from a date not later than the date of shipment.

『e. 보험서류에서 담보가 선적일보다 늦지 않은 일자로부터 유효하다고 표시되어 있지 않는 한, 보험서류의 일자는 선적일보다 늦어서는 안 된다.』

제28조 e항은 보험서류의 일자가 선적일보다 늦은 보험서류는 수리 불가능함을 규정하고 있다. 이것은 물품의 선적일과 보험가입일 사이의 위험부담의 공백을 없애기 위한 것이다.

그러나 소급보험의 문언이 있는 것과 같이, 보험서류상에 보험담보가 선적일로부터 유효하다고 표시되어 있는 때는 선적일보다 늦게 기재된 보험서류도 수리가 가능하다.

6) 보험서류의 부보통화 및 담보금액(제28조 f항)

f. i. The insurance document must indicate the amount of insurance coverage and be in the same currency as the credit.

ii. A requirement in the credit for insurance coverage to be for a percentage of the value of the goods, of the invoice value or similar is deemed to be the minimum amount of coverage required. If there is no indication in the credit of the insurance coverage required, the amount of insurance coverage must be at least 110% of the CIF or CIP value of the goods.

When the CIF or CIP value cannot be determined from the documents, the amount of insurance coverage must be calculated on the basis of the amount for which honour or negotiation is requested or the gross value of the goods as shown on the invoice, whichever is greater.

iii. The insurance document iii must indicate that risks are covered at least between the place of taking in charge or shipment and the place of discharge or final destination as stated in the credit.

『i. 보험서류는 보험담보의 금액을 표시해야 하고 신용장과 동일한 통화이어야 한다.

ii. 보험담보가 물품가액 또는 송장가액 등의 비율이어야 한다는 신용장의 요건은 최소 담보금액이 요구된 것으로 본다. 요구된 보험담보에 관하여 신용장에 아무런 표시가 없는 경우에는, 보험담보의 금액은 적어도 물품의 CIF 또는 CIP가격의 110%이어야 한다.

CIF 또는 CIP가격이 서류로부터 결정될 수 없는 경우에는, 보험담보금액은 지급이행 또는 매입이 요청되는 금액 또는 송장에 표시된 물품 총가액 중에서 보다 큰 금액을 기초로 하여 산정되어야 한다.

iii. 보험서류는 위험이 적어도 신용장에 명기된 대로 수탁 또는 선적지에서 양하 또는 최종목적지 사이에 담보한다는 것이 표시되어야 한다.』

(1) 보험서류의 부보통화

보험서류는 보험담보의 금액을 표시해야 할 뿐 아니라 신용장의 통화와 동일한 통화로 표시되어야 한다. 예컨대, 신용장 표시통화가 미화(US Dollar)인 경우에는 보험서류상의 표시통화도 반드시 미국 통화로 기재되어야 한다. 따라서 미국 통화 이외의 통화가 표시된 경우에는 신용장조건이 불일치한 것으로 간주될 수 있다.

그것은 보험서류의 통화가 신용장의 통화와 서로 다른 경우에는 보험가액의 110%를 보상받더라도 이는 환율변동에 따라 신용장 금액과 차이가 발생할 수 있기 때문이다.

(2) 보험서류의 담보금액

신용장에서 보험담보가 물품가액 또는 송장가액의 비율이어야 한다는 요건이 있는 경우에는 이러한 요건은 최소담보금액이 요구된 것으로 보며, 요구된 보험담보에 관하여 신용장에 아무런 표시가 없는 경우에는 보험담보의 금액은 적어도 물품의 CIF가격 또는 CIP가격의 110%이어야 한다. 그러나 서류로부터 CIF가격이나 CIP가격을 결정할 수 없는 경우에는 보험담보의 금액은 지급이행 또는 매입이 허용되는 금액(환어음의 청구금액 등) 또는 송장에 표시된 총 물품가액 중에서 큰 금액을 기초로 산정된다.

(3) 보험기간(제28조 f항 iii호, 신설)

이 조항은 보험서류에는 위험이 적어도 신용장에 명기된 수탁 또는 선적지에서 양하 또는 최종목적지 사이를 담보한다는 것이 표시되어야 한다는 것을 규정하고 있다.

원래 보험기간은 화물이 선적항에서 본선에 적재된 때로부터 목적항에 도착하여 육지에 양하된 때까지이다. 그러나 실제로는 창고간 약관이나 운송약관에 의하여 수출지의 창고로부터 수입지의 창고까지 확장되고 있다.

7) 보험조건의 명시와 부정확한 용어의 사용(제28조 g항)

g. A credit should state the type of insurance required and, if any, the additional risks to be covered. An insurance document will be accepted without regard to any risks that are not covered if the credit uses imprecise terms such as 'usual risks' or 'customary risks'.

『g. 신용장은 요구된 보험의 종류를 명기하여야 하고 만일 부보되어야 하는 부가위험이 있다면 이것도 명기하여야 한다. 신용장이 '통상적 위험(usual risks)' 또는 '관습적 위험(customary risks)'과 같은 부정확한 용어를 사용하는 경우에는, 보험서류는 부보되지 아니한 어떠한 위험에 관계없이 수리되어야 한다.』

제28조 g항은 신용장에 보험의 종류와 그 밖에 필요한 추가위험을 명기할 것을 규정하고 있다. 즉, 신용장에는 부보하는 보험조건의 종류와 필요하다면 부가위험도 명기해야 하며, 신용장에서 '통상적 위험(usual risks)' 또는 '관습적 위험(customary risks)'과 같은 부정확한 용어가 사용되는 경우에는 이러한 용어는 무시되기 때문에 보험서류는 부보되지 아니한 어떠한 위험에도 관계없이 수리된다는 것이다.

8) 전위험담보조건(제28조 h항)

h. When a credit requires insurance against 'all risks' and an insurance document is presented containing any 'all risks' notation or clause, whether or not bearing the heading 'all risks', the insurance document will be accepted without regard to any risks stated to be excluded.

『h. 신용장이 '전위험'에 대한 보험을 요구하는 경우, '전위험'이라는 표제를 기재하고 있는지의 여부와 관계없이 '전위험'의 표기 또는 조항을 포함하고 있는 보험서류가 제시된 경우에는, 그 보험서류는 제외되어야 한다고 명기된 어떠한 위험에 관계없이 수리되어야 한다.』

제28조 h항은 신용장에서 담보조건으로 'all risks(전위험)'를 명시하고 있는 경우에 은행은 'all risks'라는 표기 또는 조항만 포함하고 있는 보험서류는 수리되어야 한다는 것을 규정하고 있다. 즉, 신용장에서 A/R 또는 ICC(A) 조건을 요구하는 것이 아니라 단지 '전위험'의 조건을 명시하고 있는 경우에는 은행은 ICC(A/R) 또는 ICC(A)의 어떠한 조항의 보험서류도 수리할 수 있다는 것이다.

9) 면책조항의 참조(제28조 i항)

i. An insurance document may contain reference to any exclusion clause.

『i. 보험서류는 모든 면책조항의 참조를 포함할 수 있다.』

제28조 i항은 보험서류는 모든 면책조항의 참조를 포함할 수 있다고 규정하고 있다. 즉, 면책조항의 참조를 포함하고 있는 보험서류가 제시된 경우 그러한 면책조항이 특정보험조항에 직접적으로 연결되지 않았다면, 그 보험서류는 수리된다는 것이다.

예로 신용장에 요구된 대로 송장가액의 110%로 부보되고 ICC(A), 협회전쟁약관(적하)을 명기하고 있는 보험증명서에 협회방사능오염 면책약관(Institute Radioactive Contamination Exclsion Clause, IRCEC)이라는 추가조항이 명기된 경우 협회방사능오염에 관한 면책약관이 요구된 담보위험의 하나에 직접 관련되지 않았다면 그 서류는 불일치가 아니라는 것이다.

10) 면책비율조항의 보험서류(제28조 j항)

j. An insurance document may indicate that the cover is subject to a franchise or excess (deductible).

『ij. 보험서류는 담보가 소손해면책비 또는 소손해공제비을 조건으로 한다는 것을 표시할 수 있다.』

제28조 j항은 면책비율조항의 보험서류에 대해 규정하고 있다. 이 조항은 보험서류는 담보가 소손해면책비율(franchise) 또는 소손해공제비율(excess)을 조건으로 한다는 것을 표시할 수 있다고 규정하고 있다.

보험자의 적절한 보험인수나 피보험자가 부담하는 보험료율면에서 볼 때 적어도 부가위험에 대하여는 소손해(petty claim) 면책비율을 적용하는 특약이 필요한 경우가 있다.

이러한 경우에는 실무상 해당 화물 전체나 일정한 수량단위별(예 : on each 5 packages)로 일정비율의 Franchise나 Excess를 적용하는 조건으로 보험계약을 체결한다.

여기에서 Franchise는 손해가 일정비율 또는 일정액에 이르지 않는 경우는 전혀 보상하지 않으나 이것을 초과하면 손해액 전체를 보상하는 방식이다. 즉, 보상되는 손해가 손해의 정도가 일정규모 이상에 이르렀을 때부터 적용되며 사소한 손해는 보상하지 않는 것을 말한다. 소손해 불배상의 원칙 즉, 면책비율(Franchise)은 상품에 따라 상이한 비율로 적용되는데 부패 또는 자연손상의 확률이 높은 품목일수록 높은 율이 적용된다.

이에 반해, Excess는 면책비율이 적용되는 경우 어느 % 이상의 손해가 발생하면 공제하여야 되는 비율을 공제하고 보상하는 면책비율을 말하며 공제면책비율이라고도 부른다.

예를 들어 excess of 3%로 부보된 경우 4%의 손해가 발생하면 4%에서 3%를 공제한 초과하는 1%에 대해서만 보상하는 방식이다.

이와 같이 보험서류에 소손해는 보상받을 수 없는 소손해면책비율 또는 소손해공제비율 등의 면책비율조항(memorandum clause)은 표시될 수 있기 때문에 이러한 면책율조항이 명기된 보험서류도 수리하게 된다.

그러나 신용장이 소손해도 보상받을 수 있는 면책비율부적용(irrespective of percentage : IOP)을 요구하고 있는 경우에는 이러한 면책비율조항을 포함하고 있는 보험서류는 수리되지 않게 된다. 즉, 신용장에서 면책비율 부적용 조건으로 부보할 것을 요구하고 있으면 면책비율 부적용 조건으로 보험서류가 발행되어야 한다. 그러나 이러한 조항이 없으면 면책비율이 적용되는 보험서류도 수리될 수 있다.

4. 신용장에서 요구하는 보험서류의 요건

MARINE INSURANCE POLICY OR CERTIFICATE FOR 110% OF INVOICE VALUE, BLANK ENDORSED(송장금액의 110% 보험금액으로 하여 발행되고 백지배서된 해상보험증권 또는 보험증명서)

1) 보험서류의 종류와 발행통수

해상보험에서 유효한 보험서류는 보험증권과 보험증명서 등이 있는데, 이는 각기 문면상 반드시 보험회사(insurance company), 보험자(underwriter) 또는 그 대리인(agent)이나 대리업자(proxies)가 발행하고 서명한 것이어야 한다.

보험서류는 일반적으로 2통의 원본으로 발행되는데 신용장에 별도의 규정이 없는 한, 반드시 그 전통이 제시되어야 한다. 그 가운데 1통으로 보험채무(보험금의 지급)가 이행되면 나머지는 자동적으로 무효가 된다.

2) 보험서류의 발급일자

별도의 명시가 없는 한, 은행은 물품을 본선적재(loading on board), 발송(dispatch), 또는 수탁(taking in charge)한 선적일자보다 늦은 일자의 보험서류는 거절한다. 이는 본선적재, 발송, 수탁일과 가입일 사이의 위험부담 공백을 없애기 위함이다.

3) 보험금액

신용장에는 유효한 보험서류의 부보금액을 대부분 상업송장 금액의 110%(110% of Invoice Value)로 부보할 것을 명시하고 있다.

보험금액을 피보험목적물 가액의 100%로 하지 않고 10%를 가산하여 110%로 한 이유는 만일 보험사고가 발생하시 않아 정상적인 매매가 이루어졌으면 수입자가 최소한 10%의 이익을 보았을 것으로 추정하여 이 희망이익금(expected profit)까지 보전해 준다는 취지이다.

4) 부보통화

신용장거래에서 은행은 보험서류상의 통화가 신용장의 표시통화와 동일한 통화가 아니면 수리를 거절한다. 왜냐하면 보험서류와 신용장에 표시된 통화가 서로 다르면 CIF조건에 의해 계약가액의 110%를 보상받더라도 환율에 따라 신용장 금액과 차이가 발생하는 등과 같은 통화가치의 변화에 따른 불편함이 있기 때문이다.

5) 보험기간

보험기간(duration of insurance)은 보험자의 책임이 시작되는 때로부터 종료될 때까지의 기간을 말한다. 보험자가 책임을 부담하는 기간은 원칙적으로 화물이 선적항에서 본선에 적재되는 때부터 목적항에 도착하여 육지에 양하된 때까지이다.

그러나 계약자가 보험기간 연장을 위하여 'Warehouse to Warehouse' 조건으로 부보하는 경우에는 수출지의 창고로부터 수입지의 창고뿐 아니라 도착지의 본선으로부터 양하된 후 최장 60일까지도 손해를 보상받을 수 있다. 왜냐하면 협회적하약관의 창고간약관이나 제8조 운송약관에 의하여 전 운송구간을 적하보험으로 커버하기 때문이다.

6) 백지배서와 보험금청구권의 양도

신용장에는 보험서류에 양도인의 서명만이 기재되는 백지배서(endorsed in blank)를 하도록 명시하고 있는 것이 일반적이다. 백지배서는 배서인이 어음에 피배서인의 이름을 기재하지 않은 배서를 말하며 무기명식배서라고도 한다.

그것은 가격조건이 CIF계약이나 CIP계약인 경우에 보험금 청구의 특성에 따라 청구권자의 편리를 높이기 위함이다.

예를 들어 CIF계약에서는 매도인이 매수인을 위하여 보험계약을 체결하지만, 선적항에서 목적항까지의 위험은 매수인이 부담한다. 통상적으로, 매도인은 매수인을 피보험자로 하지 않고 자기 자신을 피보험자로 하여 보험계약을 체결하고 보험자로부터 교부받은 보험증권을 매수인에게 배서 양도한다.

이에 따라 신용장에 '…… endorsed in blank'라는 조건이 제시되면 수출지에서 본선적재 이전에 사고가 발생한 경우에는 수출자가 보험청구권을 행사하고, 본선적재 이후의 사고인 경우에는 수입자가 대금결제를 마치지 아니하였으면 발행은행이 보험청구권을 행사하고 대금결제를 마치고 난 후에는 수입자가 보험청구권을 행사하게 된다.

7) 보험금의 지급지 표시

CIF계약에서 보험금 청구권자는 보험계약 체결지(수출국)가 아닌 수입국에 소재하는 발행은행이나 수입자가 되는 것이 대부분이다. 따라서 사고가 발생했을 때 보험금 청구의 편의를 위해 신용장에는 일반적으로 'claims to be payable in Korea in currency'와 같이 지급통화와 함께 보험금 지급지를 수입국으로 기재하고 있다.

수입국에서 보험금을 청구할 경우에는 업무편의를 위해 보험청구 업무를 대행해 줄 보험금 결제대리인을 지정해 두고 있는데 이를 Claims Setting Agent라고 한다.

참고문헌

▣ 국내문헌

남풍우, 무역영어, 도서출판 두남, 2017.08.
남풍우, 신무역실무, 도서출판 두남, 2011.02.
남풍우, 실용무역실무, 도서출판 두남, 2016.08.
박귀환·이재학 외, 화물운송론, 경록, 2009.07.
방희석, 국제운송론, 박영사, 2013.03.
백종실·김영민 외, 국제운송론, 도서출판 두남, 2015.08.
송선욱, 국제운송론, 도서출판 두남, 2018.08.
심종석 외, 신체계 국제운송론, 도서출판 두남, 2009.02.
여기태, 해상운송론, 도서출판 두남, 2013.12.
오원석, 국제운송론, 박영사, 2004.02
이시환, 신무역운송론, 대왕사, 1999.07.
이원동, 실무 화물운송론, 도서출판 두남, 2015.02.
임석민, 국제운송론, 삼영사, 2017.07.
전순환, 국제운송물류론, 한올, 2016.08.
한상현, 무역영어, 도서출판 두남, 2021.03.
한상현 외, 국제무역운송론, 도서출판 두남, 1998.08.
한상현, 국제무역보험론, 도서출판 두남, 2022.03.
한상현, 국제운송론, 도서출판 두남, 2022.08.
한상현, 무역거래실무, 관세청, 2005.05.
한상현, 무역실무, 관세국경관리연수원, 2012.10.

▣ 국외문헌

大谷孝一·中出 哲, 現代海上保険, 成山當書店, 2013.11
木村 栄一·落合 誠一·大谷 孝一, 海上保険の理論と実務, 弘文堂, 2011.08
森 隆行, 外航海運概論, 成山當書店, 2016.05
小路丸正夫, 貨物海上保険·貨物賠償クレームのQ＆A, 株式会社 成山堂書店, 2010.06
松井 孝之, 定期傭船契約の解説, 成山堂書店, 2012.12
松井 孝之·黒澤 謙一郎, 船荷証券の実務的解説, 成山堂書店, 2016.11
池田 良穂, 海運と港湾—基礎から学ぶ, KAIBUNDO, 2017.09

찾아보기

| 자 |

| 차 |

| 카 |

저자 소개

한상현 (韓祥鉉)

- 건국대학교 무역학과 졸업(상학사)
- 건국대학교 대학원 무역학과(경제학 석사)
- 건국대학교 대학원 무역학과(경제학 박사)
- 강남대학교 경제통상학부 조교수(겸임)
- 건국대학교 상경대학 국제무역학과 교수(강의)
- 남서울대학교 국제통상학과 부교수, 교수
- Indiana University-Purdue University Fort Wayne, Indiana, Visiting Professor
- 중앙인사위원회 관세직 5급, 7급, 9급 공무원시험 출제위원, 선정위원, 면접위원
- 기획재정부 세제발전심의위원회 위원
- 산업통상자원부 전문임기제 공무원 심사위원
- 관세사자격심의위원회 위원
- 관세청 품목분류위원회 위원
- 관세청 전문경력관 공무원 출제위원
- 일반, 특별관세사시험 출제위원, 선정위원
- 관세청 전문관시험 출제위원 및 선정위원
- 관세청 관세공무원 자격시험 출제위원, 선정위원
- 인천공항본부세관 과세전적부심사위원회 위원
- 서울본부세관 이의신청심의위원회 위원
- OECD 관세청 외부평가 위원(관세행정)
- 평택지방해양항만청 심사위원
- 관세국경관리연수연 운영심의회 위원
- 충남도청 정책자문위원
- 충남도청 공무원 면접시험위원
- 사)한국관세학회 논문편집위원장
- 사)국제e-비즈니스학회 논문편집위원장
- 사)한국무역연구원 국문논문편집위원장
- 사)한국관세학회 회장, 명예회장

[현재]

- 남서울대학교 글로벌무역학과 교수
- 관세청 심사위원회 위원
- 관세인재개발원 운영심의회 위원
- 수원세관 정책자문위원, 심사위원
- 평택세관 심사위원회 위원
- 천안세관 심사위원회 위원
- 한국관세사회 위원회 위원
- 사)한국관세학회 고문
- 사)한국무역학회 부회장
- 사)한국통상정보학회 부회장
- 사)국제e-비즈니스학회 부회장
- 사)한국국제상학회 부회장
- 사)한국무역금융보험학회 부회장

국제운송·해상보험 – 개정판

초 판 1쇄 발행 —— 2018년 2월 20일
개정판 1쇄 발행 —— 2024년 2월 5일
지은이 —— 한 상 현
펴낸이 —— 전 두 표
펴낸곳 —— 도서출판 두남
서울시 강동구 성내로 6길 34-16 두남빌딩
신 고 : 제25100-1988-9호
TEL : 02) 478-2066, 2067
FAX : 02) 478-2068
E-mail : dnbooks@dunam.co.kr
http://www.dunam.co.kr

정가 31,000원

ISBN 978-89-6414-982-9 93320